普通高等教育经管类专业“十三五”规划教材

税法新编

(第三版)

崔君平　徐振华　主　编
商　敏　邹　丽　副主编

清华大学出版社
北　京

内容简介

本书根据我国最新(截至2017年6月)税收法规，结合“全面营改增”的税法规定进行编写，根据税法课程的特点，采用理论与实践相结合的方法，阐述了我国现行税收体系的基本内容。全书共18章，包括：税法概论、增值税法、消费税法、营改增税制改革、城市维护建设税法及教育费附加规定、关税法与船舶吨税法、资源税法、土地增值税法、城镇土地使用税法与耕地占用税法、房产税法、车辆购置税法和车船税法、印花税法、契税法、烟叶税法、企业所得税法、个人所得税法、税收征收管理法、税务行政处罚与税务行政救济。在各章节中，除基本法规和实施细则外，引用其他法规文件时均注明了文号、出处，便于实际应用时检索、查阅。

本书的特色在于：条文注释清晰，阐述透彻，案例丰富，应用性强。

本书可作为高等院校财政学专业、会计学专业、金融学专业等经济管理类专业的教学用书，也可作为广大税务人员、注册税务师、注册会计师和企业会计及财务管理人员的学习参考书和继续教育培训教材。

图书在版编目(CIP)数据

税法新编 / 崔君平，徐振华 主编. —3版. —北京：清华大学出版社，2018
(普通高等教育经管类专业“十三五”规划教材)
ISBN 978-7-302-49955-8

Ⅰ. ①税… Ⅱ. ①崔… ②徐… Ⅲ. ①税法—中国—高等学校—教材 Ⅳ. ①D922.22

中国版本图书馆 CIP 数据核字(2018)第 066118 号

责任编辑：施 猛
封面设计：周晓亮
版式设计：方加青
责任校对：曹 阳
责任印制：李红英

出版发行：清华大学出版社
网 址：http://www.tup.com.cn，http://www.wqbook.com
地 址：北京清华大学学研大厦 A 座 邮 编：100084
社 总 机：010-62770175 邮 购：010-62786544
投稿与读者服务：010-62776969，c-service@tup.tsinghua.edu.cn
质 量 反 馈：010-62772015，zhiliang@tup.tsinghua.edu.cn
印 装 者：北京泽宇印刷有限公司
经 销：全国新华书店
开 本：185mm×260mm 印 张：25.5 字 数：619 千字
版 次：2014 年 2 月第 1 版 2018 年 6 月第 3 版 印 次：2018 年 6 月第 1 次印刷
印 数：1～3000
定 价：49.80 元

产品编号：077236-01

前　言(第三版)

PREFACE

《税法新编(第三版)》是编者结合我国税制改革的理论与实践，在认真研究、理解税收法律法规相关规定的基础上，编写完成的一部税法教材。同时，《税法新编(第三版)》也是沈阳工学院承担的辽宁省省级实践教学基地研究成果。

税法是国家法律体系的重要组成部分，是调整税收关系的法律规范的总称。税收是税法的实质内容，税法是税收的法律形式，也是确保税收征管规范有序的制度保障。

近年来，我国经济发展方式发生了重大转变，“税制改革”作为调结构、稳增长、促转变过程中的一个重要抓手，正在经历变革和完善的过程，如企业所得税改革、个人所得税改革、“营改增”改革、资源税改革等。

本次修订充分考虑了2015年6月至2017年6月我国税收法律法规方面的主要变化，以及对增值税、消费税、资源税、契税、印花税、企业所得税、个人所得税等相关税种的影响。

经国务院批准，我国自2016年5月1日起，在全国范围内全面推开营业税改征增值税试点，现行营业税纳税人全部改征增值税。消费税税目取消汽油的二级税目，不再设“含铅汽油”和“无铅汽油”，汽油消费税税率为1.20元/升。将消费税中的“化妆品”税目调整为“高档化妆品”。根据《财政部 国家税务总局关于进一步支持企业事业单位改制重组有关契税政策的通知》(财税〔2015〕37号)，新增9项契税优惠政策。根据《财政部 国家税务总局关于将国家自主创新示范区有关税收试点政策推广到全国范围实施的通知》(财税〔2015〕116号)，自2015年10月1日起，全国范围内的有限合伙制创业投资企业采取股权投资方式投资于未上市的中小高新技术企业满2年(24个月)的，该有限合伙制创业投资企业的法人合伙人可按照其对未上市的中小高新技术企业投资额的70%抵扣该法人合伙人从该有限合伙制创业投资企业分得的应纳税所得额；当年不足抵扣的，可以在以后纳税年度结转抵扣。根据《中华人民共和国企业所得税法》及其实施条例、《财政部 国家税务总局关于将国家自主创新示范区有关税收试点政策推广到全国范围实施的通知》(财税〔2015〕116号)，自2015年10月1日起，全国范围内的居民企业转让5年(含，下同)以上非独占许可使用权取得的技术转让所得，纳入享受企业所得税优惠的技术转让所得范围。居民企业的年度技术转让所得不超过500万元的部分，免征企业所得税；超过500万元的部分，减半征收企业所得税。国家重新调整小型微利企业优惠政策，根据《财政部 税务总局关于扩大小型微利企业所得税优惠政策范围的通知》(财税〔2017〕43号)，自2017年1月1日至2019年12月31日，将小型微利企业的年应纳税所得额上限由30万元提高至50万元，对年应纳税所得额低于50万元(含50万元)的小型微利企业，其所得减按50%计入应纳税所得额，按20%的税率缴纳企业所得税。新增创投企业优惠政策，根据《财政部 国家税务总局关于创业投资企业和天使投资个人有关税收试点政策的通知》(财税〔2017〕38号)，公司制创业投资企业采取股权投资方式直接投资于种子期、初创期科技型企业(以下简称初创科技型企业)满2年(24个月，下同)的，可以按照投资额的70%在股权持有满2年的当年抵扣该公司制创业投资企业的应纳税所得额；当年不足抵扣的，可以在以后纳税年度结转抵扣。新增个人所得税规定，根据《财政部 国家税务总局关于将国家自主创新示范区有关税收试点政策推广到全国范围实施的通知》(财税〔2015〕116号)，自2016年1月1日起，全国范围内的高新技术企业转化科技成果，给予本企业相关技术人员的股权奖励，个人一次缴纳税款有困难的，可根据实际情况自行制订分期缴税计划，在不超过5个公历年度内(含)分期缴纳，并将有关资料报主管税务机关备案。根据《财政部 国家税务总局关于个人非货币性资产投资有关个人所得税政策的通知》(财税〔2015〕41号)，个人以非货币性资产投资，属于个人转让非货币性资产和投资同时发生。对个人转让非货币性资产的所得，应按照“财产转让所得”项目，依法计算缴纳个人所得税。根据《财政部 国家税务总局关于创业投资企业和天使投资个人有关税收试点政策的通知》(财税〔2017〕38号)，天使投资个人采取股权投资方式直接投资于初创科技型企业满2年的，可以按照投资额的70%抵扣转让该初创科技型企业股权取得的应纳税所得额；当期不足抵扣的，可以在以后取得转让该初创科技型企业股权的应纳税所得额时结转抵扣。新增商业健康险个人所得税规定，根据《财政部 税务总局 保监会关于将商业健康保险个人所得税试点政策推广到全国范围实施的通知》(财税〔2017〕39号)和《国家税务总局关于推广实施商业健康保险个人所得税政策有关征管问题的公告》(税务总局公告2017年17号)，自2017年7月1日起，商业健康险在全国实施。个人购买符合规定的商业健康保险产品，可以按照2 400元/年(200元/月)的标准在个人所得税税前扣除；单位统一为员工购买的，视同个人购买，按照单位为每一位员工购买的保险金额分别计入其工资薪金，并在2 400元/年(200元/月)的标准内按月在个人所得税税前扣除。新增领微信红包的个税征税规定，根据《国家税务总局关于加强网络红包个人所得税征收管理的通知》(税总函〔2015〕409号)，对个人取得企业派发的现金网络红包，应按照“偶然所得”项目计算缴纳个人所得税，税款由派发红包的企业代扣代缴。调整股息红利差别化个人所得税政策，根据《财政部 国家税务总局证监会关于上市公司股息红利差别化个人所得税政策有关问题的通知》(财税〔2015〕101号)，全国中小企业股份转让系统挂牌公司(以下简称挂牌公司)股息红利差别化个人所得税政策，按照本通知规定执行，即与上市公司股息红利差别化政策同步调整，对个人持有挂牌公司的股票，持股超过1年的，暂免征收个人所得税；持股1个月以内和1个月至1年的，税负维持原政策不变，仍为20%和10%。补充税收征管规定，包括“一照一码”的基本内容、金税三期系统、办税事项“二维码”、 税收票证管理等内容。本次收录的相关税收法律法规截至2017年6月底。

此外，编者在修订本书内容的同时，也对课后习题进行了修订。

为满足高等院校财政学、会计学、审计学、金融学、管理学、税务专业以及经济管理类各专业教学的需要，编者根据最新税收法规编写了《税法新编(第三版)》。本书也可作为广大税务人员、注册税务师、注册会计师和企业会计及财务管理人员的学习参考书。

全书内容包括：税法概论、增值税法、消费税法、营改增税制改革、城市维护建设税法及教育费附加规定、关税法与船舶吨税法、资源税法、土地增值税法、城镇土地使用税法与耕地占用税法、房产税法、车辆购置税法和车船税法、印花税法、契税法、烟叶税法、企业所得税法、个人所得税法、税收征收管理法、税务行政处罚与税务行政救济。

在体例安排上，除正文外，各章设有要点提示、本章小结、案例分析题、课后练习题。在内容编写上，本着应用为本、学以致用的原则，侧重法规解释与案例分析。除基本法规及实施细则外，其他法规在其后注明发文机关及文号，便于实际应用时查阅。

编者在修订本书过程中，尽量体现“全面、实用、更新”的精神，做到深入浅出、通俗易懂。

本书由沈阳工学院的崔君平和沈阳理工大学的徐振华担任主编，沈阳工学院的商敏、邹丽老师担任副主编。

全书共分18章，崔君平负责修订第1、2、3、4、5、6、7、8、9、10章；徐振华负责修订第11、12、13、14、15、16章；商敏、邹丽负责修订第17、18章。全书由崔君平负责总纂定稿。

编者在修订本书的过程中，借鉴了国内外学者的研究成果。在此，一并向相关人员表示深深的感谢！

由于编者水平有限，书中难免存在不足之处，敬请读者批评指正。反馈邮箱：wkservice@vip.163.com。

编者

2018年1月

前　言(第二版)

PREFACE

《税法新编(第二版)》是编者结合我国税制改革的理论与实践，在认真研究、理解税收法律法规相关规定的基础上，编写完成的一部税法教材。同时，《税法新编(第二版)》也是沈阳工学院承担的辽宁省省级实践教学基地建设研究成果。

税法是国家法律体系的重要组成部分，是调整税收关系的法律规范的总称。税收是税法的实质内容，税法是税收的法律形式，也是确保税收征管规范有序的制度保障。

近年来，我国经济发展方式正在发生重大转变，“税制改革”作为调结构、稳增长、促转变过程中的一个重要抓手，正在经历变革和完善的过程，如企业所得税改革、个人所得税改革、“营改增”改革、资源税改革等。

本次修订充分考虑了2013年6月至2015年6月国家在税收法律法规方面的主要变化，以及对增值税、消费税、营业税、资源税、契税、印花税、企业所得税、个人所得税等相关税种的影响。

经国务院批准，我国自2015年2月1日起对电池(铅蓄电池除外)、涂料征收进口环节消费税，自2016年1月1日起对铅蓄电池征收进口环节消费税。国家出台了新的进一步支持小微企业发展的增值税、营业税和所得税相关政策。铁路运输和邮政业从2014年1月1日起纳入“营改增”试点。国家决定简并和统一增值税征收率，自2014年7月1日起，将6%和4%的增值税征收率统一调整为3%。自2015年1月13日起，国家继续提高成品油消费税，将汽油、石脑油、溶剂油和润滑油的消费税单位税额由1.4元/升提高到1.52元/升；将柴油、航空煤油和燃料油的消费税单位税额由1.1元/升提高到1.2元/升。从2014年12月1日起，取消汽缸容量在250毫升(不含)以下的小排量摩托车、汽车轮胎、酒精消费税；取消车用含铅汽油消费税，统一按无铅汽油税率征收消费税；停止征收成品油价格调节基金。自2015年3月31日起，个人将购买不足2年的住房对外销售的，全额征收营业税；个人将购买2年(含2年)以上的非普通住房对外销售的，按照其销售收入减去购买房屋的价款后的差额征收营业税；个人将购买2年(含2年)以上的普通住房对外销售的，免征营业税。新的《车辆购置税征收管理办法》自2015年2月1日起施行。自2015年5月10日起，国家将卷烟批发环节从价税税率由5%提高至11%，并按0.005元/支加征从量税。自2015年5月1日起，将铁矿石资源税由减按规定税额标准的80%征收调整为减按规定税额标准的40%征收。自2014年12月1日起，在全国范围内实施煤炭资源税从价计征改革，同时清理相关收费基金。自2015年5月1日起，对稀土、钨、钼资源税由从量定额计征改为从价定率计征。自2014年11月17日至2017年11月16日，对内地个人投资者通过沪港通投资香港联交所上市股票取得的转让差价所得，3年内暂免征收个人所得税。

由于相关税法规定的调整，我们本着与时俱进的精神，对税法教材的相关内容及时进行了修改或增补。本次收录的相关税收法律法规截至2015年6月底。同时，也对课后习题进行了修订。

为满足高等院校财政学、会计学、审计学、金融学、管理学、税务专业以及经济管理类各专业教学的需要，我们根据最新税收法规编写了《税法新编(第二版)》。本书也可作为广大税务人员、注册税务师、注册会计师和企业会计及财务管理人员的学习参考书。

全书内容包括：税法概论、增值税法、消费税法、营业税法、城市维护建设税法及教育费附加规定、关税法与船舶吨税法、资源税法、土地增值税法、城镇土地使用税与耕地占用税法、房产税法、车辆购置税法和车船税法、印花税法、契税法、烟叶税法、企业所得税法、个人所得税法、税收征收管理法、税务行政处罚与行政救济。

在体例安排上，除正文外，各章设有要点提示、本章小结、案例分析题、课后练习题和主要税法依据。在内容编写上，本着应用为本、学以致用的原则，侧重法规解释与案例分析。除基本法规及实施细则外，其他法规在其后注明发文机关及文号，便于实际应用时查阅。

编者在修订本书的过程中，尽量体现“全面、实用、更新”的精神，做到深入浅出、通俗易懂。

本书由沈阳工学院崔君平老师和沈阳理工大学徐振华老师任主编，沈阳工学院商敏老师、邹丽老师任副主编。全书共分18章，崔君平负责修订第1、2、3、4、5、6章；商敏、邹丽负责修订第7、8、9、10、11、12章；徐振华负责修订第13、14、15、16、17、18章。全书由崔君平老师负责总纂定稿。

编者在修订本书的过程中，参考了国家颁布的相关税收法律法规，借鉴了国内外学者的研究成果。在此，一并向相关人员表示深深的感谢。

由于编者水平有限，书中难免存在不当之处，敬请读者批评指正。反馈邮箱：wkservice@vip.163.com。

编者

2015年6月

前　言(第一版)

PREFACE

《税法新编》是编者结合我国税制改革的理论与实践，在认真研究、理解有关税收法律法规的相关规定的基础上，编写完成的一部税法教材。同时，《税法新编》也是沈阳工学院承担的辽宁省省级实践教学基地建设研究成果。

税法是国家法律体系的重要组成部分，是调整税收关系的法律规范的总称。税收是税法的实质内容，税法是税收的法律形式，也是确保税收征管规范有序的制度保障。

近年来，我国经济发展方式正在发生重大转变，“税制改革”作为调结构、稳增长、促转变过程中的一个重要抓手，正在经历变革和完善的过程。相关的税制改革有企业所得税改革、个人所得税改革、“营改增”改革、房产税改革等。

目前，财税体制改革已经成为中国共产党第十八次全国代表大会后国家经济体制改革的重要内容。营业税改征增值税试点工作，自2011年开始首先在上海试点，经过两年的运行，从2013年8月1日开始，交通运输业和部分现代服务业在全国范围内全面实行“营改增”。同时，国家进一步扶持小微企业发展。经国务院批准，自2013年8月1日起，对增值税小规模纳税人中月销售额不超过两万元的企业或非企业性单位，暂免征收增值税；对营业税纳税人中月营业额不超过两万元的企业或非企业性单位，暂免征收营业税。国家一系列重大税收政策的出台也相应要求税法教材的内容与时俱进、推陈出新。本书内容涉及的相关法律法规截至2013年7月底。

为满足高等院校财政学、会计学、金融学、管理学、税务专业以及经济管理类各专业的教学需要，我们根据最新税收法规编写了《税法新编》一书。本书不仅可以作为以上相关专业的教学用书，也可作为广大税务人员、注册税务师、注册会计师和企业会计及财务管理人员的学习参考书。全书内容包括：税法概论、增值税法、消费税法、营业税法、城市维护建设税法及教育费附加规定、关税法与船舶吨税法、资源税法、土地增值税法、城镇土地使用税法与耕地占用税法、房产税法、车辆购置税法和车船税法、印花税法、契税法、烟叶税法、企业所得税法、个人所得税法、税收征收管理法、税务行政处罚与行政救济。在体例安排上，除正文外，各章设有要点提示、本章小结、案例分析题、课后练习题和主要税法依据。在内容编写上，本着应用为本、学以致用的原则，侧重法规解释与案例分析。除基本法规及实施细则外，在引用其他法规文件时均在其后注明了发文机关及文号，便于读者在实际应用时查阅。

编者在编写本书过程中，尽量体现“全面、实用、更新”的精神，做到深入浅出、通俗易懂。

本书由沈阳工学院崔君平和沈阳理工大学徐振华任主编，沈阳工学院商敏、邹丽任副主编。全书共分18章，具体写作分工：第1、2、3、4、5、6章由崔君平编写；第7、8、9、10、11、12章由商敏编写；第13、14、17、18章由邹丽编写；第15、16章由徐振华编写。全书由崔君平负责总纂定稿。

编者在编写本书过程中，参考了已经出版的同类教材，借鉴了国内外学者的先进研究成果，在此，一并向这些作者以及学者表示深深的感谢。

由于编者水平有限，书中难免存在不妥之处，敬请读者批评指正。反馈邮箱：wkservice@vip.163.com。

编者

2014年1月

目　录

CONTENTS

第1章 税法概论

本章要点提示

- 税收与税法
- 税法的构成要素
- 我国现行税法体系

1.1 税收

1.1.1 税收的概念

税收是国家为了实现其职能，凭借国家权力依法向纳税人征收一定货币作为财政收入的一种手段。

1. 税收是实现国家职能的物质基础

税收是国家财政收入的主要来源。国家需要依靠稳定的税收，维系政权机构、国防力量、公检法机关等国家机器的正常运作，并为社会全体成员提供公共产品和公共服务，如建设公共基础设施、发展科教文卫事业、完善社会福利等。

2. 税收是国家权力的重要体现

税收伴随国家的产生而产生，是国家区别于原始氏族组织的特征之一。国家是征税权的主体，而国家权力是税收的依托。国家对这部分社会财富的占有，不是因为财产权利，而是因为政治权力。

3. 税收总是依赖于一定的法律制度来保障实施

税收是一种国家行为，需要借助法律的权威性来保障实施。征税和纳税的双方不可避免地存在利益冲突，只有通过法律形式，才能使国家的税收活动健康有序地进行。

1.1.2 税收的产生与发展沿革

由于各国的历史条件不同，因而其税收产生的历史过程也不完全相同。

欧洲古希腊和古罗马等奴隶制国家，早在奴隶占有制度初期就出现了土地和奴隶的私有制，形成了城邦经济、奴隶主大庄园经济、寺院地产经济，以及家庭奴隶制经济等私有经济模式，所以欧洲奴隶制国家形成以后，随即出现了对私有土地征税的税收。

我国自夏代开始进入奴隶制社会，夏、商、周三代的土地均归王室所有，即所谓的“普天之下，莫非王土；率土之滨，莫非王臣”。当时的国君不仅是全国的最高统治者，也是全国土地的所有者。国君将其所拥有的土地进行分配，除了一小部分由王室直接管理外，大部分分封给诸侯和大臣，也有一小部分交给平民耕种。在这样的土地所有制度之下，中国的税收产生了。与西方奴隶制国家有所不同，中国的税收制度从产生到真正形成经历了一个演变过程。

早在夏代，我国就已经出现国家凭借其政权力量进行强制课征的形式——贡。一般认为，贡是夏代王室对其所属部落或平民根据若干年土地收获的平均数按一定比例征收的农产品。到商代，“贡”逐渐演变为助法。助法是指借助农户的力役共同耕种公田，公田的收获全部归王室所有，实际上是一种力役之征。到周代，助法又演变为彻法。所谓彻法，就是由农户耕种土地，每个农户要将一定数量的土地收获量交纳给王室，即“民耗百亩者，彻取十亩以为赋”。夏、商、周三代的贡、助、彻，都是对土地收获的原始强制课征形式，在当时的土地所有制下，从税收起源的角度看地租和赋税的某些特征，可知它们是税收的原始形式，是税收发展的雏形。

春秋时期，鲁国顺应土地私有制发展实行的“初税亩”，标志着我国税收从雏形阶段进入成熟时期。春秋之前，没有土地私有制。由于生产力的发展，到春秋时期，大量农户在公田以外开垦私田以增加收入。对此，鲁宣公十五年(公元前594年)实行了“初税亩”，宣布对私田按亩征税，即“履亩十取一也”。“初税亩”首次从法律上承认了土地私有制，是历史上一项重要的经济改革措施，同时也是税收发展的一个里程碑。

除上述农业赋税外，早在商代，我国便已经出现商业和手工业的赋税。商业和手工业在商代已经有所发展，但当时还没有征收赋税，即所谓“市厘而不税，关讥而不征”。到了周代，为适应商业、手工业的发展，开始对经过关卡或上市交易的物品征收“关市之赋”，对伐木、采矿、狩猎、捕鱼、煮盐等征收“山泽之赋”。这是我国最早的工商税收。

随着社会生产力的发展和社会经济情况的变化，税收也经历了一个从简单到复杂、从低级到高级的发展过程。

1.1.3 税收的特征

税收特征，亦称“税收形式特征”，是指税收分配形式区别于其他财政分配形式的质的规定性。税收特征是由税收的本质决定的，是税收本质属性的外在表现，是区别税与非税的外在尺度和标志，也是古今中外税收的共性特征。税收的形式特征通常概括为税收“三性”，即无偿性、强制性和固定性。

(1) 税收的无偿性，是指国家征税以后对具体纳税人既不需要直接偿还，也不需要付出任何直接形式的报酬，纳税人从政府支出所获利益通常与其支付的税款不完全成一一对应的比例关系。无偿性是税收的关键特征，它使税收明显地区别于国债等财政收入形式，决定了税收是国家筹集财政收入的主要手段，并成为调节经济和矫正社会分配不公的有力工具。

(2) 税收的强制性，是指税收是国家凭借政治权力，通过法律形式对社会产品进行的强制性分配，而非纳税人的一种自愿缴纳，纳税人必须依法纳税，否则会受到法律制裁。强制性是国家权力在税收上的法律体现，是国家取得税收收入的根本前提。它也是与税收的无偿性特征相对应的一个特征。正因为税收具有无偿性，才需要通过税收法律的形式规范征纳双方的权利和义务。对纳税人而言，依法纳税既是一种权利，更是一种义务。

(3) 税收的固定性，是指税收是国家通过法律形式预先规定了对什么征税及其征收比例等税制要素，并保持相对的连续性和稳定性，即使税制要素的具体内容会因经济发展水平、国家经济政策的变化而进行必要的改革和调整，但这种改革和调整也总是要通过法律形式事先规定，而且改革调整后要保持一定时期的相对稳定。基于税收的固定性始终是税收的固有形式特征，因此，税收的固定性对国家和纳税人都具有十分重要的意义。对国家来说，可以保证财政收入的及时、稳定和可靠，可以防止国家不顾客观经济条件和纳税人的负担能力，滥用征税权力；对于纳税人来说，可以保护其合法权益不受侵犯，增强其依法纳税的法律意识，同时有利于纳税人通过税收筹划选择合理的经营规模、经营方式和经营结构等，降低经营成本。

税收“三性”是一个完整的统一体，它们相辅相成、缺一不可。其中，无偿性是核心，强制性是保障，固定性是对强制性和无偿性的一种规范和约束。

1.1.4 税收法律关系

税收法律关系在总体上与其他法律关系一样，都是由权利主体、客体和法律关系的内容三方面构成的。

1. 税收法律关系的主体

税收法律关系的主体，是指税收法律关系中享有权利和承担义务的双方当事人，包括征税主体和纳税主体两个方面。在我国，征税主体是代表国家行使征税职责的国家税务机关，包括国家各级税务机关、海关和财政部门等；纳税主体是指依法履行纳税义务的人，包括法人、自然人和其他组织等。对纳税主体的确定，一般采取属地兼属人的原则。

在税收法律关系中，主体双方是行政管理者与被管理者的关系，因此，征纳双方的权利与义务是不对等的，但主体双方的法律地位是平等的。

2. 税收法律关系的客体

税收法律关系的客体，是指税收法律关系主体的权利和义务所共同指向的对象，包括物、货币和行为等。

税收法律关系客体的“物”是指与税收有关的应税货物(如增值税法中的应税货物、房产税法中的房屋等)和依法缴纳的货物；“货币”作为税收法律关系的客体具有普遍性，既包括纳税人的货物计价和货币结算等，又包括缴入国库的货币税款；“行为”作为客体在税收法律关系中更具有广泛意义，如制定税法、编制计划、税款征收以及纳税人的税务登记、纳税申报、税款缴库等行为均属此类。

3. 税收法律关系的内容

税收法律关系的内容，是指税收法律关系主体所享有的权利和所应承担的义务，这是税收法律关系中最实质的内容，也是税法的灵魂。它规定权利主体可以有什么行为，不可以有什么行为，若违反了这些规定，必须承担相应的法律责任。

国家税务机关作为国家税收征收管理的职能部门，其权利主要包括：税务管理权、税款征收权，税务检查权，行政处罚权等；其义务主要包括：宣传、咨询、辅导纳税人依法纳税的义务，保密义务，为纳税人办理税务登记、出具完税凭证的义务，受理税务行政申请的义务，回避义务等。

纳税义务人在税收法律关系中处于行政管理相对人的地位，其权利主要包括：知情权，要求权，保密权，发票购买权，多缴税款退还权，依法申请减免税权，请求国家赔偿权，对税务决定申辩权，申请复议和提起诉讼权等；其义务主要包括：按税法规定办理税务登记、进行纳税申报，接受税务检查，依法缴纳税款等。

1.1.5 税收制度与税法的关系

税收制度是在税收分配活动中税收征纳双方所应遵守的行为规范的总和，其内容主要包括各税种的法律法规以及为了保证这些税法得以实施的税收征管制度和税收管理体制。其中，税法是税收制度的核心内容。

1.2 税法

1.2.1 税法的概念

税法是国家制定的用以调整国家与纳税人之间在征纳税方面的权利及义务关系的法律规范的总称。它是国家及纳税人依法征税、依法纳税的行为准则，其目的是保障国家利益和纳税人的合法权益，维护正常的税收秩序，保证国家的财政收入。税法具有义务性法规和综合性法规的特点。

1.2.2 税法的作用

税法具有以下几方面的作用。

1. 税法是国家组织财政收入的法律保障

为了维护国家机器的正常运转以及促进国民经济健康发展，必须筹集大量的资金，即组织国家财政收入。为了保证税收组织财政收入职能的发挥，必须通过制定税法，以法律的形式确定企业、单位和个人履行纳税义务的具体项目、数额和纳税程序，惩治偷逃税款的行为，防止税款流失，保证国家依法征税，及时、足额地取得税收收入。针对我国税费并存(政府收费)的宏观分配格局，今后一段时间，我国实施税制改革的重要目的之一就是逐步提高税收占国民生产总值的比重，以保障财政收入。

2. 税法是国家宏观调控经济的法律手段

我国建立和发展社会主义市场经济体制，一个重要的改革目标就是要实现国家从过去习惯于运用行政手段直接管理经济，向主要运用法律、经济手段宏观调控经济转变。税收作为国家宏观调控的重要手段，通过制定税法，以法律的形式确定国家与纳税人之间的利益分配关系，调节社会成员的收入水平，调整产业结构和社会资源的优化配置，使之符合国家的宏观经济政策。同时，以法律的平等原则，公平分配纳税人的税收负担，鼓励平等竞争，为市场经济的发展创造良好的条件。

3. 税法对维护经济秩序具有重要的作用

税法的贯彻执行，涉及从事生产经营活动的每个单位和个人。一切经营单位和个人通过办理税务登记、建立账户、纳税申报的流程，其各项经营活动都将纳入税法的规范制约和管理范围，都将较全面地反映纳税人的生产经营情况。这样，税法就确定了一个规范有效的纳税秩序和经济秩序，以监督经营单位和促使个人依法经营，加强经济核算，提高经营管理水平。同时，税务机关按照税法规定对纳税人进行税务检查，严肃查处偷逃税款及其他违反税法规定的行为，也将有效地打击各种违法经营活动，为国民经济的健康发展创造一个良好、稳定的环境。

4. 税法能有效地保护纳税人的合法权益

由于国家征税直接涉及纳税人的切身利益，如果税务机关随意征税，就会侵犯纳税人的合法权益，影响纳税人的正常经营，这是法律所不允许的。因此，税法在确定税务机关征税权力和纳税人履行纳税义务的同时，相应地也规定了税务机关应尽的义务和纳税人享有的权利，如纳税人享有延期纳税权、申请减税免税权、多缴税款要求退还权、不服税务机关的处理决定申请复议或提起诉讼权等；税法还严格规定了对税务机关执法行为的监督制约制度，如进行税收征收管理时必须按照法定的权限和程序行事，造成纳税人合法权益受损的要负赔偿责任等。所以说，税法不仅是税务机关征税的法律依据，同时也是纳税人保护自身合法权益的重要法律依据。

5. 税法是维护国家权益，促进国际经济交往的可靠保证

在国际经济交往中，任何国家对在本国境内从事生产、经营的外国企业或个人都拥有税收管辖权，这是国家权益的具体体现。我国自1979年实行对外开放以来，在平等互利的基础上，不断扩大和发展同各国、各地区的经济交流与合作，利用外资以及引进技术的规模、渠道和形式都有了很大发展。我国在建立和完善涉外税法的同时，还同80多个国家签订了避免双重征税的协定。这些税法规定既维护了国家的权益，又为鼓励外商投资，保护国外企业或个人在华合法经营，发展国家间平等互利的经济技术合作关系，提供了可靠的法律保障。

1.2.3 税法的原则

税法的原则反映税收活动的根本属性，是税收法律制度建立的基础。税法的原则包括税法基本原则和税法适用原则。

1. 税法基本原则

税法基本原则是统领所有税收规范的根本准则，是包括税收立法、执法、司法在内的一切税收活动所必须遵守的原则，具体包括以下几项。

(1) 税收法定原则。税收法定原则又称为税收法定主义，是指税法主体的权利义务必须由法律加以规定，税法的各类构成要素皆必须且只能由法律予以明确。税收法定主义贯穿税收立法和执法的全部领域，其内容包括税收要件法定原则和税务合法性原则。税收要件法定主义是指有关纳税人、课税对象、课税标准等税收要件必须以法律形式作出规定，且有关课税要素的规定必须尽量明确。税务合法性原则是指税务机关按法定程序依法征税，不得随意减征、停征或免征，无法律依据不征税。

(2) 税法公平原则。一般认为税收公平原则包括税收横向公平和纵向公平，即税收负担必须根据纳税人的负担能力进行分配，负担能力相等，税负相同；负担能力不等，税负不同。税收公平原则源于法律上的平等性原则，所以许多国家的税法在贯彻税收公平原则时，都特别强调“禁止不平等对待”的法理，禁止对特定纳税人给予歧视性对待，也禁止在没有正当理由的情况下对特定纳税人给予特别优惠。

(3) 税收效率原则。税收效率原则包含两方面：一方面是指经济效率；另一方面是指行政效率。前者要求税法的制定有利于资源的有效配置和经济体制的有效运行，后者要求提高税收行政效率。

(4) 实质课税原则。实质课税原则是指应根据客观事实确定是否符合课税要件，并根据纳税人的真实负担能力决定纳税人的税负，而不能仅考虑相关表象和形式。

2. 税法适用原则

税法适用原则是指税务行政机关和司法机关运用税收法律规范解决具体问题所必须遵循的准则。税法适用原则并不违背税法基本原则，而且在一定程度上体现着税法基本原则。但是与税法基本原则相比，税法适用原则含有更多的法律技术性准则，也更为具体化，具体包括如下几项。

(1) 法律优位原则。法律优位原则的基本含义为法律的效力高于行政立法的效力。法律优位原则在税法中的作用主要体现在处理不同等级税法的关系上。法律优位原则明确了税收法律的效力高于税收行政法规的效力，对此还可以进一步推论为税收行政法规的效力优于税收行政规章的效力。效力低的税法与效力高的税法发生冲突时，效力低的税法即为无效。

(2) 法律不溯及既往原则。法律不溯及既往原则是绝大多数国家所遵循的法律程序技术原则，其基本含义为：一部新法实施后，对新法实施之前人们的行为不得适用新法，而只能沿用旧法。在税法领域内坚持这一原则，目的在于维护税法的稳定性和可预测性，使纳税人能在知道纳税结果的前提下做出相应的经济决策，如此，税收的调节作用才较为有效。

(3) 新法优于旧法原则。新法优于旧法原则也称后法优于先法原则，其基本含义为：新法、旧法对同一事项有不同规定时，新法的效力优于旧法。这一原则的作用在于避免因法律修订带来新法、旧法对同一事项有不同的规定而给法律适用带来的混乱，为法律的更新与完善提供法律适用上的保障。新法优于旧法原则在税法中普遍适用，但是当新税法与旧税法处于普通法与特别法的关系时，以及某些程序性税法引用“实体从旧，程序从新”原则时，可以例外。

(4) 特别法优于普通法原则。这项原则的含义为当针对同一事项两部法律分别定有一般和特别规定时，特别规定的效力高于一般规定的效力。特别法优于普通法原则打破了税法效力等级的限制，即居于特别法地位的级别较低的税法，其效力可以高于作为普通法的级别较高的税法。

(5) 实体从旧、程序从新原则。这一原则的含义包括两个方面：一是实体税法不具备溯及力；二是程序性税法在特定条件下具备一定的溯及力，即对于一项新税法公布实施之前发生的纳税义务在新税法公布实施之后进入税款征收程序的，原则上是新税法具有约束力。

(6) 程序优于实体原则。程序优于实体原则是关于税收争讼法的原则，其基本含义为：在诉讼发生时税收程序法优于税收实体法。适用这一原则，是为了确保国家课税权的实现，不因争议的发生而影响税款的及时、足额入库。

1.3 税法的构成要素

税法要素是指税法应具备的基本内容。税法构成要素一般包括纳税人、征税对象、税率、税收优惠、纳税环节、纳税期限、纳税地点以及总则、罚则和附则等。其中，纳税人、征税对象和税率是构成税法的三个最基本的要素。

1.3.1 纳税人

纳税人，是“纳税义务人”的简称，又称纳税主体，是指税法中规定的直接负有纳税义务的单位和个人。纳税人包括自然人和法人。

1.3.2 征税对象

征税对象，又称“课税对象”“纳税客体”。征税对象是指税法中规定征税的目的物，也就是对什么征税。

征税对象是税法构成要素中的最基础性要素，源于以下两个方面：①征税对象是区分不同税种的最主要标志。各种税的名称通常都是根据征税对象来确定的，如增值税是以增值额为征税对象，所得税是以所得额为征税对象。②征税对象体现着各种税的征税范围，如我国增值税的征税对象是对销售或进口货物，提供加工、修理修配劳务征税，企业所得税的征税对象是对生产经营所得和其他所得征税。

1.3.3 税率

税率是对征税对象的征收比例或征收额度。税率是计算税额的尺度，也是衡量税负轻重与否的重要标志。我国现行税率的基本形式有三种：比例税率、累进税率、定额税率。

1.3.4 税收优惠

税收优惠是税法规定的对某些纳税人或征税对象给予鼓励和照顾的特殊规定。主要有减免税、起征点与免征额等形式。

1.3.5 纳税环节

纳税环节是指征税对象在从生产到消费的流转过程中应当缴纳税款的环节，如流转税在生产和流通环节纳税，所得税在分配环节纳税等。

按纳税环节的多少，可以将税收课征制度分为两类：一次课征制和多次课征制。

1.3.6 纳税期限

纳税期限是税法规定纳税人发生纳税义务后缴纳税款的期限。它是税收的强制性和固定性在时间上的体现。具体规定有三种：按期纳税、按次纳税、按年计征分期预缴。

1.3.7 纳税地点

纳税地点是税法中规定纳税人(包括扣缴义务人)具体缴纳税款的地点。它是根据各税种的征税对象、纳税环节，本着有利于源泉控制税款的原则来确定的。通常税法规定的纳税地点主要有经营机构所在地、经营活动发生地、财产所在地、报关地等。

1.3.8 总则、罚则和附则

总则主要包括立法目的、立法依据、适用原则等内容。

罚则是对纳税人和扣缴义务人违反税法行为而采取的处罚措施。

附则一般规定与该法紧密相关的内容。主要有该法的解释权、生效时间、适用范围及其他的相关规定。

1.4 我国现行税法体系

1.4.1 我国现行税法体系概述

在我国现行税制下，税收实体法体系由20个税种的税收法律、法规组成。这20个税种包括：增值税、消费税、营业税、资源税、企业所得税、个人所得税、城市维护建设税、房产税、车船税、土地增值税、城镇土地使用税、印花税、固定资产投资方向调节税(2000年起暂停征收)、筵席税(暂停征收)、车辆购置税、关税、烟叶税、耕地占用税、契税、船舶吨税。

经国务院批准，自2016年5月1日起，在全国范围内全面推开营业税改征增值税试点，现行营业税纳税人全部改征增值税。

除税收实体法外，我国对税收征收管理适用的法律制度，是按照税收管理机关的不同而分别规定的。

(1) 由税务机关负责征收的税种的征收管理，按照全国人民代表大会常务委员会发布实施的《中华人民共和国税收征收管理法》执行。

(2) 由海关机关负责征收的税种的征收管理，按照《中华人民共和国海关法》及《中华人民共和国进出口关税条例》等有关规定执行。

上述税收实体法和税收征收管理的程序法的法律制度，构成了我国现行税法体系。

1.4.2 税法分类

按各税法的基本内容和效力、职能、作用、征收对象、税收管辖权、收入归属和征收管辖权限的不同，可将其分为不同的类型。

1. 按照税法的基本内容和效力分类

按照税法基本内容的不同，可分为税收基本法和税收普通法。

税收基本法是税法体系的主体和核心，在税法体系中起着税收母法的作用，其基本内容一般包括：税收制度的性质、税法征收范围(税种)等。我国目前还没有制定统一的税收基本法，随着我国税收法制建设的发展和完善，今后，将研究制定税收基本法。税收普通法是指根据税收基本法的原则，对税收基本法规定的事项分别立法实施的法律，如《中华人民共和国个人所得税法》《中华人民共和国税收征收管理法》等。

2. 按照税法的职能、作用分类

按照税法的职能、作用的不同，可分为税收实体法和税收程序法。

税收实体法主要是指确定税种立法，具体规定各税种征收对象、征收范围、税目、税率、纳税地点等，如《中华人民共和国企业所得税法》《中华人民共和国个人所得税法》就属于税收实体法。税收程序法是规定国家征税行使程序和纳税人纳税义务履行程序的法律规范的总称。主要包括税收管理法、纳税程序法、发票管理法、税务机关组织法、税务争议处理法等，如《中华人民共和国税收征收管理法》(以下简称《税收征收管理法》)就属于税收程序法。

3. 按照税法征收对象分类

(1) 对流转税额课税的税法。对流转税额课税的税法主要针对增值税、消费税、关税等。这类税法的征收目的是在商品生产、流通、消费等方面发挥税收调控的作用。征税对象及税率对市场经济活动都有直接的影响，易于发挥对经济的宏观调控作用。

(2) 对所得额课税的税法。对所得额课税的税法主要针对企业所得税、个人所得税等。这类税法的特点是可以直接调节纳税人收入，发挥其公平税负、调整分配关系的作用。

(3) 对财产、行为课税的税法。对财产、行为课税主要是对财产的价值或某种行为课税，包括房产税、印花税等。

(4) 对自然资源课税的税法。对自然资源课税主要是为保护和合理使用国家自然资源而课征的税。我国现行的资源税、城镇土地使用税等税种均属于资源课税的范畴。

4. 按照主权国家行使税收管辖权分类

按照主权国家行使税收管辖权的不同，可分为国内税法、国际税法、外国税法等。国内税法一般是按照属人或属地的原则，规定一个国家的内部税收制度。国际税法是指国家间形成的税收制度，主要包括双边或多边国家间的税收协定、条约和国际惯例等。外国税法是指外国各

个国家制定的税收制度。

5. 按照税收收入归属和征收管辖权限分类

按照税收收入归属和征收管辖权限的不同，可分为中央税、地方税和中央与地方共享税。

中央税属于中央政府的财政收入，由国家税务局征收管理，如消费税、关税等。地方税属于各级地方政府的财政收入，由地方税务局征收管理，如城市维护建设税、城镇土地使用税等。中央与地方共享税属于中央政府和地方政府的共同收入，目前主要由国家税务局征收管理，如增值税。

1.5 纳税管理概述

1.5.1 实行“一照一码”制度

1. 设立(开业)登记制度

设立(开业)登记的主要内容：在全面实施工商业执照、组织机构代码证、税务登记证“三证合一”登记制度改革的基础上，再整合社会保险登记证和统计登记证，从2016年10月1日起正式实施“五证合一、一照一码”。企业领取载有18位“统一社会信用代码”营业执照后，无须再次进行税务登记，也不再领取税务登记证。

申请人办理企业注册登记时只需填写“一张表格”，向“一个窗口”提交“一套材料”。登记部门直接核发加载统一社会信用代码的营业执照，相关信息在全国企业信用信息公示系统公示，并归集至全国信用信息共享平台。

从2017年1月1日起，一律改为使用加载统一社会信用代码的营业执照，原发证照不再有效。改革后，原要求企业使用社会保险登记证和统计登记证办理相关业务的，一律改为使用营业执照办理，各级部门、企事业单位及中介机构等均要予以认可，不得要求企业提供其他身份证明材料，各行业主管部门要加强指导和督促，积极推进电子营业执照的应用。

特别提醒：“一照一码”是指各类企业、农民专业合作社及其分支机构在办理设立登记时，不再发放企业的组织机构代码证、税务登记证，只发放记载统一社会信用代码的营业执照。“一照”即营业执照，“一码”即统一社会信用代码。“一照一码”证照具有营业执照、组织机构代码证、税务登记证的相关功能。

2. 实行“一照一码”后的变更登记

变更登记的主要内容包括以下几个方面。

(1) 企业涉税信息如生产经营地、财务负责人、核算方式发生变化需要变更时，向主管税务机关申请变更；其他登记机关登记的信息发生变化的，向工商登记机关申请变更。

(2) 已登记企业申请变更登记或申请换发营业执照的，应当换发载有统一社会信用代码的营业执照。原营业执照、组织机构代码证、税务登记证等五证由企业登记机关收缴、存档；原证件遗失的，申请人应当提交刊登遗失公告的报纸报样。

(3) 更换所需材料：原营业执照、组织机构代码证、税务登记证、社会保险登记证和统计登记证。更换地址：原营业执照发放地市场监督管理局。

特别提醒：“财务负责人”“核算方式”“经营地址”的变更事项，应直接向税务登记机关申请变更。

3. 实行“一照一码”后的企业注销

实行“五证合一、一照一码”登记模式的企业办理注销登记，须先向税务主管机关申报清税，填写“清税申报表”。企业可以向国税、地税任何一方税务主管机关提出清税申报，税务机关受理后应将企业清税申报信息同时传递给另一方税务机关。国税、地税税务主管机关按照各自职责分别进行清税，限时办理。清税完毕后，一方税务机关及时将本部门的清税结果信息反馈给受理税务机关，由受理税务机关根据国税、地税清税结果向纳税人统一出具“清税证明”，纳税人凭“清税证明”向工商登记机关申请注销。

过渡期间未换发“五证合一、一照一码”营业执照的企业申请注销，到主管税务机关办理。

特别提醒：已按照“五证合一”登记模式领取加载统一社会信用代码营业执照的企业，不需要重新申请办理“五证合一”登记，由登记机关将相关登记信息发送至社会保险经办机构、统计机构等单位。企业原证照有效期满、申请变更登记或申请换发营业执照的，登记机关换发加载统一社会信用代码的营业执照。取消社会保险登记证和统计登记证的定期验证和换证制度，改为企业按规定自行向工商部门报送年度报告并向社会公示，年度报告要通过全国企业信用信息公示系统向社会保险经办机构、统计机构等单位开放共享。没有发放和已经取消统计登记证的地方通过与统计机构信息共享的方式做好衔接。

1.5.2 金税三期系统

金税工程是经国务院批准的国家级电子政务工程，是国家电子政务“十二金”工程之一，是税收管理信息系统工程的总称。自1994年开始，历经金税一期、金税二期、金税三期工程建设，为我国税收工作取得巨大成就和不断进步做出了重要的贡献。

2015年1月8日起，金税三期系统正式启用。金税三期系统上线后，纳税人足不出户即可完成之前的涉税项目。由于系统的统一，纳税人在国税、地税任何一方进行提交，都能够办理涉税事项。

特别提醒：①金税三期系统上线后，出口企业不需要在金税三期系统办理出口货物退(免)税资格认定的认定、变更和注销业务，仍统一在出口退税审核系统内办理即可。②金税三期系统上线后，非居民企业均应到主管税务机关办理税务登记手续，即常驻代表机构应办理设立税务登记；源泉扣缴和指定扣缴申报的纳税人应办理组织临时登记；在中国境内承包工程作业和提供劳务自行申报的非居民企业应办理临时税务登记。

1.5.3 办税事项“二维码”一次性告知措施

税务总局决定自2016年1月起，在全国推行办税事项“二维码”一次性告知措施(简称“二维码”措施)。办税事项“二维码”一次性告知是指税务机关制作并在办税服务厅、门户网站等办税服务平台设置二维码图标，纳税人扫描相应业务的二维码即可通过手机等移动终端获知办理该项业务的资料准备、基本流程等信息。

1. “二维码”措施的业务内容

“二维码”一次性告知事项内容主要包括“全国统一事项”和“地方适用事项”。

(1) “全国统一事项”是指税务总局根据《全国税务机关服务规范》对服务事项进行梳理，就全国通行事项统一制发二维码。目前，税务总局共梳理“全国统一事项”110项，包括税务登记20项，税务认定27项，发票办理11项，申报纳税23项，优惠办理4项，证明办理25项。后期，税务总局将根据具体业务的变化定期对“全国统一事项”业务内容进行增减和修订。

(2) “地方适用事项”是指省税务机关对地方业务进行梳理，自行生成供本地纳税人适用的二维码。“地方适用事项”不得与现行涉税法律法规、“全国统一事项”及相关规定相悖，并且原则上不与“全国统一事项”重复。

2.“二维码”措施的宣传和应用

各级税务机关要利用办税服务厅、门户网站、微博、微信等多种渠道加强对办税事项“二维码”一次性告知工作的宣传，办税服务厅人员和热线座席人员要主动引导纳税人扫描相应业务的二维码，帮助纳税人理解和使用二维码。

(1) 各级税务机关应在办税服务厅的导税台、咨询台和各办税窗口明显位置摆放印有二维码图标的指南，同时在资料架上摆放宣传手册供纳税人查阅。

(2) 税务总局和省税务机关应在门户网站等网上办税平台首页显示“二维码”一次性告知窗口(悬浮窗)，纳税人点开链接后，可以扫描二维码查看相应业务。已开通手机APP、微信和微博的单位，要通过这些渠道主动推送二维码。

1.5.4 纳税人凭证、账簿管理

1. 设置账簿的范围

从事生产、经营的纳税人应当自领取营业执照或者发生纳税义务之日起15日内设置账簿。扣缴义务人应当自税收法律、行政法律规定的扣缴义务发生之日起10日内，按照所代扣、代收的税种，分别设置代扣代缴、代收代缴税款账簿。

特别提醒：设置账簿的起止日期为“领取营业执照之日”，而非“领取税务登记证之日”。

1) 对会计核算的要求

纳税人使用计算机记账的，应当在使用前将会计电算化系统的会计核算软件、使用说明书及有关资料报送主管税务机关备案。

账簿、会计凭证和报表，应当使用中文。民族自治地方可以同时使用一种当地通用的民族文字。外商投资企业和外国企业可以同时使用一种外国文字。

2) 对财务会计制度的管理

(1) 备案制度。凡从事生产、经营的纳税人必须将所采用的财务会计制度和具体的财务会计处理办法，按税务机关的规定，自领取税务登记证件之日起15日内，及时报送主管税务机关备案。

特别提醒：起始日期为“领取税务登记证之日”，而非“领取营业执照之日”。

(2) 会计制度、办法与税收规定相抵触的处理办法。当从事生产、经营的纳税人、扣缴义务人所使用的财务会计制度和具体的财务会计处理办法与国务院和财政部、国家税务总局有关税收方面的规定相抵触时，纳税人、扣缴义务人必须按照国务院制定的税收法规的规定或者财政部、国家税务总局制定的有关税收的规定计缴税款。

2. 账簿、凭证的保管

从事生产经营的纳税人、扣缴义务人必须按照国务院财政、税务主管部门规定的保管期限保管账簿、记账凭证、完税凭证及其他有关资料。账簿、记账凭证、报表、完税凭证、发票、出口凭证以及其他有关涉税资料不得伪造、变造或者擅自损毁。

除法律、行政法规另有规定以外，账簿、记账凭证、报表、完税凭证、发票、出口凭证以及其他有关涉税资料应当保存10年。

1.5.5 税收票证管理

2013年1月25日，国家税务总局审议通过《税收票证管理办法》，自2014年1月1日起施行。

1. 税收票证的定义及形式

税收票证是指税务机关、扣缴义务人依照法律法规，代征代售人按照委托协议，征收税款、基金、费、滞纳金、罚没款等各项收入(以下统称税款)的过程中，开具的收款、退款和缴库凭证。税收票证是纳税人实际缴纳税款或者收取退还税款的法定证明。

税收票证包括纸质形式和数据电文形式。数据电文税收票证是指通过横向联网电子缴税系统办理税款的征收缴库、退库时，向银行、国库发送的电子缴款、退款信息。纸质税收票证的基本联次包括收据联、存根联、报查联。收据联交纳税人作完税凭证；存根联由税务机关、扣缴义务人、代征代售人留存；报查联由税务机关作会计凭证或备查。

2. 税收票证的基本要素

税收票证的基本要素包括：税收票证号码、征收单位名称、开具日期、纳税人名称、纳税人识别号、税种(费、基金、罚没款)、金额、所属时期等。

3. 税收票证的种类

税收票证包括税收缴款书、税收收入退还书、税收完税证明、出口货物劳务专用税收票证、印花税专用税收票证，以及国家税务总局规定的其他税收票证。

1) 税收缴款书

税收缴款书是纳税人据以缴纳税款，税务机关、扣缴义务人以及代征代售人据以征收、汇总税款的税收票证，具体包括以下内容。

(1)《税收缴款书(银行经收专用)》。由纳税人、税务机关、扣缴义务人、代征代售人向银行传递，通过银行划缴税款(出口货物劳务增值税、消费税除外)到国库时使用的纸质税收票证。适用范围：纳税人自行填开或税务机关开具，纳税人据以在银行柜面办理缴税(转账或现金)，由银行将税款缴入国库；税务机关收取现金税款、扣缴义务人扣缴税款、代征代售人代征税款后开具，据以在银行柜面办理税款汇总缴入国库；税务机关开具，据以办理“代缴库税款”账户款项缴入国库。

(2)《税收缴款书(税务收现专用)》。纳税人以现金、刷卡(未通过横向联网电子缴税系统)方式向税务机关缴纳税款时，由税务机关开具并交付纳税人的纸质税收票证。代征人代征税款时，也应开具本缴款书并交付纳税人。为方便流动性零散税收的征收管理，本缴款书可以在票面印有固定金额，具体面额种类由各省税务机关确定，但是，单种面额不得超过100元。

(3)《税收缴款书(代扣代收专用)》。扣缴义务人依法履行税款代扣代缴、代收代缴义务时开具并交付纳税人的纸质税收票证。扣缴义务人代扣代收税款后，已经向纳税人开具税法规定或国家税务总局认可的记载完税情况的其他凭证的，可不再开具本缴款书。

(4)《税收电子缴款书》。税务机关将纳税人、扣缴义务人、代征代售人的电子缴款信息通过横向联网电子缴税系统发送给银行，银行据以划缴税款到国库时，由税收征管系统生成的数据电文形式的税收票证。

2) 税收收入退还书

税收收入退还书是税务机关依法为纳税人从国库办理退税时使用的税收票证，具体包括以下内容。

(1)《税收收入退还书》。税务机关向国库传递，依法为纳税人从国库办理退税时使用的纸质税收票证。

(2)《税收收入电子退还书》。税务机关通过横向联网电子缴税系统依法为纳税人从国库办理退税时，由税收征管系统生成的数据电文形式的税收票证。

特别提醒：税收收入退还书应当由县以上税务机关税收会计开具并向国库传递或发送。

3) 税收完税证明

税收完税证明是税务机关为证明纳税人已经缴纳税款或者已经退还纳税人税款而开具的纸质税收票证，其适用范围如下所述。

(1) 纳税人、扣缴义务人、代征代售人的电子缴款信息通过横向联网电子缴税系统划缴税款到国库(经收处)后或收到从国库退还的税款后，当场或事后需要取得税收票证的。

(2) 扣缴义务人代扣代收税款后，已经向纳税人开具税法规定或国家税务总局认可的记载完税情况的其他凭证，纳税人需要换开正式完税凭证的。

(3) 纳税人遗失已完税的各种税收票证(《出口货物完税分割单》、印花税票和《印花税票销售凭证》除外)，需要重新开具的。

(4) 对纳税人特定期间完税情况出具证明的。

(5) 国家税务总局规定的其他需要为纳税人开具完税凭证的情形。

4) 出口货物劳务专用税收票证

出口货物劳务专用税收票证是由税务机关开具，专门用于纳税人缴纳出口货物劳务增值税、消费税或者证明该纳税人在销售给其他出口企业的货物已经缴纳增值税、消费税的纸质税收票证，具体包括以下内容。

(1)《税收缴款书(出口货物劳务专用)》。由税务机关开具，专门用于纳税人缴纳出口货物劳务增值税、消费税时使用的纸质税收票证。纳税人以银行经手方式、税务收现方式，或者通过横向联网电子缴税系统缴纳出口货物劳务增值税、消费税附征的其他税款时，税务机关应当根据缴款方式，使用其他种类的缴款书，不得使用本缴款书。

(2)《出口货物完税分割单》。已经缴纳出口货物增值税、消费税的纳税人将购进货物再销售给其他出口企业时，为证明所售货物完税情况，便于其他出口企业办理出口退税，到税务机关换开的纸质税收票证。

5) 印花税专用税收票证

印花税专用税收票证是税务机关或印花税代售人在征收印花税时向纳税人交付、开具的纸质税收票证，具体包括以下内容。

(1) 印花税票。印有固定金额，专门用于征收印花税的有价证券。纳税人缴纳印花税，可以购买印花税票贴花缴纳，也可以开具税收缴款书缴纳。采用开具税收缴款书缴纳的，应当将纸质税收缴款书或税收完税证明粘贴在应税凭证上，或者由税务机关在应税凭证上加盖印花税收讫专用章。

(2)《印花税票销售凭证》。税务机关和印花税票代售人销售印花税票时一并开具的专供购买方报销的纸质凭证。

特别提醒：《税收缴款书(税务收现专用)》《税收缴款书(代扣代收专用)》《税收缴款书(出口货物劳务专用)》《出口货物完税分割单》、印花税票、税收完税证明应当视同现金进行严格管理。

税收票证应当按规定的适用范围填开，不得混用。

税务机关、代征代售人征收税款时应当开具税收票证。通过横向联网电子缴税系统完成税款缴纳或者退款后，纳税人需要纸质税收票证的，税务机关应当开具。扣缴义务人代扣代收税款时，纳税人要求扣缴义务人开具税收票证的，扣缴义务人应当开具。

1.5.6 纳税信用评价

自2014年10月1日起，纳税信用评价采取年度评价指标得分和直接判级方式。评价指标包括税务内部信息和外部评价信息。年度评价指标得分采取扣分方式。纳税人评价年度内经常性指标和非经常性指标信息齐全的，从100分起评；非经常性指标缺失的，从90分起评。

纳税信用级别设A、B、C、D共4个级别。A级纳税信用为年度评价指标得分90分以上的；B级纳税信用为年度评价指标得分70分以上不满90分的；C级纳税信用为年度评价指标得分40分以上不满70分的；D级纳税信用为年度评价指标得分不满40分或者直接判级确定的。

1. 纳税信用评价的具体规定

(1) 有下列情形之一的纳税人，本评价年度不能评为A级：①实际经营期不满3年的；②上一年度纳税信用评价结果为D级的；③非正常原因一个评价年度内增值税连续3个月或者累计6个月零申报、负申报的；④不能按照国家统一的会计制度规定设置账簿，并根据合法、有效凭证核算，向税务机关提供准确税务资料的。

(2) 有下列情形之一的纳税人，本评价年度直接判为D级：①存在逃避缴纳税款、逃避追缴欠税、骗取出口退税、虚开增值税专用发票等行为，经判决构成涉税犯罪的；②存在前项所列行为，未构成犯罪，但偷税(逃避缴纳税款)金额10万元以上且占各税种应纳税总额10%以上，或者存在逃避缴纳欠税、骗取出口退税、虚开增值税专用发票等税收违法行为，已缴纳税款、滞纳金、罚款的；③在规定期限内未按税务机关处理结论缴纳或者足额缴纳税款、滞纳金和罚款的；④以暴力、威胁方法拒不缴纳税款或者拒绝、阻挠税务机关依法实施税务稽查执法行为的；⑤存在违反增值税发票管理规定或者违反其他发票管理规定的行为，导致其他单位或者个人未缴、少缴或者骗取税款的；⑥提供虚假申报材料享受税收优惠政策的；⑦骗取国家出口退税款，被停止出口退(免)税资格未到期的；⑧有非正常户记录或者由非正常户直接责任人员注册登记或者负责经营的；⑨由D级纳税人的直接责任人员注册登记或者负责经营的；⑩存在税务机关依法认定的其他严重失信情形的。

2. 税务机关的奖惩措施

(1) 对纳税信用评价为A级的纳税人，税务机关予以下列激励措施：①主动向社会公告年度A级纳税人名单；②一般纳税人可单次领取3个月的增值税发票用量，需要调整增值税发票用量可即时办理；③普通发票按需领用；④连续3年被评为A级信用级别(简称“三连A”)的纳税人，除享受以上措施外，还可以由税务机关提供绿色通道或专门人员帮助办理涉税事项；⑤税务机关与相关部门实施的联合激励措施，以及结合当地实际情况采取的其他激励措施。

(2) 对纳税信用评价为D级的纳税人，税务机关应采取以下措施：①公开D级纳税人及其直接责任人员名单，对直接责任人员注册登记或者负责经营的其他纳税人纳税信用等级直接判为D级；②增值税专用发票领用按辅导期一般纳税人政策办理，普通发票的领用实行交(验)旧供新、严格限量供应；③加强出口退税审核；④加强纳税评估，严格审核其报送的各种资料；⑤列入重点监控对象，增加监督检查频次，发现税收违法违规行为的，不得适用规定处罚幅度内的最低标准；⑥将纳税信用评价结果通报相关部门，建议在经营、投融资、获得政府供应土地、进出口、出入境、注册新公司、工程招投标、政府采购、获得荣誉、安全许可、生产许可、从业任职资格、资质审核等方面予以限制或禁止；⑦D级评价保留2年，第3年纳税信用不得评价为A级；⑧税务机关与相关部门实施的联合惩戒措施，以及结合实际情况依法采取的其他严格管理措施。

本章小结

税收是人类社会发展到一定历史阶段的产物。税收是税法产生、存在和发展的基础，是决定税法性质和内容的重要因素。税收与税法之间的关系是一种经济内容与法律形式内在结合的关系。税收以法律形式固定下来以后，国家与纳税人之间的经济关系便上升为一种法律关系，即税收法律关系。税法是国家制定的用以调整国家与纳税人之间在征纳税方面的权利及义务关系的法律规范的总称。它是国家依法征税、纳税人依法纳税的行为准则，其目的是保障国家利益和纳税人的合法权益，维护正常的税收秩序，保证国家的财政收入。税法具有义务性法规和综合性法规的特点。

课后练习题

1. 税收的概念及主要作用是什么？
2. 税法有哪些基本原则？
3. 税法的作用有哪些？
4. 税收的特征有哪些？
5. 税收的法律关系有哪些？

第2章 增值税法

本章要点提示

- 增值税的概念及类型
- 增值税的征收范围和纳税人
- 增值税的税率和征收率
- 增值税的计算与缴纳
- 出口货物退(免)税
- 起征点和减免税
- 增值税专用发票的使用管理
- 营业税改征增值税

2.1 增值税概述

2.1.1 增值税的概念

增值税是对在我国境内销售货物，提供加工、修理修配劳务以及进口货物的单位和个人，就其取得的增值额为计算依据征收的一种税。

2.1.2 增值税的类型

以增值额的价值构成为标准，可以把增值税分为三种类型。

(1) 生产型增值税。在计算增值税时，不扣除固定资产价值中所含有的税款。就整个社会而言，增值额大体上相当于国民生产总值。

(2) 收入型增值税。在计算增值税时，可以扣除固定资产折旧部分。就整个社会而言，增值额大体上相当于国民收入。

(3) 消费型增值税。在计算增值税时，可以将固定资产价值中所含的税款全部扣除。就整个社会而言，增值额仅相当于社会消费资料的价值。

增值税各类型的分析、比较，如表2-1所示。

表2-1 增值税各类型的分析、比较

增值税类型	内容分析	优点	缺点
生产型	课税基数大体相当于国民生产总值的统计口径，不允许扣除任何外购固定资产的增值税进项税额 法定增值额>理论增值额	保证财政收入	对固定资产存在重复征税；不利于鼓励投资

(续表)

增值税类型	内容分析	优点	缺点
收入型	课税基数相当于国民收入部分，外购固定资产价款只允许扣除当期计入产品价值的折旧费部分 法定增值额=理论价值额	一种标准的增值税	给凭借发票扣税的计算带来困难
消费型(我国2009年全面实施)	课税基数仅限于消费资料价值的部分，允许将当期购入的固定资产增值税进项税额一次全部扣除	凭发票扣税，便于操作，也便于管理，最简便，最能体现增值税的优越性	购入固定资产的当期因扣除额大大增加而减少财政收入

2.1.3 增值税的计税方法

增值税是以增值额作为课税对象征收的一种税，为实现对增值额征税的目的，增值税的计税方法可以分为直接计税法和间接计税法。

1. 直接计税法

直接计税法是按照规定直接计算出应税货物或劳务的增值额，然后以此为依据乘以适用税率，计算出应纳税额的一种计税方法。

2. 间接计税法

间接计税法是将各增值项目分别乘以适用税率，再相加以求得应纳增值税额，即以纳税人在纳税期内销售应税货物(或劳务)的销售额乘以适用税率，求出销售应税货物(或劳务)的整体税金(销项税额)，然后扣除非增值项目，即企业购进货物或者应税劳务已纳税额(进项税额)的方法，其余额即为纳税人应纳的增值税额。计算公式为

应纳税额=当期应税销售额×增值税率−当期增值项目已纳税额 (2-1)

=当期销项税额−当期进项税额

这种方法比较简便易行，目前为大多数国家所采用。我国目前所采用的增值税计算方法为间接计税法，也称购进扣税法，即在计算进项税额时，按当期购进商品已纳税额计算。在实际征收中，采用凭增值税专用发票或其他合法扣税凭证注明税款进行抵扣的办法，从而计算应纳税款。

2.1.4 增值税的特点

(1) 保持税收中性。根据增值税的计税原理，流转额中的非增值因素在计税时被扣除。因此，对同一商品而言，无论流转环节多与少，只要增值额相同，税负就相等，不会影响商品的生产结构、组织结构和产品结构。

(2) 普遍征收。从增值税的征税范围看，对从事商品生产经营和提供劳务的所有单位和个人，在商品增值的各个生产流通环节向纳税人普遍征收。

(3) 税收负担由商品最终消费者承担。虽然增值税是向企业主征收，但企业主在销售商品时又通过价格将税收负担转嫁给下一生产流通环节，最后由最终消费者承担。

(4) 实行税款抵扣制度。在计算企业主应纳税款时，要扣除商品在以前生产环节已负担的税款，以避免重复征税。从世界各国来看，一般都实行凭购货发票进行抵扣的制度。

(5) 实行比例税率。实行增值税制度的国家普遍实行比例税制，以贯彻征收简便易行的原则。由于增值额对不同行业和不同企业、不同产品来说性质是一样的，原则上对增值额应采用

单一比例税率。但为了贯彻一些经济社会政策也会对某些行业或产品实行不同的政策，因而引入增值税的国家一般都规定基本税率和优惠税率或称低税率。

(6) 实行价外税制度。在计税时，作为计税依据的销售额中不包含增值税税额，这样有利于形成均衡的生产价格，并有利于税负转嫁的实现。这是增值税与传统的以全部流转额为计税依据的流转税或商品课税的一个重要区别。

2.1.5 我国增值税制度的建立与发展

从1954年法国成功地推行了增值税，到2005年，世界上已有140多个国家和地区实行了增值税。

我国现行增值税法的基本规范，是2008年11月10日国务院颁布的《中华人民共和国增值税暂行条例》。

我国从1979年起在部分城市试行增值税。1982年，财政部制定了《增值税暂行办法》，并自1983年1月1日开始在全国试行。1984年9月，在总结经验的基础上，国务院制定了《中华人民共和国增值税条例(草案)》，并自当年10月起施行。1993年12月13日，国务院发布了《中华人民共和国增值税暂行条例》，并自1994年1月1日起施行。为进一步完善税制，国务院决定全面实施增值税转型改革，修订《中华人民共和国增值税暂行条例》(以下简称《增值税暂行条例》)，2008年11月5日经国务院第34次常务会议审议通过，11月10日以国务院令第538号公布，于2009年1月1日起施行。2008年12月15日，财政部、国家税务总局制定了《中华人民共和国增值税暂行条例实施细则》(以下简称《增值税暂行条例实施细则》)，以财政部、国家税务总局令第50号发布。《增值税暂行条例(2016年修正)》于2016年2月6日以第666号国务院令颁布实施。

经国务院批准，自2013年8月1日起，在全国范围内开展交通运输业和部分现代服务业营改增试点。自2016年5月1日起，全面推开营业税改征增值税试点工作。

2.2 增值税的征收范围和纳税人

2.2.1 增值税的征收范围

1. 征收范围的一般规定

增值税的征收范围，包括在境内销售货物、提供应税劳务和进口货物。

(1) 在境内销售货物。货物是指有形动产，包括电力、热力、气体在内。销售货物是指有偿转让货物的所有权。有偿是指从购买方取得货币、货物或者其他经济利益。在境内销售货物，是指销售货物的起运地或者所在地在中国境内。

(2) 在境内提供应税劳务。提供应税劳务是指在境内有偿提供的加工、修理修配劳务，但不包括单位或个体经营者聘用员工为本单位或雇主提供的加工、修理修配劳务。加工，是指受托加工货物，即委托方提供原料及主要材料，受托方按照委托方的要求制造货物并收取加工费的业务；修理修配，是指受托方对损伤和丧失功能的货物进行修复，使其恢复原状和功能的业务。在境内提供的加工、修理修配劳务，是指所提供的加工、修理修配劳务发生在中国境内。

(3) 进口货物。对纳税人报关的货物，按照规定征收增值税。

2. 征收范围的特殊规定

1) 视同销售货物

(1) 将货物交付其他单位或者个人代销。

(2) 销售代销货物。

(3) 设有两个以上机构并实行统一核算的纳税人，将货物从一个机构移送其他机构用于销售，但相关机构设在同一县(市)的除外。

(4) 将自产或者委托加工的货物用于非增值税应税项目。

(5) 将自产、委托加工的货物用于集体福利或者个人消费；

(6) 将自产、委托加工或者购进的货物作为投资，提供给其他单位或者个体工商户。

(7) 将自产、委托加工或者购进的货物分配给股东或者投资者。

(8) 将自产、委托加工或者购进的货物无偿赠送其他单位或者个人。

2) 混合销售行为及非增值税应税劳务

混合销售行为，是指一项既涉及货物又涉及服务的销售行为。

混合销售行为成立的标准有两点：一是其销售行为必须是一项。二是该项行为必须既涉及服务又涉及货物，其“货物”是指增值税税法中规定的有形动产，包括电力、热力和气体；服务是指属于改征范围的交通运输服务、建筑服务、金融保险服务、邮政服务、电信服务、现代服务、生活服务等。

在确定混合销售是否成立时，其行为标准中的上述两点必须同时存在，如果一项销售行为只涉及销售服务，不涉及货物，这种行为就不是混合销售行为；反之，如果涉及销售服务和涉及货物的行为，不是存在一项销售行为之中，这种行为也不是混合销售行为。

例如，生产货物的单位，在销售货物的同时附带运输，这种销售货物及提供运输的行为属于混合销售行为，所收取的货物款项及运输费用应一律按销售货物计算缴纳增值税。也就是说，销售服务是为直接销售一批货物而提供的，两者之间是紧密的从属关系。

营改增后，根据财税〔2016〕36号文件第四十条规定，一项销售行为如果既涉及服务又涉及货物，为混合销售。从事货物的生产、批发或者零售的单位和个体工商户的混合销售行为，按照销售货物缴纳增值税；其他单位和个体工商户的混合销售行为，按照销售服务缴纳增值税。

上述所称从事货物的生产、批发或者零售的单位和个体工商户，包括以从事货物的生产、批发或者零售为主，兼营销售服务的单位和个体工商户在内。

3) 兼营

兼营是指纳税人的经营范围既包括销售货物和加工修理修配劳务，又包括销售服务、无形资产或者不动产。但是销售货物、加工修理修配劳务，以及服务、无形资产或者不动产不同时发生在同一项销售行为中。

根据《中华人民共和国增值税暂行条例实施细则》的规定，纳税人销售货物、加工修理修配劳务、服务、无形资产或者不动产适用不同税率或者征收率的，应当分别核算适用不同税率或者征收率的销售额，未分别核算销售额的，按照以下方法适用税率或者征收率。

(1) 兼有不同税率的销售货物、加工修理修配劳务、服务、无形资产或者不动产，从高适用税率。

(2) 兼有不同征收率的销售货物、加工修理修配劳务、服务、无形资产或者不动产，从高适用征收率。

(3) 兼有不同税率和征收率的销售货物、加工修理修配劳务、服务、无形资产或者不动产，从高适用税率。

兼营行为的分类，如表2-2所示。

表2-2 兼营行为的分类

经营行为	分类和特点	税务处理原则
兼营	纳税人兼营不同税率应税项目	要划清收入，按各收入对应的税率计算纳税；对划分不清的，一律从高从重计税
	纳税人兼营免税、减税项目	应当分别核算免税、减税项目的销售额；未分别核算销售额的，不得免税、减税

2.2.2 纳税人与扣缴义务人

1. 纳税人

增值税纳税人是指在中华人民共和国境内(以下简称境内)负有缴纳增值税义务的单位和个人。在我国境内销售货物或者提供加工、修理、修配劳务、应税服务以及进口货物的单位和个人，为增值税纳税人。单位是指企业、行政单位、事业单位、军事单位、社会团体及其他单位。个人是指个体工商户和其他个人。

单位以承包、承租、挂靠方式经营的，承包人、承租人、挂靠人(以下统称承包人)以发包人、出租人、被挂靠人(以下统称发包人)名义对外经营并由发包人承担相关法律责任的，以该发包人为纳税人。否则，以承包人为纳税人。

两个或者两个以上的纳税人，经财政部和国家税务总局批准可以视为一个纳税人合并纳税。

纳税人分为一般纳税人和小规模纳税人。

1) 一般纳税人

应税行为的年应征增值税销售额(以下称应税销售额)超过财政部和国家税务总局规定标准的纳税人为一般纳税人，未超过规定标准的纳税人为小规模纳税人。

年应税销售额未超过规定标准的纳税人，会计核算健全，能够提供准确税务资料的，可以向主管税务机关办理一般纳税人资格登记，成为一般纳税人。

会计核算健全，是指能够按照国家统一的会计制度规定设置账簿，根据合法、有效凭证核算。

符合一般纳税人条件的纳税人，应当向主管税务机关办理一般纳税人资格登记。具体的登记办法由国家税务总局制定。除国家税务总局另有规定外，一经登记为一般纳税人后，不得转为小规模纳税人。

2) 小规模纳税人

小规模纳税人是指年应税销售额在规定标准以下的纳税人。

小规模纳税人的标准：从事货物生产或者提供应税劳务的纳税人，以及从事货物生产或者提供应税劳务为主(年货物生产或提供应税劳务的销售额占年应税销售额的比重在50%以上)，兼营货物批发或者零售的纳税人，年应税销售额在50万元以下(含50万元)的；其他纳税人，年应税销售额在80万元以下(含80万元)的。

3) 小规模纳税人和一般纳税人的认定及管理

(1) 小规模纳税人划分的具体标准，如表2-3所示。

表2-3 小规模纳税人划分的具体标准

小规模纳税人		具体划分标准
基本划分标准	年销售额的大小	(1) 从事货物生产或者以提供应税劳务为主的纳税人，年应纳增值税销售额(以下简称应税销售额)在50万元(含)以下的，为小规模纳税人 (2) 以货物批发或者零售为主的纳税人，年应税销售额在80万元以下的，为小规模纳税人 (3) 应税服务年销售额标准为500万元，应税服务未超过500万元的纳税人为小规模纳税人 上述经营期内年应税销售额，包括纳税申报销售额、稽查查补销售额、纳税评估调整销售额、税务机关代开发票销售额和免税销售额。经营期是指纳税人存续期内的连续经营期间，含未取得销售收入的月份
	会计核算水平	有固定的生产经营场所；能够按照国家统一的会计制度规定设置账簿，根据合法、有效的凭证核算；能够提供准确的税务资料
特殊划分标准		(1) 年应税销售额超过小规模纳税人标准的其他个人按小规模纳税人纳税 (2) 非企业性单位、不经常发生应税行为的企业可选择按小规模纳税人纳税
下列纳税人不办理一般纳税人资格认定		(1) 个体工商户以外的其他个人(自然人) (2) 选择按照小规模纳税人纳税的非企业性单位(行政单位、事业单位、军事单位、社会团体和其他单位) (3) 选择按照小规模纳税人纳税的不经常发生应税行为的企业(偶然发生增值税应税行为的非增值税纳税人)
小规模纳税人的管理		小规模纳税人实行简易办法征收增值税，一般不得使用增值税专用发票

(2) 一般纳税人应当向主管税务机关申请资格认定。一般纳税人资格认定规则，如表2-4所示。

表2-4 一般纳税人资格认定规则

认定申请	认定规则
申请对象	凡增值税一般纳税人(以下简称一般纳税人)，均应向其企业所在地(县、市、区)国家税务局或者同级别的税务分局(以下简称认定机关)申请办理一般纳税人认定手续
申请时间	新开业的纳税人，可在办理税务登记之日起30日内申请一般纳税人资格认定。认定机关对有固定经营场所、有合法有效凭证及账簿并能提供准确纳税资料的纳税人认定为一般纳税人，已开业小规模纳税人转为一般纳税人 (1) 主动申请认定。在销售额达到一般纳税人标准的申报期(月份或季度)结束后40日(工作日)内，向主管税务机关报送“增值税一般纳税人申请认定表”，认定机关应当在主管税务机关受理申请之日起20日内完成一般纳税人资格认定，并由主管税务机关制作、送达“税务事项通知书”告知纳税人 (2) 被动通知认定。纳税人未在规定期限内申请一般纳税人资格认定的，主管税务机关应在期限结束后20日内制作并送达“税务事项通知书”告知纳税人；年应税销售额已超过小规模纳税人标准，应当在收到“税务事项通知书”后10日内向主管税务机关报送“增值税一般纳税人申请认定表” (3) 选择认定的纳税人不办理一般纳税人认定也须申请得到批准，纳税人自认定机关认定为一般纳税人的次月起(新开业纳税人自认定机关认定为一般纳税人的当月起)，按税法规定计税并按规定领购、使用增值税专用发票
相关规定	(4) 除国家税务总局另有规定外，纳税人一经认定为一般纳税人后，不得转为小规模纳税人 (5) 主管税务机关可在一定期限内对下列新认定一般纳税人的企业实行辅导期管理 ① 小型商贸批发企业——辅导期管理期限3个月 ② 国家税务总局规定的其他企业——辅导管理权限6个月 (6) 辅导期纳税人应在“应交税金”科目下增设“待抵扣进项税额”明细科目

2. 扣缴义务人

中华人民共和国境外(以下称境外)单位或者个人在境内发生应税行为，在境内未设有经营机构的，以购买方为增值税扣缴义务人。财政部和国家税务总局另有规定的除外。

扣缴义务人按照下列公式计算应扣缴税额

应扣缴税额=购买方支付的价款÷(1+税率)×税率　　(2-2)

2.3 增值税的税率和征收率

2.3.1 增值税的税率

1. 基本税率

纳税人销售货物或进口货物，除适用低税率、零税率外，均适用17%的税率。

纳税人提供加工、修理修配劳务，适用17%的税率。但对印刷企业接受出版单位委托自行购买纸张，印刷有统一刊号(CN)及采用国际标准书号编序的图书、报纸和杂志，按货物销售征收增值税。(财税〔2005〕165号)

2. 低税率

1) 适用11%的税率

纳税人销售或进口下列货物，适用11%的税率。

(1) 粮食、食用植物油。

(2) 自来水、暖气、冷气、热水、煤气、石油液化气、沼气、居民用煤炭制品。

(3) 图书、报纸、杂志。

(4) 饲料、化肥、农药、农机、农膜。

(5) 国务院规定的其他货物。

(6) 一般纳税人提供交通运输、邮政、基础电信、建筑、不动产租赁服务、销售不动产、转让土地使用权。

2) 适用6%的税率

纳税人发生提供增值电信服务、金融服务、现代服务(租赁服务除外)、生活服务、转让土地使用权以外的其他无形资产的应税行为。

3. 零税率

纳税人出口货物，税率为零，国务院另有规定的除外。

税率的调整，由国务院决定。

纳税人兼营不同税率的货物或者应税劳务，应当分别核算不同税率货物或者应税劳务的销售额。未分别核算销售额的，从高适用税率。

2.3.2 增值税的征收率

1. 小规模纳税人适用的征收率

小规模纳税人销售货物或者提供应税劳务，增值税的征收率为3%；不动产销售和租赁及相关项目，增值税的征收率为5%。

2. 一般纳税人适用的征收率

根据《财政部 国家税务总局关于简并增值税征收率政策的通知》(财税〔2014〕57号)的规定，为进一步规范税制、公平税负，经国务院批准，决定简并和统一增值税征收率，将6%和4%的增值税征收率统一调整为3%。

1) 适用3%征收率的货物

一般纳税人销售自产的下列货物，可以选择依照3%的征收率计算增值税。

(1) 县级及县级以下小型水力发电单位生产的电力。小型水力发电单位，是指各类投资主体建设的装机容量为5万千瓦以下(含5万千瓦)的小型水力发电单位。

(2) 建筑用和生产建筑材料所用的砂、土、石料。

(3) 以自己采掘的砂、土、石料或其他矿物连续生产的砖、瓦、石灰(不含黏土实心砖、瓦)。

(4) 用微生物、微生物代谢产物、动物毒素、人或动物的血液或组织制成的生物制品。

(5) 自来水。

(6) 商品混凝土(仅限于以水泥为原料生产的水泥混凝土)。

一般纳税人选择按简易办法计算增值税后，36个月内不得变更。

2) 暂按简易办法适用3%征收率的货物

一般纳税人销售货物属于下列情形之一的，暂按简易办法依照3%的征收率计算增值税。

(1) 寄售商店代销寄售物品(包括居民个人寄售的物品)。

(2) 典当业销售死当物品。

(3) 经国务院或国务院授权机关批准的免税商店零售的免税品。

一般纳税人销售上述货物，可以自行开具增值税专用发票。(国税函〔2009〕90号)

增值税税率和征收率分类，如表2-5所示。

表2-5　增值税税率和征收率分类

<table>
<tr><th colspan="2">税率和征收率</th><th>基本规定</th></tr>
<tr><td rowspan="4">税率</td><td>基本税率17%</td><td>(1) 纳税人销售或者进口货物，除使用低税率和零税率以外的税率为17%
(2) 纳税人提供加工、修理修配劳务，税率为17%
(3) 提供有形动产租赁服务，税率为17%</td></tr>
<tr><td>低税率13%</td><td>(1) 农业产品、食用植物油
(2) 自来水、暖气、冷气、热水、煤气、石油液化气、天然气、沼气、居民用煤炭制品
(3) 图书、报纸、杂志
(4) 饲料、化肥、农药、农机、农膜
(5) 国务院规定的其他货物
(6) 一般纳税人提供交通运输、邮政、基础电信、建筑、不动产租赁服务、销售不动产、转让土地使用权</td></tr>
<tr><td>低税率6%</td><td>纳税人发生提供增值电信服务、金融服务、现代服务(租赁服务除外)、生活服务、转让土地使用权以外的其他无形资产的应税行为</td></tr>
<tr><td>零税率</td><td>境内单位和个人发生的跨境应税行为，税率为零。具体范围由财政部和国家税务总局另行规定</td></tr>
<tr><td colspan="2">征收率</td><td>增值税小规模纳税人适用3%或5%的征收率</td></tr>
</table>

2.4 增值税应纳税额的计算

2.4.1 一般纳税人应纳税额的计算

一般纳税人销售货物或者提供应税劳务(简称销售货物或应税劳务)，实行规范化计税办法。应纳税额为当期销项税额抵扣当期进项税额后的余额，计算公式为

应纳税额=当期销项税额−当期进项税额 (2-3)

当期销项税额小于当期进项税额不足抵扣时，其不足部分可以结转下期继续抵扣。

增值税应纳税额计算流程，如图2-1所示。

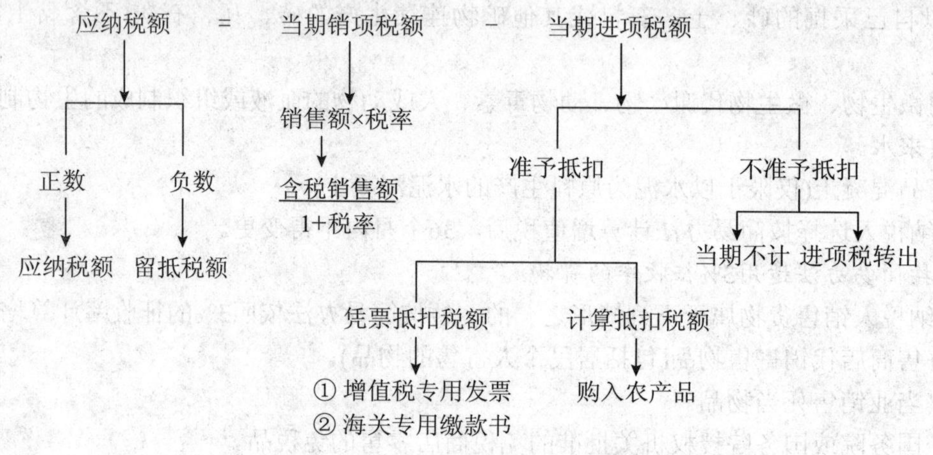

图2-1 增值税应纳税额计算流程

1. 销项税额的确定及计算

销项税额是指一般纳税人销售货物或应税劳务，按照销售额和规定的税率计算并向购买方收取的增值税额，计算公式为

销项税额=销售额×税率 (2-4)

1) 销售额的确定

销售额中包含项目的确定，如表2-6所示。

表2-6 销售额中包含项目的确定

销售额中包含的项目	销售额中不包含的项目
(1) 向购买方收取的全部价款； (2) 向购买方收取的价外费用； (3) 消费税等价内税金(自身应交的消费税)	(1) 向购买方收取的销项税 (2) 特殊的往来款

销售额是纳税人销售货物或者应税劳务向购买方收取的全部价款和价外费用，但是不包括收取的增值税税额。

价外费用是指在价外向购买方收取的费用，包括价外收取的手续费、补贴、基金、集资费、返还利润、奖励费、违约金、滞纳金、延期付款利息、赔偿金、代收款项、代垫款项、包装费、包装租金、储备费、优质费、运输装卸费及其他各种性质的价外收费。

但是，下列项目不包括在价外费用内，不计入销售额。

(1) 向购买方收取的增值税税额。

(2) 受托加工应征消费税的消费品所代收、代缴的消费税。

(3) 同时符合以下条件的代垫运输费用：承运部门的运输费用发票开具给购买方的；纳税人将该项发票转交给购买方的。

(4) 同时符合以下条件代为收取的政府性基金或者行政事业性收费。

① 由国务院或者财政部批准设立的政府性基金，由国务院或者省级人民政府及其财政、价格主管部门批准设立的行政事业性收费；

② 收取时开具省级以上财政部门印刷的财政票据；

③ 所收款项全额上缴财政。

(5) 销售货物的同时代办保险等向购买方收取的保险费，以及向购买方收取的代购买方缴纳的车辆购置税、车辆牌照费。

除上述各项外，纳税人在价外向购买方收取的各项费用，均属于价外费用。凡是价外费用，无论纳税人在财务上如何核算，均应并入销售额计算并征收增值税。

一般纳税人(包括纳税人自己或代其他部门)向购买方收取的价外费用和逾期包装物押金，应视为含税收入，在计税时应换算成不含税收入并入销售额计算增值税。一般纳税人销售货物或应税劳务，采用销售额和销项税额合并定价方法的，计税时应将含税销售额换算为不含税销售额。销售额的计算公式为

$$销售额=含税销售额\div(1+税率) \tag{2-5}$$

销售额以人民币计算。纳税人以人民币以外的货币计算销售额的，应当折合成人民币计算。人民币折合率可以选择销售额发生的当天或者当月1日的人民币汇率中间价。纳税人应事先确定采用何种折合率，确定后一年内不得变更。

2) 特殊情况下销售额的确定

(1) 折扣销售。纳税人采取折扣方式销售货物，如果销售额和折扣额在同一张发票上分别注明，可按折扣后的销售额征收增值税；如果将折扣额另开发票，不论其在财务上如何处理，均不得从销售额中减除折扣额。(国税发〔1993〕154号)

在实际执行中，应当注意以下两个问题。

① 商业折扣问题。商业折扣是指企业为促进商品销售而在商品标价上给予的价格扣除。销售货物涉及商业折扣的，可以按照扣除商业折扣后的金额确定销售额。但是，在开具发票时，必须将折扣额与销售额在同一张发票上的“金额”栏分别注明。(国税函〔2010〕56号)

未在同一张发票“金额”栏注明折扣额，而仅在发票的“备注”栏注明折扣额，或者将折扣额另开发票的，其折扣额不得从销售额中减除。

② 现金折扣问题。现金折扣是指债权人为鼓励债务人在规定的期限内付款而向债务人提供的债务扣除。销售货物涉及现金折扣的，按照扣除现金折扣前的金额确定销售额，现金折扣在实际发生时作为财务费用处理。

【例2-1】某生产企业(一般纳税人)销售一批货物，不含税销售额为200 000元，适用税率为17%。结算时，该厂按含税销售额给予购买方5%的现金折扣，开具红字发票入账。计算销项税额。

【答案】该企业给予购买方的现金折扣实际上是一笔理财费用，应作为财务费用处理，不得从销售额中减除。

当期销项税额=200 000×17%=34 000(元)

(2) 以旧换新销售。纳税人采取以旧换新方式销售货物，应按新货物的同期销售价格确定销售额，不得减去旧货物的收购价格。(国税发〔1993〕154号)

【例2-2】某商场(一般纳税人)采取“以旧换新”的方式销售彩色电视机。5月30日，该商均向顾客销售一台彩色电视机，零售价4 680元；顾客旧彩色电视机作价120元，现场收取现金4 560元。

【答案】销售额=4 680÷(1+17%)=4 000(元)

当期销项税额=4 000×17%=680(元)

值得注意的是，考虑到金银首饰以旧换新业务的特殊情况，对金银首饰以旧换新业务可以按销售方实际收取的不含增值税的全部价款征收增值税。(财税字〔1996〕74号)

(3) 还本销售。纳税人采取还本销售的方式销售货物，不得从销售额中减除还本支出。(国税发〔1993〕154号)

(4) 以物易物。纳税人发生以货物换取货物行为的，双方都应作货物购销处理，以各自发出的货物核算销售额并计算销项税额，以各自收到的货物核算购货额并计算进项税额。

【例2-3】某设备制造厂(一般纳税人)于20×7年7月以自制设备换入某轧钢厂生产的钢材作生产用材料，该套设备出厂价格(不含税)200 000元；换入钢材并取得钢厂开具的增值税专用发票，价款、税款分别为160 000元、27 200元。设备已发出，钢材已运抵企业，其余款已转账结算。轧钢厂将换入设备作为生产经营用固定资产，并取得设备制造厂开具的增值税专用发票。计算两个企业的销项税额、进项税额。

【答案】设备制造厂：自制设备销售额为200 000元

销项税额=200 000×17%=34 000(元)

换入钢材的实际成本为160 000元，进项税额为27 200元。

轧钢厂：自产钢材销售额为160 000元，销项税额为27 200元；换入设备的计税基础为200 000元，进项税额为34 000元。

(5) 包装物押金计税问题。纳税人为销售货物而出租、出借包装物收取的押金，单独记账核算的，不并入销售额征税。但是，对因逾期未收回包装物不再退还的押金，以及一年(含)以上仍不退还的押金(无论包装物周转使用期限长短)，均应并入销售额，按照所包装货物的适用税率计算增值税。(国税函〔2004〕827号)

从1995年6月1日起，对销售除啤酒、黄酒外的其他酒类产品而收取的包装物押金，无论是否返还及会计上如何核算，均应并入当期销售额征税。(国税发〔1995〕192号)

这样规定，可以有效避免纳税人分解销售额、逃避税收行为的发生。

【例2-4】某涂料厂(一般纳税人)于20×7年7月向某建材公司销售A种涂料200桶，出厂价格80元/桶。同时，收取包装物押金4 680元，已单独设账核算。同年8月，因上年销售涂料时出借的包装物无法收回，故没收上年收取的包装物押金2 340元。计算7、8月销项税额。

【答案】20×7年7月销售涂料所收取的包装物押金4 680元，因单独设账而不予征税，这里仅就销售涂料取得的销售额计税。

销项税额=80×200×17%=2 720(元)

20×7年8月没收上年收取的包装物押金2 340元，应按规定计税。

销项税额=2 340×(1+17%)×17%=465.43(元)

【例2-5】某酒厂(一般纳税人)本月份销售散装白酒20吨，出厂价格为3 000元/吨，销售额为60 000元。同时收取包装物押金3 510元，已单独设账核算。计算当期销项税额。

【答案】销项税额=[60 000+3 510÷(1+17%)]×17%=10 710(元)

(6) 混合销售行为。即一项既涉及货物又涉及服务的销售行为。从事货物的生产、批发或者零售的单位和个体工商户的混合销售行为，按照销售货物缴纳增值税；其他单位和个体工商户的混合销售行为，按照销售服务缴纳增值税。

(7) 核定销售额。纳税人销售货物或应税劳务的价格明显偏低并且无正当理由的，以及视同销售货物行为而无销售额的，由主管税务机关按下列顺序核定销售额。

① 按纳税人最近时期同类货物的平均销售价格确定；

② 按其他纳税人最近时期同类货物的平均销售价格确定；

③ 按组成计税价格确定。组成计税价格的公式为

$$组成计税价格=成本\times(1+成本利润率) \tag{2-6}$$

其中，属于应征消费税的货物，其组成计税价格中应加计消费税额。

公式(2-6)中的成本，在销售自产货物时，为实际生产成本；在销售外购货物时，为实际采购成本。公式(2-6)中的成本利润率，是指由国家税务总局确定的成本利润率。属于应征消费税的货物，其成本利润率为消费税制度中规定的成本利润率。(国税发〔1993〕154号)

(8) 其他销售额，具体包括以下几种。

① 贷款服务。以提供贷款服务取得的全部利息及利息性质的收入为销售额。

② 直接收费金融服务。以提供直接收费金融服务收取的手续费、佣金、酬金、管理费、服务费、经手费、开户费、过户费、结算费、转托管费等各类费用为销售额。

③ 金融商品转让。按照卖出价扣除买入价后的余额为销售额。转让金融商品出现的正负差，按盈亏相抵后的余额为销售额。若相抵后出现负差，可结转下一纳税期与下期转让金融商品销售额相抵，但年末时仍出现负差的，不得转入下一个会计年度。金融商品的买入价，可以选择按照加权平均法或者移动加权平均法进行核算，选择后36个月内不得变更。金融商品转让，不得开具增值税专用发票。

④ 经纪代理服务。以取得的全部价款和价外费用，扣除向委托方收取并代为支付的政府性基金或者行政事业性收费后的余额为销售额。向委托方收取的政府性基金或者行政事业性收费，不得开具增值税专用发票。

⑤ 融资租赁和融资性售后回租业务。

经人民银行、银监会或者商务部批准从事融资租赁业务的试点纳税人，提供融资租赁服务，以取得的全部价款和价外费用，扣除支付的借款利息(包括外汇借款和人民币借款利息)、发行债券利息和车辆购置税后的余额为销售额。

经人民银行、银监会或者商务部批准从事融资租赁业务的试点纳税人，提供融资性售后回租服务，以取得的全部价款和价外费用(不含本金)，扣除对外支付的借款利息(包括外汇借款和人民币借款利息)、发行债券利息后的余额作为销售额。

⑥ 航空运输企业的销售额，不包括代收的机场建设费和代售其他航空运输企业客票而代收转付的价款。

⑦ 试点纳税人中的一般纳税人(以下称一般纳税人)提供客运场站服务，以其取得的全部价

款和价外费用，扣除支付给承运方运费后的余额为销售额。

⑧ 试点纳税人提供旅游服务，可以选择以取得的全部价款和价外费用，扣除向旅游服务购买方收取并支付给其他单位或者个人的住宿费、餐饮费、交通费、签证费、门票费和支付给其他接团旅游企业的旅游费用后的余额为销售额。

选择上述办法计算销售额的试点纳税人，向旅游服务购买方收取并支付的上述费用，不得开具增值税专用发票，可以开具普通发票。

⑨ 试点纳税人提供建筑服务适用简易计税方法的，以取得的全部价款和价外费用扣除支付的分包款后的余额为销售额。

⑩ 房地产开发企业中的一般纳税人销售其开发的房地产项目，以取得的全部价款和价外费用，扣除受让土地时向政府部门支付的土地价款后的余额为销售额。

3) 销货退回或者折让的税务处理

(1) 一般纳税人因销售货物退回或折让而退还给购买方的增值税额，应从发生销售货物退回或折让当期的销项税额中扣减；因购进货物退出或者折让而收回的增值税额，应从发生购进货物退出或者折让当期的进项税额中扣减。

(2) 一般纳税人开具增值税专用发票后，如发生销售货物退回或者折让、开票有误等情形，应按照国家税务总局的规定开具红字增值税专用发票。未按规定开具红字增值税专用发票的，增值税额不得从销项税额中扣减。

2. 进项税额的确定及计算

进项税额，是指纳税人购进货物、加工修理修配劳务、服务、无形资产或者不动产，支付或者负担的增值税额。当期进项税额确定的流程，如图2-2所示。

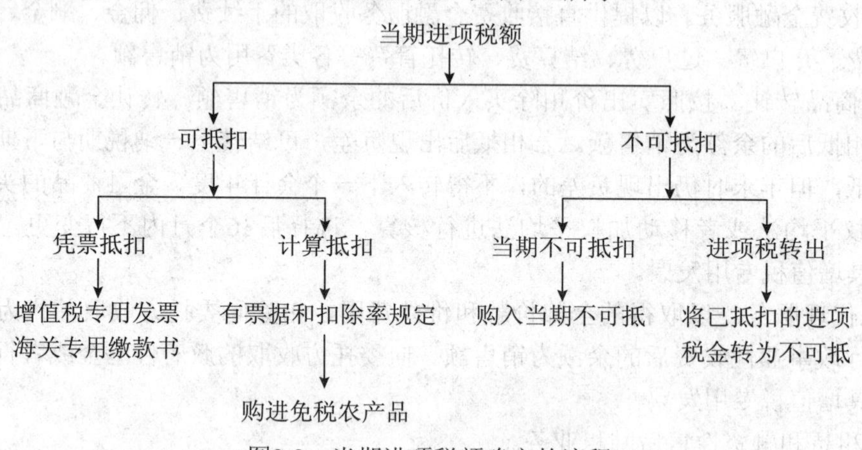

图2-2 当期进项税额确定的流程

1) 当期进项税额“当期”的确认

(1) 增值税一般纳税人取得2010年1月1日以后开具的增值税专用发票、公路内河货物运输业统一发票和机动车销售统一发票，应在开具之日起180日内到税务机关办理认证，并在认证通过的次月申报期内，向主管税务机关申报抵扣进项税额。

(2) 实行海关进口增值税专用缴款书(以下简称海关缴款书)“先比对、后抵扣”管理办法的增值税一般纳税人，取得2010年1月1日以后开具的海关缴款书，应在开具之日起180日内向主管税务机关报送“海关完税凭证抵扣清单”(包括纸质资料和电子数据)申请稽核比对。

(3) 未实行海关缴款书“先比对、后抵扣”管理办法的增值税一般纳税人，取得2010年1月

1日以后开具的海关缴款书，应在开具之日起180日后的第一个纳税申报期结束以前，向主管税务机关申报抵扣进项税额。

2) 扣税凭证丢失后进项税额的抵扣

扣税凭证丢失后进项税额的抵扣分类，如表2-7所示。

表2-7　扣税凭证丢失后进项税额的抵扣分类

丢失的扣税凭证	抵扣所需办理的手续
已开具的专用发票的发票联和抵扣联丢失	丢失前已认证相符的，购买方凭销售方记账联复印件及销售方主管税务机关已报税证明，经购买方主管税务机关审核同意后，作为抵扣凭证 丢失前未认证的，先由购买方凭销售方记账联复印件进行认证，再由购买方凭销售方记账联复印件及销售方主管税务机关已报税证明，经购买方主管税务机关审核同意后，作为抵扣凭证
已开具的专用发票的抵扣联丢失	丢失前已认证相符的，用发票联复印件留存备查；丢失前未认证的，用发票联认证，用发票联复印件留存备查
已开具的专用发票的发票联丢失	发票联丢失，用抵扣联作为原始凭证，编制记账凭证，抵扣联复印件留存备查
海关缴款书丢失	在规定期限内，凭报关地海关出具的相关已完税证明，向主管税务机关提出抵扣申请；主管税务机关受理申请后，应当进行审核，并将纳税人提供的海关完税凭证电子数据纳入稽核系统比对，稽核比对无误后，可予以抵扣进项税额

3) 增值税特殊计税规则

增值税特殊计税规则，如表2-8所示。

表2-8　增值税特殊计税规则

特殊情况	计税规则
扣减当期销项税额规定	一般纳税人因销货退回或者折让而退还给购买方的增值税税额，应从发生销货退回或折让当期的销项税额中扣减
扣减当期进项税额规定	一般纳税人因进货退回和折让而从销货方收回的增值税税额，应从发生进货退回或折让当期的进项税额中扣减。如不按规定扣减，造成进项税额虚增，不纳或少纳增值税的，属于偷税行为，按偷税予以处罚
	对商业企业向供货方收取的与商品销售量、销售额挂钩(如以一定比例、金额、数量计算)的各种返还收入，均应按平销返利行为的有关规定冲减当期增值税进项税额
进项税额不足抵扣的税务处理	纳税人在计算应纳税额时，如果当期销项税额小于当期进项税额，不足抵扣的部分，可以结转下期继续抵扣
一般纳税人注销时存货及留抵税额的处理	一般纳税人注销或被取消辅导期一般纳税人资格，转为小规模纳税人时，其已抵扣进项税额的存货不作进项税额转出处理，其留抵税额也不予以退税
纳税人既欠缴增值税，又有增值税留抵税额的税务处理	纳税人欠缴增值税时，对纳税人因销项税额小于进项税额而产生期末留抵税额的，应以期末留抵税额抵减增值税欠税

4) 准予从销项税额中抵扣的税额

下列进项税额准予从销项税额中抵扣。

(1) 从销售方取得的增值税专用发票(含税控机动车销售统一发票)上注明的增值税额。

(2) 从海关取得的海关进口增值税专用缴款书上注明的增值税额。

(3) 购进农产品，除取得增值税专用发票或者海关进口增值税专用缴款书外，按照农产品收购发票或者销售发票上注明的农产品买价和扣除率计算进项税额，根据《财政部 国家税务总局关于简并增值税税率有关政策的通知》(财税〔2017〕37号)的规定，自2017年7月1日起，简并增值税税率结构，扣除率调整为11%，计算公式为

进项税额=买价×扣除率(11%) (2-7)

纳税人购进农产品，取得一般纳税人开具的增值税专用发票或海关进口增值税专用缴款书的，以增值税专用发票或海关进口增值税专用缴款书上注明的增值税额为进项税额；从按照简易计税方法依照3%征收率计算缴纳增值税的小规模纳税人取得增值税专用发票的，以增值税专用发票上注明的金额和11%的扣除率计算进项税额；取得(开具)农产品销售发票或收购发票的，以农产品销售发票或收购发票上注明的农产品买价和11%的扣除率计算进项税额。

纳税人从批发、零售环节购进适用免征增值税政策的蔬菜、部分鲜活肉蛋而取得的普通发票，不得作为计算抵扣进项税额的凭证。

纳税人购进农产品既用于生产销售或委托受托加工17%税率货物又用于生产销售其他货物服务的，应当分别核算用于生产销售或委托受托加工17%税率货物和其他货物服务的农产品进项税额。未分别核算的，统一以增值税专用发票或海关进口增值税专用缴款书上注明的增值税额为进项税额，或以农产品收购发票或销售发票上注明的农产品买价和11%的扣除率计算进项税额。

所谓“从按照简易计税方法依照3%征收率计算缴纳增值税的小规模纳税人取得增值税专用发票的，以增值税专用发票上注明的金额和11%的扣除率计算进项税额”，包含以下几层含义：①从小规模纳税人取得的必须是增值税专用发票才能抵扣11%，促进小规模纳税人代开增值税专用发票；②这是一项从小规模纳税人购农产品按扣除率抵扣的优惠政策；③计算抵扣额时按“买价×11%”计算，比如ABC公司从甲小规模纳税人取得增值税专用发票，票面金额1 000元，税额30元，价税合计1 030元。这时候ABC公司能抵扣的进项税额=1 000×11%=110元，而不是1 030×11%。

所谓“农产品”，是指直接从事植物的种植、收割和动物的饲养、捕捞的单位和个人销售的自产而且免征增值税的农业产品，农业产品所包括的具体品目按照1995年6月财政部、国家税务总局印发的《农业产品征税范围注释》执行。

买价，包括纳税人购进农产品在农产品收购发票或者销售发票上注明的价款和按规定缴纳的烟叶税。

烟叶收购单位收购烟叶时，按照国家有关规定以现金形式直接补贴烟农的生产投入补贴(简称价外补贴)，属于农产品买价。自2009年1月1日起，烟叶收购单位应将价外补贴与烟叶收购价格在同一张农产品收购发票或销售发票上分别注明。否则，价外补贴不得计算抵扣增值税进项税额。(财税〔2011〕21号)

对烟叶税纳税人按规定缴纳的烟叶税，准予并入烟叶产品的买价计算增值税的进项税额，并在计算缴纳增值税时予以抵扣，即购进烟叶准予抵扣的增值税进项税额，按照《中华人民共和国烟叶税暂行条例》及《财政部 国家税务总局印发〈关于烟叶税若干具体问题的规定〉的通知》(财税〔2006〕64号)规定的烟叶收购金额和烟叶税及法定扣除率计算。

烟叶收购金额包括纳税人支付给烟叶销售者的烟叶收购价款和价外补贴，价外补贴统一暂按烟叶收购价款的10%计算。计算公式为

烟叶收购金额=烟叶收购价款×(1+10%) (2-8)

烟叶税应纳税额=烟叶收购金额×税率(20%) (2-9)

准予抵扣的进项税额=(烟叶收购金额+烟叶税应纳税额)×扣除率　　(2-10)

5) 农产品增值税进项税额核定扣除办法

2012年4月6日，《财政部 国家税务总局关于在部分行业试行农产品增值税进项税额核定扣除办法的通知》(财税〔2012〕38号)规定，为调整和完善农产品增值税抵扣机制，经国务院批准，决定在部分行业开展增值税进项税额核定扣除试点。

自2012年7月1日起，以购进农产品为原料生产销售液体乳及乳制品、酒及酒精、植物油的增值税一般纳税人，纳入农产品增值税进项税额核定扣除试点范围，其购进农产品无论是否用于生产上述产品，增值税进项税额均按照《农产品增值税进项税额核定扣除试点实施办法》的规定抵扣。除上述规定以外的纳税人，其购进农产品仍按现行增值税的有关规定抵扣农产品进项税额。

农产品是指列入《农业产品征税范围注释》(财税〔1995〕52号)的初级农业产品。试点纳税人购进农产品不再凭增值税扣税凭证抵扣增值税进项税额，购进除农产品以外的货物、应税劳务和应税服务，增值税进项税额仍按现行有关规定抵扣。

(1) 试点纳税人以购进农产品为原料生产货物的，农产品增值税进项税额可按照以下方法核定。

① 投入产出法。参照国家标准、行业标准(包括行业公认标准和行业平均耗用值)确定销售单位数量的货物耗用外购农产品的数量(以下简称农产品单耗数量)。

当期允许抵扣农产品增值税进项税额依据农产品单耗数量、当期销售货物数量、农产品平均购买单价(含税，下同)和农产品增值税进项税额扣除率(以下简称扣除率)计算。计算公式为

当期允许抵扣农产品增值税进项税额=当期农产品耗用数量×农产品平均购买单价×扣除率÷(1+扣除率)　　(2-11)

当期农产品耗用数量=当期销售货物数量(不含采购除农产品以外的半成品生产的货物数量)×农产品单耗数量　　(2-12)

对以单一农产品原料生产多种货物或者以多种农产品原料生产多种货物的，在核算当期农产品耗用数量和平均购买单价时，应依据合理的方法归集和分配。

平均购买单价是指购买农产品期末平均买价，不包括买价之外单独支付的运费和入库前的整理费用。期末平均买价的计算公式为

期末平均买价=(期初库存农产品数量×期初平均买价+当期购进农产品数量×当期买价)÷(期初库存农产品数量+当期购进农产品数量)　　(2-13)

② 成本法。依据试点纳税人年度会计核算资料，计算确定耗用农产品的外购金额占生产成本的比例(以下简称农产品耗用率)。当期允许抵扣农产品增值税进项税额依据当期主营业务成本、农产品耗用率以及扣除率计算。计算公式为

当期允许抵扣农产品增值税进项税额=当期主营业务成本×农产品耗用率×扣除率÷(1+扣除率)　　(2-14)

农产品耗用率=上年投入生产的农产品外购金额÷上年生产成本　　(2-15)

式中，农产品外购金额(含税)不包括不构成货物实体的农产品(包括包装物、辅助材料、燃料、低值易耗品等)和在购进农产品之外单独支付的运费、入库前的整理费用。

对以单一农产品原料生产多种货物或者以多种农产品原料生产多种货物的，在核算当期主营业务成本以及核定农产品耗用率时，试点纳税人应依据合理的方法归集和分配。

农产品耗用率由试点纳税人向主管税务机关申请核定。

年度终了，主管税务机关应根据试点纳税人本年实际对当年已抵扣的农产品增值税进项税额进行纳税调整，重新核定当年的农产品耗用率，并作为下一年度的农产品耗用率。

③ 参照法。新办的试点纳税人或者试点纳税人新增产品的，试点纳税人可参照所属行业或者生产结构相近的其他试点纳税人确定农产品单耗数量或者农产品耗用率。次年，试点纳税人向主管税务机关申请核定当期的农产品单耗数量或者农产品耗用率，并据此计算确定当年允许抵扣的农产品增值税进项税额，同时对上一年的增值税进项税额进行调整。核定的进项税额超过实际抵扣增值税进项税额的，其差额部分可以结转下期继续抵扣；核定的进项税额低于实际抵扣增值税进项税额的，其差额部分应按现行增值税的有关规定将进项税额作转出处理。

(2) 试点纳税人购进农产品直接销售的，农产品增值税进项税额按照以下公式核定扣除

当期允许抵扣农产品增值税进项税额=当期销售农产品数量÷(1−损耗率)×农产品平均购买单价×11%÷(1+11%)　(2-16)

损耗率=损耗数量÷购进数量　(2-17)

(3) 试点纳税人购进农产品用于生产经营且不构成货物实体的(包括包装物、辅助材料、燃料、低值易耗品等)，增值税进项税额按照以下公式核定扣除

当期允许抵扣农产品增值税进项税额=当期耗用农产品数量×农产品平均购买单价×11%÷(1+11%)　(2-18)

(4) 试点纳税人销售货物，应合并计算当期允许抵扣农产品增值税进项税额。

(5) 试点纳税人购进农产品取得的农产品增值税专用发票和海关进口增值税专用缴款书，按照注明的金额及增值税额一并计入成本科目；自行开具的农产品收购发票和取得的农产品销售发票，按照注明的买价直接计入成本。

(6) 本规定中的“扣除率”为销售货物的适用税率。

全国统一的部分液体乳及乳制品扣除标准，如表2-9所示。

表2-9　全国统一的部分液体乳及乳制品扣除标准

产品类型	扣除标准(原乳单耗数量)
超高温灭菌牛乳/吨	1.068
超高温灭菌牛乳(蛋白质含量≥3.3%)/吨	1.124
巴氏杀菌牛乳/吨	1.055
巴氏杀菌牛乳(蛋白质含量≥3.3%)/吨	1.196
超高温灭菌羊乳/吨	1.023
巴氏杀菌羊乳/吨	1.062

6) 前期取得运输费用结算单据及由税务机关代开的增值税专用发票相关进项税额抵扣规定

原增值税一般纳税人取得的2013年8月1日(含)以后开具的运输费用结算单据，不得作为增值税扣税凭证。原增值税一般纳税人取得的试点小规模纳税人由税务机关代开的增值税专用发票，按增值税专用发票注明的税额抵扣进项税额。

7) 中国铁路总公司铁路运输及辅助服务增值税征收管理规定

根据国家税务总局《关于发布〈铁路运输企业增值税征收管理暂行办法〉的公告》(国家税务总局公告〔2014〕6号)，自2014年1月1日起，中国铁路总公司汇总向机构所在地主管税务机关申报纳税。中国铁路总公司应当汇总计算本部及其所属运输企业提供铁路运输服务以及与铁路运输相关的物流辅助服务(以下简称铁路运输及辅助服务)的增值税应纳税额，抵减所属

运输企业提供上述应税服务已缴纳(包括预缴和查补，下同)的增值税额后，向主管税务机关申报纳税。

中国铁路总公司发生除铁路运输及辅助服务以外的增值税应税行为，按照增值税条例、试点实施办法及相关规定就地申报纳税。

中国铁路总公司汇总的销售额，为中国铁路总公司及其所属运输企业提供铁路运输及辅助服务的销售额。中国铁路总公司汇总的销项税额，按照规定的销售额和增值税适用税率计算。中国铁路总公司汇总的进项税额，是指中国铁路总公司及其所属运输企业为提供铁路运输及辅助服务而购进货物、接受加工修理修配劳务和应税服务，支付或者负担的增值税额。

中国铁路总公司及其所属运输企业取得与铁路运输及辅助服务相关的固定资产、专利技术、非专利技术、商誉、商标、著作权、有形动产租赁的进项税额，由中国铁路总公司汇总缴纳增值税时抵扣。

中国铁路总公司及其所属运输企业用于铁路运输及辅助服务以外的进项税额不得汇总。

中国铁路总公司所属运输企业提供铁路运输及辅助运输服务，按照除铁路建设基金以外的销售额和预征率计算应预缴税额，按月向主管税务机关申报纳税，不得抵扣进项税额。计算公式为

$$应预缴税额=(销售额-铁路建设基金)\times预征率 \tag{2-19}$$

式中，销售额是指为旅客、托运人、收货人和其他铁路运输企业提供铁路运输及辅助服务取得的收入。

其他铁路运输企业，是指中国铁路总公司及其所属运输企业以外的铁路运输企业。

中国铁路总公司所属运输企业，应按月将当月提供铁路运输及辅助服务的销售额、进项税额和已缴纳增值税额归集汇总，填写“铁路运输企业分支机构增值税汇总纳税信息传递单”，报送主管税务机关签章确认后，于次月10日前传递给中国铁路总公司。

中国铁路总公司的增值税纳税期限为一个季度。

中国铁路总公司应当根据“铁路运输企业分支机构增值税汇总纳税信息传递单”，汇总计算当期提供铁路运输及辅助服务的增值税应纳税额，抵减其所属运输企业提供铁路运输及辅助服务当期已缴纳的增值税额后，向主管税务机关申报纳税。抵减不完的，可以结转下期继续抵减。计算公式为

$$当期汇总应纳税额=当期汇总销项税额-当期汇总进项税额 \tag{2-20}$$

$$当期应补(退)税额=当期汇总应纳税额-当期已缴纳税额 \tag{2-21}$$

中国铁路总公司及其所属运输企业，一律由主管税务机关认定为增值税一般纳税人。

中国铁路总公司及其所属运输企业取得的增值税扣税凭证，应当按照有关规定到主管税务机关办理认证或者申请稽核比对。

中国铁路总公司汇总的进项税额，应当在季度终了后的第一个申报期内申报抵扣。

【例2-6】某生产企业(一般纳税人)本月份购进一批生产用材料并取得增值税专用发票，发票上列明的价款、税款分别为300 000元、51 000元；取得运输部门开具的货物运输业增值税专用发票，其进项税额为140元；支付保险费100元，取得保险公司开具的保险费发票。计算当期进项税额。

【答案】当期进项税额=51 000+140=51 140(元)

【例2-7】某生产企业(一般纳税人)本月销售应税货物发生的铁路运费3 200元、装卸费

200元、保险费50元，已取得铁路运输部门和其他相关部门开具给本企业的发票。计算当期进项税额。

【答案】当期进项税额=3 200×11%=352(元)

8) “营改增”后原增值税纳税人进项税额的抵扣政策

(1) 原增值税一般纳税人接受试点纳税人提供的应税服务，取得的增值税专用发票上注明的增值税额为进项税额，准予从销项税额中扣除。

(2) 原增值税一般纳税人自用的应征消费税的摩托车、汽车、游艇，其进项税额准予从销项税额中抵扣。

(3) 原增值税一般纳税人接受境外单位或者个人提供的应税服务，按照规定应当扣缴增值税的，准予从销项税额中抵扣的进项税额为从税务机关或者代理人取得的解缴税款的税收缴款凭证上注明的增值税额。

(4) 纳税人凭税收缴款凭证抵扣进项税额的，应当具备书面合同、付款证明和境外单位的对账单或者发票。资料不全的，其进项税额不得从销项税额中抵扣。

(5)《关于全面推开营业税改征增值税试点的通知》(财税〔2016〕36号)规定：

①适用一般计税方法的试点纳税人，2016年5月1日后取得并在会计制度上按固定资产核算的不动产或者2016年5月1日后取得的不动产在建工程，其进项税额应自取得之日起分2年从销项税额中抵扣，第一年抵扣比例为60%，第二年抵扣比例为40%。取得不动产，包括以直接购买、接受捐赠、接受投资入股、自建以及抵债等各种形式取得不动产，不包括房地产开发企业自行开发的房地产项目。融资租入的不动产以及在施工现场修建的临时建筑物、构筑物，其进项税额不适用上述分2年抵扣的规定。

② 按照《试点实施办法》规定不得抵扣且未抵扣进项税额的固定资产、无形资产、不动产，发生用途改变，用于允许抵扣进项税额的应税项目，可在用途改变的次月按照下列公式计算可以抵扣的进项税额

可以抵扣的进项税额=固定资产、无形资产、不动产净值/(1+适用税率)×适用税率 (2-22)

上述可以抵扣的进项税额应取得合法有效的增值税扣税凭证。

值得注意的是，一般纳税人购进货物或应税劳务，取得的增值税扣税凭证不符合法律、行政法规或者国务院税务主管部门有关规定的，其进项税额不得从销项税额中抵扣。增值税法定扣税凭证包括：增值税专用发票、海关进口增值税专用缴款书、农产品收购发票和农产品销售发票，以及运输费用结算单据。

9) 不得从销项税额中抵扣的税额

下列项目的进项税额不得从销项税额中抵扣，应将其计入相关项目的成本。

(1) 用于非增值税应税项目、免征增值税项目、集体福利或者个人消费的购进货物或者应税劳务，但是不包括既用于增值税应税项目也用于非增值税应税项目、免征增值税项目、集体福利或者个人消费的固定资产。

所称固定资产，是指使用期限超过12个月的机器、机械、运输工具及其他与生产经营有关的设备、工具、器具等。

所称非增值税应税项目，是指提供非增值税应税劳务、转让无形资产、销售不动产和不动产在建工程。不动产是指不能移动或者移动后会引起性质、形状改变的财产，包括建筑物、构筑物和其他土地附着物。纳税人新建、改建、扩建、修缮、装饰不动产，均属于不动产在建工程。

建筑物是指供人们在其内生产、生活和从事其他活动的房屋或场所，具体为《固定资产

分类与代码》(GB/T 14885—1994)中代码前两位为“02”的房屋；构筑物是指人们不在其内生产、生活的人工建造物，具体为《固定资产分类与代码》(GB/T 14885—1994)中代码前两位为“03”的构筑物；其他土地附着物是指矿产资源及土地上生长的植物。

凡以建筑物或者构筑物为载体的附属设备和配套设备设施，无论在会计处理上是否单独记账与核算，均应作为建筑物的组成部分，其进项税额不得在销项税额中抵扣。附属设备和配套设施，是指给排水、采暖、卫生、通风、照明、通信、煤气、消防、中央空调、电梯、电气，以及智能化楼宇和相关配套设施。(财税〔2009〕113号)

所称个人消费，包括纳税人发生的混合销售行为，按照规定应当一并缴纳增值税的，该混合销售行为所涉及的非增值税应税劳务所用购进货物的进项税额，符合条例规定的，准予从销项税额中抵扣。

(2) 非正常损失的购进货物及相关的应税劳务。所称非正常损失，是指因管理不善造成被盗、丢失、霉烂变质的损失。

(3) 非正常损失的在产品、产成品所耗用的购进货物或者应税劳务。

(4) 上述不得抵扣进项税额的货物的运输费和销售免税货物的运输费用。

(5) 纳税人接受贷款服务向贷款方支付的与该笔贷款直接相关的投融资顾问费、手续费、咨询费等费用，其进项税额不得从销项税额中抵扣。

具体地说，纳税人用于免征增值税项目、集体福利或者个人消费的购进货物，非正常损失的购进货物，非正常损失的在产品、产成品所耗用的购进货物，以及销售免税货物所发生的运输费用，不得计算抵扣进项税额。

另外，纳税人在下列情况下应按销售额和适用税率计算应纳税额，不得抵扣进项税额，也不得使用增值税专用发票：①一般纳税人会计核算不健全，或者不能够提供准确税务资料的；②销售额超过小规模纳税人标准，未申请办理一般纳税人认定手续的，但是，按照小规模纳税人纳税的非企业性单位、不经常发生应税行为的企业、其他个人除外。

10) 进项税额转出(扣减发生期进项税额)

(1) 一般纳税人已抵扣进项税额的购进货物或应税劳务，如果用于集体福利或个人消费，以及发生非正常损失(在产品、产成品发生非正常损失)，或者将购进待售并已抵扣进项税额的应征消费税的摩托车、汽车、游艇改为自用的，应将该项购进货物或应税劳务的进项税额从当期的进项税额中扣减；无法确定该项进项税额的，按当期实际成本计算应当扣减的进项税额。

值得注意的是，一般纳税人将已抵扣进项税额的固定资产用于免征增值税项目、集体福利或个人消费，或者发生非正常损失，应在当月按下列公式计算不得抵扣的进项税额，计算公式为

$$\text{不得抵扣的进项税额}=\text{固定资产净值}\times\text{适用税率} \tag{2-23}$$

固定资产净值，是指纳税人按照财务会计制度计提折旧后计算的固定资产净值。(财税〔2008〕170号)

【例2-8】某生产企业(一般纳税人)本月将库存的一批生产用材料用于本企业不动产在建工程，实际成本200 000元；该批材料的进项税额已在购进月份申报抵扣，适用的增值税率为17%。计算进项税额转出额。

【答案】进项税额转出额=200 000×17%=34 000(元)

【例2-9】某生产企业(一般纳税人)本月份将一套生产经营用的器具交付本企业福利部门

使用。该套器具原值(不含增值税)50 000元，进项税额8 500元已在购进月份申报抵扣。企业确定的该套器具折旧年限为5年，现已使用1年，累计折旧10 000元。计算进项税额转出额。

【答案】进项税额转出额=(50 000−10 000)×17%=6 800(元)

【例2-10】某生产企业(一般纳税人)因管理不善，致使一台生产用设备丢失。该设备原值(不含增值税)200 000元，进项税额34 000元已在购进月份申报抵扣。企业确定的该设备折旧年限为10年，现已使用1年，累计折旧20 000元。计算进项税额转出额。

【答案】进项税额转出额=(200 000−20 000)×17%=30 600(元)

(2) 一般纳税人兼营免税项目或其他增值税应税劳务而无法划分不得抵扣的进项税额的，按下列公式计算不得抵扣的进项税额，计算公式为

不得抵扣的进项税额=当月无法划分的全部进项税额×(当月免税项目销售额、其他增值税应税劳务销售额合计÷当月全部销售额合计) (2-24)

(3) 商业企业向购货方收取的与商品销售量、销售额挂钩(如以一定比例、金额、数量计算)的各种返还收入，应按照平销返利行为的有关规定冲减当期增值税进项税额，不征收营业税。(国税发〔2004〕136号)

当期应冲减进项税金的计算公式为

当期应冲减进项税金=[当期取得的返还资金÷(1+所购货物适用增值税税率)]×所购货物适用增值税税率 (2-25)

商业企业向供货方收取的各种收入，一律不得开具增值税专用发票。

11) 不征收增值税项目

根据《营业税改征增值税试点实施办法》的规定，以下项目不征收增值税。

(1) 根据国家指令无偿提供的铁路运输服务、航空运输服务，属于用于公益事业的服务。

(2) 存款利息。

(3) 被保险人获得的保险赔付。

(4) 房地产主管部门或者其指定机构、公积金管理中心、开发企业以及物业管理单位代收的住宅专项维修资金。

(5) 在资产重组过程中，通过合并、分立、出售、置换等方式，将全部或者部分实物资产以及与其相关联的债权、负债和劳动力一并转让给其他单位和个人，其中涉及的不动产、土地使用权转让行为。

2.4.2 小规模纳税人应纳税额的计算

小规模纳税人销售货物或应税劳务，实行按销售额和征收率计算应纳税额的简易办法，且不得抵扣进项税额，计算公式为

应纳税额=销售额×征收率(3%) (2-26)

式中，销售额不包括应纳税额。

小规模纳税人销售货物或应税劳务采用销售额和应纳税额合并定价方法的，销售额计算公式为

销售额=含税销售额÷(1+征收率) (2-27)

小规模纳税人因销售货物退回或者折让退还给购买方的销售额，应从发生销售货物退回或者折让当期的销售额中扣减。

小规模纳税人购置税控收款机，经主管税务机关审核批准后，可凭购进税控收款机取得的增值税专用发票，按照发票上注明的增值税额，抵免当期应纳增值税额，或者按照购进税控收款机取得的普通发票上注明的价款计算可抵免税额，计算公式为

$$可抵免税额=[价款\div(1+17\%)]\times17\% \tag{2-28}$$

当期应纳税额不足抵免的，未抵免部分可在下期继续抵免。(财税〔2004〕167号)

2.4.3 销售固定资产的税额计算

有关销售固定资产的税额计算，按照财税〔2008〕170号、财税〔2009〕9号税法规定执行。

纳入增值税征收范围的固定资产，是指纳税人销售的已作为固定资产使用过的有形动产，不包括不动产。

1. 一般纳税人销售固定资产的税额计算

根据《财政部 国家税务总局关于简并增值税征收率政策的通知》(财税〔2014〕57号)，应简并和统一增值税征收率，自2014年7月1日起，将6%和4%的增值税征收率统一调整为3%。对2014年7月1日后的有关行为的征收率作如下规定。

(1) 将《财政部 国家税务总局关于部分货物适用增值税低税率和简易办法征收增值税政策的通知》(财税〔2009〕9号)中的“按照简易办法依照4%征收率减半征收增值税”调整为“按照简易办法依照3%征收率减按2%征收增值税”。

(2) 将《财政部 国家税务总局关于全国实施增值税转型改革若干问题的通知》(财税〔2008〕170号)中的“按照4%征收率减半征收增值税”调整为“按照简易办法依照3%征收率减按2%征收增值税”。

(3) 将财税〔2009〕9号文件中“依照6%征收率”调整为“依照3%征收率”。

(4) 将财税〔2009〕9号文件中“依照4%征收率”调整为“依照3%征收率”。

1) 基本政策

一般纳税人销售自己使用过的2009年1月1日以后购进或自制的固定资产，按照适用税率征收增值税。

原增值税一般纳税人自用的应征消费税的摩托车、汽车、游艇，其进项税额准予从销项税额中抵扣。

在2008年12月31日以前，已纳入扩大增值税抵扣范围试点的纳税人(如东北地区、中部地区、内蒙古东部地区的特定行业，以及汶川地震受灾严重地区)，销售自己使用过的在本地区扩大增值税抵扣范围试点以后购进或自制的固定资产，按照适用税率征收增值税；销售自己使用过的在本地区扩大增值税抵扣范围试点以前购进或自制的固定资产，按照3%的征收率减按2%征收增值税。

在2008年12月31日以前，未纳入扩大增值税抵扣范围试点的纳税人，销售自己使用过的2008年12月31日以前购进或自制的固定资产，按照3%的征收率减按2%征收增值税。

上述政策可以概括为：一般纳税人销售已使用过的已抵扣(或已退还)进项税额的固定资产，按照适用税率征收增值税；销售已使用过的未抵扣(或未退还)进项税额的固定资产，按照3%的征收率减按2%征收增值税。

2) 计税办法

一般纳税人销售已使用过的已抵扣(或已退还)进项税额的固定资产，按照下列公式计算纳税

$$销项税额=含税销售额÷(1+增值税税率)×增值税税率 \tag{2-29}$$

3) 一般纳税人销售已使用过的固定资产分类

一般纳税人销售已使用过的固定资产分类，如表2-10所示。

表2-10 一般纳税人销售已使用过的固定资产分类

一般纳税人具体行为		税务处理
固定资产销售或转让	增值税一般纳税人(以下简称纳税人)销售自己没有使用过的固定资产	按照正常销售货物的适用税率计税
	纳税人销售增值税转型后购入并自用的固定资产	
	纳税人销售增值税转型前购入并自用的不能抵扣进项税的固定资产	按照3%征收率减按2%征收增值税 应纳税额=销售额÷(1+3%)×2% 对于固定资产视同销售行为，无法确定销售额的，以固定资产净值为销售额
转作不得抵税用途	纳税人已抵扣进项税的固定资产用于不得从销项税中抵扣进项税的项目	不得抵扣的进项税额=固定资产净值×适用税率

【例2-11】某生产企业(一般纳税人)因转产出售一套生产设备，取得价款234 000元。当初企业购进该套生产设备时，取得的增值税专用发票上注明的价款、增值税款分别为190 000元、32300元，其进项税额32300元已申报抵扣。计算销项税额。

【答案】销项税额=[234 000÷(1+17%)]×17%=34 000(元)

一般纳税人销售已使用过的未抵扣(或未退还)进项税额的固定资产，按照下列公式计算纳税，且不得开具增值税专用发票，只能开具普通发票。(国税函〔2009〕90号)

$$应纳税额=[含税销售额÷(1+3\%)]×2\% \tag{2-30}$$

【例2-12】某生产企业(一般纳税人)出售一辆自用的小轿车，取得价款170 560元。当初企业购进该辆小轿车时，价税合计169 600元，企业按照规定没有抵扣进项税额。计算该企业应纳增值税额。

【答案】应纳增值税额=[170 560÷(1+3%)]×2%=3 311.84(元)

2. 小规模纳税人销售固定资产的税额计算

小规模纳税人(除其他个人外)销售自己使用过的固定资产，减按2%的征收率征收增值税。在发票开具上，只能开具普通发票，不得由税务机关代开增值税专用发票(国税函〔2009〕90号)。销售额和应纳税额的计算公式为

$$销售额=含税销售额÷(1+3\%) \tag{2-31}$$

$$应纳税额=销售额×2\% \tag{2-32}$$

值得注意的是，纳税人发生固定资产转移视同销售行为，对已使用过的固定资产无法确定销售额的，以固定资产净值为销售额。固定资产净值，是指纳税人按照财务会计制度计提折旧后计算的固定资产净值。

3. 一般纳税人和小规模纳税人销售使用过的物品比较

一般纳税人和小规模纳税人销售使用过的物品比较，如表2-11所示。

表2-11 一般纳税人和小规模纳税人销售使用过的物品比较

纳税人	处理自用过的固定资产	处理自用过的旧物	经营旧货
一般纳税人	(1) 销售不得抵扣且未抵扣进项税的固定资产(动产)公式为 应纳税额=含税销售额/(1+3%)×2% (2) 销售允许抵扣进项税的固定资产(动产)，公式为 销项税额=含税销售额/(1+税率)×税率 税率一般为17%，低税率范围的农机等为11%	销项税额=含税销售额/(1+税率)×税率 税率一般为17%，低税率范围的为11%	应纳税额=含税销售额/(1+3%)×2%
小规模纳税人	应纳税额=含税销售额/(1+3%)×2%	应纳税额=含税销售额/(1+3%)×3%	

旧货，是指进入二次流通的具有部分使用价值的货物(含旧汽车、旧摩托车和旧游艇)，但不包括自己使用过的物品。

2.4.4 进口货物应纳税额的计算

从纳税义务上看，凡申报进入我国海关境内的货物均应征收增值税。纳税人是进口货物的收货人或者办理报关手续的单位和个人。

进口货物适用的增值税税率有11%和17%两种，与内销货物相同。

纳税人进口货物，按照组成计税价格和规定的税率计算应纳税额，不得抵扣任何税额，计算公式为

$$组成计税价格=关税完税价格+关税+消费税 \tag{2-33}$$

$$应纳税额=组成计税价格×税率 \tag{2-34}$$

2.5 出口货物、劳务和跨境应税行为增值税退(免)税

2.5.1 出口货物、劳务适用增值税退(免)税政策

根据2012年5月25日《财政部 国家税务总局关于出口货物劳务增值税和消费税政策的通知》(财税〔2012〕39号)，对于出口货物、对外提供加工修理修配劳务、视同出口货物，统称出口货物劳务。

我国对出口货物劳务，在遵循“征多少、退多少”“未征不退和彻底退税”基本原则的基础上，实行免税和退税相结合的政策，出口货物退(免)税的方式主要有免退税、免抵退税、免税三种，具体的出口货物退(免)税方式，如表2-12所示。

表2-12 出口货物退(免)税方式

增值税处理方式	适用情况
免抵退税	生产企业，部分营改增企业
免退税	不具有生产能力的外贸企业或其他企业
免税	规定免税货物的出口；增值税小规模纳税人出口自产货物；来料加工复出口；非出口企业委托出口货物；旅游购物贸易
征税	取消出口退税的货物、劳务；特殊销售对象；违规企业；无实质性出口

1. 出口免税并退税

出口免税，是指对出口货物劳务在出口环节免征增值税。出口退税，是指对出口货物劳务在出口前实际承担的税款，按规定退还给出口企业。

2. 出口免税但不退税

对某些出口货物劳务，免征出口环节的增值税，但不退税。适用这一政策的，一般是因为货物劳务在出口前的各环节是免税的，所以，在出口环节无须退税。另外，国家出于某种政策上的考虑，规定某些出口货物劳务适用免税但不退税的政策。

3. 出口不免税也不退税

对某些出口货物，按照内销货物的征收办法照章征税，不免税也不退税。适用这一政策的主要是税法列举限制或禁止出口的货物等。

2.5.2 出口货物劳务

1. 出口企业出口货物

出口企业，是指依法办理工商登记、税务登记、对外贸易经营者备案登记，自营或委托出口货物的单位或个体工商户，以及依法办理工商登记、税务登记但未办理对外贸易经营者备案登记，委托出口货物的生产企业。

出口货物，是指向海关报关后实际离境并销售给境外单位或个人的货物，分为自营出口货物和委托出口货物两类。

生产企业，是指具有生产能力(包括加工修理修配能力)的单位或个体工商户。

2. 出口企业或其他单位视同出口货物

除财政部和国家税务总局另有规定外，视同出口货物适用出口货物的各项规定。

1) 视同出口货物

视同出口货物，具体是指以下一些货物。

(1) 出口企业对外援助、对外承包、境外投资的出口货物。

(2) 出口企业经海关报关进入国家批准的特殊区域并销售给特殊区域内的单位或境外单位、个人的货物。

(3) 免税品经营企业销售的货物(不包括国家规定不允许经营和限制出口的货物、卷烟和超出免税品经营企业“企业法人营业执照”规定经营范围的货物)。

(4) 出口企业或其他单位销售给用于国际金融组织或外国政府贷款国际招标建设项目的中标机电产品。

(5) 生产企业向海上石油天然气开采企业销售的自产的海洋工程结构物；出口企业或其他单位销售给国际运输企业用于国际运输工具上的货物。

(6) 出口企业或其他单位销售给特殊区域内生产企业生产耗用且不向海关报关而输入特殊区域的水(包括蒸汽)、电力、燃气(以下简称输入特殊区域的水电气)。

2) 视同出口货物相关规定

(1) 特殊区域。特殊区域是指出口企业经海关报关进入国家批准的出口加工区、保税物流园区、保税港区、综合保税区、珠澳跨境工业区(珠海园区)、中哈霍尔果斯国际边境合作中心(中方配套区域)、保税物流中心(B型)。

(2) 免税品经营企业销售的货物。免税品经营企业销售的货物，不包括国家规定不允许经营和限制出口的货物、卷烟和超出免税品经营企业“企业法人营业执照”规定经营范围的货物。具体是指：①中国免税品(集团)有限责任公司向海关报关运入海关监管仓库，专供其经国家批准设立的统一经营、统一组织进货、统一制定零售价格、统一管理的免税店销售的货物；②国家批准的除中国免税品(集团)有限责任公司外的免税品经营企业，向海关报关运入海关监管仓库，专供其所属的首都机场口岸海关隔离区内的免税店销售的货物；③国家批准的除中国免税品(集团)有限责任公司外的免税品经营企业所属的上海虹桥、浦东机场海关隔离区内的免税店销售的货物。

(3) 出口企业或其他单位销售给用于国际金融组织或外国政府贷款国际招标建设项目的中标机电产品(以下简称中标机电产品)。

中标机电产品，包括外国企业中标再分包给出口企业或其他单位的机电产品。贷款机构和中标机电产品的具体范围应符合规定。

(4) 生产企业向海上石油天然气开采企业销售的自产的海洋工程结构物。

海洋工程结构物和海上石油天然气开采企业的具体范围规定，如表2-13所示。

表2-13　海洋工程结构物和海上石油天然气开采企业的具体范围

序号	海洋工程结构物的具体范围(海关税则中的货物名称)	海关税则号	对应的常见名称	退税率
1	钢铁制桥梁及桥梁体段	7308100000	过渡段；生活模块；处理模块	15%
2	钢铁制门窗及其框架、门槛	7308300000		
3	其他钢铁结构体及部件(包括结构体用的已加工钢板、型材)	7308900000		
4	钻探深度≥6千米的其他石油钻探机	8430411100	钻机模块	17%
5	钻探深度<6千米的其他钻探机(自推进的)	8430412900		
6	载重不超过15万吨的原油船	8901202100	浮式生产储油轮；浮式储油轮；穿梭油轮	17%
7	载重不超过10万吨的原油船	8901201100		
8	10万吨<载重量≤30万吨的成品油船	8901201200		
9	机动多用途船	8901905000	“三用”工作船	17%
10	拖船及顶推船	8904000000		
11	15万吨<载重量≤30万吨的原油船	8901202200	浮式生产储油轮；浮式储油轮；单点系泊系统；水下油气罐；栈桥码头	17%
12	其他不以航行为主要功能的船舶	8905909000		
13	含植物性材料的浮动结构体	8907900010		
14	其他浮动结构体	8907900090		
15	浮动或潜水式钻探或生产平台	8905200000	自升式、半潜式钻井船；浮式钻井船；钻井平台；生产平台；处理平台；生活平台；烽火台	17%

(5) 出口企业或其他单位销售给国际运输企业用于国际运输工具上的货物。暂仅适用于外轮供应公司、远洋运输供应公司销售给外轮、远洋国轮的货物，国内航空供应公司生产销售给

国内和国外航空公司国际航班的航空食品。

3. 出口企业对外提供加工修理修配劳务

对外提供加工修理修配劳务，是指对进境复出口货物或从事国际运输的运输工具进行的加工修理修配。

4. 应税服务适用增值税零税率和免税政策

(1) 根据《财政部 国家税务总局应税服务适用增值税零税率和免税政策的规定》(财税〔2013〕106号)，境内的单位和个人提供适用增值税零税率的应税服务，如果属于适用简易计税方法的，实行免征增值税办法；如果属于适用增值税一般计算方法的，生产企业实行免抵退税方法。外贸企业外购研发服务和设计服务出口，实行免退税办法；外贸企业自己开发的研发服务和设计服务出口，视同生产企业连同其出口货物统一实行免抵退税办法；实行退(免)税办法的研发服务和设计服务，如果主管税务机关认定出口价格偏高的，有权按照核定的出口价格计算退(免)税；核定的出口价格低于外贸企业购进价格的，低于部分对应的进项税额不予退税，转入成本。

① 一般计税方法的应纳税额，是指当期销项税额抵扣当期进项税额后的余额，计算公式为

$$应纳税额=当期销项税额-当期进项税额 \tag{2-35}$$

当期销项税额小于当期进项税额不足抵扣时，其不足部分可以结转下期继续抵扣。

② 简易计税方法的应纳税额，是指按照销售额和增值税征收率计算的增值税额，不得抵扣进项税额，计算公式为

$$应纳税额=销售额\times征收率 \tag{2-36}$$

(2) 根据《国家税务总局适用增值税零税率应税服务退(免)税管理办法(暂行)》(国税总局公告〔2013〕47号)的规定，境内的单位和个人提供适用增值税零税率应税服务的，可以放弃适用零税率，选择免税或按规定缴纳增值税。放弃适用增值税零税率后，36个月内不得再申请适用增值税零税率。

(3) 境内的单位和个人提供适用增值税零税率的应税服务，按月向主管退税的税务机关申报办理增值税“免、抵、退”税或免税手续。具体管理办法由财政部、国家税务总局另行规定。

2.5.3 跨境应税行为适用增值税零税率和免税政策

(1)中华人民共和国境内(以下称境内)的单位和个人销售的下列服务和无形资产，适用增值税零税率：

① 国际运输服务。国际运输服务，是指：

a. 在境内载运旅客或者货物出境。

b. 在境外载运旅客或者货物入境。

c. 在境外载运旅客或者货物。

② 航天运输服务。

③ 向境外单位提供的完全在境外消费的下列服务：

a. 研发服务。

b. 合同能源管理服务。

c. 设计服务。

d. 广播影视节目(作品)的制作和发行服务。

e. 软件服务。

f. 电路设计及测试服务。

g. 信息系统服务。

h. 业务流程管理服务。

i. 离岸服务外包业务。

离岸服务外包业务，包括信息技术外包服务(ITO)、技术性业务流程外包服务(BPO)、技术性知识流程外包服务(KPO)，其所涉及的具体业务活动，按照《销售服务、无形资产、不动产注释》相对应的业务活动执行。

j. 转让技术。

④ 财政部和国家税务总局规定的其他服务。

(2) 境内的单位和个人销售的下列服务和无形资产免征增值税，但财政部和国家税务总局规定适用增值税零税率的除外。

① 下列服务：

a. 工程项目在境外的建筑服务。

b. 工程项目在境外的工程监理服务。

c. 工程、矿产资源在境外的工程勘察勘探服务。

d. 会议展览地点在境外的会议展览服务。

e. 存储地点在境外的仓储服务。

f. 标的物在境外使用的有形动产租赁服务。

g. 在境外提供的广播影视节目(作品)的播映服务。

h. 在境外提供的文化体育服务、教育医疗服务、旅游服务。

② 为出口货物提供的邮政服务、收派服务、保险服务。

为出口货物提供的保险服务，包括出口货物保险和出口信用保险。

③ 向境外单位提供的完全在境外消费的下列服务和无形资产：

a. 电信服务。

b. 知识产权服务。

c. 物流辅助服务(仓储服务、收派服务除外)。

d. 鉴证咨询服务。

e. 专业技术服务。

f. 商务辅助服务。

g. 广告投放地在境外的广告服务。

h. 无形资产。

④ 以无运输工具承运方式提供的国际运输服务。

⑤ 为境外单位之间的货币资金融通及其他金融业务提供的直接收费金融服务，且该服务与境内的货物、无形资产和不动产无关。

⑥ 财政部和国家税务总局规定的其他服务。

(3) 按照国家有关规定应取得相关资质的国际运输服务项目，纳税人取得相关资质的，适用增值税零税率政策；未取得的，适用增值税免税政策。

境内的单位或个人提供程租服务，如果租赁的交通工具用于国际运输服务和我国港澳台运输服务，由出租方按规定申请适用增值税零税率。

境内的单位和个人向境内单位或个人提供期租、湿租服务，如果承租方利用租赁的交通工具向其他单位或个人提供国际运输服务和我国港澳台运输服务，由承租方适用增值税零税率。境内的单位或个人向境外单位或个人提供期租、湿租服务，由出租方适用增值税零税率。

境内单位和个人以无运输工具承运方式提供的国际运输服务，由境内实际承运人适用增值税零税率；无运输工具承运业务的经营者适用增值税免税政策。

(4) 境内的单位和个人提供适用增值税零税率的服务或者无形资产，如果属于适用简易计税方法的，实行免征增值税办法。如果属于适用增值税一般计税方法的，生产企业实行免抵退税办法，外贸企业外购服务或者无形资产出口实行免退税办法，外贸企业直接将服务或自行研发的无形资产出口，视同生产企业连同其出口货物统一实行免抵退税办法。

服务和无形资产的退税率为其按照《试点实施办法》第十五条第(一)至(三)项规定适用的增值税税率。实行退(免)税办法的服务和无形资产，如果主管税务机关认定出口价格偏高的，有权按照核定的出口价格计算退(免)税。核定的出口价格低于外贸企业购进价格的，低于部分对应的进项税额不予退税，转入成本。

(5) 境内的单位和个人销售适用增值税零税率的服务或无形资产的，可以放弃适用增值税零税率，选择免税或按规定缴纳增值税。放弃适用增值税零税率后，36个月内不得再申请适用增值税零税率。

(6) 上述所称完全在境外消费，是指：

① 服务的实际接受方在境外，且与境内的货物和不动产无关。

② 无形资产完全在境外使用，且与境内的货物和不动产无关。

③ 财政部和国家税务总局规定的其他情形。

(7) 境内单位和个人发生的与我国香港、澳门、台湾地区有关的应税行为，除另有规定外，参照上述规定执行。

2.5.4 增值税退(免)税办法

适用增值税退(免)税政策的出口货物劳务，按照下列规定实行增值税免抵退税或免退税办法。

1. 免抵退税办法

生产企业出口自产货物和视同自产货物及对外提供加工修理修配劳务，以及列明具体范围的生产企业出口非自产货物，免征增值税，相应的进项税额抵减应纳增值税额(不包括适用增值税即征即退、先征后退政策的应纳增值税额)，未抵减完的部分予以退还。

2. 免退税办法

不具有生产能力的出口企业(以下简称外贸企业)或其他单位出口货物劳务，免征增值税，相应的进项税额予以退还。

3. 增值税出口退税率

出口货物退税率是指出口货物的实际退税额与退税计税依据的比例。

在具体计算增值税出口货物退税时分不同情况采用规定的退税率、适用税率、征收率。

适用不同退税率的货物劳务，应分开报关、核算并申报退(免)税，未分开报关、核算或划分不清的，从低适用退税率。

1) 出口退税率的一般规定

(1) 除财政部和国家税务总局根据国务院决定而明确的增值税出口退税率(以下称退税率)

外，出口货物的退税率为其适用税率。

(2) “营改增”应税服务、无形资产的退税率采用适用的增值税税率。

2) 出口退税率的特殊规定

(1) 退税率按照增值税专用发票上的税率和出口货物退税率孰低的原则确定。

(2) 出口企业委托加工修理修配货物，其加工修理修配费用的退税率，为出口货物的退税率。

4. 增值税退(免)税的计税依据

出口货物劳务及应税行为的增值税退(免)税的计税依据，按出口货物劳务及应税行为的出口发票(外销发票)、其他普通发票或购进出口货物、劳务及应税行为的增值税专用发票、海关进口增值税专用缴款书确定。

对于生产企业出口货物而言，一般是扣减所含保税和免税金额之后的离岸价。

对于外贸企业出口货物而言，一般是购进货物增值税专用发票注明的金额或海关进口增值税专用缴款书注明的完税价格。

对于发生跨境应税行为企业而言，实行免抵退税办法的零税率应税行为免抵退税计税依据为提供零税率应税行为取得的收入；实行免退税办法的退(免)税计税依据为购进应税服务的增值税专用发票或解缴税款的税收缴款凭证上注明的金额。

1) 生产企业出口货物劳务(进料加工复出口货物除外)增值税退(免)税的计税依据

生产企业出口货物劳务(进料加工复出口货物除外)增值税退(免)税的计税依据，为出口货物劳务的实际离岸价(FOB)。实际离岸价应以出口发票上的离岸价为准，但如果出口发票不能反映实际离岸价，主管税务机关有权予以核定。

2) 生产企业进料加工复出口货物增值税退(免)税的计税依据

生产企业进料加工复出口货物增值税退(免)税的计税依据，按出口货物的离岸价(FOB)扣除出口货物所含的海关保税进口料件的金额后确定。

海关保税进口料件，是指海关以进料加工贸易方式监管的出口企业从境外和特殊区域等进口的料件，包括出口企业从境外单位或个人购买并从海关保税仓库提取且办理海关进料加工手续的料件，以及保税区外的出口企业从保税区内的企业购进并办理海关进料加工手续的进口料件。

3) 生产企业国内购进无进项税额且不计提进项税额的免税原材料加工后出口的货物的计税依据

生产企业国内购进无进项税额且不计提进项税额的免税原材料加工后出口的货物的计税依据，按出口货物的离岸价(FOB)扣除出口货物所含的国内购进免税原材料的金额后确定。

4) 外贸企业出口货物(委托加工修理修配货物除外)增值税退(免)税的计税依据

外贸企业出口货物(委托加工修理修配货物除外)增值税退(免)税的计税依据，为购进出口货物的增值税专用发票注明的金额或海关进口增值税专用缴款书注明的完税价格。

5) 外贸企业出口委托加工修理修配货物增值税退(免)税的计税依据

外贸企业出口委托加工修理修配货物增值税退(免)税的计税依据，为加工修理修配费用增值税专用发票注明的金额。外贸企业应将加工修理修配使用的原材料(进料加工海关保税进口料件除外)作价销售给受托加工修理修配的生产企业，受托加工修理修配的生产企业应将原材料成本并入加工修理修配费用开具发票。

6) 出口进项税额未计算抵扣的已使用过的设备增值税退(免)税的计税依据

出口进项税额未计算抵扣的已使用过的设备增值税退(免)税的计税依据，按下列公式确定退(免)税计税依据=增值税专用发票上的金额或海关进口增值税专用缴款书注明的完税价格×已使用过的设备固定资产净值÷已使用过的设备原值 (2-37)

已使用过的设备固定资产净值=已使用过的设备原值−已使用过的设备已提累计折旧 (2-38)

式中，已使用过的设备，是指出口企业根据财务会计制度已经计提折旧的固定资产。

7) 免税品经营企业销售的货物增值税退(免)税的计税依据

免税品经营企业销售的货物增值税退(免)税的计税依据，为购进货物的增值税专用发票注明的金额或海关进口增值税专用缴款书注明的完税价格。

8) 中标机电产品增值税退(免)税的计税依据

中标机电产品增值税退(免)税的计税依据，生产企业为销售机电产品的普通发票注明的金额，外贸企业为购进货物的增值税专用发票注明的金额或海关进口增值税专用缴款书注明的完税价格。

9) 生产企业向海上石油天然气开采企业销售的自产的海洋工程结构物增值税退(免)税的计税依据

生产企业向海上石油天然气开采企业销售的自产的海洋工程结构物增值税退(免)税的计税依据，为销售海洋工程结构物的普通发票注明的金额。

10) 输入特殊区域的水电气增值税退(免)税的计税依据

输入特殊区域的水电气增值税退(免)税的计税依据，为作为购买方的特殊区域内生产企业购进水(包括蒸汽)、电力、燃气的增值税专用发票注明的金额。

5. 增值税免抵退税和免退税的计算

1) 生产企业出口货物劳务增值税免抵退税

生产企业出口货物劳务增值税免抵退税依下列公式计算。

(1) 当期应纳税额的计算公式为

当期应纳税额=当期销项税额−(当期进项税额−当期不得免征和抵扣税额) (2-39)

当期不得免征和抵扣税额=当期出口货物离岸价×外汇人民币折合率×(出口货物适用税率−出口货物退税率)−当期不得免征和抵扣税额抵减额 (2-40)

当期不得免征和抵扣税额抵减额=当期免税购进原材料价格×(出口货物适用税率−出口货物退税率) (2-41)

(2) 当期免抵退税额的计算公式为

当期免抵退税额=当期出口货物离岸价×外汇人民币折合率×出口货物退税率−当期免抵退税额抵减额 (2-42)

当期免抵退税额抵减额=当期免税购进原材料价格×出口货物退税率 (2-43)

(3) 当期应退税额和免抵税额的计算。当期应退税额和免抵税额的计算分两种情况：一是当期期末留抵税额≤当期免抵退税额；二是当期期末留抵税额＞当期免抵退税额。下面分别进行说明。

① 当期期末留抵税额≤当期免抵退税额时，则有

当期应退税额=当期期末留抵税额 (2-44)

当期免抵税额=当期免抵退税额−当期应退税额 (2-45)

【例2-13】某自营出口的生产企业为增值税一般纳税人，适用的增值税税率为17%，退税率为13%，2013年8月有关经营业务如下：购进原材料一批，取得增值税专用发票注明的价

款为80万元，外购原材料准予抵扣的进项税额13.6万元，货已经验收入库。当月购进免税原材料价格100万元，上月留抵税款6万元，本月内销货物的销售额100万元，收款117 万元存入银行，本月出口货物销售额折合人民币200万元。试计算该企业当期的“免、抵、退”税额。

【答案】该企业各类货物适用的增值税税率均为17%，且无免税购进货物；出口退税率为13%；该企业采用“免、抵、退”办法办理出口货物退(免)税。

(1) 当期免抵退税额=(200−100) × 13%=13(万元)

(2) 当期免抵退不得免征和抵扣税额=(200−100) × (17%−13%)=4(万元)

(3) 当期应纳税额=17−(13.6−4)−6=1.4(万元)

② 当期期末留抵税额>当期免抵退税额时，则有

当期应退税额=当期免抵退税额　　(2-46)

当期免抵税额=0

当期期末留抵税额为当期增值税纳税申报表中的“期末留抵税额”。

【例2-14】某生产企业(有进出口经营权)有关资料如下：报关离境出口货物离岸价折合人民币420万元。国内销售货物取得销售额(不含税)250万元人民币。购进生产经营用货物和应税劳务，按扣税凭证确定的进项税额为136万元，上期留抵税额10万元。计算该企业当期应纳税额、当期实际应退税额、当期免抵税额。

【答案】该企业各类货物适用的增值税税率均为17%，且无免税购进货物；出口退税率为13%；该企业采用“免、抵、退”办法办理出口货物退(免)税。

不得免征或不得抵扣税额=420×(17%−13%)=16.80(万元)

当期应纳税额=250×17%−(10+136−16.8)=−86.70(万元)

当期免抵退税额=420×13%=54.60(万元)

因退税前的期末留抵税额86.70万元大于当期免抵税额54.60万元，故当期实际应退税额为54.60万元。

当期免抵税额=0

留待下期抵扣税额=86.70−54.60=32.10(万元)

(4) 当期进料加工保税进口料件的组成计税价格。当期免税购进原材料价格包括当期国内购进的无进项税额且不计提进项税额的免税原材料的价格和当期进料加工保税进口料件的价格。其中，当期进料加工保税进口料件的价格为组成计税价格，计算公式为

当期进料加工保税进口料件的组成计税价格=当期进口料件到岸价格+海关实征关税+海关实征消费税　　(2-47)

实耗法是从事进料加工的生产企业在进口料件报关进口入库且将复出口货物出口后，根据该批复出口货物的数量金额与“进料加工登记手册”规定出口的数量金额计算出当期海关核销进口料件组成计税价格，乘以复出口货物的征税税率和退税率之差，在计算当期应纳税额时，从当期出口货物不予免征、抵扣和退税的税额中扣减的进料加工税收管理办法。

购进法是从事进料加工的生产企业在进口料件报关进口入库后，将进口报关单进口额折合计算出海关进口料件组成计税价格，乘以复出口货物的征税税率和退税率之差，在计算当期应纳税额时从出口货物不予免征、抵扣税额中扣减(通常也称“不得免征和抵扣税额抵减额”)的进料加工税收管理办法。

① 采用“实耗法”的，当期进料加工保税进口料件的组成计税价格为当期进料加工出口货

物耗用的进口料件组成计税价格，计算公式为

当期进料加工保税进口料件的组成计税价格=当期进料加工出口货物离岸价×外汇人民币折合率×计划分配率 (2-48)

计划分配率=计划进口总值÷计划出口总值×100% (2-49)

实行纸质手册和电子化手册的生产企业，应根据海关签发的加工贸易手册或加工贸易电子化纸质单证所列的计划进出口总值计算计划分配率。

实行电子账册的生产企业，计划分配率按前一期已核销的实际分配率确定；新启用电子账册的，计划分配率按前一期已核销的纸质手册或电子化手册的实际分配率确定。

② 采用“购进法”的，当期进料加工保税进口料件的组成计税价格为当期实际购进的进料加工进口料件的组成计税价格。

若当期实际不得免征和抵扣税额抵减额大于当期出口货物离岸价×外汇人民币折合率×(出口货物适用税率−出口货物退税率)，则有

当期不得免征和抵扣税额抵减额=当期出口货物离岸价×外汇人民币折合率×(出口货物适用税率−出口货物退税率) (2-50)

【例2-15】某生产型出口企业，20×7年1月在海关办理进料加工贸易手册，备案进口材料1 000万元，出口额2 000万元。20×7年1月料件报关进口，1月实现出口500万元，取得国内进项税额100万元；2月实现出口1 500万元，备案进口材料500万元，没有国内进项税额。1月份、2月份内销销售收入均为0，征税率17%，退税率13%。试分别应用“实耗法”及“购进法”计算免、抵、退税额。

【答案】1.采用“实耗法”计算免、抵、退税额

(1) 1月份出口耗用的进口料件=1 000×500÷2 000=250(万元)

免抵退税不得免征和抵扣税额=(500−250)×(17%−13%)=10(万元)

应纳税额=0−(100−10)= −90(万元)

免抵退税额=(500−250)×13%=32.5(万元)

应退税款=32.5(万元)

免抵税额=0

期末留抵税额=90−32.5 =57.5(万元)

(2) 2月份出口耗用的进口料件=1 000×1 500÷2 000=750(万元)

免抵退税不得免征和抵扣税额=(1 500−750)×(17%−13%)=30(万元)

应纳税额=0−(57.5−30)=−27.5(万元)

免抵退税额=(1 500−750)×13%=97.5(万元)

应退税款=27.5(万元)

免抵税额=97.5−27.5=70(万元)

2.采用“购进法”计算免、抵、退税额

(1) 1月份免、抵、退税不得免征和抵扣税额=(500−1 000)×(17%−13%)=−20 < 0，故不得免征和抵扣税额为0。

应纳税额=0−(100−0)=−100(万元)

计算出来的免抵退税额是负数；

应退税款为0；

期末留抵税额为100万元。

(2) 2月份免抵退税不得免征和抵扣税额=(1 500−500)×(17%−13%)=40(万元)

应纳税额=0−(100−40)=−60(万元)

免抵退税额=(1 500−500)×13%=130(万元)

应退税款为60万元

免抵税额为70万元。

2) 外贸企业出口货物劳务增值税免退税

外贸企业出口货物劳务增值税免退税依式(2-49)、式(2-50)计算。

(1) 对于外贸企业出口委托加工修理修配货物以外的货物，计算公式为

增值税应退税额=增值税退(免)税计税依据×出口货物退税率 (2-51)

(2) 对于外贸企业出口委托加工修理修配货物，计算公式为

出口委托加工修理修配货物的增值税应退税额=委托加工修理修配的增值税退(免)税计税依据×出口货物退税率 (2-52)

3) 出口货物劳务的其他规定

(1) 退税率低于适用税率时，相应计算出的差额部分的税款计入出口货物劳务成本。

(2) 出口企业既有适用增值税免抵退项目，也有增值税即征即退、先征后退项目的，增值税即征即退和先征后退项目不参与出口项目免抵退税计算。出口企业应分别核算增值税免抵退项目和增值税即征即退、先征后退项目，并分别申请享受增值税即征即退、先征后退和免抵退税政策。用于增值税即征即退或者先征后退项目的进项税额无法划分的，计算公式为

无法划分进项税额中用于增值税即征即退或者先征后退项目的部分=当月无法划分的全部进项税额×当月增值税即征即退或者先征后退项目销售额÷当月全部销售额、营业额合计 (2-53)

6. 适用增值税免税政策的出口货物劳务的适用范围

(1) 增值税小规模纳税人出口的货物。

(2) 避孕药品和用具，古旧图书。

(3) 软件产品，其具体范围是指海关税则号前四位为“9803”的货物。

(4) 含黄金、铂金成分的货物，钻石及其饰品，其具体范围符合规定。

(5) 国家计划内出口的卷烟，其具体范围符合规定。

(6) 已使用过的设备，其具体范围是指购进时未取得增值税专用发票、海关进口增值税专用缴款书，但其他相关单证齐全的已使用过的设备。

(7) 非出口企业委托出口的货物。

(8) 非列名生产企业出口的非视同自产货物。

(9) 农业生产者自产农产品，农产品的具体范围按照《农业产品征税范围注释》(财税〔1995〕52号)的规定执行。

(10) 油画、花生果仁、黑大豆等财政部和国家税务总局规定的出口免税的货物。

(11) 外贸企业取得普通发票、废旧物资收购凭证、农产品收购发票、政府非税收入票据的货物。

(12) 来料加工复出口的货物。

(13) 特殊区域内的企业出口的特殊区域内的货物。

(14) 以人民币现金作为结算方式的边境地区出口企业从所在省(自治区)的边境口岸出口到接壤国家的一般贸易和边境小额贸易出口货物。

(15) 以旅游购物贸易方式报关出口的货物。

2.6 增值税的税收优惠

2.6.1 增值税起征点

为减轻个人的税收负担和节约税收成本，增值税暂行条例规定了起征点。起征点是指开始征税的起点。销售额未达到起征点的，免税；销售额达到起征点的，全额计算征税。增值税起征点仅适用于个人。

增值税起征点的幅度范围如表2-14所示。

表2-14 增值税起征点的幅度范围

征税项目及方式	起征点幅度
销售货物	月销售额5 000～20 000元
销售应税劳务	月销售额5 000～20 000元
按次纳税	销售额300～500元

(1) 增值税起征点不适用于等级为一般纳税人的个体工商户。

(2) 个人发生应税行为的销售额未达到起征点的，免征增值税；达到起征点的，全额计算缴纳增值税。

(3) 对增值税小规模纳税人，月销售额未达到2万元的企业或非企业性单位，免征增值税。2017年12月31日前，对月销售额2万元(含)至3万元的增值税小规模纳税人，免征增值税。

2.6.2 增值税减免

1. 增值税免税项目

依据现行税法的规定，增值税的减(免)权限集中在国务院，任何部门、地区不得规定减(免)税项目。

1) 《中华人民共和国增值税暂行条例》规定的免征增值税项目

(1) 农业生产者销售的自产农产品。农业，是指种植业、养殖业、林业、牧业、水产业。农业生产者，包括从事农业生产的单位和个人。农产品，是指初级农产品，具体范围依据《农产品征税范围注释》确定。

(2) 避孕药品和用具。

(3) 古旧图书，是指从社会收购的古书和旧书。

(4) 直接用于科学研究、科学试验和教学的进口仪器、设备。

(5) 外国政府、国际组织无偿援助的进口物资和设备。

(6) 由残疾人组织直接进口供残疾人专用的物品。

(7) 销售自己使用过的物品。

2) 经国务院批准的免税项目

(1) 供残疾人专用的假肢、轮椅、矫形器(包括上肢矫形器、下肢矫形器、脊椎侧弯矫正器)，免征增值税。(财税〔1994〕60号)

(2) 对下列饲料产品免征增值税：单一大宗饲料；混合饲料；配合饲料；复合预混料。(财税〔2001〕121号)

但是，宠物饲料产品不属于免征增值税的饲料，按照饲料产品13%的税率征收增值税。(国税函〔2002〕812号)

(3) 对生产销售农膜、氮肥、阿维菌素、敌百虫等若干农业生产资料，以及批发、零售的种子、种苗、化肥、农药、农机，免征增值税。(财税〔2001〕113号)

自2005年7月1日起，对国内企业生产销售的尿素产品免征增值税。(财税〔2005〕87号)

自2008年1月1日起，对纳税人生产销售的磷酸二胺产品免征增值税。(财税〔2007〕171号)

自2008年6月1日起，纳税人生产销售和批发、零售有机肥产品免征增值税。(财税〔2008〕56号)

享受免税政策的有机肥产品，是指有机肥料、有机-无机复合肥料和生物有机肥。

(4) 粮食企业销售粮食的免征税规定。(财税〔1999〕198号)

对承担粮食收储任务的国有粮食购销企业销售的粮食免征增值税。对其他粮食企业经营粮食，除军队用粮、救灾救济粮和水库移民口粮免征增值税外，一律征收增值税。对销售食用植物油业务，除政府储备食用植物油的销售继续免征增值税外，一律照章征收增值税。对粮油加工业务，一律照章征收增值税。

(5) 销售下列自产货物，免征增值税。(财税〔2008〕156号)

① 再生水。再生水是指对污水处理厂出水、工业排水(矿井水)、生活污水、垃圾处理厂渗透(滤)液等水源进行回收，经适当处理后达到一定水质标准，并在一定范围内重复利用的水资源。再生水应当符合水利部《再生水水质标准》(SL 368—2006)的有关规定。

② 以废旧轮胎为全部生产原料生产的胶粉。胶粉应当符合GB/T 19208—2008规定的性能标准。

③ 翻新轮胎。翻新轮胎应当符合GB 7037—2007、GB 14646—2007或者HG/T 3979—2007规定的性能指标，并且翻新轮胎的胎体100%来自废旧轮胎。

④ 生产原料中掺兑废渣比例不低于30%的特定建材产品。特定建材产品，是指砖(不含烧结普通砖)、砌块、陶粒、墙板、管材、混凝土、砂浆、道路井盖、道路护栏、防火材料、耐火材料、保温材料、矿(岩)棉等。

(6) 对污水处理劳务免征增值税。污水处理是指将污水加工处理后使之符合GB 18918—2002有关规定的水质标准的业务。(财税〔2008〕156号)

(7) 根据《财政部 国家税务总局关于继续执行小微企业增值税和营业税政策的通知》(财税〔2015〕96号)的规定：为继续支持小微企业发展、推动创业就业，经国务院批准，增值税小规模纳税人，月销售额或营业额不超过3万元(含3万元，下同)的，免征增值税。其中，以1个季度为纳税期限的增值税小规模纳税人，季度销售额不超过9万元的，免征增值税。该政策继续执行至2017年12月31日。

2. 即征即退增值税

即征即退增值税是增值税的一种特殊优惠方式，由税务机关按照有关规定办理。

(1) 一般纳税人销售其自行开发生产的软件产品享受即征即退的规定。2010年前，按17%的法定税率征收增值税，对实际税负超过3%的部分即征即退，由企业用于研究开发软件产品和扩大再生产。(财税〔2000〕25号)

在实际执行中，应当注意以下问题。

① 一般纳税人将进口的软件进行转换，等本地化改造后对外销售，其销售的软件可按照自行开发生产的软件产品的有关规定享受即征即退的税收优惠政策。本地化改造是指对进口软件重新设计、改进、转换等，单纯对进口软件进行汉字化处理后再销售的不包括在内。

② 企业自营出口或委托、销售给出口企业出口的软件产品，不适合增值税的即征即退办法。

③ 一般纳税人随同计算机网络、计算机硬件和机器设备等一并销售其自行开发生产的嵌入式软件，如果能够按规定分别核算嵌入式软件与计算机硬件、机器设备等销售额的，可以享受软件产品增值税优惠政策。凡不能分别核算销售额的，不予退税。相关的计算公式为

嵌入式软件销售额=嵌入式软件与计算机硬件、机器设备销售额合计-[计算机硬件、机器设备成本×(1+成本利润率)] (2-54)

嵌入式软件的即征即退税额=嵌入式软件销售额×17%-嵌入式软件销售额×3% (2-55)

式中，成本是指销售自产(或外购)的计算机硬件与机器的实际生产(或采购)成本。成本利润率，是指纳税人一并销售的计算机硬件与机器设备的成本利润率。实际成本利润率高于10%的，按实际成本利润率确定；低于10%的，按10%确定。(财税〔2008〕92号)

(2) 在2010年12月31日前，对属于增值税一般纳税人的动漫企业销售其自主开发生产的动漫软件，按17%的税率征收增值税后，对其增值税实际税负超过3%的部分，实行即征即退政策。享受税收优惠的动漫软件的范围，按照文化部、财政部和国家税务总局制定的《动漫企业认定管理办法(试行)》(文市发〔2008〕51号；财税〔2009〕65号)执行。相关的计算公式为

应退税额=享受税收优惠的动漫软件当期已征税款-享受税收优惠的动漫软件当期不含税销售额×3% (2-56)

(3) 纳税人销售下列自产货物实现的增值税，实行即征即退50%的政策。(财税〔2008〕156号)

① 以退役军用发射药为原料生产的涂料硝化棉粉。退役军用发射药在生产原料中的比重不低于90%。

② 对燃煤发电厂及各类工业企业产生的烟气、高硫天然气进行脱硫生产的副产品。副产品是指石膏(二水硫酸钙含量不低于85%)、硫酸(浓度不低于15%)、硫酸铵(总氮含量不低于18%)和硫黄。

③ 以废弃酒糟和酿酒底锅水为原料生产的蒸汽、活性炭、白炭黑、乳酸、乳酸钙、沼气。废弃酒糟和酿酒底锅水在生产原料中所占的比重不低于80%。

④ 以煤矸石、煤泥、石煤、油母页岩为燃料生产的电力和热力。煤矸石、煤泥、石煤、油母页岩用量占发电燃料的比重不低于60%。

⑤ 利用风力生产的电力。

⑥ 部分新型墙体材料产品。具体按照《享受增值税优惠政策的新型墙体材料目录》执行。

(4) 纳税人销售下列自产货物，实行增值税即征即退的政策。(财税〔2008〕156号)

① 以工业废气为原料生产的高纯度二氧化碳产品。高纯度二氧化碳产品，应当符合GB 10621—2006的有关规定。

② 以垃圾为燃料生产的电力或者热力，包括利用垃圾发酵产生的沼气生产销售的电力或者热力。垃圾用量占发电燃料的比重不低于80%，并且生产排放达到GB 13223—2003第一时段标准或者GB 18485—2001的有关规定。所称垃圾，是指城市生活垃圾、农作物秸秆、树皮废渣、污泥、医疗垃圾。(财税〔2009〕163号)

③ 以煤炭开采过程中伴生的舍弃物油母页岩为原料生产的页岩油。

④ 以废旧沥青混凝土为原料生产的再生沥青混凝土(废旧沥青混凝土用量占生产原料的比重不低于30%)。

⑤ 采用旋窑法工艺生产的水泥(包括水泥熟料，下同)或者外购水泥熟料采用研磨工艺生产

的水泥，水泥生产原料中掺兑废渣比例不低于30%。(财税〔2009〕163号)

对采用旋窑法工艺经生料烧制和熟料研磨阶段生产的水泥，其掺兑废渣比例的计算公式为

掺兑废渣比例=(生料烧制阶段掺兑废渣数量+熟料研磨阶段掺兑废渣数量)÷(除废渣以外的生料数量+生料烧制和熟料研磨阶段掺兑废渣数量+其他材料数量)×100% (2-57)

对外购水泥熟料采用研磨工艺生产的水泥，其掺兑废渣比例的计算公式为

掺兑废渣比例=熟料研磨阶段掺兑废渣数量÷(熟料数量+熟料研磨阶段掺兑数量+其他材料数量)×100% (2-58)

(5) 销售以“三剩物”(采线、造材和加工的剩余物)、次小薪材、农作物秸秆、蔗渣4类农林剩余物为原料自产的综合利用产品(如表2-15所示)，由税务机关实行增值税即征即退办法，具体退税比例，2009年为100%，2010年为80%。(财税〔2009〕148号)

申请办理增值税即征即退的纳税人，必须同时符合以下条件。

① 2008年1月1日起，未因违反《中华人民共和国环境保护法》等法律法规受到刑事处罚或者县级以上环保部门相应的行政处罚。

② 综合利用产品送交由省级以上质量技术监督部门资质认定的产品检验机构进行质量检验，并取得该机构出具的符合产品质量标准要求的检测报告。

③ 纳税人应单独核算综合利用产品的销售额和增值税销项税额、进项税额及应纳税额。

表2-15 实行增值税即征即退的综合利用产品目录

序号	产品名称	序号	产品名称
1	木(竹)、秸秆纤维板	5	栲胶
2	木(竹)、秸秆、蔗渣刨花板	6	水解酒精、炭棒
3	细木工板	7	沙柳箱纸板
4	活性炭	8	以蔗渣为原料生产的纸张(生产原料中蔗渣掺兑比例不低于70%)

(6) 对安置残疾人的单位，实行由税务机关按单位实际安置残疾人的人数，限额即征即退增值税的办法。(财税〔2007〕92号)

具体限额由县级以上税务机关根据单位所在区县(含县级市、旗)适用的经省级(含自治区、直辖市、计划单列市)人民政府批准的最低工资标准的6倍确定，但最高不得超过每人每年3.5万元。

限额即征即退增值税政策仅适用于生产销售货物或提供加工、修理修配劳务取得的收入占增值税业务收入达到50%的单位，但不适用于上述单位生产销售消费税应税货物和直接销售外购货物(包括商品批发和零售)及销售委托外单位加工的货物取得的收入。单位应分别核算享受优惠政策和不得享受优惠政策业务的销售收入，不能分别核算的，不得享受上述增值税优惠政策。

对选择享受增值税优惠政策的单位，主管国税机关应按月退还增值税。本月已交增值税额不足退还的，可在本纳税年度内以前月份已交增值税扣除已退增值税的余额中退还；仍不足退还的，可结转本年度内以后月份退还。

安置残疾人就业的单位(包括福利企业、盲人按摩机构、工疗机构和其他单位)，同时符合以下条件并经过有关部门认定后，均可申请上述税收优惠政策：依法与安置的每位残疾人签订了一年以上(含一年)的劳动合同或服务协议，并且安置的每位残疾人在单位实际上岗工作；月平均实际安置的残疾人占单位在职职工总数的比例应高于25%(含25%)，并且实际安置的残疾

人人数多于10人(含10人)；为安置的每位残疾人按月足额缴纳了单位所在区县人民政府根据国家政策规定的基本养老保险、基本医疗保险、失业保险和工伤保险等社会保险；通过银行等金融机构向安置的每位残疾人实际支付了不低于单位所在区县适用的经省级人民政府批准的最低工资；具备安置残疾人上岗工作的基本设施。

经认定的符合上述优惠政策条件的单位，应按月计算实际安置残疾人占单位在职职工总数的平均比例。本月平均比例未达到要求的，暂停其本月相应的税收优惠。在一个年度内累计三个月平均比例未达到要求的，取消其次年度享受相应税收优惠政策的资格。

所称残疾人，是指持有《中华人民共和国残疾人证》上注明属于视力残疾、听力残疾、语言残疾、肢体残疾、智力残疾和精神残疾的人员和持有《中华人民共和国残疾军人证》(1至8级)的人员。

3. 先征后退增值税

先征后退增值税是增值税的一种特殊优惠方式，由财政部驻各地财政监察专员办事处及相关财政机关分别按照现行有关规定办理。

(1) 煤层气抽采企业(一般纳税人)抽采销售煤层气，实行增值税先征后退政策。先征后退税款由企业专项用于煤层气技术的研究和扩大再生产，不征收企业所得税。(财税〔2007〕16号)

煤层气是指附存于煤层及其围岩中与煤炭资源伴生的非常规天然气，也称煤矿瓦斯。

煤层气抽采企业应将享受增值税先征后退政策的业务和其他业务分别核算，不能分别准确核算的，不得享受增值税先征后退政策。

(2) 纳税人销售自产的综合利用生物柴油，实行增值税先征后退政策。综合利用生物柴油，是指以废弃的动物油和植物油为原料生产的柴油。废弃的动物油和植物油用量占生产原料的比重不低于70%。(财税〔2008〕156号)

4. 减半征收增值税

一般纳税人销售旧货，按照简易办法依照3%的征收率减按2%征收增值税。(财税〔2009〕90号)

(1) 一般纳税人销售旧货，按下列公式确定销售额和应纳税额(国税函〔2009〕90号)

$$销售额=含税销售额\div(1+3\%) \tag{2-59}$$

$$应纳税额=销售额\times2\% \tag{2-60}$$

(2) 小规模纳税人销售旧货，按下列公式确定销售额和应纳税额(国税函〔2009〕90号)

$$销售额=含税销售额\div(1+3\%) \tag{2-61}$$

$$应纳税额=销售额\times2\% \tag{2-62}$$

2.7 增值税专用发票使用管理

为加强增值税征收管理，规范增值税专用发票(简称专用发票)的使用行为，国家税务总局重新修订了《增值税专用发票使用规定》，自2007年1月1日起试行。(国税发〔2006〕156号)

2.7.1 增值税专用发票的基本规定

专用发票是增值税一般纳税人销售货物或者提供应税劳务开具的发票，是购买方支付增值税额并可按照增值税有关规定用以抵扣增值税进项税额的凭证。

1. 防伪税控系统

一般纳税人应通过增值税防伪税控系统(简称防伪税控系统)使用专用发票。专用发票的使用，包括领购、开具、缴销、认证纸质专用发票及相应的数据电文。

防伪税控系统，是指经国务院同意推行的，使用专用设备和通用设备、运用数字密码和电子存储技术管理专用发票的计算机管理系统。

专用设备，是指金税卡、IC卡、读卡器和其他设备。

通用设备，是指计算机、打印机、扫描器具和其他设备。

2. 专用发票联次

专用发票由基本联次或者基本联次附加其他联次构成。基本联次为三联：发票联、抵扣联和记账联。发票联，作为购买方核算采购成本和增值税进项税额的记账凭证；抵扣联，作为购买方报送主管税务机关认证和留存备查的凭证；记账联，作为销售方核算销售收入和增值税销项税额的记账凭证。其他联次用途，由一般纳税人自行确定。

3. 最高开票限额管理

专用发票实行最高开票限额管理。最高开票限额，是指单份专用发票开具的销售额合计数不得达到的上限额度。

最高开票限额由一般纳税人申请，税务机关依法审批。最高开票限额在10万元以下的，由区县级税务机关审批；最高开票限额为100万元的，由地方级税务机关审批；最高开票限额为1 000万元及以上的，由省级税务机关审批。防伪税控系统的具体发行工作由区县级税务机关负责。

税务机关审批最高开票限额应进行实地核查。批准使用最高开票限额为10万元及以下的，由区县级税务机关派人实地核查；批准使用最高开票限额为100万元的，由地市级税务机关派人实地核查；批准使用最高开票限额为1 000万元及以上的，由省级税务机关派人实地核查后将核查资料报省级税务机关审核。

一般纳税人申请最高开票限额时，需填报“最高开票限额申请表”。

4. 初始发行

一般纳税人领购专用设备后，凭“最高开票限额申请表”“发票领购簿”到主管税务机关办理初始发行。

初始发行，是指主管税务机关将一般纳税人的下列信息载入空白金税卡和IC卡的行为：企业名称；税务登记代码；开票限额；购票限量；购票人员姓名、密码；开票机数量；国家税务总局规定的其他信息。

一般纳税人的税务登记代码发生变化，应向主管税务机关申请注销发行；其他各项信息发生变化，应向主管税务机关申请变更发行。

2.7.2　增值税专用发票的领购与开具

1. 增值税专用发票的领购

一般纳税人凭“发票领购簿”、IC卡和经办人身份证明领购专用发票。

一般纳税人有下列情形之一的，不得领购开具专用发票。

(1) 会计核算不健全，不能向税务机关准确提供增值税销项税额、进项税额、应纳税额数据及其他有关增值税税务资料的。其他有关增值税税务资料的内容，由省、自治区、直辖市和计划单列市国家税务局确定。

(2) 有《中华人民共和国税收征收管理法》(以下简称《税收征管法》)规定的税收违法行为，拒不接受税务机关处理的。

(3) 有下列行为之一，经税务机关责令限期改正而仍未改正的。

① 虚开增值税专用发票。

② 私自印制专用发票。

③ 向税务机关以外的单位和个人买取专用发票。

④ 借用他人专用发票。

⑤ 未按本规定开具专用发票。

⑥ 未按规定保管专用发票和专用设备，即有下列情形之一的：未设专人保管专用发票和专用设备；未按税务机关要求存放专用发票和专用设备；未将认证相符的专用发票抵扣联、“认证结果通知书”和“认证结果清单”装订成册；未经税务机关检查，擅自销毁专用发票基本联次。

⑦ 未按规定申请办理防伪控税系统变更发行。

⑧ 未按规定接受税务机关检查。

有上述情形的，如已领购专用发票，主管税务机关应暂扣其结存的专用发票和IC卡。

2. 专用发票的开具

1) 开具范围

《中华人民共和国增值税暂行条例》(以下简称《增值税暂行条例》)规定，一般纳税人销售货物或者应税劳务，应当为索取增值税专用发票的购买方开具增值税专用发票，并在增值税专用发票上分别注明销售额和销项税额。

属于下列情形之一的，不得开具增值税专用发票。

(1) 向消费者个人销售货物或者应税劳务。

(2) 销售货物或者应税劳务适用免税规定。

(3) 小规模纳税人销售货物或者应税劳务。

(4) 商业企业一般纳税人零售的烟、酒、食品、服装、鞋帽(不包括劳保专用部分)、化妆品等消费品不得开具增值税专用发票。

(5) 销售免税货物不得开具增值税专用发票，法律、法规及国家税务总局另有规定的除外。

(6) 销售下列自己使用过的按规定不得抵扣且未抵扣进项税额的固定资产：用于非增值税应税项目、免征增值税项目、集体福利或者个人消费(包括纳税人的交际应酬消费)的购进固定资产；非正常损失的购进固定资产；国务院财政、税务主管部门规定的纳税人自用消费品。

2) 开具要求

增值税专用发票的开具要求如下所述。

(1) 项目齐全，与实际交易相符。

(2) 字迹清楚，不得压线、错格。

(3) 发票联和抵扣联加盖财务专用章或者发票专用章。

(4) 按照增值税纳税义务的发生时间开具。

对不符合上述要求的专用发票，购买方有权拒收。

一般纳税人销售货物或者提供应税劳务可汇总开具专用发票。汇总开具专用发票的，同时使用防伪税控系统开具“销售货物或者提供应税劳务清单”，并加盖财务专用章或者发票专用章。

3. 发生销售退回或开票有误等情形的处理

(1) 一般纳税人在开具专用发票当月，发生销货退回、开票有误等情形，收到退回的发票联、抵扣联符合作废条件的，按作废处理；开具时发现有误的，可即时作废。

同时具有下列情形的，即为所称的作废条件：一是收到退回的发票联、抵扣联的时间未超过销售方开票当月；二是销售方未抄税(抄税，即报税前用IC卡或者IC卡和软盘抄取开票数据电文)并且未记账；三是购买方未认证或者认证结果为“纳税人识别号认证不符”“专用发票代码、号码认证不符”。

作废专用发票须在防伪税控系统中将相应的数据电文按“作废”处理，在纸质专用发票(含未打印的专用发票)各联次上注明“作废”字样，全联次留存。

(2) 一般纳税人开具增值税专用发票后，发生销货退回、销售折让以及开具有误等情况需要开具红字专用发票的，视不同情况分别按以下办法处理。(国税发〔2007〕18号)

① 因专用发票抵扣联、发票联均无法认证的，由购买方填报“开具红字增值税专用发票申请单”(以下简称申请单)，并在申请单上填写具体原因以及相对应的蓝字专用发票的信息，主管税务机关审核后出具“开具红字增值税专用发票通知单”(以下简称通知单)。购买方不作进项税额转出处理。

② 购买方所购货物不属于增值税扣税项目范围，取得的专用发票未经认证的，由购买方填报申请单，并在申请单上填写具体原因以及相对应的蓝字专用发票的信息，主管税务机关审核后出具通知单。购买方不作进项税额转出处理。

③ 因开具有误致使购买方拒收专用发票的，销售方须在专用发票认证期限内向主管税务机关填报申请单，并在申请单上填写具体原因以及相应的蓝字专用发票的信息，同时提供由购买方出具的写明拒收理由、错误具体项目以及正确内容的书面材料，主管税务机关审核确认后出具通知单。销售方凭通知单开具红字专用发票。

④ 因开票有误等原因尚未将专用发票交付购买方的，销售方须在开具有误专用发票的次月内向主管税务机关填报申请单，并在申请单上填写具体原因以及相对应的蓝字专用发票的信息，同时提供由销售方出具的写明具体理由、错误具体项目以及正确内容的书面材料，主管税务机关审核确认后出具通知单。销售方凭通知单开具红字专用发票。

⑤ 发生销货退回或销售折让的，除按照规定进行处理外，销售方还应在开具红字专用发票后将该笔业务的相应记账凭证复印件报送主管税务机关备案。

⑥ 纳税人销售货物并向购买方开具增值税专用发票后，由于购货方在一定时期内累计购买货物达到一定数量，或者由于市场价格下降等原因，销货方给予购货方相应的价格优惠或补偿等折扣、折让行为，销货方也可按规定开具红字增值税专用发票。

税务机关为小规模纳税人代开专用发票需要开具红字专用发票的，比照一般纳税人开具红字专用发票的处理办法，通知单第二联交代开税务机关。

2.7.3 增值税专用发票的报税与缴销

1. 报税

报税，是指纳税人持IC卡或者IC卡和软盘向税务机关报送开票数据电文。

一般纳税人开具专用发票，应在增值税纳税申报期内向主管税务机关报税，在申报所属月份可分次向主管税务机关报税。

因IC卡、软盘质量等问题无法报税的，应更换IC卡、软盘。因硬盘损坏、更换金税卡等原因不能正常报税的，应提供已开具未向税务机关报税的专用发票记账联原件或者复印件，由主管税务机关补采开票数据。

2. 缴销

专用发票的缴销，是指主管税务机关在纸质专用发票监制章处按“V”字剪角作废，同时作废相应的专用发票数据电文。

一般纳税人注销税务登记或者转为小规模纳税人，应将专用设备和结存未用的纸质专用发票送交主管税务机关。主管税务机关应缴销其专用发票，并按有关安全管理的要求处理专用设备。被缴销的纸质专用发票应退还给纳税人。

2.7.4 增值税专用发票的认证与税额抵扣

1. 专用发票的认证

用于抵扣增值税进项税额的专用发票，应经税务机关认证相符(国家税务总局另有规定的除外)。认证相符的专用发票应作为购买方的记账凭证，不得退还销售方。

认证，是指税务机关通过防伪税控系统对专用发票所列数据的识别、确认。

认证相符，是指纳税人识别号无误，专用发票所列密文解译后与明文一致。

根据《国家税务总局关于进一步明确营改增有关征管问题的公告》(国家税务总局公告2017年第11号)的规定，自2017年7月1日起，增值税一般纳税人取得的2017年7月1日及以后开具的增值税专用发票和机动车销售统一发票，应自开具之日起360日内认证或登录增值税发票选择确认平台进行确认，并在规定的纳税申报期内，向主管国税机关申报抵扣进项税额。

增值税一般纳税人取得的2017年7月1日及以后开具的海关进口增值税专用缴款书，应自开具之日起360日内向主管国税机关报送“海关完税凭证抵扣清单”，申请稽核比对。

2. 不得作为抵扣凭证的情形

(1) 经认证，有下列情形之一的，不得作为增值税进项税额的抵扣凭证，税务机关退还原件，购买方可要求销售方重新开具专用发票。

① 无法认证，即专用发票所列密文或者明文不能辨认，无法产生认证结果。

② 纳税人识别号认证不符，即专用发票所列购买方纳税人识别有误。

③ 专用发票代码、号码认证不符，即专用发票所列密文解译后与明文的代码或者号码不一致。

(2) 经认证，有下列情形之一的，暂不得作为增值税进项税额的抵扣凭证，税务机关扣留原件，查明原因，依据情况进行处理。

① 重复认证，即对已经认证相符的同一张专用发票再次认证。

② 密文有误，即专用发票所列密文无法解释。

③ 认证不符，即纳税人识别号有误，或者专用发票所列密文解释后与明文不一致。

④ 列为失控专用发票，即认证时的专用发票已被登记为失控专用发票。

3. 已开具专用发票丢失的处理

一般纳税人丢失已开具专用发票的发票联和抵扣联，如果丢失前已认证相符，购买方凭销售方提供的相应专用发票记账联复印件及销售方所在地主管税务机关出具的“丢失增值税专用发票已报税证明单”，经购买方主管税务机关审核同意后，可作为增值税进项税额的抵扣凭证。如果丢失前未认证，购买方凭销售方提供的相应专用发票记账联复印件到主管税务机关进行认证。认证相符的，凭该专用发票记账联复印件及销售方所在地主管税务机关出具的“丢失增值税专用发票已报税证明单”，经购买方主管税务机关审核同意后，可作为增值税进项税额的抵扣凭证。

一般纳税人丢失已开具专用发票的抵扣联，如果丢失前已认证相符，可使用专用发票发票联复印件留存备查；如果丢失前未认证，可使用专用发票发票联到主管税务机关认证，专用发票发票联复印件留存备查。

一般纳税人丢失已开具的发票联，可将专用发票抵扣联作为记账凭证，专用发票抵扣联复印件留存备查。专用发票抵扣联无法认证的，可使用专用发票发票联到主管税务机关认证。专用发票发票联复印件留存备查。

2.8 增值税的纳税申报

2.8.1 增值税纳税义务及扣缴义务发生时间

(1) 纳税人发生应税行为并收讫销售款项或者取得索取销售款项凭据的当天；先开具发票的，为开具发票的当天。

收讫销售款项，是指纳税人销售服务、无形资产、不动产过程中或者完成后收到款项。

取得索取销售款项凭据的当天，是指书面合同确定的付款日期；未签订书面合同或者书面合同未确定付款日期的，为服务、无形资产转让完成的当天或者不动产权属变更的当天。

(2) 纳税人提供建筑服务、租赁服务采取预收款方式的，其纳税义务发生时间为收到预收款的当天(不适用于不动产销售和土地使用权转让)。

(3) 纳税人从事金融商品转让的，为金融商品所有权转移的当天。

(4) 纳税人发生以下视同销售服务、无形资产或者不动产情形的，其纳税义务发生时间为服务、无形资产转让完成的当天或者不动产权属变更的当天。

① 单位或者个体工商户(不含自然人)向其他单位或者个人无偿提供服务，但用于公益事业或者以社会公众为对象的除外。

② 单位或者个人向其他单位或者个人无偿转让无形资产或者不动产，但用于公益事业或者以社会公众为对象的除外。

③ 财政部和国家税务总局规定的其他情形。

(5) 增值税扣缴义务发生时间为纳税人增值税纳税义务发生的当天。

2.8.2 增值税的纳税期限

增值税的纳税期限分别为1日、3日、5日、10日、15日、1个月或者1个季度。纳税人的具体纳税期限，由主管税务机关根据纳税人应纳税额的大小分别核定。其中，以1个季度为纳税期限的规定适用于小规模纳税人、银行、财务公司、信托投资公司、信用社，以及财政部和国家税务总局规定的其他纳税人。不能按照固定期限纳税的，可以按次纳税。

纳税人以1个月或者1个季度为1个纳税期的，自期满之日起15日内申报纳税；以1日、3

日、5日、10日或者15日为1个纳税期的，自期满之日起5日内预缴税款，于次月1日起15日内申报纳税并结清上月应纳税款。

扣缴义务人解缴税款的期限，按照上述规定执行。

【例2-16】 甲运输企业于2017年8月4日接受乙企业委托运送一批物资，运费为100万元(不含税)。甲企业于2017年8月6日开始运输，9月2日抵达目的地。其间，甲企业于2017年8月7日收到乙企业运费50万元(不含税)，2017年8月25日收到运费20万元(不含税)，2017年9月10日收到运费30万元(不含税)。试问甲企业8月份销售额为多少万元?

【答案】 甲企业8月6日开始运输，说明已经开始提供运输劳务，那么对其在2017年8月7日收到乙企业运费50万元(不含税)，2017年8月25日收到运费20万元(不含税)，均根据相关规定应将收到款项的当天作为纳税义务发生时间，而不是等到运输劳务提供完成(9月2日抵达目的地)。因此，甲企业8月份销售额为50+20=70(万元)(不含税)。

【例2-17】 试点地区甲企业于2017年9月5日为乙企业提供了一项咨询服务，合同价款200万元(不含税)。合同约定2017年9月10日乙企业付款50万元(不含税)，但实际到2017年10月7日才付款。试问甲企业该项劳务的纳税义务发生时间。

【答案】 对于这种情况，虽然该企业收到款项的时间在2017年10月7日，但由于其2017年9月5日开始提供咨询劳务，并约定2017年9月10日要付款50万元(不含税)。根据规定，无论是否收到款项，其50万元(不含税)的纳税义务发生时间为2017年9月10日，而非2017年10月7日。

2.8.3 增值税的纳税地点

(1) 固定业户应当向其机构所在地或者居住地主管税务机关申报纳税。总机构和分支机构不在同一县(市)的，应当分别向各自所在地的主管税务机关申报纳税；经财政部和国家税务总局或者其授权的财政和税务机关批准，可以由总机构汇总向总机构所在地的主管税务机关申报纳税。

(2) 非固定业户应当向应税行为发生地主管税务机关申报纳税；未申报纳税的，由其机构所在地或者居住地主管税务机关补征税款。

(3) 其他个人提供建筑服务，销售或者租赁不动产，转让自然资源使用权，应向建筑服务发生地、不动产所在地、自然资源所在地主管税务机关申报纳税。

自然资源使用权，是指海域使用权、探矿权、采矿权、取水权和其他自然资源使用权(不含土地使用权)。

(4) 扣缴义务人应当向其机构所在地或者居住地主管税务机关申报缴纳扣缴的税款。

2.9 案例分析

【案例1】 小规模纳税人企业应纳增值税的计算

某生产企业属增值税小规模纳税人，2017年6月对部分资产盘点后进行处理：销售作为低值易耗品管理的仓库货架用品一批，价税合并取得收入82 400元；销售使用过的小汽车1辆，取得含税收入72 100元(原值为140 000元)；出租一处门面房，取得含税收入8 400元。试计算该企业上述业务应缴纳增值税。

【答案】该企业当期应缴纳增值税=82 400/(1+3%)×3%+72 100/(1+3%)×2%+8 400÷(1+5%)×5%=2 400+1 400+400=4 200(元)。

【案例2】一般纳税人企业增值税的计算与缴纳

北京某传媒有限责任公司为增值税一般纳税人，主要经营电视剧、电影等广播影视节目的制作和发行。2017年11月，企业发生如下业务：

(1) 9日，传媒公司为某电视剧提供片头、片尾、片花制作服务，取得含税服务费106万元。

(2) 同日，公司购入8台计算机，用于公司的日常生产经营，支付含税价款4.68万元，取得增值税专用发票，当月通过认证。

(3) 10日，公司购入一台生产经营用小汽车，取得机动车销售统一发票，支付价税合计金额23.4万元。

(4) 11日，取得设计服务收入含税价款53万元。

(5) 22日，该电影在某影院开始上映，传媒公司向影院支付含税上映费用15万元，取得增值税专用发票。(影院选择采用一般计税方法核算)

(6) 25日，支付增值税税控系统技术维护费用合计付款700元，取得增值税专用发票，注明价款660.38元，税额39.62元。

(上述企业均为增值税一般纳税人，取得的专用发票当月认证、当月抵扣)

要求：根据上述资料，按照下列序号计算回答问题，每问需计算出合计数。

(1) 提供片头、片尾、片花制作服务取得收入应计算的增值税销项税。

(2) 购入计算机可以抵扣的增值税进项税。

(3) 购入小汽车允许抵扣的增值税进项税。

(4) 收取的设计服务收入应计算的增值税销项税。

(5) 支付影院的上映费用允许抵扣的增值税进项税。

(6) 该传媒公司当月应纳的增值税税额。

【答案】

(1) 提供片头、片尾、片花制作服务应纳增值税销项税=106÷(1+6%)×6%=6(万元)

(2) 购入8台计算机可以抵扣的增值税进项税=4.68÷(1+17%)×17%=0.68(万元)

(3) 购入小汽车允许抵扣的进项税=23.4÷(1+17%)×17%=3.4(万元)

(4) 收取的设计服务收入应纳增值税销项税=53÷(1+6%)×6%=3(万元)

(5) 支付影院的上映费用允许抵扣的增值税进项税=15÷(1+6%)×6%=0.85(万元)

(6) 支付税控系统维护费可以全额抵减当期应纳的增值税=660.38+39.62=700(元)=0.07(万元)

所以该传媒公司当月应纳的增值税税额=6+3−0.68−3.4−0.85−0.07=4(万元)

【案例3】生产企业增值税的计算与缴纳

甲企业为增值税一般纳税人，2017年2月份发生如下生产经营业务：

(1) 为生产免税产品，购入一批原材料，取得的增值税专用发票上注明价款15 000元，增值税2 550元，支付运输企业(增值税小规模纳税人)不含税运输费10 000元，取得税务机关代开的增值税专用发票。

(2) 组织优秀员工外出旅游，支付旅客运费20 000元，取得相应的运输凭证。

(3) 对外出租自己的一台生产设备，租赁合同中约定租赁期限为5个月，2017年2月份一次性收取全部不含税租金收入18 000元。

(4) 采取直接收款方式销售一台A型号自产机器设备，取得价税合计金额为25 740元，该设备当月尚未发出。

(5) 将2台A型号自产机器设备投资于乙企业，取得乙企业10%的股权；另将B型号自产机器设备赠送给丙企业。该型号机器设备无同类市场销售价格，生产成本为13 000元，成本利润率为10%。

(6) 因管理不善丢失一批以前月份购入的食用植物油(已抵扣进项税额)，账面成本为5 200元。

(7) 其他相关资料：上期留抵税额5 000元。上述增值税专用发票的抵扣联均已经过认证。

要求：根据上述资料，按照下列序号计算回答问题，每问需计算出合计数。

(1) 计算该企业当月应确认的增值税销项税额；

(2) 计算该企业当月应缴纳的增值税。

【答案】

(1) 业务(3)：纳税人采取预收款方式提供有形动产租赁服务的，增值税纳税义务发生时间为收到预收款的当天。应确认的增值税销项税额=18 000×17%=3 060(元)

业务(4)：纳税人采取直接收款方式销售货物的，不论货物是否发出，增值税纳税义务发生时间均为收到销售款或者取得索取销售款凭据的当天。应确认的增值税销项税额=25 740÷(1+17%)×17%=3 740(元)

业务(5)：应确认的A型号机器设备增值税销项税额=25 740÷(1+17%)×17%×2=7 480(元)，应确认的B型号机器设备增值税销项税额=13 000×(1+10%)×17%=2 431(元)

该企业当月应确认的增值税销项税额=3 060+3 740+7 480+2 431=16 711(元)

(2) 业务(1)：外购货物用于免征增值税项目的，不得抵扣货物的进项税额和相关运费的进项税额

业务(2)：接受的旅客运输服务，不得抵扣进项税额

业务(6)：食用植物油适用的增值税税率为11%，应转出的进项税额=5 200×11%=572(元)

该企业当月应缴纳的增值税=16 711−(5 000−572)=12 283(元)

【案例4】生产企业出口货物“免、抵、退”税

2017年6月，A生产企业(增值税一般纳税人)进口货物，海关审定的关税完税价格为500万元，关税税率为10%。海关代征了进口环节的增值税，取得海关进口增值税专用缴款书。从国内市场购进原材料支付的价款为800万元，取得增值税专用发票上注明的增值税为136万元。外销货物的出口离岸价为1 000万元；内销货物的不含税销售额为1 200万元。该企业出口货物适用免抵退税的税收政策，上期留抵税额50万元。要求计算当期应缴纳或应退的增值税税额及免抵税额(假定上述货物内销时均适用17%的增值税税率，出口退税率为11%)。

【答案】在计算免抵退税时，考虑退税率低于征税率，需要计算当期不得免征和抵扣税额，将其从进项税额中剔除，转入出口产品的销售成本中。因此，计算免抵退税实际上涉及免、剔、抵、退4个步骤。

(1) 计算当期可抵扣的进项税额

进口环节海关代征增值税=500×(1+10%)×17%=93.5(万元)

国内采购环节的进项税额为136万元

出口货物当期不得免征和抵扣税额=1 000×(17%−11%)=60(万元)

上期留抵税额50万元

当期允许抵扣的进项税额合计=93.5+136−60+50=219.5(万元)

(2) 计算当期销项税额

出口货物免税

内销货物销项税额=1 200×17%=204(万元)

(3) 当期应纳税额=204−219.5=−15.5(万元)

(4) 计算出口货物免抵退税的限额

当期免抵退税额=1 000×11%=110(万元)

由于期末留抵税额15.5万元<当期免抵退税额110万元

当期应退税额=15.5(万元)

当期免抵税额=110−15.5=94.5(万元)

本章小结

我国现行增值税的征收范围可以概括为三个方面：在境内销售货物、提供加工修理修配劳务、进口货物和应税服务。纳税人是从事上述业务的所有单位和个人。一般纳税人销售货物、应税劳务或应税服务，实行规范化计税办法；小规模纳税人销售货物、应税劳务或应税服务，实行简易计税办法。增值税优惠政策较多，优惠形式包括起征点、免税、减半征税、即征即退、先征后退以及出口退(免)税等。一般纳税人的生产企业出口货物，实行“免、抵、退”税办法；小规模纳税人出口货物，实行免税办法；外贸企业出口货物，退税额按国内购进货物时取得的增值税专用发票上列明的进价金额和退税率计算。

课后练习题

一、计算问答题

1. 某企业在2017年3月的经营中，支付桥闸通行费7 476元，支付高速公路通行费8 755元，均取得通行费发票(非财政票据)计算该企业上述发票可计算抵扣进项税额。

2. 甲企业是商业零售企业(小规模纳税人)。2017年7月，将一所2010年自建的门面房以100万元(含税，下同)的价格转让，建造成本60万元。当月，甲企业取得商业零售额8万元。甲企业当月应纳多少增值税？

3. 某商店为增值税小规模纳税人，2017年5月采取“以旧换新”的方式销售24K金项链一条，新项链对外销售价格为9 000元，旧项链作价2 000元，向消费者收取新旧差价款7 000元；另以“以旧换新”方式销售燃气热水器一台，新燃气热水器对外销售价格为2 000元，旧热水器作价100元，向消费者收取新旧差价款1 900元。假如以上价款中均含增值税，试计算该商店应缴纳的增值税。

4. 某乳品加工企业为一般纳税人(以投入产出法计算进项税)，2017年6月销售500吨调制乳，实现不含税收入350万元，原乳单耗数量为1.063，原乳平均购买单价为4 300元/吨。试计算该企业当期应纳的增值税。

5. 甲企业为增值税一般纳税人，2017年2月发生以下业务：

(1) 购进纪念品，取得增值税专用发票上注明增值税3 400元，将其全部用于集体福利。

(2) 从某增值税小规模纳税人处购进原材料，取得普通发票，支付运输企业(增值税一般纳税人)不含税运输费10 000元，取得增值税专用发票。

(3) 销售汽车装饰物品，取得不含税收入20 000元；提供汽车修理劳务，取得不含税收入

12 000元；出租汽车，取得不含税租金收入5 000元。

(4) 当月将本企业使用过的2008年购入的一台机器设备销售，该机器设备购入时不得抵扣且未抵扣进项税额，取得含税销售收入25 750元，甲企业未放弃减税。

(5) 因管理不善丢失一批以前月份购入的原材料(已抵扣进项税额)，账面成本为6 000元。

(6) 将一栋2015年取得的厂房出售，取得含税收入总额1 020万元，该厂房购置原值为600万元，选择简易计税办法。

其他相关资料：上述增值税专用发票的抵扣联均已经过认证。

要求：根据上述资料，计算回答下列问题，每问需计算出合计数。

(1) 计算该企业当月准予抵扣的进项税额；

(2) 计算该企业当月的增值税销项税额；

(3) 计算该企业当月应缴纳的增值税。

7. 甲商场为增值税一般纳税人，2017年2月发生下列业务：

(1) 从小规模纳税人处购入一批材料，取得普通发票上注明的价税合计金额30 000元。

(2) 从某增值税一般纳税人处购进货物，取得普通发票，支付价税合计金额46 800元，支付运输企业(增值税小规模纳税人)不含税运输费10 000元，取得税务机关代开的增值税专用发票。

(3) 采用预收款方式销售电脑5台，合同中约定，每台电脑不含税售价为5 000元，本月20日收取全部货款，电脑于下月发出。

(4) 销售调制乳、鲜奶分别取得含税销售收入11 232元、10 848元；销售蔬菜取得销售收入20 000元。

(5) 销售空调并负责安装，取得含税空调销售收入3 000元，含税安装劳务收入234元。

(6) 将一栋上年底取得的仓库出租，租期6个月，每月租金10 000元，当月收取全部含税租金总额60 000元。

其他相关资料：上述增值税专用发票的抵扣联均已经过认证。

要求：根据上述资料，按下列顺序回答问题。

(1) 计算该商场当月可以抵扣的增值税进项税额；

(2) 计算该商场当月应缴纳的增值税。

8. 甲企业为增值税小规模纳税人，2017年2月发生以下业务：

(1) 销售边角废料，由税务机关代开增值税专用发票，取得不含税收入30 000元。

(2) 销售自己使用过的包装物，开具普通发票，收取价税合计金额11 330元。

(3) 销售自己使用过的机器设备1台，取得含税销售收入20 703元，该设备购入时不含税价款为40 000元，已计提折旧12 000元。

(4) 采取以旧换新方式销售金项链1条，新项链对外零售价格6 386元，旧项链作价1 236元，向消费者收取新旧项链差价款5 150元；另外，通过以旧换新方式销售热水器一台，新热水器对外零售价格5 253元，旧热水器作价824元，向消费者收取新旧差价款4 429元。

(5) 月末进行存货盘点时发现，因管理不善丢失一批以前月份购入的存货，账面成本为6 000元。

(6) 将自建的一栋厂房出售，取得含税收入总额为840 000元。

已知：纳税人发生的上述销售自己使用过的固定资产业务，未放弃减税。

要求：根据增值税法律制度的规定，计算该企业当期应缴纳的增值税。

二、综合题

1. 进项税的分摊抵扣方法

不得抵扣的进项税额=当月无法划分的全部进项税额×当月免税项目销售额、非增值税应税劳务营业额合计÷当月全部销售额合计

某制药厂为增值税一般纳税人，2017年6月销售免税药品取得价款20 000元，销售非免税药品取得含税价款93 600元。当月购进原材料、水、电等取得的增值税专用发票(已通过税务机关认证)上的税款合计为10 000元，其中有2 000元进项税额对应的原材料用于免税药品的生产；5 000元进项税额对应的原材料用于非免税药品的生产；对于其他进项税额对应的购进部分，企业无法划分清楚其用途。试计算该企业本月应缴纳的增值税。

2. 平销返利的涉税处理

某商场(增值税一般纳税人)与其供货企业达成协议，按与销售量挂钩的方式进行平销返利。2017年5月，向供货方购进商品取得税控增值税专用发票，注明价款金额120万元、进项税额20.4万元，并通过主管税务机关认证，当月按平价全部销售，月末供货方向该商场支付返利4.8万元。试计算返利应冲减进项税金金额及当期可抵扣进项税额。

3. 甲企业(增值税一般纳税人)为某市一家酒厂，生产各种酒类产品。2017年2月，甲企业发生下列经营业务：

(1) 购进一批原材料，取得增值税专用发票上注明的价款为23 000元，增值税3 910元；委托某运输企业(增值税一般纳税人)将其运回企业，支付不含税运费1 300元，取得增值税专用发票。

(2) 销售边角废料，取得不含税收入62 000元；销售自己使用过的小汽车1辆，取得含税收入42 120元(小汽车系上年2月购进，账面价值为80 000元)。

(3) 从某增值税一般纳税人处购进生产检测设备，取得增值税专用发票上注明的价款为14 000元。

(4) 销售白酒和啤酒给丁商场，其中销售白酒开具增值税专用发票，收取不含税价款120 000元，另外收取包装物押金28 080元；销售啤酒开具普通发票，收取价税合计款175 500元，另外收取包装物押金37 440元。合同约定，丁商场于2017年5月将白酒、啤酒包装物全部退还给酒厂时，可取回全部押金。

(5) 用自产的白酒换取丙企业不含税价相等的原材料用于酿造白酒，已知换出白酒的市场不含税价为36 000元，双方互开了增值税专用发票；同时用市场含税价为100 620元的自产红酒，换取一家水泥厂的水泥，双方互开了增值税专用发票，当月将全部水泥投入本厂生产厂房的维修。

(6) 月末进行盘点时发现，因管理不善导致上月购进的原材料(已抵扣进项税额)霉烂变质，账面成本为8 800元。

其他相关资料：上述相关票据均已经过比对认证。

要求：根据上述相关资料，按顺序回答下列问题，如有计算，每问需计算出合计数。

(1) 计算该企业当期准予抵扣的进项税额；

(2) 计算该企业当期应确认的增值税销项税额；

(3) 计算该企业当期应缴纳的增值税。

第3章　消费税法

本章要点提示

- 消费税概述
- 消费税的征税范围和纳税人
- 消费税的税目、税率和计税依据
- 消费税应纳税额的计算
- 出口应税消费品退(免)税
- 消费税的税收优惠
- 消费税的纳税申报

3.1 消费税概述

3.1.1　消费税的含义

1. 消费税的概念

消费税是指对消费品和特定的消费行为按消费流转额征收的一种商品税。消费税可分为一般消费税和特别消费税，前者主要是指对所有消费品包括必需品和日用品普遍课税，后者主要是指对特定消费品或特定消费行为如奢侈品等课税。消费税以消费品为课税对象，在此情况下，税收随价格转嫁给消费者负担，消费者是间接纳税人、实际负税人。消费税的征收具有较强的选择性，是国家贯彻消费政策、引导消费结构，从而引导产业结构的重要手段，因而在保证国家财政收入、体现国家经济政策等方面具有十分重要的意义。

我国现行消费税是对在我国境内从事生产、委托加工和进口应税消费品的单位和个人就其应税消费品征收的一种税。由于选择部分消费品征税，因而属于特别消费税。

2. 消费税的产生与发展

消费税具有悠久的历史。远在古罗马帝国时代，随着城市的兴起与商业的繁荣，相继开征诸如盐税、酒税、矿产品税、皮毛税等具有单项消费税性质的产品税，这就是消费税的雏形。其后，从欧洲的中古到近古时代，产品税已发展成为西方各国财政收入的主要来源，还把产品税区分为对必需品课税和对奢侈品课税。

在我国，早在公元前81年，汉昭帝为避免酒的专卖“与商人争市利”，改酒专卖为普遍征税，允许各地地主、商人自行酿酒卖酒，每升酒缴税四文，纳税环节在酒销售之后进行，而不是在出坊(酒坊)时缴纳税款。这可以说是我国较早的消费税。

1950年，我国统一税制，建立了新税制，曾开征特种行为消费税，这一税种包含娱乐、筵席、冷食、旅馆4个税目，在发生特种消费行为时征收。其中，“筵席、冷食、旅馆”3种有关食住方面的消费行为，其消费额在日常生活水平限度以内者，不算特种消费，无须负税，即规定了起征点。至于娱乐方面的消费，则不是日常生活的绝对需要，所以不规定起征点。1988年9月22日，国务院针对社会上存在的不合理消费现象开征筵席税。1989年2月1日，为缓解彩色电视机、小轿车的供求矛盾开征彩色电视机特别消费税和小轿车特别消费税。此外，我国于1984年9月18日宣布开征的产品税和增值税的课税，其征税范围涉及大部分消费品，也具有一定的消费税性质。

为适应建立社会主义市场经济体制的需要，配合新一轮税制改革，主要是新增值税的推行，1993年底，国务院正式颁布了《中华人民共和国消费税暂行条例》(以下简称《消费税暂行条例》)，并于1994年1月1日起实施，决定在普遍征收增值税的基础上，再对部分消费品征收消费税，以贯彻国家的产业政策和消费政策。

为适应社会经济形势的客观发展需要，进一步完善消费税制，经国务院批准，2006年3月20日，财政部、国家税务总局发文，对消费税税目、税率及相关政策进行调整。新增高尔夫球及球具、高档手表、游艇、木制一次性筷子、实木地板5个税目；取消汽油、柴油税目，增列成品油税目；取消护肤、护发品税目，将原属于护肤、护发品征税范围的高档护肤类化妆品列入化妆品税目。这一系列举措使调整后的消费税政策更加适合我国的客观实际。

从国际上看，设立消费税和具有消费税性质的税种是世界各国普遍采用的税收征收方式。据不完全统计，全世界有一百多个国家开征了消费税。

3.1.2　消费税的计税方法

无论是我国还是世界上征收消费税的其他国家，消费税的计税方法基本相同，主要采用三种计税方法。

1. 从价定率征收

采用从价定率征收方法时，根据不同的应税消费品确定不同的比例税率，以应税消费品的销售额为基数乘以比例税率计算应纳税额。不同的是，有的国家消费税实行的是价外税，应税消费品的销售额不含消费税税额；有的国家消费税实行价内税，应税消费品的销售额含消费税税额。采用此方法，消费税税额会随应税消费品的价格上升而增加；相反，消费税税额会随应税消费品的价格下降而减少。

2. 从量定额征收

采用从量定额征收方法时，根据不同的应税消费品确定不同的单位税额，以应税消费品的数量为基数乘以单位税额计算应纳税额。采用此方法，消费税税额不会随应税消费品的价格变化而变化，具有相对稳定性，一般适用于价格变化较小、批量较大的应税消费品。

3. 从价定率和从量定额复合征收

从价定率和从量定额复合征收方法基本与前两种征收方法相同，只不过是对同一应税消费品同时采用两种计税方法计算税额，以两种方法计算的应纳税额之和为该应税消费品的应纳税额。采用复合征收方法的应税消费品一般较少，如我国目前只对烟和酒采用复合征收方法。

3.1.3　我国消费税的特点

1. 征收范围具有选择性

我国仅选择部分消费品征收消费税，而不是对所有消费品都征收消费税。目前，我国消费税共设置14个税目，征收的具体品目采用正列举，征税界限清晰，征税范围有限。只有消费税税目税率表上列举的应税消费品才征收消费税，没有列举的则不征收消费税。

2. 征税环节具有单一性

消费税的最终负担人是消费者，但是为了加强源泉控制，防止税款流失，消费税的纳税环节主要确定在产制环节或进口环节。也就是说，对于应税消费品，在生产环节或进口环节征税之后，除个别消费品的纳税环节为零售环节外，再继续转销该消费品将不再征收消费税。但无论在哪个环节征税，都实行单环节征收，以零售环节为纳税环节的应税消费品，在零售环节以前的诸环节都不征收消费税。这样，既可以减少纳税人的数量，降低税款征收费用和税源流失的风险，又可以防止重复征税。

3. 平均税率水平比较高且税负差异大

消费税属于国家运用税收杠杆对某些消费品进行特殊调节的税种。为了有效体现国家政策，消费税的平均税率水平一般定得比较高，并且不同征税项目的税负差异较大，对需要限制或控制消费的消费品，通常税负较重。我国现行消费税是同增值税相互配合而设置的，在对某些需要特殊调节的消费品征收增值税的同时，再征收一道消费税，从而形成了一种交叉调节的间接税体系。

4. 征收方法具有灵活性

消费税在征收方法上，既可以采用对消费品制定单位税额、依消费品的数量实行从量定额的征收方法，也可以采用对消费品制定比例税率、依消费品的价格实行从价定率的征收方法。目前，我国对烟和酒两类消费品既采用从价征收的方法，又采用从量征收的方法。

5. 税负具有转嫁性

消费税是对消费应税消费品的课税。因此，税负归宿应为消费者。但为了简化征收管理程序，我国消费税直接以应税消费品的生产经营者为纳税人，于产制销售环节、进口环节或零售环节缴纳税款，并将其作为商品价格的一个组成部分向购买者收取，消费者为税负的最终负担者。

3.1.4 消费税的作用

1. 调节消费结构

消费税的课征范围只限于国家限制的少数商品，而对列入其征税范围的商品，国家还要根据一定时期的消费政策，分别确定高低不同的税率，以体现国家调节消费的意图。由于消费税负担的轻重，关系消费者的切身利益，是消费者在选择其消费方向和内容时要考虑的重要因素。因此，国家能够通过消费税课征范围的选择和税目、税率的设计，来调节纳税人的经济利益，影响其消费活动的方向和内容，进而调节整个社会的消费结构，体现国家的消费政策。由于消费对生产的反作用，消费结构的变化又会对产业结构和产品结构的调整发生影响。

2. 限制消费规模，引导消费方向

消费税通常采用较高的税率，税负最终由消费者负担，其征收对象又多为需求弹性较大的非必需品，如烟、酒、焰火、贵重首饰等。对消费者来说，这些商品的消费有较大的弹性，为避免较重的税收负担，他们可能会改变原来的想法，不再购买这些商品，从而有利于纠正某些对环境或身体健康产生不利影响的不良消费习惯，培养良好的社会风气。因此，征收消费税不仅能改变一些人的消费方向，而且能起到压缩消费规模的作用。这对于平衡供求关系、稳定市场物价、增加投资和储蓄、调整积累和消费的比例关系都具有积极的作用。

3. 及时、足额地保证财政收入

消费税以应税消费品的销售额或销售数量及组成计税价格为计税依据，税额会随着销售额的增加而不断增长，同时只要消费品实现销售，就会产生缴纳消费税的义务。因此，消费税对及时、足额地保证财政收入，起着重要的作用。

4. 在一定程度上缓解了社会分配不公

由于个人生活水平的高低在很大程度上体现为支付能力的高低，因此，通过对某些奢侈品或特殊消费品征收消费税，立足于从调节个人支付能力的角度间接增加某些消费者的税收负担，体现收入多者多缴税的政策精神，可在一定程度上配合个人所得税及其他有关税种对收入差距过大这一现象进行调节，从而缓解目前存在的社会分配不公的矛盾。

3.1.5 消费税与增值税纳税环节对比

消费税与增值税纳税环节对比，如表3-1所示。

表3-1 消费税与增值税纳税环节对比

纳税环节	增值税	消费税
进口应税消费品	缴纳	缴纳(金、银、钻除外)
生产应税消费品出厂销售	缴纳	缴纳(金、银、钻除外)
用自产应税消费品连续生产应税消费品	无	无
用自产应税消费品连续生产非应税消费品	无	缴纳
将自产应税消费品用于投资、分红、赠送、职工福利、个人消费	缴纳	缴纳
批发应税消费品	缴纳	缴纳(2009年5月起限于卷烟)
零售应税消费品	缴纳	缴纳(限于金、银、钻、超豪华小汽车)

3.2 消费税的征税范围和纳税人

3.2.1 消费税的征税范围

消费税的征税范围是指消费税法规定的征收消费税的消费品及消费行为的具体种类。我国借鉴国外的成功经验和通行做法，实行有选择的有限型消费税，规定的征税范围是在中华人民共和国境内生产、委托加工和进口的法定“应税消费品”，具体包括以下5类。

1. 特殊消费品

特殊消费品若被过度消费会对人体健康、社会秩序、生态环境等方面造成危害，因此对其征税可以起到抑制消费的作用。此类消费品包括烟、酒及酒精、鞭炮及焰火3个税目。

2. 奢侈品和非生活必需品

通过对奢侈品和非生活必需品征税，可以调节消费者的收入水平。此类消费品包括化妆品、贵重首饰及珠宝玉石、游艇、高档手表、高尔夫球及球具5个税目。

3. 高能耗及高档消费品

高能耗及高档消费品不仅价格较高，而且消耗大量能源，对其征税体现了国家对高消费的一种特殊调节。此类消费品包括摩托车、小轿车2个税目。

4. 不可再生和不可替代的资源消费品

对不可再生和不可替代的资源消费品征税，体现了国家对稀缺资源的保护。此类消费品包括成品油、木制一次性筷子、实木地板3个税目。

5. 具有特定财政意义的消费品

为确保国家财政收入的稳定，国家选择对具有特定财政意义的消费品征税。此类消费品包括汽车轮胎1个税目。

3.2.2 消费税的纳税人

根据《消费税暂行条例》的规定，在中华人民共和国境内生产、委托加工和进口本条例规定的消费品的单位和个人，以及国务院确定的销售应税消费品的其他单位和个人，为消费税的纳税人。“单位”是指国有企业、集体企业、私有企业、股份制企业、其他企业和行政单位、事业单位、军事单位、社会团体及其他单位。“个人”是指个体经营者及其他个人。“在中华人民共和国境内”是指生产、委托加工和进口应税消费品的起运地或所在地在境内。具体的规定如下所述。

(1) 生产销售(包括自产自用)应税消费品，以生产销售的单位和个人为纳税人，由生产者向税务机关申请纳税。

(2) 生产销售金银首饰、钻石及钻石饰品，以从事金银首饰、钻石及钻石饰品零售业务的单位和个人为纳税人。

(3) 委托加工除金银首饰以外的应税消费品，以委托加工的单位和个人为纳税人。为加强税收的源泉控制，简化税收征管手续，除受托方为个人外，由受委托方在向委托方交货时代收代缴税款。但委托加工、委托代销金银首饰的，受托方为纳税人。

(4) 进口应税消费品，以进口的单位和个人为纳税人，由海关代征进口环节的消费税。

自2009年5月1日起，在我国境内从事卷烟批发业务的单位和个人也成为消费税的纳税人。

3.3 消费税的税目和税率

3.3.1 消费税的税目

按照《消费税暂行条例》的规定，2014年12月调整后，确定征收消费税的只有烟、酒、化妆品等15个税目，有的税目还进一步划分若干子目。消费税属于价内税，一般在应税消费品的生产、委托加工和进口环节缴纳。

1. 烟

凡是以烟叶为原料生产的产品，不论使用何种辅料，均属于本税目的征税范围，具体包括卷烟(进口卷烟、白包卷烟、手工卷烟和未经国务院批准纳入计划的企业及个人生产的卷烟)、雪茄烟和烟丝。

2. 酒

酒是指酒精度在1度以上的各种酒类饮料，包括粮食白酒、薯类白酒、黄酒、啤酒、果酒和其他酒。

对饮食业、商业、娱乐业经营的啤酒屋(啤酒坊)利用啤酒生产设备生产的啤酒，应当征收消费税。

根据《财政部 国家税务总局关于调整消费税政策的通知》(财税〔2014〕93号)，从2014年12月1日起，取消汽车轮胎、酒精等税目的消费税。

3. 高档化妆品

化妆品是指日常生活中用于修饰、美化人体表面的用品。高档美容、修饰类化妆品和高档护肤类化妆品是指生产(进口)环节销售(完税)价格(不含增值税)在10元/毫升(克)或15元/片(张)及以上的美容、修饰类化妆品和护肤类化妆品。

根据《财政部 国家税务总局关于调整化妆品消费税政策的通知》(财税〔2016〕103号)的规定，自2016年10月1日起，取消对普通美容、修饰类化妆品征收消费税，将“化妆品”税目名称更名为“高档化妆品”。征收范围包括高档美容、修饰类化妆品，高档护肤类化妆品和成套化妆品，税率调整为15%。

4. 贵重首饰及珠宝玉石

本税目的具体征税范围包括凡以金、银、白金、宝石、珍珠、钻石、翡翠、珊瑚、玛瑙等高贵稀有物质，及其他金属、人造宝石等制作的各种纯金银首饰及镶嵌首饰(含人造金银、合成金银首饰等)，和经采掘、打磨、加工的各种珠宝玉石。对出国人员购于免税商店的金银首饰征收消费税。

5. 鞭炮、焰火

本税目的具体征税范围包括各种鞭炮、焰火。体育领域所用的发令纸、鞭炮引线不按本税目征收。

6. 成品油

本税目的具体征收范围包括汽油、柴油、石脑油、溶剂油、航空煤油、润滑油、燃料油7个子目。

根据《财政部 国家税务总局关于继续提高成品油消费税的通知》(财税〔2015〕11号)，自2015年1月13日起，为进一步加强消费税在治理大气污染、促进节能减排方面的调控力度，合理引导消费需求，再次提高成品油消费税单位税额。

(1) 将汽油、石脑油、溶剂油和润滑油的消费税单位税额由1.4元/升提高到1.52元/升。

(2) 将柴油、航空煤油和燃料油的消费税单位税额由1.1元/升提高到1.2元/升。航空煤油继续暂缓征收。

7. 小汽车

小汽车是指由动力装置驱动，具有4个或4个以上车轮的非轨道承载的车辆。小汽车的具体征税范围包括含驾驶员座位在内最多不超过9个座位(含9座)的、在设计和技术特性上用于载运乘客和货物的各类乘用车，以及含驾驶员座位在内的座位数在10～23座(含23座)的、在设计和技术特性上用于载运乘客和货物的各类中轻型商用客车。

用排气量小于1.5升(含1.5升)的乘用车底盘(车架)改装、改制的车辆属于乘用车的征税范围。用排气量大于1.5升的乘用车底盘(车架)或用中轻型商用客车底盘(车架)改装、改制的车辆属于中轻型商用客车的征税范围。

含驾驶员人数(额定载客)为区间值(如8～10人、17～26人)的小汽车，按其区间值下限人数确定征税范围。

电动汽车不属于本税目征收范围。车身长度大于7米(含7米)，并且座位数为10座(含10座)～23座(含23座)的商用客车，不属于中轻型商用客车征税范围，不征收消费税。沙滩车、雪地车、卡丁车、高尔夫车不属于消费税征收范围，不征收消费税。

按照《中华人民共和国车船税法实施条例》的规定，乘用车是指在设计和技术特性上主要用于载运乘客及随身行李，核定载客人数包括驾驶员在内超过9人的汽车。商用车是指除乘用车外，在设计和技术特性上用于载运乘客、货物的汽车，划分为客车和货车两类。商用客车是指在设计和技术特性上用于载运乘客及随身行李，载客人数包括驾驶员在内为10人以上不超过23人的汽车。

8. 摩托车

本税目的具体征税范围包括轻便摩托车和摩托车。对最大设计车速不超过50km/h，发动气缸总工作容量不超过50毫升的三轮摩托车不征收消费税。

根据《财政部 国家税务总局关于调整消费税政策的通知》(财税〔2014〕93号)，从2014年12月1日起，取消250毫升(不含)以下小排量摩托车税目消费税。

9. 高尔夫球具

高尔夫球具是指从事高尔夫球运动所需的各种专用装备，包括高尔夫球、高尔夫球杆及高尔夫球包(袋)等。本税目的具体征税范围包括高尔夫球、高尔夫球杆、高尔夫球包(袋)及高尔夫球杆的杆头、杆身和握把。

10. 高档手表

高档手表是指销售价格(不含增值税)每只在10 000元(含)以上的各类手表。本税目的征税范围包括符合以上标准的各类手表。

11. 游艇

游艇是指长度大于8米、小于90米，船体由玻璃钢、钢、铝合金、塑料等多种材料制作，可以在水上移动的水上浮载体。本税目的征税范围包括艇身长度大于8米(含)、小于90米(含)，内置发动机，可以在水上移动，一般为私人或团体购置，主要用于水上运动和休闲娱乐等非牟利活动的各类机动艇。

12. 木制一次性筷子

木制一次性筷子，又称卫生筷子，是指以木材料为原料经过锯断、浸泡、旋切、刨切、烘干、筛选、打磨、倒角、包装等环节加工而成的各类一次性使用的筷子。本税目的征税范围包括各种规格的木制一次性筷子。未经打磨、倒角的木制一次性筷子也属于本税目的征税范围。

13. 实木地板

实木地板是指以木材为原料，经锯割、干燥、刨光、截断、开榫、涂漆等工序加工而成的块状或条状的地面装饰材料。本税目的具体征税范围包括各类规格的实木地板、实木指接地板、实木复合地板，以及用于装饰墙壁、天棚的侧端面为榫、槽的实木装饰板和未经涂饰的素板。

14. 铅蓄电池

蓄电池又称二次电池，是按可充电、重复使用设计的电池，包括酸性蓄电池、碱性或其他非酸性蓄电池、氧化还原液流蓄电池和其他蓄电池。

铅蓄电池，指含以稀硫酸为主电解质、二氧化铅正极和铅负极的蓄电池。

根据《财政部 国家税务总局关于对电池涂料征收消费税的通知》(财税〔2015〕16号)，为促进节能环保，经国务院批准，自2015年2月1日起对电池征收消费税。

(1) 将电池列入消费税征收范围，在生产、委托加工和进口环节征收，适用税率均为4%。

(2) 对无汞原电池、金属氢化物镍蓄电池(又称“氢镍蓄电池”或“镍氢蓄电池”)、锂原电池、锂离子蓄电池、太阳能电池、燃料电池和全钒液流电池免征消费税。

(3) 2015年12月31日前对铅蓄电池缓征消费税；自2016年1月1日起，对铅蓄电池按4%的税率征收消费税。

原电池又称一次电池，是按不可以充电设计的电池。按照电极所含的活性物质分类，原电池包括锌原电池、锂原电池和其他原电池。原电池又可分为无汞原电池和含汞原电池。汞含量低于电池重量的0.0001%(扣式电池按0.0005%)的原电池为无汞原电池；其他原电池为含汞原电池。

15. 涂料

涂料是指涂于物体表面能形成具有保护、装饰或特殊性能的固态涂膜的一类液体或固体材料的总称。

涂料由主要成膜物质、次要成膜物质等构成。按主要成膜物质的成分，涂料可分为油脂类、天然树脂类、酚醛树脂类、沥青类、醇酸树脂类、氨基树脂类、硝基类、过氯乙烯树脂类、烯类树脂类、丙烯酸酯类树脂类、聚酯树脂类、环氧树脂类、聚氨酯树脂类、元素有机类、橡胶类、纤维素类、其他成膜物类。

自2015年2月1日起，对涂料在生产、委托加工和进口环节征收消费税，适用税率均为4%。

对施工状态下挥发性有机物(Volatile Organic Compounds，VOC)含量低于420克/升(含)的涂料免征消费税。

3.3.2　消费税的税率

1. 税率的一般规定

根据我国现行的消费税制度，消费税实行比例税率、定额税率两种形式，以适应不同应税消费品的实际情况。基于用量大、计量单位规范、同类产品价格差异不大的考虑，我国消费税法对黄酒、啤酒和成品油实行定额税率；对大多数消费品选择税价联动的比例税率；对卷烟、粮食白酒、薯类白酒则实行复合税率。消费税税目、税率，如表3-2所示。

表3-2　消费税税目、税率

税目	税率
一、烟	
1. 卷烟	1. 卷烟
(1) 甲类卷烟	(1) 56%加0.003元/支(生产环节)
(2) 乙类卷烟	(2) 36%加0.003元/支(生产环节)
(3) 批发环节	(3) 11%加0.005元/支(批发环节)
2. 雪茄烟	2. 雪茄烟36%
3. 烟丝	3. 烟丝30%

(续表)

税目	税率
二、酒 1. 白酒 2. 黄酒 3. 啤酒 (1) 甲类啤酒 (2) 乙类啤酒 4. 其他酒	 1. 白酒20%加0.5元/500克(或者500毫升) 2. 黄酒240元/吨 3. 啤酒 (1) 甲类啤酒250元/吨 (2) 乙类啤酒220元/吨 4. 其他酒10%
三、高档化妆品	15%
四、贵重首饰及珠宝玉石 1. 金银首饰、铂金首饰和钻石及钻石饰品 2. 其他贵重首饰和珠宝玉石	 5% 10%
五、鞭炮、焰火	15%
六、成品油 1. 汽油 2. 柴油 3. 航空煤油 4. 石脑油 5. 溶剂油 6. 润滑油 7. 燃料油	 1.20元/升 1.20元/升 1.20元/升 1.52元/升 1.52元/升 1.52元/升 1.20元/升
七、摩托车 1. 气缸容量(排气量，下同)为250毫升的 2. 气缸容量在250毫升以上的	 3% 10%
八、小汽车 1. 乘用车 (1) 气缸容量(排气量，下同)在1.0升(含1.0升)以下的 (2) 气缸容量在1.0升以上至1.5升(含1.5升)的 (3) 气缸容量在1.5升以上至2.0升(含2.0升)的 (4) 气缸容量在2.0升以上至2.5升(含2.5升)的 (5) 气缸容量在2.5升以上至3.0升(含3.0升)的 (6) 气缸容量在3.0升以上至4.0升(含4.0升)的 (7) 气缸容量在4.0升以上的 2. 中轻型商用客车	 1. 乘用车 (1) 1% (2) 3% (3) 5% (4) 9% (5) 12% (6) 25% (7) 40% 2. 中轻型商用客车5%
九、高尔夫球具	10%
十、高档手表	20%
十一、游艇	10%
十二、木制一次性筷子	5%
十三、实木地板	5%
十四、铅蓄电池	4%
十五、涂料	4%

注：

(1) 甲类卷烟，即每标准条(200支，下同)调拨价格在70元(不含增值税)以上(含70元)的卷烟，生产环节(含进口)的税率为56%，加0.003元/支

(2) 乙类卷烟，即每标准条调拨价格在70元(不含增值税)以下的卷烟，生产环节(含进口)的税率为36%，加0.003元/支

2. 税率的特殊规定

(1) 纳税人兼营不同税率的应税消费品，应当分别核算不同税率应税消费品的销售额、销售数量；未分别核算销售额、销售数量或者将不同税率的应税消费品组成成套的消费品销售的，从高适用税率。

(2) 对卷烟适用税率的规定。卷烟采取定额税率和比例税率相结合的复合计税方式。进口卷烟、白包卷烟、手工卷烟，自产自用没有同牌号、规格调拨价格的卷烟，委托加工没有同牌号、规格调拨价格的卷烟，未经国务院批准纳入计划的企业和个人生产的卷烟，一律适用56%的税率。

3.4 消费税的计税依据

3.4.1 从价定率计税方法的计税依据

采用从价定率计税方法的应税消费品，消费税的计税依据是销售额。

1. 生产销售应税消费品销售额的确定

1) 计税销售额的一般规定

(1) 销售额的定义。按照《消费税暂行条例》和《消费税暂行条例实施细则》的规定，销售额为纳税人销售应税消费品向购买方收取的全部价款和价外费用。其中，“价外费用”是指价外收取的基金、集资费、返还利润、补贴、违约金(延期付款利息)和手续费、包装费、储备费、优质费、运输装卸费、代收款项、代垫款项及其他各种性质的价外收费，但下列款项不包括在内。

① 同时符合以下条件的代垫运费：承运部门的运费发票开具给购买方的；纳税人将该项发票转交给购买方的。

② 同时符合以下条件的代为收取的政府性基金或者行政事业性收费：由国务院或者财政部批准设立的政府性基金，由国务院或者省级人民政府及财政、价格主管部门批准设立的行政事业性收费；收取时开具省级以上财政部门印制的财政票据；所收款项全额上缴财政。

除此之外，其他价外费用，无论是否属于纳税人的收入，均应并入销售额计算征税。

(2) 销售额的换算。应税消费品在缴纳消费税的同时，还应缴纳增值税。按照消费税法的规定，应税消费品的销售额不包括应向购买方收取的增值税税款。如果纳税人应税消费品的销售额中未扣除增值税税款或者因不得开具增值税专用发票而发生价款和增值税税款合并收取的，在计算消费税时，应当换算为不含增值税税款的销售额。换算公式为

$$应税消费品的销售额=含增值税的销售额\div(1+增值税税率或征收率) \tag{3-1}$$

在使用换算公式时，应根据纳税人的具体情况分别使用增值税税率或征收率。如果消费税的纳税人同时又是增值税一般纳税人，应适用17%的增值税税率；如果消费税的纳税人是小规模纳税人，应适用3%的征收率。

2) 计税销售额的特殊规定

(1) 包装物连同应税消费品销售时计税销售额的确定。根据消费税法的规定，应税消费品连同包装物销售的，无论包装物是否单独计价，也不论在会计上如何核算，均应并入应税消费品的销售额中征收消费税。这一规定与增值税的规定相同。

(2) 销售应税消费品的包装物收取押金时计税销售额的确定。根据现行消费税制度的相关规定，分为以下三种情况。

① 如果包装物不作价随同产品销售，而是收取押金，此项押金则不应并入应税消费品的销售额中征税。但对逾期收回的包装物不再退还的和已收取一年以上押金的，应并入应税消费品的销售额，按照应税消费品的适用税率征收消费税。

② 对既作价随同应税消费品销售，又另外收取包装物押金的，凡纳税人在规定的期限内不予退还的，均应并入应税消费品的销售额，按照应税消费品的适用税率征收消费税。

③ 酒类生产企业销售酒类产品(黄酒、啤酒除外)而收取的包装押金，无论押金是否返还及在会计上如何核算，均应并入酒类产品销售额中征收消费税。

(3) 发生视同对外销售时计税销售额的确定。纳税人用于换取生产资料和消费资料，投资入股和抵偿债务等方面的应税消费品，应当以纳税人同类应税消费品的最高销售价格作为计税依据计算消费税。

(4) 纳税人通过自设非独立核算门市部销售的自产应税消费品，应当按照门市部对外销售额征收消费税。

(5) 纳税人将自产的应税消费品与外购或自产的非应税消费品组成套装销售的，以套装产品的销售额(不含增值税)为计税依据。

2. 自产自用应税消费品销售额的确定

在纳税人生产应税消费品中，有一种特殊的形式，即自产自用形式。所谓自产自用，就是纳税人生产应税消费品后，不是直接用于对外销售，而是用于自产自用连续生产应税消费品，或用于其他方面。这种自产自用形式，在实际经济中比较常见，比如有的企业把自产自用的应税消费品用于发放职工福利，赠送关系客户等，并错误地认为“不是对外销售，不计入销售额，不需纳税”，这样就出现了漏缴税款的现象。因此，有必要认真界定这种行为并理解税法对自产自用应税消费品的有关规定。

(1) 纳税人自产自用的应税消费品，用于连续生产应税消费品的，不纳税。

所谓“纳税人自产自用的应税消费品，用于连续生产应税消费品的”，是指这种消费品作为生产最终应税消费品的直接材料，并构成最终产品实体。也就是说，将自己生产的应税消费品用于连续生产应税消费品的，中间投入的应税消费品不需纳税，只对最终的应税消费品征税。这样的规定体现了税不重征和计税简便的原则，很好地避免了重复征税的问题。例如，卷烟厂用自己生产出来的烟丝来连续生产卷烟，那么对于作为中间投入物的应税消费品烟丝不征税，只对生产出的卷烟征收消费税。

纳税人自产自用的应税消费品，用于其他方面的，于移送使用时纳税。

所谓“用于其他方面”是指纳税人用于生产非应税消费品和在建工程、管理部门、非生产机构、提供劳务，以及用于馈赠、赞助、集资、广告、样品、职工福利、奖励等方面的应税消费品。这种视同销售行为也要依法缴纳消费税，主要是基于平衡外购应税消费品和自产应税消费品之间的税负的考虑，有利于公平税负，并保证财政收入。

在现实生活中，这样的情形比比皆是。例如，原油加工厂用生产出的应税消费品汽油调和制成的溶剂汽油(非应税消费品)；奶制品厂把自己生产出来的牛奶制品以福利的形式发给职工；汽车制造厂把自己生产的汽车用于高级管理人员的奖励等。一言以蔽之，企业自产的应税消费品虽然没有用于销售或连续生产应税消费品，但只要在税法所规定的范围内都要视同销售，依法缴纳消费税。

(2) 根据《消费税暂行条例》的规定，纳税人自产自用的应税消费品，凡用于其他方面的，按以下两种方法确定销售额。

① 有同类消费品的销售价格，按照纳税人生产的同类消费品销售价格计算纳税。这里所说的“同类消费品的价格”，是指纳税人或代收代缴义务人当月销售的同类消费品的销售价格，如果当月同类消费品各期销售价格高低不同，应按销售数量的加权平均价格计算。但销售的应税消费品有下列情形之一的，不得列入加权平均计算：销售的应税消费品的销售价格明显偏低又无正当理由的；无销售价格的。如果当月无销售或者当月未完结，应按照同类消费品上月或最近月份的销售价格计算纳税。

② 没有同类消费品的销售价格。如果纳税人自产自用的应税消费品，在计算征收时没有同类消费品的销售价格，则按照组成计税价格计算纳税。

实行从价定率办法计算纳税的组成计税价格的计算公式为

$$组成计税价格=(成本+利润)\div(1-比例税率) \tag{3-2}$$

式中，成本是指应税消费品的产品生产成本；“利润”是指根据应税消费品的全国平均成本利润率计算的利润。应税消费品的全国平均成本利润率由国家税务总局确定，如表3-3所示。

表3-3 应税消费品的全国平均成本利润率

货物名称	利润率/%	货物名称	利润率/%
1. 甲类卷烟	10	10. 贵重首饰及珠宝玉石	6
2. 乙类卷烟	5	11. 摩托车	6
3. 雪茄烟	5	12. 高尔夫球具	10
4. 烟丝	5	13. 高档手表	20
5. 粮食白酒	10	14. 游艇	10
6. 薯类白酒	5	15. 木制一次性筷子	5
7. 其他酒	5	16. 实木地板	5
8. 高档化妆品	15	17. 乘用车	8
9. 鞭炮、焰火	5	18. 中轻型商用客车	5

3. 委托加工应税消费品

随着社会分工的细化，专业化生产和协作的加强，企业、单位或个人由于设备、技术、人力等方面的限制，常常需要委托其他单位代为加工应税消费品，然后将加工好的应税消费品收回后自己使用或直接销售。例如，某企业将外购的木材提供给某木材加工厂，加工成实木地板后用于单位管理层办公楼的豪华装修，则加工的实木地板需要缴纳消费税。为了加强对委托加工应税消费品的管理，税法对委托加工应税消费品做出了明确的规定。

1) 委托加工应税消费品的确定

根据消费税法的规定，作为委托加工的应税消费品必须具备两个条件：一是由委托方提供原材料和主要材料；二是受托方只收取加工费和代垫部分辅料。无论是委托方，还是受托方，凡不符合规定条件的，都不能按委托加工应税消费品进行税务处理，只能按照销售自制应税消费品缴纳消费税。这样的规定是为了防止出现受托方压低计税价格，代收代缴纳消费税，虚报和逃避自制应税消费品应缴纳消费税的责任。

2) 委托加工应税消费品的计税价格

根据消费税法的规定，委托加工的应税消费品按照受托方的同类消费品的销售价格计税。

委托加工的应税消费品没有受托方同类消费品的销售价格的，按照组成计税价格计算纳税。组成计税价格的计算公式为

组成计税价格=(材料成本+加工费)÷(1−消费税税率) (3-3)

式中，材料成本是指委托方所提供的加工材料的实际成本；加工费是指受托方加工应税消费品向委托方收取的全部费用(包括代垫辅助材料的实际成本，不包括增值税税金)。

4. 进口应税消费品

为了平衡进口消费品与国内生产的同类消费品的税收负担，进口应税消费品以进口商品总值为计税依据，具体包括到岸价格、关税和消费税三部分内容。根据消费税法的规定，进口的应税消费品，实行从价定率办法计算应纳税额的，按照组成计税价格计算纳税。

实行从价定率办法计算纳税的组成计税价格的计算公式为

组成计税价格=(关税完税价格+关税)÷(1−消费税比例税率) (3-4)

式中，关税完税价格是指海关核定的关税计税价格。

3.4.2 从量定额计税方法的计税依据

1. 应税消费品销售数量的确定

从量定额通常以每单位应税消费品的重量、容积或数量为计税依据，并按每单位应税消费品规定固定税额，这种固定税额即为定额税率。我国现行消费税制度仅对黄酒、啤酒和成品油实行定额税率，采用从量定额方法计税，具体规定如下所述

(1) 销售应税消费品的计税依据为应税消费品的销售数量。纳税人通过自设的非独立核算的门市部销售自产应税消费品，应当按照门市部对外销售数量征收消费税。

(2) 自产自用应税消费品的计税依据为应税消费品的移送使用数量。

(3) 委托加工应税消费品的计税依据为委托人收回的应税消费品数量。

(4) 进口应税消费品的计税依据为海关核定应税消费品的进口征税数量。

2. 计量单位的换算标准

黄酒、啤酒以“吨”为税额单位，成品油以“升”为税额单位。但是，在实际销售过程中，一些纳税人往往将计量单位混用。为了对不同产品的计量单位进行规范，《消费税暂行条例实施细则》具体规定了“吨”与“升”两个计量单位的换算标准，如表3-4所示。

表3-4 “吨”与“升”两个计量单位的换算标准

序号	项目	换算标准
1	黄酒	1吨=962升
2	啤酒	1吨=988升
3	汽油	1吨=1 388升
4	柴油	1吨=1 176升
5	航空煤油	1吨=1 246升
6	石脑油	1吨=1 385升
7	溶剂油	1吨=1 282升
8	润滑油	1吨=1 126升
9	燃料油	1吨=1 015升

3.4.3 复合计税方法的计税依据

1. 从价从量复合计征

我国于2001年开始对卷烟、粮食白酒、薯类白酒采用复合计征方法。应纳消费税税额的计

算公式为

应纳消费税税额=应税销售数量×定额税率+应税销售额×比例税率　　(3-5)

生产销售卷烟、粮食白酒、薯类白酒从量定额计税依据为实际销售数量。进口、委托加工、自产自用卷烟、粮食白酒、薯类白酒从量定额计税依据分别为海关核定的进口征税数量、委托方收回数量、移送使用数量。

同时，为防止白酒行业利用关联交易实现避税的目的，法律规定了白酒生产企业销售给销售企业的白酒消费税的计税价格不得低于销售单位最终零售价的70%。如果低于这一比例，税务机关将进行核定征收。(国税函〔2009〕380号)

2. 卷烟在批发环节加征一道从价税和一道从量税

根据《财政部 国家税务总局关于调整卷烟消费税的通知》(财税〔2015〕60号)，自2015年5月10日起，将卷烟批发环节从价税税率由5%提高至11%，并按0.005元/支加征从量税。另外，纳税人兼营卷烟批发和零售业务的，应当分别核算批发和零售环节的销售额、销售数量；未分别核算批发和零售环节销售额、销售数量的，按照全部销售额、销售数量计征批发环节消费税。

3.5 消费税应纳税额的计算

在确定消费税的计税依据和相应的适用税率后，就可以计算纳税人的应纳消费税税额。根据《消费税暂行条例》的规定，消费税实行从价定率、从量定额，或者从价定率和从量定额复合计税(以下简称复合计税)的办法计算应纳税额。应纳税额的计算公式为

现行从价定率办法计算的应纳税额=销售额×比例税率　　(3-6)

现行从量定额办法计算的应纳税额=销售数量×定额税率　　(3-7)

实行复合计税办法计算的应纳税额=销售额×比例税率+销售数量×定额税率　　(3-8)

3.5.1 生产者自产自销应税消费品的应纳税额的计算

在确定了生产者销售自产应税消费品的计税销售额或计税销售数量及适用的税率后，依据上述公式来计算应纳消费税税额。值得注意的是，在计算自产自销应税消费品的应纳税额时，应首先区分最终销售的应税消费品是否是用已税消费品作为中间投入物生产的。对此，我国消费税法作了如下规定。

1. 未用已税消费品作为中间投入物生产的应税消费品

纳税人自产自销没有使用已税消费品生产的应税消费品，可直接套用上述公式。

【例3-1】某化妆品生产企业为增值税一般纳税人。20×7年3月15日，该企业向某大型商场销售一批高档化妆品，开具增值税专用发票，取得不含增值税销售额30万元，增值税额5.1万元；3月20日，向某单位销售一批化妆品，开具普通发票，取得含增值税销售额4.68万元。计算该化妆品生产企业上述业务应缴纳的消费税额。

【答案】(1) 高档化妆品适用消费税税率15%

(2) 高档化妆品的应税销售额=30+4.68÷(1+17%)=34(万元)

(3) 应缴纳的消费税额=34×15% =5.1(万元)

【例3-2】某啤酒厂20×7年4月销售乙类啤酒400吨，每吨出厂价格为2 800元。计算当月该啤酒厂应纳消费税税额。

【答案】(1) 销售乙类啤酒，适用定额税率220元/吨

(2) 应纳税额=销售数量×定额税率=400×220=88 000(元)

【例3-3】某白酒生产企业为增值税一般纳税人，20×7年4月销售粮食白酒50吨，取得不含增值税的销售额150万元。计算白酒企业4月应缴纳的消费税额。

【答案】(1) 白酒适用比例税率20%，定额税率0.5元/500克

(2) 应纳税额=50×2 000×0.00 005+150×20% =35(万元)

2. 用已税消费品作为中间投入物生产的应税消费品

为避免重复征税，纳税人使用外购或委托加工收回的应税消费品继续生产应税消费品销售的，可以将外购的应税消费品和委托加工收回的应税消费品已缴纳的消费税给予扣除，扣除范围如下所述。

(1) 用已税烟丝生产的卷烟。

(2) 用已税化妆品生产的化妆品。

(3) 用已税珠宝玉石生产的贵重首饰及珠宝玉石。

(4) 用已税鞭炮、焰火生产的鞭炮、焰火。

(5) 用已税摩托车生产的摩托车(如用两轮摩托车改装三轮摩托车)。

(6) 用已税杆头、杆身和握把为原料生产的高尔夫球球杆。

(7) 用已税木制一次性筷子为原料生产的木制一次性筷子。

(8) 用已税实木地板为原料生产的应税消费品。

(9) 用已税石脑油为原料生产的应税消费品。

(10) 用已税润滑油为原料生产的润滑油。

1) 外购应税消费品已纳税款的扣除

由于某些应税消费品是用外购已缴纳消费税的应税消费品连续生产出来的，在对这些连续生产出来的应税消费品计算征税时，税法规定应按当期生产领用数量计算准予扣除外购的应税消费品已纳的消费税税款。

上文列举的扣除范围内的应税消费品当期准予扣除外购应税消费品已纳消费税税款的计算公式为

当期准予扣除的外购应税消费品已纳税款=当期准予扣除的外购应税消费品买价×外购应税消费品适用税率 (3-9)

当期准予扣除的外购应税消费品买价=期初库存的外购应税消费品的买价+当期购进的应税消费品的买价-期末库存的外购应税消费品的买价 (3-10)

式中，外购应税消费品的买价是指购货发票上注明的销售额(不包括增值税税款)。

应当注意的是，纳税人用外购的已税珠宝玉石生产的改在零售环节征收消费税的金银首饰(镶嵌首饰)，在计税时一律不得扣除珠宝玉石的已纳税款。

允许扣除已纳税款的应税消费品只限于从工业企业购进的应税消费品和进口环节已纳消费税的应税消费品，对从境内商业企业购进的应税消费品，已纳税款一律不得扣除。

【例3-4】某卷烟生产企业，某月初库存外购应税烟丝金额20万元，当月又外购应税烟丝

金额50万元(不含增值税)，月末库存烟丝金额10万元，其余被当月生产卷烟领用。请计算卷烟厂当月准许扣除的外购烟丝已缴纳的消费税税额。

【答案】(1) 烟丝适用的消费税税率为30%

(2) 当期准许扣除的外购烟丝买价=20+50−10=60(万元)

(3) 当月准许扣除的外购烟丝已缴纳的消费税税额=60×30%=18(万元)

外购已税消费品的买价是指购货发票上注明的销售额(不包括增值税税款)。

2) 委托加工收回的应税消费品已纳税款的扣除

委托加工的应税消费品因为已由受托方代收代缴消费税，因此，委托方收回货物后用于连续生产应税消费品的，其已缴税款准予按照规定从连续生产的应税消费品应纳消费税税额中抵扣。

上文列举的扣除范围内的应税消费品当期准予扣除委托加工收回的应税消费品已纳消费税税款的计算公式为

当期准予扣除的委托加工应税消费品已纳税款=期初库存的委托加工应税消费品已纳税款+当期收回的委托加工应税消费品已纳税款−期末库存的委托加工应税消费品已纳税款 (3-11)

应当注意的是，纳税人用委托加工收回的已税珠宝玉石生产的改在零售环节征收消费税的金银首饰，在计税时一律不得扣除委托加工收回的珠宝玉石的已纳消费税税款。

3.5.2 生产者自产自用应税消费品的应纳税额的计算

前文已述及，生产者使用自己生产的应税消费品，如果是用于连续生产应税消费品的，不纳税；如果是用于其他方面的，在移送使用时缴纳消费税。纳税人自产自用的应税消费品，凡用于其他方面，应当纳税的，按照纳税人生产的同类消费品的销售价格计算纳税。

同类消费品的销售价格是指纳税人当月销售的同类消费品的销售价格。如果当月同类消费品各期销售价格高低不同，应按销售数量加权平均计算。没有同类消费品销售价格的，按组成计税价格计算纳税。

(1) 实行从价定率办法计算纳税的组成计税价格计算公式为

$$组成计税价格=(成本+利润)\div(1-比例税率) \tag{3-12}$$

由式(3-12)可知，从价定率计税，增值税和消费税的组成计税价格是一致的。

(2) 实行复合计税办法计算纳税的组成计税价格计算公式为

$$组成计税价格=(成本+利润+自产自用数量\times定额税率)\div(1-比例税率) \tag{3-13}$$

$$应交税额=组成计税价格\times适用税率 \tag{3-14}$$

【例3-5】某化妆品公司将一批自产的高档化妆品用作职工福利，高档化妆品的成本为8 000元。该高档化妆品无同类产品市场销售价格，但已知其成本利润率为5%，消费税税率为15%。计算该批高档化妆品应缴纳的消费税税额。

【答案】(1) 组成计税价格=成本×(1+成本利润率)÷(1−消费税税率)

=8 000×(1+5%)÷(1−15%)

=8 400÷0.85 =9 882.35(元)

(2) 应纳税额=9 882.35×15%=1 482.35(元)

3.5.3 委托加工应税消费品的应纳税额的计算

委托加工的应税消费品，除受托方为个人外，由受托方在向委托方交货时代收代缴税款。

委托加工的委托方与受托方之间关系，如表3-5所示。

表3-5 委托加工的委托方与受托方之间的关系

委托加工业务	委托方	受托方
委托加工关系成立的条件	提供原料和主要材料	收取加工费和代垫部分辅料
加工及提货时涉及税种	① 购买材料涉及增值税进项税额 ② 支付加工费涉及增值税进项税额 ③ 委托加工应税消费品应缴纳消费税	① 购买辅料涉及增值税进项税额 ② 收取加工费和代垫辅料费涉及增值税销项税额
消费税纳税环节	① 提货时由受托方代收代缴(受托方为个人的除外) ② 对于受托方没有代收代缴消费税(含受托方为个人)的，收回后由委托方缴纳消费税	① 交货时代收代缴委托方应纳的消费税税款 ② 没有履行代收代缴义务的，税务机关向委托方收缴税款，对受托方处以应代收代缴税款50%以上、3倍以下的罚款
代收代缴后消费税的相关处理	① 以不高于受托方的计税价格直接出售的，不再缴纳消费税 ② 以高于受托方的计税价格出售的，需按照规定申报缴纳消费税，在计税时准予扣除受托方已代收代缴的消费税 ③ 连续加工应税消费品后销售的，在出厂环节缴纳消费税，同时可按生产领用量计算抵扣已纳消费税	及时解缴税款，否则按税收征管法的规定惩处

(1) 对于实行从量定额征收的应税消费品，应按纳税人收回的应税消费品的数量和规定的单位税额计算应纳税额，其应纳税额的计算公式为

应纳税额=委托加工收回的数量×单位税额 (3-15)

(2) 对于实行从价定率征收的应税消费品，分为以下两种情况。

① 受托方有同类消费品销售价格的，其应纳税额的计算公式为

应纳税额=同类消费品销售单价×委托加工数量×适用税率 (3-16)

② 受托方没有同类消费品销售价格的，其应纳税额的计算公式为

应纳税额=组成计税价格×适用税率 (3-17)

(3) 对于实行复合计税的应税消费品，分为以下两种情况。

① 受托方有同类消费品销售价格的，其应纳税额的计算公式为

应纳税额=委托加工收回的数量×单位税额+同类消费品销售单价×委托加工数量×适用税率 (3-18)

② 受托方没有同类消费品销售价格的，其应纳税额的计算公式为

应纳税额=委托加工收回的数量×单位税额+组成计税价格×适用税率 (3-19)

组成计税价格=(材料成本+加工费+委托加工数量×定率税率)÷(1-比例税率) (3-20)

【例3-6】某鞭炮企业20×7年4月受托为某单位加工一批鞭炮，委托单位提供的原材料金额为30万元，收取委托单位不含增值税的加工费4万元，鞭炮企业当地无加工鞭炮的同类产品市场价格。计算鞭炮企业应代收代缴的消费税。

【答案】(1) 鞭炮的适用税率为15%

(2) 组成计税价格=(30+4)÷(1-15%)=40(万元)

(3) 应代收代缴消费税=40×15% =6(万元)

3.5.4 进口应税消费品的应纳税额的计算

纳税人进口应纳消费品，按照组成计税价格和规定的税率计算应纳税额。

1. 从价定率计征应纳税额的计算

相关的计算公式为

组成计税价格=(关税完税价格+关税)÷(1−消费税税率) (3-21)

应纳税额=组成计税价格×消费税税率 (3-22)

2. 从量定额计征应纳税额的计算

相关的计算公式为

应纳税额=应税消费品数量×消费税单位税额 (3-23)

3. 从价定率和从量定额复合计征应纳税额的计算

应纳税额=组成计税价格×消费税税率+应税消费品数量×消费税单位税额 (3-24)

组成计税价格=(关税完税价格+关税+进口数量×消费税定额税率)÷(1−消费税比例税率) (3-25)

应当注意的是，进口环节消费税除国务院另有规定，一律不得给予减税、免税。

【例3-7】某商贸公司20×7年7月从国外进口一批应税消费品，已知该批应税消费品的关税完税价格为90万元，按规定应缴纳关税18万元。假定进口的应税消费品的消费税税率为10%，请计算该批消费品进口环节应缴纳的消费税税额。

【答案】(1) 组成计税价格=(90+18)÷(1−10%) =120(万元)

(2) 应缴纳消费税税额=120×10% =12(万元)

【例3-8】有进出口经营权的某外贸公司，20×7年9月从国外进口卷烟320箱(每箱250条，每条200支)，支付买价2 000 000元，支付到达我国海关前的运输费用120 000元、保险费用80 000元。已知进口卷烟的关税税率为20%，请计算卷烟在进口环节应缴纳的消费税。

【答案】(1) 按卷烟消费税比例税率，每条卷烟征收消费税=200×0.003=0.60(元)

每条进口卷烟消费税适用比例税率的价格

= [(2 000 000+120 000+80 000)÷(320×250)×(1+20%) +0.6]÷(1−36%)=52.50(元)

注：单条卷烟价格小于70元时，适用消费税税率为36%。

(2) 进口卷烟数量=320×250=80 000(条)

(3) 进口卷烟应缴纳的消费税=80 000×52.50×36% +80 000×0.6 =1 560 000(元)

3.6 出口应税消费品退(免)税

根据《财政部 国家税务总局关于出口货物劳务增值税和消费税政策的通知》(财税〔2012〕39号)，为便于征纳双方系统、准确地了解和执行出口税收政策，财政部和国家税务总局对近年来陆续制定的一系列出口货物、对外提供加工修理修配劳务(以下统称出口货物劳务，包括视同出口货物)增值税和消费税政策进行了梳理归类，并对在实际操作中反映的个别问题做了明确规定与分类。

1. 出口应税消费品退(免)税政策

出口应税消费品退(免)税政策分以下三种情况。

(1) 出口免税并退税。对于有出口经营权的外贸企业购进应税消费品直接出口，以及外贸企业受其他外贸企业委托代理出口应税消费品，外贸企业只有受其他外贸企业委托代理出口应税消费品才可办理退税，外贸企业受其他企业(主要是非生产性的商贸企业)委托代理出口应税消费品不予退(免)税。

(2) 出口免税但不退税。对于有出口经营权的生产性企业自营出口或生产企业委托外贸企业代理出口自产的应税消费品，依据其实际出口数量免征消费税，不予办理退还消费税。这里，免征消费税是指对生产性企业按其实际出口数量免征生产环节的消费税。不予办理退还消费税是指因已免征生产环节的消费税，该应税消费品出口时，已不含有消费税，所以也无须再办理退还消费税。需要注意的是，这项政策规定与生产性企业自营出口或委托代理出口自产货物退(免)增值税的规定有很大的差异。

(3) 出口不免税也不退税。对于除生产企业、外贸企业外的其他企业(主要是非生产性的商贸企业)委托外贸企业代理出口应税消费品一律不予退(免)税。

2. 出口货物劳务消费税退(免)税政策

1) 适用消费税退(免)税政策的出口货物范围

(1) 出口企业出口或视同出口适用增值税退(免)税的货物，免征消费税；如果属于购进出口的货物，退还前一环节对其已征的消费税。

(2) 出口企业出口或视同出口适用增值税免税政策的货物，免征消费税，但不退还其以前环节已征的消费税，且不允许在内销应税消费品应纳消费税款中抵扣。

(3) 出口企业出口或视同出口适用增值税征税政策的货物，应按规定缴纳消费税，不退还其以前环节已征的消费税，且不允许在内销应税消费品应纳消费税款中抵扣。

2) 消费税退税的计税依据

出口货物的消费税应退税额的计税依据，按购进出口货物的消费税专用缴款书和海关进口消费税专用缴款书确定，具体包括以下三种情况。

(1) 属于从价定率计征消费税的，为已征且未在内销应税消费品应纳税额中抵扣的购进出口货物金额；

(2) 属于从量定额计征消费税的，为已征且未在内销应税消费品应纳税额中抵扣的购进出口货物数量；

(3) 属于复合计征消费税的，按从价定率和从量定额的计税依据分别确定。

3) 消费税退税的计算

相关的计算公式为

消费税应退税额=从价定率计征消费税的退税计税依据×比例税率+从量定额计征消费税的退税计税依据×定额税率 (3-26)

3. 出口货物劳务消费税政策的其他规定

1) 认定和申报

(1) 适用规定的消费税退(免)税或免税政策的出口企业或其他单位，应办理退(免)税认定。

(2) 经过认定的出口企业及其他单位，应在规定的纳税申报期内向主管税务机关申报消费税退(免)税和免税。委托出口的货物，由委托方申报消费税退(免)税和免税。

(3) 出口企业或其他单位骗取国家出口退税款的，经省级以上税务机关批准可以停止其退(免)税资格。

2) 若干征、退(免)税规定

(1)出口企业或其他单位退(免)税认定之前的出口货物劳务，在办理退(免)税认定后，可按规定适用消费税退(免)税政策。

(2) 出口企业或其他单位出口货物劳务适用免税政策的，除特殊区域内企业出口的特殊区域内货物、出口企业或其他单位视同出口的免征增值税的货物劳务外，如果未按规定申报免税，应视同内销货物和加工修理修配劳务征收增值税、消费税。

(3) 开展进料加工业务的出口企业若未经海关批准将海关保税进口料件作价销售给其他企业加工的，应按规定征收增值税、消费税。

(4) 卷烟出口企业经主管税务机关批准按国家批准的免税出口卷烟计划购进的卷烟免征增值税、消费税。

(5) 发生增值税、消费税不应退税或免税但实际已退税或免税的，出口企业和其他单位应当补缴已退或已免税款。

(6) 出口企业和其他单位出口的货物，如果原材料成本80%以上为政策中所列原料，应执行该原料的增值税、消费税政策。

3) 外贸企业核算要求

外贸企业应单独设账核算出口货物的购进金额和进项税额，若购进货物时不能确定是用于出口的，先记入出口库存账，用于其他用途时应从出口库存账转出。

4) 生产企业申请退(免)税应满足的条件

符合条件的生产企业已签订出口合同的交通运输工具和机器设备，在其退税凭证尚未收集齐全的情况下，可凭出口合同、销售明细账等，向主管税务机关申报免抵退税。在货物向海关报关出口后，应按规定申报退(免)税，并办理已退(免)税的核销手续。多退(免)的税款，应予追回。生产企业在申请时应同时满足以下条件。

(1) 已取得增值税一般纳税人资格。

(2) 已持续经营两年及两年以上。

(3) 生产的交通运输工具和机器设备生产周期在一年及一年以上。

(4) 上一年度净资产大于同期出口货物增值税、消费税退税额之和的三倍。

(5) 持续经营以来从未发生逃税、骗取出口退税、虚开增值税专用发票或农产品收购发票、接受虚开增值税专用发票(善意取得虚开增值税专用发票除外)行为。

4. 出口应税消费品退税率或单位税额的规定

计算出口应税消费品应退消费税的税率或单位税额，依据《消费税暂行条例》所附“消费税税目税率(税额)表”执行。这是退(免)消费税与退(免)增值税的一个重要区别。当出口的货物是应税消费品时，其退还增值税是按规定的退税率计算；其退还消费税则按该应税消费品所适用的消费税税率计算。企业应将不同消费税税率的出口应税消费品分开核算和申报，凡划分不清适用税率的，一律从低适用税率计算应退消费税税额。

5. 出口应税消费品退税额的计算

外贸企业从生产企业购进货物直接出口或受其他外贸企业委托代理出口应税消费品的应退消费税税款，分为以下两种情况处理。

(1) 属于从价定率计征消费税的应税消费品，应依照外贸企业从工厂购进货物时征收消费税的价格计算应退消费税税款，其公式为

应退消费税税款=出口货物的工厂销售额×税率 (3-27)

式中，出口货物的工厂销售额不包含增值税。对含增值税的价格应换算为不含增值税的销售额。

(2) 属于从量定额计征消费税的应税消费品，应以货物购进和报关出口的数量计算应退消费税税款，其公式为

应退消费税税款=出口数量×单位税额 (3-28)

6. 出口应税消费品办理退(免)税后的管理

出口的应税消费品办理退税后，发生退关或者国外退货进口时予以免税的，报关出口者必须及时向其所在地主管税务机关申报补缴已退的消费税税款。

纳税人直接出口的应税消费品办理免税后发生退关或国外退货的情况，进口时已予以免税的，经所在地主管税务机关批准，可暂不办理补税，待其转为国内销售时，再向其主管税务机关申报补缴消费税。

3.7 消费税的税收优惠

3.7.1 消费税的税额减征

由于消费税在很大程度上体现了国家“寓禁于征”的目的，所以对消费税原则上不存在需要减免的问题。但是为了保护生态环境，促进替代污染排放汽车的生产和消费，推进汽车工业技术进步，对生产销售达到低污染排放限值的小汽车减征30%的消费税。

低污染排放限值是指相当于欧盟指令94/12/EC、96/69/EC的排放标准(简称“欧洲II号标准”)。

汽车生产企业直接向财政部和国家税务总局申请减征消费税，同时抄报国家机械工业局和国家环境保护总局。

3.7.2 消费税减征额及应纳税额的计算

1. 消费税减征额的计算

根据《财政部 国家税务总局关于对低污染排放小汽车减征消费税的通知》(财税〔2000〕26号)，对生产销售达到低污染排放限值的小轿车、越野车和小客车，按照法定税率计算的消费税税额减征30%的消费税。消费税减征额的计算公式为

减征税额=按法定税率计算的消费税税额×30% (3-29)

2. 消费税应纳税额的计算

消费税应纳税额的计算公式为

应征税额=按法定税率计算的消费税税额−减征税额 (3-30)

【例3-9】某小轿车生产企业为一般纳税人，20×7年6月生产并销售小轿车300辆，每辆含税销售价格为17.55万元，适用消费税税率9%，经审查该企业生产的小轿车已达到减征消费税的车辆低污染排放限值标准。请计算该企业6月份应缴纳的消费税。

【答案】(1) 消费税减征税额=[17.55÷(1+17%)×300×9%]×30%

=405×30%=121.5(万元)

(2) 6月份应纳消费税税额=405-121.5=283.5(万元)

3.8 消费税的纳税申报

3.8.1　消费税的纳税环节

目前，我国实行消费税一次课税制度。消费税并不像增值税那样在商品流通的每一个环节征收，而是只在某一个环节征收。一般而言，消费税只在生产环节征收。具体而言，包括以下几种情况。

(1) 生产环节。纳税人生产的应税消费品，由生产者于销售时纳税。其中，自产自用的应税消费品用于本企业连续生产的，不纳税；用于其他方面的，于移送使用时纳税。

(2) 委托加工环节。委托加工的应税消费品，由受托方在向委托方交货时代收代缴税款。委托个人加工的应税消费品，由委托方收回后缴纳消费税。

(3) 进口环节。进口的应税消费品，由进口人或者其代理人于报关进口时申报纳税。

(4) 零售环节。金银首饰在零售环节征收消费税。

(5) 批发环节。卷烟在生产环节和批发环节纳税。

3.8.2　消费税的纳税义务发生时间

1. 生产销售应税消费品的纳税义务发生时间

纳税人销售应税消费品的，纳税义务发生时间按不同的销售结算方式分为以下几种。

(1) 采取赊销和分期收款结算方式的，为书面合同约定的收款日期的当天；书面合同没有约定收款日期或者无书面合同的，为发出应税消费品的当天。

(2) 采取预收货款结算方式的，为发出应税消费品的当天。

(3) 采取托收承付和委托银行收款方式的，为发出应税消费品并办妥托收手续的当天。

(4) 采取其他结算方式的，为收讫销售款或者取得索取销售款凭据的当天。

2. 其他应税行为的纳税义务发生时间

(1) 纳税人自产自用应税消费品的，为移送使用的当天。

(2) 纳税人委托加工应税消费品的，为纳税人提货的当天。

(3) 纳税人进口应税消费品的，为报送进口的当天。

3.8.3　消费税的纳税期限

消费税的纳税期限分别为1日、3日、5日、10日、15日、1个月或者1个季度。纳税人的具体纳税期限，由主管税务机关根据纳税人应纳税额的大小分别核定；不能按照固定期限纳税的，可以按次纳税。

纳税人以1个月或者1个季度为1个纳税期的，自期满之日起15日内申报纳税；以1日、3日、5日、10日或者15日为1个纳税期的，自期满之日起5日内预缴税款，于次月1日起15日内申报纳税并结清上月应纳税款。纳税人进口应税消费品，应当自海关填发海关进口消费税专用缴款书之日起15日内缴纳税款。

3.8.4 消费税的纳税地点

1. 纳税地点的一般规定

纳税人销售的应税消费品及自产自用的应税消费品，除国务院财政、税务主管部门另有规定外，应当向纳税人机构所在地或者居住地的主管税务机关申报纳税。

委托加工的应税消费品，除受托方为个人外，由受托方向机构所在地或者居住地的主管税务机关解缴消费税税款。

2. 纳税地点的具体规定

(1) 纳税人到外县(市)销售或者委托外县(市)代销自产应税消费品的，于应税消费品销售后，向机构所在地或者居住地主管税务机关申报纳税。

(2) 纳税人的总机构与分支机构不在同一县(市)的，应当分别向各自机构所在地的主管税务机关申报纳税；经财政部、国家税务总局或者其授权的财政、税务机关批准，可以由总机构汇总向总机构所在地的主管税务机关申报纳税。

(3) 委托个人加工的应税消费品，由委托方向其机构所在地或者居住的主管税务机关申报纳税。

(4) 进口的应税消费品，由进口人或者其代理人向报关地海关申报纳税。

3.8.5 消费税的征收机关与申报缴纳

我国现行的消费税属于中央税，由国家税务机关负责征收，进口的应税消费品的消费税由海关代征。个人携带或者邮寄进境的应税消费品的消费税，连同关税一并计征。

纳税人申报缴纳消费税的方法，由所在地主管税务机关视不同情况，从下列方法中确定一种。

(1) 纳税人按期向其所在地税务机关填报纳税申报表，并填开纳税缴款书，向其所在地代理金库的银行缴纳税款。

(2) 纳税人按期向税务机关填报纳税申报表，由税务机关审核后填发缴款书，纳税人按期缴纳税款。

(3) 对会计核算不健全的小型业户，税务机关可根据其产销情况，按季或按年核定其应纳税款，由纳税人分月缴纳。

3.9 案例分析

【案例1】摩托车厂应纳税额的计算

A市摩托车厂为一般纳税人，增值税和消费税的纳税期限均为1个月。该厂20×7年7月有关业务资料如下所述。

(1) 购进生产用原材料并取得增值税专用发票，发票中注明的价款、税款分别为310 000元、52 700元。材料已运抵企业，货款以转账付讫。

(2) 购进生产用辅助材料并取得增值税专用发票，发票中注明的价款、税款分别为10 000元、1 700元。货款已付，材料已运抵企业。

(3) 将定做的轮胎运回企业并取得增值税专用发票，发票中注明的价款、税款分别为200 000元、34 000元。货款以转账付讫，轮胎已运抵企业。

(4) 支付水费，取得自来水公司开具的增值税专用发票，发票中注明的价款、税款分别为10 000元、600元；支付电费，取得供电部门开具的增值税专用发票，发票中注明的价款、税款分别为21 000元、3 570元。上述水电均为生产、经营、管理耗用。

(5) 购进装修材料，取得普通发票，金额为29 250元。该批材料已运抵企业，并用于办公室装修，货款以转账付讫。

(6) 购进生产设备并取得增值税专用发票，发票中注明的价款、税款分别为300 000元、51 000元。该设备已运抵企业，款项未付。

(7) 销售自产摩托车，取得销售额(不含增值税)936 000元。

(8) 销售摩托车零部件，取得销售额(不含增值税)55 000元。

其他资料：本例涉及的增值税法定扣税凭证已通过主管税务机关认证；该摩托车适用的消费税税率为10%。

【要求】根据上述资料，回答下列问题。

(1) 该厂该月应纳的增值税额是多少？

(2) 该厂该月应纳的消费税额是多少？

【答案】

(1) 计算本月应纳的增值税额。

销项税额=936 000×17%+55 000×17%=168 470(元)

进项税额=52 700+1 700+34 000+600+3 570+51 000=143 570(元)

应纳增值税额=168 470−143 570=24 900(元)

(2) 计算消费税额。

消费税额=936 000×10%=93 600(元)

说明：购进装修办公室所用材料，不得计算抵扣进项税额；销售摩托车零部件，不缴纳消费税。

【案例2】商场应纳税额的计算

A市利民商场系增值税一般纳税人，采取售价核算制，各类商品的进销差价率均为20%；增值税和消费税的纳税期限均为1个月。该商场20×7年7月有关业务资料如下所述。

(1) 账面零售收入(含增值税)：服装鞋帽245 700元；高档化妆品468 000元；高档护肤护发品175 500元；金银首饰及珠宝玉石351 000元(其中：金银首饰93 600元，钻石及钻石饰品210 600元)；其他商品163 800元。各类商品适用的增值税税率均为17%。

(2) 将部分金银首饰赠给客户，账面价值23 400元。

(3) 购进服装并取得增值税专用发票，发票上注明的价款、税款分别为305 000元、51 850元；发生运输费用2 000元，已取得运输部门开具的运输发票。上述款项已付讫，商品已运抵商场。

(4) 因管理不善致使库存化妆品丢失，账面价值5 500元。

(5) 购进护肤护发品并取得增值税专用发票，发票上注明的价款、增值税款分别为250 000元、42 500元。商品已运抵商场，并按价税合计数向对方开具商业承兑汇票。

(6) 支付水费、电费并取得增值税专用发票，按专用发票确认的增值税额共计2 620元，水电费均为经营管理耗用。

其他资料：本例涉及的增值税法定扣税凭证已通过主管税务机关认证。

【要求】根据上述资料，回答下列问题。

(1) 该商场该月应纳的增值税额是多少?

(2) 该商场该月应纳的消费税额是多少?

【答案】

(1) 计算应纳的增值税额。

销项税额=[(245 700+468 000+175 500+351 000+163 800+23 400)÷(1+17%)]×17%=207 400(元)

进项税额=51 850+2 000×7%−5 500×(1−20%)×17%+42 500+2 620=96 362(元)

应纳税额=207 400−96 362=111 038(元)

(2) 计算应纳的消费税额。

应纳税额=[(93 600+23 400+210 600)÷(1+17%)]×5%=14 000(元)

说明：金银首饰、钻石及钻石饰品消费税已改在零售环节征收。商场将金银首饰赠给客户，应视同销售处理，计算缴纳增值税和消费税。库存商品发生非正常损失，应根据原进价和增值税率计算进项税额转出额，将其从当月进项税额中剔除。

【案例3】生产企业内销、出口应税消费品计税问题

A市利美化妆品厂系增值税一般纳税人，有出口经营权。该厂20×7年7月有关业务资料如下所述。

(1) 在国内销售高档化妆品，取得销售额(不含增值税)200万元。

(2) 出口高档化妆品，离岸价折合人民币300万元，已取得相关凭证并收汇。

(3) 购进货物和应税劳务支付的增值税额47万元，已取得增值税专用发票且通过税务机关认证。

(4) 上月留抵进项税额4万元。

相关政策：高档化妆品适用的消费税率为15%；出口化妆品免征消费税，增值税退税率为9%。

【要求】根据上述资料，回答下列问题。

(1) 该厂该月应缴纳的增值税额是多少？免抵税额和退税额是多少？

(2) 该厂该月应缴纳的消费税额是多少？

【答案】

(1) 计算增值税、免抵税额和退税额。

① 不得免征或抵扣税额=300×(17%−9%)=24(万元)

② 应纳税额=200×17%−(4+47−24)=7(万元)

③ 免抵退税额=300×9%=27(万元)

由此得出：本月实际缴纳增值税额为7万元；按出口离岸价计算的退税额27万元；实际退税额为0。

免抵税额=27−0=27(万元)

说明：本月按出口离岸价计算的退税额为27万元，无须办理退税手续，因为被内销高档化妆品应纳增值税额抵顶了。抵顶后，应缴纳增值税7万元。

(2) 计算应纳消费税额。

内销高档化妆品应纳消费税额=200×15%=30(万元)

出口高档化妆品，直接免征消费税，也无须退税。

本章小结

我国现行消费税的征税对象是14类应税消费品。征税环节主要在生产环节、委托加工环节和进口环节。但金银首饰、钻石及钻石饰品由生产环节、进口环节改在零售环节征收消费税，卷烟在批发环节加征一道从价税。消费税的计税办法有三种：从价定率、从量定额和复合计税。自2016年10月1日起，取消对普通美容、修饰类化妆品征收消费税，将“化妆品”税目名称更名为“高档化妆品”。征收范围包括高档美容、修饰类化妆品，高档护肤类化妆品和成套化妆品。税率调整为15%。

课后练习题

一、计算问答题

1. 某啤酒厂(增值税一般纳税人)6月销售A型啤酒20吨给副食品公司，开具的增值税专用发票上注明价款58 000元，另收取包装物押金3 000元；同时销售B型啤酒10吨给宾馆，开具普通发票取得收入32 760元，另收取包装物押金1 500元。计算该啤酒厂当月应缴纳的消费税。

2. 某高尔夫球具厂为增值税一般纳税人，下设一非独立核算的门市部。2017年6月，该厂将生产的一批高尔夫球具移送门市部，计价60万元。门市部将其零售，取得含税销售额77.22万元。高尔夫球具的消费税税率为10%，试计算该项业务应缴纳的消费税税额。

3. 某地板企业为增值税一般纳税人，2014年1月销售自产地板两批：第一批800箱取得不含税收入160万元，第二批500箱取得不含税收入113万元；另将同型号地板200箱赠送福利院，300箱发给职工作为福利。实木地板消费税税率为5%。试计算该企业当月应缴纳的消费税。

4. 某地板企业为增值税一般纳税人，2014年1月销售自产地板两批：第一批800箱取得不含税收入160万元，第二批500箱取得不含税收入113万元；另用同型号地板200箱换取一批生产工具，300箱抵偿债务。实木地板消费税税率为5%。试计算该企业当月应缴纳的消费税。

5. 甲企业为增值税一般纳税人，2014年1月外购一批木材，取得增值税专用发票注明价款50万元、税额8.5万元。将该批木材运往乙企业委托其加工木制一次性筷子，取得税务局代开的小规模纳税人运输业专用发票注明运费1万元、税额0.03万元，支付不含税委托加工费5万元。假定乙企业无同类产品对外销售，木制一次性筷子消费税税率为5%。试计算乙企业当月应代收代缴的消费税。

6. 甲企业委托乙企业加工一批烟丝，甲企业提供原材料成本20万元，支付乙企业加工费3万元，乙企业按照本企业同类烟丝价格36万元代收代缴甲企业消费税10.8万元。甲企业将委托加工收回的烟丝的10%按照3.6万元平价销售给职工；将烟丝的25%以12万元的价格销售给丙卷烟厂；另有5%因管理不善发生毁损。计算甲企业收回烟丝后的上述行为应缴纳的消费税。(上述价格均不含增值税)

7. 某地板生产企业为增值税一般纳税人，2017年3月销售漆饰地板取得不含税销售额450万元。该漆饰地板是由未经涂饰的素板加工而成，上月外购素板取得增值税专用发票注明价款360万元，本月生产领用60%。试计算该企业2017年3月应缴纳的消费税。(消费税税率为5%)

二、综合题

进口应税消费品消费税的计算

1.某公司进口一批粮食白酒共10 000瓶，每瓶500克，关税完税价格20万元，关税率10%，计算进口环节的消费税。

2. 某进出口公司从境外进口卷烟5万条，支付买价340万元，运输费用15万元，保险费用5万元，关税完税价格360万元。假定关税税率为50%，计算该公司应缴纳的消费税。

3. 某葡萄酒生产企业进口葡萄酒1 000桶，到岸价格80万元，关税率14%。当期领用600桶分装成瓶装葡萄酒销售，取得含税销售额70万元，另收取葡萄酒包装物押金5万元。计算甲企业当期应向税务机关缴纳的消费税。

出口退税的规定

4. 某自营出口的外贸公司(增值税一般纳税人)2017年3月从生产企业收购高档化妆品一批，取得增值税专用发票注明价款25万元、增值税4.25万。支付境内运输费，取得增值税专用发票，运费金额1万元。当月该批化妆品全部出口取得销售收入35万元，该批货物增值税退税率为16%，计算该外贸公司出口高档化妆品应退的增值税和消费税合计金额。

5. 甲市某汽车企业为增值税一般纳税人，2017年5月在甲市销售自产小汽车300辆，不含税售价18万元/辆，另收取优质费2万元/辆；将200辆小汽车发往乙市一经贸公司代销，取得的代销清单显示当月销售120辆、不含税售价18.5万元/辆。小汽车消费税税率为5%，计算该汽车企业当月应向甲市税务机关申报缴纳的消费税。

金银首饰消费税的计算

6. 某百货公司(增值税一般纳税人)黄金饰品部2月直接零售金首饰468 000元，随同首饰销售配有首饰盒，另收取零售款1 755元；以旧换新销售金首饰，收回旧首饰200克，换出新首饰600克，收取差价81 900元，并收取旧首饰折价补偿23.4元/克；销售包金首饰取得零售款30 000元；销售翡翠手镯取得零售款70 000元；修理金银首饰收取现金8 810元。当期该首饰部购进金首饰认定发票可抵扣进项税72 000元。计算：

(1) 该黄金饰品部当月应缴纳的消费税；

(2) 该黄金饰品部当月应缴纳的增值税。

7. 某首饰商城为增值税一般纳税人，2017年5月发生以下业务：

(1) 零售金银首饰与镀金首饰组成的套装礼盒，取得收入29.25万元。其中，金银首饰收入20万元，镀金首饰收入9.25万元。

(2) 采取“以旧换新”的方式向消费者销售金项链2 000条，新项链每条零售价0.25万元，旧项链每条作价0.22万元，每条项链取得差价款0.03万元。

(3) 为个人定制加工金银首饰，商城提供原料含税金额30.42万元，取得个人支付的含税加工费收入4.68万元(商城无同类首饰价格)。

(4) 用300条银基项链抵偿债务，该批项链账面成本为39万元，零售价70.2万元(该银基项链最高销售价格等于平均销售价格)。

(5) 外购金银首饰一批，取得的普通发票上注明的价款400万元；外购镀金首饰一批，取得经税务机关认可的增值税专用发票，注明价款50万元、增值税8.5万元。

其他相关资料：金银首饰零售环节消费税税率5%，金银首饰的成本利润率6%。

要求：根据上述资料，按下列序号计算回答问题，每问需计算出合计数。

(1) 销售成套礼盒应缴纳的消费税；

(2)“以旧换新”销售金项链应缴纳的消费税；

(3) 定制加工金银首饰应缴纳的消费税；

(4) 用银基项链抵偿债务应缴纳的消费税；

(5) 商城5月份应缴纳的增值税。

卷烟消费税的规定

8. 卷烟批发企业甲2017年1月批发销售卷烟500箱，其中批发给另一卷烟批发企业300箱、零售专卖店150箱、个体烟摊50箱。每箱不含税批发价格为13 000元。计算甲企业应缴纳的消费税。

第4章　营改增税制改革

本章要点提示

- 营改增税制改革
- 特定经营行为税目、税率及征收率
- 不动产及不动产在建工程分期抵扣
- 一般计税方法与简易计税方法
- 不动产预缴税款的情形
- 不得抵扣增值税进项税额的情形
- 不得抵扣增值税进项税额的税务处理

4.1 营改增税制改革的内容

1. 全面推进营改增试点

经国务院批准，自2016年5月1日起，在全国范围内全面推开营业税改征增值税试点，现行营业税纳税人全部改征增值税。

2. 简化增值税税率结构

2017年4月19日召开的国务院常务会议决定，从2017年7月1日起，将增值税税率由四档减至17%、11%和6%三档，取消13%这一档税率；将农产品、天然气等的增值税税率从13%降至11%。同时，对农产品深加工企业购入农产品维持原扣除力度不变，避免因进项抵扣减少而增加税负。根据《财政部 国家税务总局关于简并增值税税率有关政策的通知》(财税〔2017〕37号)的规定，自2017年7月1日起，简并增值税税率结构，取消13%的增值税税率。

(1) 纳税人销售或者进口下列货物，税率为11%。

农产品(含粮食)、自来水、暖气、石油液化气、天然气、食用植物油、冷气、热水、煤气、居民用煤炭制品、食用盐、农机、饲料、农药、农膜、化肥、沼气、二甲醚、图书、报纸、杂志、音像制品、电子出版物。

(2) 纳税人购进农产品，按下列规定抵扣进项税额。

① 纳税人购进农产品，取得一般纳税人开具的增值税专用发票或海关进口增值税专用缴款书的，以增值税专用发票或海关进口增值税专用缴款书上注明的增值税额为进项税额。

② 从按照简易计税方法依照3%征收率计算缴纳增值税的小规模纳税人取得增值税专用发票的，以增值税专用发票上注明的金额和11%的扣除率计算进项税额。

③ 从小规模纳税人采购农产品按扣除率抵扣的优惠政策，进项税额的计算公式为

$$\text{进项税额}=\text{增值税专用发票上注明的金额}\times 11\% \tag{4-1}$$

例如，一般纳税人甲公司从小规模纳税人乙公司手上取得增值税专用发票，票面金额1 000元，税额30元，价税合计1 030元。这时候，甲公司能抵扣的进项税=1 000×11%=110元，而不

是1 030×11%。

(3) 促进税制规范，简并税率。根据《财政部 国家税务总局关于全面推开营业税改征增值税试点的通知》(财税〔2016〕36号)的规定，纳税人按简易计税方法计税适用增值税征收率。一般纳税人发生财政部和国家税务总局规定的特定应税行为，可以选择适用简易计税方法计税，但一经选择，36个月内不得变更。小规模纳税人发生应税行为适用简易计税方法计税。

(4) 完善抵扣，降低税负。根据《营业税改征增值税试点实施办法》第二十四条的规定，进项税额，是指纳税人购进货物、加工修理修配劳务、服务、无形资产或者不动产，支付或者负担的增值税额。纳税人购进不动产支付或者负担的增值税额属于进项税额的范围。

将不动产纳入抵扣范围后，无论是原增值税纳税人，还是营改增试点纳税人，都可抵扣新增不动产所含增值税，具体规定如下所述：

① 适用一般计税方法的试点纳税人和原增值税一般纳税人，2016年5月1日后取得并在会计制度上按固定资产核算的不动产，或者2016年5月1日后取得的不动产在建工程，其进项税额应自取得之日起分2年从销项税额中抵扣，第一年抵扣比例为60%，第二年抵扣比例为40%。

② 融资租入的不动产以及在施工现场修建的临时建筑物、构筑物，其进项税额不适用上述分2年抵扣的规定。

4.2 特定经营行为税目、税率、征收率及预征率

4.2.1　增值税特定经营行为税目、税率

特定经营行为的增值税税目、税率，如表4-1所示。

表4-1　增值税特定经营行为税目、税率

序号	税目	税率
1	陆路运输服务	11%
2	水路运输服务	11%
3	航空运输服务	11%
4	管道运输服务	11%
5	邮政普遍服务	11%
6	邮政特殊服务	11%
7	其他邮政服务	11%
8	基础电信服务	11%
9	增值电信服务	6%
10	工程服务	11%
11	安装服务	11%
12	修缮服务	11%
13	装饰服务	11%
14	其他建筑服务	11%
15	贷款服务	6%
16	直接收费金融服务	6%
17	保险服务	6%

(续表)

序号	税目	税率
18	金融商品转让	6%
19	研发和技术服务	6%
20	信息技术服务	6%
21	文化创意服务	6%
22	物流辅助服务	6%
23	有形动产租赁服务	17%
24	不动产租赁服务	11%
25	鉴证咨询服务	6%
26	广播影视服务	6%
27	商务辅助服务	6%
28	其他现代服务	6%
29	文化体育服务	6%
30	教育医疗服务	6%
31	旅游娱乐服务	6%
32	餐饮住宿服务	6%
33	居民日常服务	6%
34	其他生活服务	6%
35	销售无形资产	6%
36	转让土地使用权	11%
37	销售不动产	11%
38	在境内载运旅客或者货物出境	0
39	在境外载运旅客或者货物入境	0
40	在境外载运旅客或者货物	0
41	航天运输服务	0
42	向境外单位提供的完全在境外消费的研发服务	0
43	向境外单位提供的完全在境外消费的合同能源管理服务	0
44	向境外单位提供的完全在境外消费的设计服务	0
45	向境外单位提供的完全在境外消费的广播影视节目(作品)的制作和发行服务	0
46	向境外单位提供的完全在境外消费的软件服务	0
47	向境外单位提供的完全在境外消费的电路设计及测试服务	0
48	向境外单位提供的完全在境外消费的信息系统服务	0
49	向境外单位提供的完全在境外消费的业务流程管理服务	0
50	向境外单位提供的完全在境外消费的离岸服务外包业务	0
51	向境外单位提供的完全在境外消费的转让技术	0
52	财政部和国家税务总局规定的其他服务	0
53	销售或者进口货物	17%
54	粮食、食用植物油	11%
55	自来水、暖气、冷气、热水、煤气、石油液化气、天然气、沼气、居民用煤炭制品	11%
56	图书、报纸、杂志	11%
57	饲料、化肥、农药、农机、农膜	11%

(续表)

序号	税目	税率
58	农产品	11%
59	音像制品	11%
60	电子出版物	11%
61	二甲醚	11%
62	国务院规定的其他货物	11%
63	加工、修理修配劳务	17%
64	出口货物	0

4.2.2　增值税特定经营行为税目、征收率

增值税征收率主要是针对小规模纳税人和一般纳税人适用或者选择采用简易计税方法计税的项目。采用征收率计税的，不得抵扣进项税额。

《营业税改征增值税试点实施办法》第十六条规定，增值税征收率为3%，财政部和国家税务总局另有规定的除外，具体包括以下几个内容。

(1) 小规模纳税人销售货物或者提供应税劳务，征收率为3%。

(2) 对于不动产销售和租赁及相关项目征收率为5%。

(3) 个人出租住房，按照5%的征收率减按1.5%计算缴纳增值税。

(4) 公路经营企业中的一般纳税人收取试点前开工的高速公路的车辆通行费，可以选择减按3%征收率的简易方法计税。

(5) 对劳务派遣、人力资源服务(包括一般纳税人和小规模纳税人)都可以选择简易差额纳税，按照简易计税方法依5%的征收率计算缴纳增值税。

增值税特定经营行为税目、征收率，如表4-2所示。

表4-2　增值税特定经营行为税目、征收率

序号	税目	征收率
1	不动产租赁服务	5%
2	销售不动产	5%
3	小规模纳税人转让其取得的不动产	5%
4	个人转让其购买的住房	5%
5	房地产开发企业中的一般纳税人，销售自行开发的房地产老项目，选择适用简易计税方法的	5%
6	房地产开发企业中的小规模纳税人，销售自行开发的房地产项目	5%
7	一般纳税人出租其2016年4月30日前取得的不动产，选择适用简易计税方法的	5%
8	单位和个体工商户出租不动产(个体工商户出租住房减按1.5%计算应纳税额)	5%
9	其他个人出租不动产(出租住房减按1.5%计算应纳税额)	5%
10	一般纳税人转让其2016年4月30日前取得的不动产，选择适用简易计税方法计税的	5%

4.2.3　增值税特定经营行为税目、预征率

1. 增值税预征

增值税预征是指营改增中针对不动产及建筑两大特殊行业的纳税人，在转让不动产、不动产经营租赁、建筑服务、销售自行开发的房地产业务时，就其收取的预收款按照预计征税比率

实行预征增值税税款的一种方法，该预计征税比率为预征率。

预征增值税为保证税款均衡入库、防止欠缴税款、平衡地方财政收入发挥了积极作用。纳税人需要在规定时间内按照规定税率或者征收率进行计算和申报。

2. 主要税目

主要税目有转让不动产、不动产经营租赁、建筑服务、销售自行开发房地产。

3. 预征率

目前，预征率除个人(包括个体工商户和其他个人)出租住房按1.5%计算外，主要有2%、3%和5%三个档次，具体分以下两种情况。

1) 一般计税

(1) 建筑业预征率为2%。

(2) 不动产经营租赁、房地产销售预征率为3%。

(3) 转让不动产预征率为5%。

2) 简易计税

(1) 个人(包括个体工商户和其他个人)出租住房预征率为1.5%。

(2) 跨县市建筑、房地产销售预征率为3%。

(3) 不动产(个人出租住房外)经营租赁、转让预征率为5%。

4.2.4 增值税特定经营行为税目辨析

根据《财政部 国家税务总局关于全面推开营业税改征增值税试点的通知》(财税〔2016〕36号)，对照《销售服务、无形资产、不动产注释》(财税〔2016〕36号)，梳理出32种易混的税目，如表4-3所示。税率虽无差异，都适用6%，但在相关优惠上有明显差异。

表4-3 增值税特定经营行为税目辨析

序号	特定经营行为	适用税目	不适用税目
1	技术咨询	鉴证咨询服务——咨询服务	研发和技术服务
2	技术转让，及与技术转让相关的技术咨询、技术服务	销售无形资产	研发和技术服务 鉴证咨询
3	技术开发，及与技术开发相关的技术咨询、技术服务	研发与技术服务	销售无形资产服务 鉴证咨询服务
4	专利鉴定、认证	文化创新服务	咨询鉴证
5	知识产权咨询	鉴证咨询	
6	船舶检测	鉴证咨询服务	物流辅助服务
7	知识产权代理	商务辅助服务	文化创新服务
8	转让代理权	无形资产	代理服务
9	港口设施经营人收取的港口设施保安费	物流辅助——港口码头服务	商务辅助
10	金融代理	经纪代理业	金融服务
11	资产管理、信托管理	金融服务	商务辅助服务
12	股票承销收入	商务辅助——经纪代理(金融代理)	金融服务收入
13	内部管理设计、供应链设计、网游设计服务	文化创意——设计服务	商务辅助服务
14	培训、演讲、讲座	教育医疗	文化体育

(续表)

序号	特定经营行为	适用税目	不适用税目
15	转让体育赛事等活动的报道及播映权的业务活动	广播影视——广播影视作品(节目)发行服务	销售无形资产
16	酒店代办会议	文化创意——会议展览服务 注：酒店代办会议涉及的住宿、餐饮、场地及相关配套服务按一项行为处理	餐饮食宿服务
17	广告代理	文化创新——广告服务	经纪代理业
18	体育管理	文化体育业	商务辅助服务
19	举办运动会	文化体育业	文化创意——会展服务
20	物业管理服务	商务辅助——企业管理服务	居民日常生活服务
21	翻译、市场调查	鉴证咨询——咨询服务	商务辅助——企业管理
22	代理记账	商务辅助——经纪代理服务	鉴证咨询——咨询服务
23	美术、裱画、誊写、打字、打包	其他现代服务或其他生活服务	居民日常服务
24	明星个人形象代言	文化创意——广告服务	销售无形资产——其他权益性无形资产(肖像权)
25	病房的住宿、伙食	医疗服务	餐饮住宿
26	广播影视	广播影视业	文化创意 旅游娱乐业
27	合同能源管理服务	研发和技术服务	商务辅助服务
28	对非自有的网络游戏提供的网络运营服务	信息技术服务	销售无形资产
29	文印晒图	设计服务	居民日常服务
30	摄影扩印	居民日常服务	文化创新服务
31	提供浏览场所	文化服务业	旅游娱乐
32	知识产权代理	经纪代理服务	知识产权服务

(1) 无运输工具承运业务，指经营者以承运人身份与托运人签订运输服务合同，收取运费并承担承运人责任，然后委托实际承运人完成运输服务的经营活动。

(2) 程租，指运输企业为租船人完成某一特定航次的运输任务并收取租赁费的业务。

(3) 期租，指运输企业将配备操作人员的船舶承租给他人使用一定期限，承租期内听候承租方调遣，不论是否经营，均按天向承租方收取租赁费，发生的固定费用均由船东负担的业务。

(4) 湿租，指航空运输企业将配备机组人员的飞机承租给他人使用一定期限，承租期内听候承租方调遣，不论是否经营，均按一定标准向承租方收取租赁费，发生的固定费用均由承租方承担的业务。

(5) 光租业务，指运输企业将船舶在约定的时间内出租给他人使用，不配备操作人员，不承担运输过程中发生的各项费用，只收取固定租赁费的业务活动。

(6) 干租业务，指航空运输企业将飞机在约定的时间内出租给他人使用，不配备机组人员，不承担运输过程中发生的各项费用，只收取固定租赁费的业务活动。

(7) 融资性售后回租，指承租方以融资为目的，将资产出售给从事融资性售后回租业务的企业后，从事融资性售后回租业务的企业将该资产出租给承租方的业务活动。

(8) 其他金融商品转让，包括基金、信托、理财产品等各类资产管理产品和各种金融衍生品的转让。

(9) 通用航空服务，指为专业工作提供飞行服务的业务活动，包括航空摄影、航空培训、航空测量、航空勘探、航空护林、航空吊挂播洒、航空降雨、航空气象探测、航空海洋监测、航空科学实验等。

4.2.5 增值税特定经营行为税率辨析

根据《财政部 国家税务总局关于全面推开营业税改征增值税试点的通知》(财税〔2016〕36号)，对照《销售服务、无形资产、不动产注释》，梳理出40种易错税率的项目，如表4-4所示。

表4-4 增值税特定经营行为税目辨析

序号	特定经营行为	纳税规定	税率	辨析
1	无运输工具承运业务	按交通运输服务纳税	11%	不按代理业6%纳税
2	货物运输代理	按经纪代理业纳税	6%	不按交通运输业11%纳税
3	出租车公司向使用本公司自有出租车的出租车司机收取的管理费用	按陆路运输服务纳税	11%	1. 不按动产经营租赁业17%纳税 2. 不按管理服务6%纳税
4	程租、期租、湿租	按交通运输业纳税	11%	不按动产租赁业17%纳税
5	光租、干租	按租赁业——不动产租赁纳税	17%	不按交通运输业11%纳税
6	航空海洋监测	按物流辅助业纳税	6%	不按交通运输业11%纳税
7	邮政代理	按邮政服务纳税	11%	不按代理业6%纳税
8	邮政汇兑	按邮政服务纳税	11%	不按金融业6%纳税
9	语音通话服务，出租或出售带宽、波长等网络元素业务	按基础电信服务纳税	11%	不按增值电信6%纳税
10	短信和彩信服务，电子数据和信息的传输及应用服务，互联网接入服务等业务	按增值电信服务纳税	6%	不按基础电信11%纳税
11	卫星电视信号落地转接服务	按增值电信服务纳税	6%	不按基础电信11%纳税
12	固定电话、有线电视、宽带、水，电、燃气、暖气等经营者向用户收取的安装费、初装费、开户费、扩容费以及类似收费	按安装服务纳税	11%	1. 不按基础电信11%纳税； 2. 不按增值电信6%纳税
13	生产设备、动力设备等设备安装	按建筑业中的安装服务纳税	11%	不按销售设备17%纳税
14	对生产设备、动力设备等设备的修理	按修理劳务纳税	17%	不按建筑业中修缮服务11%纳税
15	对建筑业、构筑物进行修补等	按建筑业中修缮服务纳税	11%	不按设备修理业17%纳税
16	河流疏浚	按建筑业纳税	11%	不按航道疏浚6%纳税
17	航道疏浚	按现代服务——物流辅助服务——港口码头服务纳税	6%	不按河流疏浚11%纳税
18	融资性售后回租	按贷款服务纳税	6%	不按经营租赁业17%或11%纳税
19	以货币资金投资收取的固定利润或者保底利润	按照贷款服务纳税	6%	不按投资业务纳税
20	非货物期货(如股指期货)	按金融业纳税	6%	不按期货17%纳税

(续表)

序号	特定经营行为	纳税规定	税率	辨析
21	转让其他金融商品	按金融业纳税	6%	不按商品17%纳税
22	工程勘察勘探服务	按研发和技术服务纳税	6%	不按建筑业工程服务11%纳税
23	仓储	按物流辅助服务纳税	6%	不按不动产租赁11%纳税
24	仓库租赁	按不动产租赁纳税	11%	不按物流辅助服务6%纳税
25	装卸搬运、收派(即同城快递)、港口码头、货运场站、航空地面、通用航空服务	按物流辅助服务纳税	6%	不按交通运输业11%纳税
26	建筑物、构建物的广告位出租	按不动产经营租赁纳税	11%	不按广告服务6%纳税
27	飞机、汽车等广告位出租	按动产经营租赁纳税	17%	不按广告服务6%纳税
28	车辆停放服务	按不动产经营租赁纳税	11%	不按港口码头服务6%纳税
29	道路通行服务(包括过路费、过桥费、过闸费等)	按不动产经营租赁纳税	11%	不按交通运输11%纳税
30	工程监理、工程造价鉴证	按鉴证咨询服务纳税	6%	不按建筑业工程服务11%纳税
31	图书馆的图书和资料的借阅	按文化服务纳税	6%	不按销售图书11%纳税
32	书店的图书出售	按销售图书、报纸、杂志纳税	11%	
33	医院提供的药品	按医疗服务纳税	6%	不按药店销售药品17%纳税
34	饭店为顾客提供面包作为饮食	按餐饮业纳税	6%	不按面包店面包17%纳税
35	酒店专车服务	按交通运输服务纳税	11%	不按租赁有形动产服务17%纳税
36	绿化公司提供的设计、苗木、施工等服务	按建筑服务——其他建筑服务(按一项行为处理)纳税	11%	不按文化创意服务——设计服务6%纳税
37	体育比赛提供体育场所	按不动产租赁纳税	11%	不按文化体育业6%、纳税
38	酒店长租	按餐饮住宿服务——住宿服务纳税	6%	不按租赁服务——不动产经营租赁服务11%纳税
39	货物生产企业混合销售中的安装服务	按销售货物纳税	17%或11%	不按建筑业——安装11%纳税
40	应税服务中的销售货物	按应税服务纳税	11%或5%	不按销售货物的11%或17%纳税

4.2.6　增值税一般纳税人适用3%征收率的特定经营行为

根据《财政部 国家税务总局关于部分货物适用增值税低税率和简易办法征收增值税政策的通知》(财税〔2009〕9号)，《财政部 国家税务总局关于简并增值税征收率政策的通知》(财税〔2014〕57 号)，《财政部 国家税务总局关于资管产品增值税有关问题的通知》(财税〔2017〕56号)，《财政部 国家税务总局关于物业管理服务中收取的自来水水费增值税问题的公告》(国家税务总局公告2016年第54号)，《财政部 国家税务总局关于全面推开营业税改征增值税试点的通知》(财税〔2016〕36号)的规定，增值税一般纳税人的经营业务也适用3%的征收率。

需要注意的是，增值税一般纳税人选择适用简易办法计算缴纳增值税，一经选择，36个月内不得变更。

(1) 一般纳税人提供物业管理服务，向服务接受方收取的自来水水费，以扣除纳税人支付的自来水水费后的余额为销售额，按照简易计税方法依3%的征收率计算缴纳增值税。

(2) 一般纳税人提供非学历教育服务，可以选择适用简易计税方法按照3%的征收率计算缴纳增值税。

(3) 一般纳税人以清包工方式提供的建筑服务，可以选择适用简易计税方法按照3%的征收率计算缴纳增值税。

(4) 一般纳税人为甲供工程提供的建筑服务，可以选择适用简易计税方法按照3%的征收率计算缴纳增值税。

(5) 一般纳税人为建筑工程老项目提供的建筑服务，可以选择适用简易计税方法按照3%的征收率计算缴纳增值税。

(6) 建筑工程总承包单位为房屋建筑的地基与基础、主体结构提供工程服务，建设单位自行采购全部或部分钢材、混凝土、砌体材料、预制构件的，适用简易计税方法计税，依照3%的征收率计算缴纳增值税。

(7) 一般纳税人销售电梯的同时提供安装服务，其安装服务可以按照甲供工程选择适用简易计税方法计税，依照3%的征收率计算缴纳增值税。

(8) 公路经营企业中的一般纳税人收取试点前开工的高速公路的车辆通行费，可以选择适用简易计税方法，减按3%的征收率计算应纳税额。

(9) 资管产品管理人运营资管产品过程中发生的增值税应税行为，暂适用简易计税方法，按照3%的征收率缴纳增值税。

(10) 农村信用社、村镇银行、农村资金互助社以及由银行业机构全资发起设立的贷款公司、法人机构在县(县级市、区、旗)及县以下地区的农村合作银行和农村商业银行提供金融服务的收入，可以选择适用简易计税方法按照3%的征收率计算缴纳增值税。

(11) 对中国农业银行纳入“三农金融事业部”改革试点的各省、自治区、直辖市、计划单列市分行下辖的县域支行和新疆生产建设兵团分行下辖的县域支行(也称县事业部)，提供农户贷款、农村企业和农村各类组织贷款取得的利息收入，可以选择适用简易计税方法按照3%的征收率计算缴纳增值税。

(12) 一般纳税人提供公共交通运输服务(包括轮客渡、公交客运、地铁、城市轻轨、出租车、长途客运、班车)，可选择按照简易办法依照3%的征收率计算缴纳增值税。

(13) 一般纳税人以购进或者自制的有形动产为标的物提供的经营租赁服务，可选择按照简易办法依照 3%的征收率计算缴纳增值税。

(14) 至2017年12月31日，被登记为动漫企业的一般纳税人，为开发动漫产品提供的动漫脚本编撰、形象设计、背景设计、动画设计、分镜、动画制作、摄制、描线、上色、画面合成、配音、配乐、音效合成、剪辑、字幕制作、压缩转码(面向网络动漫、手机动漫格式适配)服务，以及在境内转让动漫版权(包括动漫品牌、形象或者内容的授权及再授权)，可选择按照简易办法依照3%的征收率计算缴纳增值税。

(15) 一般纳税人提供电影放映服务、仓储服务、装卸搬运服务和收派服务，可选择按照简易办法依照3%的征收率计算缴纳增值税。

(16) 一般纳税人兽用药品经营企业销售兽用生物制品，可以选择适用简易办法按照兽用生物制品销售额和3%的征收率计算缴纳增值税。

(17) 一般纳税人销售自己使用过的固定资产，适用简易办法依照3%的征收率减按2%征收增值税政策的，可以放弃减税，按照简易办法依照3%的征收率缴纳增值税，并可以开具增值税专用发票。

(18) 县级及县级以下小型水力发电单位(装机容量为 5万(含)千瓦以下)销售生产的电力，可选择按照简易办法依照3%的征收率计算缴纳增值税。

(19) 一般纳税人生产建筑用和生产建筑材料所用的砂、土、石料，可选择按照简易办法依照 3%的征收率计算缴纳增值税。

(20) 一般纳税人以自己采掘的砂、土、石料或其他矿物连续生产的砖、瓦、石灰(不含黏土实心砖、瓦)，可选择按照简易办法依照3%的征收率计算缴纳增值税。

(21) 一般纳税人销售自产的用微生物、微生物代谢产物、动物毒素、人或动物的血液或组织制成的生物制品，可选择按照简易办法依照 3%的征收率计算缴纳增值税。

(22) 一般纳税人销售自来水，可选择按照简易办法依照 3%的征收率计算缴纳增值税。

(23) 一般纳税人销售自产的商品混凝土(仅限于以水泥为原料生产的水泥混凝土)，可选择按照简易办法依照 3%的征收率计算缴纳增值税。

(24) 一般纳税人寄售商店代销寄售的物品(包括居民个人寄售的物品在内)，暂按简易办法依照3%的征收率计算缴纳增值税。

(25) 典当业销售死当物品，暂按简易办法依照3%的征收率计算缴纳增值税。

(26) 一般纳税人的单采血浆站销售非临床用人体血液，可以按照简易办法依照3%的征收率计算应纳税额，但不得对外开具增值税专用发票。

4.3 不动产及不动产在建工程分期抵扣

4.3.1 不动产及不动产在建工程进项税额抵扣规定

根据国家税务总局公告(2016年第15号)，增值税一般纳税人(以下称纳税人)于2016年5月1日后取得并在会计制度上按固定资产核算的不动产或者2016年5月1日后取得的不动产在建工程，其进项税额应自取得之日起分2年从销项税额中抵扣，第一年抵扣比例为60%，第二年抵扣比例为40%。

上述分2年从销项税额中抵扣的购进货物，是指构成不动产实体的材料和设备，包括建筑装饰材料和给排水、采暖、卫生、通风、照明、通信、煤气、消防、中央空调、电梯、电气、智能化楼宇设备及配套设施。

4.3.2 分期抵扣的不动产、不动产在建工程范围

1. 应分期抵扣的不动产范围

(1) 纳税人在试点实施后取得的不动产，即在会计制度上按固定资产核算的不动产。这里的“取得的不动产”，包括以直接购买、接受捐赠、接受投资入股以及抵债等各种形式取得的不动产。

(2) 纳税人在试点实施后，发生的不动产在建工程，包括新建工程(从无到有)，以及增加不动产原值超过50%的改建、扩建、修缮、装饰工程(较大规模的改、扩、修、装)。

(3) 按照目前的规定，不得抵扣进项税额的不动产，而后发生用途改变，重新用于允许抵扣进项税额项目的不动产。

2. 需分期抵扣的不动产在建工程项目范围

对分期抵扣的不动产在建工程项目范围，主要限定在构成不动产实体的购进货物以及与不动产联系直接的设计服务、建筑服务。

3. 无须分期抵扣的不动产

下列项目可一次性全额抵扣，无须分期抵扣。

(1) 房地产企业销售自行开发的房地产项目。

(2) 融资租入的不动产。

(3) 施工现场修建的临时建筑物、构筑物。

4.3.3 不动产在建工程购进项目进项税额的税务处理

2016年5月1日以后发生的用于不动产在建工程的购进项目(货物、设计服务、建筑服务)，按照如下方法处理。

(1) 进项税额60%的部分于取得扣税凭证的当期，计入“应交税金——应交增值税(进项税额)”科目，当期从销项税额中抵扣。

(2) 40%的部分为待抵扣进项税额，于取得扣税凭证的当月起第13个月从销项税额中抵扣。

(3) 购进项目当期没有直接用于在建工程(例如计入原材料、工程物资等科目)，后期用于不动产在建工程的进项税额，按照如下方法处理。

① 购进时允许全额抵扣。

② 转用于允许抵扣的不动产在建工程时，其已抵扣进项税额的40%的部分，应于转用的当期从进项税额中扣减，计入“待抵扣进项税额”科目，并于转用的当月起第13个月从销项税额中抵扣。

(4) 不得抵扣进项税额的不动产发生用途改变，重新用于允许抵扣进项税额的税务处理

按照规定不得抵扣进项税额的不动产，2016年5月1日后发生用途改变，重新用于允许抵扣进项税额项目的，按照如下方法在改变用途的次月处理

$$\text{可抵扣进项税额}=\text{增值税扣税凭证注明或计算的进项税额}\times\text{不动产净值率} \tag{4-2}$$

$$\text{不动产净值率}=(\text{不动产净值}\div\text{不动产原值})\times 100\%$$

按照规定计算的可抵扣进项税额，60%的部分于改变用途的次月从销项税额中抵扣，40%的部分为待抵扣进项税额，于改变用途的次月起第13个月从销项税额中抵扣。

(5) 销售时未抵扣完毕的待抵扣进项税额税务处理。

纳税人销售其取得的不动产或者不动产在建工程时，尚未抵扣完毕的待抵扣进项税额，允许于销售的当期从销项税额中抵扣。

(6) 纳税人注销时待抵扣进项税额的税务处理。

纳税人注销税务登记时，其尚未抵扣完毕的待抵扣进项税额于注销清算的当期从销项税额中抵扣。

4.3.4 不动产、不动产在建工程已抵扣进项税额转出的税务处理

1. 不动产已抵扣进项税额转出的税务处理

已抵扣进项税额的不动产，发生非正常损失，或者改变用途，专用于简易计税方法计税项目、免征增值税项目、集体福利或者个人消费的，按照下列公式计算不得抵扣的进项

税额

$$\text{不得抵扣的进项税额}=(\text{已抵扣进项税额}+\text{待抵扣进项税额})\times\text{不动产净值率} \quad (4\text{-}3)$$

(1) 不得抵扣的进项税额小于或等于该不动产已抵扣进项税额的，应于该不动产改变用途的当期，将不得抵扣的进项税额从进项税额中扣减。

(2) 不得抵扣的进项税额大于该不动产已抵扣进项税额的，应于该不动产改变用途的当期，将已抵扣进项税额从进项税额中扣减，并从该不动产待抵扣进项税额中扣减不得抵扣进项税额与已抵扣进项税额的差额。

【例4-1】2016年5月1日，纳税人买了一座楼用于办公，花费1 000万元，进项税额110万元，正常情况下应于当月抵扣66万元，2017年5月(第13个月)再抵扣剩余的44万元。可是2017年4月，纳税人将办公楼改造成员工食堂了。如果这时该不动产的净值为800万元(八成新)，不动产净值率就是80%，不得抵扣的进项税额为88万元，大于已抵扣的66万元。按照政策规定，这时应将已抵扣的66万元进项税额转出，并在待抵扣进项税额中扣减不得抵扣进项税额与已抵扣进项税额的差额，即44−(88−66)=22万元。如果这时该不动产的净值为500万元(五成新)，不动产净值率就是50%，不得抵扣的进项税额为55万元，小于已抵扣的66万元。按照政策规定，这时应将已抵扣的66万元进项税额转出55万元即可。

【例4-2】2016年3月1日，某一般纳税人开始建造厂房。5月1日起，构成不动产实体(厂房)的购进货物以及与厂房联系直接的设计服务、建筑服务，可以抵扣，且需要分期抵扣。如果厂房建成后，于2017年3月出售，则此时可以选择简易计税方法。如果选择简易计税方法需要将已抵扣的转出，未抵扣的不得抵扣。

2. 不动产在建工程已抵扣进项税额转出的税务处理

不动产在建工程发生非正常损失的，其所耗用的购进货物、设计服务和建筑服务已抵扣的进项税额应于当期全部转出，其待抵扣的进项税额不得抵扣。

不动产、不动产在建工程进项税抵扣规则差异辨析，如表4-5所示。

表4-5 不动产、不动产在建工程进项税抵扣规则差异辨析

损失标的	进项税处理规则
不动产在建工程	所耗用的购进货物、设计服务和建筑服务已抵扣的进项税额应于当期全部转出；其待抵扣的进项税额不得抵扣
使用中的不动产	用不动产净值率计算不得抵扣的进项税额：不得抵扣的进项税额=(已抵扣进项税额+待抵扣进项税额)×不动产净值率

4.4 一般计税方法与简易计税方法

根据《财政部 国家税务总局关于交通运输业和部分现代服务业营业税改增值税试点若干税收政策的通知》(财税〔2011〕133号)和《财政部、国家税务总局关于印发〈营业税改增值税试点方案〉的通知》(财税〔2011〕110号)的规定，增值税计税方法分为一般计税方法和简易计税方法。

根据《营业税改征增值税试点实施办法》(财税〔2016〕36号)的规定，一般纳税人发生应税行为适用一般计税方法计税。一般纳税人发生财政部和国家税务总局规定的特定应税行为，

可以选择适用简易计税方法计税，但一经选择，36个月内不得变更。小规模纳税人发生应税行为适用简易计税方法计税。

1. 一般计税方法

一般计税方法的应纳税额，是指当期销项税额抵扣当期进项税额后的余额。应纳税额的计算公式为

$$应纳税额=当期销项税额-当期进项税额 \quad (4\text{-}4)$$

销项税额，是指纳税人提供应税服务按照销售额和增值税税率计算的增值税额。销项税额的计算公式为

$$销项税额=销售额\times税率 \quad (4\text{-}5)$$

进项税额，是指纳税人购进货物或者接受加工修理修配劳务和应税服务，支付或者负担的增值税税额。

2. 简易计税方法

简易计税方法的应纳税额，是指按照销售额和增值税征收率计算的增值税额，不得抵扣进项税额。应纳税额的计算公式为

$$应纳税额=销售额\times征收率 \quad (4\text{-}6)$$

3. 简易计税办法和一般计税方法的区别

(1) 适用范围不同。一般纳税人提供应税服务适用一般计税方法计税；而小规模纳税人提供应税服务适用简易计税方法计税。

(2) 计算方法不同。一般计税方法，当期销项税额小于当期进项税额不足抵扣时，其不足部分可以结转下期继续抵扣；简易计税方法，不得抵扣进项税额。

简易计税方法的销售额不包括其应纳税额，纳税人采用销售额和应纳税额合并定价方法的，按照下列公式计算销售额

$$销售额=含税销售额\div(1+征收率) \quad (4\text{-}7)$$

4. 专用或兼用于简易计税方法不得抵扣进项税的规定

所谓不得抵扣进项税，是指取得扣税凭证但不得作为进项税抵扣。

专用或兼用于简易计税方法的不同购进项目进项税可否抵扣辨析，如表4-6所示。

表4-6 专用或兼用于简易计税方法的不同购进项目进项税可否抵扣辨析

用途 购进项目	专用于简易计税方法计税项目、免征增值税项目、集体福利或者个人消费	兼用于简易计税方法计税项目、免征增值税项目、集体福利或者个人消费
固定资产、无形资产(其他权益性无形资产除外)、不动产	进项税不可抵扣	进项税可以全部抵扣
存货和劳务、服务	进项税不可抵扣	进项税按照销售额分摊抵扣
其他权益性无形资产	进项税可以全部抵扣	进项税可以全部抵扣

(1) 用于简易计税方法计税项目、免征增值税项目、集体福利或者个人消费的购进货物、加工修理修配劳务、服务、无形资产和不动产。其中，涉及的固定资产、无形资产、不动产，仅指专用于上述项目的固定资产、无形资产(不包括其他权益性无形资产)、不动产。

(2) 发生兼用于上述不允许抵扣项目的，其进项税额准予全部抵扣。纳税人的交际应酬消费属于个人消费，其进项税额不允许抵扣。

(3) 适用一般计税方法的纳税人，兼营简易计税方法计税项目、免征增值税项目而无法划分不得抵扣的进项税额，按照下列公式计算不得抵扣的进项税额

不得抵扣的进项税额=当期无法划分的全部进项税额×(当期简易计税方法计税项目销售额+免征增值税项目销售额)÷当期全部销售额　(4-8)

(4) 主管税务机关可以按照上述公式依据年度数据对不得抵扣的进项税额进行清算。

【例4-3】某供热企业20×7年7月成立，当年为提供热力修建的供热车间发生进项税70万元；购买供热设备发生进项税20万元；为生产热力而购买燃气、煤炭的进项税为40万元。该企业对居民收取采暖费100万元(不含税，下同)，对居民以外的单位收取采暖费1 000万元。该企业当年可抵扣的进项税为多少？

【答案】该企业当年可抵扣的进项税=70×60%+20+40×1 000/(100+1 000)=42+20+36.36=98.36(万元)

该供热企业既从有居民处收入的采暖费(免税收入)，又有以居民以外的单位收取的采暖费(应税收入)，则该企业为提供热力修建的供热车间、固定资产机器设备的进项税全部都可以抵扣，但是为生产热力而购买燃气、煤炭的进项税只能按照应税收入和免税收入的比例分摊抵扣。

【例4-4】某制药厂为增值税一般纳税人，20×7年9月销售免税药品取得价款20 000元，销售非免税药品取得含税价款93 600元。当月购进原材料、水、电等取得的增值税专用发票(已通过税务机关认证)上的税款合计为10 000元，其中有2 000元进项税额对应的原材料用于免税药品的生产；5 000元进项税额对应的原材料用于非免税药品的生产；对于其他的进项税额对应的购进部分，企业无法划分清楚其用途。该企业本月应缴纳多少增值税？

【答案】当期销项税额=93 600÷(1+17%)×17%=80 000×17%=13 600(元)；

当期可抵扣的进项税额=5 000+(10 000−5 000−2 000)×80 000÷(20 000+80 000)=5 000+2 400=7 400(元)；

当期应纳增值税=13 600−7 400=6 200(元)

4.5 不动产预缴税款的情形

1. 房地产开发企业取得预收款需要预缴税款

对于房地产开发企业取得的预收款，《房地产开发企业销售自行开发的房地产项目增值税征收管理暂行办法》(国家税务总局〔2016〕18号公告)作出了如下规定。

(1) 一般纳税人采取预收款方式销售自行开发的房地产项目，应在收到预收款时按照3%的预征率预缴增值税。计算公式为

应预缴税款=预收款÷(1+适用税率或征收率)×3%　(4-9)

适用一般计税方法计税的，按照11%的适用税率计算；适用简易计税方法计税的，按照5%的征收率计算。

(2) 房地产开发企业中的小规模纳税人(以下简称小规模纳税人)采取预收款方式销售自行开发的房地产项目，应在收到预收款时按照3%的预征率预缴增值税。

应预缴税款按照以下公式计算

应预缴税款=预收款÷(1+5%)×3%　(4-10)

2. 建安业取得预收款及异地(非同一行政区划)提供建筑服务取得收入时需要预缴税款

根据《财政部 国家税务总局关于建筑服务等营改增试点政策的通知》(财税〔2017〕58号)的规定，纳税人提供建筑服务取得预收款，应在收到预收款时，以取得的预收款扣除支付的分包款后的余额，按照规定的预征率预缴增值税。

适用一般计税方法计税的项目预征率为2%，适用简易计税方法计税的项目预征率为3%。

(1) 如适用一般计税方法计税，则应预缴税款的计算公式为

$$应预缴税款=(全部价款和价外费用-支付的分包款)\div(1+11\%)\times 2\% \tag{4-11}$$

(2) 建筑工程总承包单位为房屋建筑的地基与基础、主体结构提供工程服务，建设单位自行采购全部或部分钢材、混凝土、砌体材料、预制构件的，适用简易计税方法计税。计算公式为

$$应预缴税款=(全部价款和价外费用-支付的分包款)\div(1+3\%)\times 3\% \tag{4-12}$$

(3) 小规模纳税人跨县(市、区)提供建筑服务，以取得的全部价款和价外费用扣除支付的分包款后的余额，按照3%的征收率计算应预缴税款。计算公式为

$$应预缴税款=(全部价款和价外费用-支付的分包款)\div(1+3\%)\times 3\% \tag{4-13}$$

3. 异地不动产(土地使用权)出租业务需要预缴税款

对于异地不动产(土地使用权)出租业务，《国家税务总局关于发布〈纳税人跨县(市、区)提供建筑服务增值税征收管理暂行办法〉的公告》(国家税务总局〔2016〕17号公告)的规定。

(1) 纳税人出租不动产适用一般计税方法计税的，按照以下公式计算应预缴税款

$$应预缴税款=含税销售额\div(1+11\%)\times 3\% \tag{4-14}$$

(2) 纳税人出租不动产适用简易计税方法计税的，除个人出租住房外，按照以下公式计算应预缴税款

$$应预缴税款=含税销售额\div(1+5\%)\times 5\% \tag{4-15}$$

(3) 个体工商户出租住房，按照以下公式计算应预缴税款

$$应预缴税款=含税销售额\div(1+5\%)\times 1.5\% \tag{4-16}$$

4. 不动产转让业务需要预缴税款

对于不动产转让业务，《营业税改征增值税试点有关事项的规定》(财税〔2016〕36号附件2)作出了如下规定。

(1) 自建。一般纳税人销售其2016年4月30日前自建的不动产，适用一般计税方法计税的，应以取得的全部价款和价外费用为销售额计算应纳税额。纳税人应以取得的全部价款和价外费用，按照5%的预征率在不动产所在地预缴税款后，向机构所在地主管税务机关进行纳税申报。计算公式为

$$应预缴税款=全部价款和价外费用\div(1+5\%)\times 5\% \tag{4-17}$$

(2) 非自建。一般纳税人销售其2016年4月30日前取得的不动产(不含自建)，适用一般计税方法计税的，以取得的全部价款和价外费用为销售额计算应纳税额。上述纳税人应以取得的全部价款和价外费用减去该项不动产购置原价或者取得不动产时的作价后的余额，按照5%的预征率在不动产所在地预缴税款后，向机构所在地主管税务机关进行纳税申报。计算公式为

$$应预缴税款=(全部价款和价外费用-不动产购置原价或者取得不动产时的作价)\div(1+5\%)\times 5\% \tag{4-18}$$

4.6 不得抵扣增值税进项税额的情形

不得从销项税额中抵扣的进项税额可以分为4类：①不属于增值税链条的采购所对应的进项税；②失去或者已经不存在计税价值(终断增值税链条)的货物、劳务、服务、无形资产或不动产的进项税；③消费者自己承担的税款；④扣税凭证不符合规定或者不具备扣税资格。

1. 进项税额不得从销项税额中抵扣的情形

(1) 用于非增值税应税项目、免征增值税项目、集体福利或者个人消费的购进货物或者应税劳务。

(2) 非正常损失的购进货物及相关的应税劳务。

(3) 非正常损失的在产品、产成品所耗用的购进货物或者应税劳务。

(4) 国务院财政、税务主管部门规定的纳税人自用的消费品。

(5) 上述4项规定中的货物的运输费用和销售免税货物的运输费用。

2. 特殊政策规定不得抵扣进项税额的情形

(1) 购进的旅客运输服务、贷款服务、餐饮服务、居民日常服务和娱乐服务。

(2) 纳税人接受贷款服务向贷款方支付的与该笔贷款直接相关的投融资顾问费、手续费、咨询费等费用，其进项税额不得从销项税额中抵扣。

3. 不具备抵扣进项税的资格条件

(1) 纳税人凭完税凭证抵扣进项税额的，应当提供书面合同、付款证明和境外单位的对账单或者发票；资料不全的，其进项税额不得从销项税额中抵扣。

(2) 有下列情形之一者，应当按照销售额和增值税税率计算应纳税额，不得抵扣进项税额，也不得使用增值税专用发票。

① 一般纳税人会计核算不健全，或者不能提供准确税务资料的。

② 应当申请办理一般纳税人资格登记而未申请的。

【例4-5】某家用电器修理厂会计核算健全，20×6年营业额120万元，但一直未向主管税务机关申请增值税一般纳税人登记。20×7年5月，该厂提供修理劳务并收取修理费价税合计23.4万元；购进的料件、电力等均取得增值税专用发票，对应的增值税税款合计2万元。该修理厂本月应缴纳多少增值税?

【答案】该修理厂本月应缴纳增值税=23.4÷(1+17%)×17%=3.4(万元)

【例4-6】某制造设备生产企业20×7年6月业务如下(所含该抵税的凭证均经过认证)：

① 购入一批原材料用于生产，价款200 000元，增值税34 000元；

② 外购一批床单用于职工福利，价款10 000元，增值税1 700元；

③ 外购一批涂料用于装修职工食堂，价款50 000元，增值税8 500元；

④ 外购一批食品用于交际应酬，价款3 000元，增值税510元；

⑤ 外购一批打印纸用于管理部门使用，价款4 000元，增值税680元；

⑥ 外购一座仓库，价款5 000 000元，增值税550 000元。

该企业当月可抵扣的增值税进项税额是多少?

【答案】该企业当月可抵扣的增值税进项税额=34 000+680+550 000×60%=364 680(元)

【提示】购置不动产60%的部分于取得扣税凭证的当期从销项税额中抵扣；40%的部分为

待抵扣进项税额，于取得扣税凭证的当月起第13个月(本题为次年6月)从销项税额中抵扣。

4. 非正常损失所对应的进项税不能抵扣

具体包括以下几种情形。

(1) 非正常损失的购进货物，以及相关的加工修理修配劳务和交通运输服务。

(2) 非正常损失的在产品、产成品所耗用的购进货物(不包括固定资产)、加工修理修配劳务和交通运输服务。

(3) 非正常损失的不动产，以及该不动产所耗用的购进货物、设计服务和建筑服务。

(4) 非正常损失的不动产在建工程所耗用的购进货物、设计服务和建筑服务。纳税人新建、改建、扩建、修缮、装饰不动产，均属于不动产在建工程。

上述4项所说的非正常损失，是指因管理不善造成货物被盗、丢失、霉烂变质，以及因违反法律法规造成货物或者不动产被依法没收、销毁、拆除的情形。这些非正常损失是由纳税人自身原因导致征税对象实体的灭失，为保证税负公平，其损失不应由国家承担，因而纳税人无权要求抵扣进项税额。

上述(3)、(4)项所称货物，是指构成不动产实体的材料和设备，包括建筑装饰材料和给排水、采暖、卫生、通风、照明、通信、煤气、消防、中央空调、电梯、电气、智能化楼宇设备及配套设施。

5. 委托进口单位不满足相关要求，不予抵扣进项税额

对海关代征进口环节增值税开具的增值税专用缴款书上标明有两个单位名称，即既有代理进口单位名称，又有委托进口单位名称的，只准予其中取得专用缴款书原件的一个单位抵扣税款。申报抵扣税款的委托进口单位，必须提供相应的海关代征增值税专用缴款书原件、委托代理合同及付款凭证。否则，不予抵扣进项税额。

4.7 不得抵扣增值税进项税额的税务处理

1. 购入时不予抵扣：直接计入购货成本

【例4-7】某企业(增值税一般纳税人)购入一批材料计划用于生产，增值税普通发票注明价款100 000元，增值税17 000元，则该企业该批货物的采购成本为多少？

【答案】由于该企业未取得增值税专用发票，所以该企业不得抵扣增值税进项税额，该批货物采购成本为117 000元。

2. 已抵扣后改变用途、发生非正常损失、出口：不得免抵退税额，作进项税额转出处理

按照转出时基数的不同，进项税额转出有4种方法：直接计算转出法、还原计算转出法、比例计算转出法、净值折算转出法。

(1) 直接计算进项税转出的方法。该方法适用于已抵扣过进项税的材料、服务、无形资产和不动产的非正常损失，以及改变用途等。

【例4-8】某企业(增值税一般纳税人)将数月前外购的一批生产用材料改变用途，用于职工集体福利设施，账面成本10 000元，则进项税转出额为多少？

【答案】进项税转出额=10 000×17%=1 700(元)

【例4-9】某企业(增值税一般纳税人)2016年8月开始建造一项不动产，在建工程发生全部进项税80万元，已抵扣进项税48万元，待抵扣进项税32万元。2017年2月，该在建不动产因管理不善发生重大事故毁灭。该企业应转出多少进项税额及待抵扣进项税额？

【答案】不动产在建工程发生非正常损失的，其所耗用的购进货物、设计服务和建筑服务已抵扣的进项税额应于当期全部转出，其待抵扣进项税额不得抵扣。因此，该企业应转出已抵扣的进项税48万元，和待抵扣进项税32万元一并计入财产损失。

(2) 还原计算进项税转出的方法。该方法适用于计算抵扣进项税的农产品的非正常损失。计算公式为

进项税转出额=需转出进项税的免税农产品的账面成本/(1−11%)×11%

【例4-10】某食品企业(增值税一般纳税人)因管理不善，导致一批以往购入的大麦于2017年7月损毁，账面成本15 500元(含运费536元)，试计算该企业不能抵扣的进项税额。

【答案】该企业不能抵扣的进项税额=(15 500−536)÷(1−11%)×11%+536×11%
=16 813.48×11%+536×11%=1 908.44(元)

(3) 比例计算进项税转出的方法。该方法适用于半成品、产成品的非正常损失。计算公式为

进项税转出额=半成品、产成品的账面成本×外购比例×适用税率

【例4-11】某服装厂(增值税一般纳税人)外购比例为60%，某月因管理不善毁损一批账面成本为20 000元的成衣，试计算该企业需要转出的进项税额。

【答案】该企业需要转出的进项税额=20 000×60%×17%=2 040(元)

(4) 净值折算转出的方法。该方法适用于已抵扣过进项税的固定资产、无形资产或不动产改变用途、发生非正常损失等情形。计算公式为

不得抵扣的进项税额=(已抵扣进项税额+待抵扣进项税额)×不动产净值率

不动产净值率=(不动产净值÷不动产原值)×100%

【例4-12】某企业的一处使用中的原值450万元的不动产因管理不善造成失火毁损，已抵扣进项税29.7万元，待抵扣进项税19.8万元，不动产净值425万元，试计算该企业需要转出的进项税额。

【答案】该企业需要转出的进项税额=(29.7+19.8)×(425÷450)×100%=49.5×94.44%=46.75(万元)

本章小结

本章介绍了营改增税制改革有关规定及特定经营行为税目、税率及征收率。经国务院批准，自2016年5月1日起，在全国范围内全面推开营业税改征增值税试点，现行营业税纳税人全部改征增值税。从2017年7月1日起，我国将增值税税率由四档减至17%、11%和6%三档，取消13%这一档税率。此外，还介绍了不动产及不动产在建工程的税务处理、一般计税方法与简易计税方法及不得抵扣的增值税进项税额的情形。

课后练习题

一、计算问答题

1. 2016年7月，某企业购买一座房产专用于职工食堂，取得增值税专用发票，金额500万

元，增值税55万元。2017年7月，该企业将上述房产改变用途，改作为企业产品展厅，改变用途时不动产净值率为95%。该企业2017年8月和2018年8月可抵扣上述项目进项税分别是多少？

2. 机构所在地在B市的甲建筑企业是增值税一般纳税人，2017年7月在A市取得建筑收入40万元(含增值税，下同)，支付分包款10万元；当月在A市以90万元转让一套办公用房，该办公用房于2016年7月购进，购入时支付80万元。甲建筑企业在A市应向国税局预缴多少建筑业增值税？在A市应向地税局预缴多少转让不动产增值税？

3. 机构所在地在A市的甲企业是增值税一般纳税人，当月在A市取得含税咨询收入250 000元，发生进项税8 000元；将位于B市的一处办公用房(系2016年5月1日后取得)出租，收取含税月租金40 000元。甲企业在A、B两市应缴纳(预缴)多少税款？

4. 2017年6月，某企业(增值税一般纳税人)因管理不善，导致一批以前从农业生产者收购的大豆霉烂变质，账面成本10 940元(含运费500元，支付运费时取得一般纳税人开具的增值税专用发票)，试计算其转出的进项税额。

5. 2017年7月，某企业于2016年8月购入的一处违章建筑被强拆，该不动产原值400万元，净值380万元，已抵扣进项税26.4万元，待抵扣进项税17.6万元；该企业当期还有一处在建工程因违建被强拆，该在建工程发生全部进项税60万元，已抵扣进项税36万元，待抵扣进项税24万元。试计算该企业不得抵扣的进项税额。

二、综合题

兼营与混合销售

1. 某公司是增值税一般纳税人，设置无运输工具承运货物和代理报关服务两项业务。2017年3月，该公司向客户收取含增值税的运输及报关收入68万元，当月业务活动发生进项税额3万元，当月应纳增值税多少万元？

扣缴税款的计算

2. 2017年2月，某境外公司为我国A企业提供技术咨询服务，含税价款200万元。该境外公司在境内未设立经营机构，也没有境内代理人。试计算A企业应当扣缴的增值税税额。

“免抵退”税计算办法

3. 某生产企业为增值税一般纳税人，2006年6月外购原材料取得防伪税控机开具的进项税额专用发票，注明进项税额137.7万元，并通过主管税务机关认证。当月内销货物取得不含税销售额150万元，外销货物取得收入115万美元(美元与人民币的比价为1：8)。该企业适用增值税税率17%，出口退税率为13%。试计算该企业6月应退的增值税。

4. 某企业签订进料加工进出口合同，5月，进口料件到岸价格折合人民币300万元，海关保税放行，当月将部分完工产品出口，FOB价折合人民币400万元。该企业计划分配率为70%，试计算该企业当期出口免抵退税额。(注：退税率为16%)

【提示】采用“实耗法”确定当期进料加工保税进口料件的组成计税价格，作为当期进料加工出口货物耗用的进口料件组成计税价格。计算公式为

当期进料加工保税进口料件的组成计税价格=当期进料加工出口货物离岸价×外汇人民币折合率×计划分配率

免退税的计算

5. 某外贸公司6月份购进八音盒10 000只，单价80元/只，已取得增值税专用发票。该公司

将外购的八音盒全部报关出口，离岸单价15美元/只，此笔出口已收汇并做销售处理。试计算该笔出口业务应退增值税。(美元与人民币比价为1：6.2，退税率为15%)

税收优惠

6. 2017年7月，王某出租一处住房，预收半年租金48 000元。试计算王某收取租金应缴纳的增值税。

第5章　城市维护建设税法及教育费附加规定

本章要点提示

- 城市维护建设税及教育费附加概述
- 城市维护建设税的纳税人、计税依据和税率
- 城市维护建设税应纳税额的计算
- 城市维护建设税的税收优惠
- 教育费附加计征依据、计征比率
- 教育费附加的计算
- 教育费附加的减免规定

5.1 城市维护建设税法

5.1.1　城市维护建设税概述

1. 城市维护建设税的概念

城市维护建设税(以下简称“城建税”)是对从事工商经营，缴纳增值税、消费税的单位和个人征收的一种税。城市维护建设税法是国家制定的用以调整城市维护建设税征收与缴纳之间权利与义务关系的法律规范。

城市维护建设税是国家对缴纳增值税、消费税(以下简称“二税”)的单位和个人就其实际缴纳的“二税”税额为计税依据而征收的一种税。它是一种典型的附加税，没有独立的征税对象，依附于“二税”而存在。同时，它也属于特定目的税，因为城市维护建设税的税款专门用于城市的公用事业和公共设施的维护建设。

我国现行的城市维护建设税的基本规范是1985年2月8日国务院颁布的《中华人民共和国城市维护建设税暂行条例》(以下简称《城市维护建设税暂行条例》)。

2. 城市维护建设税的产生和发展

中华人民共和国成立以来，城市建设和维护在不同时期都取得了较大成绩，但国家在城市建设方面一直资金不足。1979年以前，我国用于城市维护建设的资金来源由当时的工商税附加、城市公用事业附加和国家下拨城市维护费组成。1979年，国家开始在部分大中城市试行从上年工商利润中提取5%用于城市维护和建设的办法，但未能从根本上解决问题。1981年，国务院在批转财政部关于改革工商税制的设想中提出：“根据城市建设的需要，开征城市维护建设税，作为县以上城市和工矿区市政建设的专项资金。”1985年2月8日，国务院颁布了《中华人民共和国城市维护建设税暂行条例》，并于1985年2月8日起在全国范围内施行。

3. 城市维护建设税的特点

1) 税款专款专用

一般情况下，税收收入都直接纳入国家预算，由中央和地方政府根据需要，统一安排用于国家建设和事业发展的各个方面，税法并不规定各个税种收入的具体使用范围和方向。但城市维护建设税不同，其所征税款要求保证用于城市公用事业和公共设施的维护和建设。

2) 属于一种附加税

征税对象是税法规定征税的目的物，是一个税种区别于另一个税种的主要标志。而城市维护建设税是以纳税人实际缴纳的增值税、消费税税额为计税依据，随"二税"同时征收，其本身没有特定的课税对象，其征管方法也完全比照"二税"的有关规定办理。

3) 根据城镇规模设计不同的比例税率

城市维护建设税的负担水平，不是依据纳税人获取的利润水平或经营特点而定，而是根据纳税人所在城镇的规模及其资金需要设计的。城镇规模大的，税率高一些；反之，就低一些。例如，纳税人所在地在城市市区的，税率为7%；在县城、建制镇的，税率为5%。这样规定能够使不同地区获取不同数量的城市维护建设资金，因地制宜地进行城市的维护和建设。

4) 征收范围较广

增值税、消费税是对商品和劳务征税，在我国现行税制体系中居主体税种的地位，其征税范围基本上包括我国境内所有具有经营行为的单位和个人。城市维护建设税以增值税、消费税额作为税基，从这个意义上看，城市维护建设税几乎是对所有纳税人征税，因此，它的征税范围比其他任何税种的征税范围都要广。

4. 城市维护建设税的作用

1) 补充城市维护建设资金的不足

城市在国民经济建设中有着重要的作用。随着我国经济体制改革的深入和市场经济的迅速发展，我国城市化进程也在不断加快，城市的中心地位越来越重要。但是，由于城市建设资金不足，使城市的维护建设欠账较多，远远跟不上工农业生产和各项事业发展的需要。在1984年以前，国家用于城市维护建设的资金，除了在基本建设投资中安排及征收城市公用事业附加外，还在部分城市试行从上年利润中提取5%的城市维护费的办法。采用这种办法集中城建资金，不仅面窄、量少，而且极不稳定。1984年，国有企业实行利改税后，企业利润减少，又直接影响了城建资金的提取量。1985年，开征城市维护建设税之后，城市维护建设税以增值税、消费税、营业税的税额为计税依据，与"三税"同时征收。经国务院批准，自2016年5月1日起，在全国范围内全面推开营业税改征增值税试点，现行营业税纳税人全部改征增值税。这样，城建税收入随增值税、消费税"二税"的增长而增长，从而使城市维护建设有了一个比较稳定和可靠的资金来源。

2) 限制了对企业的乱摊派

在开征城市维护建设税以前，有些地区和部门借口城建资金不足，随意向企业摊派物资和资金，加重了企业的负担，影响了企业正常的生产经营和发展。征收城市维护建设税后，国家把地方政府用于城市维护建设的资金来源用法律形式固定下来。《城市维护建设税暂行条例》第八条明确规定，开征城市维护建设税后，任何地区和部门，都不得再向纳税人摊派资金或物资。遇到摊派情况，纳税人有权拒绝执行，这就为限制对企业的乱摊派提供了法律保障。

3) 调动了地方政府进行城市维护建设的积极性

《城市维护建设税暂行条例》第六条规定，城市维护建设税应当保证用于城市公用事业和公共设施的维护建设，具体安排由地方政府确定。这就明确了城市维护建设税是一种具有专款专用性质的地方税。将城市维护建设税收入与当地城市建设直接挂钩，税收收入越多，城镇建设资金就越充裕，城镇建设发展就越快。这样，就可以充分调动地方政府的积极性，加强城市维护建设税的征收管理。从另一个角度看，城市维护建设税作为一个地方税种，也充实和完善了地方税体系，扩大了地方政府的财政收入规模，为整体税制的进一步完善起到了积极的作用。

5. 城市维护建设税的征税范围

城市维护建设税在全国范围内征收，不仅包括城市、县城、建制镇，而且包括广大农村。也就是说，只要是缴纳增值税、消费税“二税”的地方，除税法另有规定外，都属于城市维护建设税的征税范围。

5.1.2 城市维护建设税的纳税人、计税依据和税率

1. 城市维护建设税的纳税人

城市维护建设税的纳税人是指负有缴纳“二税”义务的单位和个人，包括国有企业、集体企业、私营企业、股份制企业、其他企业和行政单位、事业单位、军事单位、社会团体、其他单位，以及个体户及其他个人。

2. 城市维护建设税的计税依据

城市维护建设税的计税依据是纳税人实际缴纳的“二税”税额。纳税人违反“二税”有关规定而加收的滞纳金和罚款，不作为城市维护建设税的计税依据，但纳税人在被查补“二税”和被处以罚款时，应同时对其偷漏的城市维护建设税进行补税、征收滞纳金和罚款。

城市维护建设税以“二税”税额为计税依据并同时征收，如果要免征或者减征“二税”，就要同时免征或者减征城建税。但对出口产品退还增值税、消费税的，不退还已缴纳的城建税。

自2005年1月1日起，经国家税务总局正式审核批准的当期免抵的增值税税额应纳入城市维护建设税和教育费附加的计征范围，分别按规定的税(费)率征收城市维护建设税和教育费附加。2005年1月1日前，已按免抵的增值税税额征收的城市维护建设税和教育费附加不再退还，未征的不再补征。

3. 城市维护建设税的税率

城市维护建设税按纳税人所在地的不同，设置了三档地区差别比例税率。

(1) 纳税人所在地为市区的，税率为7%。

(2) 纳税人所在地为县城、镇的，税率为5%。

(3) 纳税人所在地不在市区、县城或者镇的，税率为1%。

城市维护建设税的适用税率，应当按纳税人所在地的规定税率执行。但是，对下列两种情况，可按缴纳“二税”所在地的规定税率就地缴纳城市维护建设税：由受托方代扣代缴、代收代缴“二税”的单位和个人，其代扣代缴、代收代缴的城市维护建设税按受托方所在地适用税率执行；流动经营等无固定纳税地点的单位和个人，在经营地缴纳“二税”的，其城市维护建设税的缴纳按经营地适用税率执行。

5.1.3　城市维护建设税应纳税额的计算

城市维护建设税是在“二税”的基础上计算出来的，其计算公式为

应纳税额=(实际缴纳的增值税税额+实际缴纳的消费税税额)×适用税率　　(5-1)

【例5-1】某市区一家企业20×7年3月实际缴纳增值税300 000元，缴纳消费税400 000元。计算该企业应纳的城建税税额。

【答案】应纳城建税税额=(实际缴纳的增值税+实际缴纳的消费税)×适用税率=(300 000+400 000)×7%=700 000×7%=49 000(元)

由于城市维护建设税实行纳税人所在地差别比例税率，所以在计算应纳税额时，应注意根据纳税人所在地来确定适用税率。

5.1.4　城市维护建设税的税收优惠

城市维护建设税原则上不单独减免，其减免规定与“二税”的减免息息相关，具体规定如下所述。

(1) 城市维护建设税按减免后实际缴纳的“二税”税额计征，即随“二税”的减免而减免。

(2) 对于因减免税而需进行“二税”退库的，城市维护建设税也可同时退库。

(3) 海关对进口产品代征的增值税、消费税不征收城市维护建设税。

(4) 对“二税”实行先征后返、先征后退、即征即退办法的，除另有规定外，对随“二税”附征的城市维护建设税，一律不予退(返)还。

5.1.5　城市维护建设税的纳税申报

1. 城市维护建设税的纳税期限

城市维护建设税与“二税”的纳税期限一致。根据增值税和消费税法律制度规定，增值税、消费税的纳税期限均分别为1日、3日、5日、10日、15日、1个月或1个季度。

增值税、消费税的纳税人的具体纳税期限，由主管税务机关根据纳税人应纳税额大小分别核定；不能按照固定期限纳税的，可以按次纳税。

2. 城市维护建设税的纳税地点

纳税人缴纳“二税”的地点，就是该纳税人缴纳城市维护建设税的地点。但是，属于下列情况的，纳税地点另有规定。

(1) 代扣代缴、代收代缴“二税”的单位和个人，同时也是城市维护建设税的代扣代缴、代收代缴义务人，其城市维护建设税的纳税地点在代扣代收地。

(2) 跨省开采的油田，下属生产单位与核算单位不在一个省内的，其生产的原油在油井所在地缴纳增值税，其应纳税款由核算单位按照各油井的产量和规定税率计算汇拨各油井缴纳。所以，各油井应纳的城市维护建设税应由核算单位计算，随同增值税一并汇拨油井所在地，其应纳城市维护建设税也应由取得收入的各管道局一并缴纳。(财税地字〔1985〕5号)

(3) 对管道局输油部分的收入，其应纳城建税，也应由取得收入的各管道局于所在地一并缴纳。(财税地字〔1985〕5号)

(4) 对流动经营等无固定纳税地点的单位和个人，应随同“二税”在经营地按适用税率

缴纳。

3. 城市维护建设税的纳税申报规定

城市维护建设税的纳税期限与“二税”一致。按缴纳“二税”所在地适用的城建税税率就地缴纳城市维护建设税。

纳税人应按规定期限缴纳城市维护建设税，并如实填写“城市维护建设税申报表”。

5.2 教育费附加

5.2.1 教育费附加和地方教育费附加规定

1. 教育费附加和地方教育费附加

教育费附加和地方教育费附加是我国财政性教育经费的两大来源。《国务院关于进一步加大财政教育投入的意见》(国发〔2011〕22号)对教育经费和地方教育费附加征收作了统一规定。

1) 教育费附加与地方教育费附加

教育费附加是国家制定的用以调整城市教育费附加征收与缴纳之间权利与义务关系的法律规范。教育费附加是专门为加快发展地方教育事业、扩大地方教育经费来源而征收的一项专用基金。现行的教育费附加的基本规范是国务院于1986年4月28日颁布的《征收教育费附加的暂行规定》，并于同年7月1日开始在全国范围内征收教育费附加，后经两次修订和补充，成为现行规定。

地方教育费附加是省政府根据国家有关规定，为实施“科教兴省”战略、增加地方教育的资金投入、促进省教育事业发展而开征的一项政府基金。2010年，财政部下发了《关于统一地方教育附加政策有关问题的通知》(财综〔2010〕98号)，对各省、市、自治区的地方教育费附加作了统一规定。

2) 教育费附加与地方教育费附加的区别

(1) 法规的立法层次不同。教育费附加是由国务院规定的，地方教育费附加是经财政部同意由省政府规定的。

(2) 征收费率不同。教育费附加的征费率为3%；地方教育费附加的征费率为1%，有的地方为2%。

(3) 收入进国库的级次不同。在教育费附加中，铁道、银行总行、保险总公司缴纳的部分归中央，其余部分归地方；而地方教育费附加收入全部归地方。

3) 教育费附加、地方教育费附加及教育资金征收规定

《国务院关于进一步加大财政教育投入的意见》(国发〔2011〕22号)，对教育费附加和地方教育费附加的征收做了如下规定。

(1) 统一内外资企业和个人教育费附加制度。国务院决定，从2010年12月1日起统一内外资企业和个人城市维护建设税和教育费附加制度，教育费附加统一按增值税、消费税实际缴纳税额的3%征收，计算公式为

$$\text{教育费附加}=(\text{增值税}+\text{消费税})\times 3\% \tag{5-2}$$

(2) 全面开征地方教育费附加。各省(区、市)人民政府应根据《中华人民共和国教育法》的相关规定和《财政部关于统一地方教育附加政策有关问题的通知》(财综〔2010〕98号)的要求，全面开征地方教育费附加。地方教育费附加统一按增值税、消费税实际缴纳税额的2%征收，计算公式为

$$地方教育费附加=(增值税+消费税)\times 2\% \quad (5\text{-}3)$$

(3) 从土地出让收益中按比例计提教育资金，进一步调整土地出让收益的使用方向。从2011年1月1日起，各地区要从当年以招标、拍卖、挂牌或者协议方式出让国家土地使用权取得的土地出让收入中，按照扣除征地和拆迁补偿、土地开发等支出后余额的10%的比例，计提教育资金。具体办法由财政部会同有关部门制定。

2. 教育费附加和地方教育费附加的基本法律规定

1) 征收范围及计征依据

(1) 征收范围。教育费附加对缴纳增值税、消费税的单位和个人征收。

(2) 计征依据。教育费附加、地方教育费附加都是以单位和个人实际缴纳的增值税、消费税的税额为计征依据，都是附加税，与增值税、消费税同时计算征收。

纳税人违反“二税”有关规定而加收的滞纳金和罚款，不作为教育费附加的计税依据。但纳税人在被查补“二税”和被处以罚款时，应同时对其偷漏的教育费附加进行补税、征收滞纳金和罚款。

2) 计征比率

教育费附加计征比率曾几经变化。1986年开征时，规定为1%；1990年5月，《国务院关于修改〈征收教育费附加的暂行规定〉的决定》中规定为2%；按照1994年2月7日《国务院关于教育费附加征收问题的紧急通知》的规定，现行教育费附加征收比率为3%，地方教育费附加征收率统一为2%。

3) 教育费附加及地方教育费附加的计算

教育费附加及地方教育费附加的计算公式为

$$应纳教育费附加(或地方教育费附加)=(实际缴纳的增值税+消费税)\times 征收比率 \quad (5\text{-}4)$$

【例5-2】某市区一家企业5月份实际缴纳增值税200 000元，缴纳消费税300 000元。计算该企业应缴纳的教育费附加及地方教育费附加。

【答案】(1) 应纳教育费附加=(实际缴纳的增值税+实际缴纳的消费税)×征收比率=(200 000 +300 000)×3%=500 000×3% =15 000(元)

(2) 应纳地方教育费附加=(实际缴纳的增值税+实际缴纳的消费税)×征收比率=(200 000 + 300 000)×2%=500 000×2% =10 000(元)

4) 教育费附加和地方教育费附加的减免规定

教育费附加减免规定与“二税”的减免息息相关，具体规定如下所述。

(1) 教育费附加按减免后实际缴纳的“二税”税额计征，即随“二税”的减免而减免。

(2) 对由于减免增值税、消费税和营业税而发生退税的，可同时退还已征收的教育费附加。但对出口产品退还增值税、消费税的，不退还已征收的教育费附加。

(3) 海关对进口产品代征的增值税、消费税，不征收教育费附加。

(4) 对“二税”实行先征后退、即征即退办法的，除另有规定外，对随“二税”附征的教育费附加，一律不予退(返)还。

(5) 对从事生产卷烟和经营烟叶产品的单位，减半征收教育费附加。

5.2.2　教育费附加和地方教育费附加的纳税申报

教育费附加和地方教育费附加的纳税申报，比照增值税、消费税的有关规定执行，与城市维护建设税的纳税环节、纳税期限、纳税地点相同。

5.3 案例分析

【案例】生产企业应纳税额的计算

利美化妆品厂(地处市区)系增值税一般纳税人，有出口经营权。该厂5月份的经营情况如下所述。

在国内销售三批高档化妆品，取得销售额(不含增值税)200万元。

出口一批高档化妆品，离岸价折合人民币300万元，已取得相关凭证并收汇。

上月份留抵进项税额4万元；本月购进货物和应税劳务所支付的增值税额48万元，已取得增值税专用发票且通过税务机关认证。

其他资料：该类高档化妆品适用的增值税退税率为13%，消费税税率为15%。

【要求】根据上述资料，回答下列问题。

(1) 该厂该月应缴纳的增值税额是多少？免抵税额和退税额是多少？

(2) 该厂该月应缴纳的消费税额是多少？

(3) 该厂该月应缴纳的城市维护建设税额是多少？

(4) 该厂该月应缴纳的教育费附加是多少？

【答案】

(1) 计算增值税、免抵税额和退税额。

① 不得免征或抵扣税额=300×(17%-13%)=12(万元)

② 应纳税额=200×17%-(4+48-12)=-6(万元)

③ 免抵退税额=300×13%=39(万元)

由此得出：实际缴纳增值税额为0，该月无须缴纳增值税；实际退税额为6万元；免抵税额=39-6=33(万元)。

说明：该月按出口离岸价计算的退税额为39万元，被内销高档化妆品应纳增值税额抵顶了33万元，故实际退税额为6万元。

(2) 计算应纳消费税额。

① 内销化妆品应纳消费税额=200×15%=30(万元)

② 出口化妆品，直接免征消费税，无须退税。

(3) 计算应纳城建税额。

应纳城建税额=(33+30)×7%=4.41(万元)

说明：城建税随“二税”的免征而免征。本例出口退还增值税，不退还城建税；内销货物与出口货物的免抵税额，应附征城建税。

(4) 计算应纳的教育费附加。

应纳教育费附加=(33+30)×3%=1.89(万元)

本章小结

城市维护建设税法和教育费附加是国家对缴纳增值税、消费税的单位和个人就其实际缴纳的“二税”税额为计税依据征收的一种税和费。城市维护建设税及教育费附加和地方教育费附加的纳税人是负有缴纳“二税”义务的单位和个人。城市维护建设税、教育费附加和地方教育费附加的计税依据，是纳税人实际缴纳的“二税”税额。城市维护建设税按纳税人所在地的不同，分别设置了7%、5%、1%三档差别比例税率。教育费附加和地方教育费附加的征收率分别为3%和2%。城市维护建设税、教育费附加和地方教育费附加的纳税环节、纳税地点、纳税期限与增值税、消费税相同。

课后练习题

一、计算问答题

1. 机构所在地在B市的甲建筑企业是增值税一般纳税人，当月在A县取得含税建筑收入70万元，支付分包款20万元。试计算甲企业在建筑劳务发生地A县缴纳的城建税及教育费附加。

2. 某海上油气田，5月开采销售原油取得不含税收入1 000万元；开采销售天然气取得不含税销售收入600万元。试计算其应纳的城市维护建设税。

3. 位于市区的某公司2011年12月应缴纳增值税170万元，实际缴纳增值税210万元(包括缴纳以前年度欠缴的增值税40万元)。当月因享受增值税先征后退政策，获得增值税退税60万元。试计算该公司当月应缴纳的城市维护建设税和教育费附加合计金额。

4. 位于市区的甲企业2015年7月销售产品缴纳增值税和消费税共计50万元，被税务机关查补增值税15万元并处罚款5万元。试计算甲企业7月应缴纳的城市维护建设税。

5. 位于市区的某企业2017年6月份共缴纳增值税、消费税和关税562万元，其中关税102万元、进口环节缴纳的增值税和消费税260万元。试计算该企业6月份应缴纳的城市维护建设税、教育费附加和地方教育附加合计金额。

二、综合题

1. 位于某市的甲地板厂2017年6月份购进一批木材，取得增值税专用发票注明不含税价格800 000元，当月委托位于县城的乙工厂加工成实木地板，支付不含税加工费150 000元。乙工厂6月份交付50%的实木地板，7月份完工交付剩余部分。已知实木地板消费税税率为5%，试计算乙工厂6月份应代收代缴的城市维护建设税。

2. 位于市区的某自营出口生产化妆品企业，2017年6月出口离岸价折合人民币500万元，内销不含税销售额400万元，当期发生增值税进项税额90万元。该企业出口项目的增值税出口退税率为16%，试计算该企业应退增值税税额、应缴纳的城建税及教育费附加。

3. 某市旅行社是增值税一般纳税人，6月收取游客跨省旅行费78万元，支付游客跨省旅游食宿费20万元、交通费18万元、景区门票费10万元；支付地接旅行社接团费12万元；支付本旅行社全陪导游工资8万元。试计算该旅行社当月应纳城建税。

4. 位于A市的甲运输企业是增值税一般纳税人，7月取得运输收入81万元(含增值税，下同)；为本单位员工上下班出通勤车20次，里程合计200公里，同距离运营价格每公里8元；当月出租其位于B县的一座购置仅半年的车库，按月收取租金30万元；当月该企业采购物料可抵扣进项税5万元。请回答下列问题：

(1) 计算甲企业在B县预缴的增值税；

(2) 计算甲企业在B县缴纳的城建税和教育费附加、地方教育附加；

(3) 说明甲企业应向B县预缴税款的税务机关(国税或地税)；

(4) 计算甲企业在A市应纳的增值税；

(5) 计算甲企业在A市应纳的城建税和教育费附加、地方教育附加合计数。

第6章　关税法与船舶吨税法

本章要点提示

- 关税概述
- 关税的征税对象和纳税人
- 关税的税则和税率
- 关税完税价格的确定
- 关税应纳税额的计算
- 关税的税收优惠
- 船舶吨税

6.1 关税法

6.1.1　关税的产生和发展

我国的关税历史悠久，早在西周就有“关市之征”的记载，征税的目的是“关市之赋，以待王之膳服”。随着国际贸易往来的逐渐增多，陆地边境关卡的征税和沿海港口市舶机构的征税具有国境关税的特征。清初时设立江、浙、闽、粤四处海关，其后在不平等条约下增开了对外通商口岸并设立海关，征收关税。当时，国内各地关卡林立，常关税、厘金税、子口税、转口税等国内关税与国境关税并存。直到1931年以后才逐步撤销了内地关税，只在国境征收进出口关税。

中华人民共和国成立后，我国建立了完全独立自主的关税制度。1949年10月设立海关总署，统一领导全国海关机构和业务。1951年颁布的《中华人民共和国海关进出口税则》和《海关进出口税则暂行条例》，形成了关税的基本法规，使我国关税制度逐步统一，走上正常轨道。

党的十一届三中全会以来，随着我国经济日新月异的发展，1985年，国务院颁布了新的《中华人民共和国海关进出口关税条例》和《中华人民共和国海关进出口税则》，系统地规定了关税的一些重大政策、基本制度和纳税人的权利义务等。1987年1月，第六届全国人民代表大会常务委员会第十九次会议通过了《中华人民共和国海关法》(以下简称《海关法》)。1987年和1992年先后两次修订了《中华人民共和国海关进出口关税条例》。2000年7月8日，第九届全国人民代表大会常务委员会第十六次会议发布了《关于修改〈中华人民共和国海关法〉的决定》。2003年10月29日，国务院第二十六次常务会议通过了新的《中华人民共和国海关进出口关税条例》(以下简称《海关进出口关税条例》)，自2004年1月1日起施行。同时，国务院税则委员会审定并报国务院批准，颁布了《中华人民共和国海关进出口税则》和《中华人民共和国入境旅客行李物品和个人邮递物品征收进口税办法》。2007年1月，我国实施新的《中华人民共和国海关进出口税则》，使我国的关税制度更加规范化和法制化。经国务院关税税则委员会审定并报国务院批准，2009年1月1日起，我国进一步修订了《中华人民共和国海关进出口税则》(以下简称《海关进出口税则》)，履行了我国加入世界贸易组织的承诺，也让关税更好地发挥了经济杠杆的作用。

在国外，关税也是一个古老的税种，起源于欧洲。据《大英百科全书》对“Customs”一词的来源解释，古时候在商人进入市场交易时要向当地领主缴纳一种例行的、常规的入市税“Customary Tolls”，后来就把“Customs”和“Customs Duty”作为海关和关税的英文名称。

6.1.2 关税的概念和特点

1. 关税的概念

关税是海关依法对进出境货物、物品征收的一种税。关税的内涵有广义和狭义之分。现代广义的关税包括进出口环节由海关征收的关税和在进出口环节由海关代征的其他国内税、费；现代狭义的关税仅指进出口环节的关税，即海关代表国家，依据国家规定的有关税法及进出口税则，对进出关境的货物和物品征收的一种特殊的流转税。本章所讲的关税就是现代狭义的关税。

上述定义中所称的“境”指关境，又称“海关境域”或“关税领域”，是海关法全面实施的领域。在通常情况下，一国的关境与国境是一致的，包括国家全部的领土、领海、领空。但当某一国家在国境内设立了自由港、自由贸易区等，这些区域就进口关税而言处在关境之外，这时该国家的关境小于国境。例如，我国的香港和澳门保持自由港地位，为我国单独的关税地区，即单独关境区。单独关境区是不适用该国海关法律、法规或实施单独海关管理制度的区域。当几个国家结成关税联盟，组成一个共同的关境，实施统一的关税法令和统一的对外税则时，这些国家彼此之间货物进出国境不征收关税，只对来自或运往其他国家的货物进出共同关境时征收关税。显然，这时关境已超出一个主权国家的领土范围，关境大于各成员国的国境，如欧洲联盟就属于这种情形。

2. 关税的特点

关税属流转税体系中一个独立的税种，同其他国内流转税相比，具有以下特点。

1) 关税的征收对象只限于进出关境的有形货物和物品

这里有两层含义：一是只在货物或物品进出关境时，才征收关税。也就是说，对于在境内流转的商品，只能征收国内税，不能征收关税；二是进出境的贸易性商品和用于个人消费的非贸易性商品通常是有形的实物商品，对于无形商品海关则无法单独征收关税，只能在它们的价值体现为某种实物并进境时，对有关的实物和其载体征收关税。

2) 关税在货物或物品进出关境的环节一次性征收

关税按照全国统一的进出口关税条例和税则在进出口环节单一环节征收。进出关境的货物在进出境环节一次性征收关税后，在国内流通的任何环节不再征收关税。

3) 关税的计税依据为关税的完税价格

关税的完税价格是关税法中特有的概念，关税的计税依据——完税价格通常为到岸价格或离岸价格，不能确定到岸价格或离岸价格时，则由海关规定。

4) 关税具有涉外性

关税的种类与税率直接影响国际贸易价格，因此关税经常被主权国家作为对外政策、经济斗争的手段，成为有关国际条约的重要调整对象。关税是贯彻对外贸易政策的重要手段，它在调节国民经济和对外贸易、增加国家财政收入、保护民族产业、防止国外经济侵袭等方面发挥了重要的作用。

5) 关税由海关专门负责征收

各类国内税收一般均由税务机关负责征收，而关税则由海关依法征收。根据我国《海关法》的规定，海关是设在关境上的国家行政管理机构，海关依照法律规定监管进出境的运输工具、货物、行李物品、邮递物品和其他物品，征收关税和其他税、费，查缉走私，并编制海关统计和办理其他海关业务。在我国，海关除征收关税外，还要代征进口环节货物应缴纳的增值税和消费税。

6.1.3 关税的分类

1. 以征税对象的流向分类

1) 进口关税

进口关税是指海关对进口货物和物品所征收的关税，是关税中最主要的一种征税形式，是保护关税政策的主要手段，在各国财政收入中占一定的地位。进口税有正税和附税之分。正税是按海关税则中的法定进口税率征收的进口税；附税则是在征收进口正税的基础上额外加征关税，主要是出于保护本国产业和增加财政收入的目的，用以补充正税的不足，属于临时性的限制进口的措施，包括反倾销税、报复性关税等。

2) 出口关税

出口关税是指海关对出口货物和物品所征收的关税，通常是在本国出口商品经过关境时征收。为了鼓励出口、追求贸易顺差和获取最大限度的外汇收入，许多国家，特别是西方发达国家已不再征收出口税。亚当·斯密在《国富论》中批评了从重征收出口关税的危害，他认为高额关税会阻滞劳动成果与国外的交流，限制对这些货物的消费，减弱国内人们勤劳的动机，从而妨碍国内产业的发展。为了更好地发挥关税调节经济的作用，我国仅对一小部分关系国计民生的重要出口商品征收出口税。

3) 过境关税

过境关税是指对过境货物征收的关税，称为过境税。过境货物是指由境外启运，通过境内继续运往境外的货物。由于征收过境税会产生多方面的负面影响，因而当今各国一般不征收过境税。

中国海关对过境货物的具体要求包括以下几个方面。

(1) 对同我国签有过境货物协定的国家的过境货物，或属于同我国签有铁路联运协定的国家收、发货的，按有关协定准予过境。

(2) 未同我国签有上述协定国家的过境货物，应当经国家运输主管部门批准并向入境地海关备案后准予过境。

2. 以征税的目的分类

1) 财政关税

财政关税是指以增加财政收入为主要目的而课征的关税。在历史上，关税产生以后的很长一段时间内，征收关税的目的主要是保证统治阶级或国家的财政收入。随着经济的不断发展和竞争的日益激烈化，财政关税逐步让位于保护关税。财政关税的征税对象应该是进口数量大、消费量大、税负力强的商品，而且应该是本国非生活必需品或非生产必需品，以便既有稳定的税源，又不致影响国内生产和人民生活。

2) 保护关税

保护关税是指以保护本国工农业生产为主要目的而课征的关税。保护关税一般把那些本国需要发展且尚不具备国际竞争力的产品列入征税范围，通过设置合理的关税税率使关税税额等于或略高于进口商品成本与本国同类商品成本之间的差额。不同的商品需要保护的程度不同，往往可采用差别税率。在进口方面，对进口的需要增加保护程度的商品征收高额的进口关税，可提高进口商品的成本和价格，从而削弱其竞争能力，保护本国同类产品的生产和销售；而对本国紧缺或本国尚不能生产的商品、生活必需品可通过低税率或免税方法鼓励进口。在出口方面，为了鼓励本国商品出口，一般免征出口税；但对本国生产所需的重要原料等，则征收关税以限制输出。我国现行的关税仍然属于保护关税。

3. 以征税的标准分类

1) 从量关税

将征税对象的计量单位作为计税标准，以每一计量单位应纳的关税金额作为税率的关税，称为从量关税。目前，世界各国多以货物的重量为标准计征关税。从量关税具有计征手续简便，通关便利等特点。另外，由于计税依据不受商品价格的影响，还能起到抑制质次价廉商品或者故意低瞒价格商品的进口。但从量关税由于不随进出口货物与物品价格的变化而变化，容易造成税负不合理的现象。尤其是在物价上涨时期，从量关税难以发挥保护国内产业的作用。

2) 从价关税

从价关税是将征税对象的价格作为征税标准，根据一定比例的税率计征的关税。从价关税的关税收入和关税负担具有随商品价格的变化而变化的特点。因而，从价关税有利于实现关税的财政目的和保护目的。

3) 复合关税

复合关税是对一种进口货物同时制定从价、从量两种方式，征税时既采用从量又采用从价税率计征税款的关税。复合关税既具有从量关税抑制低价商品进口的特点，又具有从价关税税负合理、稳定的优点。

4) 选择关税

在税则的同一税目中，定有从价和从量两种税率，征税时由海关选择其中一种计征的称为选择关税。当物价上涨时，采用从价关税；当物价下跌时，采用从量关税。这样，既可以保证国家的财政收入，还可以较好地保护本国产业的发展。

5) 滑准关税

滑准关税是在税则中预先按产品的价格高低分档制定若干不同的税率，然后根据进出口商品价格的变动而调整进出口税率的一种税率。当商品价格上涨，采用较低的税率；而商品价格下跌，则采用较高的税率。采用滑准关税的目的在于维护该商品在国内市场上价格的稳定性，使其不受周边国家和国际市场价格波动的影响。

4. 以关税的差别分类

1) 优惠关税

优惠关税是对特定受惠国在税收上给予的一种优惠待遇，即按照比普通税率低的优惠税率来征税。具体来说，优惠关税又可分为4种。

(1) 互惠关税。在国与国之间的贸易中，双方协商签订协议，对进出口货物征收较低的关税或免税。

(2) 特惠关税。一个国家或某一经济集团对某个特定国家的全部进口货物或部分货物单方面给予低关税或免税待遇的特殊优惠。

(3) 最惠国待遇关税。它规定缔约国双方相互间在现在和将来所给予任何第三国的优惠待遇，同样适用于对方。

(4) 普遍优惠制关税。普遍优惠制关税是指发达国家对从发展中国家或地区输入的产品，特别是制成品和半制成品普遍给予优惠关税待遇的一种制度。它的目的是增加财政收入，促进发展中国家的工业化，加快其经济增长速度。

2) 歧视关税

歧视关税是指对某些国家货物按照较普遍税率更高的税率征收的关税，它是保护一国产业所采取的特殊手段。一般包括反倾销关税、反补贴关税、报复性关税和保障性关税。

(1) 反倾销关税。反倾销关税是指进口国海关发现商品构成倾销时，对倾销商品除按海关税则中规定的税率征收一般进口税以外，附加征收的关税。目的是抵制外国产品倾销，保护国内生产和国内市场。

(2) 反补贴关税。反补贴关税又称抵消关税，是输入国对凡接受政府补贴或奖励的他国输入产品，课征与补贴、津贴或奖金额相等的反补贴关税，以抵消别国输入货物的竞争优势。

(3) 报复性关税。报复性关税是指他国政策以不公正、不平等、不友好的态度对待本国输出的货物时，为维护本国利益，报复该国对本国输出货物的不公正、不平等、不友好，对该国输入本国的货物加重税收的关税。

(4) 保障性关税。保障性关税是指在国外进口货物剧增并对本国产业造成损害的情况下，采取临时性的保障措施而需提高的关税。

6.1.4 关税的征税对象和纳税人

1. 关税的征税对象

关税的征税对象是准许进出境的货物和物品。货物是指贸易性商品；物品是指入境旅客随身携带的行李物品、个人邮递物品、各种运输工具上的服务人员携带进口的自用物品、馈赠物品以及以其他方式进境的个人物品。

2. 关税的纳税人

关税的纳税人，是指进口货物的收货人、出口货物的发货人、进出境物品的所有人。

进出口货物的收、发货人是依法取得对外贸易经营权，并进口或者出口货物的法人或者其他社会团体。

进出境物品的所有人包括该物品的所有人和推定为所有人的人。一般情况下，对于携带进境的物品，推定其携带人为所有人；对分离运输的行李，推定相应的进出境旅客为所有人；对以邮递方式进境的物品，推定其收件人为所有人；对以邮递或其他运输方式出境的物品，推定其寄件人或托运人为所有人。

6.1.5 关税的税则和税率

1. 关税的税则

关税税则又称海关税则，它是根据国家关税政策和经济政策，通过一定的立法程序制定公布实施的进出口货物和物品应税的关税税率表。《海关进出口税则》是根据世界海关组织发布的《商品名称及编码协调制度》(HS)而制定的。税率表作为海关税则的主体，包括税则商品分类目录和税率栏两大部分。

1) 税则商品分类目录

税则商品分类目录是把种类繁多的商品加以综合，按照其不同特点分门别类简化成数量有限的商品类别。分别编号，按序排列，称为税则号列，并逐号列出该号中应列出的商品名称。商品分类的原则即归类规则，包括归类总规则和各类、章、目的具体注释。

2) 税率栏

税率栏是按商品分类目录逐项定的税率栏目。为进一步落实有关税收和产业政策，适应科学技术进步和加强进出口管理的需要，在符合世界海关组织《商品名称及编码协调制度》(HS)列目原则的前提下，2012年，我国对进出口税则中的部分税目作了进一步的调整。调整后，我国进出口税则税目总数由2011年的7 977个增至8 194个。

2. 关税的税率

关税的税率是关税法的核心内容，也是关税政策的重要体现。根据国际惯例和我国的对外贸易政策，关税的税率会不断地调整。为履行加入WTO(世界贸易组织)的降税承诺，我国自2001年12月11日正式加入世界贸易组织以来，关税总水平逐年降低。2008年，关税总水平由2002年的15.3%降至9.8%。根据海关总署2011年第79号公告，经国务院批准的《2012年关税实施方案》中公告了我国2012年关税总水平为9.8%。

1) 进口关税税率种类

根据《海关进出口关税条例》的规定，进口关税设置最惠国税率、协定税率、特惠税率、普通税率、暂定税率、关税配额税率等。对进口货物在一定期间内可以实行暂定税率。

(1) 最惠国税率。最惠国税率适用原产于与中华人民共和国共同适用最惠国待遇条款的WTO成员的进口货物，或原产于与中华人民共和国签订有相互给予最惠国待遇条款的双边贸易协定的国家或地区的进口货物，以及原产于我国境内的进口货物。

(2) 协定税率。协定税率适用于原产于与中华人民共和国签订含有关税优惠条款的区域性贸易协定的国家或地区的进口货物。目前，我国对原产于“东盟十国”、智利、巴基斯坦、新西兰、新加坡、韩国、印度、斯里兰卡、孟加拉国等国的部分商品实施比最惠国税率更优惠的协定税率。

(3) 特惠税率。特惠税率适用于原产于与中华人民共和国签订含有特殊关税优惠条款的贸易协定的国家或地区的进口货物。特惠税率是针对签订特殊关税优惠条款的国家或地区实行的，主要目的是鼓励不发达国家对其部分商品实施特惠税率，其中对绝大多数产品实施零税率。

(4) 普通税率。普通税率适用于原产于上述以外的其他国家或地区的进口货物，以及原产地不明的进口货物。

(5) 暂定税率。暂定税率是根据国家需要在一定期间内实行的一种进口关税税率。适用原则：适用最惠国税率的进口货物有暂定税率的，应适用暂定税率；适用协定税率、特惠税率的进口货物有暂定税率的，应当从低适用税率；适用普通税率的进口货物，不适用暂定税率。

(6) 关税配额税率。按照国家规定实行关税配额管理的进口货物，关税配额内的，适用关税配额税率；关税配额外的，其税率的适用按照上述第1~5条的规定执行。

(7) 特定关税税率。按照有关法律、行政法规的规定对进口货物采取反倾销、反补贴、保障措施的，其税率的适用按照《中华人民共和国反倾销条例》《中华人民共和国反补贴条例》和《中华人民共和国保障措施条例》的有关规定执行。

(8) 报复性关税税率。任何国家或者地区违反与中华人民共和国签订或者共同参与的贸易协定及相关协定，对中华人民共和国在贸易方面采取禁止、限制、加征关税或者其他影响正常贸易的措施的，对原产于该国家或者地区的进口货物可以征收报复性关税，适用报复性关税税率。

2) 出口关税税率

我国出口关税税率为一栏税率，即出口关税。我国征收出口关税的总原则：既要服从于鼓励出口的政策，又要做到能够控制一些商品的盲目出口。因此，国家仅对少数资源性产品及易于竞相杀价、盲目出口、需要规范出口秩序的半制成品征收出口关税。

与进口暂定税率一样，出口暂定税率优先适用于出口税则中规定的出口税率。

3) 进口关税税率

对非贸易性物品适用的税率根据《关于入境旅客行李物品和个人邮递物品征收进口税办法》所附的税率表确定。

现行的税率表采用4档比例税率。

(1) 10%的税率。主要适用于食品、饮料，金、银、珠宝及其制品，医疗、保健及美容器材等物品。

(2) 20%的税率。主要适用于空调及配件、电冰箱及配件、电视机及配件、洗衣机及配件等物品。

(3) 30%的税率。主要适用于高档手表、高尔夫球及球具。

(4) 50%的税率。主要适用于酒类、烟草、化妆品。

3. 原产地规则

进出口关税不同税率的适用是以货物的原产地为标准，因此货物原产地的确定直接关系进口货物税率的适用，进而影响关税税额的计算。世界贸易组织为能迅速、有效和公正地解决有关货物原产地的争端而达成了一个公开、透明的框架性协议，即《原产地规则协议》。虽然各国的具体情况有差别，但各国都按照协议的基本原则来确定各自的原产地规则。我国政府参照国际惯例，结合我国具体情况，制定了“全部产地生产标准”和“实质性加工标准”两种国际上通用的标准。

1) 全部产地生产标准

全部产地生产标准是指对完全在一个国家(地区)获得的货物，以该国(地区)为原产地。这里的“完全在一个国家(地区)获得的货物”，包括以下几方面。

(1) 在该国(地区)出生并饲养的活的动物。

(2) 在该国(地区)野外捕捉、捕捞、搜集的动物。

(3) 从该国(地区)的活的动物获得的未经加工的物品。

(4) 在该国(地区)收获的植物和植物产品。

(5) 在该国(地区)采掘的矿物。

(6) 在该国(地区)获得的除第(1)项至第(5)项范围之外的其他天然生成的物品。

(7) 在该国(地区)生产过程中产生的只能弃置或者回收用作材料的废碎料。

(8) 在该国(地区)收集的不能修复或者修理的物品，或者从该物品中回收的零件或材料。

(9) 由合法悬挂该国旗帜的船舶从其领海以外海域获得的海洋捕捞物和其他物品。

(10) 在合法悬挂该国旗帜的加工船上加工本条第(9)项所列物品获得的物品。

(11) 从该国领海以外享有专有开采权的海床或者海床底土获得的物品。

2) 实质性加工标准

实质性加工标准是适用于确定有两个或两个以上国家参与生产的产品的原产地的标准，其含义是：两个以上国家(地区)参与生产的货物，以最后完成实质性改变的国家(地区)为原产地。实质性改变的确定标准，以税则归类改变为基本标准；税则归类改变不能反映实质性改变的，以从价百分比、制造或者加工工序等为补充标准。具体标准由海关总署会同商务部、国家质量监督检验检疫总局制定。

我国加入世界贸易组织的谈判代表在《中国加入工作组报告》中承诺的确定实质性改变的标准是：①在进出口税则中四位数税号一级的税则归类发生变化；②加工增值部分占新产品总值的比例超过30%的。

6.1.6 关税完税价格的确定

我国对进出口货物征收关税，除从量征收的计税方法外，其余计税方式均涉及“完税价格”的确定，因而关税完税价格的确定是计算关税的基本前提。根据《海关法》及《进出口关税条例》的规定，进出口货物的完税价格，由海关以该货物的成交价格为基础审查确定。成交价格不能确定时，完税价格由海关依法估定。

1. 一般进口货物的完税价格

1) 以成交价格为基础的完税价格

(1) 进口货物的完税价格的界定。进口货物的完税价格由海关以符合《进出口关税条例》确定的成交价格及该货物运抵中华人民共和国境内输入地点起卸前的运输及其相关费用、保险费为基础审查确定。进口货物的成交价格是指卖方向中华人民共和国境内销售该货物时买方为进口该货物向卖方实付、应付的，并按照《进出口关税条例》的规定调整后的价款总额，包括直接支付的价款和间接支付的价款。

(2) 进口货物成交价格的基本要求。

① 对买方处置或者使用该货物不予限制，但法律、行政法规规定实施的限制、对货物转售地域的限制和对货物价格无实质性影响的限制除外。

② 该货物的成交价格没有因搭售或者其他因素的影响而无法确定。

③ 卖方不得从买方直接或者间接获得因该货物进口后转售、处置或者使用而产生的任何收益，或者虽有收益但能够按照本条例的规定进行调整。

④ 买卖双方没有特殊关系，或者虽有特殊关系但未对成交价格产生影响。

(3) 计入关税完税价格的费用。按照《进出口关税条例》的规定，下列费用计入关税完税价格。

① 由买方负担的购货佣金以外的佣金和经纪费。

② 由买方负担的在审查确定完税价格时与该货物视为一体的容器的费用。

③ 由买方负担的包装材料费用和包装劳务费用。

④ 与该货物的生产和向中华人民共和国境内销售有关的，由买方以免费或者以低于成本的方式提供并可以按适当比例分摊的料件、工具、模具、消耗材料及类似货物的价款，以及在境外开发、设计等相关服务的费用。

⑤ 作为该货物向中华人民共和国境内销售的条件，买方必须支付的、与该货物有关的特许权使用费。

⑥ 卖方直接或者间接从买方获得的该货物进口后转售、处置或者使用的收益。

(4) 不得计入关税完税价格的费用。进口时在货物的价款中列明的下列税收、费用，不计入该货物的完税价格。

① 厂房、机械、设备等货物进口后产生的建设、安装、装配、维修和技术服务费。

② 进口货物运抵境内输入地点起卸后的运输及其相关费用、保险费。

③ 进口关税及国内税收。

2) 海关估定的完税价格

进口货物成交价格不符合本条例规定条件的，或者成交价格不能确定的，海关经了解有关情况，并与纳税人进行价格磋商后，可依次以下列价格估定该货物的完税价格。

(1) 相同货物成交价格。相同货物成交价格是指与该货物同时或者大约同时向中华人民共和国境内销售相同货物的成交价格。

(2) 类似货物成交价格。类似货物成交价格是指与该货物同时或者大约同时向中华人民共和国境内销售类似货物的成交价格。

(3) 倒扣价格。倒扣价格是指以与该货物进口的同时或者大约同时，将该进口货物、相同或类似进口货物在第一销售环节销售给无特殊关系的买方的最大销售总量的单位价格为基础估定的完税价格。在估定进口货物的完税价格时，应当扣除下列项目：①同等级或者同种类货物在中华人民共和国境内第一级销售环节销售时通常的利润和一般费用以及通常支付的佣金；②进口货物运抵境内输入地点起卸后的运输及其相关费用、保险费；③进口关税及国内税收。

(4) 计算价格。计算价格是指按照下列各项总和计算的价格估定的完税价格，包括：①生产该货物所用的料件成本和加工费用；②向中华人民共和国境内销售同等级或者同种类货物通常的利润和一般费用；③该货物运抵境内输入地点起卸后的运输及其相关费用、保险费。

(5) 以其他合理方法估定的价格。

【例6-1】 天锐公司从法国进口一批货物共300吨，货物以境外口岸离岸价格成交，单价折合人民币为30 000元，买方承担包装费每吨600元，另向卖方支付佣金为每吨800元人民币，并向自己的采购代理人支付佣金5 000元人民币。已知该货物运抵中国海关境内输入地起卸前的包装、运输、保险和其他劳务费用为每吨1 000元人民币，进口后另发生运输和装卸费用500元人民币。计算该批原料的完税价格。

【答案】 进口货物完税价格包括货价、支付的佣金、买方负担的包装费和容器费以及进口途中的运费，但不包括买方采购代理人支付的购货佣金和进口后发生的运输装卸费。

关税完税价格=(30 000+600+800+1 000)×300=9 720 000(元)

2. 特殊进口货物的完税价格

1) 以租赁方式进口货物的完税价格

以租赁方式进口的货物，以海关审查确定的该货物的租金作为完税价格。纳税人要求一次性缴纳税款的，可以选择按照规定估定完税价格，或者以海关审查确定的租金总额作为完税价格。

2) 复运进境的境外加工货物的完税价格

运往境外加工的货物，出境时已向海关报明并在海关规定期限内复运进境的，应当以海关审定的境外加工费、料件费及该货物复运进境的运输及相关费用和保险费确定完税价格。

3) 复运进境的境外修理货物的完税价格

运往境外修理的机械器具、运输工具或者其他货物，出境时已向海关报明并在海关规定期限内复运进境的，应当以海关审定的境外修理费和料件费确定完税价格。

4) 留购的进口货样的完税价格

对于境内留购的进口货样、展览品和广告陈列品，以海关审定的留购价格作为完税价格。

5) 予以补税的减免税货物

减税或免税进口的货物需予补税时，应当以海关审定的该货物原进口时的价格，扣除折旧部分价值作为完税价格，计算公式为

完税价格=海关审定的该货物原进口时的价格×[1−申请补税时实际已使用的时间(月)÷(监管年限×12)]　(6-1)

6) 以其他方式进口的货物

以易货贸易、寄售、捐赠、赠送等其他方式进口的货物，应当按照一般进口货物估价办法的规定，估定完税价格。

【例6-2】某企业20×7年将以前年度进口的设备运往境外修理，设备进口时成交价格为150万元，发生境外运费和保险费共计12万元；在海关规定的期限内复运进境，进境时同类设备价格200万元；发生境外修理费30万元，料件费12万元，境外运输费和保险费共计10万元；进口关税税率15%。请计算该设备复运进境应缴纳的进口关税。

【答案】运往境外修理的机械器具、运输工具或者其他货物，出境时已向海关报明，并在海关规定期限内复运进境的，应当以海关审定的境外修理费和料件费确定完税价格。

运往境外修理的设备报关进口时应纳关税=(30+12)×15%=6.3(万元)

3. 出口货物的完税价格

1) 出口货物完税价格的确定

出口货物的完税价格由海关以该货物的成交价格及该货物运至中华人民共和国境内输出地点装卸前的运输及其相关费用、保险费为基础审查确定。

出口货物的成交价格是指该货物出口时卖方为出口该货物应当向买方直接收取和间接收取的价款总和。出口关税不计入完税价格。

【例6-3】北京某进口公司向美国出口一批矿石，成交价格为CIF美国USD8 000，其中运费USD720，保险费USD80。计税日外汇汇率为：USD100=RMB700。计算该矿石的完税价格。(已知该矿石的出口关税税率为20%)

【答案】完税价格=(8 000−720−80)×7÷(1+20%)=42 000(元)

2) 出口货物完税价格的估定

如出口货物的成交价格不能确定，海关经了解有关情况，并与纳税人进行价格磋商后，可依次以下列价格估定该货物的完税价格。

(1) 与该货物同时或者大约同时向同一国家或者地区出口的相同货物的成交价格。

(2) 与该货物同时或者大约同时向同一国家或者地区出口的类似货物的成交价格。

(3) 按照下列各项总和计算的价格：境内生产相同或者类似货物的料件成本、加工费用；通常的利润和一般费用；境内发生的运输及其相关费用、保险费。

(4) 以合理方法估定的价格。

4. 完税价格相关费用的核定

1) 以一般陆运、空运、海运方式进口的货物

计算进口货物的运输及其相关费用、保险费时，应采用下列方法。

(1) 海运进口货物。计算至该货物运抵境内的卸货口岸；如果该货物的卸货口岸是内河(江)口岸，则应计算至内河(江)口岸。

(2) 陆运进口货物。计算至该货物运抵境内的第一口岸；如果运输及其相关费用、保险费支付至目的地口岸，则计算至目的地口岸。

(3) 空运进口货物。计算至该货物运抵境内的第一口岸；如果该货物的目的地为境内的第

一口岸外的其他口岸，则计算至目的地口岸。

(4) 陆运、空运和海运进口货物的运费和保险费，应当按照实际支付的费用计算。如果进口货物的运费无法确定或未实际发生，海关应当按照该货物进口同期运输行业公布的运费率(额)计算运费；按照“货价加运费”两者总额的3‰计算保险费。

2) 以其他方式进口的货物

邮运的进口货物，应当以邮费作为运输及其相关费用、保险费；以境外边境口岸价格条件成交的铁路或公路运输进口货物，海关应当按照货价的1%计算运输及其相关费用、保险费；自驾运输工具进口的货物，海关在审定完税价格时可以不另行计入运费。

3) 出口货物

出口货物的销售价格如果包括离境口岸至境外口岸之间的运输、保险费，该运输、保险费应当扣除。

6.1.7 关税应纳税额的计算

1. 进出口货物应纳税额的计算

根据《进出口关税条例》的规定，进出口货物关税，以从价计征、从量计征或者国家规定的其他方式征收。

1) 从价税应纳税额的计算

相关的计算公式为

$$应纳税额=关税完税价格\times关税税率 \tag{6-2}$$

【例6-4】某外贸公司进口一批高档化妆品，到岸货价及运输费、保险费共80 000欧元，另支付包装费6 000欧元、支付自己采购代理人佣金2 000欧元、港口到厂区公路运费3 000元人民币，取得国际贸易货物运费发票。当期欧元与人民币汇率为1:10，关税税率为20%，消费税税率为15%。计算外贸公司在进口环节缴纳的各项税金。

【答案】应纳关税=(80 000+6 000)×10×20%=860 000×20%=172 000(元)

应纳消费税=(860 000+172 000)÷(1−15%)×15%=1 214 117.65×15%=182 117.65(元)

应纳增值税=(860 000+172 000)÷(1−15%)×17%=1 214 117.65×17%=210 990(元)

2) 从量税应纳税额的计算

相关的计算公式为

$$应纳税额=货物数量\times单位税额 \tag{6-3}$$

【例6-5】某公司进口美国产“蓝带”牌啤酒600箱，每箱30瓶，每瓶容积500毫升，价格为CIF4 500美元。征税日人民币与美元的外汇折算率为1:7(已知啤酒适用优惠税率为3元/升)。请计算该公司的应纳关税税额。

【答案】应纳关税税额=(600×30×500)÷1 000×3=27 000(元)

3) 复合税应纳税额的计算

我国目前实行的复合税都是先计征从量税，再计征从价税。计算公式为

$$关税税额=应税进(出)口货物数量\times单位货物税额+应税进(出)口货物数量\times单位完税价格\times税率 \tag{6-4}$$

【例6-6】某公司从日本进口5台电视摄像机，每台价格为CIF7 500美元。征税日人民币与

美元的外汇折算率为1:7。摄像机适用优惠税率为：每台完税价格高于5 000美元的，从量税为每台13 280元人民币，再征从价税3%。请计算该公司的应纳关税税额。

【答案】应纳关税税额=13 280×5+7 500×5×7×3%=74 275(元)

4) 滑准税应纳税额的计算

相关的计算公式为

关税税额=应税进(出)口货物数量×单位完税价格×滑准税税率　　(6-5)

2. 进境物品应纳税额的计算

海关总署规定数额以内的个人自用进境商品，免征进口税。超过海关总署规定的数额但仍在合理数量以内的个人自用进境物品，由进境物品的纳税人在进境物品放行前按照规定缴纳进口税。进口税采用从价计征的方法，计算公式为

进口税税额=完税价格×进口税税率　　(6-6)

【例6-7】海外华侨李女士准备回国探亲，打算花费2 500美元购买礼品，其中购买1 500美元的金银首饰和1 000美元的数码照相机。金银首饰适用的关税税率为10%，数码照相机适用的税率为20%。请计算李女士应纳的关税税额。

【答案】应纳关税税额=1 500×10%+1 000×20%=350(美元)

6.1.8 关税的税收优惠

1. 法定减免税

关税的法定减免是指税法中明确规定的减税或者免税。符合税法规定可予减免税的进出口货物，纳税人无须提交申请，海关可按规定直接予以减免税。海关对法定减免税货物一般不进行后续管理。

1) 减征或免征关税项目

下列进出口货物、进出境物品，减征或者免征关税。

(1) 关税税额在人民币50元以下的一票货物。

(2) 无商业价值的广告和货样。

(3) 外国政府、国际组织无偿赠送的物资。

(4) 在海关放行前遭受损坏或者损失的货物。

(5) 进出境运输工具装载的途中必需的燃料、物料和饮食用品。

(6) 规定数额以内的物品。

(7) 中华人民共和国缔结或参加的国际条约规定减征、免征关税的货物、物品。

(8) 法律规定减征、免征关税的其他货物、物品。

2) 暂免征税项目

经海关批准暂时进境或者暂时出境的下列货物，在暂时进境或者暂时出境时纳税人向海关缴纳相当于应纳税款的保证金或者提供其他担保的，可以暂不缴纳关税，并应当自进境或者出境之日起6个月内复运出境或者复运进境。具体包括以下项目。

(1) 在展览会、交易会、会议及类似活动中展示或者使用的货物。

(2) 在文化、体育交流活动中使用的表演、比赛用品。

(3) 进行新闻报道或者摄制电影、电视节目使用的仪器、设备及用品。

(4) 开展科研、教学、医疗活动使用的仪器、设备和用品。

(5) 在上述所列活动中使用的交通工具及特种车辆。

(6) 货样。

(7) 供安装、调试、检测、修理设备时使用的仪器及工具。

(8) 盛装货物的容器。

(9) 其他用于非商业目的的货物。

但上述暂准进境货物在规定的期限内未复运出境的，或者暂准出境货物在规定的期限内未复运进境的，海关应当依法征收关税。

2. 特定减免税

在法定减免税之外，国家按照国际通行规则和我国实际情况，制定发布的有关进出口货物减免关税的政策，称为特定减免税或政策性减免税。特定减免税货物一般有地区、企业和用途的限制，海关需要进行后续管理，也需要进行减免税统计。

现行的特定减免税政策主要针对科教用品、残疾人专用品、扶贫物资、慈善性捐赠物资、加工贸易产品、边境贸易进口物资、保税区进出口货物、出口加工区进出口货物、进口设备、特定行业或用途。

3. 临时减免税

临时减免是指国家根据国内生产和国际市场行情变化，确定对某一类和几种商品在一定时限内临时降低或取消关税。

6.1.9 关税的纳税申报

1. 关税的缴纳

进口货物自运输工具申报进境之日起14日内，出口货物在运抵海关监管区后装货的24小时以前，应由进出口货物的纳税人向货物进(出)境地海关申报，海关根据税则归类和完税价格计算应缴纳的关税和进口环节代征税，并填发税款缴款书。纳税人应当自海关填发税款缴款书之日起15日内，向指定银行缴纳税款。纳税人未在规定的期限内缴纳税款的，自关税缴纳期限届满滞纳之日起，至纳税人缴纳税款之日止，按滞纳税款的万分之五的比例按日征收，周末或法定假日不予扣除，具体的计算公式为

$$\text{关税滞纳金金额}=\text{滞纳关税税额}\times\text{滞纳金征收比例}\times\text{滞纳天数} \tag{6-7}$$

关税纳税人因不可抗力或者在国家税收政策调整的情形下，不能按期缴纳税款，经海关总署批准，可延期缴纳，但最长不得超过6个月。

2. 关税的保全和强制执行

为保证海关征收关税决定的有效执行和国家财政收入的及时入库，《海关法》规定了关税的保全和强制执行措施。

进出口货物的纳税义务人在规定的纳税期限内有明显的转移、藏匿其应税货物以及其他财产迹象的，海关可以责令纳税义务人提供担保；纳税义务人不能提供纳税担保的，经直属海关关长或者其授权的隶属海关关长批准，海关可以采取下列税收保全措施。

(1) 书面通知纳税义务人开户银行或者其他金融机构暂停支付纳税义务人相当于应纳税款的存款。

(2) 扣留纳税义务人的价值相当于应纳税款的货物或者其他财产。

纳税义务人在规定的纳税期限内缴纳税款的，海关必须立即解除税收保全措施。纳税人、

担保人自缴纳税款期限届满之日起超过3个月仍未缴纳税款的，经直属海关关长或者其授权的隶属海关关长批准，海关可以书面通知纳税义务人开户银行或者其他金融机构从其暂停支付的存款中扣缴税款；或者依法变卖所扣留的货物或者其他财产，以变卖所得抵缴税款。

3. 关税的退还

关税退还是指关税纳税义务人按海关核定的税额缴纳关税后，因某种原因的出现，海关将实际征收多于应当征收的税额(称为溢征关税)退还给原纳税义务人的一种行政行为。海关发现多征税款的，应当立即通知纳税人办理退还手续。

有下列情形之一的，纳税人自缴纳税款之日起1年内，可以书面形式要求海关退还多缴的税款并加算银行同期活期存款利息。

(1) 已征进口关税的货物，因品质或者规格原因，原状退货复运出境的。

(2) 已征出口关税的货物，因品质或者规格原因，原状退货复运进境，并已重新缴纳因出口而退还的国内环节有关税收的。

(3) 已征出口关税的货物，因故未装运出口，申报退关的。

纳税人应当以书面形式向海关说明理由，提供原缴款凭证及相关资料。海关应当自受理退税申请之日起30日内查实并通知纳税人办理退还手续。纳税人应当自收到通知之日起3个月内办理有关退税手续。

4. 关税的补征和追征

补征和追征是指海关在关税纳税义务人按海关核定的税额缴纳关税后，发现实际征收税额少于应当征收的税额(称为短征关税)时，责令纳税义务人补缴所差税款的一种行政行为。《海关法》根据短征关税的原因，将海关征收原短征关税的行为分为补征和追征两种。由于纳税人违反海关规定造成短征关税的，称为追征；非因纳税人违反海关规定造成短征关税的，称为补征。

根据《进出口关税条例》的规定，进出境货物放行后，海关发现少征或者漏征税款的，应当自缴纳税款或者货物放行之日起1年内，向纳税人补征税款。但因纳税人违反规定而造成少征或者漏征税款的，海关可以自缴纳税款或者货物放行之日起3年内追征税款，并从缴纳税款或者货物放行之日起按日加收少征或者漏征税款万分之五的滞纳金。

【例6-8】某公司进口一批货物，海关于当年5月1日填发税款缴纳书，经审核货物的到岸价折合人民币800万元，但公司迟至5月27日才缴清税款。海关应征收关税的税率为10%，增值税率为17%。求该公司应补缴的税款及滞纳金。

【答案】应缴纳的关税=800×10%=80(万元)

应缴纳的增值税=(800+80)×17%=149.60(万元)

应缴纳的滞纳金=(80+149.6)×0.5‰×12=1.38(万元)

6.2 船舶吨税法

2011年11月23日，依据国务院第610号令，《中华人民共和国船舶吨税暂行条例》在国务院第182次常务会议上通过，自2012年1月1日起施行。1952年9月16日政务院财政经济委员会批准、1952年9月29日海关总署发布的《中华人民共和国海关船舶吨税暂行办法》同时废止。

船舶吨税是海关代表国家交通管理部门在设关口岸对进出中国国境的船舶征收的用于航道设施建设的一种使用税。

船舶吨税是一国船舶使用了另一国家的助航设施而向该国缴纳的一种税费，专项用于海上航标的维护、建设和管理。

根据《中华人民共和国海关船舶吨税暂行条例》和《船舶吨税征收管理作业规程》，船舶吨税由海关代交通部征收，海关征收后就地上缴中央国库。

6.2.1　船舶吨税的征税对象

自中华人民共和国境外港口进入境内港口的船舶(以下简称应税船舶)，应缴纳船舶吨税(以下简称吨税)。

应税船舶具体包括以下几类。

(1) 在中国港口行驶的外国籍船舶。

(2) 外商租用的中国籍船舶。

(3) 中外合营的海运企业自有或租用的中、外国籍船舶。

(4) 中国租用(包括国外华商所有的和租用的)航行国外及兼营国内沿海贸易的外国籍船舶。

6.2.2　船舶吨税的征税范围

船舶吨税的征税范围为在中华人民共和国港口行驶的外国船舶和外商租用的中国籍船舶以及中外合营企业使用的中国籍船舶。

6.2.3　船舶吨税的纳税人

吨税的纳税人为拥有或租有进出中国港口的国际航行船舶的单位和个人。

船舶吨税的纳税人为船舶使用人(船长)或其委托的外轮代理公司。

吨税纳税义务发生时间为应税船舶进入港口的当日。应税船舶在吨税执照期满后尚未离开港口的，应当申领新的吨税执照，自上一次执照期满的次日起续缴吨税。

6.2.4　船舶吨税的税率

船舶吨税税率分为优惠税率和普通税率两种。中华人民共和国籍的应税船舶，船籍国(地区)与中华人民共和国签订含有相互给予船舶税费最惠国待遇条款的条约或者协定的应税船舶，适用优惠税率；其他应税船舶，适用普通税率。

应税船舶负责人在每次申报纳税时，可以按照“吨税税目税率表”(见表6-1)选择申领一种期限的吨税执照。

表6-1　吨税税目税率表

税目 (按船舶净吨位划分)	税率/元/净吨						备注
	普通税率 (按执照期限划分)			优惠税率 (按执照期限划分)			
	1年	90日	30日	1年	90日	30日	
不超过2 000净吨	12.6	4.2	2.1	9.0	3.0	1.5	拖船和非机动驳船分别按相同净吨位船舶税率的50%计征税款
超过2 000净吨，但不超过10 000净吨	24.0	8.0	4.0	17.4	5.8	2.9	
超过10 000净吨，但不超过50 000净吨	27.6	9.2	4.6	19.8	6.6	3.3	
超过50 000净吨	31.8	10.6	5.3	22.8	7.6	3.8	

6.2.5 船舶吨税的计税依据

船舶吨税以船舶注册净吨位为计税依据，净吨位尾数不足0.5吨的不计，达到或超过0.5吨的按1吨计。船舶吨税按船舶净吨位大小分等级设置单位税额，每一等级又分为一般吨税和优惠吨税。无论是一般吨税还是优惠吨税，又分别按90天期和30天期制定吨税税额。

净吨位，是指由船籍国(地区)政府授权签发的船舶吨位证明书上标明的净吨位。

6.2.6 船舶吨税应纳税额的计算

吨税的应纳税额按照船舶净吨位乘以适用税率计算，计算公式为

$$吨税的应纳税额=船舶净吨位\times定额税率 \tag{6-8}$$

【例6-9】20×7年10月20日，A国某运输公司的一艘货轮驶入我国某港口，该货轮净吨位为30 000吨，货轮负责人已向我国海关领取了吨税执照，在港口停留期限为30天。A国已与我国签订有相互给予船舶税费最优惠国待遇的条款。请计算该货轮负责人应向我国海关缴纳的船舶吨税。

【答案】(1) 根据船舶吨税的相关规定，该货轮应享受优惠税率，每净吨位为3.30元。

(2) 应缴纳的船舶吨税=30 000×3.30=99 000(元)

6.2.7 船舶吨税的税收优惠

1. 直接优惠

下列船舶免征吨税。

(1) 应纳税额在人民币50元以下的船舶。

(2) 自境外以购买、受赠、继承等方式取得船舶所有权的初次进口到港的空载船舶。

(3) 吨税执照期满后24小时内不上下客货的船舶。

(4) 非机动船舶(不包括非机动驳船)。

(5) 捕捞、养殖渔船(需要在中华人民共和国渔业船舶管理部门登记为捕捞船或者养殖渔船)。

(6) 避难、防疫隔离、修理、终止运营或者拆解，且不上下客货的船舶。

(7) 军队、武装警察部队专用或者征用的船舶。

(8) 依照法律规定应当予以免税的外国驻华使领馆、国际组织驻华代表机构及其有关人员的船舶。

(9) 国务院规定的其他船舶。

2. 延期优惠

(1) 避难、防疫隔离、修理，且不上下客货的船舶。

(2) 军队、武装警察部队征用的船舶。

(3) 应税船舶因不可抗力在未设立海关的地点停泊的，船舶负责人应当立即向附近海关报告，并在不可抗力原因消除后，向海关申报纳税。

上述船舶，应当提供海事部门、渔业船舶管理部门或者卫生检疫部门等部门、机构出具的具有法律效力的证明文件或者使用关系证明文件，申明免税或者延长吨税执照期限的依据和理由。

6.2.8 船舶吨税的纳税申报

吨税由海关负责征收。海关征收吨税应当制发缴款凭证。吨税纳税义务发生时间为应税船舶进入港口的当日。应税船舶在吨税执照期满后尚未离开港口的，应当申领新的吨税执照，自上一次执照期满的次日起续缴吨税。

应税船舶负责人应当自海关填发吨税缴款凭证之日起15日内向指定银行缴清税款。未按期缴清税款的，自滞纳税款之日起，按日加收滞纳税款0.5‰的滞纳金。

应税船舶到达港口前，经海关核准先行申报并办结出入境手续的，应税船舶负责人应当向海关提供与其依法履行吨税缴纳义务相适应的担保，应税船舶到达港口后，向海关申报纳税。

下列财产、权利可以用于担保。

(1) 人民币、可自由兑换的货币。

(2) 汇票、本票、支票、债券、存单。

(3) 银行、非银行金融机构的保函。

(4) 海关依法认可的其他财产、权利。

应税船舶在吨税执照期限内，因修理导致净吨位变化的，吨税执照继续有效。应税船舶办理出入境手续时，应当提供船舶经过修理的证明文件。因船籍改变而导致适用税率变化的，应税船舶在办理出入境手续时，应当提供船籍改变的证明文件。吨税执照在期满前毁损或者遗失的，应当向原发照海关书面申请核发吨税执照副本，不再补税。

海关发现少征或者漏征税款的，应当自应税船舶应当缴纳税款之日起1年内，补征税款。但因应税船舶违反规定造成少征或者漏征税款的，海关可以自应当缴纳税款之日起3年内追征税款，并自应当缴纳税款之日起按日加征少征或者漏征税款0.5‰的滞纳金。

海关发现多征税款的，应当立即通知应税船舶办理退还手续，并加算银行同期活期存款利息。

应税船舶发现多缴税款的，可以自缴纳税款之日起1年内以书面形式要求海关退还多缴的税款并加算银行同期活期存款利息，海关应当自受理退税申请之日起30日内查实并通知应税船舶办理退还手续，应税船舶应当自收到退税通知之日起3个月内办理有关退还手续。

应税船舶有下列行为之一的，由海关责令限期改正，处2 000元以上、3万元以下罚款；不缴或者少缴应纳税款的，处不缴或者少缴税款50%以上、5倍以下的罚款，但罚款不得低于2 000元。

(1) 未按照规定申报纳税、领取吨税执照的。

(2) 未按照规定交验吨税执照及其他证明文件的。

吨税税款、滞纳金、罚款以人民币计算。

6.3 案例分析

【案例1】进口货物应纳税额的计算

某进出口公司本月份进口一批液体应税消费品，支付如下款项。

(1) 应税消费品成交价折合人民币1 085万元。

(2) 货物运抵我国关境内输入地点起卸前、起卸后的运费分别为35万元、2万元，保险费分别为5万元、0.4万元。

(3) 包装材料费用和包装劳务费10万元。

(4) 与货物视为一体的容器的费用15万元。

(5) 与货物有关的特许权使用费50万元。

已知：该应税消费品关税税率为20%，消费税税率为30%，增值税税率为17%。

【要求】根据上述资料，回答下列问题。

(1) 该公司在进口环节应缴纳的关税是多少?

(2) 该公司在进口环节应缴纳的消费税是多少?

(3) 该公司在进口环节应缴纳的增值税是多少?

【答案】

(1) 计算进口环节应缴纳的关税

关税完税价格=1 085+35+5+10+15+50=1 200(万元)

应纳关税额=1 200×20%=240(万元)

说明：进口货物运抵境内输入地点起卸后的运输费、保险费不计入该货物的完税价格。

(2) 计算进口环节应缴纳的消费税

应纳消费税额= [(1 200+240)÷(1−30%)]×30%=617.14(万元)

(3) 计算进口环节应缴纳的增值税

应纳增值税额= [(1 200+240)÷(1−30%)]×17%=349.71(万元)

或应纳增值税额=(1 200+240+617.14)×17%=349.71(万元)

【案例2】进口货物应纳税额的计算与缴纳

某进出口公司系增值税一般纳税人，地处县城。该公司本月份进口一批应税消费品，成交价格折合人民币1 990万元(含该货物运抵我国关境内输入地点起卸前的运费、保险费20万元)，另支付与货物有关的境外开发设计费用210万元，货物进口后的技术服务费用50万元。

该公司报关进口后，未按规定时间缴纳各项税款，滞纳天数为35天。该货物进口关税税率为50%，消费税税率为30%，增值税税率为17%。

【要求】根据上述资料，回答下列问题。

(1) 该公司在进口环节应缴纳的各项税款是多少?

(2) 该公司应缴纳的各项税收的滞纳金是多少?

【答案】

(1) 计算进口环节应缴纳的各项税款

关税完税价格=1 990+210=2 200(万元)

说明：由买方负担与货物有关的境外开发设计费用，应计入完税价格；货物出口后的技术服务费用，不计入完税价格。

应纳关税额=2 200×50%=1 100(万元)

应纳消费税额= [(2 200+1 100)÷(1−30%)]×30%=1 414.29(万元)

应纳增值税额= [(2 200+1 100)÷(1−30%)]×17%=801.43(万元)

或应纳增值税额=(2 200+1 100+1 414.29)×17%=801.43(万元)

(2) 计算进口环节应缴纳的滞纳金

关税滞纳金=1 100×0.5‰×35=19.25(万元)

消费税滞纳金=1 414.29×0.5‰×35=24.75(万元)

增值税滞纳金=801.43×0.5‰×35=14.03(万元)

本章小结

关税是海关依法对进出境货物、物品征收的一种税。关税的征税对象是准许进出口的货物和进境物品。进口货物的收货人、出口货物的发货人、进境物品的所有人，是关税的纳税人。关税税率分进口关税税率和出口关税税率两种。进口关税设置最惠国税率、协定税率、特惠税率、普通税率、关税配额税率等。对进口货物在一定期限内可以实行暂定税率。特别关税包括报复性关税、反倾销税、反补贴税、保障性关税。我国征收出口关税的商品较少，税率较低。进出口关税的计税依据是关税完税价格。关税减免分为法定减免税、特定减免税和临时减免税。关税由海关负责征收管理。

船舶吨税是海关代表国家交通管理部门在设关口岸对进出中国国境的船舶征收的用于航道设施建设的一种使用税。吨税的征税对象是自中华人民共和国境外港口进入境内港口的船舶。吨税的征收范围是在中华人民共和国港口行驶的外国船舶和外商租用的中国籍船舶以及中外合营企业使用的中国籍船舶。吨税税率分为优惠税率和普通税率两种。吨税以船舶注册净吨位为计税依据，由海关负责征收。吨税的纳税义务发生时间为应税船舶进入港口的当日。我国吨税税款、滞纳金、罚款以人民币计算。

课后练习题

一、计算问答题

1. 某企业20×7年2月进口卷烟30箱(标准箱，下同)，每箱成交价格1 000欧元，支付给自己的境外采购代理人佣金40欧元/箱，运抵我国境内输入地点起卸前的运费110欧元/箱，保险费100欧元/箱。该企业进口环节应纳关税多少元？(关税税率20%，1欧元=6.95元人民币)

2. 某企业进口一批材料，货物价款95万元，进口运费和保险费共计5万元，报关进口后发现其中的10%有严重质量问题并将其退货。出口方为补偿该企业，发送价值10万元(含进口运费、保险费0.5万元)的无代价抵偿物，进口关税税率为20%。该企业应缴纳进口关税多少万元？

3. 有一泰国国籍净吨位为1 800吨的非机动驳船，停靠在我国某港口装卸货物。驳船负责人已向我国海关领取吨税执照，在港口停留期限为30天。泰国已与我国签订含有相互给予船舶税费最惠国待遇的条约。假定2 000吨以下的船舶，普通税率30天期的税率为2.1元/净吨，优惠税率为1.5元/净吨，其应纳的船舶吨税为多少元？

二、综合题

某市具有进出口经营权的甲化妆品企业是增值税一般纳税人，2015年2月进口一批高档化妆品，成交价格为100万元(折合人民币，下同)，支付境内技术培训费共计2万元。运抵我国境内输入地点起卸前的运保费无法确定，海关按同类货物同城运输费估定运费为5万元。缴纳进口税金后海关放行，甲企业将此批化妆品从海关运往企业，支付运输公司(一般纳税人)不含税运费1万元，并取得增值税专用发票。当月将此批化妆品全部销售，取得含税销售额234万元。

已知：该批化妆品进口关税税率为15%，消费税税率为30%，本月取得的票据均能在当月认证并允许抵扣。

要求：

(1) 计算关税完税价格。

(2) 计算进口环节应纳关税。

(3) 计算进口环节应纳的税金合计。

(4) 计算内销环节实际应缴纳的各项税金及附加合计。

第7章　资源税法

本章要点提示

- 资源税的概念
- 资源税的纳税人、征税范围和税率
- 资源税应纳税额的计算
- 资源税纳税申报

7.1 资源税概述

7.1.1 资源税的概念

目前，我国开征的资源税是以部分自然资源为课税对象，对在我国境内开采应税矿产品及生产盐的单位和个人，就其应税产品销售额或销售数量和自用数量为计税依据而征收的一种税。

资源的含义比较广泛，一般是指自然界存在的所有天然物质财富，包括地下资源、地上资源、空间资源。从物质内容的角度看，包括矿产资源、土地资源、水资源、动物资源、植物资源、海洋资源、太阳能资源、空气资源等。对其中一部分资源征收资源税，可以体现国家对资源产品的特定调控意图。

中华人民共和国成立后，中央人民政府政务院于1950年发布的《全国税政实施要责》中，明确将盐税列为一个税种进行征税。盐税带有明显的对资源征税的性质。1958年以前，盐税由盐务部门负责征收管理；1958年，改由税务机关负责征收管理；1973年，将盐税并入工商税；1984年，又将其分离出来，成为独立税种，1994年，部分并入资源税。1984年9月18日，中华人民共和国国务院发布《中华人民共和国资源税条例(草案)》，自1984年10月1日起实行。1993年12月25日，国务院发布《中华人民共和国资源税暂行条例》(以下简称《资源税暂行条例》)，自1994年1月1日起实行，征收包括盐资源在内的资源税。2011年9月30日，国务院发布《关于修改〈中华人民共和国资源税暂行条例〉的决定》，自2011年11月1日起实行新的暂行条例。

根据《财政部 国家税务总局关于全面推进资源税改革的通知》(财税〔2016〕53号)和《财政部 国家税务总局关于资源税改革具体政策问题的通知》(财税〔2016〕54号)的规定，自2016年7月1日起全面推进资源税改革。

国家开征资源税，主要是为了达到以下目的。

1. 通过合理调节资源级差收入水平，促进企业之间公平竞争

我国幅员辽阔，各地资源状况参差不齐，资源开发的条件也存在较大差异。随着市场经济的发展，从事资源开发、利用的企业、单位和个人越来越多，经济成分也越来越复杂。不同的开发主体因利用自然资源的开发条件不同，必然形成多寡不同的级差收入。例如，处于资源蕴藏丰富、矿体品位高、开发条件好的地域的企业、单位和个人，收入水平就高；反之，收入水平就低。这样，就使得资源开发主体的利润水平难以真实地反映其生产经营成果，不利于各经营主体之间的平等竞争。只有通过资源税的开征，合理确定差别税率，把因资源状况和开发条件的差异所形成的级差收入用税收的形式征收上来，才能缓解企业收益分配上的矛盾，促进资源开发企业之间以及利用资源的企业之间在较为平等的基础上开展竞争。

2. 通过征收资源税，促进资源的合理开采、节约使用、有效配置

我国在开征资源税之前，对资源的税收管理比较乏力，使得资源的开发和利用处于一种无序状态，降低了资源的开发和使用效益，以致出现了一些企业采富弃贫、采易弃难、采大弃小、乱采滥挖等破坏和浪费国家资源的现象。开征资源税，可以根据资源和开发条件的优劣，确定不同的税额，把资源的开采和利用与纳税人的切身利益结合起来。这样，一方面有利于国家加强对自然资源的保护和管理，防止经营者乱采滥用资源，减少资源的损失浪费；另一方面有利于经营者出于对自身经济利益方面的考虑，提高对资源的开发利用率，最大限度地、合理有效地、节约地开发利用国家资源。

3. 开征资源税有利于配合其他税种，发挥税收杠杆的整体功能，并为国家增加一定的财政收入

第二步利改税以后，资源税虽然在调节纳税人的级差收入水平方面发挥了一定作用，但不够充分，不尽如人意。之所以形成这一局面，除了因为征收范围较窄外，主要是因为从资源的开发到产品的生产、商品的流通，在税制上未能形成一个完整的系列，产品税、增值税、资源税、企业所得税之间的关联度较差。鉴于此，国家对资源税与产品税、增值税、企业所得税进行了配套改革，建立了资源税、增值税、企业所得税相辅相成的综合调节机制，使税收的调节作用有效地贯穿资源开发、产品生产和商品流通各个环节。这样，一方面可以弥补增值税普遍调节不足的缺陷；另一方面也为充分发挥企业所得税的调节功能，正确处理国家、企业、个人之间的利益分配关系创造了必要的条件。此外，由于1994年资源税税制改革扩大了征收范围，适度提高了税率，使得国家财政收入得到了一定幅度的增长。

在此，我们首先要了解商品价值，计算公式为

$$\text{商品价值}=C+V+M \tag{7-1}$$

式中，C表示生产资料价值；V表示劳动力产生产价值；M表示剩余价值。

众所周知，增值税是指商品价值中的“$V+M$”部分，按照比较单一的税率课征的税种。但是不同行业、不同产品、不同企业由于种种客观因素的差别，“$V+M$”中“V”和“M”所占比重并不相同。自然资源条件优越、资本有机构成高、设备技术先进、经营管理好、价格高于价值的，“M”在“$V+M$”中所占的份额就大；反之，则小。对因经营管理好等主观因素形成的“M”比重大的，应当鼓励；对因客观因素形成的“M”比重大的，如资源条件优越的，就需要用税收手段进行适当调节，为不同企业之间进行平等竞争创造条件。由此可见，征收资源税正是实现资源产品或从事开发自然资源的企业增值额中“$V+M$”比例关系合理化的手段。它既弥补了增值税调节作用的不足，又为所得税创造了利润水平大致均衡的征收基础，同时通过对资源征税，还能为国家增加财政收入，提高财政收入的稳定性。

7.1.2 资源税的特点

我国现行资源税主要有以下几个特点。

1. 只对特定资源征税

我国现行资源税的征税对象既不是全部的自然资源，也并非对所有具有商品属性的资源都征税，而主要选择对矿产资源征税。在矿产资源中，还采取根据矿产品价格和采掘业的实际状况选择品目，分批分步实施征收资源税的办法。1984年10月，资源税开征伊始，只对原油、天然气、煤炭三种产品开征资源税；后来又将铁矿石资源纳入资源税的征税范围。1994年实行的资源税税制，规定对所有的矿产资源征收资源税；具体操作时，对矿产资源的绝大多数主要矿种，采取列举品目的办法征收。未列举品目的矿种主要是税源不大、不具代表性的矿种，将这部分品目征收资源税或者缓征资源税的权限适当下放地方。

2. 具有受益税的性质

从自然资源的所有权关系分析，如果应税资源非国家所有，则国家单纯凭借政治权力对资源征税，属于严格意义上的税；反之，如果应税资源属于国家所有，对这类资源采取征税形式，那么，资源税就具有资源有偿分配的性质。一般来说，国家可以凭借对自然资源的所有权向资源的开发经营者收取占用费或租金，也可以凭借政治权力征税。资源税的征收是国家政治权力和所有权的统一。它一方面体现了税收强制性、固定性的特征；另一方面体现了对国有资源的有偿占用性。单位或个人开发经营国有自然资源，既应当为拥有开发权而付出一定的“代价”，又因享受国有自然资源有义务支付一定的“费用”。所以说，我国资源税具有受益税的性质。

3. 具有级差收入税的特点

各种自然资源在客观上都存在好坏、贫富、储存状况、开采条件、选矿条件、所处地理位置等种种差异。由于这些客观因素的存在，必然导致各资源开发者和使用者在资源丰瘠和收益多少上悬殊较大。一些占用和开发优质资源的企业和经营者，因资源条件的优越可以获得平均利润以外的级差收入；而开发和占用劣质资源的企业和经营者，则不能获得级差收入。我国资源税通过对同一资源实行高低不同的差别税率，可以直接调节因资源条件不同而产生的级差收入。可见，资源税实际上是一种级差收入税。

7.1.3 资源税的立法原则

为加强对自然资源的利用和保护，我国于1986年3月颁布了《中华人民共和国矿产资源法》。其中，第三条明确规定：“矿产资源属于国家所有，地表或者地下的矿产资源的国家所有权，不因其所依附的土地的所有权或者使用权的不同而改变。”在第五条中规定：“国家对矿产资源实行有偿开采。开采矿产资源，必须按照国家有关规定缴纳资源税和资源补偿费。”

我国资源税的立法原则可以概括为两点，即普遍征收和级差调节。

1. 普遍征收

所谓普遍征收，就是对在我国境内开采的所有应税资源都应征收资源税。1984年10月1日，《中华人民共和国资源税条例(草案)》实施，考虑我国当时矿产品价格不够合理、采掘业困难较大、征收资源税的经验不足等因素，只对原油、天然气、煤炭三种产品开征资源税，对金属矿产品和其他非金属矿产品暂缓征收。1992年1月1日，对金属矿产品中具有代表性的铁矿石矿种开征资源税。1994年1月1日起实施的《资源税暂行条例》，取消了对尚未开征资源税的金属矿产品和其他非金属矿产品的缓征照顾，对所有矿产资源全面征收资源税，使之成为我国税制中征税较为普遍的一个税种。

普遍征收原则在具体实施中还有另一层含义，即每一种应税产品的开采者或生产者都要依法缴纳资源税。1984年，资源税开征初期采用定率征收办法，还规定有起征点，没有体现完整意义上的普遍征收原则。1986年，资源税改定率征收为从量定额征收办法后，所有从事应税资源产品开发的单位和个人，无论成本高低、利润多少，都必须履行缴纳资源税的义务，向国家提供资源价值补偿，从而使资源税的有偿开采、普遍征收原则得到进一步贯彻。1994年，实行新的资源税制后，所有从事矿产品和盐资源开发的单位和个人，都被纳入征税范围。

2. 级差调节

所谓级差调节，就是运用资源税对因资源条件差异而产生的资源级差收入进行调节。自然资源的储存状况、开采条件及分布的地理位置等，在客观上存在很大差别。加上某些自然资源的有限性，尤其是优等资源的有限性，使得优等资源往往只是被少数企业所占用，其他企业和经营者只能占用中等或劣等资源。由于社会对资源的巨大需求，使得资源产品价格通常按劣等资源开发者的生产经营水平来确定，这样那些占用开发中、优等资源的企业和经营者在按劣等资源产品价格销售产品时，就可以获得一部分资源级差收入。资源税在对应税产品普遍征收的同时，根据各种产品及同一产品各矿山的资源状况，确定相应的有高有低的税额。资源级差小的，适用较低税额；资源级差大的，适用较高税额。资源级差收入收归国有。

7.2 资源税的纳税人、征税范围和税率

7.2.1 资源税的纳税义务人和扣缴义务人

1. 纳税义务人

资源税的纳税义务人是在中华人民共和国境内开采矿产品或者生产盐的单位和个人。

单位是指国有企业、集体企业、私营企业、股份制企业、其他企业和行政单位、事业单位、军事单位、社会团体及其他单位。个人是指个体经营者和其他个人。其他单位和其他个人包括外商投资企业、外国企业及外籍人员。

2. 扣缴义务人

为加强对资源税零散税源的管控，节约征、纳成本，保证税款及时、安全入库，现行资源税规定以收购未税矿产品的独立矿山、联合企业以及其他单位作为资源税的扣缴义务人。资源税的扣缴义务人，主要是对税源小、零星、分散、不定期开采，税务机关难以控制，没有缴税的矿产品，在其收购矿产品时负有代扣代缴资源税的法定义务。

收购未税矿产品的单位是指独立矿山、联合企业和其他单位。独立矿山是指只有采矿或只有采矿和选矿、独立核算、自负盈亏的单位，其生产的原矿和精矿主要用于对外销售。联合企业是指采矿、选矿、冶炼(或加工)连续生产的企业或采矿、冶炼(或加工)连续生产的企业，其采矿单位一般是该企业的二级或二级以下核算单位。其他单位也包括收购未税矿产品的个体户在内。未税矿产品是指资源税纳税人在销售其矿产品时不能向扣缴义务人提供资源税管理证明的矿产品。“资源税管理证明”是证明销售的矿产品已缴纳资源税或已向当地税务机关办理纳税申报的有效证明。

7.2.2 资源税的征税范围

资源税的征税范围，从理论上看可以包括一切开发和利用的国有资源，但考虑到我国开征资源税还缺乏经验，所以《中华人民共和国资源税暂行条例》只将原油、天然气、煤炭、其他非金属矿原矿、黑色金属矿原矿、有色金属矿原矿和盐列入征税范围。水资源等由于价格及征管经验等因素限制，暂未列入征税范围。这样，现行资源税的征税范围就可以分为矿产品和盐两大类。征税范围的具体规定如下所述。

(1) 原油。开采的天然原油，不包括人造石油。

(2) 天然气。专门开采的天然气或者与原油同时开采的天然气。

(3) 煤炭。包括原煤和按未税原煤(即用于洗选的自采原煤)加工的洗选煤。

(4) 金属矿。包括铁矿、金矿、铜矿、铝土矿、铅锌矿、镍矿、锡矿、钨、铝，以及未列举名称的其他金属矿产品原矿或精矿。

(5) 其他非金属矿。包括石墨、硅藻土、高岭土、萤石、石灰石、硫铁矿、磷矿、氯化钾、硫酸钾、井矿盐、湖盐、提取地下卤水晒制的盐、煤层(成)气、海盐、稀土，以及未列举名称的其他金属矿产品。

7.2.3 资源税的税率

资源税实施“普遍征收、级差调节”的原则。

普遍征收是指对在我国境内开发的一切应税资源产品征收资源税；级差调节是指运用资源税对因资源贮存状况、开采条件、资源优劣、地理位置等客观存在的差别而产生的资源级差收入，通过实施差别税额标准进行调节。资源条件好的，税额高一些；资源条件差的，税额低一些。

纳税人在开采主矿产品的过程中伴采的其他应税矿产品，凡未单独规定适用税额的，一律按主矿产品或视同主矿产品税目征收资源税。

纳税人具体适用的税率，在“资源税税目税率幅度表”(见表7-1)规定的税率幅度内，根据纳税人所开采或者生产应税产品的资源品位、开采条件等情况，由财政部、国务院有关部门确定；对未列举名称且未确定具体适用税率的其他金属和其他非金属矿产品，按照从价计征为主、从量计征为辅的原则，由省、自治区、直辖市人民政府根据实际情况确定具体的税目和适用的税率，报财政部和国家税务总局备案。

纳税人开采或者生产不同税目应税产品的，应当分别核算不同税目应税产品的销售额或者销售数量；未分别核算或者不能准确提供不同税目应税产品的销售额或者销售数量的，从高适用税率。

表7-1 资源税税目税率幅度表

序号	税目		征税对象	税率幅度
1	金属矿	铁矿	精矿	1%～6%
2		金矿	金锭	1%～4%
3		铜矿	精矿	2%～8%
4		铝土矿	原矿	3%～9%
5		铅锌矿	精矿	2%～6%
6		镍矿	精矿	2%～6%
7		锡矿	精矿	2%～6%
8		未列举名称的其他金属矿产品	原矿或精矿	税率不超过20%

(续表)

序号	税目		征税对象	税率幅度
9	非金属矿	石墨	精矿	3%～10%
10		硅藻土	精矿	1%～6%
11		高岭土	原矿	1%～6%
12		萤石	精矿	1%～6%
13		石灰石	原矿	1%～6%
14		硫铁矿	精矿	1%～6%
15		磷矿	原矿	3%～8%
16		氯化钾	精矿	3%～8%
17		硫酸钾	精矿	6%～12%
18		井矿盐	氯化钠初级产品	1%～6%
19		湖盐	氯化钠初级产品	1%～6%
20		提取地下卤水晒制的盐	氯化钠初级产品	3%～15%
21		煤层(成)气	原矿	1%～2%
22		黏土、砂石	原矿	每吨或立方米0.1～5元
23		未列举名称的其他非金属矿产品	原矿或精矿	从量税率每吨或立方米不超过30元；从价税率不超过20%
24	海盐		氯化钠初级产品	1%～5%
25	原油			6%～10%
26	天然气			6%～10%
27	煤炭			2%～10%

注：

(1) 铝土矿包括耐火级矾土、研磨级矾土等高铝黏土。

(2) 氯化钠初级产品是指井矿盐、湖盐原盐、提取地下卤水晒制的盐和海盐原盐，包括固体和液体形态的初级产品。

(3) 海盐是指海水晒制的盐，不包括提取地下卤水晒制的盐。

(4) 轻稀土矿精矿按地区执行不同的适用税率。其中，内蒙古为11.5%、四川为9.5%、山东为7.5%。中重稀土矿精矿适用税率为27%，钨精矿适用税率为6.5%，钼精矿适用税率为11%

1. 合理确定资源税税率水平

(1) 对“资源税税目税率幅度表”中列举名称的资源品目，由省级人民政府在规定的税率幅度内提出具体适用税率建议，报财政部、国家税务总局确定核准。

(2) 对未列举名称的其他金属和非金属矿产品，由省级人民政府根据实际情况确定具体税目和适用税率，报财政部、国家税务总局备案。

(3) 省级人民政府在提出和确定适用税率时，要结合当前矿产企业的实际生产经营情况，遵循改革前后税费平移原则，充分考虑企业的负担能力。

2. 加强矿产资源税收优惠政策管理，提高资源综合利用效率

(1) 对符合条件的采用充填开采方式采出的矿产资源，资源税减征50%；对符合条件的衰竭期矿山开采的矿产资源，资源税减征30%。具体认定条件由财政部、国家税务总局规定。

(2) 对由鼓励利用的低品位矿、废石、尾矿、废渣、废水、废气等提取的矿产品，由省级人民政府根据实际情况确定是否减税或免税，并制定具体办法。

7.3 资源税应纳税额的计算

7.3.1　资源税的计税依据

根据《财政部 国家税务总局关于资源税改革具体政策问题的通知》(财税〔2016〕54号)的规定，资源税的计税依据为应税产品的销售额或销售量，各税目的征税对象包括原矿、精矿(或原矿加工品，下同)、金锭、氯化钠初级产品，具体按照《财政部 国家税务总局关于全面推进资源税改革的通知》(财税〔2016〕53号)和“资源税税目税率幅度表”的相关规定执行。对未列举名称的其他矿产品，省级人民政府可对本地区主要矿产品按矿种设定税目，对其余矿产品按类别设定税目，并按其销售的主要形态(如原矿、精矿)确定征税对象。

1. 从价定率征收的计税依据

从价定率征收的计税依据是销售额。

1) 关于销售额的认定

销售额是指纳税人销售应税产品向购买方收取的全部价款和价外费用，不包括增值税销项税额和运杂费用。

运杂费用是指应税产品从坑口或洗选(加工)地到车站、码头或购买方指定地点的运输费用、建设基金以及随运销产生的装卸、仓储、港杂费用。运杂费用应与销售额分别核算，凡未取得相应凭据或不能与销售额分别核算的，应当一并计征资源税。

2) 关于原矿销售额与精矿销售额的换算或折算

为公平原矿与精矿之间的税负，对同一种应税产品，征税对象为精矿的，纳税人销售原矿时，应将原矿销售额换算为精矿销售额缴纳资源税；征税对象为原矿的，纳税人销售自采原矿加工的精矿，应将精矿销售额折算为原矿销售额缴纳资源税。换算比或折算率原则上应通过原矿售价、精矿售价和选矿比计算，也可通过原矿销售额、加工环节平均成本和利润计算。

金矿以标准金锭为征税对象，纳税人销售金原矿、金精矿的，应比照上述规定将其销售额换算为金锭销售额缴纳资源税。

换算比或折算率应按简便可行、公平合理的原则，由省级财税部门确定，并报财政部、国家税务总局备案。

2. 从量定额征收的计税依据

从量定额征收的计税依据是销售数量。

1) 关于销售数量的认定

销售数量，包括纳税人开采或者生产应税产品的实际销售数量和视同销售的自用数量。

纳税人不能准确提供应税产品销售数量的，以应税产品的产量或者主管税务机关确定的折算比换算成的数量为计征资源税的销售数量。

2) 确定资源税课税数量的基本办法

(1) 纳税人开采或者生产应税产品销售的，以销售数量为课税数量。

(2) 纳税人开采或者生产应税产品自用的，以自用(非生产用)数量为课税数量。

3. 关于资源税适用税率的确定

各省级人民政府应当按《财政部 国家税务总局关于全面推进资源税改革的通知》(财税

〔2016〕53号)的要求提出或确定本地区资源税适用税率。测算具体适用税率时，要充分考虑本地区资源禀赋、企业承受能力和清理收费基金等因素，按照改革前后税费平移原则，以近几年企业缴纳资源税、矿产资源补偿费金额(铁矿石开采企业缴纳资源税的金额按40%的税额标准测算)和矿产品市场价格水平为依据确定。一个矿种原则上设定一档税率，少数资源条件差异较大的矿种可按不同资源条件、不同地区设定两档税率。

7.3.2 应纳税额的计算方法

资源税的应纳税额，按照从价定率或者从量定额的方法，分别以应税产品的销售额乘以纳税人具体适用的比例税率，或者以应税产品的销售数量乘以纳税人具体适用的定额税率计算，计算公式为

$$应纳税额=销售额\times适用的税率 \tag{7-2}$$

$$应纳税额=课税数量\times单位税额 \tag{7-3}$$

$$代扣代缴的应纳税额=收购未税矿产品数量\times适用的单位税额 \tag{7-4}$$

需要注意的是，纳税人用已纳资源税的应税产品进一步加工应税产品销售的，不再缴纳资源税。纳税人以未税产品和已税产品混合销售或者混合加工为应税产品销售的，应当准确核算已税产品的购进金额，在计算加工后的应税产品销售额时，准予扣减已税产品的购进金额；未分别核算的，一并计算缴纳资源税。

根据《财政部 国家税务总局关于全面推进资源税改革的通知》(财税〔2016〕53号)的规定，实施矿产资源税从价计征改革，具体包括以下几个内容：

(1) 对“资源税税目税率幅度表”中列举名称的21种资源品目和未列举名称的其他金属矿实行从价计征，计税依据由原矿销售量调整为原矿、精矿(或原矿加工品)、氯化钠初级产品或金锭的销售额。列举名称的21种资源品目包括：铁矿、金矿、铜矿、铝土矿、铅锌矿、镍矿、锡矿、石墨、硅藻土、高岭土、萤石、石灰石、硫铁矿、磷矿、氯化钾、硫酸钾、井矿盐、湖盐、提取地下卤水晒制的盐、煤层(成)气、海盐。

(2) 对经营分散、多为现金交易且难以管控的黏土、砂石，按照便利征管原则，仍实行从量定额计征。

(3) 对“资源税税目税率幅度表”中未列举名称的其他非金属矿产品，按照从价计征为主、从量计征为辅的原则，由省级人民政府确定计征方式。

【例】某煤矿为增值税一般纳税人，2017年3月发生下列业务：

(1) 开采原煤40 000吨。

(2) 采取托收承付方式销售原煤480吨，每吨不含税售价为150元，货款已经收讫。

(3) 销售未税原煤加工的选煤60吨，每吨不含税售价300元(含每吨收取50元装卸费，能够取得相应的凭证)；当月将生产的5吨选煤用于职工宿舍取暖，该煤矿原煤与选煤的折算率为60%；当月将17吨选煤赠送给某关联单位。

(4) 销售开采原煤过程中生产的天然气45 000立方米，取得不含税销售额67 000元，并收取优质费1 017元。

已知：该煤矿原煤资源税税率为5%；天然气资源税税率为6%。

要求：根据上述资料回答下列问题，计算结果保留小数点后两位。

(1) 计算业务(1)应缴纳的资源税。

(2) 计算业务(2)应缴纳的资源税。

(3) 计算业务(3)应缴纳的资源税。

(4) 计算当月共计应缴纳的资源税。

【答案】(1) 开采环节不需要计算缴纳资源税，应纳资源税为0。

(2) 业务(2)应缴纳的资源税=480×150×5%=3 600(元)。

(3) 纳税人将其开采的原煤，自用于连续生产洗选煤的，在原煤移送使用环节不缴纳资源税；将其开采的原煤，自用于其他方面(如用于职工宿舍)的，视同销售原煤，按同期对外销售价格计算应纳资源税。纳税人将其开采的原煤加工为洗选煤销售或用于职工宿舍等视同销售，以洗选煤销售额乘以折算率作为应税煤炭销售额计算缴纳资源税，且洗选煤销售额中包含的运输费用以及随运销产生的装卸、仓储、港杂等费用应与煤价分别核算，凡取得相应凭据的，允许在计算煤炭计税销售额时予以扣减。

应纳资源税=(60+5+17)×(300−50)×60%×5%=615(元)

(4) 销售开采煤矿过程中生产的天然气，暂不征收资源税，业务(4)应纳资源税为0。

该煤矿当月应缴纳资源税=3 600+615=4 215(元)

7.3.3 代扣代缴计税规定

目前，资源税代扣代缴的适用范围是收购的除原油、天然气、煤炭以外的资源税未税矿产品。

独立矿山、联合企业收购与本单位矿种相同的未税矿产品，按照本单位相同矿种应税产品的单位税额，依据收购数量代扣代缴资源税。

独立矿山、联合企业收购与本单位矿种不同的未税矿产品，以及其他收购单位收购的未税矿产品，按照收购地相应矿种规定的单位税额，依据收购数量代扣代缴资源税。

收购地没有相同品种矿产品的，按收购地主管税务机关核定的单位税额，依据收购数量代扣代缴资源税。

其他收购单位收购的未税矿产品，按主管税务机关核定的应税产品税额(率)标准，依据收购的数量(金额)，代扣代缴资源税。

7.4 资源税的税收优惠

7.4.1 资源税优惠政策及管理

(1) 对依法在建筑物下、铁路下、水体下通过充填开采方式采出的矿产资源，资源税减征50%。

充填开采是指随着回采工作面的推进，向采空区或离层带等空间充填废石、尾矿、废渣、建筑废料以及专用充填合格材料等采出矿产品的开采方法。

(2) 对实际开采年限在15年以上的衰竭期矿山开采的矿产资源，资源税减征30%。

衰竭期矿山是指剩余可采储量下降到原设计可采储量的20%(含)以下或剩余服务年限不超过5年的矿山，以开采企业下属的单个矿山为单位确定。

(3) 对由鼓励利用的低品位矿、废石、尾矿、废渣、废水、废气等提取的矿产品，由省级人民政府根据实际情况确定是否给予减税或免税。

(4) 对油田范围内运输稠油过程中用于加热的原油、天然气，免征资源税。

(5) 对稠油、高凝油和高含硫天然气，资源税减征40%。

稠油，是指地层原油粘度大于或等于50毫帕/秒或原油密度大于或等于0.92克/立方厘米的原油。高凝油，是指凝固点高于40℃的原油。高含硫天然气，是指硫化氢含量大于或等于30克/立方米的天然气。

(6) 对三次采油，资源税减征30%。

三次采油，是指二次采油后继续以聚合物驱、复合驱、泡沫驱、气水交替驱、二氧化碳驱、微生物驱等方式进行采油。

(7) 对低丰度油气田，资源税暂减征20%。

① 陆上低丰度油田，是指每平方公里原油可采储量丰度在25万立方米(不含)以下的油田；陆上低丰度气田，是指每平方公里天然气可采储量丰度在2.5亿立方米(不含)以下的气田。

② 海上低丰度油田，是指每平方公里原油可采储量丰度在60万立方米(不含)以下的油田；海上低丰度气田，是指每平方公里天然气可采储量丰度在6亿立方米(不含)以下的气田。

(8) 对深水油气田，资源税减征30%。

深水油气田，是指水深超过300米(不含)的油气田。

符合上述减免税规定的原油、天然气划分不清的，一律不予减免资源税；同时符合上述两项及两项以上减税规定的，只能选择其中一项执行，不能叠加适用。

7.4.2 共伴生矿产征免税规定

为促进共伴生矿的综合利用，纳税人开采销售共伴生矿，共伴生矿与主矿产品销售额分开核算的，对共伴生矿暂不计征资源税；没有分开核算的，共伴生矿按主矿产品的税目和适用税率计征资源税。财政部、国家税务总局另有规定的，从其规定。

7.5 资源税的纳税申报

7.5.1 资源税的纳税义务发生时间

纳税人销售应税产品，其纳税义务发生时间大致分为以下几种情形。

(1) 纳税人采取分期收款结算方式的纳税义务发生时间，为销售合同规定的收款日期的当天。

(2) 纳税人采取预收货款结算方式的纳税义务发生时间，为发出应税产品的当天。

(3) 纳税人采取其他结算方式的纳税义务发生时间，为收讫销售款或者取得索取销售款凭据的当天。

(4) 纳税人自产自用应税产品的纳税义务发生时间，为移送使用应税产品的当天。

(5) 扣缴义务人代扣代缴税款的纳税义务发生时间，为支付首笔货款或者开具应支付货款凭据的当天。

7.5.2 资源税的纳税期限

纳税期限是纳税人发生纳税义务后缴纳税款的期限。资源税的纳税期限为1日、3日、5日、10日、15日或者1个月，具体由主管税务机关根据实际情况核定。不能按固定期限计算纳税的，可以按次计算纳税。

纳税人以1个月为一期纳税的，自期满之日起10日内申报纳税；以1日、3日、5日、10日或者15日为一期纳税的，自期满之日起5日内预缴税款，于次月1日起10日内申报纳税并结清上月税款。

7.5.3 资源税的纳税环节和纳税地点

(1) 资源税在应税产品的销售或自用环节计算缴纳。以自采原矿加工精矿产品的，在原矿移送使用时不缴纳资源税，在精矿销售或自用时缴纳资源税。

(2) 纳税人以自采原矿加工金锭的，在金锭销售或自用时缴纳资源税。纳税人销售自采原矿或者自采原矿加工的金精矿、粗金，在原矿或者金精矿、粗金销售时缴纳资源税，在移送使用时不缴纳资源税。

(3) 以应税产品投资、分配、抵债、赠予、以物易物等，视同销售，按规定计算缴纳资源税。

(4) 纳税人应当向矿产品的开采地或盐的生产地缴纳资源税。纳税人在本省、自治区、直辖市范围开采或者生产应税产品，其纳税地点需要调整的，由省级地方税务机关决定。

7.6 案例分析

【案例1】2012年10月，南方某盐场以自产的液体盐加工固体盐2 000吨，当月售出1 600吨；此外购液体盐820吨，加工固体盐550吨，当月全部售出。另外，直接销售自产液体盐500吨。已知：南方海盐固体盐单位税额为12元/吨，液体盐单位税额为3元/吨。

【要求】计算该盐场当期应纳资源税税额。

【答案】

盐是资源税的应税项目，包括固体盐、液体盐。自产液体盐加工固体盐按固体盐征税，计税依据是加工固体盐的数量；外购液体盐加工固体盐，则加工固体盐所耗用的外购液体盐的已纳税额准予扣除。

(1) 自产液体盐加工固体盐应纳资源税税额=1 600×12=19 200(元)

(2) 外购液体盐加工固体盐应纳资源税税额=550×12−820×3=4 140(元)

(3) 销售自产液体盐应纳资源税税额=500×3=1 500(元)

该盐场共缴纳资源税税额=19 200 +4 140+1500=24 840(元)

【案例2】某铜矿山12月销售铜矿石原矿30 000吨，移送入选精矿4 000吨，选矿比为20%，该矿山铜矿属于5等，按规定适用1.2元/吨的单位税额。

【要求】计算该矿山本月应纳资源税税额。

【答案】

(1) 外销铜矿石原矿的应纳税额

应纳税额=课税数量×单位税额=30 000×1.2=36 000(元)

(2) 因无法准确掌握入选精矿石的原矿数量，按选矿比计算应纳税额

应纳税额=入选精矿÷选矿比×单位税额=4 000÷20%×1.2=24 000(元)

(3) 合计应纳税额

应纳税额=原矿应纳税额+精矿应纳税额=36 000 +24 000=60 000(元)

【案例3】一家开采铁矿石的矿山2月份共生产销售铁矿石原矿20 000吨。在开采铁矿石的过程中还开采销售了伴生矿锰矿石2 000吨、铬矿石1 000吨，假设这座矿山在另一采矿点还开采并销售了瓷土3 000吨。这家矿山开采的矿石全部用于对外销售。已知该矿山铁矿石原矿的每吨税额为16元，锰矿石、铬矿石和瓷土原矿的单位税额分别是2元/吨、3元/吨和3元/吨。

【要求】计算该矿山在分别核算或未分别核算的情况下应纳的资源税额。

【答案】

(1) 该矿山在正常情况下2月份应纳的资源税额为

20 000×16×40%+2 000×2+1 000×3+3 000×3=144 000(元)

(2) 假设该矿山未按要求分别核算铁矿石及其两种伴生矿的课税数量，只知道它们的总量为2.3万吨，另知瓷土矿的销量为0.3万吨，按照资源税从高适用税额的规定，那么该矿山2月份应纳的资源税额为

23 000×16+3 000×3=377 000(元)

本章小结

资源税是以国家所有的自然资源为课税对象征收的一种税，其纳税义务人是在我国境内开采矿产品和生产盐的单位和个人。资源税只对特定的资源开发征税。根据《中华人民共和国资源税暂行条例实施细则》的规定，资源税的征税范围包括矿产品和盐两类资源。其中，矿产品包括原油、天然气、煤炭、金属矿产品和其他非金属矿产品等；盐则指固体盐、液体盐，包括海盐原盐、湖盐原盐、井矿盐等。资源税贯彻“普遍征收、级差调节”的原则。资源税的计税方法包括从价定率征收和从量定额征收两种。资源税的纳税地点一般为应税产品的开采地或者生产所在地主管税务机关。

课后练习题

一、计算问答题

1. 2017年初，A省甲铜矿企业兼并了B省乙铜矿企业，并将其作为下属非独立核算生产单位。2017年3月，甲铜矿企业共计销售精矿700吨，取得不含增值税销售额2 800万元，60%为乙铜矿移送。已知A省铜精矿资源税税率为6%，B省铜精矿资源税税率为5%。试计算甲铜矿企业2017年3月在A省应缴纳的资源税。

2. 某省煤炭资源税税率为8%。某煤矿2017年2月销售自采原煤500万元(不含增值税，下同)；用自采未税原煤连续加工成洗选煤1 000吨，销售600吨，每吨售价0.1万元，并用其中的100吨洗选煤无偿换取某保洁公司的保洁服务。已知该煤矿洗选煤折算率为90%，试计算该煤矿当月应纳资源税。

3. 某煤炭开采企业2017年2月销售洗煤5万吨，开具增值税专用发票注明金额5 000万元，另取得从洗煤厂到码头不含增值税的运费收入50万元(能够取得相应凭据)。假设洗煤的折算率为80%，资源税税率为10%，试计算该企业销售洗煤应纳的资源税。

4. 某煤矿将外购原煤和自采原煤按照1:2的比例混合在一起销售，7月份销售混合原煤600吨，取得不含增值税销售额30万元。经计算确认，外购原煤单价490元/吨(不含增值税)。该煤

矿煤炭资源税税率为8%，计算当期该煤矿应纳的资源税。

二、综合题

1. 某煤矿将外购原煤和自采原煤按照1:2的比例混合加工洗选煤销售，7月份销售混合洗选煤600吨，取得不含增值税销售额50万元。经计算确认，其中外购原煤购进金额16万元(不含增值税)。该煤矿煤炭资源税税率为8%，假设洗煤的折算率为80%，计算当期该煤矿应纳的资源税。

2. 某油田(陆上低丰度油气田)原油价格为每吨6 000元(不含增值税，下同)，天然气价格为每立方米2元。2017年2月，该油田开采原油25万吨，当月销售20万吨，加热、修井用2万吨，将剩余3万吨原油用于对外投资；开采天然气700万立方米，当月销售600万立方米，待售100万立方米。原油、天然气的资源税税率均为6%，计算该油田当月应纳资源税。

第8章　土地增值税法

本章要点提示

- 土地增值税的概念
- 纳税义务人、征税范围和适用税率
- 应纳税额的计算
- 纳税申报

8.1 土地增值税概述

8.1.1　土地增值税的概念

土地增值税是对有偿转让国有土地使用权及地上建筑物和其他附着物产权，取得增值收入的单位和个人征收的一种税。

土地属于不动产，对土地课税是一种古老的税收形式，也是当代各国普遍征收的一种财产税。有些国家和地区将土地单列出来征收，如土地税、地价税、农地税、未开发土地税、荒地税、城市土地税、土地登记税、土地转让税、土地增值税、土地租金税、土地发展税等；有些国家和地区鉴于土地与地面上的房屋、建筑物及其他附着物的密不可分性，对土地征税往往未予单独列名，而统称为房地产税、不动产税、财产税等。

对土地征税，不论是单列税种，还是未单列税种，也不论其冠以何种名称，依据征税的税基不同，大致可以分为两大类：一类是财产性质的土地税，以土地的数量或价值为税基，或实行从量计税，或采取从价计税，前者如我国封建社会时期的田赋、地亩税等，后者如地价税等。这种土地税的历史悠久，属于原始的直接税或财产税。另一类是收益性质的土地税，它实质上是对土地收益或地租征税。

自中华人民共和国成立以来，我国对土地、房屋等不动产的征税制度比较薄弱，先后开征过的税种如契税、城市房地产税、房产税、城镇土地使用税等，但这些税种都不属于对土地增值额或土地收益额征税。1993年12月13日，国务院发布了《中华人民共和国土地增值税暂行条例》(以下简称《土地增值税暂行条例》)，从1994年1月1日起开征土地增值税。1995年1月27日，财政部又颁布了《中华人民共和国土地增值税暂行条例实施细则》(以下简称《土地增值税暂行条例实施细则》)，进一步细化了土地增值税征收管理办法。

8.1.2　我国土地增值税的特点

1. 以转让房地产的增值额为计税依据

增值额为纳税人转让房地产的收入，减除税法规定准予扣除的项目金额后的余额。土地增值税的增值额与增值税的增值额有所不同，土地增值税的增值额是指以征税对象的全部销售收入额扣除与其相关的成本、费用、税金及其他项目金额后的余额，与会计核算中计算会计利润的方法基本相似。增值税的增值额只扣除与其销售额直接相关的进货成本价格。

2. 征税面比较广

凡在我国境内转让房地产并取得收入的单位和个人，除税法规定免税的，均应依照土地增值税条例规定缴纳土地增值税。换言之，凡发生应税行为的单位和个人，不论其经济性质，也不分内、外资企业或中、外籍人员，无论专营或兼营房地产业务，均有缴纳土地增值税的义务。

3. 采用扣除法和评估法计算增值额

在计算方法上，考虑我国实际情况，土地增值税以纳税人转让房地产取得的收入，减除法定扣除项目金额后的余额作为计税依据。对旧房及对建筑物的转让，以及对纳税人转让房地产申报不实、成交价格偏低的，采用评估价格法确定增值额，计征土地增值税。

4. 实行超率累进税率

土地增值税的税率是以转让房地产增值率的高低为依据来确认的，按照累进原则设计，实行分级计税。增值率是以收入总额扣除相关项目金额后的余额再除以扣除项目合计金额来计算的。增值率高的，税率高，多纳税；增值率低的，税率低，少纳税。

5. 实行按次征收，其纳税时间、缴纳方法根据房地产转让情况而定

土地增值税发生在房地产转让环节，实行按次征收，每发生一次转让行为，就应根据每次取得的增值额征一次税，其纳税时间和缴纳方法根据房地产转让情况而定。

8.1.3　土地增值税的立法原则

1. 适度加强国家对房地产开发和房地产交易市场的宏观调控

改革开放前，我国土地管理制度一直采取行政划拨方式，不允许进行土地买卖，既没有地产交易行为，也不存在地产交易市场。实践证明，这种土地管理制度不利于提高土地资源的使用效益。改革开放后，我国对土地使用管理制度逐步实行了改革，打破了无偿使用、不准买卖的老规定，确立了有偿使用、允许转让使用权的政策和制度。新的土地使用政策和管理制度的实施，从根本上促进了我国房地产开发和房地产交易市场的发展。这对于合理配置土地资源，提高土地使用效益，增加政府财政收入，改善城市基础设施和人民生活居住条件，以及带动国民经济相关产业的发展，都产生了积极作用。

但是，由于有关土地管理的各项制度还有待完善，我国对土地及房地产市场的管理也有待改进。我国在房地产产业发展中也出现了一些问题，主要表现在：房地产开发过热，炒买炒卖房地产的投机行为一度盛行，房地产价格上涨过猛，投入房地产的资金规模过大，国家土地资源浪费较严重，国有土地资源收益流失过多。这些不仅影响和危害了国民经济的健康协调发展，而且造成了社会分配不公。

在这种情况下，我国决定借鉴世界上一些国家和地区的有益做法，开征土地增值税，利用税收杠杆对房地产业的开发、经营和房地产市场进行适当调控，以保障房地产业和房地产市场的健康发展，控制投资规模，促进土地资源的合理利用，调控部分单位和个人通过炒买炒卖房地产取得的高额收入。

2. 抑制土地炒买炒卖，保障国家的土地权益

土地收益主要源于土地的增值。一是自然增值，即由于土地资源是有限的，而随着经济建设的发展，生产和生活建设用地扩大，土地资源相对发生紧缺，导致土地价格上升。这是土地增值的主要因素。二是投资增值，即投入资金开发建造，把“生地”变为“熟地”，建成适用于各种生产、生活、商业用设施，形成土地增值。土地资源属国家所有，国家为土地的完整而不受侵犯投入了巨额资金，国家应参与土地增值收益分配，并取得较大份额。同时对房地产开发投资者开发房地产应取得的合理收益，应当予以保护，使其能够得到一定的回报，以促进房地产产业的正常发展。然而，有些地区盲目开发并竞相压低国家土地批租价格，给炒买炒卖者留下了空间，致使国家土地增值收益流失严重，极大地损害了国家利益。对土地增值收益统一征税，有利于堵住这方面的漏洞，减少国家土地资源增值收益的流失，遏制投机者牟取暴利的行为，保护房地产正当开发者的合法权益，维护国家整体利益。

3. 规范国家参与土地增值收益的分配方式，增加财政收入

1993年年底以前，我国涉及房地产交易市场的税费，主要有营业税、企业所得税、个人所得税、契税、土地增值费等。1994年1月1日起对土地增值收益征收土地增值税，增加了国家财政收入的新财源。分税制财政体制实施后，土地增值税收入属于地方政府的财政收入，为地方政府积累经济建设资金起到了积极的作用。

8.2 土地增值税的纳税义务人、征税范围和适用税率

8.2.1 土地增值税的纳税义务人

土地增值税的纳税义务人为转让国有土地使用权、地上建筑及其附着物(以下简称转让房地产)并取得收入的单位和个人。单位包括各类企业、事业单位、国家机关和社会团体及其他组织。个人包括个体经营者。

概括来讲，《土地增值税暂行条例》对纳税人的规定主要有以下4个特点。

(1) 不论法人与自然人，即不论是企业、事业单位、国家机关、社会团体及其他组织，还是个人，只要有偿转让房地产，都是土地增值税的纳税人。

(2) 不论经济性质，即不论是全民所有制企业、集体企业、私营企业、个体经营者，还是联营企业、合资企业、合作企业、外商独资企业等，只要有偿转让房地产，都是土地增值税的纳税人。

(3) 不论内资与外资企业、中国公民与外籍个人。根据1993年12月29日第八届全国人民代表大会第五次常务委员会通过的《全国人民代表大会常务委员会关于外商投资企业和外国企业适用增值税、消费税、营业税等税收暂行条例的决定》和《国务院关于外商投资企业和外国企业适用增值税、消费税、营业税等税收暂行条例的有关问题的通知》，以及国税发〔1994〕123号《国家税务总局关于外商投资企业和外国企业及外籍个人适用税种问题的通知》等规定，土地增值税适用于涉外企业和个人。因此，不论是内资企业还是外商投资企业、外国驻华机构，也不论是中国公民、海外华侨还是外国公民，只要有偿转让房地产，都是土地增值税的纳税人。

(4) 不论部门，即不论是工业、农业、商业还是学校、医院、机关等，只要有偿转让房地产，都是土地增值税的纳税人。

8.2.2 土地增值税的征税范围

1. 征税范围

根据《土地增值税暂行条例》及其实施细则的规定，土地增值税的征税范围包括以下几方面。

(1) 转让国有土地使用权。这里所说的“国有土地”，是指按国家法律规定属于国家所有的土地。

(2) 地上建筑物及其附着物连同国有土地使用权一并转让。这里所说的“地上建筑物”，是指建于土地上的一切建筑物，包括地上地下的各种附属设施。这里所说的“附着物”，是指附着于土地上的不能移动或一经移动即遭损坏的物品。

2. 征税范围的界定

准确界定土地增值税的征税范围十分重要。在实际工作中，我们可以通过以下几条标准来判定。

1) 土地增值税是对转让国有土地使用权及其地上建筑物和附着物的行为征税

这里，转让的土地，其使用权是否为国家所有，是判定是否属于土地增值税征税范围的标准之一。

根据《中华人民共和国宪法》和《中华人民共和国土地管理法》(以下简称《土地管理法》)的规定，城市的土地属于国家所有。农村和城市郊区的土地除由法律规定属于国家所有的以外，其他属于集体所有。国家为了公共利益，可以依照法律规定对集体土地实行征用，依法被征用的土地属于国家所有。对于上述法律规定属于国家所有的土地，其土地使用权在转让时，按照《土地增值税暂行条例》的规定，属于土地增值税的征税范围。而农村集体所有的土地，根据《土地管理法》《城市房地产管理法》及国家其他有关规定，是不得自行转让的，只有根据有关法律规定，由国家征用以后变为国家所有时，才能转让。故集体土地的自行转让是一种违法行为，应由有关部门来处理。对于目前违法将集体土地转让给其他单位和个人的情况，应在有关部门处理、补办土地征用或出让手续变为国家所有之后，再纳入土地增值税的征税范围。

2) 土地增值税是对国有土地使用权及其地上建筑物和附着物的转让行为征税

这里，土地使用权、地上建筑物及其附着物的产权是否发生转让是判定是否属于土地增值税征税范围的标准之二。这条标准有两层含义。

(1) 土地增值税的征税范围不包括国有土地使用权出让所取得的收入。国有土地使用权出让，是指国家以土地所有者的身份将土地使用权在一定年限内让与土地使用者，并由土地使用者向国家支付土地使用权出让金的行为，属于土地买卖的一级市场。土地使用权的出让方是国家，国家凭借土地所有权向土地使用者收取土地租金。出让的目的是实行国有土地的有偿使用制度，合理开发、利用、经营土地，因此，土地使用权的出让不属于土地增值税的征税范围。而国有土地使用权的转让是指土地使用者通过出让等形式取得土地使用权后，将土地使用权再转让的行为，包括出售、交换和赠与，它属于土地买卖的二级市场。土地使用权转让，其地上的建筑物、其他附着物的所有权随之转让。土地使用权的转让，属于土地增值税的征税范围。

(2) 土地增值税的征税范围不包括未转让土地使用权、房产产权的行为。是否发生房地产权属(指土地使用权和房产产权)的变更，是确定是否纳入征税范围的一个标准。凡土地使用权、房产产权未转让的(如房地产的出租)，不征收土地增值税。

3) 土地增值税是对转让房地产并取得收入的行为征税

这里，是否取得收入是判定是否属于土地增值税征税范围的标准之三。土地增值税的征税范围不包括房地产的权属虽转让但未取得收入的行为，如房地产的继承，尽管房地产的权属发生了变更，但权属人并没有取得收入，因此也不征收土地增值税。

需要强调的是，无论是单独转让国有土地使用权，还是房屋产权与国有土地使用权一并转让，只要取得收入，均属于土地增值税的征税范围，应对其征收土地增值税。

3. 若干具体情况的判定

根据以上三条判定标准，我们就可对以下若干具体情况是否属于土地增值税的征税范围进行判定。

1) 以出售方式转让国有土地使用权、地上建筑物及附着物

这种情况因其同时符合上述三个标准，所以属于土地增值税的征税范围。这里又分为三种情况。

(1) 出售国有土地使用权。这种情况是指土地使用者通过出让方式，向政府缴纳了土地出让金，有偿受让土地使用权后，仅对土地进行通水、通电、通路和平整地面等土地开发，不进行房产开发，即所谓“将生地变熟地”，然后直接将空地出售。这属于国有土地使用权的有偿转让，应纳入土地增值税的征税范围。

(2) 取得国有土地使用权后进行房屋开发建造，然后出售。这种情况即一般所说的房地产开发。虽然这种行为通常被称为卖房，但按照国家有关房地产法律和法规的规定，卖房的同时，土地使用权也随之发生转让。由于这种情况既发生了产权的转让又取得了收入，所以应纳入土地增值税的征税范围。

(3) 存量房地产的买卖。这种情况是指已经建成并已投入使用的房地产，其房屋所有人将房屋产权和土地使用权一并转让给其他单位和个人。这种行为按照国家有关的房地产法律和法规的规定，应当到有关部门办理房产产权和土地使用权的转移变更手续；原土地使用权属于无偿划拨的，还应到土地管理部门补交土地出让金。这种情况既发生了产权的转让又取得了收入，应纳入土地增值税的征税范围。

2) 以继承、赠与方式转让房地产

这种情况因其只发生房地产产权的转让，没有取得相应的收入，属于无偿转让房地产的行为，所以不能将其纳入土地增值税的征税范围。这里又可分为两种情况。

(1) 房地产的继承。房地产的继承是指房产的原产权所有人，依照法律规定取得土地使用权的土地使用人死亡以后，由其继承人依法承受死者房产产权和土地使用权的民事法律行为。这种行为虽然发生了房地产的权属变更，但作为房产产权、土地使用权的原所有人(即被继承人)并没有因为权属的转让而取得任何收入。因此，这种房地产的继承不属于土地增值税的征税范围。

(2) 房地产的赠与。房地产的赠与是指房产所有人、土地使用权所有人将自己所拥有的房地产无偿地交给其他人的民事法律行为。这里的“赠与”仅指以下情况。

① 房产所有人、土地使用权所有人将房屋产权、土地使用权赠与直系亲属或承担直接赡养义务人的。

② 房产所有人、土地使用权所有人通过中国境内非营利的社会团体、国家机关将房屋产权、土地使用权赠与教育、民政和其他社会福利、公益事业的。

上述社会团体是指中国青少年发展基金会、希望工程基金会、宋庆龄基金会、减灾委员会、中国红十字会、中国残疾人联合会、全国老年基金会、老区促进会以及经民政部门批准成立的其他非营利的公益性组织等。

房地产的赠与虽发生了房地产的权属变更，但作为房产所有人、土地使用权的所有人并没有因为权属的转让而取得任何收入。因此，房地产的赠与不属于土地增值税的征税范围。

3) 房地产的出租

房地产的出租是指房产的产权所有人、依照法律规定取得土地使用权的土地使用人，将房产、土地使用权租赁给承租人使用，由承租人向出租人支付租金的行为。房地产的出租，出租人虽取得了收入，但没有发生房产产权、土地使用权的转让。因此，房地产的出租不属于土地增值税的征税范围。

4) 房地产的抵押

房地产的抵押是指房地产的产权所有人、依法取得土地使用权的土地使用人作为债务人或第三人向债权人提供不动产作为清偿债务的担保而不转移权属的法律行为。这种情况下由于房产的产权、土地使用权在抵押期间产权并没有发生权属的变更，房产的产权所有人、土地使用权人仍能对房地产行使占有、使用、收益等权利，房产的产权所有人、土地使用权人虽然在抵押期间取得了一定的抵押贷款，但实际上这些贷款在抵押期满后是要连本带利偿还给债权人的。因此，对房地产的抵押，在抵押期间不征收土地增值税。待抵押期满后，视该房地产是否发生转移占有而确定是否征收土地增值税。对于以房地产抵债而发生房地产权属转让的，应列入土地增值税的征税范围。

5) 房地产的交换

这种情况是指一方以房地产与另一方的房地产进行交换的行为。由于这种行为既发生了房产产权、土地使用权的转移，交换双方又取得了实物形态的收入，按《土地增值税暂行条例》的规定，它属于土地增值税的征税范围。但对个人之间互换自有居住用房地产的，经当地税务机关核实，可以免征土地增值税。

6) 以房地产进行投资、联营

对于以房地产进行投资、联营的，投资、联营的一方以土地(房地产)作价入股进行投资或作为联营条件，将房地产转让到所投资、联营的企业中时，暂免征收土地增值税。对投资、联营企业将上述房地产再转让的，应征收土地增值税。

7) 合作建房

对于一方出地，一方出资金，双方合作建房，建成后按比例分房自用的，暂免征收土地增值税；建成后转让的，应征收土地增值税。

8) 企业兼并转让房地产

在企业兼并中，对被兼并企业将房地产转让到兼并企业中的，暂免征收土地增值税。

9) 房地产的代建房行为

这种情况是指房地产开发公司代客户进行房地产的开发，开发完成后向客户收取代建收入的行为。对于房地产开发公司而言，虽然取得了收入，但没有发生房地产权属的转移，其收入属于劳务收入性质，故不属于土地增值税的征税范围。

10) 房地产的重新评估

这主要是指国有企业在清产核资时对房地产进行重新评估而使其升值的情况。这种情况下，房地产虽然有增值，但其既没有发生房地产权属的转移，房产产权、土地使用权人也未取得收入，所以不属于土地增值税的征税范围。

8.2.3 土地增值税的适用税率

土地增值税实行四级超率累进税率。

(1) 增值额未超过扣除项目金额50%的部分，税率为30%。

(2) 增值额超过扣除项目金额50%、未超过扣除项目金额100%的部分，税率为40%。

(3) 增值额超过扣除项目金额100%、未超过扣除项目金额200%的部分，税率为50%。

(4) 增值额超过扣除项目金额200%的部分，税率为60%。

上述所列四级超率累进税率，每级"增值额未超过扣除项目金额"的比例，均包括本比例数。土地增值税超率累进税率，如表8-1所示。

表8-1　土地增值税四级超率累进税率

级数	增值额与扣除项目金额的比率	税率/%	速算扣除系数/%
1	不超过50%的部分	30	0
2	超过50%至100%的部分	40	5
3	超过100%至200%的部分	50	15
4	超过200%的部分	60	35

8.3 土地增值税的计税依据

8.3.1 应税收入的确定

根据《土地增值税暂行条例》及其实施细则的规定，纳税人转让房地产取得的应税收入，应包括转让房地产的全部价款及有关的经济收益。从收入的形式来看，包括货币收入、实物收入和其他收入。

1. 货币收入

货币收入是指纳税人转让房地产而取得的现金、银行存款、支票、银行本票、汇票等各种信用票据，和国库券、金融债券、企业债券、股票等有价证券。这些类型的收入实质上都是转让方因转让土地使用权、房屋产权而向取得方收取的价款。货币收入一般比较容易确定。

2. 实物收入

实物收入是指纳税人转让房地产而取得的各种实物形态的收入，如钢材、水泥等建材，房屋、土地等不动产等。实物收入的价值不太容易确定，一般要对这些实物形态的财产进行估价。

3. 其他收入

其他收入是指纳税人转让房地产而取得的无形资产收入或具有财产价值的权利，如专利权、商标权、著作权、专有技术使用权、土地使用权、商誉权等。这种类型的收入比较少见，其价值需要进行专门的评估。

8.3.2 扣除项目的确定

计算土地增值税应纳税额，并不是直接对转让房地产所取得的收入征税， 而是要对收入额减除国家规定的各项扣除项目金额后的余额计算征税(这个余额就是纳税人在转让房地产中获取的增值额)。因此，要计算增值额，首先必须确定扣除项目。税法准予纳税人从转让收入额中减除的项目包括如下几项。

1. 取得土地使用权所支付的金额

取得土地使用权所支付的金额包括两方面的内容。

(1) 纳税人为取得土地使用权所支付的地价款。如果是以协议、招标、拍卖等出让方式取得土地使用权，地价款为纳税人所支付的土地出让金；如果是以行政划拨方式取得土地使用权，地价款为按照国家有关规定补交的土地出让金；如果是以转让方式取得土地使用权，地价款为向原土地使用权人实际支付的地价款。

(2) 纳税人在取得土地使用权时按国家统一规定缴纳的有关费用。这是指纳税人在取得土地使用权过程中为办理有关手续，按国家统一规定缴纳的有关登记、过户的手续费。

2. 房地产开发成本

房地产开发成本是指纳税人房地产开发项目实际发生的成本，包括土地的征用及拆迁补偿费、前期工程费、建筑安装工程费、基础设施费、公共配套设施费、开发间接费用等。

(1) 土地征用及拆迁补偿费。它包括土地征用费，耕地占用税，劳动力安置费，有关地上、地下附着物拆迁补偿的净支出，安置动迁用房支出等。

(2) 前期工程费。它包括规划、设计、项目可行性研究、水文、地质、勘察、测绘、“三通一平”等支出。

(3) 建筑安装工程费。它是指以出包方式支付给承包单位的建筑安装工程费，以自营方式发生的建筑安装工程费。

(4) 基础设施费。它包括开发小区内道路、供水、供电、供气、排污、排洪、通信、照明、环卫、绿化等工程发生的支出。

(5) 公共配套设施费。它包括不能有偿转让的开发小区内公共配套设施发生的支出。

(6) 开发间接费用。它是指直接组织、管理开发项目发生的费用，包括工资、职工福利费、折旧费、修理费、办公费、水电费、劳动保护费、周转房摊销等。

3. 房地产开发费用

房地产开发费用是指与房地产开发项目有关的销售费用、管理费用和财务费用。根据现行财务会计制度的规定，这三项费用作为期间费用，直接计入当期损益，不按成本核算对象进行分摊。故作为土地增值税扣除项目的房地产开发费用，不按纳税人房地产开发项目实际发生的费用进行扣除，而按《土地增值税暂行条例实施细则》(以下简称《实施细则》)的标准进行扣除。

《实施细则》规定，财务费用中的利息支出，凡能够按转让房地产项目计算分摊并提供金融机构证明的，允许据实扣除，但最高不能超过按商业银行同类同期贷款利率计算的金额。其他房地产开发费用，按《实施细则》第七条(一)、(二)项规定(即取得土地使用权所支付的金额和房地产开发成本，下同)计算的金额之和的5%以内计算扣除。凡不能按转让房地产项目计算分摊利息支出或不能提供金融机构证明的，房地产开发费用按《实施细则》第七条(一)、(二)项规定计算的金额之和的10%以内计算扣除。计算扣除的具体比例，由各省、自治区、直辖市人民政府规定。

上述规定包含以下几项具体的含义。

(1) 纳税人能够按转让房地产项目计算分摊利息支出，并能提供金融机构贷款证明的，其允许扣除的房地产开发费用为：利息+(取得土地使用权所支付的金额+房地产开发成本)×5%以内(注：利息最高不能超过按商业银行同类同期贷款利率计算的金额)。

(2) 纳税人不能按转让房地产项目计算分摊利息支出或不能提供金融机构贷款证明的，其允许扣除的房地产开发费用为：(取得土地使用权所支付的金额+房地产开发成本)×10%以内。

此外，财政部、国家税务总局还对扣除项目金额中利息支出的计算问题作了两点专门规定：一是利息的上浮幅度按国家的有关规定执行，超过上浮幅度的部分不允许扣除；二是对于超过贷款期限的利息部分和加罚的利息不允许扣除。

4. 与转让房地产有关的税金

与转让房地产有关的税金是指在转让房地产时应缴纳的营业税、城市维护建设税、印花税。因转让房地产缴纳的教育费附加，可视同税金予以扣除。

需要明确的是，房地产开发企业按照《施工、房地产开发企业财务制度》的有关规定，其在转让时缴纳的印花税因列入管理费用中，故在此不允许单独再扣除。其他纳税人缴纳的印花税按产权转移书据所载金额的5‰(贴花)允许在此扣除。

5. 其他扣除项目

对从事房地产开发的纳税人可按《实施细则》第七条(一)、(二)项规定计算的金额之和，加计20%扣除。在此，应特别指出的是，此条优惠只适用于从事房地产开发的纳税人，对除此之外的其他纳税人不适用。这样规定，目的是抑制炒买炒卖房地产的投机行为，保护正常开发投资者的积极性。

6. 旧房及建筑物的评估价格

旧房及建筑物的评估价格是指在转让已使用的房屋及建筑物时，由政府批准设立的房地产评估机构评定的重置成本价乘以成新度折扣率后的价格。评估价格需经当地税务机关确认。

重置成本价的含义是：对旧房及建筑物，按转让时的建材价格及人工费用计算，建造同样面积、同样层次、同样结构、同样建设标准的新房及建筑物所需花费的成本费用。成新度折扣率的含义是：按旧房的新旧程度作一定比例的折扣。

例如，一幢房屋已使用近10年，建造时的造价为1 000万元，按转让时的建材及人工费用计算，建同样的新房需花费4 000万元，该房有六成新，则该房的评估价格为：4 000×60%=2 400(万元)。

此外，转让旧房的，应按房屋及建筑物的评估价格、取得土地使用权所支付的地价款和按国家统一规定缴纳的有关费用及在转让环节缴纳的税金作为扣除项目金额计征土地增值税。对取得土地使用权时未支付地价款或不能提供已支付的地价款凭据的，在计征土地增值税时不允许扣除。

8.3.3 评估价格及有关规定

所谓评估价格，是指由政府批准设立的房地产评估机构根据相同地段、同类房地产进行综合评定的价格。这种评估价格亦需经当地税务机关确认。

税法规定，纳税人有下列情况之一的，需要对房地产进行评估，并以房地产的评估价格来确定转让房地产的收入、扣除项目的金额。

1. 出售旧房及建筑物的

新房是指建成后未使用的房产。凡是使用一定时间或达到一定磨损程度的房产均属旧房，使用时间和磨损程度的判定标准由各省、自治区、直辖市财政厅(局)和地方税务局具体规定。

根据税法规定，出售旧房及建筑物的，应按评估价格计算扣除项目的金额。

评估的基本方法是：对于出售的旧房及建筑物，首先应确定该房屋及建筑物的重置成本价，然后确定其成新度折扣率，最后以重置成本价乘以成新度折扣率，确定转让该旧房及建筑物的扣除项目金额。采用这种办法，可以消除出售旧房及建筑物按原成本价作为扣除项目金额所造成的不合理情况，降低通货膨胀因素对房屋价值的影响，使旧房及建筑物的扣除项目金额与其实际价值和出售这类房屋的增值程度相适应。

由政府批准设立的房地产评估机构评定的房地产重置成本价乘以成新度折扣率的价格，适用于旧房地产的价格评估。计算公式为

旧房地产评估价格=房地产重新购建价格×成新度折扣率　　(8-1)

使用上述公式计算、评估时应注意以下两点。

(1) 房地产的重新购建价格是指假设在估价时点重新取得或者重新开发全新状况的待估价房地产的必要支出和应获得的利润之和。

(2) 房屋的成新度折扣不同于会计核算的折旧。房屋的成新度折扣是指根据房屋在评估时的实际新旧程度，对照专业机构规定的房屋新旧等级标准，并参考房屋的使用时间、使用程度和保养情况，综合确定房屋的新旧度比例，一般用几成新来表示。

纳税人转让旧房及建筑物，凡不能取得评估价格，但能提供购房发票的，经当地税务部门确认，取得土地使用权所支付的金额、旧房及建筑物的评估价格，可按发票所载金额并从购买年度起至转让年度止每年加计5%计算扣除。计算扣除项目时，“每年”按购房发票所载日期起至售房发票开具之日止，每满12个月计1年；超过1年，未满12个月但超过6个月的，可以视同为1年。

对纳税人购房时缴纳的契税，凡能提供契税完税凭证的，准予作为“与转让房地产有关的税金”予以扣除，但不作为加计5%的基数。

2. 隐瞒、虚报房地产成交价格的

隐瞒、虚报房地产成交价格的情况主要有两种：一是指纳税人不报转让房地产的成交价格，即根本不申报；二是纳税人有意低报转让土地使用权、地上建筑物及其附着物价款的行为，即少申报。

对隐瞒、虚报房地产成交价格的，应由评估机构参照同类房地产的市场交易价格进行评估。这里所指的市场交易价格，是指在评估被转让房地产时，选取多座与被评估的房地产在地理位置、外观形状、面积大小、建筑材料、内在结构、性质功能、使用年限、转让时间等方面相同或相近的房地产，以这些房地产的交易价格作为参照，进行价格比较。同时，依照科学的评估方法对有关数据进行筛选，再分析各种与房地产交易相关的因素对价格的影响程度，对有关数据进行调整，最后确定一个比较适合该房地产的市场评估价格，从而确定一个较为公平的市场交易价格作为正常情况下的转让房地产价格。税务机关在征收土地增值税时，根据上述评估价格确定转让房地产的收入。

采用市场比较法进行评估，首先要收集较多的交易实例，从中挑选可供进行价格比较的类似的房地产实例。同时，还要对影响交易价格的诸因素进行修正，最后才能确定最接近合理的价格。利用市场比较法评估房地产价格可用下列公式来表示

房地产评估价格=交易实例房地产价格×实物状况因素修正×权益因素修正×区域因素修正×其他因素修正　　(8-2)

3. 提供扣除项目金额不实的

提供扣除项目金额不实，是指纳税人在纳税申报时，不据实提供扣除项目金额，而是虚增被转让房地产扣除项目的内容或金额，使税务机关无法从纳税人方面了解计征土地增值税所需的正确的扣除项目金额，以达到通过虚增成本偷税的目的。

对于纳税人申报扣除项目金额不实的，应由评估机构对该房屋按照评估出的房屋重置成本价，乘以房屋的成新度折扣率，确定房产的扣除项目金额，并用该房产所占用土地取得时的基

准地价或标定地价来确定土地的扣除项目金额，房产和土地的扣除项目金额之和即该房地产的扣除项目金额。

4. 转让房地产的成交价格低于房地产评估价格，又无正当理由的

转让房地产的成交价格低于房地产评估价格且无正当理由，是指纳税人申报的转让房地产的成交价低于房地产评估机构通过市场比较法进行房地产评估时所确定的正常市场交易价，对此，纳税人又不能提供有效凭据或无正当理由进行解释的行为。对这种情况，应按评估的市场交易价确定其实际成交价，并以此作为转让房地产的收入，计算征收土地增值税。

8.4 土地增值税应纳税额的计算

8.4.1 增值额的确定

土地增值税纳税人转让房地产所取得的收入减除规定的扣除项目金额后的余额，为增值额。

增值额是土地增值税的本质所在。由于土地增值税是以增值额与扣除项目金额的比率大小按适用的税率累进计算征收的，增值额与扣除项目金额的比率越大，适用的税率越高，缴纳的税款越多。因此，准确核算增值额是很重要的，需要有准确的房地产转让收入额和扣除项目的金额。

8.4.2 应纳税额的计算方法

土地增值税按照纳税人转让房地产所取得的增值额和规定的税率计算征收。土地增值税的计算公式为

应纳税额=∑(每级距的土地增值额×适用税率)　　(8-3)

但在实际工作中，分步计算比较烦琐，一般可以采用速算扣除法计算，即计算土地增值税税额，可按增值额乘以适用的税率减去扣除项目金额乘以速算扣除系数的简便方法计算，具体分为以下几种情况。

(1) 增值额未超过扣除项目金额50%，计算公式为

土地增值税税额=增值额×30%　　(8-4)

(2) 增值额超过扣除项目金额50%、未超过100%，计算公式为

土地增值税税额=增值额×40%−扣除项目金额×5%　　(8-5)

(3) 增值额超过扣除项目金额100%、未超过200%，计算公式为

土地增值税税额=增值额×50%−扣除项目金额×15%　　(8-6)

(4) 增值额超过扣除项目金额200%，计算公式为

土地增值税税额=增值额×60%−扣除项目金额×35%　　(8-7)

式中，5%、15%、35%分别为二、三、四级的速算扣除系数。

下面，我们举一个简单的例子并用两种计算方法来具体说明。

【例8-1】某纳税人转让房地产所取得的收入为400万元，其扣除项目金额为100万元，请计算其应纳土地增值税的税额。

【答案】1. 第一种方法(按《土地增值税暂行条例》规定的方法计算)

第一步，计算增值额。

增值额为：400−100 =300(万元)

第二步，计算增值额与扣除项目金额之比。

增值额与扣除项目金额之比为：300 ÷ 100 × 100% =300%

由此可见，增值额超过扣除项目金额200%，分别适用30%、40%、50%和60%四档税率。

第三步，分别计算各级次土地增值税税额。

(1) 增值额未超过扣除项目金额50%的部分，适用30%的税率。

这部分增值额为：100×50% =50(万元)

这部分增值额应纳的土地增值税税额为：50×30% =15(万元)

(2) 增值额超过扣除项目金额50%、未超过扣除项目金额100%的部分，适用40%的税率。

这部分增值额为：100×(100%−50%)=50(万元)

这部分增值额应纳的土地增值税税额为：50×40% =20(万元)

(3) 增值额超过扣除项目金额100%、未超过扣除项目金额200%的部分，适用50%的税率。

这部分增值额为：100×(200%−100%)=100(万元)

这部分增值额应纳的土地增值税税额为：100×50% =50(万元)

(4) 增值额超过扣除项目金额200%的部分，适用60%的税率。

这部分增值额为：300−(100×200%)=100(万元)

这部分增值额应纳的土地增值税税额为：100×60%=60(万元)

第四步，将各级税额相加，得出总税额。

土地增值税税额为：15+20+50+60 =145(万元)

2. 第二种方法(按《实施细则》规定的速算扣除法计算)

(1) 第一步，计算增值额。

增值额为：400−100 =300(万元)

(2) 第二步，计算增值额与扣除项目金额之比。

增值额与扣除项目金额之比为：300 ÷ 100 × 100% =300%

由此可见，增值额超过扣除项目金额200%，其适用的简便计算公式为

土地增值税税额=增值额×60%−扣除项目金额×35%

(3) 第三步，计算土地增值税税额。

土地增值税税额为：300×60%−100×35% =145(万元)

可以看出，两种计算方法所得出的结果是一样的。

8.4.3 转让土地使用权和出售新建房及配套设施应纳税额的计算方法

转让土地使用权和出售新建房及配套设施的情况在征管实践中较为普遍，可根据上述计税原理，分4步计算应纳税额。

(1) 计算增值额。计算公式为

增值额=收入额−扣除项目金额 (8-8)

(2) 计算增值率。计算公式为

增值率=增值额 ÷ 扣除项目金额×100% (8-9)

(3) 确定适用税率

依据计算的增值率，按税率表确定适用税率。

(4) 依据适用税率计算应纳税额。计算公式为

应纳税额=增值额×适用税率−扣除项目金额×速算扣除系数 (8-10)

【例8-2】某房地产开发公司出售一幢写字楼，收入总额为10 000万元。开发该写字楼有关支出为：支付地价款及各种费用1 000万元；房地产开发成本3 000万元；财务费用中的利息支出为500万元(可按转让项目计算分摊并提供金融机构证明)，但其中有50万元属加罚的利息；转让环节缴纳的有关税费共计为555万元。该单位所在地政府规定的其他房地产开发费用计算扣除比例为5%。试计算该房地产开发公司应纳的土地增值税。

【答案】

(1) 取得土地使用权支付的地价款及有关费用为1 000万元

(2) 房地产开发成本为3 000万元

(3) 房地产开发费用=500−50+(1 000+3 000)×5%=650(万元)

(4) 允许扣除的税费为555万元

(5) 从事房地产开发的纳税人加计扣除20%，加计扣除额=(1 000+3 000)×20%=800(万元)

(6) 允许扣除的项目金额合计=1 000+3 000+650+555+800=6 005(万元)

(7) 增值额=10 000−6 005=3995(万元)

(8) 增值率=3 995 ÷ 6 005×100%=66.53%

(9) 应纳税额=3 995×40%−6 005×5%=1 297.75(万元)

8.4.4 出售旧房应纳税额的计算方法

出售旧房及建筑物，首先按评估价格及有关因素计算、确定扣除项目金额，再根据上述方法计算应纳税额，具体包括以下几个步骤。

(1) 计算评估价格，计算公式为

评估价格=重置成本价×成新度折扣率 (8-11)

(2) 汇集扣除项目金额。

(3) 计算增值率。

(4) 依据增值率确定适用税率。

(5) 依据适用税率计算应纳税额，计算公式为

应纳税额=增值额×适用税率−扣除项目金额×速算扣除系数 (8-12)

【例8-3】某工业企业转让一幢20世纪90年代建造的厂房，当时造价100万元，无偿取得土地使用权。如果按现行市场价的材料费、人工费计算，建造同样的房子需600万元。该房子为七成新，按500万元出售，支付有关税费共计27.5万元。计算该企业转让旧房应缴纳的土地增值税额。

【答案】

(1) 评估价格=600×70%=420(万元)

(2) 允许扣除的税金为27.5万元

(3) 扣除项目金额合计=420+27.5=447.5(万元)

(4) 增值额=500−447.5=52.5(万元)

(5) 增值率=52.5 ÷ 447.5×100%=11.73%

(6) 应纳税额=52.5×30%−447.5×0=15.75(万元)

8.4.5　特殊售房方式应纳税额的计算方法

房地产业的经营方式较为特殊，征收管理难度也比较大。其中，最突出的是纳税人成片受让土地使用权后分期分批开发、转让房地产，以及纳税人采取预售方式出售商品房。为了加强土地增值税的征收管理，堵塞漏洞，保证税收及时、足额入库，《中华人民共和国土地增值税暂行条例实施细则》规定，土地增值税以纳税人房地产成本核算的最基本核算项目或核算对象为单位计算。依据这项原则，对上述两种经营方式采取先按比例预征(预征率为：东部地区省份不得低于2%，中部和东北地区省份不得低于1.5%，西部地区省份不得低于1%)、然后清算的办法，具体如下所述。

纳税人成片受让土地使用权后，分期分批开发、转让房地产的，对允许扣除项目的金额可按转让土地使用权的面积占总面积的比例计算分摊。若按此办法难以计算或明显不合理，也可按建筑面积或税务机关确认的其他方式计算分摊。

按转让土地使用权的面积占总面积的比例计算分摊扣除项目金额的计算公式为

扣除项目金额=扣除项目的总金额×(转让土地使用权的面积或建筑面积÷受让土地使用权的总面积)　　(8-13)

8.5 税收优惠

8.5.1　建造普通标准住宅的税收优惠

纳税人建造普通标准住宅出售，增值额未超过扣除项目金额20%的，免征土地增值税。

这里所说的“普通标准住宅”，是指按所在地一般民用住宅标准建造的居住用住宅。高级公寓、别墅、度假村等不属于普通标准住宅。普通标准住宅与其他住宅的具体划分界限，2005年5月31日以前由各省、自治区、直辖市人民政府规定。2005年6月1日起，普通标准住宅应同时满足以下条件：住宅小区建筑容积率在1.0以上；单套建筑面积在120平方米以下；实际成交价格低于同级别土地上住房平均交易价格1.2倍以下。各省、自治区、直辖市要根据实际情况，制定本地区享受优惠政策普通住房的具体标准。允许单套建筑面积和价格标准适当浮动，但向上浮动的比例不得超过上述标准的20%。纳税人建造普通标准住宅出售，增值额未超过扣除项目金额20%的，免征土地增值税；增值额超过扣除项目金额20%的，应就其全部增值额按规定计税。

对于纳税人既建普通标准住宅又开发其他房地产的，应分别核算增值额。不分别核算增值额或不能准确核算增值额的，其建造的普通标准住宅不能适用这一免税规定。

8.5.2　国家征用收回的房地产的税收优惠

因国家建设需要依法征用、收回的房地产，免征土地增值税。

这里所说的“因国家建设需要依法征用、收回的房地产”，是指因城市实施规划、国家建设的需要而被政府批准征用的房产或收回的土地使用权。因城市实施规划、国家建设的需要而搬迁，由纳税人自行转让原房地产的，参照有关规定免征土地增值税。

8.5.3　个人转让房地产的税收优惠

个人因工作调动或改善居住条件而转让原自用住房，经向税务机关申报核准，凡居住满5

年或5年以上的，免予征收土地增值税；居住满3年未满5年的，减半征收土地增值税；居住未满3年的，按规定计征土地增值税。

8.6 土地增值税的纳税申报

8.6.1 土地增值税的纳税申报程序

根据《土地增值税暂行条例》的规定，纳税人应自转让房地产合同签订之日起7日内，向房地产所在地的主管税务机关办理纳税申报，同时向税务机关提交房屋及建筑物产权证件、土地使用权证书、土地转让合同、房产买卖合同、房地产评估报告及其他与转让房地产有关的资料，然后在税务机关核定的期限内缴纳土地增值税。纳税人因经常发生转让房地产行为而难以在每次转让后申报的，可按月或按各省、自治区、直辖市和计划单列市地方税务局规定的期限缴纳土地增值税。纳税人选择定期申报方式的，应向纳税所在地的地方税务机关备案，定期申报方式确定后，一年之内不得变更。纳税人按规定办理纳税手续后，持纳税凭证到房产、土地管理部门办理产权变更手续。

在实际工作中，土地增值税的纳税人主要分为两大类：一类是从事房地产开发(包括专营和兼营)的纳税人，也就是通常所说的房地产开发公司；另一类是其他纳税人。这两类纳税人办理纳税申报的内容和方法不尽相同。

1. 房地产开发公司

1) 所需提供的证件和资料

纳税人应当在签订房地产转让合同、发生纳税义务后7日内或在税务机关核定的期限内，按照税法规定，向主管税务机关办理纳税申报，同时提供下列证件和资料。

(1) 房屋产权证书、土地使用权证书。

(2) 土地转让、房产买卖合同。

(3) 与转让房地产有关的资料。主要包括取得土地使用权所支付的价款凭证，房地产开发成本方面的财务会计资料，房地产开发费用方面的资料，与房地产转让有关的税金的完税凭证，以及其他与房地产有关的资料。

(4) 根据税务机关的要求提供房地产评估报告。这是指当税务机关认定纳税人所提供的转让房地产所取得的收入或扣除项目金额不实，不能作为计税依据，必须进行房地产评估时，由纳税人交由政府批准设立的评估机构对房地产所做的评估报告。

2) 审查内容

税务机关应当对上述纳税资料，包括合同或批件文本等，进行严格审查。其中，涉及税收减免和分次纳税等的审查内容包括以下几点。

(1) 签订房地产转让合同、房地产开发合同或立项的具体日期，签订土地受让合同的具体日期，以及按合同规定投入开发资金的到位情况。要求就上述合同，提供是否属于1994年1月1日以前签订的有关证明材料，作为税务机关确定是否对该项目征税的参考依据。

(2) 房地产开发项目的类型。要求对开发项目是否属于普通标准住宅进行备案，作为税务机关确定对其是否征税的参考依据。

(3) 房地产转让的形式。即对一个项目是一次性销售还是分次销售，是采取现房销售方式还是预售方式进行备案，作为税务机关核定申报及纳税时间的参考依据。

2. 房地产开发公司以外的其他纳税人

这类纳税人应自签订房地产转让合同之日起7日内，到房地产所在地的主管税务机关进行纳税申报，并提供下列资料。

(1) 房屋及建筑物产权证书、土地使用权证书。

(2) 土地转让、房产买卖合同。

(3) 房地产评估报告。如果转让的是旧房，必须出具政府指定的评估机构所做的评估报告。

(4) 与转让房地产有关的税金的完税凭证。

(5) 其他与转让房地产有关的资料，如房地产的原造价或买价资料等。

(6) 纳税人发生下列转让行为的，还应从签订房地产转让合同之日起7日内，到房地产所在地主管税务机关备案。

① 因国家建设需要依法征用、收回的房地产，纳税人因此而得到经济补偿的。

② 因城市实施规划、国家建设的需要而搬迁，由纳税人自行转让其房地产的(此种情况应同时提供政府要求其搬迁的批文)。

③ 转让原自用住房的(这种情况应同时提供表明其居住时间的证明，如房屋产权证书、住房证书、户口簿等)。

8.6.2　土地增值税的纳税时间和缴纳方法

土地增值税按照转让房地产所取得的实际收益计算征收，由于计税时要涉及房地产开发的成本和费用，有时还要进行房地产评估等，因此，对其纳税时间就不可能像其他税种那样做出统一规定，而是要根据房地产转让的不同情况，由主管税务机关具体确定，主要有三种情况。

1. 以一次交割、付清价款方式转让房地产的

对于这种情况，主管税务机关可在纳税人办理纳税申报后，根据其应纳税额的大小及向有关部门办理过户、登记手续的期限等，规定其在办理过户、登记手续前数日内一次性缴纳全部土地增值税。

2. 以分期收款方式转让房地产的

对于这种情况，主管税务机关可根据合同规定的收款日期来确定具体的纳税期限。首先计算出应缴纳的全部土地增值税税额；其次按总额除以转让房地产的总收入，求得应纳税额占总收入的比例；最后在每次收到价款时，按收到价款的数额乘以这个比例来确定每次应纳的税额，并规定其应在每次收款后数日内缴纳土地增值税。

3. 项目全部竣工结算前转让房地产的

纳税人在项目全部竣工结算前转让房地产取得的收入，由于涉及成本确定或其他原因，无法据实计算土地增值税的，可以预征土地增值税，待该项目全部竣工、办理结算后再进行清算，多退少补，主要有两种情况。

(1) 纳税人进行小区开发建设的，其中一部分房地产项目因先行开发已转让出去，但小区内的部分配套设施往往在转让后才建成。在这种情况下，税务机关可以对先行转让的项目，在取得收入时预征土地增值税。

(2) 纳税人以预售方式转让房地产的，对在办理结算和转交手续前取得的收入，税务机关也可以预征土地增值税。具体办法由省级地方税务局根据当地情况制定。

根据税法规定，凡采用预征土地增值税的，在该项目竣工办理结算时，都需要根据应征税

额和已征税额对土地增值税进行清算，多退少补。

8.6.3 土地增值税的纳税地点

土地增值税的纳税人应向房地产所在地主管税务机关办理纳税申报，并在税务机关核定的期限内缴纳土地增值税。

这里所说的“房地产所在地”，是指房地产的坐落地。纳税人转让的房地产坐落在两个或两个以上地区的，应按房地产所在地分别申报纳税。

在实际工作中，纳税地点的确定又可分为以下两种情况。

(1) 纳税人是法人的。当转让的房地产坐落地与其机构所在地或经营所在地一致时，则在办理税务登记的原管辖税务机关申报纳税即可；如果转让的房地产坐落地与其机构所在地或经营所在地不一致时，则应在房地产坐落地所管辖的税务机关申报纳税。

(2) 纳税人是自然人的。当转让的房地产坐落地与其居住所在地一致时，则在住所所在地的税务机关申报纳税；当转让的房地产坐落地与其居住所在地不一致时，在办理过户手续所在地的税务机关申报纳税。

8.6.4 土地增值税的纳税申报规定

土地增值税的纳税人应在转让房地产合同签订后的7日内，到房地产所在地主管税务机关办理纳税申报，并向税务机关提交房屋及建筑物产权、土地使用权证书，土地转让、房产买卖合同，房地产评估报告及其他与转让房地产有关的资料。纳税人因经常发生房地产转让而难以在每次转让后申报的，经税务机关审核同意后，可以定期进行纳税申报，具体期限由税务机关根据情况确定。

此外，根据《中华人民共和国土地增值税暂行条例实施细则》关于“纳税人在项目全部竣工结算前转让房地产取得的收入，可以预征土地增值税，具体办法由各省、自治区、直辖市地方税务局根据当地情况制定”的规定，对于纳税人预售房地产所取得的收入，凡当地税务机关规定预征土地增值税的，纳税人应当到主管税务机关办理纳税申报，并按规定比例预交，待办理决算后，多退少补；凡当地税务机关规定不预征土地增值税的，也应在取得收入时先到税务机关登记或备案。

8.6.5 相关责任与义务

1. 土地、房地产管理部门的责任与义务

税法规定，土地、房产管理部门应当向当地税务机关提供应税房屋及建筑物产权、土地使用权、土地出让金数额、土地基准地价、房地产市场交易价格及权属变更等方面的资料，并有责任协助税务机关做好土地增值税的征管工作；土地、房产管理部门对于未依法办理纳税手续的纳税人，不得办理房屋产权、土地使用权权属的变更登记。

2. 房地产评估机构的责任与义务

被授权进行房地产价格评估的各评估机构，必须严格按照规定的要求，进行应纳税房地产的价格评估。评估结果经有关部门审核验证后作为房地产转让的底价，并按税务部门的要求按期报送房地产所在地的主管税务机关，作为确认计税依据的参考。

房地产所在地的主管税务机关要求房地产评估机构提供与房地产评估有关的评估资料，评

估机构应无偿提供，不得以任何借口予以拒绝。

房地产评估机构在执行过程中，必须遵守职业道德，坚持独立、客观、公正的原则，对评估结果的真实性、合法性负法律责任。任何房地产评估机构在房地产转让的评估过程中有隐瞒事实、提供虚假评估结果，或与有关当事人串通作弊等违法行为的，一经发现，坚决取消其评估资格。

房地产评估机构因不向主管税务机关提供有关的、真实的房地产评估资料，造成纳税人不缴或少缴土地增值税的，房地产评估机构应承担相应的法律和经济责任；对因上述行为造成国家税收和国有资产严重流失的，有关当事人应承担相应的刑事责任。

3. 纳税人的责任与义务

纳税人未按规定提供房屋及建筑物产权证书、土地使用权证书、土地转让合同、房产买卖合同、房地产评估报告及其他与转让房地产有关的资料，以及纳税人不如实申报房地产交易额及规定扣除项目金额，造成少缴或未缴税款的，按照《中华人民共和国税收征收管理法》的规定进行处理；纳税人偷逃税款、触犯刑律的，由司法机关依法追究刑事责任。

8.6.6　房地产开发项目土地增值税的清算管理

为了加强土地增值税征收管理，规范土地增值税清算工作，根据《中华人民共和国税收征收管理法》及其实施细则、《中华人民共和国土地增值税暂行条例》及其实施细则等规定，制定《土地增值税清算管理规程》，自2009年6月1日起施行。

1. 土地增值税清算的定义

土地增值税清算是指纳税人在符合土地增值税清算条件后，依照税收法律、法规及土地增值税有关政策规定，计算房地产开发项目应缴纳的土地增值税税额，并填写“土地增值税清算申报表”，向主管税务机关提供有关资料，办理土地增值税清算手续，结清该房地产项目应缴纳的土地增值税税款的行为。

纳税人进行土地增值税清算时应当如实申报应缴纳的土地增值税税额，保证清算申报的真实性、准确性和完整性。税务机关应当为纳税人提供优质的纳税服务，加强土地增值税政策宣传辅导。主管税务机关应及时对纳税人清算申报的收入、扣除项目金额、增值额、增值率以及税款计算等情况进行审核，依法征收土地增值税。

2. 开发项目的前期管理

主管税务机关应加强房地产开发项目的日常税收管理，实施项目管理。管理工作应从纳税人取得土地使用权开始，按项目分别建立档案、设置台账，对纳税人项目立项、规划设计、施工、预售、竣工验收、工程结算、项目清盘等房地产开发全过程实行跟踪监控，做到税务管理与纳税人项目开发同步。

同时，主管税务机关应当积极关注纳税人在项目开发期间的会计核算工作，如纳税人分期开发项目或者同时开发多个项目，应督促纳税人根据清算要求按不同期间和不同项目合理归集有关收入、成本、费用；有条件的地区，主管税务机关可结合发票管理规定，实施项目专用票据管理措施。

3. 土地增值税的清算受理

(1) 纳税人符合下列条件之一的，应进行土地增值税的清算。

① 房地产开发项目全部竣工、完成销售的。

② 整体转让未竣工决算的房地产开发项目的。

③ 直接转让土地使用权的。

(2) 对符合以下条件之一的，主管税务机关可要求纳税人进行土地增值税清算。

① 已竣工验收的房地产开发项目，已转让的房地产建筑面积占整个项目可售建筑面积的比例在85%以上；或该比例虽未超过85%，但剩余的可售建筑面积已经出租或自用的。

② 取得销售(预售)许可证满3年仍未销售完毕的。

③ 纳税人申请注销税务登记但未办理土地增值税清算手续的。

④ 各省(自治区、直辖市、计划单列市)税务机关规定的其他情况。

对前款所列第③项情形，应在办理注销登记前进行土地增值税清算。

对于符合上述清算条件应进行土地增值税清算的项目，纳税人应当在满足条件之日起90日内到主管税务机关办理清算手续；对于符合上述税务机关可要求纳税人进行土地增值税清算的项目，由主管税务机关确定是否进行清算；对于确定需要进行清算的项目，由主管税务机关下达清算通知，纳税人应当在收到清算通知之日起90日内办理清算手续。

应进行土地增值税清算的纳税人或经主管税务机关确定需要进行清算的纳税人，在上述规定的期限内拒不清算或不提供清算资料的，主管税务机关可依据《中华人民共和国税收征收管理法》的有关规定进行处理。

(3) 纳税人清算土地增值税时应提供以下清算资料。

① 土地增值税清算表及其附表。

② 房地产开发项目清算说明，主要内容应包括房地产开发项目立项、用地、开发、销售、关联方交易、融资、税款缴纳等基本情况及主管税务机关需要了解的其他情况。

③ 项目竣工决算报表、取得土地使用权所支付的地价款凭证、国有土地使用权出让合同、银行贷款利息结算通知单、项目工程合同结算单、商品房购销合同统计表、销售明细表、预售许可证等与转让房地产的收入、成本和费用有关的证明资料。主管税务机关需要相应项目记账凭证的，纳税人还应提供记账凭证复印件。

④ 纳税人委托税务中介机构审核鉴证的清算项目，还应报送中介机构出具的《土地增值税清算税款鉴证报告》。

(4) 主管税务机关收到纳税人提供的清算资料后，对符合清算条件且报送的清算资料完备的，予以受理；对纳税人符合清算条件但报送的清算资料不全的，应要求纳税人在规定期限内补报，纳税人在规定的期限内补齐清算资料后，予以受理；对不符合清算条件的项目，不予受理。上述具体期限由各省、自治区、直辖市、计划单列市税务机关确定。主管税务机关已受理的清算申请，纳税人无正当理由不得撤销。

(5) 主管税务机关按规定进行项目管理时，对符合税务机关可要求纳税人进行清算情形的，应当作出评估，并经分管领导批准，确定要求纳税人进行清算的时间；对确定暂不通知清算的，应继续做好项目管理，每年作出评估，及时确定清算时间并通知纳税人办理清算。

(6) 主管税务机关受理纳税人提供的清算资料后，应在一定期限内及时组织清算审核。具体期限由各省、自治区、直辖市、计划单列市税务机关确定。

4. 清算审核方法

清算审核包括案头审核、实地审核。案头审核是指对纳税人报送的清算资料进行数据、逻辑审核，重点审核项目归集的一致性、数据计算的准确性等。实地审核是指在案头审核的基础上，通过对房地产开发项目实地查验等方式，对纳税人申报情况的客观性、真实性、合理性进行审核。

(1) 清算审核时，应审核房地产开发项目是否以国家有关部门审批、备案的项目为单位进行清算；对于分期开发的项目，是否以分期项目为单位清算；对同一项目中的不同类型房地产(如普通住宅和非普通住宅)是否分别计算增值额、增值率，缴纳土地增值税。

(2) 审核收入情况时，应结合销售发票、销售合同(含房管部门网上备案登记资料)、商品房销售(预售)许可证、房产销售分户明细表及其他有关资料，重点审核销售明细表、房地产销售面积与项目可售面积的数据关联性，以核实计税收入；对销售合同所载商品房面积与有关部门实际测量面积不一致，而发生补、退房款的收入调整情况进行审核；对销售价格进行评估，审核有无价格明显偏低的情况。

必要时，主管税务机关可通过实地查验，确认有无少计、漏计事项，确认有无将开发产品用于职工福利、奖励、对外投资、分配给股东或投资人、抵偿债务、换取其他单位和个人的非货币性资产等情况。

(3) 非直接销售和自用房地产的收入确定。

① 房地产开发企业将开发产品用于职工福利、奖励、对外投资、分配给股东或投资人、抵偿债务、换取其他单位和个人的非货币性资产等，发生所有权转移时应视同销售房地产，其收入按下列方法和顺序确认。

第一，按本企业在同一地区、同一年度销售的同类房地产的平均价格确定。

第二，由主管税务机关参照当地当年同类房地产的市场价格或评估价值确定。

② 房地产开发企业将开发的部分房地产转为企业自用或用于出租等商业用途时，如果产权未发生转移，不征收土地增值税，在税款清算时不列收入，不扣除相应的成本和费用。

根据国税函〔2007〕645号《国家税务总局关于未办理土地使用权证转让土地有关税收问题的批复》的规定，土地使用者转让、抵押或置换土地，无论其是否取得该土地的使用权属证书，在转让、抵押或置换土地过程中是否与对方当事人办理了土地使用权属证书变更登记手续，只要土地使用者享有占有、使用、收益或处分该土地的权利，且有合同等证据表明其实质转让、抵押或置换了土地并取得相应的经济利益，土地使用者及其对方当事人应当依照税法规定缴纳营业税、土地增值税和契税等相关税收。

(4) 土地增值税扣除项目审核的内容包括如下几项。

① 取得土地使用权所支付的金额。

② 房地产开发成本，包括土地征用及拆迁补偿费、前期工程费、建筑安装工程费、基础设施费、公共配套设施费、开发间接费用。

③ 房地产开发费用。

④ 与转让房地产有关的税金。

⑤ 国家规定的其他扣除项目。

(5) 审核扣除项目是否符合下列要求。

① 在土地增值税清算中，计算扣除项目金额时，其实际发生的支出应当取得但未取得合法凭据的不得扣除。

② 扣除项目金额中所归集的各项成本和费用，必须是实际发生的。

③ 扣除项目金额应当准确地在各扣除项目中分别归集，不得混淆。

④ 扣除项目金额中所归集的各项成本和费用必须是在清算项目开发中直接发生的或应当分摊的。

⑤ 纳税人分期开发项目或者同时开发多个项目的，或者同一项目中建造不同类型房地产的，应按照受益对象，采用合理的分配方法，分摊共同的成本费用。

⑥ 对同一类事项，应当采取相同的会计核算或处理方法。会计核算与税务处理规定不一致的，以税务处理规定为准。

(6) 审核取得土地使用权支付金额和土地征用及拆迁补偿费时应当重点关注以下几点。

① 同一宗土地有多个开发项目，是否予以分摊，分摊办法是否合理、合规，具体金额的计算是否正确。

② 是否存在将房地产开发费用计入取得土地使用权支付金额以及土地征用及拆迁补偿费的情形。

③ 拆迁补偿费是否实际发生，尤其是支付给个人的拆迁补偿款、拆迁(回迁)合同和签收花名册或签收凭证是否一一对应。

(7) 审核前期工程费、基础设施费时应当重点关注以下几项。

① 前期工程费、基础设施费是否真实发生，是否存在虚列情形。

② 是否将房地产开发费用计入前期工程费、基础设施费。

③ 多个(或分期)项目共同发生的前期工程费、基础设施费，是否按项目合理分摊。

(8) 审核公共配套设施费时应当重点关注以下几项。

① 公共配套设施的界定是否准确，公共配套设施费是否真实发生，有无预提公共配套设施费的情况。

② 是否将房地产开发费用计入公共配套设施费。

③ 多个(或分期)项目共同发生的公共配套设施费，是否按项目合理分摊。

(9) 审核建筑安装工程费时应当重点关注以下几项。

① 发生的费用是否与决算报告、审计报告、工程结算报告、工程施工合同记载的内容相符。

② 房地产开发企业自购建筑材料时，自购建材费用是否重复计算扣除项目。

③ 参照当地当期同类开发项目单位平均建筑安装成本或当地建设部门公布的单位定额成本，验证建筑安装工程费支出是否存在异常。

④ 房地产开发企业采用自营方式自行施工建设的，还应当关注有无虚列、多列施工人工费、材料费、机械使用费等情况。

⑤ 建筑安装发票是否由项目所在地的税务机关开具。

(10) 审核开发间接费用时应当重点关注以下几项。

① 是否存在将企业行政管理部门(总部)、为组织和管理生产经营活动而发生的管理费用计入开发间接费用的情形。

② 开发间接费用是否真实发生，有无预提开发间接费用的情况，取得的凭证是否合法有效。

(11) 审核利息支出时应当重点关注以下几项。

① 是否将利息支出从房地产开发成本中调整至开发费用。

② 分期开发项目或者同时开发多个项目的，其取得的一般性贷款的利息支出，是否按照项目合理分摊。

③ 利用闲置专项借款对外投资取得的收益，其收益是否冲减利息支出。

(12) 代收费用的审核。

对于县级以上人民政府要求房地产开发企业在售房时代收的各项费用，审核其代收费用是否计入房价并向购买方一并收取；当代收费用计入房价时，审核有无将代收费用计入加计扣除以及房地产开发费用计算基数的情形。

(13) 依据国税发〔2006〕187号文件的规定，房地产开发企业开发建造的与清算项目配套的居委会和派出所用房、会所、停车场(库)、物业管理场所、变电站、热力站、水厂、文体场馆、学校、幼儿园、托儿所、医院、邮电通信等公共设施，按以下原则处理。

① 建成后产权属于全体业主所有的，其成本、费用可以扣除。

② 建成后无偿移交给政府、公用事业单位用于非营利性社会公共事业的，其成本、费用可以扣除。

③ 建成后有偿转让的，应计算收入，并准予扣除成本、费用。

④ 房地产开发企业销售已装修的房屋，其装修费用可以计入房地产开发成本。房地产开发企业的预提费用，除另有规定外，不得扣除。

(14) 关联方交易行为的审核。

在审核收入和扣除项目时，应重点关注关联企业交易是否按照公允价值和营业常规进行业务往来。应当关注企业大额应付款余额，审核交易行为是否真实。

(15) 纳税人委托中介机构审核鉴证的清算项目，主管税务机关应当采取适当方法对有关鉴证报告的合法性、真实性进行审核。对纳税人委托中介机构审核鉴证的清算项目，主管税务机关未采信或部分未采信鉴证报告的，应当告知其理由。

(16) 土地增值税清算审核结束，主管税务机关应当将审核结果书面通知纳税人，并确定办理补税、退税期限。

5. 核定征收

在土地增值税清算过程中，发现纳税人符合以下核定征收条件的，应按核定征收方式对房地产项目进行清算。

(1) 依照法律、行政法规的规定应当设置但未设置账簿的。

(2) 擅自销毁账簿或者拒不提供纳税资料的。

(3) 虽设置账簿，但账目混乱或者成本资料、收入凭证、费用凭证残缺不全，难以确定转让收入或扣除项目金额的。

(4) 符合土地增值税清算条件，但企业未按照规定的期限办理清算手续，经税务机关责令限期清算，逾期仍不清算的。

(5) 申报的计税依据明显偏低，又无正当理由的。

符合上述核定征收条件的，由主管税务机关发出核定征收的税务事项告知书后，税务人员对房地产项目开展土地增值税核定征收核查，经主管税务机关审核合议，通知纳税人申报缴纳应补缴税款或办理退税。对于分期开发的房地产项目，各期清算的方式应保持一致。

6. 其他

在土地增值税清算时未转让的房地产，清算后销售或有偿转让的，纳税人应按规定进行土地增值税的纳税申报，扣除项目金额按清算时的单位建筑面积成本费用乘以销售或转让面积计算，计算公式为

$$\text{单位建筑面积成本费用}=\text{清算时的扣除项目总金额}\div\text{清算的总建筑面积} \tag{8-14}$$

土地增值税清算资料应按照档案化管理的要求，妥善保存。

8.7 案例分析

【案例】某房地产开发公司2009年开发商品房对外出售，具体情况如下：公司营业税税率为5%，城市维护建设税税率为7%，教育费附加征收率为3%，印花税税率为0.5‰(已计入公司“管理费用”中)，企业所得税税率为25 %。当年收生如下业务：

(1) 按转让产权合同取得收入4 000万元；

(2) 支付取得土地使用权的金额800万元；

(3) 开发成本1 500万元；

(4) 开发费用250万元(当地政府规定开发费用的扣除比例为10%)。

以下为公司计算的应缴纳的有关税金。

应缴纳营业税=4 000×5%=200(万元)

应缴纳城市维护建设税=200×7%=14(万元)

应缴纳教育费附加=200×3%=6(万元)

应缴纳印花税=4 000×0.5‰=2(万元)

以下为公司计算的应缴纳的土地增值税。

扣除项目金额=800+1 500+250+222+(800+1 500)×20%=3 232(万元)

增值税=4 000−3 232=768(万元)

增值税=768÷3 232×100%≈24%

应缴纳土地增值税=768×30%−3 232×0=230.4(万元)

应缴纳企业所得税=(4 000−3 232−230.4)×25%=134.4(万元)

【要求】

(1) 根据上述核算资料，分析公司计算应缴纳的各种税费是否正确。如有错误，错在何处？

(2) 核定该公司应缴纳的各种税费是多少。

【答案】

公司自行计算应缴纳的营业税、城市维护建设税、教育费附加、印花税正确，土地增值税、企业所得税错误。

计算土地增值额时，其开发费用应按照当地政府规定的比例计算扣除，而企业按照实际数扣除。

按照规定，房地产开发公司缴纳的印花税，如已计入“管理费用”账户中，计算土地增值额时不再单独扣除；如果转让时印花税未计入“管理费用”，可扣除。

公司在计算企业所得税时，扣除金额中含有计算土地增值额时的加计扣除金额，加计扣除金额允许作为计算土地增值额时的扣除数，企业所得税的扣除项目中没有该项规定。

以下为核定的应缴纳的土地增值税、企业所得税。

(1) 土地增值税

扣除项目金额=800+1 500+(800+1 500)×10%+220+(800+1 500)×20%=3 210(万元)

增值额=4 000−3 210=790(万元)

增值率=790÷3 210×100%≈25%

应缴纳的土地增值税=790×30%−3 210×0=237(万元)

(2) 企业所得税

应纳税所得额=4 000-800-1 500-250-220-237=993(万元)

应缴纳的企业所得税=993×25%=248.25(万元)

本章小结

土地增值税以转让国有土地使用权、地上的建筑及其附着物并取得收入的单位和个人为纳税义务人，以转让房地产的增值额为计税依据，实行超率累进税率，并按次征收。由于土地增值税是以增值额作为计税依据，而增值额的确定又取决于转让收入和扣除项目，因此正确确定转让收入和扣除项目十分重要。需要注意的是，扣除项目的判定极为复杂，需要针对不同的对象确定具体的扣除内容。而且由于土地增值税选用的是超率累进税率制度，要计算增值率并根据不同的增值率选择不同的税率，从而正确确定应缴纳的税额。

课后练习题

一、计算问答题

1. 某房地产开发企业在计算土地增值税可扣除的房地产开发费用时，取得土地使用权所支付的金额为1 000万元，房地产开发成本为2 000万元；开发期间发生管理费用、销售费用、财务费用共计1 100万元；财务费用中的利息支出共计400万元，包括超过贷款期限的利息110万元及加收的罚息40万元，利息支出能够按转让房地产项目分摊且能提供金融机构贷款证明；管理费用中记载与转让房产有关的印花税3.5万元。省级人民政府确定的其他房地产开发费用扣除比例为5%。该企业在计算土地增值税时可扣除的房地产开发费用为多少万元？

2. 北京市某非房地产开发企业2014年11月转让一块位于市区的土地使用权，签订了产权转移书据，取得收入560万元。年初取得该土地使用权时支付地价款420万元，取得土地使用权时发生相关费用6万元。该企业转让土地使用权应纳土地增值税多少万元？

3. 某房地产开发企业建造一栋别墅出售，取得销售收入2 000万元(城建税税率为7%，教育费附加征收率为3%，地方教育附加征收率为2%)。建此别墅支付地价款和相关费用200万元，开发成本400万元，销售时缴纳印花税1万元，该企业利息支出无法准确按转让房地产项目计算分摊。已知该省政府规定的房地产开发费用扣除比例为10%。该企业应纳的土地增值税为多少万元？

4. 某公司销售一幢使用过的办公楼，取得销售收入500万元，该办公楼原价480万元，已提折旧300万元。经房地产评估机构评估，该楼重置成本价为800万元，成新度折扣率为五成，销售时缴纳相关税费30万元。该公司销售该办公楼应缴纳土地增值税多少万元？

二、综合题

1. 位于市区的某房地产开发公司2014年度开发一栋办公楼，支付地价款400万元，另支付相关税费12万元，支付耕地占用税70万元、基础设施费100万元、建筑安装工程费480万元，开发期间发生借款利息支出80万元(能取得金融机构贷款证明，但不能按转让房地产项目计算分摊)。开发完成后将其全部销售给位于同市的某工业企业，签订了销售合同，销售金额共计2 000万元。合同载明，工业企业以货币资金1 500万元和一宗价值500万元的未作任何开发的土地使用权作为支付额。该项土地使用权为工业企业2年前以420万元购入(含购入时缴纳的相关税费10万元)。2014年12月，工业企业支付了1 500万元的银行存款、办理了土地使用权产权转移手续，并按规定缴纳了印花税。已知当地省政府规定，房地产开发费用的扣除比例为8%。

要求：按下列顺序回答问题，每问需计算出合计数。

(1) 计算房地产开发公司在计算土地增值税时可扣除的开发费用。

(2) 计算房地产开发公司在计算土地增值税时可扣除的与转让房地产有关的税金。

(3) 计算房地产开发公司在计算土地增值税时扣除项目金额的合计数。

(4) 计算房地产开发公司应纳的土地增值税。

(5) 计算工业企业以土地使用权支付购买办公楼价款应缴纳的营业税金及附加。

(6) 计算工业企业以土地使用权支付购买办公楼价款应缴纳的土地增值税。

2. 位于某县的甲房地产开发公司于2012年1月—2015年3月开发高档住宅楼项目，发生以下相关业务。

(1) 2012年1月，通过竞拍获得一宗国有土地使用权，合同记载地价款15 000万元，并规定2012年3月1日动工开发。由于公司资金短缺，于2013年5月才开始动工。因超过期限1年未进行开发建设，被政府相关部门按照规定征收土地受让总价款20%的土地闲置费。

(2) 支付拆迁补偿费、前期工程费、公共配套设施费和间接开发费用合计900万元。

(3) 2014年6月，该项目竣工验收，应支付建筑企业工程总价款3 200万元。根据合同约定当期实际支付价款为总价款的95%，剩余5%作为质量保证金留存2年，建筑企业按照实际收取的价款开具了相关发票。

(4) 2014年7月，对项目进行精装修，支付装修公司装修费1 100万元。

(5) 发生销售费用、管理费用750万元；向商业银行借款的利息支出140万元，其中含超过贷款期限的利息和罚息20万元，该利息支出能够按项目合理分摊并能提供金融机构证明。

(6) 2014年8月开始销售，可售建筑面积共计45 000平方米。截至2014年11月底销售90%，取得收入60 750万元；剩余10%部分尚未销售，该房地产开发公司按照税务机关要求办理了土地增值税清算。

(7) 2015年3月底，公司将剩余的10%房屋打包销售，收取价款5 400万元。

(其他相关资料：当地适用的契税税率为5%；其他开发费用扣除比例为5%)

要求：根据上述资料，计算并回答下列问题，每问需计算出合计数。

(1) 计算2014年11月进行土地增值税清算时可扣除的取得土地使用权支付的金额。

(2) 计算2014年11月进行土地增值税清算时可扣除的开发成本。

(3) 计算2014年11月进行土地增值税清算时可扣除的开发费用。

(4) 计算2014年11月进行土地增值税清算时可扣除的营业税金及附加。

(5) 计算2014年11月进行土地增值税清算时的增值额。

(6) 计算2014年11月进行土地增值税清算时应缴纳的土地增值税。

(7) 计算2015年3月公司打包销售剩余10%房屋的单位建筑面积成本费用。

(8) 计算2015年3月公司打包销售剩余10%房屋的土地增值税。

第9章 城镇土地使用税法与耕地占用税法

本章要点提示

- 城镇土地使用税法
- 耕地占用税法
- 城镇土地使用税法与耕地占用税法的基本原理
- 城镇土地使用税与耕地占用税应纳税额的计算

9.1 城镇土地使用税法

城镇土地使用税法是指国家制定的调整城镇土地使用税征收与缴纳之间权利及义务关系的法律规范。现行城镇土地使用税法的基本规范，是2006年12月31日国务院修订并颁布的《中华人民共和国城镇土地使用税暂行条例》(以下简称《城镇土地使用税暂行条例》)，自2007年1月1日起施行。该法规提高了城镇土地使用税税额标准，将征税范围扩大到外商投资企业和外国企业，对统一税制、公平税负、拓宽税基和增加地方财政收入起到了积极作用。

9.1.1 城镇土地使用税的基本原理

1. 城镇土地使用税的概念

城镇土地使用税是以开征范围内的土地为征税对象，以实际占用的土地面积为计税依据，按规定税额对拥有土地使用权的单位和个人征收的一种税。

开征城镇土地使用税，有利于通过经济手段加强对土地的管理，变土地的无偿使用为有偿使用，促进合理、节约使用土地，提高土地使用效率；有利于适当调节不同地区、不同地段之间的土地级差收入，促进企业加强经济核算，理顺国家与土地使用者之间的分配关系。

2. 城镇土地使用税的特点

(1) 对占用土地的行为征税。广义上，土地是一种财产，对土地课税在国外属于财产税。但是，我国《宪法》规定，城镇土地的所有权归国家，单位和个人对占用的土地只有使用权。因此，现行的城镇土地使用税实质上是对占用土地资源或行为课税，属于准财产税，而非严格意义上的财产税。

(2) 征税对象是土地。我国《宪法》明确规定，城镇土地的所有权归国家，单位和个人对占用的土地只有使用权而无所有权。国家既可以凭借财产权利对土地使用人获取的收益进行分配，又可以凭借政治权力对土地使用者进行征税。开征城镇土地使用税，实质上是国家运用政治权力，将纳税人获取的本应属于国家的土地收益集中到国家手中。

(3) 征税范围有所限定。现行城镇土地使用税的征税范围限定在城市、县城、建制镇、工矿区。上述范围之外的土地不属于城镇土地使用税的征税范围。城镇土地使用税在筹集地方财政资金、调节土地使用和收益分配方面，发挥了积极作用。

(4) 实行差别幅度税额。开征城镇土地使用税的目的之一，在于调节土地的级差收入，而级差收入的产生主要取决于土地的位置。占有土地位置优越的纳税人可以节约运输和流通费用，扩大销售和经营规模，取得额外的经济收益。为了有利于体现国家政策，城镇土地使用税实行差别幅度税额。对不同城镇适用不同税额，对同一城镇的不同地段，根据市政建设状况和经济繁荣程度也确定不等的负担水平。

3. 城镇土地使用税的立法意义

(1) 促进合理、节约使用土地。土地是一种宝贵的自然资源。我国虽然幅员辽阔，但人均占有土地面积并不宽裕。过去，我国对非农业用地基本都采取行政划拨、无偿使用的办法，造成大量土地资源的浪费。开征城镇土地使用税后，国有土地不再由单位和个人无偿使用，而要按规定向国家纳税。由于土地使用税的负担是按城市大小和所处地区经济繁荣程度确定的，因此，单位和个人多占地、占好地就要多纳税，少占地、占差地就少纳税，这样能够促进企业合理配置土地和节约使用土地。

(2) 调节土地级差收入，鼓励平等竞争。在我国目前的市场经济条件下，影响企业效益的客观因素很多。其中，地理位置的好坏是影响企业运输成本、流通费用高低，进而影响企业利润率高低的重要因素之一。由于土地级差收入的获得与企业自身经营状况无关，如果对此不征税，则既不利于企业经济核算，也无法对企业的主观经营成果进行比较。开征城镇土地使用税，将土地的级差收入纳入国家财政，不仅有利于理顺国家和土地使用者的分配关系，而且为企业公平竞争创造了条件。

(3) 广集财政资金，完善地方税收体系。城镇土地使用税是地方税，它的税收收入归地方政府支配，是地方财政收入的一个稳定来源。同时，由于城镇土地使用税在所有大、中、小城市收和县城、建制镇、工矿区开征，因此涉及面广、收入额较大，这就为建立和完善地方税收体系创造了条件。

9.1.2 城镇土地使用税的纳税义务人

在城市、县城、建制镇、工矿区范围内使用土地的单位和个人，为城镇土地使用税(以下简称土地使用税)的纳税人。

所称单位，包括国有企业、集体企业、私营企业、股份制企业、外商投资企业、外国企业以及其他企业和事业单位、社会团体、国家机关、军队以及其他单位；所称个人，包括个体工商户以及其他个人。

城镇土地使用税的纳税人通常包括以下几类。

(1) 拥有土地使用权的单位和个人为纳税人。

(2) 拥有土地使用权的单位和个人不在土地所在地的，其土地的实际使用人和代管人为纳税人。

(3) 土地使用权未确定或权属纠纷未解决的，其实际使用人为纳税人。

(4) 土地使用权共有的，共有各方都是纳税人，由共有各方分别纳税。

几个人或几个单位共同拥有一块土地的使用权，这块土地的城镇土地使用税的纳税人应是对这块土地拥有使用权的每一个人或每一个单位。他们应以其实际使用的土地面积占总面积的比例，分别计算缴纳土地使用税。例如，某城市的甲与乙共同拥有一块土地的使用权，这块土地面积为1 500平方米，甲实际使用1/3，乙实际使用2/3，则甲应是其所占的500平方米(1 500×1/3)土地的城镇土地使用税的纳税人，乙是其所占的1 000平方米(1 500×2/3)土地的城镇土地使用税的纳税人。

9.1.3　城镇土地使用税的征税范围

城镇土地使用税的征税范围，包括城市、县城、建制镇和工矿区。上述城市、县城、建制镇和工矿区分别按以下标准确认。

(1) 城市是指经国务院批准设立的市，其征税范围包括市区和郊区。

(2) 县城是指县人民政府所在地，其征税范围为县人民政府所在地的城镇。

(3) 建制镇是指经省、自治区、直辖市人民政府批准设立的，其征税范围一般为镇人民政府所在地。

(4) 工矿区是指工商业比较发达、人口比较集中的大中型工矿企业所在地，工矿区的设立必须经省、自治区、直辖市人民政府批准。

9.1.4　城镇土地使用税应纳税额的计算

1. 计税依据

城镇土地使用税以纳税人实际占用的土地面积为计税依据，土地面积计量标准为每平方米，即税务机关根据纳税人实际占用的土地面积，按照规定的税额计算应纳税额，向纳税人征收土地使用税。

纳税人实际占用的土地面积按下列办法确定。

(1) 由省、自治区、直辖市人民政府确定的单位组织测定土地面积的，以测定的面积为准。

(2) 尚未组织测量，但纳税人持有政府部门核发的土地使用证书的，以证书确认的土地面积为准。

(3) 尚未核发土地使用证书的，应由纳税人申报土地面积，据以纳税，待核发土地使用证以后再作调整。

2. 税率

城镇土地使用税采用定额税率，即采用有幅度的差别税额，按大、中、小城市和县城、建制镇、工矿区分别规定每平方米土地使用税年应纳税额，具体标准如下所述。

(1) 大城市，1.5～30元。

(2) 中等城市，1.2～24元。

(3) 小城市，0.9～18元。

(4) 县城、建制镇、工矿区，0.6～12元。

大、中、小城市以公安部门登记在册的非农业正式户口人数为依据，按照国务院颁布的《城市规划条例》中规定的标准划分。人口在50万以上者为大城市；人口在20万～50万者为中等城市；人口在20万以下者为小城市。城镇土地使用税税率，如表9-1所示。

表9-1　城镇土地使用税税率

级别	人口	每平方米税额/元/年
大城市	50万人以上	1.5～30

(续表)

级别	人口	每平方米税额/元/年
中等城市	20万～50万人	1.2～24
小城市	20万人以下	0.9～18
县城、建制镇、工矿区		0.6～12

各省、自治区、直辖市人民政府可根据市政建设情况和经济繁荣程度在规定税额幅度内，确定所辖地区的适用税额幅度。经济落后地区，土地使用税的适用税额标准可适当降低，但降低额不得超过上述规定最低税额的30%。经济发达地区的适用税额标准可以适当提高，但需报财政部批准。

土地使用税幅度税额的确定主要考虑我国各地区存在悬殊的土地级差收益，同一地区内不同地段的市政建设情况和经济繁荣程度也有较大的差别。把土地使用税税额定为幅度税额，拉开档次，而且每个幅度税额的差距规定为20倍。这样，各地政府在划分本辖区不同地段的等级、确定适用税额时，有选择余地，便于具体划分和确定。幅度税额还可以调节不同地区、不同地段之间的土地级差收益，尽可能地平衡税负。

3. 应纳税额的计算方法

城镇土地使用税的应纳税额可以通过纳税人实际占用的土地面积乘以该土地所在地段的适用税额求得，计算公式为

全年应纳税额=实际占用应税土地面积(平方米)×适用税额 (9-1)

【例9-1】假设在某城市的一家企业使用土地面积为10 000平方米，经税务机关核定，该土地为应税土地，每平方米年税额为4元。请计算其全年应纳的土地使用税税额。

【答案】全年应纳土地使用税税额=10 000×4=40 000(元)

9.1.5 城镇土地使用税的税收优惠

1. 基本规定

城镇土地使用税减免税收优惠的基本规定有以下几个。

1) 国家机关、人民团体、军队自用的土地

(1) 人民团体是指经国务院授权的政府部门批准设立或登记备案，并由国家拨付行政事业费的各种社会团体。

(2) 国家机关、人民团体、军队自用的土地，是指这些单位自身的办公用地和公务用地。

2) 由国家财政部门拨付事业经费的单位自用的土地

(1) 由国家财政部门拨付事业经费的单位，是指由国家财政部门拨付经费、实行全额预算管理或差额预算管理的事业单位，不包括实行自收自支、自负盈亏的事业单位。

(2) 事业单位自用的土地，是指这些单位本身的业务用地。

(3) 企业办的学校、医院、托儿所、幼儿园，其用地能与企业其他用地明确区分的，可以比照由国家财政部门拨付事业经费的单位自用的土地，免征城镇土地使用税。

3) 宗教寺庙、公园、名胜古迹自用的土地

(1) 宗教寺庙自用的土地，是指举行宗教仪式等的用地和寺庙内的宗教人员生活用地。

(2) 公园、名胜古迹自用的土地，是指供公共参观游览的用地及其管理单位的办公用地。

(3) 公园、名胜古迹中附设的营业场，如影剧院、饮食部、茶社、照相馆等用地，应征收

城镇土地使用税。

4) 市政街道、广场、绿化地带等公共用地

非社会性的公共用地不能免税，如企业内的广场、道路、绿化等占用的土地。

5) 直接用于农、林、牧、渔业的生产用地

直接用于农、林、牧、渔业的生产用地指直接参与从事种植、养殖、饲养的专业用地。农副产品加工厂占地和从事农、林、牧、渔业生产单位的生活、办公用地不包括在内。

6) 开山填海整治的土地

自行开山填海整治的土地和改造的废弃土地，从使用的月份起免缴城镇土地使用税5~10年。开山填海整治的土地是指纳税人经有关部门批准后自行填海整治的土地，不包括纳税人通过出让、转让、划拨等方式取得的已填海整治的土地。

7) 由财政部另行规定免税的能源、交通、水利用地和其他用地

此外，个人所有的居住房屋及院落用地，房产管理部门在房租调整改革前经租的居民住房用地，免税单位职工家属的宿舍用地，民政部门举办的安置残疾人占一定比例的福利工厂用地，集体和个人举办的各类学校、医院、托儿所、幼儿园用地等的征免税，由各省、自治区、直辖市税务局确定。

2. 特殊规定

城镇土地使用税减免税收优惠的特殊规定包括以下内容。

1) 城镇土地使用税与耕地占用税的征税范围衔接

为避免对一块土地同时征收耕地占用税和城镇土地使用税，税法规定，凡是缴纳了耕地占用税的，从批准征用之日起满1年后征收城镇土地使用税；征用非耕地因不需要缴纳耕地占用，应自批准征用之次月起征收城镇土地使用税。

2) 免税单位与纳税单位之间无偿使用的土地

对免税单位无偿使用纳税单位的土地(如公安、海关等单位使用铁路、民航等单位的土地)，免征城镇土地使用税；对纳税单位无偿使用免税单位的土地，纳税单位应照章缴纳城镇土地使用税。

3) 房地产开发公司开发建造商品房的用地

房地产开发公司开发建造商品房的用地，除经批准开发建设经济适用房的用地外，对各类房地产开发用地一律不得减免城镇土地使用税。

4) 基建项目在建期间的用地

对基建项目在建期间使用的土地，原则上应征收城镇土地使用税。但对有些基建项目，特别是国家产业政策扶持发展的大型基建项目，占地面积大，建设周期长，在建期间又没有经营收入，为了照顾其实际情况，对纳税人纳税确有困难的，可由各省、自治区、直辖市税务局根据具体情况予以免征或减征城镇土地使用税；对已经完工或已经使用的建设项目，其用地应照章征收城镇土地使用税。

5) 城镇内的集贸市场(农贸市场)用地

城镇内的集贸市场(农贸市场)用地，按规定应征收城镇土地使用税。为了促进集贸市场的发展及照顾各地的不同情况，各省、自治区、直辖市税务局可根据具体情况，自行确定对农贸市场用地征收或者免征城镇土地使用税。

自2013年1月1日至2015年12月31日，对专门经营农产品的农产品批发市场、农贸市场使用的房产、土地，免征城镇土地使用税。对同时经营其他产品的农产品批发市场和农贸市场使用

的房产、土地，按其他产品与农产品交易场地面积的比例确定免征城镇土地使用税。

6) 防火、防爆、防毒等安全防范用地

对于各类危险品仓库、厂房所需的防火、防爆、防毒等安全防范用地，可由各省、自治区、直辖市税务局确定，暂免征收城镇土地使用税；对仓库库区、厂房本身用地，应依法征收城镇土地使用税。

7) 关闭、撤销的企业占地

企业关闭、撤销后，其占地未作他用的，经各省、自治区、直辖市税务局批准，可暂免征收城镇土地使用税；如土地转让给其他单位使用或企业重新用于生产经营的，应依照规定征收城镇土地使用税。

8) 搬迁企业的用地

(1) 自2004年7月1日起，企业搬迁后原场地不使用的、企业范围内荒山等尚未利用的土地，免征城镇土地使用税。免征税额由企业在申报缴纳城镇土地使用税时自行计算扣除，并在申报表附表或备注栏中作相应说明。

(2) 对搬迁后原场地不使用的和企业范围内荒山等尚未利用的土地，凡企业申报暂免征收城镇土地使用税的，应事先向土地所在地的主管税务机关报送有关部门的批准文件或认定书等相关证明材料，以备税务机关查验。具体报送材料由各省、自治区、直辖市和计划单列市地方税务局确定。

(3) 企业按上述规定暂免征收城镇土地使用税的土地开始使用时，应从使用的次月起自行计算和申报缴纳城镇土地使用税。

(4) 税务机关要加强城镇土地使用税的税源管理，摸清纳税人的土地使用状况，并设立城镇土地使用税税源管理台账。有条件的地方要充分利用信息化手段，建立城镇土地使用税信息管理系统，及时掌握企业有关城镇土地使用税的申报、纳税、免税情况，加强税源管理。

(5) 税务机关应对上述暂免征收城镇土地使用税的土地进行调查核实，如发现虚假情况，应按《税收征管法》的有关规定处理。

9) 企业的铁路专用线、公路等用地

对企业的铁路专用线、公路等用地，除另有规定外，在企业厂区(包括生产、办公及生活区)以内的，应照章征收城镇土地使用税；在厂区以外、与社会公用地段未加隔离的，暂免征收城镇土地使用税。

10) 企业范围内的荒山、林地、湖泊等占地

对企业范围内的荒山、林地、湖泊等占地，尚未利用的，经各省、自治区、直辖市税务局审批，可暂免征收城镇土地使用税。

11) 企业的绿化用地

对企业厂区(包括生产、办公及生活区)绿化用地，应照章征收城镇土地使用税；厂区以外的公共绿化用地和向社会开放的公园用地，暂免征收城镇土地使用税。

12) 中国石油天然气总公司所属单位用地

(1) 下列油气生产建设用地暂免征收城镇土地使用税。

① 石油地质勘探、钻井、井下作业、油田地面工程等施工临时用地。

② 各种采油(气)井、注水(气)井、水源井用地。

③ 油田内办公区、生活区以外的公路、铁路专用线及输油(气、水)管道用地。

④ 石油长输管线用地。

⑤ 通信、输变电线路用地。

(2) 在城市、县城、建制镇以外工矿区内的下列油气生产、生活用地，暂免征收城镇土地使用税。

① 与各种采油(气)井相配套的地面设施用地，包括油气采集、计量、接转、储运、装卸、综合处理等各种站的用地。

② 与注水(气)井相配套的地面设施用地，包括配水、取水、转水以及供气、配气、压气、气举等各种站的用地。

③ 供(配)电、供排水、消防、防洪排涝、防风、防沙等设施用地。

④ 职工和家属居住的简易房屋、活动板房、野营房、帐篷等用地。

除以上列举免税的土地外，其他在开征范围内的油气生产及办公、生活区用地，均应依照规定征收城镇土地使用税。

13) 林业系统用地

(1) 对林区的育林地、运材道、防火道、防火设施用地，免征城镇土地使用税。

(2) 林业系统的森林公园、自然保护区，可比照公园免征城镇土地使用税。

(3)林业系统的林区贮木场、水运码头用地，原则上应按税法规定缴纳城镇土地使用税，考虑林业系统目前的困难，为扶持其发展，暂予免征城镇土地使用税。

除上述列举免税的土地外，对林业系统的其他生产用地及办公、生活区用地，均应征收城镇土地使用税。

14) 盐场、盐矿用地

(1) 对盐场、盐矿的生产厂房、办公、生活区用地，应照章征收城镇土地使用税。

(2) 盐场的盐滩、盐矿的矿井用地，暂免征收城镇土地使用税。

(3) 对盐场、盐矿的其他用地，由各省、自治区、直辖市税务局根据实际情况，确定征收城镇土地使用税或给予定期减征、免征的照顾。

15) 矿山企业用地

(1) 矿山的采矿场、排土场、尾矿库、炸药库的安全区，以及运矿运岩公路、尾矿输送管道及回水系统用地，免征城镇土地使用税。

(2) 对位于城镇土地使用税征税范围内的煤炭企业已取得土地使用权，未利用的塌陷地，自2006年9月1日起恢复征收城镇土地使用税。

除上述规定外，对矿山企业的其他生产用地及办公、生活区用地，均应征收城镇土地使用税。

16) 电力行业用地

(1) 火电厂厂区围墙内的用地，均应征收城镇土地使用税。对厂区围墙外的灰场、输灰管、输油(气)管道、铁路专用线用地，免征城镇土地使用税；厂区围墙外的其他用地，应照章征税。

(2) 水电站的发电厂房用地(包括坝内、坝外式厂房)，生产、办公、生活用地，应征收城镇土地使用税；对其他用地给予免税照顾。

(3) 对供电部门的输电线路用地、变电站用地，免征城镇土地使用税。

17) 水利设施用地

(1) 水利设施及其管扩用地(如水库库区、大坝、堤防、灌渠、泵站等用地)，免征城镇土地使用税；其他用地，如生产、办公、生活用地，应照章征税。

(2) 对兼有发电功能的水利设施用地的城镇土地使用税的征免，具体办法比照电力行业免征城镇土地使用税的有关规定办理。

18) 核工业总公司所属企业用地

(1) 对生产核系列产品的厂矿，为照顾其特殊情况，除生活区、办公区用地应依照规定征收城镇土地使用税外，其他用地暂免征收城镇土地使用税。

(2) 对除生产核系列产品厂矿以外的其他企业，如仪表企业、机械修造企业、建筑安装企业等，应依照规定征收城镇土地使用税。上述企业纳税确有困难，需要给予照顾的，可由企业向所在地的税务机关提出减免申请，经省、自治区、直辖市税务局审核后，报国家税务总局核批。

19) 中国海洋石油总公司及其所属公司用地

下列用地暂免征收城镇土地使用税。

(1) 导管架、平台组块等海上结构和建造用地。

(2) 码头用地。

(3) 输油气管线用地。

(4) 通信天线用地。

(5) 办公、生活区以外的公路、铁路专用线、机场用地。

除上述列举免税的土地外，其他在开征范围内的油气生产及办公、生活区用地，均应依照规定征收土地使用税。

20) 交通部门港口用地

(1) 对港口的码头(即泊位，包括岸边码头、伸入水中浮码头、堤岸、堤坝、栈桥等)用地，免征城镇土地使用税。

(2) 对港口的露天堆货场用地，原则上应征收城镇土地使用税。企业纳税确有困难的，可由各省、自治区、直辖市税务局根据实际情况，给予定期减征或免征城镇土地使用税的照顾。

除上述规定外，港口的其他用地，应按规定征收城镇土地使用税。

21) 民航机场用地

(1) 机场飞行区(包括跑道、滑行道，停机坪、安全带、夜航灯光区)用地、场内外通信导航设施用地和飞行区四周排水防洪设施用地，免征城镇土地使用税。

(2) 在机场道路中，场外道路用地免征城镇土地使用税，场内道路用地依照规定征收城镇土地使用税。

(3) 机场工作区(包括办公、生产和维修用地及候机楼、停车场)用地、生活区用地、绿化用地，均需依照规定征收城镇土地使用税。

22) 司法部所属劳改劳教单位用地

(1) 少年犯管教所的用地和由国家财政部门拨付事业经费的劳教单位自用的土地，免征城镇土地使用税。

(2) 劳改单位及经费实行自收自支的劳教单位的工厂、农场等，凡属于管教或生活用地，例如办公室、警卫室、职工宿舍、犯人宿舍、储藏室、食堂、礼堂、图书室、阅览室、浴室、理发室、医务室、建筑物用地及其周围土地，均免征城镇土地使用税。

(3) 对监狱用地，若主要用于关押犯人，只有极少部分用于生产经营的，可从宽把握，免征城镇土地使用税。

(4) 劳改劳教单位警戒围墙外的其他生产经营用地，应照章征收城镇土地使用税。

23) 老年服务机构自用的土地

老年服务机构是指专门为老年人提供生活照料、文化、护理、健身等多方面服务的福利性、非营利性的机构，主要包括：老年社会福利院、敬老院(养老院)、老年服务中心、老年公寓(含老年护理院、康复中心、托老所)等。

24) 邮政部门的土地

对邮政部门坐落在城市、县城、建制镇、工矿区范围内的土地，应当依法征收城镇土地使用税；对坐落在城市、县城、建制镇、工矿区范围以外的，尚在县邮政局内核算的土地，在单位财务账中划分清楚的，从2001年1月1日起不再征收城镇土地使用税。

25) 对国家石油储备基地第一期项目建设过程中涉及的城镇土地使用税予以免征

26) 供热企业自用土地

(1) 《财政部 国家税务总局关于供热企业税收问题的通知》(财税〔2004〕28号)规定暂免征收房产税和城镇土地使用税的“供热企业”，是指向居民供热并向居民收取采暖费的企业，包括专业供热企业、兼营供热企业、单位自供热及为小区居民供热的物业公司等，不包括从事热力生产但不直接向居民供热的企业。

(2) 免征房产税和城镇土地使用税的“生产用房”和“生产占地”，是指上述企业为发达地区居民供热所使用的厂房及土地。对既向发达地区居民供热，又向非居民供热的企业，可按向居民供热收取的收入占其总供热收入的比例划分征免税界限；对于兼营供热的企业，可按向居民供热收取的收入占其生产经营总收入的比例划分征免税界限。

27) 国家天然林保护工程自用的土地

自2004年1月1日至2010年12月31日，对长江上游、黄河中上游地区，东北、内蒙古等国有林区天然林资源保护工程实施企业和单位用于天然林保护工程的土地免征城镇土地使用税。对上述企业和单位用于天然林资源保护工程以外的其他生产经营活动的土地仍按规定征收城镇土地使用税；对由于国家实行天然林资源保护工程造成森工企业的土地闲置一年以上不用的，暂免征收城镇土地使用税；闲置房产和土地用于出租或企业重新用于天然林资源保护工程之外的其他生产经营的，应依照规定征收城镇土地使用税。免税土地应单独划分，与其他应税土地划分不清的，应按规定征税。

自2011年1月1日至2020年12月31日，对天然林保护工程的土地继续免征城镇土地使用税。

28) 人民银行自用的土地

对行使国家管理职能的中国人民银行总行(含国家外汇管理局)及其所属分支机构自用的土地，免征土地使用税。

29) 铁路行业自用的土地

继续免征城镇土地使用税的铁道部所属铁路运输企业的范围包括：铁路局、铁路分局(包括客货站、编组站、车务、机务、工务、电务、水电、车辆、供电、列车、客运段)、中铁集装箱运输有限责任公司、中铁特货运输有限责任公司、中铁行包快递有限责任公司、中铁快运有限公司。地方铁路运输企业自用的房产、土地应缴纳的城镇土地使用税，比照原铁道部所属铁路运输企业的政策执行。

30) 国家直属储备粮、棉、糖、肉、盐库自用土地

对中储粮总公司及其直属粮库经营储备粮(油)业务自用的房产土地，中储棉总公司及其直属棉库经营中央储备棉业务自用的房产土地，华商中心、国家储备糖库、国家储备肉库在经营中央储备糖、肉业务自用的房产，中国盐业总公司国家直属储备盐库经营中央储备盐业务自用

的房产、土地，自2006年1月1日起至2012年12月31日免征城镇土地使用税。

31) 核电站和廉租房用地

(1) 对核电站的核岛、常规岛、辅助厂房和通信设施用地(不包括地下线路用地)，生产、办公用地按规定征收城镇土地使用税，其他用地免征城镇土地使用税。对核电站应税土地在基建期内减半征收城镇土地使用税。

(2) 对廉租住房、经济适用住房建设用地，以及廉租住房经营管理单位按照政府规定的价格向规定的保障对象出租的廉租住房用地，免征城镇土地使用税。

(3) 开发商在经济适用住房、商品住房项目中配套建造廉租住房，在商品住房项目中配套建造经济适用住房，如能提供政府部门出具的相关材料，可按廉租住房、经济适用住房建筑面积占总建筑面积的比例免征开发商应缴纳的城镇土地使用税。

32) 农村饮水工程用地

对为农村居民提供生活用水而建设的供水工程运营管理单位的生产、办公用地，自2011年1月1日至2015年12月31日，免征城镇土地使用税。对既向城镇居民供水又向农村发达地区居民供水的饮水工程运营管理单位，依据向农村发达地区居民供水量占总供水量的比例免征城镇土地使用税。

33) 物流企业大宗商品仓储设施用地

根据《财政部 国家税务总局关于继续实施物流企业大宗商品仓储设施用地城镇土地使用税优惠政策的通知》(财税〔2017〕33号)的规定，自2017年1月1日起至2019年12月31日止，对物流企业自有的(包括自用和出租)大宗商品仓储设施用地，减按所属土地等级适用税额标准的50%计征城镇土地使用税。

减税政策中所称物流企业，是指至少从事仓储或运输一种经营业务，为工农业生产、流通、进出口和居民生活提供仓储、配送等第三方物流服务，实行独立核算、独立承担民事责任，并在工商部门注册登记为物流、仓储或运输的专业物流企业。

大宗商品仓储设施，是指同一仓储设施占地面积在6000平方米及以上，且主要储存粮食等农产品和农业生产资料、矿产品和工业原材料的仓储设施。

仓储设施用地，包括仓库库区内的各类仓房(含配送中心)等储存设施和铁路专用线等物流作业配套设施的用地。

3. 办理困难减免审批项目管理层级问题

(1) 纳税人缴纳城镇土地使用税确有困难(含遭受自然灾害)需要减税免税的，不再报国家税务总局审批。

(2) 自2004年7月1日起，纳税人办理城镇土地使用税困难减免税须提出书面申请并提供相关情况材料，报主管地方税务机关审核后，由省、自治区、直辖市和计划单列市地方税务局审批。城镇土地使用税减免税审批权限应集中在省级(含计划单列市)地方税务机关，不得下放。

(3) 各省、自治区、直辖市和计划市地方税务部门在办理减免税审批时，应当按照国家产业政策、土地管理的有关规定和企业的实际情况严格把关。对国家限制发展的行业、占地不合理的企业，一般不予减税免税；对国家不鼓励发展，以及非客观原因发生纳税困难的，原则上也不给予减税免税；其他情况确实需要减税免税的，应当认真核实情况，从严掌握。

(4) 各地要结合本地实际情况，按照提高审批效率、强化服务管理的要求，制定和规范城镇土地使用税减免税程序和管理办法，并报国家税务总局备案。

9.1.6 城镇土地使用税的征收管理

1. 纳税期限

城镇土地使用税实行按年计算、分期缴纳的征收方法，具体纳税期限由省、自治区、直辖市人民政府确定。各省、自治区、直辖市税务机关结合当地情况，一般分别确定按月、季、半年或一年等不同的期限缴纳。

2. 纳税义务发生时间

(1) 纳税人购置新建商品房，自房屋交付使用次月起，缴纳城镇土地使用税。

(2) 纳税人购置存量房，自办理房屋权属转移、变更登记手续，房地产权属登记机关签发房屋权属证书次月起，缴纳城镇土地使用税。

(3) 纳税人出租、出借房产，自交付出租、出借房产次月起，缴纳城镇土地使用税。

(4) 以出让或转让方式有偿取得土地使用权的，应由受让方从合同约定交付土地时间的次月起缴纳城镇土地使用税；合同未约定交付时间的，由受让方从合同签订的次月起缴纳城镇土地使用税。

(5) 纳税人新征用的耕地，自批准征用之日起满一年时开始缴纳土地使用税。

(6) 纳税人新征用的非耕地，自批准征用次月起缴纳土地使用税。

(7) 自2009年1月1日起，纳税人因土地的权利发生变化而依法终止城镇使用税纳税义务的，其应纳税款的计算应截止到土地权利发生变化的当月末。

3. 纳税地点和征收机构

城镇土地使用税在土地所在地缴纳。

纳税人使用的土地不属于同一省、自治区、直辖市管辖的，由纳税人分别向土地所在地的税务机关缴纳土地使用税；在同一省、自治区、直辖市管辖范围内，纳税人跨地区使用的土地，其纳税地点由各省、自治区、直辖市地方税务局确定。

土地使用税由土地所在地的地方税务机关征收，其收入纳入地方财政管理。土地使用税征收工作涉及面广，政策性较强，在税务机关负责征收的同时，还必须注意加强同国土管理、测绘等有关部门的联系，及时取得土地的权属资料，沟通情况，共同协作把征收管理工作做好。

9.2 耕地占用税法

耕地占用税法是指国家制定的调整耕地占用税征收与缴纳之间权利及义务关系的法律规范。现行耕地占用税法的基本规范，是2007年12月1日重新颁布的《中华人民共和国耕地占用税暂行条例》国务院第511号令(以下简称《耕地占用税暂行条例》)。2008年2月26日，财政部、国家税务总局公布了《中华人民共和国耕地占用税暂行条例实施细则》。

9.2.1 耕地占用税的基本原理

1. 耕地占用税的概念

耕地占用税是对占用耕地建房或从事其他非农业建设的单位和个人，就其实际占用的耕地面积征收的一种税，它属于对特定土地资源占用课税。

耕地是土地资源中最重要的组成部分，是农业生产最基本的生产资料。我国人口众多，耕地资源相对较少，要用占世界总量7%的耕地，养活占世界总量22%的人口，人多地少的矛盾十分突出。因此，我们必须十分注意保护耕地。但由于过去长期实行非农业用地无偿使用制度，助长了乱占耕地的行为，浪费了大量的耕地，也加剧了地少人多的矛盾。为了遏止并逐步改变这种状况，政府决定开征耕地占用税，运用税收经济杠杆与法律、行政等手段相配合，以便有效地保护耕地。通过开征耕地占用税，使那些占用耕地建房及从事其他非农业建设的单位和个人承担必要的经济责任，有利于政府运用税收经济杠杆调节他们的经济利益，从而也可引导他们节约、合理地使用耕地资源。这对于保护国土资源，促进农业可持续发展，以及强化耕地管理，保护农民的切身利益等，都具有十分重要的意义。

2. 耕地占用税的特点

耕地占用税作为一个出于特定目的、对特定的土地资源课征的税种，与其他税种相比，具有比较鲜明的特点，主要表现在以下几个方面。

(1) 兼具资源税与特定行为税的性质。耕地占用税以占用农用耕地建房或从事其他非农用建设的行为为征税对象，以约束纳税人占用耕地的行为、促进土地资源的合理运用为课征目的，除具有资源占用税的属性外，还具有明显的特定行为税的特点。

(2) 采用地区差别税率。耕地占用税采用地区差别税率，根据不同地区的具体情况，分别制定差别税额，以适应我国地域辽阔、各地区之间耕地质量差别较大、人均占有耕地面积相差悬殊的具体情况，具有因地制宜的特点。

(3) 在占用耕地环节一次性课征。耕地占用税在纳税人获准占用耕地的环节征收，除对获准占用耕地后超过两年未使用者需加征耕地占用税外，此后不再征收耕地占用税。因而，耕地占用税具有一次性征收的特点。

(4) 税收收入专用于耕地开发与改良。耕地占用税收入按规定应用于建立发展农业专项基金，主要用于开展宜耕土地开发和改良现有耕地，因此，具有“取之于地、用之于地”的补偿性特点。

9.2.2 耕地占用税的纳税义务人

耕地占用税的纳税义务人，是占用耕地建房或从事非农业建设的单位和个人。

所称单位，包括国有企业、集体企业、私营企业、股份制企业、外商投资企业、外国企业以及其他企业，和事业单位、社会团体、国家机关、军队以及其他单位；所称个人，包括个体工商户以及其他个人。

9.2.3 耕地占用税的征税范围

耕地占用税的征税范围包括纳税人为建房或从事其他非农业建设而占用的国家所有和集体所有的耕地。

所谓耕地是指种植农业作物的土地，包括菜地、园地。其中，园地包括花圃、苗圃、茶园、果园、桑园和其他种植经济林木的土地。

占用鱼塘及其他农用土地建房或从事其他非农业建设，也视同占用耕地，必须依法征收耕地占用税。占用已开发从事种植、养殖的滩涂、草场、水面和林地等从事非农业建设，由省、自治区、直辖市本着有利于保护土地资源和生态平衡的原则，结合具体情况确定是否征收耕地占用税。

此外，在占用之前3年内属于上述范围的耕地或农用土地，也视为耕地。

9.2.4　耕地占用税应纳税额的计算

1. 计税依据

耕地占用税以纳税人占用耕地的面积为计税依据，以平方米为计量单位。

2. 税率

我国不同地区之间人口和耕地资源的分布极不均衡，有些地区人口稠密，耕地资源相对匮乏；而有些地区人烟稀少，耕地资源比较丰富。此外，各地区之间的经济发展水平也有很大差异。考虑到不同地区之间客观条件的差别以及与此相关的税收调节力度和纳税人负担能力方面的差别，耕地占用税在税率设计上采用了地区差别定额税率，具体规定如下所述。

(1) 人均耕地不超过1亩的地区(以县级行政区域为单位，下同)，每平方米为10～50元；

(2) 人均耕地超过1亩但不超过2亩的地区，每平方米为8～40元；

(3) 人均耕地超过2亩但不超过3亩的地区，每平方米6～30元；

(4) 人均耕地超过3亩的地区，每平方米5～25元。

经济特区、经济技术开发区和经济发达、人均耕地特别少的地区，适用税额可以适当提高，但最多不得超过上述规定税额的50%。各省、自治区、直辖市耕地占用税平均税额，如表9-2所示。

表9-2　各省、自治区、直辖市耕地占用税平均税额

地区	平均税额/元/平方米
上海	45
北京	40
天津	35
江苏、浙江、福建、广东	30
辽宁、湖北、湖南	25
河北、安徽、江西、山东、河南、重庆、四川	22.5
广西、海南、贵州、云南、陕西	20
山西、吉林、黑龙江	17.5
内蒙古、西藏、甘肃、青海、宁夏、新疆	12.5

3. 税额计算

耕地占用税以纳税人实际占用的耕地面积为计税依据，以每平方米土地为计税单位，按适用的定额税率计税，计算公式为

应纳税额=实际占用耕地面积(平方米)×适用定额税率　　(9-2)

【例9-2】假设某市一家企业新占用19 800平方米耕地用于工业建设，所占耕地适用的定额税率为20元/平方米。计算该企业应纳的耕地占用税。

【答案】应纳税额=19 800×20 =396 000(元)

9.2.5 耕地占用税的税收优惠

1. 免征耕地占用税

免征耕地占用税的情形包括以下几种。

(1) 军事设施占用耕地。

(2) 学校、幼儿园、养老院、医院占用耕地。

2. 减征耕地占用税

减征耕地占用税的情形包括以下几种。

(1) 铁路线路、公路线路、飞机场跑道、停机坪、港口、航道占用耕地，减按每平方米2元的税额征收耕地占用税。

根据实际需要，国务院财政、税务主管部门上报国务院有关部门并报国务院批准后，可以对前款规定的情形免征或者减征耕地占用税。

(2) 农村居民占用耕地新建住宅，按照当地适用税额减半征收耕地占用税。

农村烈士家属、残疾军人、鳏寡孤独者以及革命老根据地、少数民族聚居区和边远贫困山区生活困难的农村居民，在规定用地标准以内新建住宅缴纳耕地占用税确有困难的，经所在地乡(镇)人民政府审核，报经县级人民政府批准后，可以免征或者减征耕地占用税。

免征或者减征耕地占用税后，纳税人改变原占地用途，不再属于免征或者减征耕地占用税情形的，应当按照当地适用税额补缴耕地占用税。

9.2.6 耕地占用税的征收管理

耕地占用税由地方税务机关负责征收。土地管理部门在通知单位或者个人办理占用耕地手续时，应当同时通知耕地所在地同级地方税务机关。获准占用耕地的单位或者个人应当在收到土地管理部门的通知之日起30日内缴纳耕地占用税。土地管理部门凭耕地占用税完税凭证或者免税凭证和其他有关文件发放建设用地批准书。

纳税人临时占用耕地，应当依照本条例的规定缴纳耕地占用税。纳税人在批准临时占用耕地的期限内恢复所占用耕地原状的，全额退还已经缴纳的耕地占用税。

占用林地、牧草地、农田水利用地、养殖水面以及渔业水域、滩涂等其他农用地建房或者从事非农业建设的，比照本条例的规定征收耕地占用税。建设直接为农业生产服务的生产设施占用前款规定的农用地的，不征收耕地占用税。

9.3 案例分析

【案例】一家商场坐落在某市繁华地段，企业土地使用证书记载占用土地的面积为6 000平方米，经确定属一等地段；该商场另设两个统一核算的分店均坐落在市区三等地段，共占地4 000平方米；一座仓库位于市郊，属五等地段，占地面积为1 000平方米；另外，该商场自办托儿所占地面积2 500平方米，属三等地段。(一等地段年税额4元/平方米；三等地段年税额2元/平方米；五等地段年税额1元/平方米。当地规定托儿所占地免税)

【要求】计算该商场全年应纳城镇土地使用税税额。

【答案】

(1) 商场占地应纳税额=6 000×4=24 000(元)

(2) 分店占地应纳税额=4 000×2=8 000(元)

(3) 仓库占地应纳税额=1 000×1=1 000(元)

(4) 商场自办托儿所按税法规定免税

(5) 全年应纳城镇土地使用税税额=24 000+8 000+1 000=33 000(元)

本章小结

本章介绍了城镇土地使用税法和耕地占用税法，应注意它们之间的区别，尤其是它们不同的纳税范围和纳税发生时间：纳税人新征用的耕地，自批准征用之日起满一年时开始缴纳土地使用税；纳税人新征用的非耕地，自批准征用次月起缴纳土地使用税。城镇土地使用税实行按年计算、分期缴纳的征收方法；耕地占用税是在占用耕地时一次性缴纳。

课后练习题

1. 某公司与政府机关共同使用一栋共有土地使用权的建筑物。该建筑物占用土地面积2 000平方米，建筑面积10 000平方米(公司与政府机关的占用比例为4∶1)。该公司所在市城镇土地使用税年税额为每平方米5元。该公司全年应纳城镇土地使用税多少元？

2. 2014年年初，某厂实际占地60 000平方米。其中，厂区内医院占地800平方米，托儿所占地500平方米，将100平方米土地无偿提供给公安局派出所使用，厂区内还有600平方米绿化用地。该厂所在地区城镇土地使用税年税额为2元/平方米。该厂当年应缴纳城镇土地使用税多少元？

3. 2014年3月，某单位经批准占用耕地15 000平方米。其中，800平方米用于建幼儿园，2 000平方米用于建医院，其余部分用于建购物中心。当地耕地占用税税额为20元/平方米。该单位应缴纳耕地占用税多少元？

第10章　房产税法

本章要点提示

□ 房产税的纳税义务人与征税对象
□ 房产税的计税依据与税率
□ 房产税的应纳税额的计算
□ 房产税的税收优惠

10.1 房产税概述

房产税法是指国家制定的调整房产税征收与缴纳之间权利及义务关系的法律规范。现行房产税法的基本规范，是1986年9月15日国务院颁布的《中华人民共和国房产税暂行条例》。

10.1.1　房产税的基本原理

1. 房产税的概念

房产税是以房屋为征税对象，按照房屋的计税余值或租金收入，向产权所有人征收的一种财产税。

房产税在我国是一个古老的税种，最早始于周代。中华人民共和国成立后，中央人民政府政务院颁布的《全国税政实施要则》中，把房产税列为全国开征的一个独立税种。1973年，我国进行税制改革，在简化税制的原则下，把试行工商税的企业缴纳的城市房产税并入了工商税，但保留城市房产税这一税种，只对居民个人和房产管理部门以及外侨的房屋继续征收。

1984年，我国进行工商税制的全面改革，重新恢复对房产的征税。1986年9月15日，国务院正式发布了《中华人民共和国房产税暂行条例》(以下简称《房产税暂行条例》)，从当年10月1日开始施行。各省、自治区、直辖市人民政府根据暂行条例规定，先后制定了施行细则。至此，房产税又在全国范围内全面征收。

2. 房产税的特点

(1) 房产税属于财产税中的个别财产税。财产税按征收方式分类，可分为一般财产税与个别财产税。一般财产税也称综合财产税，是对纳税人拥有的财产综合课征的税收。个别财产税也称特种财产税，是对纳税人所有的土地、房屋、资本或其他财产分别课征的税收。我国现行房产税属于个别财产税。

(2) 征税范围限于城镇的经营性房屋。房产税的征税范围是城市、县城、建制镇和工矿区，不涉及农村。农村的房屋，大部分是农民居住用房，为了不增加农民负担，没有将农村的房屋纳入征税范围。另外，对某些拥有房屋但自身没有纳税能力的单位，如国家拨付行政经费、事业经费和国防经费的单位自用的房产，税法也通过免税的方式将这类房屋排除在征税范围之外。因为这些单位本身没有经营收入，若对其征税，就要相应增加财政拨款，征税也就失去意义。

(3) 区别房屋的经营使用方式规定征税办法。拥有房屋的单位和个人，既可以自己使用房屋，又可以把房屋用于出租、出典。根据纳税人经营形式的不同，房产税可以按房产计税余值征收，也可以按租金收入征收，使其符合纳税人的经营特点，便于平衡税收负担和征收管理。

3. 房产税的立法原则

(1) 筹集地方财政收入。房产税属于地方税，征收房产税可以为地方财政筹集一部分市政建设资金，解决地方财力不足。而且，房产税以房屋为征税对象，税源比较稳定。随着地方经济的发展、城市基础设施的改善和工商各业的兴旺，房产税收将成为地方财政收入的一个主要来源。

(2) 有利于加强房产管理。税收是调节生产和分配的一个重要经济杠杆。一方面，对房屋拥有者征收房产税，可以调节纳税人的收入水平，有利于加强对房屋的管理，提高房屋的使用效益，控制固定资产的投资规模。另一方面，房产税规定对个人拥有的非营业用房屋，不征房产税，可以鼓励个人建房、购房和改善住房条件，配合和推动城市住房制度改革。

10.1.2 房产税的纳税义务人与征税对象

1. 纳税义务人

房产税以在征税范围内的房屋产权所有人为纳税人，具体包括以下几种情况。

(1) 产权属国家所有的，由经营管理单位纳税；产权属集体和个人所有的，由集体单位和个人纳税。所称单位，包括国有企业、集体企业、私营企业、股份制企业、外商投资企业、外国企业以及其他企业和事业单位、社会团体、国家机关、军队以及其他单位；所称个人，包括个体工商户以及其他个人。

(2) 产权出典的，由承典人依照房产余值缴纳房产税。所谓产权出典，是指产权所有人将房屋、生产资料等的产权，在一定期限内典当给他人使用而取得资金的一种融资业务。这种业务大多发生在出典人急需用款，但又想保留产权回赎权的情况下。承典人向出典人交付一定的典价之后，在质典期内即获抵押物品的支配权，并可转典。产权的典价一般要低于卖价。出典人在规定期间须归还典价的本金和利息，方可赎回出典房屋等的产权。由于在房屋出典期间，产权所有人已无权支配房屋，因此，税法规定由对房屋具有支配权的承典人为纳税人。

(3) 产权所有人、承典人不在房屋所在地的，由房产代管人或者使用人纳税。

(4) 产权未确定及租典纠纷未解决的，亦由房产代管人或者使用人纳税。所谓租典纠纷，是指产权所有人在房产出典和租赁关系上，与承典人、租赁人发生各种争议，特别是权利和义务的争议悬而未决的情况。此外还有一些产权归属不清的问题，也都属于租典纠纷。对租典纠纷尚未解决的房产，规定由代管人或使用人为纳税人，主要目的在于加强征收管理，保证房产税及时入库。

(5) 无租使用其他单位房产的问题。无租使用其他单位房产的应税单位和个人，依照房产余值代缴纳房产税。

自2009年1月1日起，外商投资企业、外国企业和组织以及外籍个人，依照《中华人民共和国房产税暂行条例》缴纳房产税。

2. 征税对象

房产税的征税对象是房产。所谓房产，是指有屋面和围护结构(有墙或两边有柱)，能够遮风避雨，可供人们在其中生产、学习、工作、娱乐、居住或贮藏物资的场所。

房地产开发企业建造的商品房，在出售前，不征收房产税；但对出售前房地产开发企业已使用或出租、出借的商品房应按规定征收房产税。

10.1.3 房产税的征税范围

房产税的征税范围：城市、县城、建制镇和工矿区。

(1) 城市是指国务院批准设立的市。

(2) 县城是指县人民政府所在地的地区。

(3) 建制镇是指经省、自治区、直辖市人民政府批准设立的建制镇。

(4) 工矿区是指工商业比较发达、人口比较集中、符合国务院规定的建制镇标准但尚未设立建制镇的大中型工矿企业所在地。开征房产税的工矿区须经省、自治区、直辖市人民政府批准。

房产税的征税范围不包括农村，这主要是为了减轻农民的负担。因为农村的房屋，除农副业生产用房外，大部分是农民居住用房。不将农村房屋纳入房产税征税范围，有利于农业发展，繁荣农村经济，维护社会稳定。

10.2 房产税的计税依据与税率

10.2.1 房产税的计税依据

房产税的计税依据是房产的计税价值或房产的租金收入。按照房产计税价值征税的，称为从价计征；按照房产租金收入计征的，称为从租计征。

1. 从价计征

《房产税暂行条例》规定，房产税依照房产原值一次减除10%～30%后的余值计算缴纳。各地扣除比例由当地省、自治区、直辖市人民政府确定。

(1) 房产原值是指纳税人按照会计制度规定，在账簿“固定资产”科目中记载的房屋原价。因此，凡按会计制度规定在账簿中记载有房屋原价的，应以房屋原价按规定减除一定比例后作为房产余值计征房产税；没有记载房屋原价的，按照上述原则，并参照同类房屋确定房产原值，按规定计征房产税。

值得注意的是，自2009年1月1日起，对依照房产原值计税的房产，不论是否记载在会计账簿固定资产科目中，均应按照房屋原价计算缴纳房产税。房屋原价应根据国家有关会计制度规定进行核算。对纳税人未按国家会计制度规定核算并记载的，应按规定予以调整或重新评估。

(2) 房产原值应包括与房屋不可分割的各种附属设备或一般不单独计算价值的配套设施。主要有：暖气、卫生、通风、照明、煤气等设备；各种管线，如蒸汽、压缩空气、石油、给排水等管道及电力、电信、电缆导线；电梯、升降机、过道、晒台等。属于房屋附属设备的水管、下水道、暖气管、煤气管等应从最近的探视井或三通管起，计算原值；电灯网、照明线从进线盒连接管起，计算原值。

(3) 纳税人对原有房屋进行改建、扩建的，要相应增加房屋的原值。

(4) 房屋附属设备和配套设施的计税规定。

从2006年1月1日起，房屋附属设备和配套设施计征房产税按以下规定执行。

① 凡以房屋为载体，不可随意移动的附属设备和配套设施，如给排水、采暖、消防、中央空调、电气及智能化楼宇设备等，无论在会计核算中是否单独记账与核算，都应计入房产原值，计征房产税。

② 对于更换房屋附属设备和配套设施的，在将其价值计入房产原值时，可扣减原来相应设备和设施的价值；对附属设备和配套设施中易损坏、需要经常更换的零配件，更新后不再计入房产原值。

(5) 居民住宅区内业主共有的经营性房产缴纳房产税。

从2007年1月1日起，对居民住宅区内业主共有的经营性房产，由实际经营(包括自营和出租)的代管人或使用人缴纳房产税。其中，自营的依照房产原值减除10%～30%后的余值计征，没有房产原值或不能将业主共有房产与其他房产的原值准确划分开的，由房产所在地地方税务机关参照同类房产核定房产原值；出租的，依照租金收入计征。房产余值是房产的原值减除规定比例后的剩余价值。此外，还应注意以下几个问题。

① 对投资联营的房产，在计征房产税时应予以区别对待。对以房产投资联营，投资者参与投资利润分红，共担风险的，按房产余值作为计税依据计征房产税；对以房产投资，收取固定收入，不承担联营风险的，实际是以联营名义取得房产租金，应根据《房产税暂行条例》的有关规定由出租方按租金收入计缴房产税。

② 自2009年12月1日起，融资租赁的房产，由承租人自融资租赁合同约定开始日的次月起依照房产余值缴纳房产税。合同未约定开始日的，由承租人自合同签订的次月起依照房产余值缴纳房产税。

2. 从租计征

《房产税暂行条例》规定，房产出租的，以房产租金收入为房产税的计税依据。

所谓房产的租金收入，是指房屋产权所有人出租房产使用权所得的报酬，包括货币收入和实物收入。

如果是以劳务或者其他形式为报酬抵付房租收入的，应根据当地同类房产的租金水平，确定一个标准租金额从租计征。

纳税人对个人出租房屋的租金收入申报不实或申报数与同一地段同类房屋的租金收入相比明显不合理的，税务部门可以按照《中华人民共和国税收征收管理法》的有关规定，采取科学合理的方法核定其应纳税款，具体办法由各省、自治区、直辖市地方税务机关结合当地实际情况制定。

10.2.2 房产税的税率

我国现行房产税采用的是比例税率。由于房产税的计税依据分为从价计征和从租计征两种形式，所以房产税的税率也有两种：一种是按房产原值一次减除10%～30%后的余值计征的，税率为1.2%；另一种是按房产出租的租金收入计征的，税率为12%。从2001年1月1日起，对个人按市场价格出租的居民住房，用于居住的，可暂减按4%的税率征收房产税。

自2008年3月1日起，对个人出租住房，不区分用途，按4%的税率征收房产税。

10.3 房产税应纳税额的计算

房产税的计税依据有两种，与之相适应的应纳税额计算也分为两种：一是从价计征的计算；二是从租计征的计算。

10.3.1 从价计征的计算

从价计征是按房产的原值减除一定比例后的余值计征，计算公式为

$$应纳税额=应税房产原值\times(1-扣除比例)\times1.2\% \quad (10\text{-}1)$$

如前文所述，房产原值是“固定资产”科目中记载的房屋原价；减除一定比例是省、自治区、直辖市人民政府规定的10%～30%的减除比例；计征的适用税率为1.2%。

【例10-1】某企业的经营用房原值为5 000万元，按照当地规定允许减除30%后的余值计税，适用税率为1.2%。请计算其应纳房产税税额。

【答案】应纳税额=5 000×(1−30%)×1.2% =42(万元)

10.3.2 从租计征的计算

从租计征是按房产的租金收入计征，计算公式为

$$应纳税额=租金收入\times12\%(或4\%) \quad (10\text{-}2)$$

【例10-2】某公司出租房屋3间，年租金收入为30 000元，适用税率为12%。请计算其应纳房产税税额。

【答案】应纳税额=30 000×12% =3 600(元)

10.4 房产税的税收优惠

房产税的税收优惠是根据国家政策需要和纳税人的负担能力制定的。由于房产税属地方税，因此给予地方一定的减免权限，有利于地方因地制宜地处理问题。

目前，房产税主要有以下一些税收优惠政策。

(1) 国家机关、人民团体、军队自用的房产免征房产税。但上述免税单位的出租房产以及非自身业务使用的生产、营业用房，不属于免税范围。

这里的“人民团体”，是指国务院授权的政府部门批准设立或登记备案并由国家拨付行政事业费的各种社会团体。

这里的“自用的房产”，是指这些单位本身的办公用房和公务用房。

(2) 由国家财政部门拨付事业经费的单位，如学校、医疗卫生单位、托儿所、幼儿园、敬老院以及文化、体育、艺术这些实行全额或差额预算管理的事业单位所有的，本身业务范围内使用的房产免征房产税。

为了鼓励事业单位经济自立，由国家财政部门拨付事业经费的单位，其经费来源实行自收自支后，从事业单位实行自收自支的年度起，免征房产税三年。事业单位自用的房产，是指这些单位本身的业务用房。上述单位所属的附属工厂、商店、招待所等不属于单位公务、业务用房，应照章纳税。

(3) 宗教寺庙、公园、名胜古迹自用的房产免征房产税。

宗教寺庙自用的房产，是指举行宗教仪式等的房屋和宗教人员使用的生活用房屋。

公园、名胜古迹自用的房产，是指供公众参观游览的房屋及其管理单位的办公用房屋。

宗教寺庙、公园、名胜古迹中附设的营业单位，如影剧院、饮食部、茶社、照相馆等所使用的房产及出租的房产，不属于免税范围，应照章纳税。

(4) 个人所有非营业用的房产免征房产税。

个人所有的非营业用房，主要是指居民住房，不论面积多少，一律免征房产税。

个人拥有的营业用房或者出租的房产，不属于免税房产，应照章纳税。

(5) 对行使国家行政管理职能的中国人民银行总行(含国家外汇管理局)所属分支机构自用的房产，免征房产税。

(6) 经财政部批准免税的其他房产。

这类免税房产，情况特殊，范围较小，应根据实际情况确定，有以下几种情况。

① 损坏不堪使用的房屋和危险房屋，经有关部门鉴定，在停止使用后，可免征房产税。

② 纳税人因房屋大修导致连续停用半年以上的，在房屋大修期间免征房产税，免征税额由纳税人在申报缴纳房产税时自行计算扣除，并在申报表附表或备注栏中作相应说明。

纳税人房屋大修停用半年以上需要免征房产税的，应在房屋大修前向主管税务机关报送相关的证明材料，包括大修房屋的名称、坐落地点、产权证编号、房产原值、用途、房屋大修的原因、大修合同及大修的起止时间等信息和资料，以备税务机关查验。具体报送材料由各省、自治区、直辖市和计划单列市地方税务局确定。

③ 在基建工地为基建工地服务的各种工棚、材料棚、休息棚和办公室、食堂、茶炉房、汽车房等临时性房屋，在施工期间，一律免征房产税。但工程结束后，施工企业将这种临时性房屋交还或估价转让给基建单位的，应从基建单位接收的次月起，照章纳税。

④ 为鼓励利用地下人防设施，暂不对其征收房产税。

⑤ 从1988年1月1日起，对房管部门经租的居民住房，在房租调整改革之前收取租金偏低的，可暂缓征收房产税。对房管部门经租的其他非营业用房，是否给予照顾，由各省、自治区、直辖市根据当地具体情况按税收管理体制的规定办理。

⑥ 对高校后勤实体免征房产税。

⑦ 对非营利性医疗机构、疾病控制机构和妇幼保健机构等卫生机构自用的房产，免征房产税。

⑧ 老年服务机构自用的房产。老年服务机构是指专门为老年人提供生活照料、文化、护理、健身等多方面服务的福利性、非营利性的机构，主要包括：老年社会福利院、敬老院(养老院)、老年服务中心、老年公寓(含老年护理院、康复中心、托老所)等。

⑨ 从2001年1月1日起，对按政府规定价格出租的公有住房和廉租住房，包括企业和自收自支事业单位向职工出租的单位自有住房，房管部门向居民出租的公有住房，落实私房政策中带户发还产权并以政府规定的租金标准向居民出租的私有住房等，暂免征收房产税。

⑩ 对邮政部门坐落在城市、县城、建制镇、工矿区范围内的房产，应当依法征收房产税；对坐落在城市、县城、建制镇、工矿区范围以外的尚在县邮政局内核算的房产，在单位财务账中划分清楚的，从2001年1月1日起不再征收房产税。

⑪ 向居民供热并向居民收取采暖费的供热企业暂免征收房产税。“供热企业”包括专业供热企业、兼营供热企业、单位自供热及为小区居民供热的物业公司等，不包括从事热力生产但不直接向居民供热的企业。

对于免征房产税的“生产用房”，是指上述企业为居民供热所使用的厂房。对既向居民供热，又向非居民供热的企业，可按向居民供热收取的收入占其总供热收入的比例划分征免税界限；对于兼营供热的企业，可按向居民供热收取的收入占其生产经营总收入的比例划分征免税界限。

⑫ 经营公租房的租金收入，免征房产税。公共租赁住房经营管理单位应单独核算公共租赁住房租金收入；未单独核算的，不得享受免征房产税的优惠政策。

⑬ 对从原高校后勤管理部门剥离出来而成立的进行独立核算并有法人资格的高校后勤经济实体自用的房产，免征房产税。

除上文提到的可以免征房产税的情况以外，如纳税人确有困难，可由省、自治区、直辖市人民政府确定，定期减征或者免征房产税。

10.5 房产税的纳税申报

10.5.1 房产税的纳税义务发生时间

(1) 纳税人将原有房产用于生产经营，从生产经营之月起缴纳房产税。

(2) 纳税人自行新建房屋用于生产经营，从建成之次月起缴纳房产税。

(3) 纳税人委托施工企业建设的房屋，从办理验收手续之次月起缴纳房产税。

(4) 纳税人购置新建商品房，自房屋交付使用之次月起缴纳房产税。

(5) 纳税人购置存量房，自办理房屋权属转移、变更登记手续，房地产权属登记机关签发房屋权属证书之次月起，缴纳房产税。

(6) 纳税人出租、出借房产，自交付出租、出借房产之次月起，缴纳房产税。

(7) 房地产开发企业自用、出租、出借本企业建造的商品房，自房屋使用或交付之次月起，缴纳房产税。

(8) 自2009年1月1日起，纳税人因房产的实物或权利状态发生变化而依法终止房产税纳税义务的，其应纳税款的计算应截止到房产的实物或权利状态发生变化的当月末。

10.5.2 房产税的纳税期限

房产税实行按年计算、分期缴纳的征收方法，具体纳税期限由省、自治区、直辖市人民政府确定。

10.5.3 房产税的纳税地点

房产税在房产所在地缴纳。房产不在同一地方的纳税人，应按房产的坐落地点分别向房产所在地的税务机关纳税。

10.6 案例分析

某企业自有经营性房产原值1 250万元。该省规定损耗减除率为20%。20×7年1月起，该企业将其房产的1/4投资联营，经营期限10年，每年固定分红36万元；20×7年7月1日将其余房产的一半出租，月租金4万元。计算该企业20×7年应纳的房产税。

【答案】

(1) 纳税人将房产投资联营，固定取得收入的，由出租方从租计税。联营投出房产的固定收入应纳房产税：36×12%=4.32(万元)

(2) 纳税人将房屋出租的，按租金收入计征房产税：4×6×12%=2.88(万元)

(3) 纳税人其他房产从价计征房产税

计税余值=1 250×(1−20%)=1 000(万元)

从价计征房产税=1 000×(1−1/4)×1.2%−1 000×(1−1/4)×50%×6/12×1.2%=9−2.25=6.75(万元)

该企业20×7年共纳房产税：4.32+2.88+6.75=13.95(万元)

本章小结

本章主要介绍了房产税这个税种，我国现行房产税采用的是比例税率。由于房产税的计税依据分为从价计征和从租计征两种形式，所以房产税的税率也有两种：一种是按房产原值一次减除10%～30%后的余值计征，税率为1.2%；另一种是按房产出租的租金收入计征，税率为12%。自2008年3月1日起，对个人出租住房，不区分用途，按4%的税率征收房产税。

课后练习题

一、计算问答题

1. 某企业拥有的房产原值为100万元。2014年全年，该企业将其中的原值为20万元的房产出租，年租金20万元。已知当地省政府规定的房产原值减除比例为30%。该企业当年应缴纳房产税多少万元？

2. 某企业拥有一幢三层的办公楼，原值6 000万元，其中的1/3以每月15万元的租金出租给其他单位使用。2014年4月底，原租户的租期到期，该企业将该幢办公楼进行改建，更换楼内电梯，将原值80万元的电梯更换为价值120万元的新电梯，并为该楼安装了价值300万元的智能化楼宇设施，这些改建工程于7月底完工。该企业所在地省级人民政府规定计算房产余值的减除比例为30%。该企业2014年应纳房产税多少万元？

3. 某省政府机关有办公用房一幢，房产原值6 000万元。2014年将其中1/3对外出租，取得租金收入200万元。已知该省统一规定计算房产余值时的减除比例为30%。该政府机关当年应纳的房产税为多少万元？

4. 某企业向其他企业购置一幢使用过的办公楼，于2014年1月交付使用，2014年3月办理完权属变更手续并领取房产证。会计在固定资产账面记录房产原值2 000万元，在无形资产账面记载了购买该幢楼支付的土地使用权金额800万元。当地规定的计算房产余值的减除比例为30%。该企业2014年应纳多少房产税？

二、综合题

1. 2014年，甲企业拥有的部分房产的具体情况如下所述。

(1) 年初对一栋原值为150万元的A厂房进行扩建，3月底完工并办理验收手续，增加房产原值50万元。

(2) 年初将一栋原值为180万元的B房产用于对外投资联营，不承担投资风险，当年取得固定收益60万元。

(3) 5月31日签订房屋租赁合同，将原值为120万元的C仓库从6月1日起对外出租，租期一年，每月租金3 000元。

(其他相关资料：当地政府规定计算房产余值的扣除比例为30%)

要求：根据上述资料，按序号回答下列问题。

(1) 计算A厂房2014年应缴纳的房产税。

(2) 计算B房产2014年应缴纳的房产税。

(3) 计算C仓库2014年应缴纳的房产税。

2. 2014年，甲企业发生部分经营业务如下所述。

(1) 年初将一栋原值为200万元的闲置办公楼用于对外投资联营，参与投资利润分红，共担风险。

(2) 2月经批准新占用一处耕地5 000平方米用于委托施工企业乙建造仓库，当年7月办理了仓库验收手续，入账价值为600万元。

(3) 3月新占用一处非耕地3 000平方米用于委托施工企业丙建造生产车间，当年8月办理了生产车间验收手续，入账价值为400万元。

(其他相关资料：当地政府规定计算房产余值的扣除比例为30%，城镇土地使用税每平方米年税额为5元，耕地占用税每平方米年税额为8元。)

要求：根据上述资料，按序号回答下列问题。

(1) 计算甲企业2014年应缴纳的房产税。

(2) 计算甲企业2014年应缴纳的城镇土地使用税。

(3) 计算甲企业2014年应缴纳的耕地占用税。

第11章　车辆购置税法和车船税法

本章要点提示

- 车辆购置税法
- 车船税法
- 税目与税率
- 应纳税额的计算

11.1 车辆购置税法

车辆购置税法是指国家制定的用以调整车辆购置税征收与缴纳之间权利及义务关系的法律规范。现行车辆购置税法的基本规范，是2000年10月22日国务院令第294号颁布并于2001年1月1日起施行的《中华人民共和国车辆购置税暂行条例》(以下简称《车辆购置税暂行条例》)。

11.1.1　车辆购置税的基本原理

1. 车辆购置税的概念

车辆购置税是以在中国境内购置规定车辆为课税对象，在特定的环节向车辆购置税者征收的一种税。就其性质而言，属于直接税的范畴。

车辆购置税是2011年1月1日在我国开征的新税种，是在原交通部门收取的车辆购置税附加费的基础上，通过“费改税”的方式改革而来的。车辆购置税基本保留了原车辆附加费的特点。

2. 车辆购置税的特点

车辆购置税除具有税收的共同特点外，还有其自身独立的特点。

(1) 征收范围单一。作为财产税的车辆购置税，是以购置的特定车辆为课税对象，而不是对所有的财产或消费财产征税，征税范围窄，是一种特种财产税。

(2) 征收环节单一。车辆购置税实行一次课征制，它不是在生产、经营和消费的每一个环节征收，而只是在退出流通进入消费领域的特定环节征收。

(3) 征税具有特定目的。车辆购置税具有专门用途，由中央财政根据国家交通建设投资计划，统筹安排。这种特定目的的税收，可以保证国家财政支出的需要，既有利于合理地统筹、安排资金，又有利于保证特定事业和建设支出的需要。

(4) 价外征收，税负不发生转嫁。车辆购置税的计税依据中不包含车辆购置税税额，车辆购置税税额是附加在价格之外的，且纳税人即为负税人，税负不发生转嫁。

3. 开征车辆购置税的作用

(1) 有利于合理筹集建设资金。国家通过开征车辆购置税参与国民收入的再分配，可以更好地将一部分消费基金转化为财政资金，为国家筹集更多的资金，以满足国家行使职能的需要，具体表现为：第一，车辆购置税是在消费环节征税，具有经常性的特点，只要纳税人发生了购置、使用应税车辆的行为就要纳税，这就比对所得课税和商品课税更具及时性。第二，车辆购置税按统一比例税率课征，具有相对的稳定性。第三，车辆购置税是依法征收的，具有强制性和固定性，因而其收入是可靠的。因此，车辆购置税更有利于依法、合理地筹集交通基础设施建设和维护资金，保证资金专款专用，从而促进交通基础设施建设事业的健康发展。

(2) 有利于规范政府行为，深化和完善财税体制改革。社会主义市场经济需要有健全的宏观经济调控体系，以保证其快速协调发展和健康运行。首先，由于税与费之间的本质区别，以费改税，开征车辆购置税，有利于理顺税费关系，进一步完善财税制度，实现税制结构的不断优化。其次，“费改税”改革，不但能规范政府行为，遏制乱收费现象，同时对正确处理税费关系、深化和完善财税体制改革也将起到积极作用。

(3) 有利于调节收入差距。车辆购置税在消费环节对消费应税车辆的使用者征收，能更好地体现两条原则：第一，兼顾公平的原则。兼顾公平的原则，就是要保护合法收入，取缔非法收入，整顿不合理收入，调节过高收入。因此，开征车辆购置税可以对过高的消费支出进行调节。第二，纳税能力原则。即高收入者多负税，低收入者少负税，具有较高消费能力的人比一般消费能力的人要多负税。

(4) 有利于配合打击走私和维护国家权益。首先，不论来源渠道如何，车辆购置税对同一课税对象的应税车辆都按同一比例税率征收，具有同一应税车辆税负相同的特性，因此，它可以平衡进口车辆与国产车辆的税收负担，体现国民待遇原则。其次，车辆购置税在车辆上牌使用时征收，具有源泉控制的特点，它可以配合有关部门在打击走私、惩治犯罪等方面起到积极的作用。最后，对进口自用的应税车辆以含关税、消费税的组成计税价格为计税依据，对进口应税车辆征收较高的税收，以限制其进口，有利于保护国内汽车工业的发展。

11.1.2 车辆购置税的纳税义务人

车辆购置税的纳税人是指在我国境内购置应税车辆的单位和个人。其中，购置是指购买使用行为、进口使用行为、受赠使用行为、自产自用行为、获奖使用行为以及以拍卖、抵债、走私、罚没等方式取得并使用的行为，这些行为都属于车辆购置税的应税行为。

车辆购置税的纳税人具体包括以下两类。

单位，包括国有企业、集体企业、私营企业、股份制企业、外商投资企业、外国企业以及其他企业，事业单位、社会团体、国家机关、部队以及其他单位。

个人，包括个体工商户及其他个人，既包括中国公民又包括外国公民。

11.1.3 车辆购置税的征税对象与征税范围

车辆购置税以列举产品(商品)作为征税对象。所谓“列举商品”，是指《车辆购置税暂行条例》规定的应税车辆。征税范围包括汽车、摩托车、电车、挂车、农用运输车，具体规定如下所述。

1. 汽车

包括各类汽车。

2. 摩托车

(1) 轻便摩托车。最高设计车速为50km/h，发动机气缸总排量不大于50cm^{3}的两个或三个车轮的机动车。

(2) 两轮摩托车。最高设计车速大于50km/h，或发动机气缸总排量大于50cm^{3}的两个车轮的机动车。

(3) 三轮摩托车。最高设计车速大于50km/h，发动机气缸总排量大于50cm^3，空车质量不大于400kg的三个车轮的机动车。

3. 电车

(1) 无轨电车。以电能为动力，由专用输电电缆供电的轮式公共车辆。

(2) 有轨电车。以电能为动力，在轨道上行驶的公共车辆。

4. 挂车

(1) 全挂车。无动力设备，独立承载，由牵引车辆牵引行驶的车辆。

(2) 半挂车。无动力设备，与牵引车共同承载，由牵引车辆牵引行驶的车辆。

5. 农用运输车

(1) 三轮农用运输车。柴油发动机，功率不大于7.4kW，载重量不大于500kg，车速不大于40km/h的三个车轮的机动车。

(2) 四轮农用运输车。柴油发动机，功率不大于28kW，载重量不大于1 500kg，车速不大于50km/h的四个车轮的机动车。

为了体现税法的统一性、固定性、强制性和严肃性等特征，车辆购置税征收范围的调整，由国务院决定，其他任何部门、单位和个人无权擅自扩大或缩小车辆购置税的征税范围。

11.1.4　车辆购置税的税率与计税依据

1. 税率

车辆购置税实行统一比例税率，税率为10%。

2. 计税依据

车辆购置税以应税车辆为课税对象，考虑了我国车辆市场的供求矛盾、价格差异的变化、计量单位不规范以及征收车辆购置附加费的做法，实行从价定率、价外征收的方法计算应纳税额，应税车辆的价格即计税价格就成为车辆购置税的计税依据。但是，由于购置应税车辆的来源不同，应税行为的发生不同，计税价格的组成也就不一样。车辆购置税的计税依据有以下几种情况。

(1) 购买自用应税车辆计税依据的确定。纳税人购买自用的应税车辆的计税依据为纳税人购买应税车辆支付给销售方的全部价款和价外费用(不含增值税)。

购买的应税自用车辆包括购买自用的国产应税车辆和购买自用的进口应税车辆，如从国内汽车市场、汽车贸易公司购买自用的进口应税车辆。

价外费用是指销售方在价外向购买方收取的手续费、基金、违约金、包装费、运输费、保管费、代垫款项、代收款项和其他各种性质的价外收费，但不包括增值税税款。

(2) 进口自用应税车辆计税依据的确定。纳税人进口自用的应税车辆以组成计税价格为计税依据，组成计税价格的计算公式为

$$组成计税价格=关税完税价格+关税+消费税 \qquad (11\text{-}1)$$

进口自用的应税车辆是指纳税人直接从境外进口或委托代理进口自用的应税车辆，即以非贸易方式进口自用的应税车辆。进口自用的应税车辆的计税依据，应根据纳税人提供的、经海

关审查确认的有关完税证明资料确定。

(3) 其他自用应税车辆计税依据的确定。现行政策规定，纳税人自产、受赠、获奖和以其他方式取得并自用的应税车辆的计税依据，凡不能或不能准确提供车辆价格的，由主管税务机关依国家税务总局核定的、相应类型的应税车辆的最低计税价格确定。因此，纳税人自产自用、受赠使用、获奖使用和以其他方式取得并自用的应税车辆一般以国家税务总局核定的最低计税价格为计税依据。

(4) 最低计税价格作为计税依据的确定。《车辆购置税暂行条例》规定："纳税人购买自用或者进口自用应税车辆，申报的计税价格低于同类型应税车辆的最低计税价格，又无正当理由的，按照最低计税价格征收车辆购置税。"也就是说，纳税人购买和自用的应税车辆，首先应分别按前述计税价格、组成计税价格来确定计税依据。当申报的计税价格偏低，又无正当理由的，应以最低计税价格作为计税依据。实际工作中，通常是当纳税人申报的计税价格等于或高于最低计税价格时，按申报的价格计税；当纳税人申报的计税价格低于最低计税价格时，按最低计税价格计税。

最低计税价格由国家税务总局依据全国市场的平均销售价格制定。根据纳税人购置应税车辆的不同情况，国家税务总局对以下几种特殊情形应税车辆的最低计税价格作出如下规定。

① 对已缴纳并办理登记注册手续的车辆，其底盘和发动机同时发生更换，其最低计税价格按同类型新车最低计税价格的70%计算。

② 免税、减税条件消失的车辆，其最低计税价格的确定方法为

最低计税价格=同类型新车最低计税价格×[1−(已使用年限÷规定使用年限)]×100% (11-2)

式中，关于规定使用年限，国产车辆按10年计算，进口车辆按15年计算。超过使用年限的车辆，不再征收车辆购置税。

③ 非贸易渠道进口车辆的最低计税价格，为同类型新车最低计税价格。

车辆购置税的计税依据和应纳税额应使用统一货币单位计算。纳税人以外汇结算应税车辆价款的，按照申报纳税之日中国人民银行公布的人民币基准汇价，折合成人民币计算应纳税额。

11.1.5 车辆购置税应纳税额的计算

车辆购置税实行从价定率的方法计算应纳税额，计算公式为

应纳税额=计税依据×税率 (11-3)

由于应税车辆的来源、应税行为的发生以及计税依据组成的不同，车辆购置税应纳税额的计算方法也有区别。

1. 购买自用应税车辆应纳税额的计算

在应纳税额的计算当中，应注意以下费用的计税规定。

(1) 购买者随购买车辆支付的工具件和零部件价款应作为购车价款的一部分，并入计税依据中征收车辆购置税。

(2) 支付的车辆装饰费应作为价外费用并入计税依据中计税。

(3) 代收款项应区别征税。凡使用代收单位(受托方)票据收取的款项，应视作代收单位价外收费，购买者支付的价费款，应并入计税依据中一并征税；凡使用委托方票据收取，受托方只履行代收义务和收取代收手续费的款项，应按其他税收政策规定征税。

(4) 销售单位开给购买者的各种发票的金额中包含增值税税款，因此，计算车辆购置税时，应换算为不含增值税的计税价格。

(5) 购买者支付的控购费，是政府部门的行政性收费，不属于销售者的价外费用范围，不应并入计税价格计税。

(6) 销售单位开展优质销售活动所开票收取的有关费用，应属于经营性收入，企业在代理过程中按规定支付给有关部门的费用，企业已作经营性支出列支核算，其收取的各项费用并在一张发票上难以划分的，应作为价外收入计算征税。

【例11-1】宋某20×7年1月从某汽车有限公司购买一辆小汽车供自己使用，支付了含增值税税款在内的款项234 000元，另支付代收临时牌照费550元、代收保险费1 000元、购买工具件和零配件价款3 000元、车辆装饰费1 300元。所支付的款项均由该汽车有限公司开具“机动车销售统一发票”和有关票据。请计算宋某应缴纳车辆购置税税额。

【答案】计税依据=(234 000+550+1 000+3 000+1 300)÷(1+17%)=205 000(元)

应纳税额=205 000×10%=20 500(元)

2. 进口自用应税车辆应纳税额的计算

纳税人进口自用的应税车辆应纳税额的计算公式为

$$应纳税额=(关税完税价格+关税+消费税)\times 税率 \tag{11-4}$$

【例11-2】某外贸进出口公司20×7年3月从国外进口10辆宝马公司生产的某型号小轿车。关税完税价格为每辆185 000元，海关按关税政策规定对每辆车征收关税203 500元，并按消费税、增值税有关规定分别代征每辆小轿车的进口消费税11 655元和增值税66 045元。由于联系业务需要，该公司将一辆小轿车留在本单位使用。根据以上资料，计算应缴纳车辆购置税税额。

【答案】计税依据=185 000+203 500+11 655=400 155(元)

应纳税额=400 155×10%=40 015.5(元)

3. 其他方式的计算

纳税人自产自用、受赠使用、获奖使用和以其他方式取得并自用的应税车辆，凡不能取得该型车辆的购置价格，或者低于最低计税价格的，以国家税务总局核定的最低计税价格作为计税依据计算征收车辆购置税。应纳税额的计算公式为

$$应纳税额=最低计税价格\times 税率 \tag{11-5}$$

【例11-3】某客车制造厂将自产的一辆某型号的客车，用于本厂后勤服务，该厂在办理车辆上牌落籍前，出具该车的发票，注明金额65 000元，并按此金额向主管税务机关申报纳税。经审核，国家税务总局对该车同类型车辆核定的最低计税价格为80 000元。计算该车应缴纳车辆购置税。

【答案】应纳税额=80 000×10% =8 000(元)

4. 特殊情形下自用应税车辆应纳税额的计算

(1) 减税、免税条件消失的车辆应纳税额的计算。对减税、免税条件消失的车辆，纳税人应按现行规定，在办理车辆过户手续前或者办理变更车辆登记注册手续前向税务机关缴纳车辆购置税，计算公式为

$$应纳税额=同类型新车最低计税价格\times[1-(已使用年限\div 规定使用年限)]\times 100\%\times 税率 \tag{11-6}$$

(2) 未按规定纳税车辆应补税额的计算。纳税人未按规定纳税的，应按现行政策规定的计

税价格，区分情况分别确定征税。不能提供购车发票和有关购车证明资料的，检查地税务机关应按同类型应税车辆的最低计税价格征税；如果纳税人回落籍地后提供的购车发票金额与支付的价外费用之和高于核定的最低计税价格，落籍地主管税务机关还应对其差额计算补税。此时，应纳税额的计算公式为

$$应纳税额=最低计税价格\times税率 \tag{11-7}$$

11.1.6 车辆购置税的税收优惠

1. 车辆购置税减免税规定

我国车辆购置税实行法定减免，关于减免税范围有以下一些具体规定。

(1) 外国驻华使馆、领事馆和国际组织驻华机构及其外交人员自用车辆。

(2) 中国人民解放军和中国人民武装警察部队列入军队武器装备订货计划的车辆免税。

(3) 设有固定装置的非运输车辆。

(4) 防汛部门和森林消防部门用于指挥、检查、调度、报汛(警)、联络的设有固定装置的指定型号的车辆免税。

(5) 回国服务的留学人员用现汇购买一辆自用国产小汽车免税。

(6) 长期来华定居的专家购买一辆自用小汽车免税。

(7) 自2004年10月1日起，对三轮农用运输车免征车辆购置税。

(8) 自2009年1月20日起，1.6升排气量及以下的小轿车的车购税税率减半征收；自2011年1月1日起，恢复按10%的税率征收车辆购置税。

(9) 《财政部 国家税务总局关于城市公交企业购置公共汽电车辆免征车辆购置税的通知》(财税〔2016〕84号)规定，自2016年1月1日起至2020年12月31日止，对城市公交企业购置的公共汽电车辆免征车辆购置税。

(10) 国务院规定予以免税或者减税的其他情形，按照规定免税或减税。

2. 车辆购置税的退税

纳税人已经缴纳车辆购置税但在办理车辆登记手续前，因下列原因需要办理退还车辆购置税的，由纳税人申请，征收机构审查后办理退还车辆购置税手续。

(1) 公安机关车辆管理机构不予办理车辆登记注册手续的，凭公安机关车辆管理机构出具的证明办理退税手续。

(2) 因质量等原因发生退回所购车辆的，凭经销商的退货证明办理退税手续。

11.1.7 车辆购置税的征收管理

2006年1月1日开始试行的《车辆购置税征收管理办法》对车辆购置税的征收作出如下规定。

1. 纳税申报

车辆购置税实行一车一申报制度。纳税人在办理纳税申报时应如实填写“车辆购置税纳税申报表”，同时提供车主身份证明、车辆价格证明、车辆合格证明及税务机关要求提供的其他资料的原件和复印件，经车购办审核后，由税务机关保存有关复印件。

2. 纳税环节

车辆购置税的征税环节为使用环节，即最终消费环节。具体而言，纳税人应当在向公安机关等车辆管理机构办理车辆登记注册手续前，缴纳车辆购置税。

3. 纳税地点

纳税人购置应税车辆，应当向车辆登记注册地的主管税务机关申报纳税；购置不需办理车辆登记注册手续的应税车辆，应当向纳税人所在地主管税务机关申报纳税。车辆登记注册地是指车辆的上牌落籍地或落户地。

4. 纳税期限

纳税人购买自用的应税车辆，自购买之日起60日内申报纳税；进口自用的应税车辆，应当自进口之日起60日内申报纳税；自产、受赠、获奖和以其他方式取得并自用的应税车辆，应当自取得之日起60日内申报纳税。

这里的“购买之日”是指纳税人购车发票上注明的销售日期；“进口之日”是指纳税人报关进口的当天。

5. 车辆购置税的缴税管理

1) *车辆购置税的缴税方法*

车辆购置税的税款缴纳方法主要有以下几种。

(1) 自报核缴，即由纳税人自行计算应纳税额、自行填报纳税申报表等有关资料，向主管税务机关申报，经税务机关审核后，开具完税证明，由纳税人持完税凭证向当地金库或金库经收处缴纳税款。

(2) 集中征收缴纳。它包括两种情况：一是由纳税人集中向税务机关统一申报纳税。它适用于实行集中购置应税车辆的单位缴纳和经批准实行代理制经销商的缴纳。二是由税务机关集中报缴税款，即在纳税人向实行集中征收的主管税务机关申报缴纳税款，税务机关开具完税凭证后，由税务机关填写汇总缴款书，将税款集中缴入当地金库或金库经收处。它适用于税源分散、税额较少、税务部门实行集中征收管理的地区。

(3) 代征、代扣、代收，即扣缴义务人按税法规定代扣代缴、代收代缴税款，税务机关委托征收单位代征税款的征收方式。它适用于税务机关委托征收或纳税人依法受托征收税款。

2) *车辆购置税的缴税管理*

(1) 税款缴纳方式。纳税人在申报纳税时，税款的缴纳方式主要有现金支付、支票、信用卡和电子结算及委托银行代收、银行划转等方式。

(2) 完税凭证及使用要求。税务机关在征收车辆购置税时，应根据纳税人税款缴纳方式的不同，分别使用税收通用完税凭证、税收转账专用完税凭证和税收通用缴款书三种税票。纳税人以现金方式向税务机关缴纳车辆购置税的，由主管税务机关开具“税收通用完税凭证”；纳税人以支票、信用卡和电子结算方式缴纳及税务机关委托银行代收税款的，由主管税务机关开具“税收转账专用完税证”；纳税人从其银行存款户直接划转税款的，由主管税务机关开具“税收通用缴款书”。

6. 车辆购置税的退税制度

国家税务总局审议并通过的《车辆购置税征收管理办法》(国家税务总局令第33号)对车辆购置税退税作出如下规定。

(1) 已缴纳车辆购置税的车辆，发生下列情形之一的，准予纳税人申请退税。

① 车辆退回生产企业或者经销商的；

② 符合免税条件的设有固定装置的非运输车辆但已征税的；

③ 其他依据法律法规规定应予退税的情形。

(2) 纳税人申请退税时，应如实填写“车辆购置税退税申请表”(以下简称退税申请表)，由本人、单位授权人员到主管税务机关办理退税手续，按下列情况分别提供资料。

① 车辆退回生产企业或者经销商的，提供生产企业或经销商开具的退车证明和退车发票。

未办理车辆登记注册的，提供原完税凭证、完税证明正本和副本；已办理车辆登记注册的，提供原完税凭证、完税证明正本、公安机关车辆管理机构出具的机动车注销证明。

② 符合免税条件的设有固定装置的非运输车辆但已征税的，未办理车辆登记注册的，提供原完税凭证、完税证明正本和副本；已办理车辆登记注册的，提供原完税凭证、完税证明正本。

③ 其他依据法律法规规定应予退税的情形，未办理车辆登记注册的，提供原完税凭证、完税证明正本和副本；已办理车辆登记注册的，提供原完税凭证、完税证明正本、公安机关车辆管理机构出具的机动车注销证明或者税务机关要求的其他资料。

(3) 车辆退回生产企业或者经销商的，纳税人申请退税时，主管税务机关自纳税人办理纳税申报之日起，按已缴纳税款每满一年扣减10%计算退税额；未满一年的，按已缴纳税款全额退税。

(4) 其他退税情形，纳税人申请退税时，主管税务机关依据有关规定计算退税额。

11.2 车船税法

车船税法是指国家制定的用以调整车船税征收与缴纳之间权利及义务关系的法律规范。

11.2.1 车船税的基本原理

1. 车船税的概念

车船税是对在中华人民共和国境内属于《中华人民共和国车船税法》中“车船税税目税额表”所规定的车辆、船舶(以下简称车船)的所有人或者管理人征收的一种税。

在我国，对车船课税历史悠久。早在公元前129年(汉武帝元光六年)，我国就开征了“算商车”。1945年6月，国民党政府公布了《使用牌照税法》，统一开征车船使用牌照税。中华人民共和国成立后，中央人民政府政务院于1951年9月颁布了《中华人民共和国车船使用牌照税暂行条例》，在全国部分地区开征。1973年，在简化税制、合并税种时，把向国有企业和集体企业征收的车船使用牌照税并入工商税。从那时起，车船使用牌照税只对不缴纳工商税的单位、个人及外侨征收，征税范围大大缩小。1984年10月，国务院决定恢复对车船征税，因原税名“车船使用牌照税”不太明确，实际工作中往往误认为是对牌照征税，因此，改名为车船使用税。1986年9月15日，国务院发布了《中华人民共和国车船使用税暂行条例》，决定从1986年10月1日起在全国施行。各省、自治区、直辖市人民政府根据《中华人民共和国车船使用税暂行条例》的规定，先后制定了施行细则。2006年12月29日，国务院颁布了第482号令，公布了《中华人民共和国车船税暂行条例》，从2007年1月1日起施行。读条例是在原车船使用税和车船使用牌照税的基础上合并修订而成的。2011年2月25日，第十一届全国人民代表大会常务委员会第十九次会议通过了《中华人民共和国车船税法》(以下简称《车船税法》)，自2012年1月1日起施行。《车船税法》的出台，对于统一税制、公平税负、拓宽税基、提高税法的法律级次、增加地方财政收入、加强地方税的征管都具有重要意义。

2. 车船税的作用

(1) 统一了各类企业的车船税制。第一，车船使用税和车船使用牌照税合并为“车船税”，统一适用各类纳税人，包括外商投资企业、外国企业和外籍人员，解决了内、外资企业车船税制长期不统一的问题。第二，由财产与行为税改为财产税。为了逐步建立适合我国国情的财产税制度，为地方财政提供较稳定的税收来源，并考虑到我国对机动车已经征收燃油消费税、车辆购置税的情况，税法将过去在保有与使用环节征收的财产与行为税，改为在保有环节征收财产税，将纳税人由“拥有并且使用车船的单位和个人”改为“车辆、船舶的所有人或者管理人”。

(2) 适当提高了税额标准。原来的车船使用牌照税的税额一直没有调整(1951年至今)，而车船使用税的税额是按照车船使用牌照税的税额标准制定的，也已有多年没有调整(1986年至今)。为了使车船税的税额标准与经济发展水平相适应，并考虑目前对车船征税和收费的情况，税法保持了原车船使用税税额幅度的下限，而将上限提高了。例如，载客汽车的车船使用税税额上限由原来的320元提高到1 440元；载货汽车的车船使用税税额上限由原来的60元提高到120元；乘用车按发动机气缸容量(排气量)分档征收，年基准税额自60元至5 400元，排气量高的适用高税额。车船税采用定额幅度税额，为各地结合本地情况合理确定税额标准留出了一定空间。

(3) 调整了减免税范围。按照公平税负、拓宽税基的原则，税法采取三种方式对车船税制的减免税范围作了调整：一是取消部分免税规定，对港作车船、工程船等经营性车船，国家机关、事业单位、人民团体等财政部发经费单位的车船，以及趸船、浮桥用船不再规定免税；为了严格控制减免税，取消了对纳税确有困难的由省级人民政府予以定期减免税的规定。二是增加部分免税的规定，将非机动车船、拖拉机捕捞和养殖渔船增列为免税车船，以减轻低收入群体的税收负担；为鼓励和促进发展城乡公共交通，授权省级人民政府可以根据当地实际情况，对城市、农村公共交通车船给予定期减税免税。三是保留部分免税的规定，考虑军队用车的特殊性和警务保障的需要，继续保留对军队、武警专用的车船和公安、司法等部门警用车船免税的规定；根据有关国际公约和我国相关法律规定，继续保留对外交机构、国际组织及相关人员车船的免税规定，以遵循国际惯例，体现国家间的对等原则。

(4) 与有关法律法规相衔接，强化了税源控管的力度。对车船征税具有涉及面广、税源流动性强、纳税人多为个人等特点，而税务部门又缺少有效的监控手段。缺乏有效的控管措施一直是制约车船税收征管质量提高的重要因素。2006年7月1日，国务院颁布的《机动车交通事故责任强制保险条例》开始施行。该条例规定，在我国道路上行驶的机动车的所有人或者管理人，都应当投保机动车交通事故责任强制保险。对未参加机动车交通事故责任强制保险的机动车，机动车管理部门不得予以登记，机动车安全技术检验机构不得予以检验。该险种具有强制性的特点，保险范围与车船税的征税范围相近。税法将从事机动车交通事故责任强制保险业务的保险机构确定为机动车车船税的扣缴义务人，这就解决了长期以来困扰地方税务机关的车船税征收实施环节控管无法律依据的问题，为基层税务机关加强车船税的征管、实现源泉控管、堵塞机动车车船税的征管漏洞提供了有效手段。

目前，各级税务机关正在按照国家税务总局的要求，积极贯彻落实2012年1月1日起实施的《车船税法》，与从事机动车交通事故责任强制保险业务的保险机构积极协商沟通，制定机动车车船税的代收代缴管理办法，不断加强车船税的征收管理工作。

3. 车船税的立法原则

(1) 筹集地方财政资金，支持交通运输事业发展。改革开放以来，我国的交通业发展迅速，运输紧张状况大为缓解，但矛盾依然存在。开征车船税，能够将分散在车船人手中的部分资金集中起来，可以增加地方财政收入，增加对交通运输建设的财政投入，加快交通运输业的发展。

(2) 加强对车船使用的管理，促进车船的合理配置。随着经济的发展，社会拥有车船的数量急剧增加。开征车船税后，购置、使用车船越多，应缴纳的车船税越多，可以促使纳税人加强对已有的车船的管理与核算，合理使用车船，提高车船的利用效率。

(3) 调节财富分配，体现社会公平。在国外，车船税属于对不动产征税的范围，这类税收除了筹集地方财政收入外，另一个重要功能是对个人拥有的财产或财富(如轿车、游艇等)进行调节，缓解财富分配不公。随着我国经济的增长，部分先富起来的个人拥有私人轿车、游艇及其他车船的情况将会日益增加，征收车船税的财富再分配作用也会显得更加重要。

11.2.2 车船税的纳税义务人、征税范围

1. 车船税的纳税义务人

在中华人民共和国境内属于《车船税法》所附“车船税税目税额表”规定的车辆、船舶的所有人或者管理人，为车船税的纳税人，应当依照《车船税法》缴纳车船税。管理人是指对车船具有管理权或者使用权，不具有所有权的单位和个人。

2. 车船税的征税范围

车船税的征税范围是在中华人民共和国境内属于《车船税法》所附“车船税税目税额表”规定的车辆、船舶，具体包括以下两个方面。

(1) 依法应当在车船管理部门登记的机动车辆和船舶。

车辆，包括机动车辆和非机动车辆。机动车辆，指依靠燃油、电力等能源作为动力运行的车辆，如汽车、拖拉机、无轨电车等；非机动车辆，指依靠人力、畜力运行的车辆，如三轮车、自行车、畜力驾驶车等。

船舶，包括机动船舶和非机动船舶。机动船舶，指依靠燃料等能源作为动力运行的船舶，如客轮、货船、气垫船等；非机动船舶，指依靠人力或者其他力量运行的船舶，如木船、帆船、舢板等。

(2) 依法不需要在车船管理部门登记、在单位内部场所行驶或者作业的机动车辆和船舶。

前款所称车辆管理部门，是指公安、交通运输、农业、渔业、军队、武装警察部队等依法具有车船登记管理职能的部门；单位，是指依照中国法律、行政法规规定，在中国境内成立的行政机关、企业、事业单位、社会团体以及其他组织。

11.2.3 车船税的税目与税率

车船税实行定额税率。定额税率，也称固定税额，是税率的一种特殊形式。定额税率计算简便，是适用于从量计征的税种。车船税的适用税额，依照条例所附的“车船税税目税额表”执行。

国务院财政部门、税务主管部门可以根据实际情况，在“车船税税目税额表”规定的税目范围和税额幅度内，划分子税目，并明确车辆的子税目税额幅度和船舶的具体适用税额。车辆的具体适用税额由省、自治区、直辖市人民政府在规定的子税目税额幅度内确定。

省、自治区、直辖市人民政府根据“车船税税目税额表”确定车辆具体适用税额时，应当遵循以下原则。

第一，综合考虑本地区车辆保有情况和税负状况；

第二，乘用车应当依排气量从小到大递增税额；

第三，客车应当依照大型(核定载客人数大于或者等于20人)、中型(核定载客人数大于9人且小于20人)分别确定适用税额；

第四，根据本地区情况变化适时调整。

车船税采用定额税率，即对征税的车船规定单位固定税额。车船税确定税额总的原则是：非机动车船的税负轻于机动车船；人力车的税负轻于畜力车；小吨位船舶的税负轻于大吨位船舶。由于车辆与船舶的行驶情况不同，车船税的税额也有所不同，具体如表11-1所示。

表11-1　车船税税目税额

税目		计税单位	年基准税额	备注
乘用车[按发动机汽缸容量(排气量)分档]	1.0升(含)以下的	每辆	60元至360元	核定载客人数9人(含)以下
	1.0升以上至1.6升(含)的		300元至540元	
	1.6升以上至2.0升(含)的		360元至660元	
	2.0升以上至2.5升(含)的		660元至1 200元	
	2.5升以上至3.0升(含)的		1 200元至2 400元	
	3.0升以上至4.0升(含)的		2 400元至3 600元	
	4.0升以上的		3 600元至5 400元	
商用车	客车	每辆	480元至1 440元	核定载客人数9人以上，包括电车
	货车	整备质量每吨	16元至120元	包括半挂牵引车、三轮汽车和低速载货汽车等
挂车		整备质量每吨	按照货车税额的50%计算	
其他车辆	专用作业车	整备质量每吨	16元至120元	不包括拖拉机
	轮式专用机械车		16元至120元	
摩托车		每辆	36元至180元	
船舶	机动船舶	净吨位每吨	3元至6元	拖船、非机动驳船分别按照机动船舶税额的50%计算
	游艇	艇身长度每米	600元至2 000元	

1. 机动船舶

机动船舶具体的适用税额如下所述。

(1) 净吨位小于或者等于200吨的，每吨3元。

(2) 净吨位201吨至2 000吨的，每吨4元。

(3) 净吨位2 001吨至10 000吨的，每吨5元。

(4) 净吨位10 001吨及以上的，每吨6元。

拖船按照发动机功率每1千瓦折合净吨位0.67吨计算征收车船税。

2. 游艇

游艇具体的适用税额如下所述。

(1) 艇身长度不超过10米的游艇，每米600元。

(2) 艇身长度超过10米但不超过18米的游艇，每米900元。

(3) 艇身长度超过18米但不超过30米的游艇，每米1 300元。

(4) 艇身长度超过30米的游艇，每米2 000元。

(5) 辅助动力帆艇，每米600元。

游艇艇身长度是指游艇的总长。

3. 车辆整备质量尾数

车辆整备质量是指汽车所带的全部工作装置及底盘所有的附属设备，加满油和水，不载人时的整车质量。

车辆整备质量尾数不超过0.5吨的，按照0.5吨计算；超过0.5吨的，按照1吨计算。整备质量不超过1吨的车辆，按照1吨计算。

4. 船舶净吨位尾数

船舶净吨位尾数不超过0.5吨的，不予计算；超过0.5吨的，按照1吨计算。净吨位不超过1吨的船舶，按照1吨计算。

5.《车船税法》及其实施条例的规定

《车船税法》及其实施条例所涉及的排气量、整备质量、核定载客人数、净吨位、千瓦、艇身长度，以车船管理部门核发的车船登记证书或者行驶证相应项目所载数据为准。

依法不需要办理登记、依法应当登记而未办理登记或者不能提供车船登记证书、行驶证的，以车船出厂合格证明或者进口凭证相应项目标注的技术参数、所载数据为准；不能提供车船出厂合格证明或者进口凭证的，由主管税务机关参照国家相关标准核定，没有国家相关标准的参照同类车船核定。

11.2.4 车船税应纳税额的计算

1. 计税依据

(1) 纳税人在购买机动车交通事故责任强制保险时，应当向扣缴义务人提供地方税务机关出具的本年度车船税的完税凭证或者减免税证明。不能提供完税凭证或者减免税证明的，应当在购买保险时按照当地的车船税税额标准计算缴纳车船税。

(2) 拖船按照发动机功率每2马力折合净吨位1吨计算征收车船税。

(3) 所涉及的核定载客人数、自重、净吨位、马力等计税标准，以车船管理部门核发的车船登记证书或者行驶证书相应项目所载数额为准。纳税人未按照规定到车船管理部门办理登记手续的，上述计税标准以车船出厂合格证明或者进口凭证相应项目所载数额为准；不能提供车船出厂合格证明或者进口凭证的，由主管地方税务机关根据车船自身状况并参照同类车船核定。

(4) 车辆自重尾数在0.5吨以下(含0.5吨)的，按照0.5吨计算；超过0.5吨的，按照1吨计算。船舶净吨位尾数在0.5吨以下(含0.5吨)的，不予计算；超过0.5吨的，按照1吨计算。1吨以下的小型车船，一律按照1吨计算。

(5) 机动车自重，是指机动车的整备质量。

(6) 对于无法准确获得自重数值或自重数值明显不合理的载货汽车、三轮汽车、低速货车、专用作业车和轮式专用机械车，由主管税务机关根据车辆自身状况并参照同类车辆核定计税依据。对能够获得总质量和核定载质量的，可按照车辆的总质量和核定载质量的差额作为车辆的自重；无法获得核定载质量的专用作业车和轮式专用机械车，可按照车辆的总质量确定自重。

2. 应纳税额的计算方法

纳税人按照纳税地点所在的省、自治区、直辖市人民政府确定的具体适用税额缴纳车船税。车船税由地方税务机关负责征收。

(1) 购置的新车船，购置当年的应纳税额自纳税义务发生的当月起按月计算，计算公式为

$$应纳税额=(年应纳税额\div 12)\times 应纳税月份数 \tag{11-8}$$

(2) 在一个纳税年度内，已完税的车船被盗抢、报废、灭失的，纳税人可以凭有关管理机关出具的证明和完税证明，向纳税所在地的主管税务机关申请退还自被盗抢、报废、灭失月份起至该纳税年度终了期间的税款。

(3) 已办理退税的被盗抢车船，失而复得的纳税人应当从公安机关出具相关证明的当月起计算缴纳车船税。

(4) 在一个纳税年度内，纳税人在非车辆登记地由保险机构代收代缴机动车车船税，且能够提供合法有效完税证明的，纳税人不再向车辆登记地的地方税务机关缴纳车辆车船税。

(5) 已缴纳车船税的车船在同一纳税年度内办理转让过户的，不另纳税，也不退税。

【例11-4】某运输公司拥有载货汽车15辆(每辆货车整备质量为10吨)，载人大客车20辆，小客车10辆(注：载货汽车每吨年税额90元，载人大客车每辆年税额1 200元，小客车每辆年税额800元)。计算该公司应纳车船税。

【答案】(1) 载货汽车应纳税额=90×15×10=13 500(元)

(2) 载人大客车应纳税额=1 200×20=24 000(元)

(3) 小客车应纳税额=800×10=8 000(元)

全年应纳车船税额=13 500+24 000+8 000=45 500(元)

3. 保险机构代收代缴

(1) 从事机动车第三者责任强制保险业务的保险机构为机动车车船税的扣缴义务人，应当在收取保险费时依法代收车船税，并出具代收税款凭证。

(2) 保险机构在代收车船税时，应当在机动车交通事故责任强制保险的保险单以及保费发票上注明已收税款的信息和减免税信息，作为代收税款凭证。

(3) 纳税人在应当购买交通事故责任强制保险截止日期以后购买的，或以前年度没有缴纳车辆车船税的，保险机构在代收税款的同时，还应代收代缴欠缴税款的滞纳金。

(4) 已完税或者按照《车船税法》第三条第四项、第五条规定减税免税的车船，纳税人应当向扣缴义务人提供登记地主管税务机关的减免税证明。扣缴义务人凭主管税务机关出具的减免税证明或者完税凭证，依法办理相关手续。

(5) 不能提供完税凭证或者减免税证明，且拒绝扣缴义务人代收代缴车船税的纳税人，扣缴义务人不得出具保单、保险标志和保费发票等，同时报告主管税务机关处理。

(6) 扣缴义务人应当及时解缴代收代缴的税款，并向地方税务机关申报。扣缴义务人向税务机关解缴税款时，应当同时报送明细的税款扣缴报告。扣缴义务人解缴税款的具体期限，由各省、自治区、直辖市地方税务机关依照法律、行政法规的规定确定。

购置的新车船，购置当年的应纳税额自纳税义务发生的当月起按月计算，计算公式为

$$应纳税额=年应纳税额\div 12\times 应纳税月份数 \tag{11-9}$$

【例11-5】某运输公司拥有载货汽车15辆(货车载重净吨位全部为10吨)，载人大客车20辆，小客车10辆(注：载货汽车每吨年税额80元，载人大客车每辆年税额500元，小客车每辆年税额400元)。计算该公司应纳车船税。

【答案】(1) 载货汽车应纳税额=15×10×80=12 000(元)

(2) 载人大客车应纳税额=20×500+10×400 =14 000(元)

(3) 全年应纳车船税额=12 000+14 000=26 000(元)

【例11-6】某航运公司拥有机动船30艘。其中，净吨位为600吨的12艘，2 000吨的8艘，5 000吨的10艘(注：600吨的单位税额3元，2 000吨的单位税额4元，5 000吨的单位税额5元)。请计算该航运公司年应纳车船税税额。

【答案】该公司年应纳车船税税额=12×600×3+8×2 000×4+10×5 000×5

=21 600+64 000+250 000

=335 600(元)

4. 保险机构代收代缴车船税和滞纳金的计算

为了做好机动车车船税代收代缴工作，中国保险监督管理委员会下发了《关于修改机动车交通事故责任强制保险保单的通知》(保监产险〔2007〕501号)，在机动车交通事故责任强制保险(以下简称“交强险”)保单中增加了与车船税有关的数据项目。为了便于保险机构根据新修改的“交强险”保单，完善“交强险”业务及财务系统，现就有关涉税问题进一步作出明确。

1) 特殊情况下车船税应纳税款的计算

(1) 购买短期“交强险”的车辆。对于境外机动车临时入境、机动车临时上道路行驶、机动车距规定的报废期限不足一年而购买短期“交强险”的车辆，保单中“当年应缴”项目的计算公式为

$$当年应缴税额=计税单位\times年单位税额\times应纳税月份数\div12 \tag{11-10}$$

式中，应纳税月份数为“交强险”有效期起始日期的当月至截止日期当月的月份数。

(2) 已向税务机关缴税的车辆或税务机关已批准减免税的车辆。对于已向税务机关缴税或税务机关已经批准免税的车辆，保单中“当年应缴”项目应为0；对于税务机关已批准减税的机动车，保单中“当年应缴”项目应根据减税前的应纳税额扣除依据减税证明中注明的减税幅度计算的减税额确定，计算公式为

$$减税车辆应纳税额=减税前应纳税额\times(1-减税幅度) \tag{11-11}$$

2) 欠缴车船税的车辆补缴税款的计算

从2008年7月1日起，保险机构在代收代缴车船税时，应根据纳税人提供的前次保险单，查验纳税人以前年度的完税情况。对于以前年度有欠缴车船税的，保险机构应代收代缴以前年度应纳税款。

(1) 对于2007年1月1日前购置的车辆或者曾经缴纳车船税的车辆，保单中“往年补缴”项目的计算公式为

$$往年补缴税额=计税单位\times年单位税额\times(本次缴税年度-前次缴税年度-1) \tag{11-12}$$

其中，对于2007年1月1日前购置的车辆，纳税人从未缴纳车船税的，前次缴税年度设定为2006年度。

(2) 对于2007年1月1日以后购置的车辆，纳税人从购置时起一直未缴纳车船税的，保单中“往年补缴”项目的计算公式为

$$往年补缴税额=购置当年欠缴的税款+购置年度以后欠缴税款 \tag{11-13}$$

$$购置当年欠缴的税款=计税单位\times年单位税额\times应纳税月份数\div12 \tag{11-14}$$

式中，应纳税月份数为车辆登记日期的当月起至该年度终了的月份数。若车辆尚未到车船管理部门登记，则应纳税月份数为购置日期的当月起至该年度终了的月份数。购置年度以后欠缴税

款的计算公式为

$$购置年度以后欠缴税款=计税单位\times年单位税额\times(本次缴税年度-车辆登记年度-1) \tag{11-15}$$

3) 滞纳金计算

对于纳税人在应购买“交强险”截止日期以后购买“交强险”的，或以前年度没有缴纳车船税的，保险机构在代收代缴税款的同时，还应代收代缴欠缴税款的滞纳金。

保单中“滞纳金”项目为各年度欠税与应加收滞纳金之和。每一年度欠税应加收的滞纳金的计算公式为

$$每一年度欠税应加收的滞纳金=欠税金额\times滞纳天数\times0.5‰ \tag{11-16}$$

式中，滞纳天数的计算自应购买“交强险”截止日期的次日起到纳税人购买“交强险”当日止。纳税人连续两年以上欠缴车船税的，应分别计算每一年度欠税应加收的滞纳金。

11.2.5　车船税的税收优惠

1. 法定减免

(1) 捕捞、养殖渔船。捕捞、养殖渔船是指在渔业船舶管理部门登记为捕捞船或者养殖船的船舶。

(2) 军队、武警专用的车船。军队、武警专用的车船是指按照规定在军队、武警车船管理部门登记，并领取军用牌照、武警牌照的车船。

(3) 警用车船。警用车船是指公安机关、国家安全机关、监狱、劳动教养管理机关和人民法院、人民检察院领取警用牌照的车辆和执行警务的专用船舶。

(4) 依照法律规定应当予以免税的外国驻华使馆、领事馆和国际组织驻华机构及其有关人员的车船。

(5) 对节约能源的车船减半征收车船税，对使用新能源的车船免征车船税。对受严重自然灾害影响，纳税困难以及有其他特殊原因确需减税、免税的，可以减征或者免征车船税。

节约能源、使用新能源的车辆包括纯电动汽车、燃料电池汽车和混合动力汽车。纯电动汽车、燃料电池汽车和插电式混合动力汽车免征车船税，其他混合动力汽车按照同类车辆适用税额减半征税。

(6) 省、自治区、直辖市人民政府根据当地实际情况，可以对公共交通车船，农村居民拥有并主要在农村地区使用的摩托车、三轮车和低速载货汽车定期减征或者免征车船税。

2. 特定减免

(1) 经批准临时入境的外国车船和我国香港特别行政区、澳门特别行政区、台湾地区的车船，不征收车船税。

(2) 按照规定缴纳船舶吨税的机动船舶，自《车船税法》实施之日起5年免征车船税。

(3) 机场、港口内部行驶或作业的车船，自《车船税法》实施之日起5年免征车船税。

11.2.6　车船税的征收管理

1. 纳税期限

车船税的纳税义务发生时间，为车船管理部门核发的车船登记证书或者行驶证书所记载日期的当月。纳税人未按照规定到车船管理部门办理应税车船登记手续的，以车船购置发票所载开具时间的当月作为车船税的纳税义务发生时间。对未办理车船登记手续且无法提供车船购置

发票的，由主管地方税务机关核定纳税义务发生时间。

2. 纳税地点

车船税纳税地点为车船的登记地或者车船税扣缴义务人所在地。依法不需要办理登记的车船，车船税的纳税地点为车船的所有人或者管理人所在地。

3. 纳税申报

车船税按年申报，分月计算，一次性缴纳。纳税年度，自公历1月1日起至12月31日止。具体申报纳税期限由省、自治区、直辖市人民政府确定。

税务机关可以在车船管理部门、车船检验机构的办公场所集中办理车船税征收事宜。

公安机关交通管理部门在办理车辆相关登记和定期检验手续时，对未提交自上次检验后各年度依法纳税或者免税证明的，不予登记，不予发放检验合格标志。

海事部门、船舶检验机构在办理租船登记和定期检验手续时，对未提交依法纳税或者免税证明，且拒绝扣缴义务人代收代缴车船税的纳税人，不予登记，不予发放检验合格标志。

对于依法不需要购买机动车交通事故责任强制保险的车辆，纳税人应当向主管税务机关申报缴纳车船税。

纳税人在首次购买机动车交通事故责任强制保险时缴纳车船税或者自行申报缴纳车船税的，应当提供购车发票及反映排气量、整备质量、核定载客人数等与纳税相关的信息及其相应凭证。

负责船舶登记、检验的船舶管理部门或者船舶检验机构为船舶车船税的扣缴义务人，应当在登记、检验时依法代收车船税，并出具代收税款凭证。

4. 其他管理规定

省、自治区、直辖市人民政府应当组织有关部门建立车船税涉税信息平台，车船管理部门、车船检验机构、保险监督管理机构和税务机关应当建立健全车船信息共享机制，定期提供车船所有人或管理人、代收代缴车船税税款及车船保有、年检等信息。

公安、交通运输、农业、渔业等车船登记管理部门、船舶检验机构和车船税扣缴义务人的行业主管部门应当在提供车船有关信息等方面，协助税务机关加强车船税的征收管理。

车辆所有人或者管理人在申请办理车辆相关登记、定期检验手续时，应当向公安机关交通管理部门提交依法纳税或者免税证明。公安机关交通管理部门核查后办理相关手续。

《车船税法》自2012年1月1日起施行，2006年12月29日国务院公布的《中华人民共和国车船税暂行条例》同时废止。《车船税法实施条例》自2012年1月1日起施行，2007年2月1日财政部、国家税务总局公布的《中华人民共和国车船税暂行条例》同时废止。《车船税法实施条例》自2012年1月1日起施行，《中华人民共和国车船税暂行条例实施细则》同时废止。

11.3 案例分析

【案例1】某汽车制造厂将自产的一辆客车用于本厂后勤生活服务，发票注明金额44 300元，并按此金额申报纳税。经审核，国家税务总局对该类型车辆核定的最低计税价格为47 000元。该厂对作价问题提不出正当理由。为了发展体育事业，赞助城市运动会，该汽车厂自产5辆旅行车，并在造型、内外装饰方面做了改进。经审查核实，同类型车辆最低计税价格为107 600元。该汽车厂由于某种原因，拍卖了一辆未上牌新车，成交价95 000元，拍卖公司按其成交价向竞买者开具发票并收取了价款。国家税务总局核定同类型车辆的最低计税价格为130 000元。

【要求】计算该汽车厂各个环节应缴纳的车辆购置税。

【答案】

自用车辆应纳税额=47 000×10%=4 700(元)

赠送行为属于受赠范围，接受车辆的使用者应按受赠应税车辆的政策规定，缴纳车辆购置税。

应纳税额=5×107 600×10%=53 800(元)

拍卖车辆应纳税额=130 000×10%=13 000(元)

【案例2】某企业有4吨位货运汽车两辆(其中一辆于20×7年6月和7月因大修理停运)，4吨位机动车挂车一辆，可载8人的面包车一辆。当地政府规定，机动车税额分季缴纳。每净吨位税额为60元，10座以下面包车每辆200元。

【要求】计算该企业每季度应纳车船税。

【答案】

货运汽车每季度应纳税额=2×4×60÷4=120(元)

挂车每季度应纳税额=1×4×60×50%÷4=30(元)

载人面包车每季度应纳税额=1×200÷4=50(元)

该企业每季度应纳车船税=120+30+50=200(元)

【解析】本题主要考查车船税的计算公式和纳税期限的具体规定。计算时注意：年度中间因修理停运的车辆，照章纳税；机动车挂车按载货汽车税额的50%计算缴纳；分季缴纳时，用年税额除以4即可算出季度税额。

本章小结

车辆购置税是国家对取得并自用车辆的单位和个人征收的一种税，它以在中国境内购置规定车辆的单位和个人为征税对象，在特定的环节向车辆购置者征收，按照规定税率计算并一次性征收。车辆购置税的征收范围包括汽车、摩托车、电车、挂车、农用运输车。现行车辆购置税的税率为10%。车辆购置税由国家税务局负责征收，实行一次性征收制度，一车一申报。购置已缴纳车辆购置税的车辆，不再征收车辆购置税。

车船税是指国家对行驶于境内公共道路的车辆和航行于境内河流、湖泊或者领海的船舶依法征收的一种税。车船税的纳税人是在中华人民共和国境内的车辆、船舶(以下简称车船)的所有人或管理人。车船税的征税范围包括依法在公安、交通、农业等车船管理部门登记的车船，具体分为车辆和船舶两大类。车船税对应税车船采用幅度定额税率。车船税的计税依据，按车船的种类和性能，分为辆、自重吨位和净吨位三种。车船税按年申报缴纳，具体申报纳税期限由省、自治区、直辖市人民政府确定。车船税由地方税务机关负责征收。车船税的纳税义务发生时间为车船管理部门核发的车船登记证书或者行驶证书所记载日期的当月。

课后练习题

计算问答题

1. 李某于2015年3月从某汽车有限公司(增值税一般纳税人)购买一辆1.6升排量的捷达牌轿车，支付价款合计为10.2万元(含税)，另支付代收临时牌照费300元，购买工具件及零部件含税价款2 600元，所支付的款项均由该汽车有限公司开具普通发票。李某应缴纳车辆购置税多少元？

2. 甲企业2月购进三辆轿车自用，其中两辆是未上牌照的新车，每辆不含税成交价120 000元，国家税务总局核定同类型车辆的最低计税价格为110 000元/辆；另一辆是从某企业购入的已使用三年的轿车(从原车主取得完税证明)，不含税成交价60 000元。甲企业应缴纳车辆购置税多少元？

3. 某运输企业2014年拥有6艘净吨位3 000吨的货运船只，4艘发动机功率7 000千瓦的拖船，10只净吨位2吨的非机动救生小舢板，3只净吨位1 000吨的非机动驳船。机动船舶车船税适用的年税额：净吨位200吨(含)以下为每吨3元；净吨位201吨至2 000吨为每吨4元；净吨位2 001吨至10 000吨为每吨5元。该企业2014年应缴纳车船税多少元？

4. 某商厦有一辆客货两用汽车，为顾客送货，乘客座位4个，整备质量2吨。当地省政府规定，载客4人乘用车车船税年税额为200元/辆，载货汽车为40元/吨，商厦每年应缴纳车船税多少元？

5. 某企业在2014年初拥有6辆整备质量10吨/辆的载货汽车和4辆小轿车；2014年4月购入3辆整备质量8吨/辆的挂车；11月，一辆小轿车被盗，取得了公安机关证明。当地载货汽车车船税年税额为每吨60元，小轿车适用的车船税每辆年税额为360元。该企业2014年实际应缴纳车船税多少元？

第12章　印花税法

本章要点提示

- 印花税的概念
- 印花税的纳税义务人、征税范围和税率
- 印花税的应纳税额的计算
- 印花税的申报和缴纳

12.1 印花税概述

印花税法是指国家制定的用以调整印花税征收与缴纳之间权利及义务关系的法律规范。现行印花税法的基本规范，是1988年8月6日国务院发布并于同年10月1日实施的《中华人民共和国印花税暂行条例》。

12.1.1　印花税的概念

印花税是以经济活动和经济交往中，书立、领受应税凭证的行为为征税对象征收的一种税。印花税因其采用在应税凭证上粘贴印花税票的方法缴纳税款而得名。

印花税最早产生于1624年的荷兰，现在已是世界各国普遍开征的一个税种。过去北洋政府和南京国民政府也先后颁布过《印花税法》，开征过印花税。中华人民共和国成立以后，中央人民政府政务院于1950年发布了《中华人民共和国印花税暂行条例》，在全国范围内开征印花税。1958年简化税制时，经全国人民代表大会常务委员会通过，将印花税并入工商统一税，印花税不再单设税种征收，直至经济体制改革以前。

党的十一届三中全会以后，在改革开放政策的指引下，我国的商品经济得以迅速发展。为适应商品经济发展的要求，国家先后颁布了经济合同法、商标法、工商企业登记管理条例等一系列经济法规，在经济活动中依法书立、领受各种经济凭证已成为普遍现象，重新开征印花税不仅是必要的，而且具备了一定的条件。因此，国务院于1988年8月发布了《中华人民共和国印花税暂行条例》(以下简称《印花税暂行条例》)，自1988年10月1日起施行。随着我国经济体制由计划商品经济向社会主义市场经济转变，印花税的征收在规范书立、领受经济凭证行为方面起着更加重要的作用。

12.1.2　印花税的特点

1. 征税范围广

印花税的征税对象是经济活动和经济交往中书立、领受应税凭证的行为，其征税范围十分广泛，主要表现在两个方面：一是涉及的应税行为广泛，包括书立和领受应税凭证的行为，这些行为在经济活动中是经常发生的；二是涉及的应税凭证范围广泛，包括各类经济合同、营业账簿、权利许可证照等，这些凭证在经济活动中被广泛地使用着。随着社会主义市场经济的发展和经济法制的日益完善，印花税的应税行为和应税凭证将会越来越普遍，征税范围也会更加广阔。

2. 税率低、税负轻

印花税税负较轻，主要表现在其税率或税额明显低于其他税种，最低比例税率为应税凭证所载金额的万分之零点五，一般都为万分之几或千分之几；采用定额税率的，每件应税凭证固定税额为5元。

3. 由纳税人自行完成纳税义务

印花税纳税人自行计算应纳税额，自行购买印花税票，自行贴花，自行在每枚税票的骑缝处盖戳注销或画销。贴印花税票者，不得申请退税或者抵用。这与其他税种多缴税款可以申请退税或抵缴的规定也不相同。

4. 兼有凭证税和行为税性质

一方面，印花税是对单位和个人书立、领受的应税凭证征收的一种税，具有凭证税的性质；另一方面，任何一种应税经济凭证反映的都是某种特定的经济行为，因此，对凭证征税，实质上是对经济行为课税。

12.1.3 印花税的立法原则

印花税之所以能在世界范围内普遍推行，是因为它有良好的财政经济功能与作用。在我国社会主义市场经济条件下，印花税同样具有十分重要的作用。

1. 广集财政收入

印花税虽然对每个纳税人来说税负不重，但是由于其征税面广，税款积少成多，也是一笔可观的财政收入，对于增加国家财政收入、积累更多的财政资金具有积极的作用。同时，在分税制体制下，印花税属于地方税，其收入归地方政府所有(需要注意的是，证券交易印花税属于共享税，当前其收入的88%归中央，12%归地方所有)，这对于完善地方税体系和分税财政体制具有重要的作用。

2. 促进我国经济法制建设

根据《印花税暂行条例》的规定，发放或办理各种应税凭证的单位负有监督纳税的义务，这样可以配合各种经济法规的实施，加强经济合同的监督管理；同时，各种合同贴花以后，不论是否兑现，都已负担了税款，可以促使经济往来各方信守合同，减少由于盲目签约而造成的经济损失和纠纷，提高合同的兑现率。总之，印花税的征收能够促进经济交往中的各方依法办事，推进我国的经济法制建设。

3. 培养公民的纳税意识

印花税实行自行贴花纳税的方法，有助于培养纳税人自觉纳税的意识；同时印花税具有轻税重罚的特点，有利于增强纳税人的税收法制观念。

4. 有利于维护国家经济权益

随着改革开放和对外经济交往的日益频繁，涉外经济活动中书立、领受应税凭证的情况也越来越多。目前，世界上多数国家都开征了印花税，我国开征印花税有利于贯彻对等原则，维护国家的经济权益。

5. 有利于配合对其他应纳税种的监督管理

印花税的应税凭证反映着纳税人的生产、经营活动情况，税务机关对纳税人各种应税凭证的贴花和检查，客观上可以及时掌握纳税人经济活动中涉及应纳其他各税的相关情况，有利于配合加强对其他应纳税种的监督管理。

12.2 印花税的纳税义务人、征税范围和税率

12.2.1 印花税的纳税义务人

印花税的纳税义务人，是在中国境内书立、使用、领受印花税法所列举的凭证并应依法履行纳税义务的单位和个人。所称单位和个人，是指国内各类企业、事业、机关、团体、部队以及中外合资企业、合作企业、外资企业、外国公司和其他经济组织及其在华机构等单位和个人。

上述单位和个人，按照书立、使用、领受应税凭证的不同，可以分别确定为立合同人、立据人、立账簿人、领受人、使用人和各类电子应税凭证的签订人共6种。

1. 立合同人

立合同人是指合同的当事人。所谓当事人，是指对凭证有直接权利义务关系的单位和个人，但不包括合同的担保人、证人、鉴定人。各类合同的纳税人是立合同人。各类合同，包括购销、加工承揽、建设工程承包、财产租赁、货物运输、仓储保管、借款、财产保险、技术合同或者具有合同性质的凭证。

所称合同，是指根据原《中华人民共和国经济合同法》《中华人民共和国涉外经济合同法》和其他有关合同法规订立的合同。所称具有合同性质的凭证，是指具有合同效力的协议、契约、合约、单据、确认书及其他各种名称的凭证。

《中华人民共和国合同法》自1999年10月1日起施行，《中华人民共和国经济合同法》《中华人民共和国涉外经济合同法》《中华人民共和国技术合同法》同时废止。有关合同的法律依据可参考《中华人民共和国合同法》的规定。

当事人的代理人有代理纳税的义务，他与纳税人负有同等的税收法律义务和责任。

2. 立据人

产权转移书据的纳税人是立据人，是指土地、房屋权属转移过程中买卖双方的当事人。

3. 立账簿人

营业账簿的纳税人是立账簿人。所谓立账簿人，是指设立并使用营业账簿的单位和个人。例如，企业单位因生产、经营需要，设立了营业账簿，该企业即为纳税人。

4. 领受人

权利、许可证照的纳税人是领受人。领受人，是指领取或接受并持有该项凭证的单位和个人。例如，某人因其发明创造，经申请依法取得国家专利机关颁发的专利证书，该人即为纳税人。

5. 使用人

在国外书立、领受，但在国内使用的应税凭证，其纳税人是使用人。

6. 各类电子应税凭证的签订人

各类电子应税凭证的签订人，即以电子形式签订的各类应税凭证的当事人。

值得注意的是，对应税凭证，凡由两方或两方以上当事人共同书立的，其当事人各方都是印花税的纳税人，应各就其所持凭证的计税金额履行纳税义务。

12.2.2 印花税的征税范围

印花税的征税范围，是指印花税法明确规定的应当纳税的项目，它具体划定了印花税的税目。一般来说，列入税目的就要征税，未列入税目的就不征税。印花税共有13个税目。

1. 购销合同

购销合同包括供应、预购、采购、购销结合及协作、调剂、补偿、贸易等合同，包括出版单位与发行单位之间订立的图书、报纸、期刊和音像制品的应税凭证，例如，订购单、订数单等。此外，购销合同还包括发电厂与电网之间、电网与电网之间(国家电网公司系统、南方电网公司系统内部各级电网互供电量除外)签订的购售电合同。但是，电网与用户之间签订的供用电合同不属于印花税列举征税的凭证，不征收印花税。

2. 加工承揽合同

加工承揽合同包括加工、定做、修缮、修理、印刷、广告、测绘、测试等合同。

3. 建设工程勘察设计合同

建设工程勘察设计合同包括勘察、设计合同的总包合同、分包合同和转包合同。

4. 建筑安装工程承包合同

建筑安装工程承包合同包括建筑、安装工程承包合同。承包合同，包括总承包合同、分包合同和转包合同。

5. 财产租赁合同

财产租赁合同包括租赁房屋、船舶、飞机、机动车辆、机械、器具、设备等合同，还包括企业、个人出租门店、柜台等签订的合同。

6. 货物运输合同

货物运输合同包括民用航空、铁路运输、海上运输、公路运输和联运合同，以及作为合同使用的单据。

7. 仓储保管合同

仓储保管合同包括仓储、保管合同，以及作为合同使用的仓单、栈单等。

8. 借款合同

借款合国包括银行及其他金融组织与借款人(不包括银行同业拆借)所签订的合同，以及只填开借据并作为合同使用、取得银行借款的借据。银行及其他金融机构经营的融资租赁业务，是一种以融物方式达到融资目的的业务，实际上是分期偿还的固定资金借款，因此融资租赁合同也属于借款合同。

9. 财产保险合同

财产保险合同包括财产、责任、保证、信用保险合同，以及作为合同使用的单据。财产保险合同，分为企业财产保险、机动车辆保险、货物运输保险、家庭财产保险和农牧业保险5大类。“家庭财产两全保险”属于家庭财产保险性质，其合同在财产保险合同之列，应照章纳税。

10. 技术合同

技术合同包括技术开发、转让、咨询、服务等合同，以及作为合同使用的单据。

技术转让合同，包括专利申请权转让、专利实施许可和非专利技术转让合同。

技术咨询合同，是当事人就有关项目的分析、论证、预测和调查订立的技术合同。但一般的法律、会计、审计等方面的咨询不属于技术咨询，其所立合同不贴印花。

技术服务合同，是当事人一方委托另一方就解决有关特定技术问题，如为改进产品结构、改良工艺流程、提高产品质量、降低产品成本、保护资源环境、实现安全操作、提高经济效益等提出实施方案，进行指导所订立的技术合同。包括技术服务合同、技术培训合同和技术中介合同，但不包括以常规手段或者以生产经营为目的进行的一般加工、修理、修缮、广告、印刷、测绘、标准化测试，以及勘察、设计等所书立的合同。

11. 产权转移书据

产权转移书据包括财产所有权和版权、商标专用权、专利权、专有技术使用权等转移书据和土地使用权出让合同、土地使用权转让合同、商品房销售合同等权利转移合同。

所称产权转移书据，是指单位和个人产权的买卖、继承、赠与、交换、分割等所立的书据。“财产所有权”转换书据的征税范围，是指经政府管理机关登记注册的动产、不动产的所有权转移所立的书据，以及企业股权转让所立的书据，包括个人无偿赠与不动产所签订的“个人无偿赠与不动产登记表”。当纳税人完税后，税务机关(或其他征收机关)应在纳税人印花税完税凭证上加盖“个人无偿赠与”印章。

12. 营业账簿

营业账簿是指单位或者个人记载生产经营活动的财务会计核算账簿。营业账簿按其反映内容的不同，可分为记载资金的账簿和其他账簿。

记载资金的账簿，是指反映生产经营单位资本金数额增减变化的账簿。其他账簿，是指除上述账簿以外的有关其他生产经营活动内容的账簿，包括日记账簿和各明细分类账簿。

对金融系统营业账簿，要结合金融系统财务会计核算的实际情况进行具体分析。凡银行用以反映资金存贷经营活动、记载经营资金增减变化、核算经营成果的账簿，如各种日记账、明细账和总账都属于营业账簿，应按照规定缴纳印花税；银行根据业务管理需要设置的各种登记簿，如空白重要凭证登记簿、有价单证登记簿、现金收付登记簿等，其记载的内容与资金活动无关，仅用于内部备查，属于非营业账簿，均不征收印花税。

13. 权利许可证照

权利许可证照包括政府部门发给的房屋产权证、工商营业执照、商标注册证、专利证、土地使用证。

12.2.3 印花税的税率

作为印花税课税对象的经济凭证，种类繁多，形式多样，性质不尽相同。例如，有些凭证记载金额，有些则未记载金额；有些凭证供长期使用，有些则只满足临时性需要。这样，就有必要根据不同凭证的性质和特点，按照合理负担、便于征纳的原则，分别采用不同的税率。

现行印花税采用比例税率和定额税率两种税率。

1. 比例税率

印花税的比例税率分为4档，即1‰、0.5‰、0.3‰、0.05‰。按比例税率征收的应税项目包括各种合同及具有合同性质的凭证、记载资金的账簿和产权转移书据等。这些凭证一般都记载有金额，按比例税率纳税，金额多的多纳，金额少的少纳，既能增加收入，又可以体现合理负担原则。具体的规定如下所述。

(1) 财产租赁合同、仓储保管合同、财产保险合同的税率为1‰。

(2) 加工承揽合同、建设工程勘察设计合同、货物运输合同、产权转移书据、营业账簿中记载资金的账簿，税率为0.5‰。

(3) 购销合同、建筑安装工程承包合同、技术合同的规定税率为0.3‰。这类合同从低规定税率的主要考虑是：企业的购销量大，从购到销要签两次合同；而建筑安装工程承包合同则要按承包总金额计税。因此，为照顾企业的实际承受能力，并鼓励企业进行技术开发、转让和服务，宜于规定较低税率。

(4) 借款合同的税率为0.05‰。因为借款合同的税基较大，从平衡各类合同的税负考虑，需要从低设计税率。

此外，根据国家税务总局等的规定，从2007年5月30日起，股份制企业向社会公开发行的股票，因购买、继承、赠与所书立的书据，均依书立时证券市场当日实际成交价格计算的金额，由立据双方当事人分别按3‰的税率缴纳印花税(包括A股和B股)。

2008年4月23日，财政部宣布证券交易印花税税率从4月24日起由3‰下调至1‰。

2008年9月19日，证券交易印花税实行单边收取。

2. 定额税率

适用定额税率的是权利许可证照和营业账簿中的其他账簿，采取按件规定固定税额，单位税额均为每件5元。对其他营业账簿、权利许可证照，单位税额均为每件5元。由于这类凭证没有金额记载，规定按件定额征税，可以方便征纳，简化手续。

在确定适用税率时，如果一份合同载有一个或几个经济事项，可以同时适用一个或几个税率分别计算贴花，但属于同一笔金额或几个经济事项金额未分开的，应按其中的较高税率计算纳税，而不是分别按多种税率贴花。这样规定主要是为了避免以低税率凭证代替高税率凭证纳税从而逃避纳税义务的情况。

印花税税目的税率如表12-1所示。

表12-1　印花税税目的税率

税目	范围	税率	纳税人	说明
1. 购销合同	包括供应、预购、采购、购销结合及协作、调剂、补偿、易货等合同	按购销金额的0.3‰贴花	立合同人	
2. 加工承揽合同	包括加工、定做、修缮、修理、印刷、广告、测绘、测试等合同	按加工或承揽收入的0.5‰贴花	立合同人	
3. 建设工程勘察设计合同	包括勘察、设计合同	按收取费用的0.5‰贴花	立合同人	
4. 建筑安装工程承包合同	包括建筑、安装工程承包合同	按承包金额的0.3‰贴花	立合同人	
5. 财产租赁合同	包括租赁房屋、船舶、飞机、机动车辆、机械、器具、设备等合同	按租赁金额的1‰贴花，税额不足1元按1元贴花	立合同人	

(续表)

税目	范围	税率	纳税人	说明
6. 货物运输合同	包括民用航空运输、铁路运输、海上运输、内河运输、公路运输和联运合同	按运输收取费用的0.5‰贴花	立合同人	单据作为合同使用的，按合同贴花
7. 仓储保管合同	包括仓储、保管合同	按仓储收取保管费用的1‰贴花	立合同人	仓单或栈单作为合同使用的，按合同贴花
8. 借款合同	银行及其他金融组织和借款人(不包括银行同业拆借)所签订的借款合同	按借款金额的0.05‰贴花	立合同人	单据作为合同使用的，按合同贴花
9. 财产保险合同	包括财产、责任、保证、信用等保险合同	按收取保险费收入的1‰贴花	立合同人	单据作为合同使用的，按合同贴花
10. 技术合同	包括技术开发、转让、咨询、服务等合同	按所记载金额的0.3‰贴花	立合同人	
11. 产权转移书据	包括财产所有权和版权、商标专用权、专利权、专有技术使用权等转移书据，土地使用权出让合同，土地使用权转让合同，商品房销售合同	按所记载金额的0.5‰贴花	立据人	
12. 营业账簿	生产、经营用账册	记载资金的账簿，按实收资本和资本公积合计金额的0.5‰贴花，其他账簿按件贴花5元	立账簿人	
13. 权利、许可证照	包括政府部门发给的房屋产权证、工商营业执照、商标注册证、专利证、土地使用证	按件贴花5元	领受人	

12.3 印花税应纳税额的计算

12.3.1 印花税计税依据的一般规定

印花税的计税依据为各种应税凭证上所记载的计税金额，具体规定包括以下几点。

(1) 购销合同的计税依据为合同记载的购销金额。

(2) 加工承揽合同的计税依据是加工或承揽收入的金额，具体包括如下规定。

① 对于由受托方提供原材料的加工、定做合同，凡在合同中分别记载加工费金额和原材料金额的，应分别按“加工承揽合同”“购销合同”计税，两项税额相加数，即为合同应贴印花；若合同中未分别记载，则应就全部金额依照加工承揽合同计税贴花。

② 对于由委托方提供主要材料或原料，受托方只提供辅助材料的加工合同，无论加工费和辅助材料金额是否分别记载，均以辅助材料与加工费的合计数，依照加工承揽合同计税贴花，

对委托方提供的主要材料或原料金额不计税贴花。

(3) 建设工程勘察设计合同的计税依据为收取的费用。

(4) 建筑安装工程承包合同的计税依据为承包金额。

(5) 财产租赁合同的计税依据为租赁金额；经计算税额不足1元的，按1元贴花。

(6) 货物运输合同的计税依据为取得的运输费金额(即运费收入)，不包括所运货物的金额、装卸费和保险费等。

(7) 仓储保管合同的计税依据为收取的仓储保管费用。

(8) 借款合同的计税依据为借款金额。针对实际借贷活动中不同的借款形式，税法规定了不同的计税方法。

① 凡是一项信贷业务既签订借款合同，又一次或分次填开借据的，只以借款合同所载金额为计税依据计税贴花；凡是只填开借据并作为合同使用的，应以借据所载金额为计税依据计税贴花。

② 借贷双方签订的流动资金周转性借款合同，一般按年(期)签订，规定最高限额，借款人在规定的期限和最高限额内随借随还。为避免加重借贷双方的负担，对这类合同，只以其规定的最高限额为计税依据，在签订时贴花一次，在限额内随借随还不签订新合同的，不再另贴印花。

③ 对借款方以财产作抵押，从贷款方取得一定数量抵押贷款的合同，应按借款合同贴花；在借款方因无力偿还借款而将抵押财产转移给贷款方时，应再就双方书立的产权书据，按产权转移书据的有关规定计税贴花。

④ 对银行及其他金融组织的融资租赁业务签订的融资租赁合同，应按合同所载租金总额，暂按借款合同计税。

⑤ 在贷款业务中，如果贷方系由若干银行组成的银团，银团各方均承担一定的贷款数额，借款合同由借款方与银团各方共同书立，各执一份合同正本。对这类合同，借款方与贷款银团各方应分别在所执的合同正本上，按各自的借款金额计税贴花。

⑥ 在基本建设贷款中，如果按年度用款计划分年签订借款合同，在最后一年按总概算签订借款总合同，且总合同的借款金额包括各个分合同的借款金额。对这类基建借款合同，应按分合同分别贴花，最后签订的总合同，只就借款总额扣除分合同借款金额后的余额计税贴花。

(9) 财产保险合同的计税依据为支付(收取)的保险费，不包括所保财产的金额。

(10) 技术合同的计税依据为合同所载的价款、报酬或使用费。

为了鼓励技术研究开发，对技术开发合同，只就合同所载的报酬金额计税，研究开发经费不作为计税依据。单对合同约定按研究开发经费一定比例作为报酬的，应按一定比例的报酬金额贴花。

(11) 产权转移书据的计税依据为所载金额。

(12) 营业账簿税目中记载资金的账簿的计税依据为“实收资本”与“资本公积”两项的合计金额。

① 实收资本包括现金、实物、无形资产和材料物资。其中，现金按实际收到或存入纳税人开户银行的金额确定；实物指房屋、机器等，按评估确认的价值或者合同、协议约定的价格确定；无形资产和材料物资，按评估确认的价值确定。

② 资本公积，包括接受捐赠、法定财产重估增值、资本折算差额、资本溢价等。如果是实物捐赠，则按同类资产的市场价格或有关凭据确定。

③ 其他账簿的计税依据为应税凭证件数。

(13) 权利许可证照的计税依据为应税凭证件数。

12.3.2 印花税计税依据的特殊规定

关于印花税的计税依据有以下一些特殊的规定。

(1) 有合同性质的凭证，以凭证所载金额为计税依据。上述凭证以"金额""收入""费用"作为计税依据的，应当全额计税，不得作任何扣除。

(2) 同一凭证，载有两个或两个以上经济事项而适用不同税目、税率，如分别记载金额，应分别计算应纳税额，相加后按合计税额贴花；如未分别记载金额，按税率高的计税贴花。

(3) 按金额比例贴花的应税凭证，未标明金额的，应按照凭证所载数量及国家牌价计算金额；没有国家牌价的，按市场价格计算金额，然后按规定税率计算应纳税额。

(4) 应税凭证所载金额为外国货币的，应按照凭证书立当日国家外汇管理局公布的外汇牌价折合成人民币，然后计算应纳税额。

(5) 应纳税额不足1角的，免纳印花税；1角以上的，其税额尾数不满5分的不计，满5分的按1角计算。

(6) 有些合同，在签订时无法确定计税金额。例如，技术转让合同中的转让收入，是按销售收入的一定比例收取或是按实现利润分成；财产租赁合同，只是规定了月(天)租金标准而无租赁期限。对这类合同，可在签订时先按定额5元贴花，以后结算时再按实际金额计税，补贴印花。

(7) 应税合同在签订时纳税义务即已产生，应计算应纳税额并贴花。所以，不论合同是否兑现或是否按期兑现，均应贴花。

对已履行并贴花的合同，所载金额与合同履行后实际结算金额不一致的，只要双方未修改合同金额，一般不再办理完税手续。

(8) 对有经营收入的事业单位，凡属由国家财政拨付事业经费，实行差额预算管理的单位，其记载经营业务的账簿，按其他账簿定额贴花，不记载经营业务的账簿不贴花；凡属经费来源实行自收自支的单位，其营业账簿，应对记载资金的账簿和其他账簿分别计算应纳税额。

跨地区经营的分支机构使用的营业账簿，应由各分支机构于其所在地计算贴花。对上级单位核拨资金的分支机构，其记载资金的账簿按核拨的账面资金额计税贴花，其他账簿按定额贴花；对上级单位不核拨资金的分支机构，只就其他账簿按件定额贴花。为避免对同一资金重复计税贴花，上级单位记载资金的账簿，应按扣除拨给下属机构资金数额后的其余部分计税贴花。

(9) 在商品购销活动中，采用以货换货方式进行商品交易签订的合同，是反映既购又销双重经济行为的合同。对此，应按合同所载的购、销合计金额计税贴花。合同未列明金额的，应按合同所载购、销数量依照国家牌价或者市场价格计算应纳税额。

(10) 施工单位将自己承包的建设项目，分包或者转包给其他施工单位所签订的分包合同或者转包合同，应按新的分包合同或转包合同所载金额计算应纳税额。这是因为印花税是一种具有行为税性质的凭证税，尽管总承包合同已依法计税贴花，但新的分包或转包合同是一种新的凭证，又产生了新的纳税义务。

(11) 对股票交易征收印花税，始于深圳和上海两地证券交易的不断发展。现行印花税法规定，股份制试点企业向社会公开发行的股票，因购买、继承、赠与所书立的股权转让书据，均依书立时证券市场当日实际成交价格计算的金额，由立据双方当事人分别按1‰的税率缴纳印花税。

(12) 对国内各种形式的货物联运，凡在起运地统一结算全程运费的，应以全程运费作为计税依据，由起运地运费结算双方缴纳印花税；凡分程结算运费的，应以分程运费作为计税依据，分别由办理运费结算的各方缴纳印花税。

对国际货运，凡由我国运输企业运输的，不论在我国境内、境外起运或中转分程运输，我国运输企业所持的一份运费结算凭证，均按本程运费计算应纳税额；托运方所持的一份运费结算凭证，按全程运费计算应纳税额。由外国运输企业运输进出口货物的，外国运输企业所持的一份运费结算凭证免纳印花税；托运方所持的一份运费结算凭证应缴纳印花税。国际货运运费结算凭证在国外办理的，应在凭证转回我国境内时按规定缴纳印花税。

必须明确的是，印花税票为有价证券，其票面金额以人民币为单位，分为壹角、贰角、伍角、壹元、贰元、伍元、拾元、伍拾元、壹佰元9种。

12.3.3 印花税应纳税额的计算方法

纳税人的应纳税额，根据应纳税凭证的性质，分别按比例税率或者定额税率计算，计算公式为

应纳税额=应税凭证计税金额(或应税凭证件数)×适用税率 (12-1)

【例】某企业某年2月开业，当年发生以下有关业务事项：领受房屋产权证、工商营业执照、土地使用证各一件；与其他企业订立转移专用技术使用权书据一份，所载金额为100万元；订立产品购销合同一份，所载金额为200万元；订立借款合同一份，所载金额为400万元；企业记载资金的账簿，“实收资本”“资本公积”为800万元；其他营业账簿10本。试计算该企业当年应缴纳的印花税税额。

【答案】(1) 企业领受权利许可证照应纳税额

应纳税额=3×5=15(元)

(2) 企业订立产权转移书据应纳税额

应纳税额=1 000 000×0.5‰ =500(元)

(3) 企业订立购销合同应纳税额

应纳税额=2 000 000×0.3‰=600(元)

(4) 企业订立借款合同应纳税额

应纳税额=4 000 000×0.05‰=200(元)

(5) 企业记载资金的账簿

应纳税额=8 000 000×0.5‰ =4 000(元)

(6) 企业其他营业账簿应纳税额

应纳税额=10×5=50(元)

(7) 企业当年应纳印花税税额=15+500+600+200+4 000+50 =5 365(元)

12.4 印花税的税收优惠

1. 基本优惠

(1) 对已缴纳印花税凭证的副本或者抄本免税。凭证的正式签署本已按规定缴纳了印花税，其副本或者抄本对外不发生权利义务关系，只是留存备查。但以副本或者抄本视同正本使

用的，则应另贴印花。

(2) 对财产所有人将财产赠给政府、社会福利单位、学校，所立的书据免税。所谓社会福利单位，是指扶养孤老伤残的社会福利单位。对上述书据免税，旨在鼓励财产所有人这种有利于发展文化教育事业，造福社会的捐赠行为。

(3) 对国家指定的收购部门与村民委员会、农民个人书立的农副产品收购合同免税。由于我国农副产品种类繁多，地区之间差异较大，随着经济的发展，国家指定的收购部门也会有所变化。对此，印花税法授权省、自治区、直辖市主管税务机关根据当地实际情况，具体划定本地区“收购部门”和“农副产品”的范围。

(4) 对无息、贴息贷款合同免税。无息、贴息贷款合同，是指我国的各专业银行按照国家金融政策发放的无息贷款，以及由各专业银行发放并按有关规定由财政部门或中国人民银行给予贴息的贷款项目所签订的贷款合同。

一般情况下，无息、贴息贷款体现国家政策，能够满足特定时期的某种需要，其利息全部或者部分由国家财政负担，对这类合同征收印花税没有财政意义。

(5) 对外国政府或者国际金融组织向我国政府及国家金融机构提供优惠贷款所书立的合同免税。

该类合同是就具有援助性质的优惠贷款而成立的政府间协议，对其免税有利于引进和利用外资，以推动我国经济与社会的快速发展。

2. 其他优惠

(1) 房地产管理部门与个人订立的租房合同，凡房屋用于生活居住的，暂免贴花。

(2) 军事货物运输、抢险救灾物资运输以及新建铁路临管线运输等的特殊货运凭证，免征印花税。

(3) 对国家邮政局及所属各级邮政企业，从1999年1月1日起独立运营新设立的资金账簿，凡属在邮电管理局分营前已贴花的资金免征印花税，1999年1月1日以后增加的资金按规定贴花。

(4) 对经国务院和省级人民政府决定或批准进行的国有(含国有控股)企业改组改制而发生的上市公司国有股权无偿转让行为，暂不征收证券(股票)交易印花税。对不属于上述情况的上市公司国有股权无偿转让行为，仍应征收证券(股票)交易印花税。

(5) 经县级以上人民政府及企业主管部门批准改制的企业改制前签订但尚未履行完的各类应税合同，改制后需要变更执行主体的，对仅改变执行主体，其余条款未作变动且改制前已贴花的，不再贴花 。

(6) 经县级以上人民政府及企业主管部门批准改制的企业因改制签订的产权转移书据免予贴花。

(7) 对投资者(包括个人和机构)买卖封闭式证券投资基金免征印花税。

(8) 对国家石油储备基地第一期项目建设过程中涉及的印花税予以免征。

(9) 证券投资者保护基金有限责任公司发生的下列凭证和产权转移书据享受印花税的优惠政策。

① 新设立的资金账簿免征印花税；

② 与中国人民银行签订的贷款合同、与证券公司行政清算机构签订的借款合同，免征印花税；

③ 接收被处置证券公司的财产签订的产权转移书据，免征印花税；

④ 以保护基金自有财产和接收的受偿资产与保险公司签订的财产保险合同，免征印花税。

值得注意的是：与保护基金有限责任公司签订上述应税合同或产权转移书据，只是对保护基金有限责任公司免征印花税，对应税合同或产权转移书据相关的其他当事人应照章征收印花税。

(10) 对廉租住房、经济适用房经营管理单位与廉租住房、经济适用房相关的印花税以及廉租住房承租人、经济适用住房购买人涉及的印花税予以免征。

(11) 对公租房经营管理单位购买住房作为公租房，免征契税、印花税；对公租房租赁双方签订租赁协议涉及的印花税予以免征；对公租房经营管理单位建造公租房涉及的印花税予以免征。在其他住房项目中配套建设公租房，依据政府部门出具的相关材料，可按公租房建筑面积占总建筑面积的比例免征建造、管理公租房涉及的印花税。

12.5 印花税的纳税申报

12.5.1 印花税的缴纳方法

印花税的纳税方法较其他税种不同，是由纳税人根据税法规定，自行计算应纳税额，自行购买印花税票，自行贴花和画销，自行完成纳税义务。同时，对特殊情形采取特定的纳税贴花方法。

1. 一般纳税方法

印花税通常由纳税人根据规定自行计算应纳税额，购买并一次贴足印花税票，纳完税款。纳税人向税务机关或指定的代售单位购买印花税票，就税务机关来说，印花税票一经售出，国家即取得印花税收入；但就纳税人来说，购买了印花税票，不等于履行了纳税义务。因此，纳税人将印花税票粘贴在应税凭证上之后，应即行注销，注销标记应与骑缝处相交。所谓骑缝处，是指粘贴的印花税票与凭证之间的交接处。

对国家政策性银行记载资金的账簿，一次贴花数额较大、难以承担的，经当地税务机关核准，可在三年内分次贴足印花。

2. 简化纳税方法

为简化贴花手续，对那些应纳税额较大或者贴花次数频繁的，税法规定了以下三种简化的缴纳方法。

(1) 以缴款书或完税证代替贴花的方法。某些应税凭证，如资金账簿、大宗货物的购销合同、建筑工程承包合同等，如果一份凭证的应纳税额数量较大，超过500元，贴用印花税票不方便的，可向当地税务机关申请填写缴款书或者完税证，将其中一联粘贴在凭证上或者由税务机关在凭证上加注完税标记，代替贴花。

(2) 按期汇总缴纳印花税的方法。同一种类应纳税凭证需要频繁贴花的，纳税人可向当地税务机关申请按期汇总缴纳印花税。经税务机关核准发给许可证后，按税务机关确定的限期(最长不超过一个月)汇总计算纳税。应纳税凭证在加注税务机关的汇缴戳记、编号并装订成册后，纳税人应将缴款书的一联粘附册后，盖章注销，保存备查。

(3) 代扣税款汇总缴纳的方法。税务机关为了加强源泉控制管理，可以委托某些代理填开应税凭证的单位(如代办运输、联运的单位)对凭证的当事人应纳的印花税予以代扣，并按期汇总缴纳。

3. 纳税贴花的其他具体规定

纳税人贴花时，必须遵照以下规定办理纳税事宜。

(1) 在应纳税凭证书立或领受时即行贴花完税，不得延至凭证生效日期贴花。

(2) 印花税票应粘贴在应纳税凭证上，并由纳税人在每枚税票的骑缝处盖戳注销或画销，严禁揭下重用。

(3) 已经贴花的凭证，凡修改后所载金额增加的部分，应补贴印花。

(4) 对已贴花的各类应纳税凭证，纳税人须按规定期限保管，不得私自销毁，以备纳税检查。

(5) 凡多贴印花税票者，不得申请退税或者抵扣。

(6) 纳税人对凭证不能确定是否应当纳税的，应及时携带凭证，到当地税务机关鉴别。

(7) 纳税人与税务机关对凭证的性质发生争议的，应检附该凭证报请上一级税务机关核定。

(8) 纳税人对纳税凭证应妥善保存。凭证的保存期限，凡国家已有明确规定的，按规定办理；其他凭证均应在履行纳税义务完毕后保存10年。

12.5.2　外商投资企业和外国企业缴纳印花税的其他有关规定

根据《国务院关于外商投资企业和外国企业适用增值税、消费税、营业税等税收暂行条例有关问题的通知》，外商投资企业、外国企业和其他经济组织及其在华机构从1994年1月1日起，应按照《印花税暂行条例》及其实施细则的规定缴纳印花税，具体规定如下所述。

上述企业在1993年12月31日以前书立、领受的各种应税凭证，包括合同、产权转移书据、营业账簿、权利许可证照等，不征印花税。

上述企业在1993年12月31日以前签订应税合同，但在1994年1月1日以后进行修改，并增加金额或原合同到期续签合同的，应按规定贴花。

对于记载资金的账簿，1994年1月1日以后实收资本和资本公积增加的，应按增加部分贴花；对于启用的新账簿，其实收资本和资本公积未增加的，免贴印花；对1994年1月1日后启用的其他账簿，应按规定贴花。

上述企业在1993年12月31日以前取得的产权转移书据和权利许可证照，在1994年1月1日以后有更改、换证、换照、转让行为的，应按规定贴花。

上述企业记载资金的账簿一次贴花数额较大的，经主管税务机关批准，可在3年内贴足印花；经营期不足3年的企业，应在经营期内贴足印花。

其他征免事宜，均按照印花税现行规定执行。

12.5.3　印花税票

为适应税收事业的发展，有效发挥印花税票的作用，国家税务总局决定，自2001年起，每两年对印花税票进行一次改版。印花税票是缴纳印花税的完税凭证，由国家税务总局负责监制。它的票面金额以人民币为单位，分为壹角、贰角、伍角、壹元、贰元、伍元、拾元、伍拾元、壹佰元9种。缴纳印花税时，按照规定的应纳税额，购贴相同金额的印花税票，凭以完税。

印花税票为有价证券，各种税务机关应按照国家税务总局的管理办法严格管理。

新版印花税票采用以下四种防伪措施：一是全部采用防伪纤维纸印制；二是图案右下方采用有色荧光油墨套印税徽(在紫光灯下线是绿色)；三是图案左下方刻有镂空篆体“税”字；四是四角边孔采用“十”字异形孔。

印花税票可以委托单位或个人代售，并由税务机关付给5%的手续费，支付来源从实征印花税款中提取。税务机关和代售单位应共同做好代售印花税票的工作。

(1) 订立代售合同。凡代售印花税票者，应先向当地税务机关提出代售申请，必要时需提供保证人。税务机关调查核准后，应与代售户签订代售合同，发给代售许可证。代售单位要指定专人负责办理印花税票的领、售、存和交款等项代售业务。代售户所领印花税票，除合同另有规定者外，不得转让他人转至其他地区销售。

(2) 税务机关要对代售单位的存花规定限额，代售单位领花要根据售花情况填写代售印花请领单，经税务机关核准后领取。

(3) 代售单位所售印花税票取得的税款，必须专户存储，并按照规定的期限，向当地税务机关结报，或者填开专用缴款书直接向银行缴纳，不得逾期不缴或者挪作他用。代售户领存的印花税票及所售印花税票的税款，如有损失，应负责赔偿。

(4) 代售户要建立印花税票领、售、存情况的登记、清点、检查制度。

12.5.4 责任和义务

发放权利许可证照和办理凭证的鉴证、公证及其他有关事项的单位，负有监督纳税人依法纳税的义务。由于凭证贴花是取得法律效力的一个重要方面，应贴花而未贴花的凭证在法律手续上是不完备的。因此，有关单位在发放或办理应纳税凭证时，有义务监督纳税人贴花，履行完税手续。这样，可以动员社会各方面的力量来督促纳税人依法纳税，有利于加强印花税管理和税源控制。

具体来说，有关单位有义务对纳税人的以下三种纳税事项进行监督：①应纳税凭证是否已粘贴印花；②粘贴的印花是否足额；③粘贴的印花是否按规定注销。对未完成以上纳税手续的，有关单位应督促纳税人当场履行纳税义务。

12.5.5 违章处理

自2001年1月29日起，印花税纳税人有下列行为之一的，由税务机关根据情节轻重予以处罚。

(1) 在应纳税凭证上未贴或者少贴印花税票的，或者已粘贴在应税凭证上的印花税票未注销或者未画销的，由税务机关追缴其不缴或者少缴的税款、滞纳金，并处不缴或者少缴的税款50%以上、5倍以下的罚款。

(2) 已贴用的印花税票揭下重用，造成未缴或者少缴印花税的，由税务机关追缴其不缴或者少缴的税款、滞纳金，并处不缴或者少缴的税款50%以上、5倍以下的罚款；构成犯罪的，依法追究刑事责任。

(3) 伪造印花税票的，由税务机关责令改正，处以2 000元以上、1万元以下的罚款；情节严重的，处以1万元以上、5万元以下的罚款；构成犯罪的，依法追究刑事责任。

(4) 按期汇总缴纳印花税的纳税人，超过税务机关核定的纳税期限，未缴或少缴印花税款的，由税务机关追缴其不缴或者少缴的税款、滞纳金，并处不缴或者少缴的税款50%以上、5倍以下的罚款；情节严重的，同时撤销其汇缴许可证；构成犯罪的，依法追究刑事责任。

(5) 纳税人违反以下规定的，由税务机关责令限期改正，可处以2 000元以下的罚款；情节严重的，处以2 000元以上、1万元以下的罚款。

凡汇总缴纳印花税的凭证，应加注税务机关指定的汇缴戳记，编号并装订成册后，将已贴印花或者缴款书的一联粘附册后，盖章注销，保存备查。

纳税人对纳税凭证应妥善保存。凭证的保存期限，凡国家已有明确规定的，按规定保存；没有明确规定的其余凭证，均应在履行完毕后保存一年。

12.5.6 印花税的纳税环节

印花税应当在书立或领受时贴花，具体是指在合同签订时、账簿启用时和证照领受时贴花。如果合同是在国外签订且不便在国外贴花的，应在将合同带入境时办理贴花纳税手续。

12.5.7 印花税的纳税地点

印花税一般实行就地纳税。对于全国性商品物资订货会(包括展销会、交易会等)上所签订合同应纳的印花税，由纳税人回其所在地后及时办理贴花完税手续；对地方主办、不涉及省际关系的订货会、展销会上所签合同的印花税，其纳税地点由各省、自治区、直辖市人民政府自行确定。

12.5.8 管理与处罚

印花税自1988年实施以来，各级地方税务机关不断强化征收管理，因地制宜地制定了有效的征管办法，保证了印花税收入的持续稳步增长。但是，随着我国市场经济的建立和发展以及《中华人民共和国税收征收管理法》的颁布实施，印花税的一些征管规定已不适应实际征管需要，与《税收征收管理法》难以衔接等矛盾也日益突出。为了堵塞印花税征管漏洞，方便纳税人纳税，保障印花税收入持续、稳定增长，应加强印花税的征收管理，具体包括以下几个方面。

1. 对印花税应税凭证的管理

各级地方税务机关应加强对印花税应税凭证的管理，要求纳税人统一设置印花税应税凭证登记簿，保证各类应税凭证及时、准确、完整地进行登记。应税凭证数量多或内部多个部门对外签订应税凭证的单位，要求其制定符合本单位实际的应税凭证登记管理办法。有条件的纳税人应指定专门部门、专人负责应税凭证的管理。印花税应税凭证应按照《税收征收管理法实施细则》的规定保存10年。

2. 完善按期汇总缴纳办法

各级地方税务机关应加强对按期汇总缴纳印花税单位的纳税管理，对核准实行汇总缴纳的单位，应发给汇缴许可证，核定汇总缴纳的限期；同时应要求纳税人定期报送汇总缴纳印花税情况报告，并定期对纳税人汇总缴纳印花税情况进行检查。

3. 加强对印花税代售人的管理

各级税务机关应加强对印花税代售人代售税款的管理，根据本地代售情况进行清理检查。如发现代售人违反代售规定，可视其情节轻重，取消其代售资格；如发现代售人存在各种影响印花税票销售的行为，要及时纠正。

税务机关要根据本地情况，选择制度比较健全、管理比较规范、信誉比较可靠的单位或个人委托代售印花税票，并应经常对代售人进行业务指导、检查和监督。

4. 核定征收印花税

根据《税收征收管理法》第三十五条的规定和印花税的税源特征，为加强印花税征收管理，纳税人有下列情形的，地方税务机关可以核定纳税人印花税计税依据。

(1) 未按规定建立印花税应税凭证登记簿，或未如实登记和完整保存应税凭证的。

(2) 拒不提供应税凭证，或不如实提供应税凭证致使计税依据明显偏低的。

(3) 采用按期汇总缴纳办法的，未按地方税务机关规定的期限报送汇总缴纳印花税情况报告，经地方税务机关责令限期报告，逾期仍不报告的，或者地方税务机关在检查中发现纳税人有未按规定汇总缴纳印花税情况的。

地方税务机关核定征收印花税，应向纳税人发放核定征收印花税通知书，注明核定征收的计税依据和规定的税款缴纳期限。

地方税务机关核定征收印花税，应根据纳税人的实际生产经营收入，参考纳税人各期印花税纳税情况及同行业合同签订情况，确定科学、合理的数额或比例作为纳税人印花税计税依据。

各级地方税务机关应逐步建立印花税基础资料库，包括分行业印花税纳税情况、分户纳税资料等，确定科学、合理的评估模型，保证核定征收的及时、准确、公平、合理。

12.6 案例分析

【案例1】某企业20×7年1月，因办公楼失窃，导致营业执照、税务登记证、开户许可证被盗，特申请重新换发一份；签订购买土地使用权合同，合同金额100万元，办妥手续后取得土地使用证；当年实现利润1 000万元，计提盈余公积100万元，吸收投资300万元，取得资本公积40万元；新设其他账簿10本；订立借款合同一份；贷款500万元，应付利息5万元；投综合财产保险一份，保额1 000万元，交纳保险费4万元；投机动车保险3份，保险金额50万元，保险费全额12 000元，保单列明无赔偿优待金1 200元。

【要求】计算该企业本月应纳(贴)印花税额。

【答案】

(1) 权利许可证照(营业执照、土地使用证)应纳印花税=2×5=10(元)

(2) 产权转移书据(购买土地使用权合同)应纳印花税=1 000 000×0.05%=500(元)

(3) 记载资金账簿应纳印花税=(3 000 000+400 000)×0.05%=1 700(元)

(4) 其他账簿10本应纳印花税=10×5=50(元)

(5) 保险单应纳印花税=(40 000+12 000−1200)×0.1%=50.80(元)

(6) 贷款合同应纳印花税=5 000 000×0.005‰=250(元)

(7) 合计应纳印花税=10+500+1 700+50+50.80+250=2 560.80(元)

【案例2】京远公司于20×5年成立，其20×7年发生以下应税项目。

(1) 年初启用新账簿8本。本年5月，资金账簿中登记本年增加实收资本500万元、资本公积100万元。

(2) 与甲企业签订一份加工承揽合同，受托为其加工一批产品，双方约定由京远公司提供所需的原材料200万元、辅助材料10万元，另收取加工费20万元，各项金额均在加工承揽合同中分别记载。

(3) 与乙企业签订一份建筑工程承包合同，记载金额2 000万元，将其中的500万元转包给另一工程公司。

(4) 与丙企业签订仓储合同一份，货物金额为500万元，仓储保额费为10万元。

(5) 与丁企业签订一份运输保管合同，记载金额共计500万元。其中，货物价值400万元，运输费50万元，装卸费30万元，仓储保管费20万元。

【要求】根据所给资料，依据印花税的有关规定计算上述业务应缴纳的印花税。

【答案】

(1) 应纳定额税=8×5=40(元)

资金账簿应纳的比例税额=(5 000 000+1 000 000)×0.5‰=3 000(元)

启用新账簿应纳税额=40+3 000=3 040(元)

(2) 与甲企业签订的加工承揽合同，由受托方提供主要材料的，应当按购销合同计缴印花税。

应缴纳的印花税=(2 000 000+100 000)×0.3‰+200 000×0.5‰=730(元)

(3) 与乙企业签订的建筑工程承包合同和转包合同应分别缴纳印花税。

应缴纳的印花税=(20 000 000+5 000 000)×0.3‰=7 500(元)

(4) 与丙企业签订的仓储合同，应按保管费计缴印花税。

应缴纳的印花税=100 000×1‰=100(元)

(5) 与丁企业签订的运输保管合同，应按所记载的运费金额按运输合同贴花；对仓储保管费，应当按仓储保管合同计税。

应缴纳的印花税=500 000×0.5‰+200 000×0.1%=450(元)

本章小结

本章主要介绍了印花税的纳税对象、征税范围和计税依据，纳税义务人以及税率，应纳税额的具体核算；还介绍了印花税的减免税政策、纳税义务发生时间、纳税地点和纳税申报等知识点。

印花税是以经济活动中签立的各种合同、产权转移书据、营业账簿、权利许可证照等应税凭证文件为对象所课征的一种税。纳税人按规定应税的比例和定额自行购买并粘贴印花税票，即完成纳税义务。

课后练习题

一、计算问答题

1. 某企业签订租用厂房合同，租期3年，每年支付租金80万元。该企业应纳印花税多少元？

2. A公司与B公司签订了以货易货合同，由A公司向B公司提供价值100 000元的工作服，B公司向A公司提供价值150 000元的面料，货物差价由A公司付款补足。A、B两公司共应缴纳印花税多少元？

3. 某建筑安装工程公司与某大厦筹建处签订了一份总承包金额为8 000万元的工程承包合同后，又将其中的3 000万元工程分包给某市第一建筑公司，并签订了正式分包合同。该建筑安装工程公司应纳的印花税税额为多少万元？

4. 甲公司与乙公司签订一份受托加工合同，合同规定，甲公司提供价值30万元的辅助材料并收取加工费25万元，乙公司提供价值100万元的原材料。甲公司应纳印花税多少元？

5. 王某与某租赁公司签订机动车租赁合同，租用小轿车一辆，租期一周，租金800元。该合同各方应按多少元贴花？

6. 甲乙双方签订一份仓储保管合同，合同上注明货物金额500万元，保管费用10万元。甲乙双方共应缴纳多少印花税？

二、综合题

1. 某高新技术企业于2015年2月开业，注册资本500万元，当年发生如下经营活动。

(1) 领受工商营业执照、房屋产权证、土地使用证、税务登记证各一份。

(2) 建账时共设7本营业账簿，其中记载资金的账簿1本，记载实收资本500万元。

(3) 签订以货易货合同一份，用自己价值100万元的货物换进乙企业价值150万元的货物，并支付差价款50万元。

(4) 与银行签订借款合同一份，记载借款金额50万元，当年支付利息1万元。

(5) 与广告公司签订广告牌制作合同一份，分别记载加工费3万元，广告公司提供的原材料价值7万元。

(6) 签订房屋租赁合同一份，记载每月租金为5万元，但未约定租赁期限。

要求：按顺序回答下列问题，每问均需计算出合计金额，计算结果用“元”表示。

(1) 计算领受权利许可证照应缴纳的印花税。

(2) 计算设置营业账簿应缴纳的印花税。

(3) 计算签订以货易货合同应缴纳的印花税。

(4) 计算签订借款合同应缴纳的印花税。

(5) 计算签订广告牌制作合同应缴纳的印花税。

(6) 计算签订房屋租赁合同应缴纳的印花税。

2. 甲公司于2014年1月开业，注册资本500万元，新启用其他营业账簿4本，当年发生如下经营活动。

(1) 将闲置仓库出租给乙公司，租赁合同约定每月租金5 000元，租期未定。签订合同时预收租金10 000元，双方已按定额贴花。4月底合同解除，甲公司收到乙公司补交的租金10 000元。

(2) 签订以物易物合同一份，用库存价值7 000元的A材料换取对方同等金额的B材料。

(3) 签订技术开发合同一份，合同约定技术开发费金额共计800万元。其中，研究开发费用和报酬金额之比为3∶1。

(4) 签订建筑安装工程承包合同一份，承包总金额200万元。另将其中的50万元工程分包给其他单位，并签订分包合同。

(5) 签订采购合同一份，合同所载金额为6万元，但因故合同未能兑现。

要求：按顺序回答下列问题，每问均需计算出合计金额，计算结果用“元”表示。

(1) 计算设置营业账簿应缴纳的印花税。

(2) 计算签订财产租赁合同应补缴的印花税。

(3) 计算签订的以物易物合同应缴纳的印花税。

(4) 计算签订技术开发合同应缴纳的印花税。

(5) 计算业务(4)应缴纳的印花税。

(6) 计算业务(5)应缴纳的印花税。

第13章　契税法

本章要点提示

- 契税的征税对象和纳税人
- 契税的税率和计税依据
- 契税优惠的一般规定和特殊规定

13.1 契税概述

契税是以在中华人民共和国境内转移土地、房屋权属为征税对象，向产权承受人征收的一种财产税。

契税在我国是一个古老的税种，早在东晋时期就已对田宅买卖等征收，当时名为“估税”。其后各朝代均对房屋等不动产的买卖、典当进行课税，到元朝时已开始称为契税。

中华人民共和国成立后，当时的政务院曾于1950年4月发布《契税暂行条例》，该条例沿用了40多年，已不能适应经济发展的需要。为此，国务院于1997年7月发布《中华人民共和国契税暂行条例》(以下简称《契税暂行条例》)，自1997年10月1日起施行。此后，财政部又于同年10月发布《中华人民共和国契税暂行条例细则》，从而确立了我国新的契税制度。

1. 契税的纳税人

契税的纳税人，是在中国境内转移土地、房屋权属的过程中，承受土地使用权、房屋所有权的单位和个人。这里的单位是指企事业单位、国家机关、军事单位和社会团体以及其他组织；个人是指个体经营者和其他个人。契税的纳税主体当然也包括涉外企业和外籍个人。

以“招拍挂”方式出让国有土地使用权的，纳税人为最终与土地管理部门签订出让合同的土地使用权承受人。

2. 征税范围

契税的征税对象是境内发生土地使用权和房屋所有权权属转移的土地、房屋。具体包括：国有土地使用权的出让、转让及房屋的买卖、赠与、交换。

1) 国有土地使用权出让

国有土地使用权出让是指土地使用者向国家交付土地使用权出让费用，国家将土地使用权在一定的年限内让予土地使用者的行为。

2) 国有土地使用权转让

国有土地使用权转让是指土地使用者以出售、赠与、交换或者其他方式将土地使用权转移给其他单位和个人的行为。土地使用权的转让不包括农村集体土地承包经营权的转移。

3) 房屋买卖

房屋买卖，即以货币为媒介，出卖者向购买者过渡房产所有权的交易行为。以下几种特殊情况，视同房屋买卖。

(1) 以房产抵债或以实物交换房屋，应由产权承受人，按房屋现值缴纳契税。

(2) 以房产作为投资或股权转让，以自有房产作股投入本人独资经营的企业，免纳契税。

(3) 买房拆料或翻建新房，应照章纳税。

4) *房屋赠与*

房屋赠与是指房屋产权所有人将房屋无偿转让给他人所有。其中，将自己的房屋转交给他人的法人和自然人，称作房屋赠与人；接受他人房屋的法人和自然人，称为受赠人。房屋赠与的前提必须是产权无纠纷，赠与人和受赠人双方自愿。

由于房屋是不动产，价值较高，故法律要求赠与房屋应有书面合同(契约)，并到房地产管理机关或农村基层政权机关办理登记过户手续，才能生效。如果房屋赠与行为涉及涉外关系，还需公证处证明和外事部门认证，才能生效。房屋的受赠人要按规定缴纳契税。

5) *房屋交换*

房屋交换是指房屋所有者之间相互交换房屋的行为。房屋交换的一般概念是指房屋住户、用户、所有人，在双方或多方自愿的基础上，通过交换或多角交换，相互交换房屋的使用权和所有权。房屋交换的行为主体有公民、房地产管理部门以及企事业单位、机关。交换的标的性质有公房(包括直管房和自管房)、私房，标的种类有住宅、店面及办公用房等。交换行为包括以下内容。

(1) 房屋使用权交换。经房屋所有人协商，通过变更租赁合同，办理过户手续交换房屋使用权。但交换使用权的房屋，其所有权没有发生变化，房屋使用权交换不属于房屋所有权转移范畴，不征收契税。

(2) 房屋所有权交换。房屋所有权包括房屋的使用权、空闲房屋的分配权和房屋的处分权。交换双方都是房屋所有人，应按照规定征收契税。

6) *以某些特殊方式转移土地、房屋权属*

以某些特殊方式转移土地、房屋权属也视为土地使用权转让、房屋买卖或赠与，应按规定缴纳契税，具体包括以下情形。

(1) 以房屋抵债或以实物交换房屋，视同房屋买卖，由产权承受人按房屋现值缴纳契税。以房产抵债的，过户时按照折价款缴纳契税。以实物交换房屋的，视同以货币购买房屋。

(2) 以自有房产作股投入本人独资经营企业，因未发生权属变化，不需办理房产变更手续，故免纳契税。

(3) 买房者不论其购买房屋是为了拆用材料还是为了得到旧房后翻建成新房，都要涉及办理产权转移手续，只要发生房屋权属变化，就要照章缴纳契税。

(4) 其他视同土地使用权转让、房屋买卖或赠与而缴纳契税的特殊方式。

此外，对承受国有土地使用权所应支付的土地出让金，要计征契税，不得因减免土地出让金而减免契税。

13.2 契税的计算

1. 契税的计税依据

契税的计税依据为不动产的价格，由于土地、房屋权属转移关系的方式不同，定价方法不同，计税依据可能是成交价格、核定价格或价格差额等，要视不同情况而定。

(1) 国有土地使用权出让、土地使用权出售、房屋买卖的，计税依据为成交价格。所谓成交价格，是指土地、房屋权属转移合同确定的价格，包括承受者应交付的货币、实物、无形资产或者其他经济利益。

(2) 土地使用权赠与、房屋赠与的，其计税依据由征收机关参照土地使用权出售、房屋买卖的市场价格核定。

(3) 土地使用权交换、房屋交换的，其计税依据为所交换的土地使用权、房屋价格的差额。当交换价格相等时，免交契税；当交换价格不等时，由多交付货币、实物、无形资产或者其他经济利益的一方缴纳税款。

(4) 以划拨方式取得土地使用权，经批准转让房地产时，由房地产转让者补缴契税。计税依据为补缴的土地使用权出让费用或者土地收益。

此外，税法规定，如果上述成交价格明显低于市场价格且无正当理由，或者所交换的土地使用权、房屋的价格差额明显不合理且无正当理由，则应由征收机关参照市场价格核定。

(5) 房屋附属设施征收契税的依据。采取分期付款方式购买房屋附属设施土地使用权、房屋所有权的，应按合同规定的总价款计税。承受的房屋附属设施权属如为单独计价的，按当地确定的适用税率计税；如与房屋统一计价的，适用与房屋相同的税率计税。

(6) 个人无偿赠与不动产行为(法定继承人除外)，应对受赠人全额征收契税。在征收契税时，纳税人须提交经税务机关审核并签字盖章的个人无偿赠与不动产登记表，税务机关或其他征收机关在应纳税人的契税完税凭证上加盖“个人无偿赠与”的印章，并在个人无偿赠与不动产登记表上签字并将该表保存。

2. 契税的税率

契税实行幅度比例税率，税率为3%～5%。具体适用的税率，由省级人民政府在上述幅度内按照本地区的实际情况确定，并报财政部和国家税务总局备案。

3. 应纳税额的计算方法

在明确了计税依据和运用税率的基础上，即可计算契税的应纳税额，计算公式为

$$应纳税额=计税依据\times税率 \quad (13\text{-}1)$$

【例13-1】居民张某有两套住房，将其中一套住房出售给李某，出售价格为250 000元；将另外一套住房与刘某交换，变成两套一室住房，并支付差价80 000元。假定税率为4%，计算张某、李某、刘某分别缴纳多少契税?

【解析】根据契税法的规定，契税的纳税主体，是在中国境内转移土地、房屋权属的过程中，承受土地使用权、房屋所有权的单位和个人，且成交价格为纳税依据，所以张某出售房屋时不纳税，购买者李某纳税。另外，房屋交换时，与交换价格不等时，由多交付货币、实物、无形资产或者其他经济利益的一方缴纳税款，所以刘某不纳税，李某按差价纳税 。

【答案】(1) 张某缴纳契税为：80 000×4% =3 200(元)

(2) 李某缴纳契税为：250 000×4% =10 000(元)

(3) 刘某不缴纳契税。

【例13-2】庆阳公司发生下列经济业务：①出售一套房屋，取得收入100万元；②用300万元购入一套位于繁华地段的门市房；③与另一个单位交换一处经营用房，庆阳公司的房产交换价格为450万元，另一单位的房产交换价格为400万元。求庆阳公司应纳税额(假定税率为3%)。

【解析】原理同例13-1。

【答案】(1) 庆阳公司出售的房屋不纳税。

(2) 庆阳公司购入的门市房应缴纳的税款为：300×3% = 9(万元)

(3) 与另一单位交换经营用房应缴纳的契税为：(450−400)×3%=1.5(万元)

13.3 契税的纳税申报

13.3.1 契税优惠的一般规定

(1) 国家机关、事业单位、社会团体、军事单位承受土地、房屋用于办公、教学、医疗、科研和军事设施的，免征契税。

(2) 城镇职工按规定第一次购买公有住房，免征契税。

此外，财政部、国家税务总局规定，自2000年11月29日起，对各类公有制单位为解决职工住房而采取集资建房方式建成的普通住房，或由单位购买的普通商品住房，经当地县以上人民政府房改部门批准、按照国家房改政策出售给本单位职工的，如属职工首次购买住房，均可免征契税。

自2008年11月1日起对个人首次购买90平方米以下普通住房的，契税税率暂统一下调到1%。

(3) 因不可抗力灭失住房而重新购买住房的，酌情减免。不可抗力是指自然灾害、战争等不能预见、不可避免且不能克服的客观情况。

(4) 土地、房屋被县级以上人民政府征用、占用后，重新承受土地、房屋权属的，由省级人民政府确定是否减免。

(5) 承受荒山、荒沟、荒丘、荒滩土地使用权，并用于农、林、牧、渔业生产的，免征契税。

(6) 依照我国有关法律规定以及我国缔结或参加的双边和多边条约或协定的规定，应当予以免税的外国驻华使馆、领事馆、联合国驻华机构及其外交代表、领事官员和其他外交人员承受土地、房屋权属的，经外交部确认，可以免征契税。

13.3.2 契税优惠的特殊规定

1. 企业公司制改造

非公司制企业，按照《中华人民共和国公司法》的规定，整体改建为有限责任公司(含国有独资公司)或股份有限公司，或者有限责任公司整体改建为股份有限公司的，对改建后的公司承受原企业土地、房屋权属，免征契税。

非公司制国有独资企业或国有独资有限责任公司，以其部分资产与他人组建新公司，且该国有独资企业(公司)在新设公司中所占股份超过50%的，对新设公司承受该国有独资企业(公司)的土地、房屋权属，免征契税。

2. 企业事业单位改制重组

《财政部 国家税务总局关于进一步支持企业事业单位改制重组有关契税政策的通知》(财税〔2015〕37号)对企业事业单位改制重组作出了如下规定。

(1) 企业改制。企业按照《中华人民共和国公司法》有关规定整体改制，包括非公司制企业改制为有限责任公司或股份有限公司、有限责任公司变更为股份有限公司、股份有限公司变更为有限责任公司，原企业投资主体存续并在改制(变更)后的公司中所持股权(股份)比例超过75%，且改制(变更)后公司承继原企业权利、义务的，对改制(变更)后公司承受原企业土地、房屋权属，免征契税。

(2) 事业单位改制。事业单位按照国家有关规定改制为企业，原投资主体存续并在改制后企业中出资(股权、股份)比例超过50%的，对改制后企业承受原事业单位土地、房屋权属，免征契税。

(3) 公司合并。两个或两个以上的公司，依照法律规定、合同约定，合并为一个公司，且原投资主体存续的，对合并后公司承受原合并各方土地、房屋权属，免征契税。

(4) 公司分立。公司依照法律规定、合同约定分立为两个或两个以上与原公司投资主体相同的公司，对分立后公司承受原公司土地、房屋权属，免征契税。

(5) 企业破产。企业依照有关法律法规规定实施破产，债权人(包括破产企业职工)承受破产企业抵偿债务的土地、房屋权属，免征契税；对非债权人承受破产企业土地、房屋权属，凡按照《中华人民共和国劳动法》等国家有关法律法规政策妥善安置原企业全部职工，与原企业全部职工签订服务年限不少于三年的劳动用工合同的，对其承受所购企业土地、房屋权属，免征契税；与原企业超过30%的职工签订服务年限不少于三年的劳动用工合同的，减半征收契税。

(6) 资产划转。对承受县级以上人民政府或国有资产管理部门按规定进行行政性调整、划转国有土地、房屋权属的单位，免征契税。

同一投资主体内部所属企业之间土地、房屋权属的划转，包括母公司与其全资子公司之间，同一公司所属全资子公司之间，同一自然人与其设立的个人独资企业、一人有限公司之间的土地、房屋权属的划转，免征契税。

(7) 债权转股权。经国务院批准实施债权转股权的企业，对债权转股权后新设立的公司承受原企业的土地、房屋权属，免征契税。

(8) 划拨用地出让或作价出资。以出让方式或国家作价出资(入股)方式承受原改制重组企业、事业单位划拨用地的，不属上述规定的免税范围，对承受方应按规定征收契税。

(9) 公司股权(股份)转让。在股权(股份)转让中，单位、个人承受公司股权(股份)，公司土地、房屋权属不发生转移，不征收契税。

3. 房屋的附属设施

承受与房屋相关的附属设施(包括停车位、汽车库、自行车库、顶层阁楼以及储藏室)所有权或土地使用权的，按契税法律、法规的规定征收契税；不涉及土地使用权和房屋所有权变动的，不征收契税。

4. 继承土地、房屋权属

法定继承人(包括配偶、子女、父母、兄弟姐妹、祖父母、外祖父母)继承土地、房屋权属的，不征收契税；非法定继承人根据遗嘱承受死者生前土地、房屋权属，属于赠与行为的，征收契税。

5. 金融租赁公司售后回租

对金融租赁公司开展售后回租业务，承受承租人房屋、土地权属的，按规定征收契税；对售后回租合同期满，承租人回购原房屋、土地权属，免征契税。

6. 公共租赁住房

根据《财政部 国家税务总局关于公共租赁住房税收优惠政策的通知》(财税〔2015〕139

号)的规定，对公共租赁住房经营管理单位购买住房作为公共租赁住房，免征契税、印花税。

7. 其他规定

(1) 国务院批准债转股企业，债转股后新设公司承受原企业土地、房屋权属的，免征契税。

(2) 政府主管部门对国有资产进行政策性划拨中土地、房屋权属转移的，不征收契税。

(3) 企业改制重组，同一投资主体内部企业之间土地、房屋权属无偿划拨的，不征收契税。

(4) 单位、个人以房屋、土地以外的资产增资，相应扩大其在被投资公司的股权持有比例，无论被投资公司是否变更工商登记，其房屋、土地权属不发生转移，不征收契税。

(5) 个体工商户的经营者将其个人名下的房屋、土地权属转移至个体工商户名下，或个体工商户将其名下的房屋、土地权属转回原经营者个人名下，免征契税。

(6) 合伙企业的合伙人将其名下的房屋、土地权属转移至合伙企业名下，或合伙企业将其名下的房屋、土地权属转回原合伙人名下，免征契税。

(7) 以“招拍挂”方式出让国有土地使用权的，纳税人为最终与土地管理部门签订出让合同的土地使用权承受人。企业承受土地使用权用于房地产开发，并在该土地上代政府建设保障性住房的，计税价格为取得全部土地使用权的成交价格。

(8) 房屋被征收的居民重置住房的，有以下几种情况。

① 居民因个人房屋被征收而选择货币补偿用以重新购置房屋，并且购房成交价格不超过货币补偿的，免征契税；

② 居民因个人房屋被征收而选择房屋产权调换，并且不缴纳房屋产权调换差价的，免征契税；

③ 选择货币补偿用以重新购置房屋，购房成交价格超过货币补偿的差价部分，征收契税；

④ 选择房屋产权调换，缴纳房屋产权调换的差价，征收契税。

(9) 夫妻之间房屋土地权属变更免征契税。根据《财政部 国家税务总局关于夫妻之间房屋土地权属变更有关契税政策的通知》(财税〔2014〕4号)，在婚姻关系存续期间，房屋、土地权属原归夫妻一方所有，变更为夫妻双方共有或另一方所有的；或者房屋、土地权属原归夫妻双方共有，变更为其中一方所有的；或者房屋、土地权属原归夫妻双方共有，双方约定、变更共有份额的，免征契税。

13.3.3 契税的征收管理

1. 契税的纳税义务发生时间

根据现行《契税暂行条例》的规定，契税的纳税义务发生时间为纳税人签订土地、房屋权属转移合同的当天，或者纳税人取得其他具有土地、房屋转移合同性质凭证的当天。

2. 契税的申报与征收

纳税人应当自纳税义务发生之日起10日内，向土地、房屋所在地的契税征收机关办理纳税申报，并在契税征收机关核定的期限内缴纳税款。

3. 缴纳地点

契税在房屋、土地所在地的征收机关缴纳。

4. 征收相关管理

纳税人办理纳税事宜后，征收机关应向纳税人开具契税完税凭证。纳税人持契税完税凭证和其他规定的文件材料，依法向房地产管理部门办理有关土地、房屋的权属变更登记手续。房地产管理部门应向契税征收机关提供有关资料，并协助契税征收机关依法征收契税。

目前，契税已经成为地方税收的重要税种。自1997年《中华人民共和国契税暂行条例》实施以来，在国土部门、房管部门的协作配合下，作为契税征收机关的地税局不断加强征收管理，契税收入持续快速增长。实践证明，征收机关直接征收契税，是掌握税源情况、制定税收政策的基础，也是保障契税收入持续快速增长的必要措施。征收机关直接征收契税比委托其他单位代征契税效率要高。为此，国家税务总局决定，各级征税机关要在2004年12月31日前停止代征委托，直接征收契税。2005年1月1日之后，各级征收机关一律不得委托其他单位代征契税。具体规定如下所述。

(1) 要建立健全直接征收的管理制度。各地征收机关应按照方便纳税人的原则，结合本地实际设置申报窗口，根据国家税务总局有关规定，制定、完善征管工作规程，建立健全征收岗位责任制度。

(2) 要及时终止委托代征。现委托其他单位代征契税的征收机关，应根据本地实际确定停止代征的日期并通知代征单位，及时办理票款结报手续，收回委托代征证书。2005年1月1日之后，各级征收机关一律不得委托其他单位代征契税。

(3) 要规范减免管理程序。征收机关应按照国家税务总局制定的《耕地占用税契税减免管理办法》(国税发〔2004〕99号)的规定，统筹考虑征收管理和减免管理问题，规范契税减免申报程序，做好契税减免管理工作。

(4) 要争取政府和相关部门的理解与支持。各级征收机关应积极向本地人民政府汇报情况，说明直接征收契税的财政意义，争取相关部门对直接征收契税的理解与支持。根据契税法规和相关政策协调与国土部门、房管部门的工作关系，确保“先税后证”，有效控制税源。

13.4 案例分析

【案例】居民赵某共有三套房产，20×7年将第一套市价为80万元的房产与刘某进行房屋交换，并支付给刘某40万元；将第二套市价为60万元的房产折价给范某，抵偿了50万元的债务；将第三套市价为20万元的房产作股投入本人独资经营的企业。当地确定的契税税率为3%。

【要求】计算赵某应缴纳契税多少万元。

【解析】以房屋抵债的，承受房屋的范某缴纳契税，赵某不纳税。以自有房产作股投入本人独资经营企业，免纳契税。房屋交换的，支付差价的一方按照支付的差价纳税。

【答案】赵某应纳契税=40×3% =1.2(万元)

本章小结

契税属于财产税，实行一次性征收。契税是以在我国境内转移土地、房屋权属为征税对象征收的一种税。契税的计税依据为不动产的价格，由于土地、房屋权属转移关系的方式不同，定价方法不同，契税的计税依据可能是成交价格、核定价格或价格差额等，要视不同情况而定。契税采用的税率为幅度比例税率，税率为3%～5%。契税的税收管理规定要严格执行。契税的纳税人是承受土地使用权、房屋产权的单位和个人。契税在土地、房屋所在地缴纳。

课后练习题

1. 居民甲有两套住房，将一套出售给居民乙，成交价格为100 000元；将另一套价值150 000元的两居室住房与居民丙交换成两套一居室住房，并支付换房差价款40 000元。居民丙将取得的房屋与居民丁的住房进行等价交换。居民甲缴纳契税多少元？居民乙缴纳契税多少元？居民丙和居民丁缴纳契税多少元？(假定适用的契税税率均为3%)

2. 甲将原值28万元的房产评估作价30万元投资乙企业，乙企业办理产权登记后又将该房产以40万元的价格售予丙企业。若当地契税税率为3%，则乙企业、丙企业各应缴纳多少契税？

第14章　烟叶税法

本章要点提示

- 烟叶税的征税对象和纳税人
- 烟叶税的税率和计税依据
- 烟叶税的纳税申报

14.1 烟叶税概述

烟叶税的诞生既是税制改革的结果，也是国家对烟草实行“寓禁于征”政策的延续。农村税费改革后，基层政府的财力受到了较大的削弱，特别是对经济发展相对落后的西部地区来说更是雪上加霜。在一些地方基层政府独享税种税源零散、收入少、征管难，还不能承担财政支出的情况下，烟叶税作为一个与地方经济发展、产业结构紧密相关的特色税种理应得到发展和壮大。

烟叶税是以纳税人收购烟叶的收购金额为计税依据征收的一种税。在中华人民共和国境内收购烟叶(包括晾晒烟叶、烤烟叶)的单位为烟叶税的纳税人，应当依法缴纳烟叶税。1958年，我国颁布实施《中华人民共和国农业税条例》(以下简称《农业税条例》)。1983年，国务院以《农业税条例》为依据，选择特定农业产品征收农林特产农业税。当时，农林特产农业税的征收范围不包括烟叶，对烟叶另外征收产品税和工商统一税。1994年，我国进行了财政体制和税制改革，国务院决定取消原产品税和工商统一税，将原农林特产农业税与原产品税和工商统一税中的农林牧水产品税目合并，改为统一征收农业特产农业税，并于同年1月30日发布《国务院关于对农业特产收入征收农业税的规定》(国务院令第143号)。其中规定对烟叶在收购环节征税，税率为31%。1999年，将烟叶特产农业税的税率下调为20%。2004年6月，根据《中共中央国务院关于促进农民增加收入若干政策的意见》(中发〔2004〕1号)，财政部、国家税务总局下发《关于取消除烟叶外的农业特产农业税有关问题的通知》(财税〔2004〕120号)，规定从2004年起，除对烟叶暂保留征收农业特产农业税外，取消对其他农业特产品征收的农业特产农业税。2005年12月29日，第十届全国人民代表大会常务委员会第十九次会议决定，《农业税条例》自2006年1月1日起废止。至此，对烟叶征收农业特产农业税失去了法律依据。2006年4月28日，国务院公布了《中华人民共和国烟叶税暂行条例》，并自公布之日起施行。

1. 烟叶税的纳税人

在中华人民共和国境内收购烟叶的单位为烟叶税的纳税人。税务征收机关和纳税义务人应当依据《中华人民共和国烟叶税暂行条例》征收和缴纳烟叶税。

2. 烟叶税的征税对象

烟叶税的征税对象为烟叶，包括晾晒烟叶和烤烟叶。

3. 烟叶税税率

烟叶税实行比率税率，依据20%的比率征收。

14.2 烟叶税的计算

1. 烟叶收购金额

相关的计算公式为

$$烟叶收购金额=烟叶收购价款\times(1+10\%) \tag{14-1}$$

式中，10%为价外补贴。

2. 应缴纳的烟叶税

相关的计算公式为

$$应缴纳的烟叶税=烟叶收购金额\times税率 \tag{14-2}$$

3. 可抵扣的增值税进项税额

相关的计算公式为

$$\begin{aligned}可抵扣的增值税进项税额&=(烟叶收购价款+价外补贴+烟叶税)\times增值税税率\\&=收购价款\times(1+10\%)\times(1+20\%)\times11\%\end{aligned} \tag{14-3}$$

【例】某烟草公司系一般纳税人，9月份收购烟叶20万公斤，烟叶收购单价为每公斤8元，总价160万元，货款已全部付清。试计算该烟叶公司9月份收购的烟叶应缴纳的烟叶税及可抵扣的增值税进项税额。

【答案】烟叶收购金额=烟叶收购价款×(1+10%)=160×1.1=176(万元)

应缴纳的烟叶税=烟叶收购金额×税率=176×20%=35.2(万元)

可抵扣的增值税进项税额=收购价款×(1+10%)×(1+20%)×11%

=160×1.1×1.2×11%=23.232(万元)

14.3 烟叶税的纳税申报

烟叶税的纳税申报，依照《中华人民共和国税收征收管理法》执行。

1. 烟叶税的征收机关

烟叶税的征收机关是地方税务机关。

2. 申报时间

烟叶税纳税义务发生时间为纳税人收购烟叶的当天，即纳税人向烟叶销售者付讫收购烟叶款项或者开具收购烟叶凭证的当天。

3. 纳税地点

纳税人收购烟叶应当向烟叶收购地的主管税务机关申报纳税。

4. 纳税期限

纳税人应当自纳税义务发生之日起30日内申报纳税。关于烟叶税的纳税申报时间，由各烟叶收购地主管税务机关在不迟于次月末的期限内、在不影响税款征收的情况下自主核定。

5. 烟叶税的征管工作

烟叶税的征管工作不仅关系地方税收利益，也关系整个烟草行业的税收链，而烟叶收购专业发票是承接两者的关键点。为做好烟叶税的征管工作，应从以下几方面着手。

(1) 统一全国农产品收购专用发票的格式和内容，对企业开具农产品收购专用发票的项目进行删减，以提高发票的开具效率。

(2) 允许收购单位在附有收购明细表的情况下汇总开具，这样既方便出售人销售，又方便企业收购业务的顺利开展。

(3) 为加强对烟叶采购过程中现金流的监管，应要求各烟站收购资金的支付通过银行转账方式。这样既可以减少采购人员通过虚开发票套取现金的行为，又可以有效减少由于实际现金流与票据不符造成的税收流失。

14.4 案例分析

【案例】某卷烟厂20×7年9月收购烟叶生产卷烟，收购凭证上注明价款60万元，并向烟叶生产者支付了价外补贴。

【要求】计算该卷烟厂9月份应缴纳的烟叶税。

【答案】“收购烟叶的单位”，是指依照《中华人民共和国烟草专卖法》的规定，有权收购烟叶的烟草公司或者受其委托收购烟叶的单位。

“收购金额”，包括纳税人支付给烟叶销售者的烟叶收购价款和价外补贴。按照简化手续、方便征收的原则，对价外补贴统一暂按烟叶收购价款的10%计入收购金额征税。

收购金额计算公式：收购金额=收购价款×(1+10%)

该卷烟厂9月份应缴纳的烟叶税=60×(1+10%)×20%=13.2(万元)

本章小结

烟叶税是以纳税人收购烟叶的收购金额为计税依据征收的一种税。烟叶税的征税对象是烟叶，包括晾晒烟叶和烤烟叶。烟叶税的计税依据是烟叶收购金额，烟叶税实行比率税率，依据20%的比率征收。烟叶税的应纳税额根据收购金额和规定的税率计算。

课后练习题

一、计算问答题

位于市区的甲企业于2014年12月收购烟叶，支付收购价款300万元，并按收购价款的10%支付了价外补贴。当月委托位于县城的乙企业加工烟丝，乙企业收取不含税加工费50万元，当月全部加工完毕，甲企业全部收回，乙企业无同类烟丝销售价格。已知烟丝消费税税率为30%，则甲企业应缴纳烟叶税、应被代收代缴城建税分别是多少万元？

二、综合题

位于县城的某烟草公司为增值税一般纳税人，2015年2月发生如下业务：

(1) 进口一批原材料，海关核定的关税完税价格折合成人民币为100 000元，关税税率20%，支付进口环节的相关税费后将材料运回公司，取得海关完税凭证。

(2) 向农民收购烟叶，开具的收购发票上注明收购价款90 000元，同时支付价外补贴，公司按照规定缴纳了烟叶税。将烟叶运至位于市区的某加工厂(增值税一般纳税人)加工烟丝，当月将加工的烟丝收回，支付不含税加工费、辅料费合计20 000元，取得加工厂开具的增值税专用发票。

(3) 领用当月委托加工收回烟丝的60%用于生产A牌卷烟15标准箱；剩余40%的烟丝直接对外销售，取得不含税销售额120 000元。

(4) 销售自产的A牌卷烟5标准箱，开具增值税专用发票注明销售额400 000元；另收取包装物押金2 340元，约定三个月后返还。

(5) 转让2009年购置的仓库，取得收入7 000 000元，该仓库购置原价为6 500 000元，购置过程中另缴纳相关税费160 000元。

已知：A牌卷烟适用比例税率56%，定额税率为每标准箱150元；烟丝消费税税率为30%；公司取得的相关发票均符合规定并在当月认证并允许抵扣。

要求：根据上述资料，按照下列序号计算并回答问题，每问需计算出合计数。

(1) 计算该烟草公司应纳烟叶税。

(2) 计算加工厂应代收代缴的消费税、城建税、教育费附加和地方教育附加合计数。

(3) 计算该烟草公司应向税务机关缴纳的增值税。

(4) 计算该烟草公司应缴纳的消费税(不含被代收代缴的部分)。

(5) 计算该烟草公司当月应缴纳的城建税、教育费附加和地方教育附加合计数(不含被代收代缴的部分)。

第15章 企业所得税法

本章要点提示

- 企业所得税的概念、特征及作用
- 企业所得税法规定的居民企业与非居民企业
- 企业所得税的征收范围、征税对象和纳税人
- 企业所得税的税率、计税依据和所得来源确定原则
- 企业所得税应纳税额的计算
- 企业所得税的优惠政策
- 企业所得税缴纳的一般方法

15.1 企业所得税概述

15.1.1 企业所得税的概念

所得税是以所得为征税对象并由获得所得的主体缴纳的一类税的总称。

企业所得税是对我国境内企业和其他取得收入的组织(包括居民企业和非居民企业，以下统称企业)，依照企业所得税法的规定，居民企业应就其来源于中国境内、境外的所得为征税对象；非居民企业在中国境内设立机构、场所的，应就其所设机构、场所取得的来源于中国境内的所得，以及发生在中国境外但与其所设机构、场所有实际联系的所得为征税对象，所征收的一种所得税。它是国家参与企业利润分配的重要手段。

企业所得税法是国家制定的用以调整企业所得税征收与缴纳之间权利与义务关系的法律规范。我国现行企业所得税法的基本规范，是2007年3月16日第十届全国人民代表大会第五次全体会议通过的《中华人民共和国企业所得税法》(以下简称《企业所得税法》)，于2008年1月1日起施行。

15.1.2 企业所得税的特征

1. 征税范围广

在中华人民共和国境内，企业和其他取得收入的组织都是企业所得税的纳税人，都要依照税法的规定缴纳企业所得税。企业所得税的征税对象包括生产经营所得和其他所得。因此，企业所得税具有征收上的广泛性。

2. 税负公平

企业所得税对企业，不分所有制，不分地区、行业和层次，实行统一的比例税率，而且企业所得税的负担水平与纳税人所得多少直接关联，即“所得多的多征，所得少的少征，无所得的不征”。因此，企业所得税是能够较好体现公平税负和税收中性的一个良性税种。

3. 税基约束力强

企业所得税的税基是应纳税所得额，即纳税人每个纳税年度的收入总额减去准予扣除项目金额之后的余额。计算时涉及纳税人财务会计核算的各个方面，与企业会计核算关系密切。为了保护税基，企业所得税明确了收入总额、扣除项目金额的确定以及资产的税务处理等内容，使应税所得额的计算相对独立于企业的会计核算，体现了税法的强制性与统一性。

4. 纳税人与负税人一致

企业所得税属于企业的终端税种，纳税人缴纳的所得税一般不易转嫁，而由纳税人自己负担。在会计利润总额的基础上，扣除企业所得税后的余额为企业生产经营的净利润。

15.1.3 企业所得税的作用

企业所得税在组织财政收入、促进社会经济发展、实施宏观调控等方面具有重要的职能作用。企业所得税调节的是国家与企业之间的利润分配关系，这种分配关系是我国经济分配制度中最重要的一个方面，是处理其他分配关系的前提和基础。企业所得税的作用主要体现在两个方面。

1. 组织财政收入的作用

企业所得税是我国第二大主体税种，对组织国家税收收入具有非常重要的作用。随着我国国民经济的快速发展和企业经济效益的不断提高，企业所得税作为税收收入的主体税种之一，近几年来取得了较快的增长。

2. 具有宏观调控的作用

企业所得税是国家实施税收优惠政策的最主要的税种，有减免税、降低税率、加计扣除、加速折旧、投资抵免、减计收入等众多的税收优惠措施，是贯彻国家政策、实施宏观调控的主要政策工具。在为国家组织财政收入的同时，企业所得税也作为国家宏观调控的一种重要手段，促进了我国产业结构调整和经济又好又快地发展。

15.2 企业所得税的征税范围、征税对象和纳税人

15.2.1 企业所得税的征税范围

在中华人民共和国境内，企业和其他取得收入的组织都是企业所得税的纳税人，都要依照税法的规定缴纳企业所得税。

15.2.2 企业所得税的征税对象

企业所得税的征税对象是企业在中国境内的生产经营所得和其他所得。

生产经营所得是指企业从事物质生产、商品流通、交通运输、劳动服务以及其他盈利事业取得的境内外所得。

其他所得包括企业有偿转让各类财产取得的财产转让所得；纳税人购买各种有价证券取得的利息及因外单位欠款取得的利息所得；纳税人出租固定资产、包装物等取得的租赁所得；纳税人因提供转让专利权、非专利技术、商标权、著作权等取得的特许权使用费所得；纳税人对

外投资入股取得的股息、红利所得；固定资产盘盈；因债权人原因确实无法支付的应付账款、物资及现金溢余等取得的其他所得。

1. 居民企业的征税对象

居民企业应当就其来源于中国境内、境外的所得为征税对象。所得，包括销售货物所得、提供劳务所得、转让财产所得、股息红利等权益性投资所得、利息所得、租金所得、特许权使用费所得、接受捐赠所得和其他所得。

2. 非居民企业的征税对象

非居民企业在中国境内设立机构、场所的，应当就其所设机构、场所取得的来源于中国境内的所得，以及发生在中国境外但与其所设机构、场所有实际联系的所得，缴纳企业所得税。

非居民企业在中国境内未设立机构、场所的，或者虽设立机构、场所，但取得的所得与其所设机构、场所没有实际联系的，应当就其来源于中国境内的所得缴纳企业所得税。

上述所称“实际联系”，是指非居民企业在中国境内设立的机构、场所拥有据以取得所得的股权、债权，以及拥有、管理、控制据以取得所得的财产等。

15.2.3 企业所得税的纳税人

企业所得税的纳税人为在中华人民共和国境内的企业和其他取得收入的组织。除个人独资企业、合伙企业不征收企业所得税外，其他企业均为企业所得税的纳税人，分为居民企业和非居民企业。把企业分为居民企业和非居民企业，是为了更好地保障我国税收管辖权的有效行使，根据国际通行做法，我国选择了地域管辖权和居民管辖权的双重管辖权标准，可最大限度地维护我国的税收利益。

1. 居民企业

居民企业是指依法在中国境内成立，或者依照外国(地区)法律成立，但实际管理机构在中国境内的企业。实际管理机构，是指对企业的生产经营、人员、账务、财产等实施实质性全面管理和控制的机构。如在我国注册成立的沃尔玛(中国)公司、通用汽车(中国)公司，就是我国的居民企业。在美国、英国等国家注册的公司，但实际管理机构在我国境内，也是我国的居民企业。居民企业应当就其来源于中国境内、境外的所得缴纳企业所得税，其适用税率为企业所得税的基本税率，即25%。

2. 非居民企业

非居民企业是指依照外国(地区)法律成立且实际管理机构不在中国境内，但在中国境内设立机构、场所的，或者在中国境内未设立机构、场所，但有来源于中国境内所得的企业。例如，在我国设立的代表处及其他分支机构等外国企业。

在中国境内未设立机构、场所的非居民企业，或虽设立机构、场所，但取得的所得与其所设机构、场所没有实际联系的，应当就其来源于中国境内的所得缴纳企业所得税，实行源泉扣缴，以支付人为扣缴义务人。税款由扣缴义务人在每次支付或到期应支付时，从支付或者到期应支付的款项中扣缴。对非居民企业在中国境内取得工程作业和劳务所得应缴纳的所得税，税务机关可以指定工程价款或者劳务费的支付人为扣缴义务人；扣缴义务人未依法扣缴或无法履行扣缴义务的，由纳税人在所得发生地缴纳；纳税人未依法缴纳的，税务机关可以从该纳税人在中国境内其他收入项目的支付人应付的款项中，追缴该纳税人的应纳税款。

上述所称机构、场所是指在中国境内从事生产经营活动的机构、场所，具体包括以下几种。

(1) 管理机构、营业机构、办事机构。

(2) 工厂、农场、开采自然资源的场所。

(3) 提供劳务的场所。

(4) 从事建筑、安装、装配、修理、勘探等工程作业的场所。

(5) 其他从事生产经营活动的机构、场所。

非居民企业委托营业代理人在中国境内从事生产经营活动的，包括委托单位或者个人经常代其签订合同，或者储存、交付货物等，该营业代理人视为非居民企业在中国境内设立的机构、场所。

15.3 企业所得税的税率、计税依据和所得来源确定原则

15.3.1 企业所得税的税率

1. 企业所得税的基本税率是25%

企业所得税实行比例税率，自2008年1月1日起，企业所得税税率统一调整为25%。

对符合条件的小型微利企业减按20%的税率征收。小型微利企业是指从事国家非限制和禁止行业，并符合下列条件的企业：工业企业，年度应纳税所得额不超过30万元，从业人员不超过100人，资产总额不超过3 000万元；其他企业，年度应纳税所得额不超过30万元，从业人数不超过80人，资产总额不超过1 000万元。

2. 企业所得税的低税率为20%

适用于在中国境内未设立机构、场所的，或者虽设立机构、场所但取得的所得与其所设机构、场所没有实际联系的非居民企业。但在实际征税时，就其来源于中国境内的所得减按10%的税率缴纳企业所得税。

15.3.2 企业所得税的计税依据

应纳税所得额是企业所得税的计税依据，按照企业所得税法的规定，应纳税所得额为企业每一个纳税年度的收入总额，减除不征税收入、免税收入、各项扣除，以及允许弥补的以前年度亏损后的余额，基本公式为

应纳税所得额=收入总额−不征税收入−免税收入−各项扣除−允许弥补的以前年度亏损　(15-1)

企业应纳税所得额的计算以权责发生制为原则，属于当期的收入和费用，不论款项是否收付，均作为当期的收入和费用；不属于当期的收入和费用，即使款项已经在当期收付，均不作为当期的收入和费用。

15.3.3 企业所得来源的确定原则

企业所得来源的确定原则包括如下几项。

(1) 销售货物所得，按照交易活动发生地确定。

(2) 提供劳务所得，按照劳务发生地确定。

(3) 转让财产所得，不动产转让所得按照不动产所在地确定，动产转让所得按照转让动产的企业或者机构、场所所在地确定，权益性投资资产转让所得按照被投资企业所在地确定。

(4) 股息、红利等权益性投资所得，按照分配所得的企业所在地确定。

(5) 利息所得、租金所得、特许权使用费所得，按照负担、支付所得的企业或者机构、场所所在地确定，或者按照负担、支付所得的个人的住所地确定。

(6) 其他所得，由国务院财政、税务主管部门确定。

15.4 企业应纳税所得额的计算

应纳税所得额是企业所得税的计税依据，企业应纳税所得额的计算在实际操作中一般有两种方法：直接计算法和间接计算法。

15.4.1 直接计算法

按企业所得税法的规定，应纳税所得额为企业每一纳税年度的收入总额，减除不征税收入、免税收入、各项扣除以及允许弥补的以前年度亏损后的余额，基本公式见前文中的式(15-1)。

1. 收入总额的确定

企业以货币形式和非货币形式从各种来源取得的收入，为收入总额。包括销售货物收入、提供劳务收入、转让财产收入、股息和红利等权益性投资收益、利息收入、租金收入、特许权使用费收入、接受捐赠收入及其他收入。

收入的货币形式，包括现金、存款、应收账款、应收票据、准备持有至到期的债券投资以及债务的豁免等。

收入的非货币形式，包括固定资产、生物资产、无形资产、股权投资、存货、不准备持有至到期的债券投资、劳务以及有关权益等。企业以非货币形式取得的收入，应当按照公允价值确定收入额。公允价值，是指按照市场价格确定的价值。

收入总额的确定，具有包括以下几个方面。

1) 一般收入的确认

(1) 销售货物收入。销售货物收入是指企业销售商品、产品、原材料、包装物、低值易耗品以及其他存货取得的收入。

(2) 提供劳务收入。提供劳务收入是指企业从事建筑安装、修理修配、交通运输、仓储租赁、金融保险、邮电通信、咨询经纪、文化体育、科学研究、技术服务、教育培训、餐饮住宿、中介代理、卫生保健、社区服务、旅游、娱乐、加工以及其他劳务服务活动取得的收入。

(3) 转让财产收入。转让财产收入是指企业转让固定资产、生物资产、无形资产、股权、债权等财产取得的收入。

(4) 股息、红利等权益性投资收益。股息、红利等权益性投资收益是指企业因权益性投资从被投资方取得的收入。股息、红利等权益性投资收益，除国务院财政、税务主管部门另有规定外，按照被投资方做出利润分配决定的日期确认收入的实现。

(5) 利息收入。利息收入是指企业将资金提供他人使用但不构成权益性投资，或者因他人占用本企业资金取得的收入，包括存款利息、贷款利息、债券利息、欠款利息等收入。利息收入，是按照合同约定的债务人应付利息的日期确认收入的实现。

(6) 租金收入。租金收入是指企业提供固定资产、包装物或者其他有形资产的使用权取得的收入。租金收入，是按照合同约定的承租人应付租金的日期确认收入的实现。

(7) 特许权使用费收入。特许权使用费收入是指企业提供专利权、非专利技术、商标权、著作权以及其他特许权的使用权取得的收入。特许权使用费收入是按照合同约定的特许权使用人应付特许权使用费的日期确认收入的实现。

(8) 接受捐赠收入。接受捐赠收入是指企业接受的来自其他企业、组织或者个人无偿给予的货币性资产、非货币性资产。接受捐赠收入，是按照实际收到捐赠资产的日期确认收入的实现。

(9) 其他收入。其他收入是指企业取得的除以上收入外的其他收入，包括企业资产溢余收入、逾期未退包装物押金收入、确实无法偿付的应付款项、已作坏账损失处理后又收回的应收款项、债务重组收入、补贴收入、违约金收入、汇兑收益等。

2) 特殊收入的确定

(1) 以分期收款方式销售货物的，按照合同约定的收款日期确认收入的实现。

(2) 企业受托加工制造大型机械设备、船舶、飞机，以及从事建筑、安装、装配工程业务或者提供其他劳务等，持续时间超过12个月的，按照纳税年度内完工进度或者完成的工作量确认收入的实现。

(3) 采取产品分成方式取得收入的，按照企业分得产品的日期确认收入的实现，其收入额按照产品的公允价值确定。

(4) 企业发生非货币性资产交换，以及将货物、财产、劳务用于捐赠、偿债、赞助、集资、广告、样品、职工福利或者利润分配等用途的，应当视同销售货物、转让财产或者提供劳务，但国务院财政、税务主管部门另有规定的除外。

2. 不征税收入和免税收入的规定

1) 不征税收入

《企业所得税法》规定了以下收入为不征税收入。

(1) 财政拨款。财政拨款是指各级人民政府对纳入预算管理的事业单位、社会团体等组织拨付的财政资金，但国务院和国务院财政、税务主管部门另有规定的除外。

(2) 依法收取并纳入财政管理的行政事业性收费、政府性基金。行政事业性收费是指依照法律法规等有关规定，按照国务院规定程序批准，在实施社会公共管理，以及在向公民、法人或者其他组织提供特定公共服务的过程中，向特定对象收取并纳入财政管理的费用。

政府性基金是指企业依照法律、行政法规等有关规定，代政府收取的具有专项用途的财政资金。

(3) 国务院规定的其他不征税收入。其他不征税收入是指企业取得的，由国务院财政、税务主管部门规定专项用途并经国务院批准的财政性资金。

2) 免税收入

《企业所得税法》规定了以下收入为免税收入。

(1) 国债利息收入。国债利息收入是指企业因购买国债所得的利息收入。

(2) 符合条件的居民企业之间的股息、红利等权益性收益。该收益是指居民企业直接投资于其他居民企业取得的投资收益。

(3) 在中国境内设立机构、场所的非居民企业从居民企业取得与该机构、场所有实际联系的股息、红利等权益性投资收益。该收益不包括连续持有居民企业公开发行并上市流通的股票不足12个月取得的投资收益。

(4) 符合条件的非营利组织的收入。该收益主要包括非营利性科学研究机构从事技术开发、技术转让业务和与之相关的技术培训、技术服务取得的收入；非营利性医疗机构、疾病控制机构、妇幼保健机构等按照国家规定的价格取得的医疗卫生收入；政府部门和企业、事业单位、社会团体、个人投资兴办的福利性、非营利性老年服务机构取得的收入；福利彩票机构发行销售福利彩票取得的收入；政府兴办的高等学校、中等学校和初等学校举办进修班、培训班所取得的又全部归学校所有的收入；社会团体取得的各级政府资助收入；按照省级以上人民政府、财政部门的规定收取的会费收入等。

符合条件的非营利组织具体应包括以下几个特征。

① 依法履行非营利组织登记手续。

② 从事公益性或非营利性活动。

③ 取得的收入除用于与该组织有关的、合理的支出外，全部用于登记核定或章程规定的公益性或非营利性事业。

④ 财产及其孳生利息不用于分配。

⑤ 按照登记核定或章程规定，该组织注销后的剩余财产用于公益性或者非营利性目的，或者由登记管理机关转赠给与该组织性质、宗旨相同的组织，并向社会公告。

⑥ 投入人对投入该组织的财产不保留或享有任何财产权利。

⑦ 工作人员工资福利开支控制在主管部门规定的比例内，不变相分配该组织的财产。

⑧ 国务院财政、税务部门规定的其他条件。

3. 各项扣除的规定

1) 扣除范围

《企业所得税法》规定，企业实际发生的与取得收入有关的、合理的支出，包括成本、费用、税金、损失和其他支出，准予在计算应纳税所得额时扣除。

企业发生的支出应当区分收益性支出和资本性支出。收益性支出在发生当期直接扣除；资本性支出应当分期扣除或者计入有关资产成本，不得在发生当期直接扣除。

企业的不征税收入用于支出所形成的费用或者财产，不得扣除或者计算对应的折旧、摊销扣除。

除《企业所得税法》另有规定外，企业实际发生的成本、费用、税金、损失和其他支出，不得重复扣除。

(1) 成本。成本是指企业在生产经营活动中发生的销售成本、销货成本、业务支出以及其他耗费，即企业销售商品(产品、材料、下脚料、废料、废旧物资等)、提供劳务、转让固定资产、无形资产(包括技术转让)的成本。

(2) 费用。费用是指企业在生产经营活动中发生的销售费用、管理费用和财务费用，已经计入成本的有关费用除外。

(3) 税金。税金是指企业发生的除企业所得税和允许抵扣的增值税以外的各项税金及其附加，即按规定缴纳的消费税、营业税、城市维护建设税、关税、资源税、土地增值税、房产税、印花税、教育费附加等。这些税金允许税前扣除。扣除的方式有两种：一是在发生当期扣除；二是在发生当期计入相关资产的成本，在以后各期分摊扣除。

(4) 损失。损失是指企业在生产经营活动中发生的固定资产和存货的盘亏、毁损、报废损失，转让财产损失，呆账损失，坏账损失，自然灾害等不可抗力因素造成的损失以及其他损失。

企业发生的损失，减除责任人赔偿和保险赔款后的余额，依照国务院财政、税务主管部门的规定扣除。

企业已经作为损失处理的资产，在以后纳税年度又全部收回或者部分收回时，应当计入当期收入。

(5) 其他支出。其他支出是指除成本、费用、税金、损失外，企业在生产经营活动中发生的与生产经营活动有关的、合理的支出。

2) 居民企业具体扣除标准

(1) 工资薪金支出。工资薪金支出是指企业每一纳税年度支付给在本企业任职或者受雇的员工的所有现金形式或者非现金形式的劳动报酬，包括基本工资、奖金、津贴、补贴、年终加薪、加班工资，以及与员工任职或者受雇有关的其他支出。企业发生的合理的工资薪金支出，准予扣除；对明显不合理的工资、薪金，则不予扣除。对一般职工而言，企业按市场原则支付的报酬认为应该是合理的，但也可能出现一些特殊情况，如在企业内任职的股东及与其有密切关系的亲属通过多发工资变相分配股利的，或国有及国有控股企业管理层的工资违规变相发放的，不得在税前扣除。

(2) 各类保险基金。企业依照国务院有关主管部门或者省级人民政府规定的范围和标准为职工缴纳的基本养老保险费、基本医疗保险费、失业保险费、工伤保险费、生育保险费等基本社会保险费和住房公积金，准予扣除。

企业为投资者或者职工支付的补充养老保险费、补充医疗保险费，在国务院财政、税务主管部门规定的范围和标准内，准予扣除。

除企业依照国家有关规定为特殊工种职工支付的人身安全保险费和国务院财政、税务主管部门规定可以扣除的其他商业保险费外，企业为投资者或者职工支付的商业保险费，不得扣除。

(3) 借款费用。企业在生产经营活动中发生的合理的不需要资本化的借款费用，准予扣除。企业为购置、建造固定资产、无形资产和经过12个月以上的建造才能达到预定可销售状态的存货发生借款的，在有关资产购置、建造期间发生的合理的借款费用，应当作为资本性支出计入有关资产的成本，并按税法规定计算的折旧等成本费用可在税前扣除。

【例15-1】亿立矿业公司向银行借款400万元用于建造厂房，借款期从2007年1月1日至12月31日，支付当年全年借款利息36万元。厂房于2008年8月31日达到可使用状态并交付使用，9月30日完成完工结算。亿立矿业公司当年税前可扣除的利息费用是多少？

【答案】固定资产购建期间合理的利息费用应予以资本化，交付使用后发生的利息，可在发生当期扣除。

亿立矿业公司当年税前可扣除的利息费用=36÷12×4=12(万元)

(4) 利息支出。利息支出包括在生产、经营期间，非金融企业向金融企业借款的利息支出、金融企业的各项存款利息支出和同业拆借利息支出、企业经批准发行债券的利息支出。

非金融企业向非金融企业借款的利息支出，不超过按照金融企业同期同类贷款利率计算的数额的部分，准予扣除。

纳税人逾期归还银行借款，向银行支付的罚息，不属于行政性罚款，允许税前扣除。

对于关联企业之间的借款利息税前扣除限制，根据《财政部 国家税务总局关于企业关联方利息支出税前扣除标准有关税收政策问题的通知》(财税〔2008〕121号)的规定，在计算应纳税所得额时，企业实际支付给关联方的利息支出，不超过以下规定比例和税法及其实施条例有关规定计算的部分，准予扣除；超过的部分，不得在发生当期和以后年度扣除。其中，支付给境外关联方的利息应视同股息分配，按照股息和利息适用的所得税税率差补征企业所得税；如已扣缴的所得税税款多于按股息计算应征所得税税款的部分，不予退税。具体包括以下内容。

① 企业实际支付给关联方的利息支出，其接受关联方债权性投资与其权益性投资的比例：金融企业为5∶1；其他企业为2∶1。

② 企业如果能够按照税法及其实施条例的有关规定提供相关资料，并证明相关交易活动符合独立交易原则的；或者该企业的实际税负不高于境内关联方的，其实际支付给境内关联方的利息支 出，在计算应纳税所得额时准予扣除。

③ 企业同时从事金融业务和非金融业务，其实际支付给关联方的利息支出，应按照合理方法分开计算；没有按照合理方法分开计算的，一律按其他企业的比例计算准予税前扣除的利息支出。

(5) 汇兑损失。企业在货币交易中，以及纳税年度终了时将人民币以外的货币性资产、负债按照期末即期人民币汇率中间价折算为人民币时产生的汇兑损失，除已经计入有关资产成本以及与向所有者进行利润分配相关的部分外，准予扣除。

(6) 工会经费支出、职工福利费支出、职工教育经费支出。

企业发生的职工福利费支出，不超过工资薪金总额14%的部分，准予扣除。企业拨缴的工会经费，不超过工资薪金总额2%的部分，准予扣除。除国务院财政、税务主管部门另有规定外，企业发生的职工教育经费支出，不超过工资薪金总额2.5%的部分，准予扣除；超过部分，准予在以后纳税年度结转扣除。

对于职工教育经费扣除标准，有以下几项特殊规定。

① 经认定的技术先进型服务企业，按工资薪金总额的8%扣除。

根据《财政部 国家税务总局 商务部 科技部 国家发展改革委关于技术先进型服务企业有关企业所得税政策问题的通知》(财税〔2014〕59号)，自2014年1月1日至2018年12月31日，在北京、天津、上海、重庆、大连、深圳、广州、武汉、哈尔滨、成都、南京、西安、济南、杭州、合肥、南昌、长沙、大庆、苏州、无锡、厦门21个中国服务外包示范城市(以下简称示范城市)继续实行以下企业所得税优惠政策：对经认定的技术先进型服务企业，减按15%的税率征收企业所得税。经认定的技术先进型服务企业发生的职工教育经费支出，不超过工资薪金总额8%的部分，准予在计算应纳税所得额时扣除；超过的部分，准予在以后纳税年度结转扣除。

② 高新技术企业发生的职工教育经费支出按照工资薪金总额的8%限额税前扣除。

根据《财政部 国家税务总局关于高新技术企业职工教育经费税前扣除政策的通知》(财税〔2015〕63号)，自2015年1月1日起，高新技术企业发生的职工教育经费支出，不超过工资薪金总额8%的部分，准予在计算企业所得税应纳税所得额时扣除；超过的部分，准予在以后纳税年度结转扣除。这里的“高新技术企业”，是指在中国境内注册、实行查账征收、经认定的高新技术企业。

③ 软件生产企业的职工培训费用，可以全额在企业所得税前扣除。

软件生产企业发生的职工教育经费中的职工培训费用，根据《财政部、国家税务总局关于企业所得税若干优惠政策的通知》(财税〔2008〕1号)、《国家税务总局关于企业所得税执行中若干税务处理问题的通知》(国税函〔2009〕202号)的规定，可以全额在企业所得税前扣除。软件生产企业应准确划分职工教育经费中的职工培训费支出，对于不能准确划分的，以及准确划分后职工教育经费中扣除职工培训费用的余额，一律按照《中华人民共和国企业所得税法实施条例》第四十二条规定的比例扣除。职工教育经费是按支付给员工的工资薪金总额的2.5%以内部分据实列支。

④ 集成电路设计企业和符合条件的软件企业发生的职工培训费用全额税前扣除。

根据《财政部 国家税务总局《关于进一步鼓励软件产业和集成电路产业发展企业所得税政策的通知》(财税〔2012〕27号)，集成电路设计企业和符合条件的软件企业的职工培训费用，应单独进行核算并按实际发生额在计算应纳税所得额时扣除。

⑤ 认定的动漫企业的职工培训费用全额税前扣除。

根据《财政部 国家税务总局关于扶持动漫产业发展有关税收政策问题的通知》(财税〔2009〕65号)，经认定的动漫企业自主开发、生产动漫产品，可申请享受国家现行鼓励软件产业发展的所得税优惠政策，故认定的动漫企业的职工培训费用全额税前扣除。

【例15-2】蒙元公司20×7年为本公司雇员支付工资400万元、奖金50万元、地区补贴30万元、家庭财产保险20万元。假定蒙元公司的工资薪金支出符合合理标准，当年职工福利费、工会经费和职工教育经费可在税前列支的限额是多少？

【答案】(1) 当年可以在税前扣除的工资总额=400+50+30=480(万元)

(2) 当年可以在所得税前列支的职工福利费限额为：480×14%=67.2(万元)。如蒙元公司当年实际发生额小于67.2万元，可以据实扣除；如实际发生额大于67.2万元，税前只能扣除67.2万元，超过标准的部分则不得扣除。

(3) 当年可以在所得税前列支的职工工会经费限额为：480×2%=9.6(万元)。如蒙元公司当年实际发生额小于9.6万元，可以据实扣除；如实际发生额大于9.6万元，税前只能扣除9.6万元，超过标准的部分则不得扣除。

(4) 当年可以在所得税前列支的职工教育经费限额为：480×2.5%=12(万元)。如蒙元公司当年实际发生额小于12万元，可以据实扣除；如实际发生额大于12万元，税前只能扣除12万元，超过标准的部分则不得扣除，超过部分准予结转以后纳税年度扣除。

(7) 业务招待费。企业发生的与生产经营活动有关的业务招待费支出，按照发生额的60%扣除，但最高不得超过当年销售(营业)收入的5‰。

【例15-3】安然工业公司20×7年度全年销售收入为1 500万元，房屋出租收入100万元，提供加工劳务收入50万元，转让无形资产所有权收入30万元，当年发生业务招待费15万元。安然工业公司当年所得税前可以扣除的业务招待费用是多少？

【答案】安然工业公司发生的与生产经营活动有关的业务招待费支出，按照发生额的60%扣除，但最高不得超过当年销售(营业)收入的5‰。

业务招待费扣除限额=(1 500+100+50)×5‰=8.25(万元)＜15×60%=9(万元)，因此可以扣除8.25万元。

(8) 广告费和业务宣传费。企业发生的符合条件的广告费和业务宣传费支出，除国务院财政、税务主管部门另有规定外，不超过当年销售(营业)收入15%的部分，准予扣除；超过的部分，准予在以后纳税年度结转扣除。纳税人因行业特点等特殊原因确需提高广告费扣除比例的，须报国家税务总局批准。对化妆品制造、医药制造和饮料制造(不含酒类制造，下同)企业发生的广告费和业务招待费，不超过当年销售(营业)收入30%的部分，准予扣除。烟草企业的烟草广告费和业务宣传费，一律不得在计算应纳税所得额时扣除。

广告费要符合三个条件：①广告是通过工商部门批准的专门机构制作的；②已实际支付费用并已取得相应发票；③通过一定的媒体传播。

(9) 环境保护、生态恢复等方面的专项资金。企业依照法律、行政法规有关规定提取的用于环境保护、生态恢复等方面的专项资金，准予扣除。上述专项资金提取后改变用途的，不得扣除。

(10) 财产保险。企业按照规定参加财产保险缴纳的保险费，准予扣除。

(11) 租赁费。租赁费是指企业根据生产经营活动的需要租入固定资产支付的费用。以经营租赁方式租入固定资产发生的租赁费支出，按照租赁期限均匀扣除；以融资租赁方式租入固定资产发生的租赁费支出，按照规定，构成融资租入固定资产价值的部分应当提取折旧费用，分期扣除。

【例15-4】博马贸易公司20×7年4月1日，以经营租赁方式租入固定资产使用，租期一年，按独立纳税人交易原则支付租金2.4万元；6月1日以融资租赁方式租入机器设备一台，租期两年，当年支付租金3.6万元。计算当年博马贸易公司应纳税所得额应扣除的租赁费用是多少万元？

【答案】当年博马贸易公司应纳税所得额应扣除的租赁费用=2.4÷12×9=1.8(万元)

(12) 劳动保护支出。企业发生的合理的劳动保护支出，准予扣除。

(13) 捐赠支出。企业发生的公益性捐赠支出，不超过年度利润总额12%的部分，准予扣除。年度利润总额，是指企业依照国家统一会计制度的规定计算的年度会计利润。

公益性捐赠，是指企业通过公益性社会团体或者县级以上人民政府及其部门，用于《中华人民共和国公益事业捐赠法》规定的公益事业的捐赠。

公益性社会团体，是指同时符合下列条件的基金会、慈善组织等社会团体：依法登记，具有法人资格；以发展公益事业为宗旨，且不以营利为目的；全部资产及其增值为该法人所有；收益和营运结余主要用于符合该法人设立目的的事业；终止后的剩余财产不归属任何个人或者营利组织；不经营与其设立目的无关的业务；有健全的财务会计制度；捐赠者不以任何形式参与社会团体财产的分配；国务院财政、税务主管部门会同国务院民政部门等登记管理部门规定的其他条件。

(14) 有关资产的费用。企业转让各类固定资产发生的费用，允许扣除。企业按规定计算的固定资产折旧费、无形资产和递延资产的摊销费，准予扣除。

(15) 资产损失。企业当期发生的固定资产和流动资产盘亏、毁损净损失，由其提供清查盘存资料，经主管税务机关审核后，准予扣除；企业因存货盘亏、损毁、报废等原因不得从销项税金中抵扣的进项税金，应视同企业财产损失，准予与存货损失一起在计算所得税前按规定扣除。

(16) 依照有关法律、行政法规和国家有关税法规定准予扣除的其他项目，如会员费、合理会议费、差旅费、违约金等。

3) 非居民企业扣除政策

非居民企业在中国境内设立的机构、场所，就其中国境外总机构发生的与该机构、场所生产经营有关的费用，能够提供总机构出具的费用汇集范围、定额、分配依据和方法等证明文件并合理分摊的，准予扣除。

4. 不得扣除的规定

下列支出在计算应纳税所得额时不得扣除。

(1) 向投资者支付的股息、红利等权益性投资收益款项。

(2) 企业所得税税款。

(3) 税收滞纳金。

(4) 罚金、罚款和被没收财物的损失。

(5) 规定以外的捐赠支出。

(6) 赞助支出。赞助支出是指企业发生的与生产经营活动无关的各种非广告性质支出。

(7) 未经核定的准备金支出。它是指不符合国务院财政、税务主管部门规定的各项资产减值准备、风险准备等准备金支出。

(8) 与取得收入无关的其他支出。

5. 亏损弥补的规定

亏损是指按《企业所得税法》的规定，企业每一纳税年度的收入总额，减除不征税收入、免税收入、各项扣除后小于零的数额。企业纳税年度发生的亏损，准予向以后年度结转，用以后年度的所得弥补，结转年限最长不得超过5年。税法中的亏损和财务会计中的亏损含义不同，财务会计中的亏损是指当年总收益小于当年总支出。

【例15-5】表15-1为经税务机关审定的某企业7年应纳税所得额情况。假设该企业资产总额为2 000万元，从业人数为80人，一直执行5年亏损弥补规定，则该企业7年间需缴纳企业所得税是多少?

表15-1 某企业7年应纳税所得额情况

年度	2008	2009	2010	2011	2012	2013	2014
应纳税所得额/万元	−100	10	−20	40	10	30	40

【答案】2009年至2013年所得弥补2008年亏损，未弥补完但5年抵亏期满；2014年所得弥补2010年亏损后还有余额20万元，要计算纳税。该企业符合小型微利企业的标准，适用20%的优惠税率，应纳税额=20×20%=4(万元)。

6. 企业所得税费用扣除标准及限额比例

企业所得税费用扣除标准及限额比例，如表15-2所示。

表15-2 企业所得税费用扣除标准及限额比例

费用类别	扣除标准/限额比例	说明事项(限额比例的计算基数，其他说明事项)
职工工资	据实扣除	任职或受雇，合理
	加计100%扣除	支付残疾人员的工资
职工福利费	14%	工资薪金总额
职工教育经费	2.5%	工资薪金总额
	8%	经认定的技术先进型服务企业；高新技术企业
	全额扣除	软件生产企业的职工培训费用
职工工会经费	2%	工资薪金总额
业务招待费	min(60%，5‰)	发生额的60%，销售收入或营业收入的5‰；股权投资业务企业分回的股息、红利及股权转让收入可作为收入计算基数

(续表)

费用类别	扣除标准/限额比例	说明事项(限额比例的计算基数，其他说明事项)
广告费和业务宣传费	15%	当年销售(营业)收入，超过部分向以后结转
	30%	当年销售(营业)收入；化妆品制造、医药制造、饮料制造(不含酒类制造)企业
	不得扣除	烟草企业的烟草广告费
捐赠支出	12%	年度利润(会计利润)总额；公益性捐赠；有捐赠票据，名单内所属年度内可扣除，会计利润≤0不能算作限额
利息支出(向企业借款)	据实(非关联企业向金融企业借款)	非金融企业向金融企业借款
	同期同类范围内可扣除(非关联企业间借款)	非金融企业向非金融企业借款，不超过同期同类计算数额，并提供“金融企业的同期同类贷款利率情况说明”
	权益性投资5倍或2倍内可扣除(关联企业借款)	金融企业债权性投资不超过权益性投资的5倍内，其他企业为2倍内
	据实扣除(关联企业付给境内关联方的利息)	提供资料证明交易符合独立交易原则或企业实际税负不高于境内关联方
利息支出(向自然人借款)	同期同类范围内可扣除(无关联关系)	同期同类可扣除并签订借款合同
	权益性投资5倍或2倍内可扣除(有关联关系自然人)	
	据实扣除(有关联关系自然人)	能证明关联交易符合独立交易原则
利息支出(规定期限内未缴足应缴资本额的)	部分不得扣除	不得扣除的借款利息=该期间借款利息额×该期间未缴足注册资本额÷该期间借款额
非银行企业内营业机构间支付利息	不得扣除	
住房公积金	据实扣除	规定范围内
罚款、罚金和被没收财物损失	不得扣除	
税收滞纳金	不得扣除	
赞助支出	不得扣除	
各类基本社会保障性缴款	据实扣除	规定范围内
补充养老保险	5%	工资总额
补充医疗保险	5%	工资总额
与取得收入无关的支出	不得扣除	
不征税收入用于支出所形成的费用	不得扣除	
环境保护专项资金	据实扣除	按规提取，改变用途的不得扣除
财产保险	据实扣除	

(续表)

费用类别	扣除标准/限额比例	说明事项(限额比例的计算基数，其他说明事项)
特殊工种职工的人身安全险	可以扣除	
其他商业保险	不得扣除	国务院财政、税务主管部门规定可以扣除的除外
租入固定资产的租赁费	按租赁期均匀扣除	经营租赁租入
	分期扣除	融资租入构成融资租入固定资产价值的部分可提折旧
劳动保护支出	据实扣除	合理
企业间支付的管理费(如上缴总机构的管理费)	不得扣除	
企业内营业机构间支付的租金	不得扣除	
企业内营业机构间支付的特许权使用费	不得扣除	
向投资者支付的股息、红利等权益性投资收益	不得扣除	
未经核定的准备金	不得扣除	
固定资产折旧	规定范围内可扣除	不超过最低折旧年限
生产性生物资产折旧	规定范围内可扣除	林木类10年，畜类3年
无形资产摊销	不低于10年分摊	一般无形资产
	法律或合同约定年限分摊	投资或受让的无形资产
	不可扣除	自创商誉
	不可扣除	与经营活动无关的无形资产
长期待摊费用	限额内可扣除	已足额提取折旧的房屋建筑物改建支出，按预计尚可使用年限分摊
		租入房屋建筑物的改建支出，按合同约定的剩余租赁期分摊
		固定资产大修理支出，按固定资产尚可使用年限分摊
		其他长期待摊费用，摊销年限不低于3年
开办费	可以扣除	开始经营当年一次性扣除或作为长期待摊费用摊销
低值易耗品摊销	据实扣除	
审计及公证费	据实扣除	
研究开发费用	加计扣除	从事国家规定项目的研发活动发生的研发费，年度汇算时向税务局申请加扣
税金	可以扣除	所得税和增值税(有条件)不得扣除
所得税税款	不得扣除	

(续表)

费用类别	扣除标准/限额比例	说明事项(限额比例的计算基数，其他说明事项)
增值税进项	不允许税前扣除	购进货物已经抵扣的增值税进项税额，这部分进项税额因不参与成本和损益的计算，不允许在税前扣除
	固定资产的折旧在所得税前扣除	购置固定资产未抵扣的增值税，进项税额应计入固定资产的成本，随固定资产的折旧在所得税前扣除
	可以扣除	出口货物业务中，按税法规定计算的不得免征和抵扣的进项税额，进项税额应转入货物的销售成本
	有条件扣除	企业货物发生的损失(如盘亏、毁损、被盗等)，因已经不可能用于生产，自然也无法对外销售或是视同销售。根据税法规定，其对应的增值税进项税额不得用于抵扣，应作进项税额转出。另外，损失的货物需要向税务机关申报，并经税务机关认证批准后作为税前列支事项，转出的进项税额也可随财产损失在所得税前扣除
增值税销项税	不允许税前扣除	正常销售货物情况下，向购货方收取的增值税销项税额，这部分销项税额因其不参与成本和损益的计算，不允许在所得税前扣除
	有条件扣除	由自身承担的增值税销项税额，比如对外捐赠货物的销项税额，在整体捐赠成本没有超过捐赠限额的情况下，随捐赠成本在所得税前扣除
咨询、诉讼费	据实扣除	
差旅费	据实扣除	
会议费	据实扣除	会议纪要等证明真实性的材料
工作服饰费用	据实扣除	
运输、装卸、包装费等费用	据实扣除	
印刷费	据实扣除	
咨询费	据实扣除	
诉讼费	据实扣除	
邮电费	据实扣除	
租赁费	据实扣除	
水电费	据实扣除	
取暖费/防暑降温费	并入福利费计算限额	属职工福利费范畴，福利费超标需调增
公杂费	据实扣除	
车船燃料费	据实扣除	
交通补贴及员工交通费用	2008年以前的并入工资，2008年以后的并入福利费计算限额	2008年以前的计入工资总额同时缴纳个税；2008年以后的则作为职工福利费列支
电子设备转运费	据实扣除	
修理费	据实扣除	
安全防卫费	据实扣除	
董事会费	据实扣除	

(续表)

费用类别	扣除标准/限额比例	说明事项(限额比例的计算基数，其他说明事项)
绿化费	据实扣除	
手续费和佣金支出	5%(一般企业)	按服务协议或合同确认的收入金额的5%计算限额，企业须转账支付，否则不可扣除
		电信企业手续费及佣金支出，仅限于电信企业在发展客户、拓展业务等过程中因委托销售电话入网卡、电话充值卡所发生的手续费及佣金支出
	15%(财产保险企业)	按当年全部保费收入扣除退保金等后余额的15%计算限额
	10%(人身保险企业)	按当年全部保费收入扣除退保金等后余额的10%计算限额
	不得扣除	为发行权益性证券支付给有关证券承销机构的手续费及佣金
投资者保护基金	0.5%～5%	营业收入的0.5%～5%
贷款损失准备金(金融企业)	1%	贷款资产余额的1%；允许从事贷款业务，按规定范围提取
	不得扣除	委托贷款等不承担风险和损失的资产不得提取贷款损失准备金在税前扣除
	按比例扣除——关注类贷款2%	涉农贷款和中小企业(年销售额和资产总额均不超过2亿元)贷款
	——次级类贷款25%	
	——可疑类贷款50%	
	——损失类贷款100%	
农业巨灾风险准备金(保险公司)	25%	本年保费收入的25%，适用经营中央财政和地方财政保费补贴的种植业险种
担保赔偿准备(中小企业信用担保机构)	1%	当年年末担保责任余额
未到期责任准备(中小企业信用担保机构)	50%	当年担保费收入
交易所会员年费	据实扣除	票据
交易席位费摊销	按10年分摊	
同业公会会费	据实扣除	票据
信息披露费	据实扣除	
公告费	据实扣除	
维简费支出	收益性支出	当期费用税前扣除
	资本性支出	应计入有关资产成本，并按企业所得税法规定计提折旧或摊销费用在税前扣除

15.4.2 间接计算法

1. 计算利润总额

利润总额是按会计准则核算的会计利润总额，相关数据可直接来源于利润表，计算公式为利润总额=营业收入−营业成本−营业税金及附加−期间费用−资产减值损失+公允价值变动收益+投资收益+营业外收入−营业外支出　(15-2)

(1) 计算营业收入。营业收入是指纳税人当期发生的，以货币形式和非货币形式从各种来源取得的收入，包括会计核算中的主营业务收入和其他业务收入。

(2) 计算营业成本。营业成本是纳税人经营主要业务和其他业务发生的实际成本总额，包括会计核算中的主营业务成本和其他业务成本。

(3) 计算营业税金及附加。营业税金及附加是指企业发生的除企业所得税和允许抵扣的增值税以外的各项税金及附加。它包括营业税、消费税、城市维护建设税、资源税、土地增值税等。企业缴纳的房产税、车船税、印花税等已计入管理费用，属于期间费用，不在本项目核算。企业缴纳的增值税因属于价外税，也不属于本项目。

(4) 计算期间费用。期间费用是指企业在生产经营活动中发生的销售费用、管理费用和财务费用，已计入成本的有关费用除外。

(5) 计算资产减值损失。资产减值损失是指纳税人计提的各项资产减值准备所形成的损失。

(6) 计算公允价值变动收益。公允价值变动收益是指纳税人交易性金融资产、交易性金融负债以及采取公允价值模式计量的投资性房地产、衍生工具、套期保期业务等公允价值变动形成的应计入当期损益的利得或损失。

(7) 计算投资收益。投资收益是指纳税人以各种方式对外投资所取得的收益或投资损失。

(8) 计算营业外收入。营业外收入是指纳税人发生的与其经营活动无直接关系的各种收入。

(9) 计算营业外支出。营业外支出是指纳税人发生的与其经营活动无直接关系的各种支出。

2. 计算应纳税所得额

应纳税所得额是在会计利润总额的基础上，加减纳税调整额后计算出来的，计算公式为

应纳税所得额=利润总额+纳税调整增加额−纳税调整减少额+境外应税所得弥补境内所得−弥补以前年度亏损额　(15-3)

1) 计算纳税调整额

《企业所得税法》规定：“在计算应纳税所得额时，企业财务、会计处理办法与税收法律、行政法规的规定不一致时，应当按照税收法律、行政法规的规定计算。”纳税人在按照会计准则、会计制度核算与税收规定不一致时，应当进行纳税调整。

2) 计算境外应税所得弥补境内亏损金额

境外应税所得弥补境内亏损是指纳税人在计算缴纳企业所得税时，其境外营业机构的盈利可以弥补境内营业机构的亏损。当“利润总额”加“纳税调整增加额”减“纳税调整减少额”为负数时，境外应税所得可以用于弥补境内亏损，最多不得超过企业当年的全部境外应税所得。若为正数，如以前年度无亏损额，则不需要补亏；若以前年度有亏损额，则可以弥补以前年度亏损额，最多不超过企业当年的全部境外应税所得。

3) 计算弥补以前年度亏损额

弥补以前年度亏损额是指纳税人按税收规定可以在税前弥补的以前年度亏损额。税务会计中的亏损称为应税亏损，是指对财务会计亏损按税法调整后的应纳税所得额为负数的金额。企业某一年度发生的亏损可以用下一年度的所得弥补；下一年度的所得不足以弥补的，可以逐年延续弥补，但最长不超过5年。亏损弥补时应注意以下几个问题。

(1) 亏损弥补期是自亏损年度的下一个年度起连续5年不间断地计算，5年内不论是盈利还是亏损，都作为实际弥补期限计算。

(2) 连续发生亏损，其亏损弥补期应按每个年度分别计算，按先亏先补的顺序弥补，不能将每个亏损年度的亏损弥补期相加。

(3) 企业境外业务之间的盈亏可以互相弥补，但企业境外投资除合并、撤销、依法清算外形成的亏损不得用境内盈利弥补。

15.5 资产的税务处理

资产是由资本投资而形成的财产，对于资本性支出以及无形资产受让、开办、开发费用，不允许作为成本、费用从纳税人的收入总额中一次性扣除，只能采取分次计提折旧或分次摊销的方式予以扣除，即纳税人经营活动中使用的固定资产的折旧费用、无形资产和长期待摊费用的摊销费用可以扣除。纳入税务处理范围的各项资产，以历史成本为计税基础，各项资产在持有期间发生的资产增值或减值，除国家财政、税务主管部门规定可以确认损益外，不得调整该资产的计税基础。

1. 固定资产的税务处理

固定资产，是指企业为生产产品、提供劳务、出租或者经营管理而持有的、使用时间超过12个月的非货币性资产，包括房屋、建筑物、机器、机械、运输工具以及其他与生产经营活动有关的设备、器具、工具等。

1) 固定资产计税基础

固定资产按照以下原则确定计税基础。

(1) 外购的固定资产，以购买价款和支付的相关税费以及直接归属于使该资产达到预定用途发生的其他支出为计税基础。

(2) 自行建造的固定资产，以竣工结算前发生的支出为计税基础。

(3) 融资租入的固定资产，以租赁合同约定的付款总额和承租人在签订租赁合同过程中发生的相关费用为计税基础；租赁合同未约定付款总额的，以该资产的公允价值和承租人在签订租赁合同过程中发生的相关费用为计税基础。

(4) 盘盈的固定资产，以同类固定资产的重置完全价值为计税基础。

(5) 通过捐赠、投资、非货币性资产交换、债务重组等方式取得的固定资产，以该资产的公允价值和支付的相关税费为计税基础。

(6) 改建的固定资产，除已足额提取折旧的固定资产和租入的固定资产以外的其他固定资产，以改建过程中发生的改建支出增加为计税基础。

2) 固定资产折旧的范围

在计算应纳税所得额时，企业按照规定计算的固定资产折旧，准予扣除，具体包括：房屋、建筑物；在用的机械设备、运输车辆、器具、工具；季节性停用和因大修理停用的机器设备；以经营方式租出的固定资产；经融资租赁方式租入的固定资产；财政部规定的其他应计提折旧的固定资产。

下列固定资产不得计算折旧扣除。

(1) 房屋、建筑物以外未投入使用的固定资产。

(2) 以经营租赁方式租入的固定资产。

(3) 以融资租赁方式租出的固定资产。

(4) 已足额提取折旧仍继续使用的固定资产。

(5) 与经营活动无关的固定资产。

(6) 单独估价作为固定资产入账的土地。

(7) 其他不得计算折旧扣除的固定资产。

3) 固定资产折旧的计提方法

(1) 企业应当自固定资产投入使用月份的次月起计算折旧；停止使用的固定资产，应当自停止月份的次月起停止计算折旧。

(2) 企业应当根据固定资产的性质和使用情况，合理确定固定资产的预计净残值。固定资产的预计净残值一经确定，不得变更。

(3) 固定资产按照直线法计算的折旧，准予扣除。

4) 固定资产折旧的计提年限

除国务院财政、税务主管部门另有规定外，固定资产计算折旧的最低年限如下所选。

(1) 房屋、建筑物，为20年。

(2) 飞机、火车、轮船、机器、机械和其他生产设备，为10年。

(3) 与生产经营活动有关的器具、工具、家具等，为5年。

(4) 飞机、火车、轮船以外的运输工具，为4年。

(5) 电子设备，为3年。

从事石油、天然气等矿产资源开采的企业，在开始商业性生产前发生的费用和有关固定资产的折耗、折旧方法，由国务院财政、税务主管部门另行规定。

【例15-6】某企业20×7年4月20日购进一台机械设备，取得的增值税专用发票上注明价款90万元(购入成本)，当月投入使用。按税法规定，该设备按直线法计提折旧，期限为10年，残值率为5%，企业将设备购入成本一次性计入费用在税前扣除。企业当年会计利润为170万元。请计算企业此项业务应当调整的应纳税所得额。

【答案】税法规定可扣除的折旧额=90×(1−5%)÷10÷12×8=5.7(万元)

外购设备应调增的应纳税所得额=90−5.7=84.3(万元)

企业应纳税所得额=170+84.3=254.3(万元)

假定税法和会计采用一致的折旧年限，企业正确的会计利润=170+84.3=254.3(万元)

2. 生物资产的税务处理

生物资产是指有生命的动物和植物，具体分为消耗性生物资产、生产性生物资产和公益性生物资产。消耗性生物资产，是指为出售而持有的或在将来收获为农产品的生物资产，包括生长中的农田作物、蔬菜、用材林及存栏待售的牲畜等。生产性生物资产，指为产出农产品、提供劳务或出租等目的而持有的生物资产，包括经济林、薪炭林、产畜和役畜等。公益性生物资产，是指以防护、环境保护为主要目的的生物资产，包括防风固沙林、水土保持林和水源涵养林等。

1) 生物资产的计税基础

生物资产按以下方法确定计税基础。

(1) 外购的生产性生物资产，以购买价款和支付的相关税费为计税基础。

(2) 通过捐赠、投资、非货币性资产交换、债务重组等方式取得的生产性生物资产，以该资产的公允价值和支付的相关税费为计税基础。

2) 生物资产的折旧方法

企业应当自生产性生物资产投入使用月份的次月起计算折旧；停止使用的生产性生物资产，应当自停止使用月份的次月起停止计算折旧。

企业应当根据生产性生物资产的性质和使用情况，合理确定生产性生物资产的预计净残值。生产性生物资产的预计净残值一经确定，不得变更。

3) 生物资产的折旧年限

(1) 林木类生产性生物资产，为10年。

(2) 畜类生产性生物资产，为3年。

3. 无形资产的税务处理

无形资产是指企业长期使用但没有实物形态的资产，包括专利权、商标权、著作权、土地使用权、非专利技术、商誉等。

1) 无形资产的计税基础

无形资产按以下方法确定计税基础。

(1) 外购的无形资产，以购买价款和支付的相关税费以及直接归属于使该资产达到预定用途发生的其他支出为计税基础。

(2) 自行开发的无形资产，以开发过程中该资产符合资本化条件后至达到预定用途前发生的支出为计税基础。

(3) 通过捐赠、投资、非货币性资产交换、债务重组等方式取得的无形资产，以该资产的公允价值和支付的相关税费为计税基础。

2) 无形资产的摊销方法及年限

无形资产的摊销采取直线法计算。无形资产的摊销不得低于10年。外购商誉的支出，在企业整体转让或者清算时准予扣除。

3) 下列无形资产不得计算摊销费用扣除

(1) 自行开发的支出已在计算应纳税所得额时扣除的无形资产。

(2) 自创商誉。

(3) 与经营活动无关的无形资产。

(4) 其他不得计算摊销费用扣除的无形资产。

4. 长期待摊费用的税务处理

长期待摊费用，是指企业发生的应在一个年度以上或几个年度进行摊销的费用。在计算应纳税所得额时，企业发生的下列支出作为长期待摊费用，按照规定摊销的，准予扣除。

(1) 已足额提取折旧的固定资产的改建支出。

(2) 租入固定资产的改建支出。

(3) 固定资产的大修理支出。

(4) 其他应当作为长期待摊费用的支出。

大修理支出，按照固定资产尚可使用年限分期摊销。《企业所得税法》所指固定资产的大修理支出，是指同时符合下列条件的支出：①修理支出达到取得固定资产时的计税基础的50%以上。②修理后固定资产的使用年限延长两年以上。

其他应当作为长期待摊费用的支出，自支出发生月份的次月起，分期摊销，摊销年限不得低于3年。

5. 存货的税务处理

存货是指企业持有以备出售的产品或者商品、处在生产过程中的在产品、在生产或者提供劳务过程中耗用的材料和物料等。

1) 存货的计税基础

存货按照以下方法确定成本。

(1) 通过支付现金方式取得的存货，以购买价款和支付的相关税费为成本。

(2) 通过支付现金以外的方式取得的存货，以该存货的公允价值和支付的相关税费为成本。

(3) 通过生产性生物资产收获的农产品，以产出或者采收过程中发生的材料费、人工费和分摊的间接费用等必要支出为成本。

2) 存货的成本计算方法

企业使用或者销售的存货的成本计算方法，可以在先进先出法、加权平均法、个别计价法中选用一种。计价方法一经选用，不得随意变更。

6. 投资资产的税务处理

投资资产，是指企业对外进行权益性投资和债权性投资形成的资产。

1) 投资资产的成本

投资资产按照以下方法确定成本。

(1) 通过支付现金方式取得的投资资产，以购买价款为成本。

(2) 通过支付现金以外的方式取得的投资资产，以该资产的公允价值和支付的相关税费为成本。

2) 投资资产成本的扣除方法

企业对外投资期间，投资资产的成本在计算应纳税所得额时不得扣除，企业在转让或者处置投资资产时，投资资产的成本准予扣除。

7. 税法规定与会计规定差异的处理

税法规定与会计规定差异的处理，是指当企业财务核算与税法规定不一致时，应当按照税法规定予以调整。企业不能提供完整、准确的收入及成本、费用凭证，不能正确计算应纳税所得额的，由税务机关核定其应纳税所得额。企业依法清算时，以其清算终了后的清算所得为应纳税所得额，按规定缴纳企业所得税。

企业应纳税所得额是根据税收法规计算出来的，在数额上与依据财务会计制度计算的利润总额往往不一致。因此，税法规定，对企业按照有关财务会计规定计算的利润总额，在按照税法规定进行必要调整后，作为计税依据计算应纳所得税。

8. 非居民企业股权转让适用特殊性税务处理

根据《国家税务总局关于非居民企业股权转让适用特殊性税务处理有关问题的公告》(国家税务总局〔2013〕72号)的规定，非居民企业股权转让适用特殊性税务处理的，必须符合财税〔2009〕59号第七条第(一)项和第(二)项规定的情形，应于股权转让合同或协议生效且完成工商变更登记手续30日内进行备案，备案方视不同情形分别由转让方或受让方执行，并对备案资料、备案程序、转让前未分配利润的处理作了明确规定。非居民企业股权转让未进行特殊性税务处理备案或备案后经调查核实不符合条件的，适用一般性税务处理规定，应按照有关规定缴纳企业所得税。

9. 商业零售企业存货损失税前扣除税务处理

根据《国家税务总局关于商业零售企业存货损失税前扣除问题的公告》(国家税务总局公告〔2014〕3号)的规定，商业零售企业存货因零星失窃、报废、废弃、过期、破损、腐败、鼠咬、顾客退换货等正常因素形成的损失，为存货正常损失，准予以清单的形式进行企业所得税纳税申报，同时出具损失情况分析报告；因风、火、雷、震等自然灾害，仓储、运输失事，重大案件等非正常因素形成的损失，为存货非正常损失，应当进行专项申报；存货单笔(单项)损失超过500万元的，无论是由何种因素形成的，均应进行专项申报。该公告适用于2013年度及以后年度企业所得税纳税申报。

10. 非货币性资产投资企业所得税的处理

关于非货币性资产投资企业所得税的处理，《财政部 国家税务总局关于非货币性资产投资企业所得税政策问题的通知》(财税〔2014〕116号)作出了如下规定。

(1) 居民企业(以下简称企业)以非货币性资产对外投资确认的非货币性资产转让所得，可在不超过5年期限内，分期均匀计入相应年度的应纳税所得额，按规定计算缴纳企业所得税。

(2) 企业以非货币性资产对外投资，应对非货币性资产进行评估并按评估后的公允价值扣除计税基础后的余额，计算确认非货币性资产转让所得。

(3) 企业以非货币性资产对外投资，应于投资协议生效并办理股权登记手续时，确认非货币性资产转让收入的实现。

(4) 企业以非货币性资产对外投资而取得被投资企业的股权，应以非货币性资产的原计税成本为计税基础，加上每年确认的非货币性资产转让所得，逐年进行调整。

被投资企业取得非货币性资产的计税基础，应按非货币性资产的公允价值确定。

(5) 企业在对外投资5年内转让上述股权或投资收回的，应停止执行递延纳税政策，并就递延期内尚未确认的非货币性资产转让所得，在转让股权或投资收回当年的企业所得税年度汇算清缴时，一次性计算缴纳企业所得税；企业在计算股权转让所得时，可按本规定将股权的计税基础一次调整到位。

(6) 企业在对外投资5年内注销的，应停止执行递延纳税政策，并就递延期内尚未确认的非货币性资产转让所得，在注销当年的企业所得税年度汇算清缴时，一次性计算缴纳企业所得税。

非货币性资产，是指现金、银行存款、应收账款、应收票据以及准备持有至到期的债券投资等货币性资产以外的资产。非货币性资产投资，限于以非货币性资产出资设立新的居民企业，或将非货币性资产注入现存的居民企业。

11. 关于有限合伙制创业投资企业法人合伙人企业所得税的规定

关于有限合伙制创业投资企业法人合伙人企业所得税，《财政部 国家税务总局关于将国家自主创新示范区有关税收试点政策推广到全国范围实施的通知》(财税〔2015〕116号)作出了如下规定。

(1) 自2015年10月1日起，全国范围内的有限合伙制创业投资企业采取股权投资方式投资于未上市的中小高新技术企业满2年(24个月)的，该有限合伙制创业投资企业的法人合伙人可按照其对未上市中小高新技术企业投资额的70%抵扣该法人合伙人从该有限合伙制创业投资企业分得的应纳税所得额；当年不足抵扣的，可以在以后纳税年度结转抵扣。

(2) 有限合伙制创业投资企业的法人合伙人对未上市中小高新技术企业的投资额，按照有限合伙制创业投资企业对中小高新技术企业的投资额和合伙协议约定的法人合伙人占有限合伙制创业投资企业的出资比例计算确定。

12. 关于技术转让所得企业所得税的规定

关于技术转让所得企业所得税，《中华人民共和国企业所得税法》及其实施条例、《财政部 国家税务总局关于将国家自主创新示范区有关税收试点政策推广到全国范围实施的通知》(财税〔2015〕116号)作出了如下规定。

(1) 自2015年10月1日起，全国范围内的居民企业转让5年(含，下同)以上非独占许可使用权取得的技术转让所得，纳入享受企业所得税优惠的技术转让所得范围。居民企业的年度技术转让所得不超过500万元的部分，免征企业所得税；超过500万元的部分，减半征收企业所得税。

所称技术包括专利(含国防专利)、计算机软件著作权、集成电路布图设计专有权、植物新品种权、生物医药新品种以及财政部和国家税务总局确定的其他技术。其中，专利是指法律授予独占权的发明、实用新型以及非简单改变产品图案和形状的外观设计。

(2) 企业转让符合条件的5年以上非独占许可使用权的技术，限于其拥有所有权的技术。技术所有权的权属由国务院行政主管部门确定。其中，专利由国家知识产权局确定权属；国防专利由总装备部确定权属；计算机软件著作权由国家版权局确定权属；集成电路布图设计专有权由国家知识产权局确定权属；植物新品种权由农业部确定权属；生物医药新品种由国家食品药品监督管理总局确定权属。

(3) 符合条件的5年以上非独占许可使用权技术转让所得应按以下公式计算

技术转让所得=技术转让收入-无形资产摊销费用-相关税费-应分摊期间费用

式中，技术转让收入是指转让方履行技术转让合同后获得的价款，不包括销售或转让设备、仪器、零部件、原材料等非技术性收入。不属于与技术转让项目密不可分的技术咨询、服务、培训等收入，不得计入技术转让收入。技术许可使用权转让收入，应按转让协议约定的许可使用权人应付许可使用权使用费的日期确认收入的实现。

无形资产摊销费用是指该无形资产按税法规定当年计算摊销的费用。涉及自用和对外许可使用的，应按照受益原则合理划分。

相关税费是指技术转让过程中实际发生的有关税费，包括除企业所得税和允许抵扣的增值税以外的各项税金及其附加、合同签订费用、律师费等相关费用。

应分摊期间费用(不含无形资产摊销费用和相关税费)是指技术转让按照当年销售收入占比分摊的期间费用。

13. 关于企业接收政府划入资产的所得税处理

关于企业接收政府划入资产的所得税处理，《国家税务总局关于企业所得税应纳税所得额若干问题的公告》(国家税务总局公告2014年第29号)作出了如下规定。

(1) 县级以上人民政府(包括政府有关部门，下同)将国有资产明确以股权投资方式投入企业，企业应作为国家资本金(包括资本公积)处理。该项资产如为非货币性资产，应按政府确定的接收价值确定计税基础。

(2) 县级以上人民政府将国有资产无偿划入企业，凡指定专门用途并按规定进行管理的，企业可作为不征税收入进行企业所得税处理。该项资产属于非货币性资产的，应按政府确定的接收价值计算不征税收入。

(3) 县级以上人民政府将国有资产无偿划入企业，属于上述以外情形的，应按政府确定的接收价值计入当期收入总额计算缴纳企业所得税。政府没有确定接收价值的，按资产的公允价值计算确定应税收入。

14. 关于企业接收股东划入资产的企业所得税处理

关于企业接收股东划入资产的企业所得税，《国家税务总局关于企业所得税应纳税所得额若干问题的公告》(国家税务总局公告2014年第29号)作出了如下规定。

(1) 企业接收股东划入资产(包括股东赠予资产、上市公司在股权分置改革过程中接收原非流通股股东和新非流通股股东赠予的资产、股东放弃本企业的股权，下同)，凡合同、协议约定作为资本金(包括资本公积)且在会计上已做实际处理的，不计入企业的收入总额，企业应按公允价值确定该项资产的计税基础。

(2) 企业接收股东划入资产，凡作为收入处理的，应按公允价值计入收入总额，计算缴纳企业所得税，同时按公允价值确定该项资产的计税基础。

15.6 企业所得税额的计算

1. 居民企业应纳税额的计算

计算公式为

应纳税额=应纳税所得额×适用税率−减免税额−抵免税额 (15-4)

式中，减免税额和抵免税额，是指依照《企业所得税法》和国务院的税收优惠规定，可减征、免征和抵免的应纳税额。

【例15-7】ABC公司20×7年年底经审计后认定的经营亏损挂账金额为90 000元，20×7年的营业收入为1 600 000元，年度报表决算时，公司财务账面上已列支的成本、费用、损失合计为1 400 000元，并计算出当年实现利润总额为210 000元。该公司适用的所得税税率为25%，20×7年当年已累计缴纳企业所得税30 000元。

经核对发现，ABC公司20×7年度有关支出数有如下调整事项：20×7年度营业外支出中直接列支税收滞纳金6 000元，管理费用中列支赞助某歌星演出26 000元，业务招待费经计算超过税法规定标准应调整数为21 000元。

要求：根据上述资料，计算ABC公司20×7年应纳税所得额和应上缴的企业所得税额。

【答案】(1) 全年应纳税所得额=收入总额−不征税收入−免税收入−各项扣除−以前年度亏损

=1 600 000−0−0−(1 400 000−6 000−26 000−21 000)−90 000

=1 600 000−1 347 000−90 000

=163 000(元)

(2) 全年应纳所得税额=应纳税所得额×适用税率−减免税额−抵免税额

=163 000×25%−0−0=40 750(元)

(3) 应纳企业所得税额=40 750−30 000=10 750(元)

【例15-8】假定某企业为居民企业，20×7年发生如下经营业务。

(1) 全年取得销售收入2 500万元。

(2) 销售成本1 100万元。

(3) 发生销售费用670万元(其中广告费450万元)；管理费用480万元(其中业务招待费15万元)；财务费用60万元。

(4) 销售税金160万元(含增值税120万元)。

(5) 营业外收入70万元，营业外支出50万元(含通过公益性社会团体向贫困山区捐款30万元，支付税收滞纳金6万元)。

(6) 计入成本、费用中的实发工资总额150万元，拨缴职工工会经费3万元，支出职工福利费和职工教育经费29万元。

要求：计算该企业20×7年的应纳所得税额。

【答案】(1) 会计利润总额=2 500+70−1 100−670−480−60−40−50=170(万元)

(2) 广告费和业务宣传费调增所得额=450−2 500×15%=450−375=75(万元)

(3) 业务招待费调增所得额=15−15×60%=15−9=6(万元)

2 500×5‰=12.5(万元)>15×60%=9(万元)

(4) 捐赠支出应调增所得额=30−170×12%=9.6(万元)

(5)“三费”应调增所得额=3+29−150×18.5%=4.25(万元)

(6) 应纳税所得额=170+75+6+9.6+6+4.25=270.85(万元)

(7) 20×7年应纳所得税额=270.85×25%≈67.71(万元)

2. 非居民企业应纳税额的计算

非居民企业的所得，按照下列方法计算其应纳税所得额。

(1) 股息、红利等权益性投资收益和利息、租金、特许权使用费所得，以收入全额为应纳税所得额。

(2) 转让财产所得，以收入全额减除财产净值后的余额为应纳税所得额。

(3) 其他所得，参照前两项规定的方法计算应纳税所得额。

财产净值是指财产的计税基础减除已按照规定扣除的折旧、折耗、摊销、准备金等后的余额。

3. 境外所得抵扣税额的计算

企业取得的下列所得已在境外缴纳的所得税税额，可以从其当期应纳税额中抵免，抵免限额为该项所得依照本法规定计算的应纳税额；超过抵免限额的部分，可以在以后5个年度内，用每年度抵免限额抵免当年应抵税额后的余额进行抵补。

(1) 居民企业来源于中国境外的应税所得。

(2) 非居民企业在中国境内设立机构、场所，取得发生在中国境外但与该机构、场所有实际联系的应税所得。

居民企业从其直接或者间接控制的外国企业分得的来源于中国境外的股息、红利等权益性投资收益，外国企业在境外实际缴纳的所得税税额中属于该项所得负担的部分，可以作为该居民企业的可抵免境外所得税税额，在所得税法规定的抵免限额内抵免。

已在境外缴纳的所得税税额，是指企业来源于中国境外的所得依照中国境外税收法律以及相关规定应当缴纳并已经实际缴纳的企业所得税性质的税款。

抵免限额，是指企业来源于中国境外的所得，依照企业所得税法和本条例的规定计算的应纳税额。除国务院财政、税务主管部门另有规定外，该抵免限额应当分国(地区)不分项计算，计算公式为

抵免限额=中国境内、境外所得依照企业所得税法和条例的规定计算的应纳税总额×来源于某国(地区)的应纳税所得额÷中国境内、境外应纳税所得总额　(15-5)

纳税人来源于境外的所得在境外实际缴纳的所得税税款，低于依照税法计算的扣除限额的，可以从应纳税额中如数扣除，若有前5年境外所得已缴税款未抵扣的余额，可以从限额内扣除；高于扣除限额的，其超过部分不得在本年度的应纳税额中扣除，也不得列为费用支出，但可用以后年度税额扣除的余额补扣，补扣期最长不超过5年。

直接控制，是指居民企业直接持有外国企业20%以上股份。间接控制，是指居民企业以间接持股方式持有外国企业20%以上股份，具体认定办法由国务院财政、税务主管部门另行制定。

企业依照《企业所得税法》的规定抵免企业所得税税额时，应当提供中国境外税务机关出具的税款所属年度的有关纳税凭证。

5个年度，是指从企业取得的来源于中国境外的所得，已经在中国境外缴纳的企业所得税性质的税额超过抵免限额的当年的次年起连续5个纳税年度。

【例15-9】宏达公司20×7年境内应纳税所得额为100万元，适用25%的企业所得税税率。另该公司分别在A国和B国设有分支机构(我国与A、B两国已缔结避免双重征税协定)，在A国的分支机构的应纳税所得额为50万元，A国企业所得税税率为20%；在B国的分支机构的应纳税所得额为30万元，B国企业所得税税率为30%。假定该公司在A、B两国所得按我国税法计算的应纳税所得额和按A、B两国税法计算的应纳税所得额一致，两个分支机构在A、B两国分别缴纳了10万元和9万元的企业所得税。

要求：计算该公司汇总时在我国应缴纳的企业所得税税额。

【答案】(1) 计算该公司按我国税法计算的境内、境外所得的应纳税额。

应纳税额=(100+50+30)×25%=45(万元)

(2) 计算A、B两国的扣除限额。

A国扣除限额=45×[50÷(100+50+30)]=12.5(万元)

B国扣除限额=45×[30÷(100+50+30)]=7.5(万元)

在A国缴纳的所得税为10万元，低于扣除限额12.5万元，可全额扣除。

在B国缴纳的所得税为9万元，高于扣除限额7.5万元，超过扣除限额的部分1.5万元，当年不能扣除。

(3) 汇总时在我国应缴纳的所得税=45−10−7.5=27.5(万元)

4. 企业所得税缴纳的一般方法

1) 预缴所得税额的计算

企业所得税实行按年计征、分月(季)预缴、年终汇算清缴、多退少补的办法。实行查账征收方式申报企业所得税的居民企业及在中国境内设立机构的非居民企业在月(季)度预缴企业所得税时可采用以下方法计算缴纳。

(1) 据实缴纳。计算公式为

本月(季)应缴所得税额=实际利润累计额×税率−减免所得税额−已累计预缴的所得税额 (15-6)

式中，实际利润累计额是指纳税人按会计制度核算的利润总额，包括从事房地产开发企业按本期取得预售收入计算出的预计利润等。平时预缴时，先按会计利润计算，待会计年度终了再进行纳税调整。

减免所得税额是指纳税人当期实际享受的减免所得税额，包括享受减免税优惠过渡期的税收优惠、小型微利企业的税率优惠、高新技术企业的税率优惠及经税务机关审批或备案的其他减免税优惠。

(2) 按上一纳税年度应纳税所得额的平均额预缴。计算公式为

本月(季)应缴所得税额=上一纳税年度应纳税所得额÷12(或4)×税率 (15-7)

式中，按上一纳税年度应纳税所得额实际数除以12(或4)得出每月(或季)纳税所得额，上一纳税年度所得额中不包括纳税人的境外所得。

除以上方法外，还可根据税务机关的规定采取其他方法。

2) 汇算清缴年度应纳所得税额

企业所得税纳税人在分月(季)预缴的基础上，实行年终汇算清缴、多退少补的办法。计算公式为

实际应纳所得税额=应纳税所得额×税率-减免所得税额-抵补所得税额+境外所得应纳所得税额-境外所得抵免所得税额 (15-8)

本年应补(退)的所得税额=实际应纳所得税额-本年累计实际已预缴的所得税额 (15-9)

式中，应纳税所得额应在企业会计利润基础上，加减纳税调整后计算得出，按税率25%计算。

(1) 计算减免所得税额。减免所得税是指纳税人按税收优惠政策规定实际减免的企业所得税额，主要包括以下几种。

① 小型微利企业的减征税额。纳税人从事国家非限制和禁止行业并符合规定条件的小型微利企业享受20%的优惠税率，计算公式为

小型微利企业的减征税额=应纳税所得额×(25%-20%) (15-10)

② 高新技术企业的减征税额。纳税人从事国家需要重点扶持的高新技术企业，减按15%的税率征收企业所得税，计算公式为

高新技术企业的减征税额=应纳税所得额×(25%-15%) (15-11)

③ 民族自治地方企业的减征额。民族自治地方的自治机关对本民族自治地方的企业应缴纳的企业所得税中属于地方分享的部分，可以决定减征或免征。

④ 过渡期税收优惠的减征额。它是指纳税人符合国务院规定以及经国务院批准给予过渡期税收优惠而享受的减征额。

(2) 计算抵免所得税额。纳税人购置并实际使用《环境保护专用设备企业所得税优惠目录》《节能节水专用设备企业所得税优惠目录》和《安全生产专用设备企业所得税优惠目录》规定的环境保护、节能节水、安全生产等专用设备的，该专用设备投资额的10%可以从企业当年的应纳税额中抵免；当年不足抵免的，可以在以后5个纳税年度结转抵免。

享受上述企业所得税优惠的企业，应当实际购置并自身实际投入使用规定的专用设备；企业购置上述专用设备在5年内转让、出租的，应当停止享受企业所得税优惠，并补缴已经抵免的企业所得税税款。

(3) 计算境外所得应补税额。居民纳税人应就其来源于境内外所得纳税，对来源于境外的所得已在境外缴纳的所得税税额，可以从其当期应纳税额中抵免，计算公式为

境外所得应补税额=境外所得应纳所得税额-境外所得抵免所得税额 (15-12)

境外所得应纳所得税额=(境外所得换算成含税收入的所得-弥补以前年度境外亏损-境外免税所得-境外所得弥补境内亏损)×税率 (15-13)

境外所得抵免所得税额=本年可抵免的境外所得税款+本年可抵免以前年度所得税额 (15-14)

① 境外所得应纳所得税额的计算。境外所得是指纳税人来源于境外的收入总额(包括生产

经营所得和其他所得)，扣除按税收规定允许扣除的境外发生的成本费用后的金额。若取得的所得为税后收入，则需将其换算为包含在境外缴纳企业所得税的所得，计算公式为

境外所得换算成含税收入的所得=适用所在国家或地区所得税税率的境外所得÷(1–适用所在国家或地区所得税税率)+适用所在国家预提所得税税率的境外所得÷(1–适用所在国家预提所得税税率) (15-15)

弥补以前年度亏损是指纳税人境外所得按税收规定弥补以前年度的境外亏损额；免税所得是指境外所得中按税收规定予以免税的部分；境外所得弥补境内亏损是指境外所得按税收规定弥补境内的亏损额部分。

② 境外所得抵免所得税额的计算。境外所得抵免所得税额包括本年度可抵免的境外所得税款和本年可抵免以前年度所得税额两部分金额。

境外所得税款的抵免限额为该项所得依照我国税法规定计算的应纳税额，超过抵免限额的部分，可以在以后5个年度内，用每年度抵免限额抵免当年应抵税额后的余额进行抵补。

抵免限额的计算见前文中“境外所得抵扣税额的计算”部分，见式(15-5)。

5. 核定征收企业的应纳所得税额的计算

为加强企业所得税的征收管理，规范核定征收企业所得税工作，保障国家税款及时足额入库，维护纳税人合法权益，根据《中华人民共和国企业所得税法》及其实施条例、《中华人民共和国税收征收管理法》及其实施细则的有关规定，对部分中小企业采取核定征收的办法计算其应纳税额。

1) 所得税核定征收企业的范围

纳税人具有下列情形之一的，核定征收企业所得税。

(1) 依照法律、行政法规的规定可以不设置账簿的或规定应当设置但未设置账簿的。

(2) 只能准确核算收入总额或收入总额能够查实，但其成本费用开支不能准确核算的。

(3) 只能准确核算成本费用支出或成本费用支出能够查实，但其收入不能准确核算的。

(4) 虽然能够按规定设置账簿并进行核算，但未按规定保存有关凭证、账簿及纳税资料的。

(5) 收入总额、成本费用支出虽能正确核算，但未能按规定保存有关凭证、账簿及纳税资料的。

(6) 发生纳税义务，未按照规定的期限办理纳税申报，经税务机关责令限期申报，逾期仍不申报的。

(7) 申报的计税依据明显偏低，又无正当理由的。

2) 核定征收的办法

核定征收的办法包括定额征收和核定应税所得率征收。

(1) 定额征收。定额征收是税务机关按一定标准、程序和方法，直接核定纳税人年度应纳所得税额，由纳税人按规定申报缴纳的办法。主管税务机关应对纳税人的有关情况进行调查研究、分类排队、认真测算，按年从高直接核定纳税人的应纳所得税额。

(2) 核定应税所得率征收。核定应税所得率征收是税务机关按一定的标准、程序和方法，预先核定纳税人的应税所得率，由纳税人根据纳税年度内的收入总额或成本费用等项目的实际发生额，按预先核定的应税所得率计算缴纳企业所得税的办法。不同行业的应税所得率，如表15-3所示。

表15-3 不同行业的应税所得率

行业	应税所得率/%
农、林、牧、渔业	3～10
制造业	5～15
批发和零售贸易业	4～15
交通运输业	7～15
建筑业	8～20
饮食业	8～25
娱乐业	15～30
其他行业	10～30

3) 应纳所得税额的计算

应纳所得税额的计算公式为

应税所得额=应税收入额×应税所得率=成本费用支出额÷(1−应税所得率)×应税所得率 (15-16)

应税收入额=收入总额−不征税收入−免税收入 (15-17)

应纳所得税额=应税所得额×适用税率 (15-18)

15.7 企业所得税的税收优惠

税收优惠，是指国家运用税收政策在税收法律、行政法规中规定对某一部分特定企业和课税对象给予减轻或免除税收负担的一种措施。我国对企业所得税的减免优惠主要包括政策性优惠和过渡性优惠。

政策性优惠政策包括减免税、减计收入、加速折旧、加计扣除、减低税率及税额抵免等。

过渡性优惠政策是指在废止旧法、执行新法时，对原享受优惠政策的纳税人采取的过渡性措施。

相关行业、企业的所得税减免优惠政策如下所述。

1. 高新技术企业的优惠政策

对国家需要重点扶持的高新技术企业减按15%的所得税税率征收企业所得税。国家需要重点扶持的高新技术企业，是指拥有核心自主知识产权，同时符合下列条件的企业。

(1) 产品(服务)属于《国家重点支持的高新技术领域》规定的范围。

(2) 研究开发费用占销售收入的比例不低于规定比例。

(3) 高新技术产品(服务)收入占企业总收入的比例不低于规定比例。

(4) 科技人员占企业职工总数的比例不低于规定比例。

(5) 高新技术企业认定管理办法规定的其他条件。

对经济特区(深圳、珠海、汕头、厦门和海南)和上海浦东新区内在2008年1月1日(含)之后完成登记注册的国家需要重点扶持的高新技术企业，在经济特区和上海浦东新区内取得的所得，自取得第一笔生产经营收入所属纳税年度起，第一年至第二年免征企业所得税，第三年至第五年按25%的法定税率减半征收企业所得税。

2. 农、林、牧、渔业的优惠政策

1) 企业从事下列项目的所得，免征企业所得税

(1) 蔬菜、谷物、薯类、油料、豆类、棉花、麻类、糖料、水果、坚果的种植。

(2) 农作物新品种的选育。

(3) 中药材的种植。

(4) 林木的培育和种植。

(5) 牲畜、家禽的饲养。

(6) 林产品的采集。

(7) 灌溉、农产品初加工、兽医、农技推广、农机作业和维修等农、林、牧、渔服务业项目。

(8) 远洋捕捞。

2) 企业从事下列项目的所得，减半征收企业所得税

(1) 花卉、茶以及其他饮料作物和香料作物的种植。

(2) 海水养殖、内陆养殖。

3) 企业从事国家限制和禁止发展的项目，不得享受企业所得税优惠

3. 环境保护、节能节水、资源综合利用、安全生产的优惠政策

环境保护、节能节水项目，包括公共污水处理、公共垃圾处理、沼气综合开发利用、节能减排技术改造、海水淡化等。

(1) 企业从事环境保护、节能节水项目的所得，自项目取得第一笔生产经营收入所属纳税年度起，第一年至第三年免征企业所得税，第四年至第六年减半征收企业所得税。

(2) 企业以《资源综合利用企业所得税优惠目录》规定的资源作为主要原材料并符合规定比例，生产国家非限制和禁止并符合国家和行业相关标准的产品取得的收入，可以在计算应纳税所得额时减按90%计入收入总额。

(3) 企业购置用于环境保护、节能节水、安全生产等专用设备投资额的10%可以从企业当年的应纳税额中抵免；当年不足抵免的，可以在以后5个纳税年度结转抵免。

企业购置用于环境保护、节能节水、安全生产设备是指企业购置并实际使用《环境保护专用设备企业所得税优惠目录》《节能节水专用设备企业所得税优惠目录》和《安全生产专用设备企业所得税优惠目录》规定的专用设备。企业购置的专用设备在5年内转让、出租的，应当停止享受企业所得税，并补缴已抵免的企业所得税税款。

4. 基础设施建设的优惠政策

国家重点扶持的公共基础设施项目的投资经营的所得，自项目取得第一笔生产经营收入所属纳税年度起，第一年至第三年免征企业所得税，第四年至第六年减半征收企业所得税。

国家重点扶持的公共基础设施项目，是指《公共基础设施项目企业所得税优惠目录》规定的港口码头、机场、铁路、公路、城市公共交通、电力、水利等项目。企业承包经营、承包建设和内部自建自用的项目，不得享受所得税优惠。

5. 公益事业及对弱势群体的优惠政策

(1) 企业安置残疾人员的，在按照支付给残疾职工工资据实扣除的基础上，按照支付给残疾职工工资的100%加计扣除。残疾人员的范围适用《中华人民共和国残疾人保障法》的有关规定。

(2) 企业安置国家鼓励的其他就业人员所支付的工资，可在计算应纳税所得额时加计扣除。国家鼓励安置的其他就业人员是指下岗失业人员、军队转业干部、城镇退役士兵、随军家属等。

(3) 企业发生的公益性捐赠，在年度利润12%以内的部分，准予在计算应纳税所得额时扣除。

(4) 民族自治地方的自治机关对本民族自治地方的企业应缴纳的企业所得税中属于地方分享的部分，可以减征或免征。对民族自治地方内国家限制和禁止行业的企业，不得减征或者免征企业所得税。

(5) 自2008年1月1日起，原享受低税率政策的企业(指2007年3月16日以前经工商等登记管理机关登记设立的企业)，在新税法施行后5年内逐步过渡到法定税率。享受企业所得税15%税率的企业，2008年按18%税率执行，2009年按20%税率执行，2010年按22%税率执行，2011年按24%税率执行，2012年按25%税率执行；原执行24%税率的企业，2008年起按25%税率执行。

(6) 自2008年1月1日起，原享受企业所得税“两免三减半”“五免五减半”等定期减免税优惠的企业，新税法施行后继续按原税收法律、行政法规及相关文件规定的优惠办法及年限享受至期满为止，但因未获利而尚未享受税收优惠的，其优惠期限从2008年度起计算。

6. 对小型微利企业的优惠政策

对小型微利企业的优惠政策，《国家税务总局关于贯彻落实扩大小型微利企业所得税优惠政策范围有关征管问题的公告》(国家税务总局公告2017年第23号)和《财政部 国家税务总局关于扩大小型微利企业所得税优惠政策范围的通知》(财税〔2017〕43号)作出了如下规定。

(1) 自2017年1月1日至2019年12月31日，将小型微利企业的年应纳税所得额上限由30万元提高至50万元，对年应纳税所得额低于50万元(含50万元)的小型微利企业，其所得减按50%计入应纳税所得额，按20%的税率缴纳企业所得税。

(2) 符合条件的小型微利企业，统一实行按季度预缴企业所得税。企业预缴企业所得税时，按照以下规定享受减半征税政策。

① 查账征收企业。上一纳税年度为符合条件的小型微利企业，分别按照以下规定处理。

a. 按照实际利润额预缴的，预缴时累计实际利润不超过50万元的，可以享受减半征税政策。

b. 按照上一纳税年度应纳税所得额平均额预缴的，预缴时可以享受减半征税政策。

② 定率征收企业。上一纳税年度为符合条件的小型微利企业，预缴时累计应纳税所得额不超过50万元的，可以享受减半征税政策。

③ 定额征收企业。根据减半征税政策规定需要调减定额的，由主管税务机关按照程序调整，依照原办法征收。

④ 上一纳税年度为不符合小型微利企业条件的企业，预计本年度符合条件的，预缴时累计实际利润或应纳税所得额不超过50万元的，可以享受减半征税政策。

⑤ 本年度新成立的企业，预计本年度符合小型微利企业条件的，预缴时累计实际利润或应纳税所得额不超过50万元的，可以享受减半征税政策。

(3) 企业预缴时享受了减半征税政策，年度汇算清缴时，不符合小型微利企业条件的，应当按照规定补缴税款。

小型微利企业，是指从事国家非限制和禁止行业，并符合下列条件的企业。

① 工业企业，年度应纳税所得额不超过50万元，从业人数不超过100人，资产总额不超过3 000万元。

② 其他企业，年度应纳税所得额不超过50万元，从业人数不超过80人，资产总额不超过1 000万元。

7. 节能服务企业合同能源管理项目企业所得税优惠政策

根据《国家税务总局 国家发展改革委关于落实节能服务企业合同能源管理项目企业所得税优惠政策有关征收管理问题的公告》(国家税务总局、国家发展改革委公告〔2013〕77号)的规定，自2013年1月1日起，对实施节能效益分享型合同能源管理项目的节能服务企业，凡实行查账征收所得税的居民企业并符合有关规定的，该项目可享受企业所得税“三免三减半”优惠政策。如节能服务企业的分享型合同约定的效益分享期短于6年的，按实际分享期享受优惠。节能服务企业应在项目取得第一笔收入的次年4个月内，完成项目享受优惠备案。

8. 科技型中小企业研究开发费用税前加计扣除规定

根据《财政部 国家税务总局 科技部关于提高科技型中小企业研究开发费用税前加计扣除比例的通知》(财税〔2017〕34号)的规定，科技型中小企业开展研发活动中实际发生的研发费用，未形成无形资产计入当期损益的，在按规定据实扣除的基础上，在2017年1月1日至2019年12月31日期间，再按照实际发生额的75%在税前加计扣除；形成无形资产的，在上述期间按照无形资产成本的175%在税前摊销。

9. 开发新技术、新产品、新工艺发生的研究开发费用加计扣除

(1) 研发费用计入当期损益未形成无形资产的，允许再按其当年研发费用实际发生额的50%，直接抵扣当年的应纳税所得额。

提示：计算会计利润时，研发费用已计入管理费用全额扣除；在计算应纳税所得额时，研发费用再加扣50%，调减应纳税所得额。

(2) 研发费用形成无形资产的，按照该无形资产成本的150%在税前摊销。除法律另有规定外，摊销年限不低于10年。

提示：研究阶段的支出费用化，开发阶段的支出资本化。

10. 安置残疾人员支付工资加计扣除规定

根据《财政部 国家税务总局关于安置残疾人员就业有关企业所得税优惠政策问题的通知》(财税〔2009〕70号)的规定，企业就支付给残疾职工的工资，在进行企业所得税预缴申报时，允许据实计算扣除。根据《企业所得税法实施条例》第九十六条的规定，在年度终了进行企业所得税年度申报和汇算清缴时，再按照支付给残疾职工工资的100%加计扣除。

11. 创投企业所得税的优惠政策

1) 优惠政策内容

关于创投企业所得税的优惠政策，《财政部、国家税务总局关于创业投资企业和天使投资个人有关税收试点政策的通知》(财税〔2017〕38号)作出了如下规定。

(1) 公司制创业投资企业采取股权投资方式直接投资于种子期、初创期科技型企业(以下简称初创科技型企业)满2年(24个月，下同)的，可以按照投资额的70%在股权持有满2年的当年抵扣该公司制创业投资企业的应纳税所得额；当年不足抵扣的，可以在以后纳税年度结转抵扣。

(2) 有限合伙制创业投资企业(简称合伙创投企业)采取股权投资方式直接投资于初创科技型企业满2年的，该合伙创投企业的法人合伙人可以按照对初创科技型企业投资额的70%抵扣法人合伙人从合伙创投企业分得的所得；当年不足抵扣的，可以在以后纳税年度结转抵扣。

(3) 上述税收试点政策的投资，仅限于通过向被投资初创科技型企业直接支付现金方式取得的股权投资，不包括受让其他股东的存量股权。

2) 特殊说明

(1) 所谓初创科技型企业，应同时符合以下条件。

① 在中国境内(不包括港、澳、台地区)注册成立、实行查账征收的居民企业。

② 接受投资时，从业人数不超过200人，其中具有大学本科以上学历的从业人数不低于30%；资产总额和年销售收入均不超过3 000万元。

③ 接受投资时设立时间不超过5年(60个月，下同)。

④ 接受投资时以及接受投资后2年内未在境内外证券交易所上市。

⑤ 接受投资当年及下一纳税年度，研发费用总额占成本费用支出的比例不低于20%。

(2) 所谓创业投资企业，应同时符合以下条件。

① 在中国境内(不含港、澳、台地区)注册成立、实行查账征收的居民企业或合伙创投企业，且不属于被投资初创科技型企业的发起人。

② 符合《创业投资企业管理暂行办法》(发展改革委等10部门令第39号)的规定或者《私募投资基金监督管理暂行办法》(证监会令第105号)关于创业投资基金的特别规定，按照上述规定完成备案且规范运作。

③ 投资后2年内，创业投资企业及其关联方持有被投资初创科技型企业的股权比例合计应低于50%。

④ 创业投资企业注册地须位于规定的试点地区。

试点地区包括京津冀、上海、广东、安徽、四川、武汉、西安、沈阳8个全面创新改革试验区域和苏州工业园区。

12. 固定资产加速折旧规定

可以采取缩短折旧年限或者采取加速折旧方法的固定资产包括以下几类。

(1) 由于技术进步，产品更新换代较快的固定资产。

(2) 常年处于强震动、高腐蚀状态的固定资产。

采取缩短折旧年限方法的，最低折旧年限不得低于《企业所得税法实施条例》第六十条规定的法定折旧年限的60%；采取加速折旧方法的，可以采取双倍余额递减法或者年数总和法。加速折旧方法一经确定，不得改变。

13. 6个行业的企业新购进固定资产加速折旧企业所得税政策

关于生物药品制造业等6个行业的企业新购进固定资产加速折旧，《财政部 国家税务总局关于完善固定资产加速折旧企业所得税政策的通知》(财税〔2014〕75号)作出了如下规定。

(1) 对生物药品制造业，专用设备制造业，铁路、船舶、航空航天和其他运输设备制造业，计算机、通信和其他电子设备制造业，仪器仪表制造业，信息传输、软件和信息技术服务业的企业在2014年1月1日后新购进的固定资产，可缩短折旧年限或采取加速折旧的方法。

(2) 对上述6个行业的小型微利企业在2014年1月1日后新购进的研发和生产经营共用的仪器、设备，单位价值不超过100万元的，允许一次性计入当期成本费用在计算应纳税所得额时扣除，不再分年度计算折旧；单位价值超过100万元的，可缩短折旧年限或采取加速折旧的方法。

(3) 对所有行业企业在2014年1月1日后新购进的专门用于研发的仪器、设备，单位价值不超过100万元的，允许一次性计入当期成本费用在计算应纳税所得额时扣除，不再分年度计算折旧；单位价值超过100万元的，可缩短折旧年限或采取加速折旧的方法。

(4) 对所有行业企业持有的单位价值不超过5 000元的固定资产，允许一次性计入当期成本费用在计算应纳税所得额时扣除，不再分年度计算折旧。

企业按上述(1)、(2)、(3)条规定缩短折旧年限的，最低折旧年限不得低于《企业所得税法实施条例》第六十条规定折旧年限的60%；采取加速折旧方法的，可采取双倍余额递减法或者年数总和法。

14. 轻工、纺织、机械、汽车4个领域重点行业的企业固定资产加速折旧企业所得税政策

关于轻工等4个行业的企业固定资产加速折旧，《财政部 国家税务总局关于进一步完善固

定资产加速折旧企业所得税政策的通知》(财税〔2015〕106号)、《国家税务总局关于进一步完善固定资产加速折旧企业所得税政策有关问题的公告》(国家税务总局公告2015年第68号)作出了如下规定。

(1) 对轻工、纺织、机械、汽车4个领域重点行业的企业在2015年1月1日后新购进的固定资产，可由企业选择缩短折旧年限或采取加速折旧的方法。

(2) 对上述行业的小型微利企业在2015年1月1日后新购进的研发和生产经营共用的仪器、设备，单位价值不超过100万元的，允许一次性计入当期成本费用在计算应纳税所得额时扣除，不再分年度计算折旧；单位价值超过100万元的，可由企业选择缩短折旧年限或采取加速折旧的方法。

15. 综合利用资源减计收入规定

综合利用资源减计收入，是指企业以《资源综合利用企业所得税优惠目录》规定的资源作为主要原材料，生产国家非限制和禁止并符合国家和行业相关标准的产品取得的收入，减按90%计入收入总额。

16. 税额抵免的优惠政策

企业"购置并实际使用"《环境保护专用设备企业所得税优惠目录》《节能节水专用设备企业所得税优惠目录》和《安全生产专用设备企业所得税优惠目录》规定的"环境保护、节能节水、安全生产"等专用设备的，该专用设备的投资额的10%可以从企业当年的应纳税额中抵免；当年不足抵免的，可以在以后5个纳税年度结转抵免。具体实施时，应注意以下事项。

(1) 税额抵免是直接抵免应纳所得税额，而不是抵免应纳税所得额。这是该条优惠最特殊的地方。

(2) 享受上述规定的企业所得税优惠的企业，应当实际购置并自身实际投入使用上述规定的专用设备。

(3) 企业购置上述专用设备在5年内转让、出租的，应当停止享受企业所得税优惠并补缴已经抵免的企业所得税税款。

(4) 进行税额抵免时，如增值税进项税额允许抵扣，其专用设备投资额不再包括增值税进项税额；如增值税进项税额不允许抵扣，其专用设备投资额应为增值税专用发票上注明的价税合计金额。企业购买专用设备取得普通发票的，其专用设备投资额为普通发票上注明的金额。

17. 民族自治地方的减免税规定

(1) 民族自治地方的自治机关对本民族自治地方的企业应缴纳的企业所得税中属于地方分享的部分，可以决定减征或者免征。自治洲、自治县决定减征或者免征的，须报省、自治区、直辖市人民政府批准。

(2) 对民族自治地方内国家限制和禁止行业的企业，不得减征或者免征企业所得税。

18. 非居民企业的税收优惠政策

具体内容如表15-4所示。

表15-4 非居民、企业的税收优惠政策

优惠种类	具体规定
低税率	非居民企业(指的是在中国境内未设立机构、场所，或者虽设立机构、场所但取得的所得与其所设机构、场所没有实际联系的企业)减按10%的税率征收企业所得税

(续表)

优惠种类	具体规定
免征企业所得税	上述非居民企业的下列所得免征企业所得税： 1. 外国政府向中国政府提供贷款取得的利息所得 2. 国际金融组织向中国政府和居民企业提供优惠贷款取得的利息所得 3. 经国务院批准的其他所得

19. 关于鼓励证券投资基金发展的企业所得税的优惠政策

关于鼓励证券投资基金发展的企业所得税，《财政部 国家税务总局关于企业所得税若干优惠政策的通知》(财税〔2008〕1号)作出了如下规定。

(1) 对证券投资基金从证券市场中取得的收入，包括买卖股票、债券的差价收入，股权的股息、红利收入，债券的利息收入及其他收入，暂不征收企业所得税。

(2) 对投资者从证券投资基金分配中取得的收入，暂不征收企业所得税。

(3) 对证券投资基金管理人运用基金买卖股票、债券的差价收入，暂不征收企业所得税。

20. 软件和集成电路产业发展企业所得税的优惠政策

关于软件和集成电路产业发展企业所得税，《财政部 国家税务总局关于进一步鼓励软件产业和集成电路产业发展企业所得税政策的通知》(财税〔2012〕27号)作出了如下规定。

(1) 符合条件的软件企业实行即征即退政策所退还的增值税，用于研究开发软件产品和扩大再生产，不作为应税收入，不予征收企业所得税。

(2) 经认定的境内新办的符合条件的软件企业和集成电路设计企业，在2017年12月31日前自获利年度起计算优惠期，企业所得税“两免三减半”(从获利年度起2年免征、3年减半征收企业所得税)。

(3) 当年未享受免税优惠的国家规划布局内的重点软件企业，减按10%的税率征收企业所得税。

(4) 符合条件的软件企业和集成电路设计企业的职工培训费税前据实扣除(无限制比例)。

(5) 企业购进软件，符合无形资产或固定资产确认条件的，可以按照固定资产或无形资产进行核算，其摊销或折旧年限可适当缩短，最短可为2年(含)。

(6) 集成电路生产企业的生产设备折旧年限可以适当缩短，最短可为3年(含)。

(7) 投资额超过80亿元人民币或集成电路线宽小于0.25微米的集成电路生产企业，经认定后，减按15%的税率计征企业所得税；经营期15年以上的，在2017年12月31日前自获利年度起计算优惠期，企业所得税“五免五减半”(从获利年度起，第1年至第5年免征企业所得税，第6年至第10年按照25%的法定税率减半征收企业所得税)。

(8) 集成电路线宽小于0.8微米(含)的集成电路生产企业，经认定后，在2017年12月31日前自获利年度起计算优惠期，企业所得税“两免三减半”。

15.8 企业所得税的纳税申报

15.8.1 企业所得税的纳税期限

企业所得税年度纳税申报的纳税期限为一个纳税年度，纳税年度自公历1月1日起至12月31日止。企业在一个纳税年度中间开业，或者终止经营活动，使该纳税年度的实际经营期不足12个月的，应当以其实际经营期为一个纳税年度。纳税人破产清算时，以清算期为一个纳税年度。

企业所得税预缴申报的纳税期限分别为一个月或者一个季度。企业应当自月份或季度终了之日起15日内，向税务机关报送预缴企业所得税纳税申报表，预缴所得税税款。

企业应当自年度终了之日起5个月内，向税务机关报送年度企业所得税纳税申报表、财务会计报告和税务机关规定应当报送的其他有关资料。企业在年度中间终止经营活动的，应当自实际经营终止之日起60日内，向税务机关办理当期企业所得税汇算清缴。

扣缴义务人每次代扣的税款，应当自代扣之日起7日内缴入国库，并向所在地税务机关报送扣缴企业所得税报告表。

纳税人破产清算时，以清算期为一个纳税年度。依法清算时，应当在办理注销工商登记之前，办理所得税申报。企业在年度中间合并、分立、终止时，应当在停止生产经营之日起60日内，向当地税务机关办理当期所得税汇算清缴。

15.8.2 企业所得税的纳税地点

企业所得税由纳税人向其所在地主管税务机关缴纳。居民企业以企业登记注册地为纳税地点，但登记注册地在境外的，以实际管理机构所在地为纳税地点。居民企业在中国境内设立不具有法人资格的营业机构，应当汇总计算并缴纳企业所得税。

非居民企业在中国境内设立机构、场所取得的所得，以及发生在中国境外但与其所设机构、场所有实际联系的所得，应当以机构、场所所在地为纳税地点；非居民企业在中国境内未设立机构、场所，或者虽设立机构、场所但取得的所得与其所设机构、场所没有实际联系的，以扣缴义务人所在地为纳税地点；非居民企业在中国境内设立两个或两个以上机构、场所的，经税务机关审核批准，可以选择由其主要机构、场所汇总缴纳企业所得税。

除国务院另有规定外，企业之间不得合并缴纳企业所得税。

15.9 案例分析

【案例】某造纸厂系大型国有控股企业。该厂本纳税年度的有关资料如下所述。

(1) 主营业务收入8 800万元，主营业务成本5 100万元。

(2) 其他业务收入400万元，其他业务成本320万元。

(3) 税金及附加48万元。

(4) 管理费用450万元。其中：业务招待费50万元；新技术研究开发费200万元。

(5) 销售费用355万元。其中：广告费和业务宣传费300万元。

(6) 财务费用账户借方余额16万元。该账户贷方记载：存款利息收入5万元；借方记载：手续费支出1万元，借款利息支出20万元。企业借款情况：本年初向银行借款100万元，年利率为6%；年初向其他企业拆借资金140万元，年利率为10%。两项借款均用于经营，年底尚未归还。

(7) 营业外收入250万元，系按权益法核算长期股权投资对初始投资成本调整确认收益。

(8) 营业外支出453万元。其中：税收滞纳金3万元；通过市民政局向贫困山区捐赠450万元(取得合法的公益性捐赠票据)。

(9) 投资收益82万元。其中：国债利息收入2万元；从境内被投资企业分回利润80万元。

(10) 本年实际发生工资支出200万元，职工福利费31.20万元，职工教育经费6万元，拨缴工会经费4万元(取得税务机关出具的工会经费代收凭证)。上述支出已计入成本费用。

(11) 本年以自有资金购置并投入使用一套环保专用设备，取得的增值税专用发票上注明的价款、税款分别为1 000万元、170万元。其中：增值税税款170万元已作为进项税额申报抵扣。该套环保专用设备属于《环境保护专用设备企业所得税优惠目录》规定的专用设备，符合税额抵免条件。

【要求】根据上述资料，回答下列问题。

(1) 该厂本年度实现的利润总额是多少？

(2) 该厂本年度实现的应纳税所得额是多少？

(3) 该厂可予抵免的企业所得税税额是多少？

(4) 该厂本年度实际缴纳企业所得税税额是多少？

【答案】

(1) 计算利润总额。利润总额=8 800−5100+400−320−48−450−355−16+250−453+82=2 790(万元)

(2) 计算应纳税所得额。

① 业务招待费最高扣除额=(8 800+400)×0.005=46(万元)

实际发生额的60%=50×60%=30(万元)<46(万元)

应调增所得额=50−30=20(万元)

② 技术开发费加计扣除额=200×50%=100(万元)

应调减所得额100万元。

③ 广告费和业务宣传费扣除限额=(8 800+400)×15%=1 380(万元)

实际发生额300万元小于扣除限额，无须调整。

④ 超标准列支的利息支出=140×(10%−6%)=5.60(万元)

应调整所得额5.60万元。

⑤ 按权益法核算长期股权投资对初始投资成本调整确认收益，税法不予认可。

应调减所得额250万元。

⑥ 税收滞纳金不得在税前扣除，应调增所得额3万元。

⑦ 公益性捐赠扣除限额=2 790×12%=334.80(万元)

应调增所得额=450−334.80=115.20(万元)

⑧ 国债利息收入和从境内被投资企业分回利润，属于免税收入。

应调减所得额=2+80=82(万元)

⑨ 职工福利费扣除限额=200×14%=28(万元)

应调增所得额=31.20−28=3.20(万元)

⑩ 职工教育经费扣除限额=200×2.5%=5(万元)

应调增所得额=6−5=1(万元)

工会经费扣除限额=200×2%=4(万元)，未超标准，无须调整。

应纳税所得额=2 790+20−100+5.60−250+3+115.20−82+3.20+1=2 506(万元)

(3) 计算可予抵免的企业所得税额。

可予抵免税额=1 000×10%=100(万元)

(4) 计算实际缴纳的企业所得税额。

全年应纳税额=2 506×25%=626.50(万元)>100(万元)(可予抵免税额)

本年度实际缴纳税额=626.50−100=526.50(万元)

本章小结

企业所得税是对企业生产经营所得和其他所得征收的一种税。按照登记注册地和实际管理机构标准，将企业区分为居民企业和非居民企业，分别负有全面纳税义务和有限纳税义务。对居民企业和非居民企业在中国境内设立的机构、场所实行25%的法定税率；对居民企业中符合条件的小型微利企业和经国家认定的高新技术企业，分别实行20%和15%的优惠税率；对非居民企业征收的预提所得税实行20%的法定税率，实际执行中适用10%的优惠税率。企业所得税计税依据是应纳税所得额。应纳税所得额是企业每一纳税年度的收入总额，减除不征税收入、免税收入、各项扣除以及允许弥补的以前年度亏损后的余额。企业所得税优惠主要包括政策性优惠和过渡性优惠。企业所得税实行按年计算、分月或分季预缴、年终汇算清缴、多退少补的征收办法。

课后练习题

一、计算问答题

1. 甲汽车销售公司2017年销售小汽车取得不含税收入9 000万元；出租闲置仓库取得租金收入200万元；接受其他企业捐赠的一批材料，取得捐赠方开具的增值税专用发票上注明价款100万元、增值税17万元；取得国债利息收入30万元；转让自己使用过的机器设备取得收入80万元；因债权人原因确实无法支付的应付款项30万元；当年实际发生与生产经营活动有关的业务招待费80万元。甲汽车销售公司2017年准予在企业所得税前扣除的业务招待费金额为多少万元？

2. 某工业企业2016年销售(营业)收入为1 800万元，当年实际发生广告费支出350万元。2017年销售收入1 900万元；出租房屋取得收入100万元；转让商标所有权取得收入240万元；将市价为60万元的外购工程物资用于本企业厂房建设；当年实际发生广告费支出200万元。该企业2017年准予在企业所得税前扣除的广告费为多少万元？

3. 某居民企业2017年收入总额650万元，成本费用、营业税金及其他各项支出共600万元，实现利润总额50万元。当年发生营业外支出20万元，包含通过政府机关向贫困地区捐款15万元、向受赠人直接捐赠3万元。假设除此之外其他事项纳税调整增加额为10万元，纳税调整减少额为5万元。2017年该企业应缴纳企业所得税多少万元？

4. 某企业(增值税一般纳税人)因管理不善，损失一批以前月份外购的免税农产品，成本为97万元，含支付给运输公司(增值税一般纳税人)的运费10万元(进项税额均已在购进当月抵扣)。保险公司审理后同意赔付10万元，该企业已按照规定进行专项申报，则企业所得税前可以扣除的损失为多少万元？

5. 境内居民企业A公司2014年10月以1 000万元投资于境内另一居民企业M上市公司，取得M公司30%的股权。2017年11月，经M公司股东会批准，A公司将其持有的全部股份撤资。撤资时，M公司累计未分配利润与累计盈余公积合计数为3 000万元，A公司撤资分得银行存款2 000万元。A公司该业务应缴纳企业所得税多少万元？

二、综合题

1. 位于市区的某居民企业为增值税一般纳税人，主要生产销售冰箱，2017年生产经营情况如下所述。

(1) 销售冰箱取得不含税收入8 600万元，发生销售成本4 300万元。

(2) 将一批自产冰箱用于职工福利，该批冰箱不含税市场价格400万元，成本200万元。

(3) 在10月份转让一项技术所有权，取得转让收入900万元，相关成本费用为200万元。

(4) 出租闲置厂房，当年取得租金收入200万元。

(5) 接受某公司捐赠的一批原材料，取得增值税专用发票上注明价款30万元、增值税5.1万元。

(6) 从境内其他非上市的居民企业分回股息收入200万元。

(7) 当年发生管理费用900万元，其中含新技术研究开发费用300万元、业务招待费180万元。

(8) 当年发生财务费用300万元，其中含向非金融企业借款800万元所支付的全年借款利息64万元(金融企业同期同类贷款年利率为6%)。

(9) 当年发生销售费用2 200万元，其中含广告费1 360万元。

(10) 营业外支出共计120万元，其中含通过省级人民政府向贫困地区捐款30万元，直接向某学校捐款10万元，缴纳税收滞纳金8万元。

(11) 当年购进原材料共计3 600万元，取得增值税专用发票上注明增值税税额612万元。

(12) 2017年，该居民企业自行计算应缴纳的各种税款如下：

① 增值税=8 600×17%−612=850(万元)

② 营业税=900×5%+200×5%=55(万元)

③ 城建税、教育费附加和地方教育附加合计=(850+55) ×(7%+3%+2%)=108.6(万元)

④ 企业所得税：

应纳税所得额=8 600−4 300+400−200+900−200+200+30+5.1+200−900−300−2 200−120−3 600+(180−180×60%)−55−108.6=−1 576.5(万元)

企业所得税=0

要求：根据上述资料，回答下列问题(涉及计算的，请列出计算步骤，计算结果保留两位小数)。

(1) 分别指出企业自行计算的增值税、营业税、城建税、教育费附加和地方教育附加是否正确，简单说明理由，并计算应补(退)的各种税款。

(2) 计算该居民企业2014年实现的会计利润总额。

(3) 分别指出该企业的企业所得税计算的错误之处，简单说明理由，并计算出正确的企业所得税税额。

2. 某居民企业(增值税一般纳税人)是国家需要重点扶持的高新技术企业。2017年，取得商品销售收入5 500万元；转让固定资产净收益50万元；投资收益80万元。发生商品销售成本2 200万元，营业税金及附加120万元，发生销售费用1 900万元，管理费用960万元，财务费用180万元，营业外支出100万元，实现利润总额170万元，企业自行计算缴纳企业所得税25.5万元(170×15%)。经注册会计师审核，发现2017年该企业存在如下问题。

(1) 12月购进一台符合《安全生产专用设备企业所得税优惠目录》规定的安全生产专用设备，取得增值税专用发票上注明价款30万元、增值税5.1万元，当月投入使用，企业将该设备购买价款30万元一次性在成本中列支。该设备生产的产品全部在当月销售，相关成本已结转。

(2) 管理费用中含业务招待费80万元。

(3) 销售费用中含广告费800万元，业务宣传费300万元。

(4) 财务费用中含支付给银行的借款利息60万元(借款费用1 000万元，期限1年)；支付给关联方的借款利息60万元(借款费用1 000万元，期限1年)，已知关联方的权益性投资为400万元，此项交易活动不符合独立交易原则且该企业实际税负高于境内关联方。

(5) 营业外支出中含通过公益性社会团体向灾区捐款65万元，因违反合同约定支付给其他企业违约金30万元，因违反工商管理规定被工商局罚款5万元。

(6) 投资收益中含国债利息收入10万元；从境外A国子公司分回税后收益45万元，A国政府规定的所得税税率为20%；从境外B国子公司分回税后投资收益25万元，B国政府规定的所得税税率为10%。

(7) 已计入成本、费用中的全年实发合理的工资总额为400万元，实际拨缴的工会经费6万元，发生职工福利费60万元、职工教育经费15万元。

要求：根据上述资料，回答下列问题。

(1) 计算该居民企业准予在企业所得税前扣除的业务招待费金额。

(2) 计算该居民企业准予在企业所得税前扣除的广告费和业务宣传费金额。

(3) 计算该居民企业准予在企业所得税前扣除的利息费用。

(4) 计算该居民企业准予在企业所得税前扣除的营业外支出金额。

(5) 该居民企业计算应纳税所得额时，工资总额、工会经费、职工福利费和职工教育经费应调整应纳税所得额的金额。

(6) 计算该居民企业2017年境内应纳税所得额。

(7) 计算该居民企业境外所得应在我国补缴的企业所得税。

(8) 计算该居民企业应补(退)企业所得税额。

3. A市某工业企业2016年起被认定为小型微利企业，2016年应纳税所得额为-10万元。2017年营业收入1 000万元，营业成本500万元，营业税金及附加30万元，销售费用150万元，管理费用180万元，财务费用100万元，营业外支出30万元，企业自行计算的会计利润为10万元。

会计师事务所在对该工业企业进行审计时，发现该企业2017年发生如下业务。

(1) 实际发放合理的工资薪金400万元(含残疾人工资50万元)，已计入成本费用。

(2) 2月份购进一台生产设备，取得普通发票注明价款24万元，当月投入使用。企业将该设备购置支出一次性在成本中列支。已知该设备生产的产品全部在当年销售，相关成本已结转。

(3) 管理费用中，预计负债列支10万元；支付给母公司的管理费20万元；支付给其他企业租金15万元；开发新产品发生研发费用30万元。

(4) 财务费用中，向无关联关系的个人借款的利息支出31万元，已知该笔借款本金300万元，借款期限为2017年1月1日至2017年9月30日，金融机构同期同类贷款年利率为9%，企业与个人签订了借款合同。

(5) 销售费用中，15万元为支付给某中介单位的销售佣金(未超过合同金额的5%)，取得相关发票，佣金中的40%为现金支付。

(其他相关资料：该企业设备净残值率规定为10%，设备折旧年限按照税法规定的最低折旧年限计算)

要求：根据上述资料，回答下列问题。

(1) 该企业2017年计算会计利润时，业务(2)应调整的金额是多少？

(2) 该企业2017年计算应纳税所得额时，管理费用应调整的金额是多少？

(3) 该企业2017年计算应纳税所得额时，财务费用应调整的金额是多少？

(4) 该企业2017年计算应纳税所得额时，销售费用应调整的金额是多少？

(5) 计算该企业2017年企业所得税应纳税所得额。

(6) 计算该企业2017年企业所得税应纳税额。

4. 位于市区的某制药公司由外商持股75%且为增值税一般纳税人，该公司2017年主营业务收入5 500万元，其他业务收入400万元，营业外收入300万元，主营业务成本2 800万元，其他业务成本300万元，营业外支出210万元，营业税金及附加420万元，管理费用550万元，销售费用900万元，财务费用180万元，投资收益120万元。

该公司当年发生的部分业务如下所述。

(1) 向境外股东企业支付全年技术咨询指导费120万元。境外股东企业常年派遣指导专员驻该公司并对其工作成果承担全部责任和风险，对其业绩进行考核评估。

(2) 实际发放职工工资1 200万元(其中残疾人员工资40万元)，发生职工福利费支出180万元，拨缴工会经费25万元并取得专用收据，发生职工教育经费支出20万元，以前年度累计结转至本年的职工教育经费未扣除额为5万元，另为投资者支付商业保险费10万元。

(3) 发生广告费支出800万元，非广告性质的赞助支出50万元，发生业务招待费支出60万元。

(4) 从事《国家重点支持的高新技术领域》规定项目的研究开发活动，对研发费用实行专账管理，发生研发费用支出100万元且未形成无形资产。

(5) 对外捐赠货币资金140万元(通过县级政府向贫困地区捐赠120万元，直接向某学校捐赠20万元)。

(6) 为治理污水排放，当年购置污水处理设备并投入使用，设备购置价为300万元(含增值税且已作进项税额抵扣)。处理公共污水，当年取得收入20万元，相应的成本费用支出为12万元。

(7) 撤回对某公司的股权投资取得100万元，其中含原投资成本60万元，相当于被投资公司累计未分配利润和累计盈余公积按减少实收资本比例计算的部分10万元。

(其他相关资料：除非特别说明，各扣除项目均已取得有效凭证，相关优惠已办理必要手续；因境外股东企业在中国境内会计账簿不健全，主管税务机关核定技术咨询指导劳务的利润率为20%且指定该制药公司为其税款扣缴义务人；购进的污水处理设备为《环境保护专用设备企业所得税优惠目录》所列设备)

要求：根据上述资料，按照下列顺序计算并回答问题。

(1) 分别计算在业务(1)中该制药公司应当扣缴的企业所得税、增值税、城市维护建设税、教育费附加及地方教育附加金额。

(2) 计算业务(2)应调整的应纳税所得额。

(3) 计算业务(3)应调整的应纳税所得额。

(4) 计算业务(4)应调整的应纳税所得额。

(5) 计算业务(5)应调整的应纳税所得额。

(6) 计算业务(6)应调整的应纳税所得额和应调整的应纳税额。

(7) 计算业务(7)应调整的应纳税所得额。

(8) 计算该制药公司2017年应纳企业所得税税额。

第16章　个人所得税法

本章要点提示

- 个人所得税概述
- 个人所得税的纳税人和所得来源地
- 个人所得税的征税对象和适用税率
- 个人所得税的计算
- 个人所得税的税收优惠
- 个人所得税的纳税申报

16.1 个人所得税概述

16.1.1　个人所得税的概念

个人所得税是以个人(自然人)取得的各项应税所得为征税对象而征收的一种所得税，是政府利用税收对个人收入进行调节的一种手段。个人所得税针对个人收入强制征收，是目前世界各国普遍征收的一种税收。作为征收对象的所得，有狭义和广义之分。狭义的个人所得，仅限于每年反复发生的所得。广义的个人所得，是指个人通过各种来源获得的一切利益，而不论这种利益是偶然的还是长期的，是货币形式的还是实物形式的。目前，包括我国在内的世界各国实行的个人所得税，都是针对广义上的所得而征收的。

16.1.2　个人所得税法的产生与发展

个人所得税于1799年首创于英国，此后世界各国相继开征这个税种。到目前为止，世界上已有一百四十多个国家和地区开征个人所得税。经历两个世纪的发展和完善，个人所得税在组织政府财政收入、调节收入分配、创建公平和谐社会等方面越来越突显重要作用，大多数国家将其作为国家税制中的主体税种。大多数发达国家，每年由个人所得税聚敛的税收收入占政府税收总收入的30%～40%，个别国家甚至超过50%。因个人所得税在调节收入、促进公平方面的先天特性，国际社会的经济学者送给其“经济内在调节器”和“社会减压阀”的美誉。

我国的个人所得税征收历史比较短，虽然早在1950年政务院颁布的《全国税政实施要则》中列举了对个人所得课税的税种，当时定名为“薪金报酬所得税”，但由于当时我国生产力弱、人均收入水平比较低，这个税种一直没有开征。1950年，我国政府还曾开征存款利息所得税，但1959年该税种因政府降低存款利率而被取消。1980年9月10日，第五届全国人民代表大会第三次会议审议通过了《中华人民共和国个人所得税法》(以下简称《个人所得税法》)，确定了个人所得税的起征点为800元。同年12月14日，财政部颁布了《个人所得税实施细则》。之后，为了适应国内个体经济发展的需要，调节个体工商户的收入分配差距，1986年1月，国务院发布了《中华人民共和国城乡个体工商户所得税暂行条例》，适用于城乡个体工商户。为了适应我国经济体制改革后，国内个人收入发生重大变化的情况，1986年9月，国务院发布了《中华人民共和国个人收入调节税暂行条例》，开始对个人收入达到应税标准的中国公民征收个人收入调节税，这也就意味着原《个人所得税法》从1987年1月1日起只适用于外籍个人。此后，从1993年到2011年，《个人所得税法》又经历了6次修订。

第1次修订：1993年10月31日，第八届全国人民代表大会第四次会议通过了《关于修改〈中华人民共和国个人所得税法〉的决定》的修正案，将原先的个人所得税、个人收入调节税、个体工商户所得税三税合一，统一开征个人所得税。修订后的新《个人所得税法》从1994年起实行。

第2次修订：1999年8月30日，第九届全国人民代表大会常务委员会第十一次会议对《个人所得税法》进行了第2次修订，恢复对储蓄存款利息所得征收个人所得税。

第3次修订：2005年10月27日，第十届全国人民代表大会常务委员会第十八次会议对《个人所得税法》进行了第3次修订，将工资、薪金所得的费用扣除标准由每月800元提高至每月1 600元，并从2006年起实行。

第4次修订：2007年6月29日，第十届全国人民代表大会常务委员会第二十八次会议对《个人所得税法》进行了第4次修订，明确规定对储蓄存款利息所得开征、减征、停征个人所得税，其具体办法由国务院规定。

第5次修订：2007年12月29日，第十届全国人民代表大会常务委员会第三十一次会议对《个人所得税法》进行了第5次修订，将个人所得税的工资、薪金所得减除费用标准由每月1 600元提高至每月2 000元，个人工商户、个人独资企业和合伙企业的个人投资者的费用扣除标准统一为24 000元/年，并从2008年3月1日起正式实施。

第6次修订：2011年6月30日，第十一届全国人民代表大会常务委员会第二十一次会议表决通过关于修改《个人所得税法》的决定。修改后的《个人所得税法》规定：个人所得税工薪所得减除费用标准(通常称为个税起征点)由每月2 000元提高到3 500元，将工薪所得9级超额累进税率修改为7级，取消了15%和40%两档税率，扩大5%和10%两个低档税率的适用范围。第一级的5%税率修改为3%，对应的月应纳税所得额由不超过500元扩大到1 500元；第二级的10%税率对应的月应纳税所得额由500元至2 000元扩大为1 500元至4 500元。同时，还扩大了最高税率45%的覆盖范围，将适用40%税率的应纳税所得额，并入45%税率，加大了对高收入者的调节力度。

工薪所得税率级次级距调整后，为平衡个体工商户生产经营所得纳税人和承包承租经营所得纳税人与工薪所得纳税人的税负水平，修改后的法律维持现行5级税率级次不变，对个体工商户生产经营所得和承包承租经营所得税率的级距做了相应调整，将生产经营所得税率第一级级距由年应纳税所得额5 000元调整为15 000元，其他各档的级距也做了相应调整。

《个人所得税法》规定，扣缴义务人和纳税人每月申报缴纳税款的时间为次月7日内，而企业所得税、增值税、营业税等其他税种的申报缴纳税款的时间一般为次月15日内。由于申报缴纳税款的时间不一致，造成了有些扣缴义务人、纳税人在一个月内要办理两次申报缴纳税款手续，增加了扣缴义务人和纳税人的负担。

为方便扣缴义务人和纳税人办税，修改后的《个人所得税法》将扣缴义务人、纳税人申报缴纳税款的时限由现行的次月7日内延长至15日内，与企业所得税、增值税、营业税等税种申报缴纳税款的时间一致。

修改后的《个人所得税法》于2011年9月1日正式施行。

16.1.3 个人所得税的特点

1. 实行分类征收

世界各国的个人所得税制大体分为三种类型：分类所得税制，综合所得税制，混合所得税制。我国现行个人所得税采用的是分类所得税制，即将个人取得的各种所得划分为“类”，分别适用不同的费用减除规定、不同的税率和不同的计税方法，即“先分人，再分类，最后计算”。

2. 超额累进税率与比例税率并用

分类所得税制一般采用比例税率，综合所得税制通常采用超额累进税率。

我国现行个人所得税根据各类个人所得的不同性质和特点，将这两种形式的税率运用于个人所得税制。对工资、薪金所得，个体工商户的生产、经营所得，企事业单位的承包、承租经营所得，采用超额累进税率，实行量能负担；对劳务报酬、稿酬和资本利得性所得，采用比例税率，实行等比负担。

3. 费用扣除从宽、从简

我国本着费用扣除从宽、从简的原则，采用费用定额扣除和定率扣除两种方法。

4. 应纳税额计算简便

计算应纳个人所得税额时，首先用应税所得的收入减去允许扣除的，剩下的部分作为所得额，然后用所得额乘以规定的税率计算出应纳税额。

5. 采取源泉扣缴和个人申报两种征纳方法

源泉扣缴，是指由支付单位来代扣代缴税款；自行申报，是指有一些个人所得的项目要自行申报纳税。

16.2 个人所得税的纳税人和所得来源地

根据《个人所得税法》的规定，我国个人所得税的纳税人是指在中国境内有住所，或者无住所而在境内居住满一年的个人，以及在中国无住所又不居住或者在境内居住不满一年但有来源于中国境内的所得的个人，包括中国公民、个体工商业户及在中国有所得的外籍人员(包括无国籍人员)。

税法中关于“中国境内”的概念，是指施行《中华人民共和国个人所得税法》的地区，目前还不包括中国的香港、澳门和台湾地区。

16.2.1 居民纳税人与非居民纳税人的判定标准

1. 居民纳税人

根据《个人所得税法》的规定，居民纳税人是指在中国境内有住所，或者无住所而在中国境内居住满一年的个人。

所谓在中国境内有住所的个人，是指因户籍、家庭、经济利益关系，而在中国境内习惯性居住的个人。这里所说的“习惯性居住”是判定纳税人属于居民还是非居民的一个重要依据。它是指个人因学习、工作、探亲等原因消除之后，没有理由在其他地方继续居留时所要回到的地方，而不是指实际居住或在一个特定时期内的居住地。例如，一个纳税人因学习、工作、探亲、旅游等原因，原来是在中国境外居住，但是在这些原因消除之后，必须回到中国境内居住的，则中国为该人的习惯性居住地。

1) 住所标准——习惯性住所

我国税法将在中国境内有住所的个人界定为“因户籍、家庭、经济利益关系而在中国境内习惯性居住的个人”。

2) 居住时间标准

一个纳税年度内在中国境内住满365日，即以居住满一年为时间标准，达到这个标准的个人即为居民纳税人。在居住期间内临时离境的，即在一个纳税年度中一次离境不超过30日或者多次离境累计不超过90日的，不扣减日数，连续计算。

(1) 住满一年的时间标准。我国通常指的是公历1月1日至12月31日，在中国境内居住满365日。

(2) 临时离境。临时离境，是指在一个纳税年度内，一次不超过30日的离境或者多次累计不超过90日的离境。

上述住所和居住时间标准中，个人只要符合其中一条标准，就属于居民纳税人。

3) 居民纳税人的分类

(1) 在中国境内定居的中国公民和外国侨民为居民纳税人，但不包括具有中国国籍却没有在中国内地定居，而是侨居海外的华侨和居住在我国香港、澳门、台湾地区的同胞。

(2) 从公历1月1日至12月31日居住在中国境内的外国人、海外侨胞，以及我国香港、澳门、台湾地区的同胞，这些人如果在一个纳税年度内，一次离境不超过30日，或者多次离境累计不超过90日，仍应被视为全年在中国境内居住，从而判定为居民纳税人。

需要注意的是，自2000年1月1日起，个人独资企业和合伙企业投资者为个人所得税的纳税人。

2. 非居民纳税人

非居民纳税人，是指不符合上述住所和时间标准的纳税人，即在中国境内无住所且不居住或者无住所而在境内居住不满一年的个人。非居民纳税人承担纳税义务，仅就其来源于中国境内的所得，向中国缴纳个人所得税。因此，非居民纳税人实际上是在一个纳税年度中，没有在中国境内居住，或者在中国境内居住不满一年的外籍人员、华侨以及我国香港、澳门、台湾地区的同胞。

需要注意的是，对于在中国境内无住所，但是一个纳税年度中在中国境内连续居住或者累计居住不超过90日的个人，其来源于中国境内的所得，由境外雇主支付并且不由该雇主在中国境内的机构、场所负担的部分，免予缴纳个人所得税。

居民纳税人与非居民纳税人的判定标准，如表16-1所示。

表16-1　居民纳税人与非居民纳税人的判定标准

纳税义务人	判定标准	征税对象范围
居民纳税人 (负全面纳税义务)	在中国境内有住所的个人 在中国境内无住所，而在中国境内居住满一年的个人。居住满一年是指在一个纳税年度(即公历1月1日至12月31日，下同)内，在中国境内居住满365日	境内所得 境外所得
非居民纳税人 (负有限纳税义务)	在中国境内无住所且不居住的个人 在中国境内无住所而居住不满一年的个人	境内所得

16.2.2 对无住所的个人取得的工资、薪金所得征税的规定

在判定在我国境内无住所的纳税人的纳税义务范围时，把无住所的居民纳税人分成两类：居住1年以上、5年以下的居民纳税人和居住超过5年的居民纳税人；把非居民纳税人分成两类：居住未超过90天的非居民纳税人和居住90天以上、未超过1年的非居民纳税人。

1. 在我国境内无住所的居民纳税人的纳税义务范围

居民纳税义务人，负无限纳税义务，遵循“5年规则”，就其来源于中国境内、境外的所得，向我国政府履行全面纳税义务，依法缴纳个人所得税。

1) 在境内无住所，但居住满1年、不满5年的个人

我国现行《个人所得税法》本着从宽、从简的原则，对在中国境内无住所，但是居住满1年、未超过5年的个人，其来源于中国境外的所得，经主管税务机关批准，可以只就中国境内公司、企业及其他经济组织或者个人支付的部分缴纳个人所得税。

如果上述个人在居住期间临时离境，在临时离境工作期间的工资、薪金所得，仅就由中国境内企业或个人雇主支付的部分纳税。

上述个人，在一个月中既有在中国境内工作期间的工资、薪金所得，也存在临时离境期间由境内企业或个人雇主支付的工资、薪金所得的，应合并计算当月应纳税款，并按税法规定的期限申报缴纳个人所得税。

2) 在境内连续居住满5年的个人

在中国境内无住所的个人在境内居住满5年的，从第6年起，应当就其来源于中国境内、境外的全部所得缴纳个人所得税。个人在中国境内居住满5年，是指个人在中国境内连续居住满5年，即在连续5年中的每一个纳税年度内均居住满1年。个人从第6年起的以后各年度中，凡在境内居住满1年的，就其境内、境外所得申报纳税；凡在境内居住不满1年的，仅就其该年内来源于境内所得申报纳税。如该个人在第6年起以后的某一纳税年度内在境内居住不足90天，可以按税法相关规定确定纳税义务，仅就其境内所得境内支付的部分纳税，并从再次居住满1年的年度起重新计算5年期限。

2. 非居民纳税人的纳税义务范围

非居民纳税义务人，负有限纳税义务，遵循“90天规则”，仅就其来源于中国境内的所得，向中国缴纳个人所得税。

1) 在境内无住所而一个纳税年度内在境内连续或累计居住不超过90日或183日(税收协定)的个人

来源于境内的所得，由境外雇主支付且不是由该雇主设在中国境内机构负担的工资、薪金免税，仅就其实际在中国境内工作期间由中国境内企业或个人雇主支付或者由中国境内机构负担的工资、薪金所得纳税。

2) 在境内无住所而一个纳税年度内在境内连续或累计居住超过90日或183日(税收协定)，但不满1年的个人

在境内无住所而一个纳税年度内在境内连续或累计居住超过90日或183日(税收协定)，但不满1年的个人，其来源于中国境内的所得，无论是由中国境内企业或个人雇主支付还是由境外企业或个人雇主支付，均应缴纳个人所得税。至于个人在中国境外取得的工资、薪金所得，除担任中国境内企业董事或高层管理人员，并在境外履行职务，而由境内企业支付董事费或工资之外，不缴纳个人所得税。

16.2.3 个人所得来源地的确定

划分居民纳税人和非居民纳税人的主要意义在于两者的纳税义务不同，居民纳税人承担无限纳税义务，要就其中国境内外的全部所得缴纳个人所得税；非居民纳税人仅就其来源于中国境内的所得纳税。

1. 所得来源地的确定

(1) 工资、薪金所得，以纳税人任职、受雇的公司、企业、事业单位、机关、团体、部队、学校等单位的所在地作为所得来源地。

(2) 生产、经营所得，以生产、经营活动实现地作为所得来源地。

(3) 劳务报酬所得，以纳税人实际提供劳务的地点作为所得来源地。

(4) 不动产转让所得，以不动产坐落地为所得来源地；动产转让所得，以现实转让的地点为所得来源地。

(5) 财产租赁所得，以被租赁财产的使用地作为所得来源地。

(6) 利息、股息、红利所得，以支付利息、股息、红利的企业、机构、组织的所在地作为所得来源地。

(7) 特许权使用费所得，以特许权的使用地作为所得来源地。

2. 来源于中国境内所得的确定

(1) 在中国境内的公司、企业、事业单位、机关、社会团体、部队、学校等单位或经济组织中任职、受雇而取得的工资、薪金所得。

(2) 在中国境内提供各种劳务而取得的劳务报酬所得。

(3) 在中国境内从事生产、经营活动而取得的所得。

(4) 个人出租的财产，被承租人在中国境内使用而取得的财产租赁所得。

(5) 转让中国境内的房屋、建筑物、土地使用权，以及在中国境内转让其他财产而取得的财产所得。

(6) 提供在中国境内使用的专利权、专有技术、商标权、著作权以及其他各种特许权利而取得的特许权使用费所得。

(7) 因持有中国的各种债券、股票、股权而从中国境内的公司、企业或其他经济组织处取得利息、股息、红利所得。

(8) 在中国境内参加各种竞赛活动取得名次的奖金所得，参加中国境内有关部门和单位组织的有奖活动而取得的中奖所得，购买中国境内有关部门和单位发行的彩票取得的中彩所得。

(9) 在中国境内以图书、报刊方式出版、发表作品取得的稿酬所得。

16.3 个人所得税的征税对象与适用税率

16.3.1 个人所得税的征税对象

个人所得税以个人取得的各项所得为征税对象。我国现行的个人所得税采用分类制，即对纳税人取得的不同所得分项征收，分别确定应纳税所得额和适用税率，分别计算应纳税额。现行《个人所得税法》规定了11项应征个人所得税的应税项目，即11个税目。

1. 工资、薪金所得

1) 基本概念及范围

工资、薪金所得，是指自然人因任职或者受雇而取得的工资、薪金、奖金、年终加薪、劳动分红、津贴、补贴，以及与任职或者受雇有关的其他所得。

(1) 工资、薪金、奖金。这里的奖金是指按月发放的综合奖，也包括半年奖、季度奖。

(2) 年终加薪、劳动分红。年终加薪、劳动分红和一次取得年终奖金，原则上作为单独一个月工资、薪金所得计算纳税。

(3) 津贴、补贴。对于一些不属于工资、薪金性质的补贴、津贴，或者不属于纳税人本人工资、薪金所得项目的收入，不予征税，包括以下这些项目。

① 独生子女补贴。

② 执行公务员工资制度未纳入基本工资总额的补贴、津贴差额和家属成员的副食品补贴。

③ 托儿补助费。

④ 差旅费津贴、误餐补助。

2) 对工资、薪金所得的特殊规定

(1) 离退休人员从原任职单位取得的各类补贴、奖金、实物，在减除按税法规定的费用扣除标准后，按“工资、薪金所得”应税项目缴纳个人所得税。对退休人员再任职取得的收入，在减除《个人所得税法》规定的费用扣除标准后，按照“工资、薪金所得”项目征收个人所得税。(国税函〔2005〕382号)

(2) 公司职工取得的用于购买企业国有股权的劳动分红，按“工资、薪金所得”项目计征个人所得税。

劳动分红，是劳动性所得；股份分红，是资本利得性所得。前者属于工资、薪金所得，后者属于股息、红利所得。

(3) 出租汽车经营单位对出租车驾驶员采取单车承包或承租方式运营，出租车驾驶员从事客货营运取得的收入，因为是雇佣关系，按“工资、薪金所得”征税。(国税发〔1995〕50号)

(4) 对商品营销活动中，企业和单位对营销业绩突出的雇员以培训班、研讨会、工作考察等名义组织旅游活动，通过免收差旅费、旅游费对个人实行的营销业绩奖励(包括实物、有价证券等)，应根据所发生费用的金额并入营销人员当期的工资、薪金所得，按照“工资、薪金所得”项目征收个人所得税；上述营销业绩奖励的对象是非雇员的，则按照“劳务报酬所得”项目征收个人所得税，均由提供上述费用的企业和单位代扣代缴个人所得税。(财税〔2004〕11号)

(5) 按照《国家税务总局关于误餐补助范围确定问题的通知》的要求，对于一些单位以误餐补助名义发给职工的补助、津贴，应并入当月工资薪金所得征收个人所得税。(财税〔1995〕82号)

(6) 个人因公务用车和通信制度改革取得的公务用车、通信补贴收入，扣除一定标准的公务费用后，按照“工资、薪金所得”项目计征个人所得税。(国税发〔1999〕58号)

(7) 实行内部退养的个人在其办理内部退养手续后至法定离退休年龄之间从原任职单位取得的工资、薪金，不属于离退休工资，应按“工资、薪金所得”项目计征个人所得税。(国税发〔1999〕58号)

(8) 雇员为本企业提供非有形商品(保险、旅游等)推销、代销等服务活动取得的佣金、奖励和劳务费等名目的收入，计入该雇员的当期工资、薪金所得，计征个人所得税。(财税〔1997〕103号)

2. 个体工商户的生产、经营所得

1) 基本概念及范围

个体工商户的生产、经营所得，是指个体工商户从事工业、手工业、建筑业、交通运输业、商业、饮食业、服务业、修理业以及其他行业取得的所得；个人经政府有关部门批准，取得执照，从事办学、医疗、咨询及其他有偿服务活动取得的所得；其他个人从事个体工商业生产、经营取得的所得；上述个体工商户和个人取得的与生产、经营有关的各项应税所得。

个体工商户的生产、经营所得仅限于生产经营所得，不包括个体工商户的其他所得。个体工商户和从事生产、经营的个人，取得与生产、经营活动无关的其他各项应税所得，应分别按照其他应税项目的有关规定，计算征收个人所得税。例如，取得银行存款的利息所得、对外投资取得的股息所得，应按“利息、股息、红利所得”项目的规定单独计征个人所得税。(财税〔1994〕20号)

2) 对个体工商户的生产、经营所得的特殊规定

(1) 从事个体出租车运营的出租车驾驶员取得的收入，按“个体工商户的生产、经营所得”项目缴纳个人所得税。出租车属于个人所有，但挂靠出租汽车经营单位或企事业单位，驾驶员向挂靠单位缴纳管理费的，或出租汽车经营单位将出租车所有权转移给驾驶员的，出租车驾驶员从事客货运营取得的收入，比照“个体工商户的生产、经营所得”项目征税。(国税发〔1995〕50号)

(2) 个人因从事彩票代销业务而取得的所得按“个体工商户的生产、经营所得”项目征税。(国税函〔2002〕629号)

(3) 个人独资企业和合伙企业的生产、经营所得，比照“个体工商户的生产、经营所得”税目征税。(国发〔2000〕16号)

(4) 个人独资企业、合伙企业的个人投资者以企业资金为本人、家庭成员及其相关人员支付与企业生产、经营无关的消费性支出及购买汽车、住房等财产性支出，视为企业对个人投资者利润分配，并入投资者个人的生产、经营所得，依照“个体工商户的生产、经营所得”项目计征个人所得税。(财税〔2008〕83号)

(5) 个体工商户或个人专营种植业、养殖业、饲养业、捕捞业，不征收个人所得税，其经营项目不属于原农业税、牧业税征税范围的，应对其所得计征个人所得税。兼营上述“四业”，并且“四业”的所得单独核算的，比照上述原则办理。对于属于征收个人所得税的，应与其他行业的生产、经营所得合并计征个人所得税。对于“四业”的所得不能单独核算的，应就其全部所得计征个人所得税。

(6) 对进入各类市场销售自产农产品的农民取得的所得暂不征收个人所得税。

(7) 个人经政府有关部门批准并取得执照举办学习班、培训班的，其取得的办班收入依照“个体工商户的生产、经营所得”应税项目计征个人所得税。(国税函〔1996〕658号)

3. 对企事业单位的承包、承租经营所得

1) 基本概念及范围

对企事业单位的承包、承租经营所得，是指个人承包经营、承租经营以及转包、转租取得的所得，还包括个人按月或者按次取得的工资、薪金性质的所得。

2) 对企事业单位的承包、承租经营所得的特殊规定

针对现实中个人对企业承包、承租形式的不同，税法有如下具体规定。

(1) 承包、承租后，工商登记改为个体工商户，按“个体工商户生产、经营所得”缴纳个人所得税。

(2) 企业实行个人承包、承租经营后，如果工商登记仍为企业的，不管其分配方式如何，均应先按照《企业所得税法》的有关规定缴纳企业所得税。承包经营、承租经营者按照承包、承租经营合同(协议)规定取得的所得，依照《个人所得税法》的有关规定缴纳个人所得税。

(3) 承包、承租后，不改变企业的性质(工商登记仍为企业的)，按分配方式分为两种。

① 承包、承租人对企业经营成果不拥有所有权，仅按合同(协议)规定取得一定所得的，应按“工资、薪金所得”项目征收个人所得税(七级超额累进税率)。

② 承包、承租人按合同(协议)规定只向发包方、出租人缴纳一定的费用，缴纳承包、承租费后的企业的经营成果归承包、承租人所有的，其取得的所得，按“企事业单位承包、承租经营所得”项目征收个人所得税(五级超额累进税率)。

(4) 企业实行承包经营、承租经营后，不能提供完整、准确的纳税资料，不能正确计算应纳税所得额的，由主管税务机关核定其应纳税所得额，并依据《中华人民共和国税收征收管理法》的有关规定自行确定征收方式。

4. 劳务报酬所得

1) 基本概念及范围

劳务报酬所得，是指个人从事设计、装潢、安装、制图、化验、测试、医疗、法律、会计、咨询、讲学、新闻、广播、翻译、审稿、书画、雕刻、影视、录音、录像、演出、表演、广告、展览、技术服务、介绍服务、经纪服务、代办服务以及其他劳务的报酬所得。

劳务报酬所得的基本特征是它一般属于个人以其所掌握的某种技艺或技能独立从事自由职业或独立提供劳务所取得的所得，属于独立劳动所得；个人与服务单位无任职和雇佣关系；提供劳务时间具有临时性。

2) 对劳务报酬所得的特殊规定

(1) 个人担任董事职务所取得的董事费收入。按照董事与公司的关系来划分，可分为内部董事和外部董事。内部董事，是指担任公司董事的同时在公司任职、受雇，其因任职受雇而取得的报酬是“工资、薪金”所得。(国税发〔2009〕121号)

外部董事，是指不在本公司任职、受雇的董事，其取得的董事费所得，属于劳务报酬所得。(国税函〔2005〕382号)

个人在公司任职、受雇，同时兼任董事、监事的，应当将董事、监事费与个人工资收入合并，统一按照“工资、薪金所得”项目征收个人所得税。(国税发〔2009〕121号)

(2) 在校学生因参与勤工俭学活动(包括参与学校组织的勤工俭学活动)而取得属于《个人所得税法》规定的应税所得项目所得，应依法缴纳个人所得税。

(3) 自2004年1月20日起，对商品营销活动中，企业和单位对营销业绩突出的非雇员以培训班、研讨会、工作考察等名义组织旅游活动，通过免收差旅费、旅游费对个人实行的营销业绩奖励(包括实物、有价证券等)，应根据所发生费用的全额作为营销人员当期的劳务收入所得，按“劳务报酬所得”征收个人所得税，并由提供上述费用的企业和单位代扣代缴。对企业雇员享受的此类奖励，应与当期的工资、薪金合并，按照“工资、薪金所得”项目计征个人所得税。(财税〔2004〕11号)

(4) 个人兼职取得的收入，应按照“劳务报酬所得”项目缴纳个人所得税。(国税函〔2005〕382号)

(5) 演员参加非任职单位组织的演出取得的报酬，应按“劳务报酬所得”项目，按次计算纳税；演员参加任职单位组织的演出取得的报酬，应按“工资、薪金所得”项目，按月计算纳税。演员取得的报酬中，要规定上交给单位和文化行政部门的管理费及收入分成，经主管税务机关确认后，可以在计算应纳税所得额时扣除。

(6) 个人经政府有关部门批准并取得执照举办学习班、培训班的，其取得的办班收入属于“劳务报酬所得”应税项目，应按税法规定计征个人所得税。(国税函〔1996〕658号)

5. 稿酬所得

1) 基本概念及范围

稿酬所得，是指个人因其作品以图书、报刊形式出版、发表而取得的所得。这里所说的作品，是指包括中外文字(文学作品)、图片(书画作品、摄影作品)、乐谱以及其他能以图书、报刊方式出版、发表的作品；个人作品，包括本人的著作、翻译的作品等。作者去世后，财产继承人取得的遗作稿酬，亦应征收个人所得税。(国税发〔1994〕89号)

(1) 稿酬所得的性质。稿酬所得具有特许权使用费、劳务报酬等的性质。

(2) 稿酬所得和劳务报酬所得的区别，关键在于是否出版、发表。不以图书、报刊形式出版、发表的翻译、审稿、书画等所得，不属于稿酬所得，则归为劳务报酬所得。

2) 对稿酬所得的特殊规定

(1) 任职、受雇于报纸、杂志等单位的记者、编辑等专业人员，因在本单位的报纸、杂志上发表作品取得的所得，属于因任职、受雇而取得的所得，应与其当月工资收入合并，按“工资、薪金所得”项目征收个人所得税。(国税函〔2002〕146号)

(2) 除上述专业人员以外，其他人员在本单位的报纸、杂志上发表作品取得的所得，应按“稿酬所得”项目征收个人所得税。(国税函〔2002〕146号)

(3) 出版社的专业作者撰写、编写或翻译的作品，由本社以图书形式出版而取得的稿费收入，应按“稿酬所得”项目计算缴纳个人所得税。(国税函〔2002〕146号)

3) 区分稿酬所得、劳务报酬所得和工资、薪金所得

以是否发表、是否在本单位发表以及作者专业状况和发表作品形式为标准，辨析稿酬所得、劳务报酬所得和工资、薪金所得三者之间的区别。

6. 特许权使用费所得

1) 基本概念及范围

特许权使用费所得，是指个人提供专利权、商标权、著作权、非专利技术以及其他特许权的使用权取得的所得。

特许权主要涉及以下4种权利。

(1) 专利权。专利权是由国家专利主管机关依法授予专利申请人或其权利继承人在一定期间内实施其发明创造的专有权。

(2) 商标权。商标权是商标注册人依法律规定而取得的对其注册商标在核定的商品上使用的独占使用权。

(3) 著作权。著作权即版权，是作者依法对文学、艺术和科学作品享有的专有权。

(4) 非专利技术。非专利技术是指专利技术以外的专有技术。

2) 对特许权使用费所得的特殊规定

注意区分特许权使用费所得、稿酬所得、财产转让所得，在实际应用中，税法还作出了如

下具体规定。

(1) 提供著作权的使用权取得的所得，不包括稿酬所得。转让著作权免营业税。

(2) 对于作者将自己的文字作品手稿原件或复印件公开拍卖(竞价)取得的所得，属于提供著作权的使用所得，故应按“特许权使用费所得”项目征收个人所得税。(国税发〔1994〕89号)

(3) 个人取得特许权的经济赔偿收入，应按“特许权使用费所得”应税项目缴纳个人所得税，税款由支付赔款的单位或个人代扣代缴。

(4) 编剧从电视剧的制作单位取得的剧本使用费，不再区分剧本的使用方是否为其任职单位，统一按“特许权使用费所得”项目计征个人所得税。(国税发〔2002〕52号)

7. 利息、股息、红利所得

1) 基本概念及范围

利息、股息、红利所得，是指个人拥有债权、股权而取得的利息、股息、红利所得。

利息是指个人因拥有债权而取得的利息，包括银行结算账户利息、存款、贷款和债券的利息；股息是指个人因拥有股权而取得的公司、企业按照一定的比率派发的每股息金；红利是指个人拥有股权而取得的公司、企业按股权派发的、超过股息部分的利润。

2) 对利息、股息、红利所得的特殊规定

(1) 免征个人所得税范围。个人取得国债利息、国家发行的金融债券利息、教育储蓄存款利息，均免征个人所得税。自2008年10月9日(含)起，暂免征收储蓄存款利息所得税。

(2) 职工个人取得的量化资产。①对职工个人以股份形式取得的仅作为分红依据，不拥有所有权的企业量化资产，不征收个人所得税；②对职工个人以股份形式取得的企业量化资产参与企业分配而获得的股息、红利，应按“利息、股息、红利所得”项目征收个人所得税。

(3) 股份制企业在分配股息、红利时，以股票形式向股东个人支付应得的股息、红利(派发红股)，应以派发红股的股票票面金额为收入额，按照“利息、股息、红利所得”项目征收个人所得税。(国税发〔1994〕89号)

8. 财产租赁所得

1) 基本概念及范围

财产租赁所得，是指个人出租建筑物、土地使用权、机器设备、车船以及其他财产取得的所得。

2) 对财产租赁所得的特殊规定

(1) 个人取得的财产转租收入属于“财产租赁所得”的征税范围，由财产转租人缴纳个人所得税。(国税函〔2009〕639号)

(2) 在确定纳税人时，应以产权凭证为依据；对无产权凭证的，由主管税务机关根据实际情况确定。(国税发〔1994〕89号)

(3) 产权所有人死亡，在未办理产权继承手续期间，该财产出租而有租金收入的，以领取租金的个人为纳税人。(国税发〔1994〕89号)

9. 财产转让所得

1) 基本概念及范围

财产转让所得，是指个人转让有价证券、股权、建筑物、土地使用权、机器设备、车船以及其他财产取得的所得。

在现实生活中，个人进行的财产转让主要是个人财产所有权的转让。财产转让所得因其性质的特殊性，需要单独列举项目征税。

目前，我国对个人转让境内上市公司的股票所得暂免征收个人所得税；个人转让境外上市公司的股票取得的所得，应按照税法规定计算缴纳税款。(财税〔2005〕35号、国税函〔2006〕902号)

2) 对财产转让所得的特殊规定

(1) 境内股票转让所得。境内股票转让所得，暂不征收个人所得税。

(2) 量化资产股份转让。

① 集体所有制企业在改制为股份合作企业时，对职工个人以股份形式取得的拥有所有权的企业量化资产，暂缓征收个人所得税。(国税发〔2000〕60号)

② 个人将量化资产的股份转让时，就其转让收入额，减除个人取得该股份时实际支付的费用支出和合理转让费用后的余额，按"财产转让所得"项目计征个人所得税。(国税发〔2000〕60号)

不拥有所有权的量化资产不征个人所得税，拥有所有权也不征个人所得税(实际是暂缓征收)。转让时按财产转让所得征税。无论是否拥有量化资产的所有权，只要参与分配，就要按照"利息、股息、红利"征收个人所得税。

有关量化资产股份转让有以下几点需要注意。

① 个人在形式上取得企业量化资产(取得的仅作为分红依据，不拥有所有权的企业量化资产)，不征个人所得税。

② 个人在实质上取得企业量化资产(以股份形式取得的拥有所有权的企业量化资产)，缓征个人所得税。

③ 个人转让量化资产，按"财产转让所得"项目计征个人所得税。

④ 个人取得量化资产的分红(以股份形式取得企业量化资产参与企业分配而获得的股息、红利)，按"利息、股息、红利"项目征收个人所得税。

(3) 对个人转让自用5年以上并且是家庭唯一生活用房取得的所得免征个人所得税。(国税发〔2006〕108号)

需注意，免征主体是个人，不包括单位；自用超过5年；是家庭唯一生活用房，不包括二套房，不包括商用房。自2010年10月1日起，对出售自有住房并在1年内重新购房的纳税人不再减免个人所得税。

(4) 作者将自己的文字作品手稿原件或复印件拍卖取得的所得，按照"特许权使用费所得"项目缴纳个人所得税。个人拍卖除文字作品原稿及复印件外的其他财产，应按"财产转让所得项目"缴纳个人所得税。(国税发〔1994〕89号)

个人拍卖别人作品手稿或个人拍卖除文字作品原稿及复印件外的其他财产，都应按照"财产转让所得"项目缴纳个人所得税。

(5) 个人通过网络收购玩家虚拟货币，加价后向他人出售取得的收入，属于个人所得税的应纳税所得，应按照"财产转让所得"项目计算缴纳个人所得税。(国税函〔2008〕818号)

(6) 自2010年1月1日起，对个人转让限售股取得的所得，按照"财产转让所得"，适用20%的比率税率征收个人所得税。(财税〔2009〕167号)

(7) 个人因各种原因终止投资、联营、经营合作等行为，从被投资企业或合作项目、被投资企业的其他投资者以及合作项目的经营合作人取得股权转让收入、违约金、补偿金、赔偿金及以其他名目收回的款项等，均属于"财产转让所得"项目，应缴纳个人所得税。(国税总局〔2011〕

41号)

10. 偶然所得

1) 基本概念及范围

偶然所得，是指个人得奖、中奖、中彩以及其他偶然性质的所得。

(1) 得奖是指参加各种有奖竞赛活动，取得名次后得到的奖金。中奖、中彩是指参加各种有奖活动，如有奖销售、有奖竞答、有奖储蓄或者购买彩票，经过规定程序抽中、摇中号码而取得的奖金。

(2) 个人因参加企业的有奖销售活动而取得的赠品所得，也应按“偶然所得”项目计征个人所得税。偶然所得应缴纳的个人所得税税款，一律由发奖单位或机构代扣代缴。

2) 对偶然所得的特殊规定

(1) 自2011年6月9日起，企业在销售商品(产品)和提供服务过程中，向个人赠送礼品，属于下列情形之一的，不征个人所得税。(财税〔2011〕50号)

① 企业通过价格折扣、折让方式向个人销售商品(产品)和提供服务。

② 企业在向个人销售商品(产品)和提供服务的同时给予赠品，如通信企业对个人购买手机赠话费、入网费，或者购话费赠手机等。

③ 企业对累计消费达到一定额度的个人按消费积分反馈礼品。

(2) 企业对累计消费达到一定额度的顾客，给予额外抽奖机会，个人的获奖所得，按照“偶然所得”项目，全额适用20%的税率缴纳个人所得税。(财税〔2011〕50号)

(3) 对个人购买社会福利有奖募捐奖券、体育彩票，凡一次中奖不超过一万元的，暂免征收个人所得税；超过一万元的，按照税法规定全额征收个人所得税。(国税发〔1998〕12号、财税〔2007〕34号)

11. 其他所得

1) 基本概念及范围

其他所得，是指除前述列举的各项个人应纳税所得外，其他确有必要征税，以及难以界定应税项目的个人所得。

当个人取得的所得，难以界定应纳税所得项目的，由主管税务机关确定。

2) 对其他所得的特殊规定

(1) 企业为个人购买房屋或其他财产征收个人所得税的问题。(国税〔2008〕83号)

该类所得包括：企业出资购买房屋及其他财产，将所有权登记为投资者个人、投资者家庭成员或企业其他人员的；企业投资者个人、投资者家庭成员或企业其他人员向企业借款用于购买房屋及其他财产，将所有权登记为投资者、投资者家庭成员或企业其他人员，且借款年度终了后未归还借款的。

对个人独资企业、合伙企业的个人投资者或其家庭成员取得的上述所得，视为企业对个人投资者的利润分配，按照“个体工商户的生产、经营所得”项目计征个人所得税；对除个人独资企业、合伙企业以外其他企业的个人投资者或其家庭成员取得的上述所得，视为企业对个人投资者的红利分配，按照“利息、股息、红利所得”项目计征个人所得税；对企业其他人员取得的上述所得，按照“工资、薪金所得”项目计征个人所得税。

(2) 超过国家法定利率支付给储户的揽储奖金，个人从银行和其他金融机构取得的超过中国人民银行规定的存款利息利率和保值补贴率计算的利息，而不论其以何种名义取得，属于

“其他所得”，不属于免税的储蓄利息所得。(财税〔2008〕132号)

(3) 个人因任职单位缴纳有关保险费而取得的无赔款优待收入，按照“其他所得”项目征收个人所得税。(国税发〔1999〕58号)

(4) 股民个人从证券公司取得的回扣或者交易手续费返还收入，按照“其他所得”项目征收个人所得税。(国税函〔1999〕627号)

(5) 个人为单位或他人担保获得的报酬，按照“其他所得”项目征收个人所得税。(财税〔2005〕94号)

(6) 中国科学院院士荣誉奖金，按照“其他所得”项目征收个人所得税。(国税函〔1995〕351号)

(7) 个人无偿受赠他人房屋所得，按照“其他所得”项目征收个人所得税。(财税〔2009〕78号)

(8) 在商品房买卖过程中，有些房地产公司因未协调好与按揭银行的合作关系，造成购房人不能按合同约定办妥按揭贷款手续，从而无法缴纳后续房屋价款，致使房屋买卖合同难以履行，房地产公司因双方协商解除商品房买卖合同而向购房人支付违约金。对购房人因上述原因从房地产公司取得的违约金，按照“其他所得”项目征收个人所得税。(国税函〔2006〕865号)

(9) 自2011年6月9日起，企业向个人赠送礼品，属于下列情形之一的，对个人取得该项所得，按照“其他所得”项目征收个人所得税。

① 企业在业务宣传、广告等活动中，随机向本单位以外的个人赠送礼品。

② 企业在年会、座谈会、庆典以及其他活动中向本单位以外的个人赠送礼品。

企业赠送的礼品是自产产品(服务)的，按该产品(服务)的市场销售价格确定个人应税所得；赠送的礼品是外购商品(服务)的，按该商品(服务)的实际购置价格确定个人应税所得。(财税〔2011〕50号)

16.3.2　个人所得税的适用税率

我国个人所得税采用超额累进税率和比例税率两种形式。超额累进税率适用于工薪所得、个体工商户的生产经营所得及对企事业单位的承包、承租经营所得；比例税率则适用除上述三类所得以外的其他各类所得。

不同的税目适用不同种类的税率，如表16-2、表16-3所示。

表16-2　个人所得税不同税目适用税率

税率	适用情况
3%～45%的七级超额累进税率	工资、薪金所得
5%～35%的五级超额累进税率	个体工商户生产、经营所得；对企事业单位承包经营、承租经营所得
20%的比例税率	劳务报酬所得；稿酬所得；特许权使用费所得；利息、股息、红利所得；财产租赁所得；财产转让所得；偶然所得；其他所得

表16-3　个人所得税比例税率减征和加成项目

20%的比例税率(8个税目)中应特别掌握的加征或减征项目	稿酬所得：按应纳税额减征30%
	财产租赁所得：自2008年3月1日起，个人出租住房暂减按10%的税率征税
	储蓄存款利息：从2007年8月15日起减按5%的税率征税 从2008年10月9日起，对储蓄利息所得暂免征收个人所得税
	劳务报酬所得：对一次取得的劳务报酬的应纳税所得额，如为20 000元以上实行加成征收，即20 000元至50 000元，税率为30%；50 000元以上，税率为40%

1. 超额累进税率

工资、薪金所得，个体工商户生产经营所得，以及对企事业单位承包、承租所得，实行超额累进税率。

1) 工资、薪金所得

按税法规定，自2011年9月1日起，工资、薪金所得适用3%～45%的七级超额累进税率，如表16-4所示。

表16-4 工资、薪金所得适用个人所得税税率

级数	全月应纳税所得额	税率/%	速算扣除数
1	不超过1 500元的	3	0
2	超过1 500元至4 500元的部分	10	105
3	超过4 500元至9 000元的部分	20	555
4	超过9 000元至35 000元的部分	25	1 005
5	超过35 000元至55 000元的部分	30	2 755
6	超过55 000元至80 000元的部分	35	5 505
7	超过80 000元的部分	45	13 505

注：表中的全月应纳税所得额为按照税法规定减除有关费用后的所得额

2) 个体工商户生产经营所得和对企事业单位承包、承租经营所得

按税法规定，自2011年9月1日起，个体工商户生产经营所得和对企事业单位承包、承租经营所得，适用5%～35%的五级超额累进税率，如表16-5所示。

表16-5 个体工商户生产经营所得和对企事业单位承包、承租经营所得税税率

级数	全年应纳税所得额	税率/%	速算扣除数
1	不超过15 000元的	5	0
2	超过15 000元至30 000元的部分	10	750
3	超过30 000元至60 000元的部分	20	3 750
4	超过60 000元至100 000元的部分	30	9 750
5	超过100 000元的部分	35	14 750

注：本表中全年应纳税所得额为每一纳税年度的收入总额，减除成本、费用以及损失的余额

超额累进税率适用的具体规定如下所述。(国税发〔1994〕179号)

(1) 企业实行个人承包、承租经营后，承包、承租人对企业经营成果不拥有所有权，仅是按合同(协议)规定取得一定所得的，其所得按“工资、薪金”项目计税。

(2) 企业实行个人承包、承租经营后，承包、承租人按合同(协议)的规定向发包、出租方交纳一定费用后，企业经营成果归其所有的，承包、承租人取得的所得按“对企事业单位的承包经营、承租经营所得”项目计税。

(3) 企业实行个人承包、承租经营后，如果工商登记改变为个体工商户的，依照“个体工商户的生产、经营所得”项目计征个人所得税，不再缴纳企业所得税。

(4) 个人独资企业和合伙企业的生产经营所得，比照个体工商户的生产经营所得，适用五级超额累进税率(5%～35%)。

2. 比例税率

1) 比例税率的一般规定

除工资、薪金所得，个体工商户生产经营所得，以及对企事业单位承包、承租经营所得之外的其他8项所得，包括劳务报酬所得，稿酬所得，特许权使用费所得，利息、股息、红利所得，财产租赁所得，财产转让所得，偶然所得和其他所得，均适用20%的比例税率，如表16-6所示。

表16-6　“8项所得”适用比例税率

所得项目	适用税率	适用条件及所得税计算说明
劳务报酬所得	适用20%的比例税率，但对一次取得的劳务报酬所得在20 000元以上的实行加成征收，即20 000元～50 000元，税率为30%；超过50 000元的部分，税率为40%	① 每次收入≤4 000元，计算公式为 应纳个人所得税额=(每次收入−800)×20% ② 每次收入＞4 000元，计算公式为 应纳个人所得税额=每次收入×(1−20%)×20% ③ 每次劳务报酬所得＞20 000元，计算公式为 应纳个人所得税额=每次收入×(1−20%)×适用税率−速算扣除数
稿酬所得	适用20%的比例税率，并按应纳税额减征30%	① 每次收入≤4 000元，计算公式为 应纳个人所得税额=(每次收入−800)×20%×(1−30%) ② 每次收入＞4 000元，计算公式为 应纳个人所得税额=每次收入×(1−20%)×20%×(1−30%)
特许权使用费所得	20%	① 每次收入≤4 000元，计算公式为 应纳个人所得税额=(每次收入−800)×20% ② 每次收入＞4 000元，计算公式为 应纳个人所得税额=每次收入×(1−20%)×20%
利息、股息、红利所得	20%	收入×20%
财产租赁所得	20%或10%	① 每次收入未超过4 000元的，计算公式为 应纳税所得额=每次收入−修缮费用(800元为限)−准予扣除项目−800 ② 每次收入超过4 000元的，计算公式为 应纳税所得额=[每次收入−修缮费用(800元为限)−准予扣除项目]×(1−20%)
财产转让所得	20%	应纳个人所得税额=(收入总额−财产原值−合理费用)×20%
偶然所得	20%	同上
其他所得	20%	同上

2) 比例税率的特殊规定

(1) 劳务报酬所得的加成征收。根据税法规定，对劳务报酬所得一次收入畸高的，可以实行加成征收，具体办法由国务院规定。

这里的“劳务报酬所得一次收入畸高”是指个人一次取得劳务报酬，其应纳税所得额超过20 000元。

① 对应纳税所得额为20 000元～50 000元的部分，依照税法规定计算出应纳税额后，再按照应纳税额加征五成(50%)。

② 对应纳税额超过50 000元的部分，加征十成(100%)。

实行加成征收后，劳务报酬所得实际适用特殊的三级超额累进税率，如表16-7所示。

表16-7　劳务报酬所得适用税率

级数	每次应纳税所得额	税率/%	速算扣除数
1	不超过20 000元的	20	0
2	超过20 000元不超过50 000元的部分	30	2 000
3	超过50 000元的部分	40	7 000

注：表16-7中“每次应纳税所得额”为按照税法规定减除有关费用后的所得额

(2) 稿酬所得的减征。稿酬所得适用20%的比例税率，并按照纳税额减征30%，故其实际税率为14%。

(3) 财产租赁所得的减征。财产租赁所得适用20%的比例税率，但对个人按市场价格出租的居民住房取得的所得，暂减按10%的税率征税。(财税〔2008〕24号)

(4) 存款利息所得的减征。为配合国家宏观调控政策的需要，经国务院批准，自2008年10月9日起，对储蓄存款利息所得暂免征收个人所得税。(财税〔2008〕132号)

16.4 个人所得税的计算

16.4.1 个人所得税的计税依据

1. 计税依据的一般规定

个人所得税的计税依据是纳税人取得的应纳税所得额。应纳税所得额是指个人取得的每项收入减去税法规定的扣除项目或扣除金额之后的余额。

个人所得的形式包括现金、实物、有价证券和其他形式的经济利益。所得为实物的，应当按照取得的凭证上所注明的价格计算应纳税所得额；无凭证的实物或者凭证上所注明的价格明显偏低的，参照市场价格核定应纳税所得额。所得为有价证券的，根据票面价格和市场价格核定应纳税所得额。所得额为其他形式的经济利益的，参照市场价格核定应纳税所得额。

在计算扣除项目时，各国的扣除标准和扣除方法不尽相同。我国现行的《个人所得税法》规定分项确定、分类扣除，并根据所得的不同分别实行定额扣除、会计核算扣除、定额扣除和定率扣除、无扣除4种方法。

(1) 定额扣除。主要适用于工资、薪金所得，即每月定额扣除3 500元。

(2) 会计核算扣除。主要适用于个体工商户的生产、经营所得和对企事业单位的承包经营、承租经营所得及财产转让所得，即每年扣除有关成本、费用或规定的必要费用。

(3) 定额扣除和定率扣除。主要适用于劳务报酬所得、稿酬所得、特许权使用费所得、财产租赁所得，即每次收入在4 000元以下的，定额扣除800元；每次收入在4 000元以上的，定率扣除收入额的20%。

(4) 无扣除。主要适用于利息、股息、红利所得，偶然所得和其他所得。

2. 计税依据的特殊规定

个人将其所得通过中国境内的社会团体、国家机关向教育和其他社会公益事业以及遭受严重灾害地区、贫困地区的捐赠，捐赠额未超过纳税人申报的应纳税所得额30%的部分，可以从应纳税所得额中扣除，超过部分不得扣除。

个人通过非营利性社会团体和政府部门向以下公益性事业的捐赠，在计算缴纳个人所得税时，准予在税前的所得额中全额扣除。

(1) 个人通过非营利性社会团体和国家机关向红十字事业的捐赠，在计算缴纳个人所得税时，准予在税前的所得额中全额扣除。(财税〔2000〕30号)

(2) 个人通过非营利性社会团体和政府部门对公益性青少年活动场所(其中包括新建)的捐赠，在计算缴纳个人所得税时，准予在税前的所得额中全额扣除。(财税〔2000〕21号)

(3) 个人通过中国教育发展基金会用于公益救济性的捐赠，准予在当年个人所得税前全额扣除。(财税〔2004〕39号)

(4) 个人通过非营利性社会团体和国家机关向农村义务教育的捐赠，准予在计算缴纳个人所得税前的所得额中全额扣除。(财税〔2001〕103号)

(5) 个人通过非营利性社会团体和政府部门向福利性、非营利性老年服务机构的捐赠，准予在计算个人所得税时全额扣除。(财税〔2000〕97号)

(6) 个人向宋庆龄基金会等特定基金会的公益性捐赠，准予在计算个人所得税时全额扣除。(财税〔2004〕172号)

(7) 个人或个体工商户的所得(不含偶然所得，经国务院财政部门确定征税的其他所得)用于对非关联的科研机构和高等学校研究开发新产品、新技术、新工艺所发生的研究开发经费资助的，可以在下月(工资、薪金所得)或下次(按次计征的所得)或当年(按年计征的所得)计征个人所得税时，从应纳税所得额中全额扣除，不足抵扣的，不得结转抵扣。(国税发〔2000〕24号)

16.4.2　不同所得项目应纳税额的计算

1. 工资、薪金所得应纳税额的计算

1) 准予减除项目及标准

(1) 工资、薪金所得以每月收入减除费用3 500元后的余额为应纳税所得额。

(2) 税法还规定，对于中国境内无住所而在中国境内取得工资、薪金所得的纳税人，以及在中国境内有住所而在中国境外任职或者受雇取得工资、薪金所得的纳税人，可以根据其平均收入水平、生活水平及汇率变化情况确定附加减除费用，目前确定的附加费用减除标准为1 300元。附加减除费用适用的范围和标准由国务院确定，具体的适用范围如下所述。

① 在中国境内的外商投资企业和外国企业中工作的外籍人员。

② 应聘在中国境内的企业、事业单位、社会团体、国家机关中工作的外籍专家。

③ 在中国境内有住所而在中国境外任职或者受雇取得工资、薪金所得的个人。

④ 国务院财政、税务主管部门确定的其他人员。

2) 工资、薪金所得应纳税额的计算

具体的计算公式为

$$应纳税额=应纳税所得额\times适用税率-速算扣除数 \tag{16-1}$$

$$应纳税额=(每月收入额-3\,500元或4\,800元)\times适用税率-速算扣除数 \tag{16-2}$$

【例16-1】王先生(中国公民)是某企业工作人员，20×7年6月工资收入8 500元(不包括单位和个人按规定标准缴纳的“三险一金”)，则王先生该月应纳的个人所得税额为多少？

【答案】当月应税所得额=8 500−3 500=5 000(元)

当月应纳税额=5 000×20%−555=445(元)

【例16-2】中国境内某企业一名外籍在华雇员詹姆斯，20×7年2月取得工资14 800元，其当月应纳的个人所得税税额为多少？

【答案】当月应纳税所得额=14 800−3 500−1 300=10 000(元)

当月应纳个人所得税额=10 000×25%−1 005=1 495(元)

2. 个体工商户生产经营所得、个人独资企业和合伙企业生产经营所得应纳税额的计算

1) 应纳税所得额的确定

从事生产经营的个体工商户(以下简称个体户)，以每一纳税年度的收入总额减除成本、费用及损失后的余额为应纳税所得额，计算公式为

应纳税所得额=收入总额−成本、费用及损失 (16-3)

(1) 收入总额。收入总额是指个体户从事生产经营及与生产经营有关的活动所取得的各项收入，包括商品(产品)销售收入、营运收入、劳务服务收入、工程价款收入、财产出租或者转让收入、利息收入、其他业务收入和营业外收入。

(2) 准予扣除的项目。准予扣除的项目是指按照税法的规定，个体户在计算应纳税所得额时，准予从收入总额中扣除的成本费用、积金及损失。

① 成本费用，是指个体户从事生产经营所发生的各项直接支出和分配计入成本的间接费用及销售费用、管理费用、财务费用。

② 税金，是指个体户按规定缴纳的消费税、营业税、城市维护建设税、资源税、土地使用税、土地增值税、房产税、车船使用税、印花税、耕地占用税及教育费附加。

③ 损失，是指个体户在生产、经营过程中发生的各项营业外支出，包括固定资产盘亏、报废、毁损和出售的净损失，自然灾害或者意外事故损失，公益救济性捐赠、赔偿金、违约金等。

(3) 准予扣除项目的基本范围和标准如下所述。

① 对个体户的生产经营所得依法计征个人所得税时，个体工商户业主本人的费用扣除标准统一为42 000元/年(3 500元/月)。

② 个体户向其从业人员实际支付的合理的工资、薪金，允许在税前据实扣除。

③ 个体户拨缴的工会经费、发生的职工福利费、职工教育经费支出分别在工资、薪金总额的2%、14%、2.5%的标准内据实扣除。

④ 个体户发生在生产经营过程中的借款利息支出，未超过按中国人民银行规定的同类、同期贷款利率计算的数额部分，准予扣除。

⑤ 个体户发生的与生产经营有关的财产保险、运输保险及从业人员的养老、医疗及其他保险费用支出，按国家有关规定的标准计算扣除。

⑥ 个体户发生的与生产经营有关的修理费用，可据实扣除。修理费用发生不均衡或数额较大的，应分期扣除。

⑦ 个体户按规定缴纳的工商管理费、个体劳动者协会会费、摊位费，按实际发生数扣除。缴纳的其他规费，其扣除项目和标准由各省、自治区、直辖市地方税务局根据当地实际情况确定。

⑧ 个体户在生产经营过程中租入固定资产而支付的费用，分别按下列规定处理。

a. 以融资租赁方式(即出租人和承租人事先约定，在承租人付清最后一笔租金后，该固定资产即归承租人所有)租入固定资产而发生的租赁费，应计入固定资产价值，不得直接扣除。

b. 以经营租赁方式(即因生产经营需要临时租入固定资产，租赁期满后，该固定资产应归

还出租人)租入固定资产的租赁费，可以据实扣除。

⑨ 个体户研究开发新产品、新技术、新工艺所发生的开发费用，以及研究开发新产品、新技术而购置单台价值在5万元以下的测试仪器和试验性装置的购置费，准予扣除；单台价值在5万元以上的测试仪器和实验性装置，以及购置费达到固定资产标准的其他设备，按固定资产管理，不得在当期扣除。

⑩ 个体户在生产经营过程中发生的固定资产盘亏及毁损净损失，由个体户提供清查盘存资料，经主管税务机关审核后可以在当期扣除。个体户在生产经营过程中发生的以外币结算的往来款项增减变动时，由于汇率变化发生折合人民币的差额，作为汇兑损益，计入当期所得或在当期扣除。

(4) 准予扣除项目的其他范围和标准如下所述。

① 个体户发生的与生产经营有关的无法收回的账款(包括因债务人破产或者死亡以其破产或者遗产清偿后，仍不能收回的应收账款，或者因债务人逾期未履行还债义务超过3年仍然不能收回的应收账款)，应由其提供有效证明，报经主管税务机关审核后按实际发生数扣除。上述已扣除的账款在以后年度收回时，应直接作为收入处理。

② 个体户每一纳税年度发生的广告费和业务宣传费用不超过当年销售(营业)收入15%的部分，可据实扣除；超过部分准予在以后纳税年度结转扣除。

③ 个体户每一纳税年度发生的与其生产经营业务直接相关的业务招待费支出，按照发生额的60%扣除，但是最高不得超过当年销售(营业)收入的5‰。

④ 个体户将其所得通过中国境内的社会团体、国家机关向教育和其他社会公益事业及遭受严重自然灾害地区、贫困地区的捐赠，捐赠额不超过纳税所得额30%的部分可以据实扣除。纳税人直接给受益人的捐赠不得扣除。

⑤ 个体户的年度经营亏损，经申报主管税务机关审核后，允许用下一年度的经营所得弥补；下一年度所得不足弥补的，允许逐年延续弥补，但最长不得超过5年。

⑥ 个体户在生产经营过程中发生与家庭生活混用的费用，由主管税务机关核定分摊比例，据此计算确定的属于生产、经营过程中发生的费用准予扣除。

(5) 不得扣除的项目包括以下几项。

① 资本性支出，包括为购置和建造固定生产、无形资产及其他的支出、对外投资的支出。

② 被没收的财物，支付的罚款。

③ 缴纳的个人所得税以及各种税收的滞纳金、罚金罚款。

④ 各种赞助支出。

⑤ 自然灾害或者意外事故损失有赔偿的部分。

⑥ 分配给投资者的股利。

⑦ 用于个人和家庭的支出。

⑧ 个体户业主的工资。

⑨ 与生产经营无关的其他支出。

⑩ 国家税务总局规定不准扣除的其他支出。

2) 应纳税额的计算

个体户生产经营所得应纳的个人所得税，按其应纳税所得额，适用五级超额累进税率计算，计算公式为

应纳税额=应纳税所得额×适用税率-速算扣除数

=(全年收入总额−成本、费用及损失)×适用税率−速算扣除数 (16-4)

【例16-3】某市特色风味楼属个体经营户，账册比较健全。20×7年12月取得的收入为180 000元，购进菜、肉、蛋、米、面、油等原料费为76 000元，缴纳电费、水费、房租、煤气费为20 000元，缴纳其他税费8 200元。当月支付给4名雇员工资共8 000元，业主工资6 000元。20×7年1月至11月，累计应纳税所得额为107 200元，累计已预缴个人所得税为34 180.9元。计算该个体经营户12月份应缴纳的个人所得税。

【答案】(1) 12月份应纳税所得额=180 000−76 000−20 000−8 200−8 000−3 500=64 300(元)

(2) 全年应纳税所得额=107 200+64 300=171 500(元)

(3) 12月份应缴纳个人所得税额=171 500×35%−14 750−34 180.9=11 094.1(元)

3. 企事业单位承包、承租经营所得应纳税额的计算

1) 应纳税所得额的确定

对于企事业单位的承包经营、承租经营所得，以每一纳税年度的收入总额减除必要费用后的余额为应纳税所得额。

每一纳税年度的收入总额，是指纳税人按照承包经营、承租经营合同规定分得的经营利润和工资、薪金性质的所得；减除必要费用是指按月减除3 500元。应纳税所得额的计算公式为

应纳税所得额=个人承包、承租经营收入总额−必要费用 (16-5)

在一个纳税年度内，承包、承租经营不足12个月的，以其实际承包、承租经营的月份数为一个纳税年度计算纳税，计算公式为

应纳税所得额=该年度承包、承租经营收入额−(3 500×该年度实际承包、承租经营月份数) (16-6)

2) 应纳税额的计算

应纳税额的计算公式为

应纳税额=应纳税所得额×适用税率−速算扣除数 (16-7)

【例16-4】杨先生承包经营某市一家饭店(某事业单位下属企业)，承包期3年，每年从税后利润中上交承包费50万元。该饭店本年度实现利润总额882 700元。企业所得税的应纳税所得额为1 247 400元，企业所得税税率为25%。杨先生全年领取的工资性收入为35 950元。该年度必要费用的扣除标准为每月3 500元。计算杨先生应缴纳的个人所得税额。

【答案】

(1) 该饭店应纳企业所得税额=1 247 400×25%=311 850(元)

(2) 该饭店实现的净利润=882 700−311 850=570 850(元)

(3) 杨先生应纳税所得额=570 850−500 000+35 950−3 500×12=64 800(元)

(4) 杨先生应纳个人所得税额=64 800×30%−9 750=9 690(元)

4. 劳务报酬所得应纳税额的计算

1) 应纳税所得额的确定

对于劳务报酬所得，以每次收入减除费用后的余额为应纳税所得额。每次收入不超过4 000元，减除费用800元；4 000元以上的，减除20%的费用，其余额为应纳税所得额。

(1) 每次收入不超过4 000元的计算公式为

应纳税所得额=每次收入额−800 (16-8)

(2) 每次收入在4 000元以上的计算公式为

$$应纳税所得额=每次收入额\times(1-20\%) \tag{16-9}$$

值得注意的是，根据《国家税务总局关于保险营销员取得佣金收入征免个人所得税问题的通知》(国税函〔2006〕454号)，保险推销员的佣金是由展业成本和劳务报酬构成的。按照税法规定，对佣金中的展业成本不征收个人所得税；对劳务报酬部分，扣除实际缴纳的营业税金及附加后，依照税法规定计算征收个人所得税。根据目前保险推销员展业的实际情况，佣金中展业成本的比例暂定为40%，即以佣金收入扣除展业成本、营业税金及附加，再减除税法规定的费用后，其余额为应纳税所得额。

2) 每次收入的确定

劳务报酬所得因其一般具有不固定、不经常性的特征，所以按次计算。税法对“每次收入”作出了具体的规定。

(1) 只有一次性收入的，以取得该项收入为一次。例如，从事设计、安装、装潢、制图、化验、测试等劳务，往往是接受客户的委托，按照客户的要求完成一次劳务后取得收入。因此，属于只有一次性的收入，应以每次提供劳务取得收入为一次。

(2) 属于同一事项连续取得收入的，以一个月内取得的收入为一次。例如，某歌手与某卡拉OK厅签约，在2012年一年内每天到卡拉OK厅演唱一次，每次演出后付酬100元。在计算其劳务报酬所得时，应视为同一事项的连续性收入，以其一个月内取得的收入为一次计征个人所得税，而不能以每天取得的收入为一次。

3) 应纳税额的计算

劳务报酬所得适用20%的比例税率，其应纳税额按照应纳税所得额和适用的税率进行计算。

(1) 每次收入不超过4 000元的计算公式为

$$应纳税额=应纳税所得额\times20\%=(每次收入-800)\times20\% \tag{16-10}$$

(2) 每次收入超过4 000元，应纳税所得额不超过20 000元的计算公式为

$$应纳税额=应纳税所得额\times20\%=每次收入额\times(1-20\%)\times20\% \tag{16-11}$$

(3) 每次收入超过4 000元，应纳税所得额超过20 000元的计算公式为

$$\begin{aligned}应纳税额&=应纳税所得额\times适用税率-速算扣除数\\&=每次收入额\times(1-20\%)\times适用税率-速算扣除数\end{aligned} \tag{16-12}$$

【例16-5】 建筑设计院某工程师为一个工程项目制图，三个月完工交付了图纸。对方第一个月支付劳务费8 000元，第二个月支付劳务费12 000元，第三个月支付劳务费25 000元。计算该工程师应缴纳的个人所得税。

【答案】 应纳税所得额=(8 000+12 000+25 000)×(1−20%)=36 000(元)

应纳税额=36 000×30%−2 000=8 800(元)

5. 稿酬所得应纳税额的计算

1) 应纳税所得额的确定

对于稿酬所得，以每次收入减除费用后的余额为应纳税所得额。每次收入不超过4 000元，减除费用800元；4 000元以上的，减除20%的费用，其余额为应纳税所得额。

(1) 每次收入不超过4 000元的应纳税所得额计算公式为

$$应纳税所得额=每次收入额-800 \tag{16-13}$$

(2) 每次收入在4 000元以上的应纳税所得额计算公式为

应纳税所得额=每次收入额×(1−20%) (16-14)

2) 每次收入的确定

所谓每次收入，是指以每次出版、发表取得的收入为一次，具体可作如下细分。

(1) 个人每次以图书、报刊方式出版、发表同一作品(文字作品、书画作品、摄影作品及其他作品)，不论出版单位是预付还是分笔支付稿酬，或者加印该作品后再付稿酬，均应合并其稿酬所得按一次计征个人所得税。同一作品再版取得的所得，应视为另一次稿酬所得计征个人所得税。

(2) 在两处或两处以上出版、发表或再版同一作品而取得的稿酬所得，则可区分各处取得的所得或再版所得，按分次所得计征个人所得税。

(3) 个人同一作品在报刊上连载，应合并其因连载而取得的所有稿酬所得为一次，按税法规定计征个人所得税。

(4) 在其连载之后又出书取得的稿酬所得，或先出书后连载取得的稿酬所得，应视同再版稿酬分次计征个人所得税。

3) 应纳税额的计算

稿酬所得适用20%的比例税率，并按应纳税额减征30%。

(1) 每次收入不足4 000元的计算公式为

应纳税额=应纳税所得额×适用税率×(1−30%) (16-15)

应纳税额=(每次收入额−800)×20%×(1−30%) (16-16)

(2) 每次收入在4 000元以上的计算公式为

应纳税额=应纳税所得额×适用税率×(1−30%)

=每次收入额×(1−20%)×20%×(1−30%) (16-17)

【例16-6】国内某作家于20×7年3月出版了一本书，取得稿酬5 000元。该书6月至8月被北京某晚报连载，6月份取得稿费1 000元，7月份取得稿费1 000元，8月份取得稿费1 500元。因该书畅销，9月份出版社加印，又取得追加稿酬3 000元。计算该作家需缴纳的个人所得税。

【答案】(1) 出版时应纳个人所得税额=5 000×(1−20%)×20%×(1−30%)=560(元)

(2) 加印时取得的稿酬应与出版时取得的稿酬合并为一次计税，再减除出版时已纳税额，则应纳个人所得税额=8 000×(1−20%)×20%×(1−30%)−560=336(元)

(3) 个人的同一作品连载，应合并因连载而取得的所有报酬作为一次稿酬所得，计征个人所得税。因此，连载收入应纳税额=(1 000+1 000+1 500−800)×20%×(1−30%)=378(元)

(4) 该作家需要缴纳的个人所得税合计=560+336+378=1 274(元)

6. 特许权使用费所得应纳税额的计算

1) 应纳税所得额的确定

对于特许权使用费所得，以每次收入减除费用后的余额为应纳税所得额。每次收入不超过4 000元，减除费用800元；4 000元以上的，减除20%的费用，余额为应纳税所得额。

(1) 每次收入不超过4 000元的计算公式为

应纳税所得额=每次收入额−800 (16-18)

(2) 每次收入在4 000元以上的计算公式为

应纳税所得额=每次收入额×(1−20%) (16-19)

2) 每次收入的确定

特许权使用费所得按次征收，以某项使用权的一次转让所取得的收入为一次。一个纳税人可能不仅拥有一项特许权利，每项特许权的使用权也可能不止一次地向他人提供。因此，对特许权使用费所得的“次”的界定，明确为每一项使用权的每次转让所取得的收入为一次。如果该次转让取得的收入是分笔支付的，则应将各笔收入相加为一次的收入，计征个人所得税。

3) 应纳税额的计算

(1) 每次收入不足4 000元的计算公式为

$$应纳税额=应纳税所得额\times适用税率=(每次收入额-800)\times20\% \quad (16\text{-}20)$$

(2) 每次收入在4 000元以上的计算公式为

$$应纳税额=应纳税所得额\times适用税率=每次收入额\times(1-20\%)\times20\% \quad (16\text{-}21)$$

【例16-7】某人某年取得特许权使用费两次，一次收入为3 000元，另一次收入为4 500元。计算这两次特许权使用费所得应纳的个人所得税。

【答案】特许权使用费所得以某项特许权的每次转让为一次。

应纳税额=(3 000−800)×20%+4 500×(1−20%)×20%=1 160(元)

7. 财产租赁所得应纳税额的计算

1) 应纳税所得额的确定

对于财产租赁所得，以每次收入减除费用后的余额为应纳税所得额。每次收入不超过4 000元，减除费用800元；4 000元以上的，减除20%的费用，其余额为应纳税所得额。

所谓每次收入，是指一个月内取得的收入为一次。另外，税法还规定，纳税人出租财产取得财产租赁收入，在计算征税时，除可依法减除规定费用和有关税费外，还准予扣除能够提供有效、准确凭证，证明由纳税人负担的该出租财产实际开支的修缮费用。允许扣除的修缮费用，以每次800元为限，一次扣除不完的，准予在下一次继续扣除，直至扣完为止。

对于个人出租财产取得的财产租赁收入，在计算缴纳个人所得税时应依次扣除以下费用。

(1) 财产租赁过程中缴纳的税费。

(2) 由纳税人负担的该出租财产实际开支的修缮费用。

(3) 税法规定的费用扣除标准。

2) 应纳税额的计算

财产租赁所得适用20%的比例税率，但对个人按市场价格出租的居民住房取得的所得，根据《财政部 国家税务总局关于廉租住房、经济适用住房和住房租赁有关税收政策的通知》(财税〔2008〕24号)的规定，对个人出租住房取得的所得减按10%的税率征收个人所得税。

应纳税额的计算公式为

$$应纳税额=应纳税所得额\times适用税率 \quad (16\text{-}22)$$

【例16-8】张先生于20×7年2月取得出租居民住房租金收入，扣除相关税费后，当月应纳税后，所得额为3 000元。计算张先生2月份出租住房应纳个人所得税。

【答案】当月应纳个人所得税额=3 000×10%=300(元)

8. 财产转让所得应纳税额的计算

1) 应纳税所得额的确定

对于财产转让所得，以转让财产的收入额减除财产原值和合理费用后的余额为应纳税所得额。

(1) 财产原值是指以下几类。

① 有价值证券，原值为买入价及买入时按照规定缴纳的有关费用。

② 建筑物，原值为建造费、购进价格及其他有关费用。

③ 土地使用权，原值为取得土地使用权所支付的金额、开发土地的费用及其他有关费用。

④ 机器设备、车船，原值为购进价格、运输费、安装费及其他有关费用。

⑤ 其他财产，参照以上方法确定。

纳税人未提供完整、准确的财产原值凭证，不能正确计算财产原值的，由主管税务机关核定其财产原值。

(2) 合理费用是指卖出财产时按照规定支付的有关费用。

2) 应纳税额的计算

财产转让所得适用20%的比例税率，其应纳税额按照应纳税所得额和适用的税率进行计算，计算公式为

应纳税额=应纳税所得额×适用税率 (16-23)

【例16-9】李某于20×7年2月转让一套已使用3年的私有住房，取得转让收入280 000元。该套住房购进时的原价为160 000元，转让时支付有关税费13 000元。计算李某转让该私有住房应缴纳的个人所得税。

【答案】应纳税所得额=280 000−160 000−13 000=107 000(元)

应纳税额=107 000×20%=21 400(元)

9. 利息、股息、红利所得，偶然所得，其他所得应纳税额的计算

1) 应纳税所得额的确定

计算利息、股息、红利所得，偶然所得，其他所得的应纳税所得额，不扣除任何费用。利息、股息、红利所得，以支付利息、股息、红利时取得的收入为一次；偶然所得、其他所得，以每次取得该项收入为一次。

自2008年10月9日(含)起，暂免征收储蓄存款利息所得税。(财税〔2008〕132号)

《关于上市公司股息红利差别化个人所得税政策有关问题的通知》(财税〔2015〕101号)规定：个人从公开发行和转让市场取得的上市公司股票，持股期限在1个月以内(含1个月)的，其股息、红利所得全额计入应纳税所得额；持股期限在1个月以上至1年(含1年)的，暂减按50%计入应纳税所得额；个人从公开发行和转让市场取得的上市公司股票，持股期限超过1年的，股息红利所得暂免征收个人所得税。

上述所得统一适用20%的税率计征个人所得税。全国中小企业股份转让系统挂牌公司股息红利差别化个人所得税政策，也按照上述规定执行。

2) 应纳税额的计算

应纳税额的计算公式为

应纳税额=应纳税所得额×适用税率=每次收入额×20% (16-24)

【例16-10】李女士是自由职业者，20×7年4月取得如下所得：①持有2个月A上市公司股票后，从A上市公司取得股息所得16 000元；②从B非上市公司取得股息所得7 000元。计算李女士当月应缴纳的个人所得税。

【答案】依据持股期限在1个月以上至1年(含1年)的，暂减按50%计入应纳税所得额的规定，取得上市公司的股息所得减半征收个人所得税。

上市公司股息所得应纳个人所得税额=16 000×50%×20%=1 600(元)

非上市公司股息所得应纳个人所得税额=7 000×20%=1 400(元)

当月应缴纳的个人所得税额=1 600+1 400=3 000(元)

【例16-11】刘某在参加商场的有奖销售过程中，中奖所得共计价值50 000元。刘某领奖时告知商场，从中奖收入中拿出6 000元通过教育部门向某贫困地区捐赠。请按照规定计算商场代扣代缴个人所得税后刘某实际可得的中奖金额。

【答案】根据税法规定，刘某的捐赠额可以全部从应纳税所得额中扣除(因为6 000÷50 000=12%，小于捐赠扣除比例30%)。

应纳税所得额=偶然所得−捐赠额=50 000−6 000=44 000(元)

应纳税额(即商场代扣税款)=应纳税所得额×适用税率=44 000×20%=8 800(元)

刘某实际可得中奖额=50 000−6 000−8800=35 200(元)

16.4.3 境外所得已纳税额的扣除

税法规定，居民纳税人应就其来源于中国境内、境外的所得缴纳个人所得税。在对纳税人的境外所得征税时，会存在其境外所得已在来源国家或者地区缴纳的实际情况。为了避免国家之间对同一所得重复征税，同时维护我国的税收权益，我国在对纳税人的境外所得行使税收管辖权时，对该所得在境外已纳税额采取税额抵免的做法。

税法规定，纳税人从中国境外取得的所得，准予其在应纳税额中扣除已在境外缴纳的个人所得税税额。但扣除额不得超过该纳税人境外所得依照我国税法规定计算的应纳税额，具体规定如下所述。

(1) 税法所说的“已在境外缴纳个人所得税税额”，是指纳税人从中国境外取得的所得，依照该所得来源国家或者地区的法律应缴纳并且实际已经缴纳的税额。

(2) 税法所说的“依照我国税法规定计算的应纳税额”，是指纳税人从中国境外取得的所得，区别不同国家或者不同应税项目，依照我国税法规定的减除标准和适用税率计算的应纳税额。同一国家或者地区的不同应纳税项目，依照我国税法计算的应纳税额之和，为该国家或者地区的扣除限额。

(3) 纳税人在中国境外一个国家或者地区实际已经缴纳的个人所得税额，低于依照上述规定计算出的该国家或者地区扣除限额的，应当在中国缴纳差额部分的税款；超过该国家或者地区扣除限额的，其超过部分不得在本纳税年度的应纳税额中扣除，但是可以在以后纳税年度的该国家或者地区扣除限额的余额中补扣，补扣期限最长不得超过5年。

(4) 纳税人依照税法的规定申请扣除已在境外缴纳的个人所得税额时，应当提供境外税务机关填发的完税凭证原件。

【例16-12】张先生取得来源于美国的一项特许权使用费所得折合人民币12万元，以及一项股息所得折合人民币8万元，总计在美国缴纳税款折合人民币2万元；另外，他还从日本取得一笔股息折合人民币10万元，被日本税务当局扣缴所得税折合人民币2.2万元。张先生能够向国内主管税务局提供全面的境外完税证明，且已证明属实。

要求：(1) 计算境外税额扣除限额；

(2) 计算张先生在我国实际应当缴纳的税款。

【答案】计算个人境外所得已纳税额的扣除限额，采取“分国又分项”的计算方法。

(1) 计算境外税额扣除限额。

① 在美国特许权使用费所得的扣除限额=12×(1−20%)×20%=1.92(万元)

② 在美国股息所得扣除限额=8×20%=1.6(万元)

③ 在美国所得税款的扣除限额=1.92+1.6=3.52(万元)

④ 在日本所得税款的扣除限额=10×20%=2(万元)

(2) 计算张先生在我国实际应当缴纳的税款。

① 在美国缴税2万元小于扣除限额3.52万元，其实际已纳税额准予全部扣除。
在我国应补缴税款=3.52−2=1.52(万元)

② 在日本缴税2.2万元大于扣除限额2万元，准予扣除的在日本已纳税额为2万元，余额0.2万元可以在以后年度内补扣，补扣期最长不超过5年。

③ 张先生在中国实际应补缴税款1.52万元。

16.4.4 个人所得税的特殊计税方法

1. 扣除捐赠款的计税方法

个人公益性捐赠一般捐赠额的扣除以不超过纳税人申报应纳税所得额的30%为限，计算公式为

$$\text{捐赠扣除限额}=\text{申报的应纳税所得额}\times 30\% \tag{16-25}$$

$$\text{应纳税额}=(\text{应纳税所得额}-\text{允许扣除的捐赠额})\times\text{适用税率}-\text{速算扣除数} \tag{16-26}$$

2. 境外缴纳税额抵免的计税方法

个人所得税境外税额抵免限额的方法采用的是分国又分项计算的方法，不同于企业所得税的分国不分项的计算。

我国个人所得税的抵免限额采用分国分项限额抵免法。分国又分项计算限额，分国加总比较限额。总的原则是多交不退、少交必补。

(1) 境外已纳税额>抵免限额。当期不退国外多交税款，但是可以在以后纳税年度的该国家或者地区扣除限额的余额中补扣，补扣期限最长不得超过5年。

(2) 境外已纳税额<抵免限额。在我国补交差额部分税额。

3. 两个或两个以上纳税人共同取得同一项所得的计税方法

处理原则为先分、后扣、再税，即可以对每个人分得的收入分别减除费用，计算各自的应纳税所得额和应纳税额。

4. 对从事建筑安装业个人取得所得的征税办法

(1) 凡建筑安装业各项工程作业实行承包经营，对承包人取得的所得，分两种情况处理：对经营成果归承包人个人所有的所得，或按合同(协议)规定将一部分经营成果留归承包人个人的所得，按“对企事业单位的承包经营、承租经营所得”项目征税；对承包人以其他方式取得的所得，按“工资、薪金所得”项目征税。

(2) 从事建筑安装业的个体工商户和未领取营业执照承揽建筑安装业工程作业的建筑安装队和个人，以及建筑安装企业实行个人承包后，工商登记改变为个体经济性质的，其从事建筑安装业取得的收入，应按照“个体工商户的生产、经营所得”项目计征个人所得税。

(3) 对从事建筑安装业工程作业的其他人员取得的所得，分别按照“工资、薪金所得”项目和“劳务报酬所得”项目计征个人所得税。

其他人员，主要指工程队的从业人员或者临时工。

5. 对从事广告业个人取得所得的征税办法

在广告经营中提供名义、形象，或在广告设计、制作、发布过程中提供劳务并取得所得的个人，是个人所得税的纳税人。

(1) 纳税人在广告设计、制作、发布过程中提供名义、形象而取得的所得(偶然的、临时性的)，应按“劳务报酬所得”项目计算纳税。

(2) 扣缴义务人的本单位人员在广告设计、制作、发布过程中取得的由本单位支付的所得，按“工资、薪金所得”项目计算纳税。

6. 对演出市场个人取得所得的征税办法

演职员参加非任职单位组织的演出取得的报酬，应按“劳务报酬所得”项目，按次计算纳税；演职员参加任职单位组织的演出取得的报酬，应按“工资、薪金所得”项目，按月计算纳税。

7. 个人股票期权(非公开交易的期权)所得征收个人所得税的方法

关于个人股票期权所得，自2005年7月1日起执行的《财政部 国家税务总局关于个人股票期权征收个人所得税问题的通知》(财税〔2005〕35号)作出了如下规定。

(1) 施权时，不征税。

(2) 员工行权时，按施权价低于购买日公平市价(当日收盘价)的差额，按“工资、薪金所得”征收个人所得税；如在行权日之前转让股票期权的，以转让净收益，按“工资、薪金所得”计算缴纳个人所得税。

(3) 行权后股票再转让，获得差价，按“财产转让所得”的征免规定计算缴纳个人所得税。如果转让的是境内上市公司的股票，暂免征收个人所得税。应注意的是，本条款只适用于员工拥有的境内上市公司股票；对于员工转让境外上市公司股票，不免税，按“财产转让所得”征税。

(4) 因拥有股权，参与税后利润分配所得，按“利息、股息、红利所得”征收个人所得税。

(5) 关于应纳税款的计算。员工因参加股票期权计划而从中国境内取得的所得，应按“工资、薪金所得”计算纳税的，对该股票期权形式的工资薪金所得可区别于所在月份的其他工资薪金所得，单独按下列公式计算当月应纳税款

应纳税额=(股票期权形式的工资、薪金应纳税所得额÷规定月份数×适用税率−速算扣除数)×规定月份数 (16-27)

式中，规定月份数，是指员工取得来源于中国境内的股票期权形式工资、薪金所得的境内工作期间月份数，长于12个月的，按12个月计算；适用税率和速算扣除数，以股票期权形式的工资、薪金应纳税所得额除以规定月份数后的商数，对照税率表确定。

8. 企业高级管理人员行使股票认购权取得所得个人所得税的征税办法(认购股票权)(财税〔2009〕40号)

(1) 在行使股票认购权时的实际购买价低于购买日公平市场价之间的数额，属于个人所得税“工资、薪金所得”应税项目的所得。

(2) 个人在行使股票认购权前，将其股票认购权转让所取得的所得，应并入其当月工资收入，按照“工资、薪金所得”项目缴纳个人所得税。

(3) 对个人在行使股票认购权后，将已认购的股票(不包括境内上市公司股票)转让所取得的所得，应按照“财产转让所得”项目缴纳个人所得税。

9. 关于股权激励个人所得税征收方法

1) 关于股权激励所得项目和计税方法的确定

根据《个人所得税法》及其实施条例和财税〔2009〕5号文件等的规定，个人因任职、受雇从上市公司取得的股票增值权所得和限制性股票所得，由上市公司或其境内机构按照“工资、薪金所得”项目和股票期权所得个人所得税计税方法，依法扣缴其个人所得税。

2) 关于股票增值权应纳税所得额的确定

股票增值权被授权人获取的收益，是由上市公司根据授权日与行权日股票差价乘以被授权股数，直接向被授权人支付的现金(一定时期和约束条件)。上市公司应于向股票增值权被授权人兑现时依法扣缴其个人所得税。被授权人股票增值权应纳税所得额的计算公式为

股票增值权某次行权应纳税所得额=(行权日股票价格−授权日股票价格)×行权股票份数 (16-28)

3) 关于限制性股票应纳税所得额的确定

按照《个人所得税法》及其实施条例等有关规定，原则上应在限制性股票所有权归属于被激励对象时确认其限制性股票所得的应纳税所得额，即上市公司实施限制性股票计划时，应以被激励对象限制性股票在中国证券登记结算公司(境外为证券登记托管机构)进行股票登记日期的股票市价(指当日收盘价，下同)和本批次解禁股票当日市价(指当日收盘价，下同)的平均价格乘以本批次解禁股票份数，减去被激励对象本批次解禁股份数所对应的为获取限制性股票实际支付的资金数额，其差额为应纳税所得额。被激励对象限制性股票应纳税所得额的计算公式为

应纳税所得额=(股票登记日股票市价+本批次解禁股票当日市价)÷2×本批次解禁股票份数−被激励对象实际支付的资金总额×(本批次解禁股票份数÷被激励对象获取的限制性股票总份数) (16-29)

4) 关于股权激励所得应纳税额的计算

(1) 个人在纳税年度内第一次取得股票期权、股票增值权所得和限制性股票所得的，上市公司应按照“工资、薪金所得”项目和股票期权所得个人所得税计税方法扣缴其个人所得税。

(2) 个人在纳税年度内两次以上(含两次)取得股票期权、股票增值权和限制性股票等所得，包括两次以上(含两次)取得同一种股权激励形式所得或者兼有不同股权激励形式所得的，上市公司应将其纳税年度内各次股权激励所得合并计算扣缴个人所得税。

5) 关于纳税义务发生时间

(1) 股票增值权个人所得税纳税义务发生时间为上市公司向被授权人兑现股票增值权所得的日期。

(2) 限制性股票个人所得税纳税义务发生时间为每一批次限制性股票解禁的日期。

10. 限售股的税务处理(财税〔2009〕167号、国税〔2010〕27号)

(1) 限售股包括3种：股改限售股；新股限售股；其他。

(2) 限售股征税增加9种情形。个人转让限售股或发生具有转让限售股实质的其他交易，对具有下列情形的，应按规定征税。

① 个人通过证交所集中交易系统或大宗交易系统转让限售股；

② 个人用限售股认购或申购交易型开放式指数基金份额；

③ 个人用限售股接受要约收购；

④ 个人行使现金选择权将限售股转让给提供现金选择权的第三方；

⑤ 个人协议转让限售股；

⑥ 个人持有的限售股被司法扣划；

⑦ 个人因依法继承或家庭财产分割让渡限售股所有权；

⑧ 个人用限售股偿还上市公司股权分置改革中由大股东代其向流通股股东支付的对价；

⑨ 其他具有转让实质的情形。

(3) 限售股转让征税。自2010年1月1日起，个人转让限售股取得所得，按照“财产转让所得”，适用20%的比例税率征收个人所得税。以每次限售股转让收入，减除股票原值和合理税费后的余额，为应纳税所得额，计算公式为

应纳税所得额=限售股转让收入−(限售股原值+合理税费) (16-30)

应纳税额=应纳税所得额×20% (16-31)

式中，限售股转让收入，是指转让限售股股票实际取得的收入；限售股原值，是指限售股买入时的买入价及按照规定缴纳的有关费用；合理税费，是指转让限售股过程中发生的印花税、佣金、过户费等与交易相关的税费。

(4) 如果纳税人未能提供完整、真实的限售股原值凭证，不能准确计算限售股原值的，主管税务机关一律按限售股转让收入的15%核定限售股原值及合理税费。

(5) 限售股转让税收征收管理。限售股转让所得个人所得税，以限售股持有者为纳税义务人，以个人股东开户的证券机构为扣缴义务人。

11. 关于股权转让所得个人所得税计税依据的核定问题(国税〔2010〕27号)

自然人转让所投资企业股权(份)(以下简称股权转让)取得所得，按照公平交易价格计算并确定计税依据。计税依据明显偏低且无正当理由的，主管税务机关可按一定方法核定。

(1) 计税依据明显偏低且无正当理由的判定方法。

符合下列情形之一且无正当理由的，可视为计税依据明显偏低。

① 申报的股权转让价格低于初始投资成本或低于取得该股权所支付的价款及相关税费的；

② 申报的股权转让价格低于对应的净资产份额的；

③ 申报的股权转让价格低于相同或类似条件下同一企业、同一股东或其他股东股权转让价格的；

④ 申报的股权转让价格低于相同或类似条件下同类行业的企业股权转让价格的；

⑤ 经主管税务机关认定的其他情形。

(2) 申报的计税依据明显偏低且无正当理由的核定方法。

① 参照每股净资产或纳税人享有的股权比例所对应的净资产份额核定股权转让收入；

② 参照相同或类似条件下同一企业、同一股东或其他股东股权转让价格核定股权转让收入；

③ 参照相同或类似条件下同类行业的企业股权转让价格核定股权转让收入。

纳税人对主管税务机关采取的上述核定方法有异议的，应当提供相关证据，主管税务机关认定属实后，可采取其他合理的核定方法。

纳税人再次转让所受让的股权的，股权转让的成本为前次转让的交易价格及买方负担的相关税费。

以上所称股权转让不包括上市公司股份转让。

12. 单位按低价向职工售房有关个税规定(财税〔2007〕13号)

单位按低于购置或建造成本价格出售住房给职工，职工因此而少支出的差价部分，属于个人所得税应税所得，应按照“工资、薪金所得”项目缴纳个人所得税。

对职工取得的上述应税所得，比照全年一次性奖金的征税办法，计算征收个人所得税，即先将全部所得数额除以12，按其商数并根据《个人所得税法》规定的税率表确定适用的税率和速算扣除数，再根据全部所得数额、适用的税率和速算扣除数，按照税法规定计算征税。

13. 个人取得拍卖收入征收个人所得税(国税发〔2007〕38号)

个人取得拍卖所得的计税规定，如表16-8所示。

表16-8　个人取得拍卖所得计税规定

拍卖物品	适用税目	应纳税所得额	税率
作者将自己的文字作品手稿原件或复印件拍卖	特许权使用费所得	转让收入额减除800元或者20%后的余额	20%
作者将他人的文字作品手稿原件或复印件拍卖	财产转让所得	转让收入额减除财产原值和合理费用后的余额	20%
个人拍卖除文字作品原稿及复印件以外的其他财产	财产转让所得	转让收入额减除财产原值和合理费用后的余额	20%

对个人拍卖所得征收个人所得税时，以该项最终拍卖成交价格为其转让收入额。

个人财产拍卖所得适用“财产转让所得”项目计算应纳税所得额时，纳税人凭合法有效的凭证(税务机关监制的正式发票、相关境外交易单据或海关报关单据、完税证明等)，从其转让收入额中减除相应的财产原值、拍卖财产过程中缴纳的税金及有关合理费用。

(1) 财产原值，是指售出方个人取得该拍卖品的价格(以合法有效的凭证为准)，具体包括以下几类。

① 通过商店、画廊等途径购买的，为购买该拍卖品时实际支付的价款；

② 通过拍卖行拍得的，为拍得该拍卖品实际支付的价款及缴纳的相关税费；

③ 通过祖传收藏的，为其收藏该拍卖品而发生的费用；

④ 通过赠送取得的，为其受赠该拍卖品时发生的相关税费；

⑤ 通过其他形式取得的，参照以上原则确定财产原值。

(2) 拍卖财产过程中缴纳的税金，是指在拍卖财产时纳税人实际缴纳的相关税金及附加。

(3) 有关合理费用，是指拍卖财产时纳税人按照规定实际支付的拍卖费(佣金)、鉴定费、评估费、图录费、证书费等费用。

纳税人如不能提供合法、完整、准确的财产原值凭证，不能正确计算财产原值的，按转让收入额的3%征收率计算缴纳个人所得税；拍卖品为经文物部门认定是海外回流文物的，按转让收入额的2%征收率计算缴纳个人所得税。

纳税人的财产原值凭证内容填写不规范，或者一份财产原值凭证包括多件拍卖品且无法确认每件拍卖品一一对应的原值的，不得将其作为扣除财产原值的计算依据，应视为不能提供合法、完整、准确的财产原值凭证，并按上述规定的征收率计算缴纳个人所得税。

纳税人虽然能够提供合法、完整、准确的财产原值凭证，但不能提供有关税费凭证的，不得按征收率计算纳税，应当就财产原值凭证上注明的金额据实扣除，并按照税法规定计算缴纳个人所得税。

个人财产拍卖所得应纳的个人所得税税款，应由拍卖单位负责代扣代缴，并按规定向拍卖单位所在地主管税务机关办理纳税申报。

14. 个人无偿受赠房屋产权的个人所得税处理(国税〔2009〕78号)

(1) 以下情形的房屋产权无偿赠与，对当事双方不征收个人所得税。

① 房屋产权所有人将房屋产权无偿赠与配偶、父母、子女、祖父母、外祖父母、孙子女、外孙子女、兄弟姐妹；

② 房屋产权所有人将房屋产权无偿赠与对其承担直接抚养或者赡养义务的抚养人或者赡养人；

③ 房屋产权所有人死亡，依法取得房屋产权的法定继承人、遗嘱继承人或者受遗赠人。

(2) 除①规定情形以外，房屋产权所有人将房屋产权无偿赠与他人的，受赠人因无偿受赠房屋取得的受赠所得，按照“经国务院财政部门确定征税的其他所得”项目缴纳个人所得税，税率为20%。

(3) 对受赠人无偿受赠房屋计征个人所得税时，其应纳税所得额为房地产赠与合同上标明的赠与房屋价值减除赠与过程中受赠人支付的相关税费后的余额。赠与合同标明的房屋价值明显低于市场价格或房地产赠与合同未标明赠与房屋价值的，税务机关可依据受赠房屋的市场评估价格或采取其他合理方式确定受赠人的应纳税所得额。

(4) 受赠人转让受赠房屋的，以其转让受赠房屋的收入减除原捐赠人取得该房屋的实际购置成本以及赠与和转让过程中受赠人支付的相关税费后的余额，为受赠人的应纳税所得额，依法计征个人所得税。受赠人转让受赠房屋价格明显偏低且无正当理由的，税务机关可以依据该房屋的市场评估价格或以其他合理方式确定的价格核定其转让收入。

15. 企业年金的个人所得税计算(国税函〔2009〕694号)

(1) 企业年金个人缴费部分，不得在个人当月对工资、薪金计算个人所得税时扣除。

(2) 企业年金的企业缴费计入个人账户的部分(以下简称企业缴费)，是个人因任职或受雇而取得的所得，属于个人所得税应税收入，在计入个人账户时，应视为个人一个月的工资、薪金(不与正常工资、薪金合并)，不扣除任何费用，按照“工资、薪金所得”项目计算当期应纳个人所得税款，并由企业在缴费时代扣代缴。

(3) 对企业按季度、半年或年度缴纳企业缴费的，在计税时不得还原至所属月份，均作为一个月的工资、薪金，不扣除任何费用，按照适用税率计算扣缴个人所得税。

(4) 对因年金设置条件导致的已经计入个人账户的企业缴费不能归属个人的部分，其已扣缴的个人所得税应予以退还。

(5) 对年金征税问题的补充规定。对于企业为月工资收入低于费用扣除标准的职工缴存企业年金的征税问题，按以下规定执行。

① 企业年金的企业缴费部分计入职工个人账户时，当月个人工资、薪金所得与计入个人年金账户的企业缴费之和未超过个人所得税费用扣除标准的，不征收个人所得税。

② 个人当月工资、薪金所得低于个人所得税费用扣除标准，但加上计入个人年金账户的企业缴费后超过个人所得税费用扣除标准的，其超过部分按规定缴纳个人所得税。

【例16-13】甲企业20×7年2月发给李某4 000元工资，税后为3 985元，李某从中拿出200元缴纳了企业年金，企业年金的企业缴费部分按月计入个人账户500元。李某如何就企业年金中的企业缴费部分纳税？

【答案】企业缴入其个人账户的500元不并入当月工资、薪金，直接以500元对应个人所得税工资、薪金所得税率表中的适用税率计算应扣缴的税款。

16. 雇佣和派遣单位分别支付工资、薪金的费用扣除

对于雇佣和派遣单位，为了有利于个人所得税的征管，采取由支付者一方减除费用的办法。

(1) 只有雇佣单位在支付工资、薪金时，才可按税法规定减除费用，计算扣缴税款。

(2) 派遣单位支付的工资、薪金不再减除费用，以支付全额直接确定适用税率，计算扣缴个人所得税。

(3) 上述纳税义务人，应持两处支付单位提供的原始明细工资、薪金单(书)和完税凭证原件，选择并固定到一地税务机关申报每月工资、薪金收入，汇算清缴其工资、薪金收入的个人所得税，多退少补。具体申报期限，由各省、自治区、直辖市税务局确定。

17. 雇佣单位将部分工资、薪金上交派遣单位的费用扣除

对于外商投资企业、外国企业和外国驻华机构发放给中方工作人员的工资、薪金所得，应全额计税。对于可以提供有效合同或有关凭证，能够证明其工资、薪金所得的一部分按有关规定上交派遣(介绍)单位的，可以扣除其实际上交的部分，按其余额计征个人所得税。

18. 境内、境外分别取得工资、薪金所得的费用扣除

分别来自境内和境外的，应分别减除费用后计算纳税。若其任职或者受雇单位在中国境内，应为来源于中国境内的所得；若其任职或受雇单位在中国境外，应为来源于中国境外的所得，依照有关规定计税。

19. 特定行业职工取得的工资、薪金所得的费用扣除(国税发〔1999〕202号)

(1) 为了照顾采掘业、远洋运输业、远洋捕捞业因季节、产量等因素的影响，职工工资、薪金收入呈现较大幅度波动的实际情况，对这三个特定行业的职工取得的工资、薪金所得采取按年计算、分月预缴的方式计征个人所得税。年度终了后30日内，合计其全年工资、薪金所得，再按12个月平均并计算实际应纳的税款，多退少补。计算公式表示为

应纳税额=[(全年工资、薪金收入额÷12−费用扣除标准)×适用税率−速算扣除数]×12　　(16-32)

(2) 对远洋运输船员每月的工资、薪金收入在统一扣除3 500元费用的基础上，准予再扣除税法规定的附加减除费用标准。

(3) 由于船员的伙食费统一用于集体用餐，不发给个人，故特允许该项补贴不计入船员个人的应纳税工资、薪金收入。

20. 个人取得公务交通、通信补贴收入的扣除标准(国税发〔1999〕58号)

个人因公务用车和通信制度改革而取得的公务用车、通信补贴收入，扣除一定标准的公务费用后，按照“工资、薪金所得”项目计征个人所得税。按月发放的，并入当月“工资、薪金所得”计征个人所得税；不按月发放的，分解到所属月份并与该月份“工资、薪金所得”合并后计征个人所得税。

公务费用的扣除标准由省级地方税务局根据纳税人公务、交通费用的实际发生情况调查测算，报经省级人民政府批准后确定，报国家税务总局备案。

21. 个人取得全年一次性奖金的计税(国税发〔2005〕9号)

个人取得全年一次性奖金等应纳个人所得税的计算，首先明确年终奖单独作为一个月工资计税。

先将当月取得的全年一次性奖金，除以12个月，按其商数确定适用税率和速算扣除数。将雇员个人当月内取得的全年一次性奖金，按上述适用税率和速算扣除数计算征税，具体包括两种情况。

(1) 如果雇员当月工资、薪金所得高于(或等于)税法规定的费用扣除额，适用公式为

应纳税额=雇员当月取得全年一次性奖金×适用税率-速算扣除数 (16-33)

(2) 如果雇员当月工资、薪金所得低于税法规定的费用扣除额，适用公式为

应纳税额=(雇员当月取得全年一次性奖金-雇员当月工资、薪金所得与费用扣除额的差额)×适用税率-速算扣除数 (16-34)

一个纳税年度内，对每一个纳税人，此计税办法只允许采用一次。实行年薪制和绩效工资的单位，个人取得年终兑现的年薪和绩效工资按此规定执行。雇员取得除全年一次性奖金以外的其他各种名目奖金，如半年奖、季度奖、加班奖、先进奖、考勤奖等，一律与当月工资、薪金收入合并，按税法规定缴纳个人所得税。

22. 取得不含税全年一次性奖金收入的个人所得税计算(国税〔2011〕28号)

(1) 按照不含税的全年一次性奖金收入除以12的商数，查找相应适用税率A和速算扣除数A，计算公式为

含税的全年一次性奖金收入=(不含税的全年一次性奖金收入-速算扣除数A)÷(1-适用税率A) (16-35)

(2) 按照含税的全年一次性奖金收入除以12的商数，重新查找适用税率B和速算扣除数B，计算公式为

应纳税额=含税的全年一次性奖金收入×适用税率B-速算扣除数B (16-36)

如果纳税人取得不含税全年一次性奖金收入的当月工资、薪金所得，低于税法规定的费用扣除额，应先将不含税全年一次性奖金收入减去当月工资、薪金所得低于税法规定的费用扣除额的差额部分后，再按照上述规定处理。

23. 对个人因解除劳动合同取得经济补偿金的计税方法(国税发〔1999〕178号、财税〔2001〕157号)

(1) 企业依照国家有关法律规定宣告破产，企业职工从该破产企业取得的一次性安置费收入，免征个人所得税。

(2) 个人因与用人单位解除劳动关系而取得的一次性补偿收入(包括用人单位发放的经济补偿金、生活补助费和其他补助费用)，其收入在当地上年职工平均工资三倍数额以内的部分，免征个人所得税；超过三倍数额部分的一次性补偿收入，可视为一次取得数月的工资、薪金收入，允许在一定期限内平均计算。

计算方法：以超过三倍数额部分的一次性补偿收入，除以个人在本企业的工作年限数(超过12年的按12年计算)，以其商数作为个人的月工资、薪金收入，按照税法规定计算缴纳个人所得税。个人在解除劳动合同后又再次任职、受雇的，已纳税的一次性补偿收入不再与再次任职、受雇的工资、薪金所得合并计算补缴个人所得税。

(3) 个人领取一次性补偿收入时按照国家和地方政府规定的比例实际缴纳的住房公积金、医疗保险费、基本养老保险费、失业保险费，可以在计征其一次性补偿收入的个人所得税时予以扣除。

24. 双薪的计税方法

年终双薪就是多发一个月的工资，就机关而言，相当于全年一次性奖金，应按全年一次性

奖金政策规定计算个人所得税；就企业而言，如果当月既有年终双薪，又有全年一次性奖金，可合并按照全年一次性奖金政策规定计算个人所得税，否则应并入当月的工资按规定计算个人所得税。

25. 个人提前退休取得一次性补贴收入的计税方法(国税〔2011〕6号)

2011年1月1日起，对提前退休(包括病退和特殊工种的提前退休)取得一次性补贴收入的个人所得税处理规定如下所述。

(1) 机关、企事业单位对未达到法定退休年龄、正式办理提前退休手续的个人，按照统一标准向提前退休工作人员支付一次性补贴，不属于免税的离退休工资收入，应按照“工资、薪金所得”项目征收个人所得税。

(2) 个人因办理提前退休手续而取得的一次性补贴收入，应按照办理提前退休手续至法定退休年龄之间所属月份平均分摊计算个人所得税，计税公式为

应纳税额={[(一次性补贴收入÷办理提前退休手续至法定退休年龄的实际月份数)−费用扣除标准]×适用税率−速算扣除数}×提前办理退休手续至法定退休年龄的实际月份数 (16-37)

26. 对非居民个人不同纳税义务计算应纳税额的方法(国税发〔1994〕148号)

对在中国境内无住所的外籍个人的工资、薪金所得的征税规定，可归纳为以下几点。

1) 按在境内停留时间划分非居民个人

按在境内停留时间的长短，将无住所外籍个人分为以下4类。

第一类人，在中国停留时间不超过90(183)天的外籍个人。

第二类人，在中国停留时间超过90(183)天但不满1年的外籍个人。

第三类人，在中国停留时间满1年但不超过5年的外籍个人。

第四类人，在中国停留时间满5年的外籍个人。

2) 按个人所得来源划分非居民个人

按个人所得来源，将外籍个人的所得分为以下4类。

第一类所得，境内所得、境内支付部分。

第二类所得，境内所得、境外支付部分。

第三类所得，境外所得、境内支付部分。

第四类所得，境外所得、境外支付部分。

3) 区分人与所得类别分别征税

无住所纳税人工资、薪金所得征税范围，如表16-9所示。

表16-9 无住所纳税人工资、薪金所得征税范围

居住时间	在中国境内工作		在中国境外工作	
	境内支付	境外支付	境内支付	境外支付
$T \leqslant 90(183)$天	征	免税	不征	不征
90(183)天$< T <$1年	征	征	不征	不征
1年$\leqslant T \leqslant$5年	征	征	征	免税
$T>$5年	征	征	征	征

无住所纳税人工资、薪金所得计税方法，如表16-10所示。

表16-10　无住所纳税人工资、薪金所得计税方法

四类人	四类所得	计税方法(先税后分)
第一类人	第一类所得：境内所得、境内支付部分	应纳税额=(当月境内外工资、薪金应纳税所得额×适用税率−速算扣除数)×(当月境内支付工资÷当月境内外支付工资总额)×(当月境内工作天数÷当月天数)　(16-38)
第二类人	第一类所得：境内所得、境内支付部分； 第二类所得：境内所得、境外支付部分	应纳税额=(当月境内外工资、薪金应纳税所得额×适用税率−速算扣除数)×(当月境内工作天数÷当月天数)　(16-39)
第三类人	第一类所得：境内所得、境内支付部分； 第二类所得：境内所得、境外支付部分； 第三类所得：境外所得、境内支付部分	应纳税额=(当月境内外工资、薪金应纳税所得额×适用税率−速算扣除数)×(1−当月境外支付工资÷当月境内外支付工资总额)×(当月境外工作天数÷当月天数)　(16-40)
第四类人	第一类所得：境内所得、境内支付部分； 第二类所得：境内所得、境外支付部分； 第三类所得：境外所得、境内支付部分； 第四类所得：境外所得、境外支付部分	应纳税额=当月境内外工资、薪金应纳税所得额×适用税率−速算扣除数　(16-41)

27. 非居民个人企业高管人员工资、薪金应纳个人所得税的计算(国税函〔1995〕125号、国税发〔2004〕97号)

非居民个人企业高管人员执行职务期间，我国境内支付的所得，不分其实际居住在境内或境外，均在我国申报纳税。境外支付的所得，按规定的时间衡量是否在我国纳税。

外籍高管工资、薪金所得应纳个人所得税的计算方法(三类高管)，如表16-9、表16-10所示。

(1) 90(183)天以内的计算公式为

应纳税额=(当月境内外工资、薪金应纳税所得额×适用税率−速算扣除数)×(当月境内支付工资÷当月境内外支付工资总额)×(当月境内工作天数÷当月天数)　(16-42)

(2) 90(183)天以上、1年以内的计算公式为

应纳税额=(当月境内外工资、薪金应纳税所得额×适用税率−速算扣除数)×(当月境内工作天数÷当月天数)　(16-43)

(3) 1年以上、5年以下的计算公式为

应纳税额=(当月境内外工资、薪金应纳税所得额×适用税率−速算扣除数)×[1−(当月境外支付工资÷当月境内外支付工资总额)×(当月境外工作天数÷当月天数)]　(16-44)

(4) 5年以上，不区分普通外籍人士和外籍高管，应就其境内外全部工资、薪金所得纳税，计算公式为

应纳税额=当月境内外工资、薪金应纳税所得额×适用税率−速算扣除数　(16-45)

28. 特殊性质的个人所得税的计算实例

1) 个人取得全年一次性奖金收入的计税方法

【例16-14】我国公民李某20×7年12月5日取得当月工资6 000元(已扣除“三险一金”)外，当月还一次性取得年终奖金120 000元。计算李某当月应缴纳的个人所得税。

【答案】当月工薪应纳税额=(6 000−3 500)×10%−105=145(元)

计算年终奖应纳个人所得税

第1步：120 000÷12=10 000(元)，第一次查找税率为25%，速算扣除数为1 005

第2步：120 000×25%−1 005=28 995(元)

李某当月合计应纳税额=145+28 995=29 140(元)

2) 个人取得不含税全年一次性奖金收入的计税方法

【例16-15】我国公民张某20×7年1月取得当月税前工薪收入5 000元和一个装有100 000元现金的红包(20×6年的年终税后奖金)。计算张某在当月应缴纳的个人所得税。

【答案】(1) 当月工薪应纳税额=(5 000−3 500)×3%=45(元)

(2) 税后年终奖应纳个人所得税

第1步：100 000÷12≈8 333.33(元)，第一次查找税率为20%，速算扣除数为555

第2步：换算成含税一次性奖金(100 000−555)÷(1−20%)=124 306.25(元)

第3步：124 306.25÷12≈10 358.85(元)，第二次查找税率为25%，速算扣除数为1 005

第4步：10 358.85×25%−1 005≈1 584.71(元)

(3) 当月合计应纳税额=45+1 584.71=1 629.71(元)

3) 同时取得雇佣单位和派遣单位工资、薪金所得的计税方法

【例16-16】王某由中方A企业派往B外商投资企业工作，派遣单位和雇佣单位每月分别支付给王某的薪金为1 000元和9 200元。按派遣单位与王某签订的协议，对于从外商投资企业取得的工薪收入，每月向派出单位交款3 000元。请计算A、B企业每月应如何代扣代缴王某的个人所得税？王某实际应缴的个人所得税为多少？

【答案】

(1) 派遣单位A企业应为王某扣缴的个人所得税

扣缴税额=每月收入额×适用税率−速算扣除数=1 000×3%−0=30(元)

(2) 雇佣单位B企业每月代扣代缴王某个人所得税

扣缴税额=(9 200−3 000−3 500)×10%−105=165(元)

(3) 王某实际应缴的个人所得税

应纳税额=(9 200+1 000−3 000−3 500)×10%−105=265(元)

应补缴个人所得税额=265−30−165=70(元)

因此，在王某到某税务机关申报时，还应补缴70元。

4) 特定行业职业取得的工资、薪金所得的计税方法

采掘业、远洋运输业、远洋捕捞业的职工取得的工资、薪金所得，可按月预缴，年度终了后30日内，合计其全年工资、薪金所得，再按12个月平均并计算实际应纳的税款，多退少补，用公式表示为

应纳所得税额=[(全年工资、薪金收入÷12−费用扣除标准)×税额−速算扣除数] (16-46)

汇算清缴税额=全年应纳所得税额−全年已预缴所得税额 (16-47)

5) 国有企业职工因解除劳动合同取得的一次性补偿收入的计税方法

自2001年10月1日起，国有企业职工因解除劳动合同取得的一次性补偿收入，按以下规定处理。

(1) 企业依照国家有关法律规定宣告破产，企业职工从该破产企业取得的一次性安置费收入，免征个人所得税。

(2) 个人因与用人单位解除劳动关系而取得的一次性补偿收入(包括用人单位的经济补偿金、生活补助费和其他补助费用)，其收入在当地上年职工平均工资三倍数额以内的部分，免征个人所得税；超过三倍数额部分的一次性补偿收入，可视为一次取得数月的工资、薪金收入，允许在一定期限内平均计算，即以超过三倍数额部分的一次性补偿收入除以个人在本企业的工作年限数(超过12年的按12年计算)，以其商数作为个人的月工资、薪金收入，按照税法规定计算缴纳个人所得税。

(3) 个人在解除劳务合同后又再次任职、受雇的，已纳税的一次性补偿收入不再与再次任职、受雇的工资薪金所得合并计算补缴个人所得税。

(4) 个人领取一次性补偿收入时按照国家和地方政府规定的比例实际缴纳的住房公积金、医疗保险费、基本养老保险费、失业保险费("三险一金")，可以在计征其一次性补偿收入的个人所得税时予以扣除。

【例16-17】公民刘某在A公司工作10年，20×7年5月解除劳务关系，取得的补偿收入为180 000元，A公司所在地上年职工平均工资标准为20 000元。计算刘某该项收入应当缴纳的个人所得税额。

【答案】(1) 计算免征额=20 000×3=60 000(元)

(2) 按其工作年限平摊其应税收入

视同月应纳税所得额=(180 000−60 000)÷10−3 500=8 500(元)

(3) 应纳税额=(8 500×20%−555)×10=11 450(元)

6) 在中国境内无住所的个人取得工资、薪金所得的计税方法

【例16-18】法国某公司派雇员兰博来我国某企业安装、调试电器生产线，兰博于20×7年1月1日来华，工作时间为7个月，但其中7月份仅在我国居住20天。兰博的工资由法方企业支付，月工资折合人民币30 000元。计算兰博7月应纳的个人所得税。

【答案】应纳税所得额=30 000−4 800=25 200(元)

应纳税额=(25 200×25%−1 055)×20÷31≈3383.87(元)

7) 个人取得股票期权所得的计税方法

【例16-19】假设20×5年2月1日，某内资上市公司实施员工期权计划，李某获得10 000股(按价格1元购买)的配额；20×7年2月1日，李某行权，当日市场价格每股6.4元。7月1日，该上市公司按照每股0.3元分配20×7年股利。8月30日，该公司股价上升到每股8元，李某将其出售。计算李某应纳的个人所得税额。

【答案】(1) 20×5年2月1日，李某接受股票期权时不计税。

(2) 20×7年2月1日，应纳税所得额=10 000×5.4=54 000(元)

适用税率为10%(54 000÷12=4 500)，速算扣除数为105

应纳个人所得税额=(4 500×10%−105)×12=4 140(元)

(3) 20×7年7月1日，获得3 000元股利，应纳税额=3 000×20%×50%=300(元)

(4) 20×7年8月30日，转让境内上市公司股票所得属于财产转让所得，暂不征税。

8) 两个人以上共同取得同一项目收入的计税方法

【例16-20】高校教师张某、李某、王某合写一本专著，出版社应付稿酬28 000元。其中，李某和张某各得12 400元，王某得3 200元。计算这三位教师应如何缴纳个人所得税。

【答案】三位教师应分别减除费用计算个人所得税。

王某应纳税额=(3 200−800)×20%×(1−30%)=336(元)

李某和张某各应纳税额=12 400×(1−20%)×20%×(1−30%)=1 388.80(元)

9) 个人提前退休取得补贴收入的计税方法

【例16-21】A公司员工李某因身体原因，于20×7年1月在其单位按照程序办理了提前退休手续。公司按照“统一规定”，一次性给予李某补贴90 000元(其距法定离退休年龄还有一年零三个月)。李某当月领取工资薪金收入5 200元，其中包括法定应当扣缴的住房公积金695元，养老保险费和医疗保险费508元。单位发放过年费(包括购物券、现金及实物)价值5 000元。请计算李某应当缴纳的个人所得税额。

【答案】(1) 将5 000元过年费与工薪所得合并计征个人所得税；个人住房公积金、养老保险费、医疗保险费允许税前扣除。因此，当月工薪所得应缴税额=(5 200+5 000−695−508−3 500)×20%−555=544.40(元)

(2) 计算一次性补贴收入90 000元的适用税率。90 000÷15=6 000(元)，应税所得额=6 000−3 500=2 500(元)，适用10%的税率，速算扣除数为105。一次性补贴收入应纳税额=[(90 000÷15−3 500)×10%−105]×15=2 175(元)

(3) 李某合计应纳税额=544.40+2 175=2 719.40(元)

10) 个人通过购买债权取得收入的计税方法

【例16-22】甲以1 000万元的价格购买了乙的打包债权(价值4 000万元)，其中丙欠乙800万元，甲通过司法程序获得了丙的清偿400万元，发生诉讼费等10万元。计算甲应缴纳的个人所得税。

【答案】甲应该缴纳的个人所得税=[400−800×(1 000÷4 000)−10]×20%=38(万元)

29. 关于企业转增股本个人所得税的规定

关于企业转增股本个人所得税，《财政部 国家税务总局关于将国家自主创新示范区有关税收试点政策推广到全国范围实施的通知》(财税〔2015〕116号)作出了如下规定。

(1) 自2016年1月1日起，全国范围内的中小高新技术企业以未分配利润、盈余公积、资本公积向个人股东转增股本时，个人股东一次缴纳个人所得税确有困难的，可根据实际情况自行制订分期缴税计划，在不超过5个公历年度内(含)分期缴纳，并将有关资料报主管税务机关备案。

(2) 个人股东获得转增的股本，应按照“利息、股息、红利所得”项目，适用20%的税率征收个人所得税。

(3) 股东转让股权并取得现金收入的，该现金收入应优先用于缴纳尚未缴清的税款。

(4) 在股东转让该部分股权之前，企业依法宣告破产，股东进行相关权益处置后没有取得收益或收益小于初始投资额的，主管税务机关对其尚未缴纳的个人所得税可不予追征。

(5) 中小高新技术企业，是指注册在中国境内实行查账征收的、经认定取得高新技术企业资格，且年销售额和资产总额均不超过2亿元、从业人数不超过500人的企业。

(6) 上市中小高新技术企业或在全国中小企业股份转让系统挂牌的中小高新技术企业向个人股东转增股本，股东应纳的个人所得税，继续按照现行有关股息、红利差别化个人所得税政策执行，不适用本通知规定的分期纳税政策。

30. 个人投资者收购企业股权后将原盈余积累转增股本征收个人所得税的规定

对于个人投资者收购企业股权后将原盈余积累转增股本，《关于个人投资者收购企业股权后将原盈余积累转增股本个人所得税问题的公告》(国家税务总局公告〔2013〕23号)作出了如下规定。

(1) 新股东以不低于净资产价格收购股权的，企业原盈余积累已全部计入股权交易价格，新股东取得盈余积累转增股本的部分，不征收个人所得税。

(2) 新股东以低于净资产价格收购股权的，企业原盈余积累中，对于股权收购价格减去原股本的差额部分已经计入股权交易价格，新股东取得盈余积累转增股本的部分，不征收个人所得税；对于股权收购价格低于原所有者权益的差额部分未计入股权交易价格，新股东取得盈余积累转增股本的部分，应按照“利息、股息、红利所得”项目征收个人所得税。

(3) 新股东以低于净资产价格收购企业股权后转增股本，应按照下列顺序进行，即先转增应税的盈余积累部分，然后转增免税的盈余积累部分。

(4) 新股东将所持股权转让时，其财产原值为其收购企业股权实际支付的对价及相关税费。

31. 关于股权奖励个人所得税的规定

对于股权奖励，《财政部 国家税务总局关于将国家自主创新示范区有关税收试点政策推广到全国范围实施的通知》(财税〔2015〕116号)作出了如下规定。

(1) 自2016年1月1日起，全国范围内的高新技术企业转化科技成果，给予本企业相关技术人员的股权奖励，个人一次缴纳税款有困难的，可根据实际情况自行制订分期缴税计划，在不超过5个公历年度内(含)分期缴纳，并将有关资料报主管税务机关备案。

(2) 个人获得股权奖励时，按照“工资薪金所得”项目计算确定应纳税额。股权奖励的计税价格参照获得股权时的公平市场价格确定。

(3) 技术人员转让奖励的股权(含奖励股权孳生的送、转股)并取得现金收入的，该现金收入应优先用于缴纳尚未缴清的税款。

(4) 技术人员在转让奖励的股权之前企业依法宣告破产，技术人员进行相关权益处置后没有取得收益或资产，或取得的收益和资产不足以缴纳其取得股权尚未缴纳的应纳税款的部分，税务机关可不予追征。

(5) 上述相关技术人员，是指经公司董事会和股东大会决议批准获得股权奖励的以下两类人员：

① 对企业科技成果研发和产业化做出突出贡献的技术人员，包括企业内关键职务科技成果的主要完成人，重大开发项目的负责人，对主导产品或者核心技术、工艺流程做出重大创新或者改进的主要技术人员。

② 对企业发展做出突出贡献的经营管理人员，包括主持企业全面生产经营工作的高级管理人员，负责企业主要产品(服务)生产经营合计占主营业务收入(或者主营业务利润)50%以上的中、高级经营管理人员。

(6) 本规定中的股权奖励，是指企业无偿授予相关技术人员一定份额的股权或一定数量的股份。高新技术企业，是指实行查账征收、经省级高新技术企业认定管理机构认定的高新技术企业。企业面向全体员工实施的股权奖励，不得按本规定的税收政策执行。

32. 个人非货币性资产投资有关个人所得税的规定

对于个人非货币性资产投资，《财政部 国家税务总局关于个人非货币性资产投资有关个人所得税政策的通知》(财税〔2015〕41号)作出了如下规定。

(1) 个人以非货币性资产投资，属于个人转让非货币性资产和投资同时发生。对个人转让非货币性资产的所得，应按照“财产转让所得”项目，依法计算缴纳个人所得税。

(2) 个人以非货币性资产投资，应按评估后的公允价值确认非货币性资产转让收入。非货币性资产转让收入减除该资产原值及合理税费后的余额为应纳税所得额。

(3) 个人以非货币性资产投资，应于非货币性资产转让、取得被投资企业股权时，确认非货币性资产转让收入的实现。

(4) 个人应在发生上述应税行为的次月15日内向主管税务机关申报纳税。纳税人一次性缴税有困难的，可合理制订分期缴纳计划并报主管税务机关备案后，自发生上述应税行为之日起不超过5个公历年度内(含)分期缴纳个人所得税。

(5) 个人以非货币性资产投资交易过程中取得现金补价的，现金部分应优先用于缴税；现金不足以缴纳的部分，可分期缴纳。

(6)个人在分期缴税期间转让其持有的上述全部或部分股权，并取得现金收入的，该现金收入应优先用于缴纳尚未缴清的税款。

上述非货币性资产，是指现金、银行存款等货币性资产以外的资产，包括股权、不动产、技术发明成果以及其他形式的非货币性资产。上述非货币性资产投资，包括以非货币性资产出资设立新的企业，以及以非货币性资产出资参与企业增资扩股、定向增发股票、股权置换、重组改制等投资行为。

33. 关于创业投资企业和天使投资个人有关个人所得税的规定

对于创业投资企业和天使投资，《财政部 国家税务总局关于创业投资企业和天使投资个人有关税收试点政策的通知》(财税〔2017〕38号)作出了如下规定。

(1) 有限合伙制创业投资企业(简称合伙创投企业)采取股权投资方式直接投资于初创科技型企业满2年的，该合伙创投企业的个人合伙人可以按照对初创科技型企业投资额的70%抵扣个人合伙人从合伙创投企业分得的经营所得；当年不足抵扣的，可以在以后纳税年度结转抵扣。

(2) 天使投资个人采取股权投资方式直接投资于初创科技型企业满2年的，可以按照投资额的70%抵扣转让该初创科技型企业股权取得的应纳税所得额；当期不足抵扣的，可以在以后取得转让该初创科技型企业股权的应纳税所得额时结转抵扣。

天使投资个人在试点地区投资多个初创科技型企业的，对其中办理注销清算的初创科技型企业，天使投资个人对其投资额的70%尚未抵扣完的，可自注销清算之日起36个月内抵扣天使投资个人转让其他初创科技型企业股权取得的应纳税所得额。

规定的税收试点政策的投资，仅限于通过向被投资初创科技型企业直接支付现金方式取得的股权投资，不包括受让其他股东的存量股权。

天使投资个人，应同时符合以下条件。

① 不属于被投资初创科技型企业的发起人、雇员或其亲属(包括配偶、父母、子女、祖父母、外祖父母、孙子女、外孙子女、兄弟姐妹，下同)，且与被投资初创科技型企业不存在劳务派遣等关系；

② 投资后2年内，本人及其亲属持有被投资初创科技型企业股权比例合计应低于50%；

③ 享受税收试点政策的天使投资个人投资的初创科技型企业，其注册地须位于本通知规定的试点地区。

34. 商业健康险个人所得税的规定

《财政部 国家税务总局 保监会关于将商业健康保险个人所得税试点政策推广到全国范围实施的通知》(财税〔2017〕39号)和《国家税务总局关于推广实施商业健康保险个人所得税政策有关征管问题的公告》(税务总局公告2017年17号)规定，自2017年7月1日起，商业健康险在全国实施。

(1) 商业健康险个人所得税政策，是指个人购买符合规定的商业健康保险产品，可以按照2 400元/年(200元/月)的标准在个人所得税税前扣除。单位统一为员工购买的，视同个人购买，按照单位为每一位员工购买的保险金额分别计入其工资薪金，并在2 400元/年(200元/月)的标准内按月在个人所得税税前扣除。

(2) 商业健康险具有税前扣除资格。与一般商业健康险不同，只有取得“税优识别码”的商业健康险方能享受税前扣除政策。

(3) 税优型商业健康险适用的税前扣除范围。税优型商业健康险适用于以下个人所得税计税所得项目。

① 工资薪金所得；

② 连续3个月以上(含3个月)为同一单位提供劳务而取得的劳务报酬所得；

③ 个体工商户生产经营所得；

④ 个人独资企业投资者、合伙企业合伙人和承包承租经营所得。

纳税人如果兼有以上多项所得的，可以自行选择扣除项目。

【例16-23】李某2018年参加税优型商业健康险。2018年度，李某没有上述①~④项所得，但2018年取得炒股收入10万元，房租收入30万元，特许权使用费收入100万元。李某是否能够享受税优型商业健康险税前扣除政策？

【答案】由于李某2018年度取得的所得不符合政策适用范围，不能享受税前扣除政策。

(4) 个人直接购买商业健康险产品，取得税优识别码后，应及时向扣缴单位提供保单信息。扣缴义务人应依法为其进行税前扣除，不能拒绝个人税前扣除的合理要求。对一次性交一年保费的，分摊在各个参保月份，按月扣除。

【例16-24】张三购买一年期商业健康险，一次性交费2 800元(平均每月233元)，并及时将保单交给单位财务人员。单位财务人员计税时每月为张三扣除多少金额？

【答案】单位财务人员计税时每月为张三扣除200元。

(5) 单位统一组织为员工购买或者单位和个人共同负担购买符合规定的商业健康险产品，应将单位为每一位参保员工负担的金额分别计入其工资薪金，视同个人购买，并自购买产品次月起，在不超过200元/月的标准内按月扣除。

【例16-25】A单位于2018年1月份统一为职工购买了2018年1—12月份的商业健康险，每人保费金额800元，单位负担400元，个人负担400元，并取得参保员工的税优识别码。张某2018年1—12月份每月正常计税工资为6 600元，则张某2月份应纳多少个人所得税？

【答案】张某当月应纳的个人所得税=(6 600+400-200-3 500)×10%-105=225(元)

(6) 个体工商户业主、企事业单位承包承租经营者、个人独资和合伙企业投资者自行购买符合条件的商业健康险产品的，凭税优识别码在年度汇算时，按不超过2 400元/年的标准据实扣除。

(7) 一个月内从两处或两处以上取得工薪所得的，个人自行购买商业健康险的，只能自行选择在其中一处扣除。如果是单位统一组织为员工购买的，则一般只能在该单位发放的工薪中扣除。

35. 关于福利费个人所得税的规定

根据《国家税务总局关于生活补助费范围确定问题的通知》(国税发〔1998〕155号)的规定，生活补助费，是指由于某些特定事件或原因而给纳税人或其家庭的正常生活造成一定困难，其任职单位按国家规定从提留的福利费或者工会经费中向其支付的临时性生活困难补助。下列收入不属于免税的福利费范围，应当并入纳税人的工资、薪金收入计征个人所得税。

(1) 从超出国家规定的比例或基数计提的福利费、工会经费中支付给个人的各种补贴、补助。

(2) 从福利费和工会经费中支付给单位职工的人人有份的补贴、补助。

(3) 单位为个人购买汽车、住房、电子计算机等不属于临时性生活困难补助性质的支出。

36. 对个人终止投资经营收回款项征收个人所得税的规定

根据《国家税务总局关于个人终止投资经营收回款项征收个人所得税问题的公告》(国家税务总局公告2011年第41号)的规定，个人因各种原因终止投资、联营、经营合作等行为，从被投资企业或合作项目、被投资企业的其他投资者以及合作项目的经营合作人取得股权转让收入、违约金、补偿金、赔偿金及以其他名目收回的款项等，均属于个人所得税应税收入，应按照“财产转让所得”项目适用的规定计算缴纳个人所得税。应纳税所得额的计算公式为

应纳税所得额=个人取得的股权转让收入、违约金、补偿金、赔偿金及以其他名目收回款项合计数-原实际出资额(投入额)及相关税费

37. 雇佣季节工、临时工、实习生及返聘离退休人员发放的收入个人所得税的规定

根据《国家税务总局关于企业所得税应纳税所得额若干税务处理问题的公告》(国家税务总局公告2012年第15号)“关于季节工、临时工等费用税前扣除问题”的规定，企业因雇佣季节工、临时工、实习生及返聘离退休人员所实际发生的费用，应区分为工资薪金支出和职工福利费支出，并按《企业所得税法》的规定在企业所得税前扣除。其中，属于工资薪金支出的，准予计入企业工资薪金总额的基数，作为计算其他各项相关费用扣除的依据。

38. 关于沪港股票市场交易互联互通机制试点个人所得税的规定

对于沪港股票市场交易，《财政部 国家税务总局 证监会关于沪港股票市场交易互联互通机制试点有关税收政策的通知》(财税〔2014〕81号)作出了如下规定。

(1) 对内地个人投资者通过沪港通投资我国香港联交所上市股票取得的转让差价所得，自2014年11月17日起至2017年11月16日止，暂免征收个人所得税。

(2) 对内地企业投资者通过沪港通投资我国香港联交所上市股票取得的转让差价所得，计入其收入总额，依法征收企业所得税。

(3) 对内地个人投资者通过沪港通投资我国香港联交所上市H股取得的股息红利，H股公司应向中国证券登记结算有限责任公司(以下简称中国结算)提出申请，由中国结算向H股公司提供内地个人投资者名册，H股公司按照20%的税率代扣个人所得税。内地个人投资者通过沪港通投资我国香港联交所上市的非H股取得的股息红利，由中国结算按照20%的税率代扣个人所得税。个人投资者在国外已缴纳的预提税，可持有效扣税凭证到中国结算的主管税务机关

申请税收抵免。

(4) 对我国香港市场投资者(包括企业和个人)投资上交所上市A股取得的转让差价所得，暂免征收所得税。

(5) 对我国香港市场投资者(包括企业和个人)投资上交所上市A股取得的股息红利所得，在我国香港中央结算有限公司(以下简称香港结算)不具备向中国结算提供投资者的身份及持股时间等明细数据的条件之前，暂不执行按持股时间实行差别化征税政策，由上市公司按照10%的税率代扣所得税，并向其主管税务机关办理扣缴申报。对于我国香港投资者中属于其他国家税收居民且其所在国与中国签订的税收协定规定股息红利所得税率低于10%的，企业或个人可以自行或委托代扣代缴义务人，向上市公司主管税务机关提出享受税收协定待遇的申请，主管税务机关审核后，应按已征税款和根据税收协定税率计算的应纳税款的差额予以退税。

39. 网络红包个人所得税的规定

对于网络红包，《国家税务总局关于加强网络红包个人所得税征收管理的通知》(税总函〔2015〕409号)作出了如下规定。

(1) 对个人取得企业派发的现金网络红包，应按照“偶然所得”项目计算缴纳个人所得税，税款由派发红包的企业代扣代缴。

(2) 对个人取得企业派发的且用于购买该企业商品(产品)或服务才能使用的非现金网络红包，包括各种消费券、代金券、抵用券、优惠券等，以及个人因购买该企业商品或服务达到一定额度而取得企业返还的现金网络红包，属于企业销售商品(产品)或提供服务的价格折扣、折让，不征收个人所得税。

(3) 个人之间派发的现金网络红包，不属于《个人所得税法》规定的应税所得，不征收个人所得税。

16.5 个人所得税的税收优惠

为了支持社会福利、慈善事业的发展，促进科技及文化等事业的进步，照顾某些特殊群体，更好地实现税收公平，《个人所得税法》对某些所得项目和纳税人给予优惠政策，具体包括以下规定。

16.5.1　个人所得税的免税优惠

对于下列个人收入部分，实行个人所得税的免税优惠。

(1) 省级人民政府、国务院部委和中国人民解放军军以上单位，以及外国组织、国际组织颁发的科学、教育、技术、文化、体育、环境保护等方面的奖金。

(2) 国债利息和国家发行的金融债券利息。国债利息，是指个人持有中华人民共和国财政部发行的债券而取得的利息；国家发行的金融债券利息，是指个人持有经国务院批准发行的金融债券而取得的利息。

(3) 按照国家统一规定发放的补贴、津贴。它是指按照国务院规定发给的政府特殊津贴、院士津贴、资深院士津贴，以及国务院规定免纳个人所得税的其他补贴、津贴。

(4) 福利费、抚恤金、救济金。其中，福利费是指根据国家有关规定，从企事业单位、国家机关、社会团体提留的福利费或者从工会经费中支付给个人的生活补助；救济金是指各级人民政府部门支付给个人的生活困难补助费。

(5) 保险赔款。

(6) 军人的转业费、复员费。

(7) 按照国家统一规定发给干部、职工的安家费、退职费、退休工资、离休工资、离休生活补助费。

(8) 依照我国有关法律规定应予免税的各国驻华使馆、领事馆的外交代表、领事官员和其他人员的所得，即依照《中华人民共和国外交特权与豁免条例》和《中华人民共和国领事特权与豁免条例》规定免税的所得。

(9) 中国政府参加的国际公约、签订的协议中规定免税的所得。

(10) 对乡、镇(含乡、镇)以上人民政府或经县(含县)以上人民政府主管部门批准成立的有机构、有章程的见义勇为基金或者类似性质组织，奖励见义勇为者的奖金或奖品，经主管税务机关核准，免征个人所得税。(财税〔1995〕25号)

(11) 对个人取得的教育储蓄存款利息所得以及国务院财政部门确定的其他专项储蓄存款或者储蓄性专项基金存款的利息所得，免征个人所得税。(国务院令〔1999〕272号)

(12) 企业依照国家有关法律规定宣告破产，企业职工从该破产企业取得的一次性安置费收入，免征个人所得税。(财税〔2001〕157号，财税〔2006〕10号)

(13) 对“三险一金”的征免税规定。

① 企事业单位按照国家或省、自治区、直辖市人民政府规定的缴费比例或办法实际缴付的基本养老保险费、基本医疗保险费和失业保险费，免征个人所得税；个人按照国家或省、自治区、直辖市人民政府规定的缴费比例或办法实际缴付的基本养老保险费、基本医疗保险费和失业保险费，允许在个人应纳税所得额中扣除。

② 企事业单位和个人超过规定的比例和标准缴付的基本养老保险费、基本医疗保险费和失业保险费，应将超过部分并入个人当期的工资、薪金收入，计征个人所得税。

③ 单位和个人分别在不超过职工本人上一年度月平均工资12%的幅度内，其实际缴存的住房公积金，允许在个人应纳税所得额中扣除。单位和职工个人缴存住房公积金的月平均工资不得超过职工工作地所在设区城市上一年度职工月平均工资的三倍，具体标准按照各地有关规定执行。

④ 单位和个人超过上述规定比例和标准缴付的住房公积金，应将超过部分并入个人当期的工资、薪金收入，计征个人所得税。

⑤ 个人实际领(支)取原提存的基本养老保险费、基本医疗保险费、失业保险费和住房公积金时，免征个人所得税。

(14) 对被拆迁人按照国家有关城镇房屋拆迁管理办法规定的标准取得的拆迁补偿款，免征个人所得税。(财税〔2005〕45号)

16.5.2 个人所得税的减征优惠

根据《中华人民共和国个人所得税法》的规定，有下列情形之一的，经批准可以减征个人所得税。

(1) 残疾、孤老人员和烈属的所得，经批准可以减征个人所得税。

(2) 因严重自然灾害造成重大损失的，经批准可以减征个人所得税。

(3) 其他经国务院财政部门批准减税的，可以减征个人所得税。

根据《财政部 国家税务总局关于促进残疾人就业税收优惠政策的通知》(财税〔2007〕92

号)的有关规定，“残疾人”是指持有的“中华人民共和国残疾人证”上注明属于视力残疾、听力残疾、言语残疾、肢体残疾、智力残疾和精神残疾的人员和持有《中华人民共和国残疾军人证(1至8级)》的人员。

减征个人所得税，其减征的幅度和期限由省、自治区、直辖市人民政府规定。(国务院令第452号)

16.5.3　个人所得税的暂免征收

根据财政部、国家税务总局颁布的规定性文件，个人取得的下列所得暂免征收个人所得税。(财税〔1994〕20号)

(1) 外籍个人以非现金形式或实报实销形式取得的住房补贴、伙食补贴、搬迁费、洗衣费。

(2) 外籍个人按合理标准取得的境内外出差补贴。

(3) 外籍个人取得的探亲费、语言训练费、子女教育费等，经当地税务机关审核批准为合理的部分。

(4) 个人举报、协查各种违法、犯罪行为而获得的奖金。

(5) 个人办理和代缴税款手续，按规定取得的扣缴手续费。

(6) 个人转让自用达5年以上并且是唯一的家庭生活房取得的所得。

(7) 达到离休、退休年龄，但确因工作需要，适当延长离休、退休年龄的高级专家(指享受国家发放的政府特殊津贴的专家、学者)，其在延长离休、退休期间的工资、薪金所得，视同退休工资、离休工资，免征个人所得税。

(8) 外籍个人从外商投资企业取得的股息、红利所得。

(9) 凡符合下列条件之一的外籍专家取得的工资、薪金所得，可免征个人所得税。

① 根据世界银行专项贷款协议由世界银行直接派往我国工作的外国专家；

② 联合国组织直接派往我国工作的专家；

③ 为联合国援助项目来华工作的专家；

④ 援助国派往我国专为该国援助项目工作的专家；

⑤ 根据两国政府签订的文化交流项目来华工作两年以内的文教专家，其工资、薪金所得由该国负担的；

⑥ 根据我国大专院校国际交流项目来华工作两年以内的文教专家，其工资、薪金所得由该国负担的；

⑦ 因从事民间科研协定项目来华工作的专家，其工资、薪金所得由该国政府机构担的。

(10) 对个人购买社会福利有奖募捐奖券一次中奖不超过10 000元的，暂免征收个人所得税；对一次中奖收入超过10 000元的，按税法规定应全额征税。

(11) 科研机构、高等学校转化职务科技成果以股份或出资比例等股权形式给予科技人员个人奖励，经主管税务机关审核后，暂不征收个人所得税。

(12) 下岗职工从事社区居民服务业，对其取得的经营所得和劳务报酬所得，从事个体经营的自其领取税务登记证之日起、从事独立劳务服务的自其持下岗证明在当地主管税务机关备案之日起，三年内免征个人所得税；但第一年免税期满后，县以上主管税务机关就免税主体及范围按规定逐年审核；符合条件的，可继续免征一至两年。

(13) 对职工个人以股份形式取得的仅作为分红依据、不拥有所有权的企业量化资产，不征收个人所得税。对职工个人以股份形式取得的拥有所有权的企业量化资产，暂缓征收个人所得税；待个人将股份转让时，就其转让收入额减除个人取得该股份时实际支付的费用支出和合理转让费用后的余额，按“财产转让所得”项目计征个人所得税。

(14) 对个人将非货币性质资产进行评估后投资于企业，其评估增值取得的所得在投资取得企业股权时，暂不征收个人所得税。

(15) 个人取得单张有奖发票奖金所得不超过800元(含800元)的，暂免征收个人所得税；个人取得单张有奖发票奖金超过800元的，应全额按照《个人所得税法》规定的“偶然所得”税目征收个人所得税。

16.6 个人所得税的纳税申报

我国个人所得税的纳税申报采用自行申报和源泉扣缴两种方法，下面分别进行论述。

16.6.1 自行申报纳税

自行申报纳税是由纳税人在税法规定的期限内自行向税法机关申报应税所得项目和数额，如实填写纳税申请表，并按照税法规定计算应纳税额，据此缴纳个人所得税的一种方法。为了加强个人所得税的征收管理，完善个人所得税的申报制度，国家税务总局于2006年11月6日颁布了《关于印发<个人所得税自行纳税申请办法(试行)>的通知》，对个人所得税自行申报纳税的纳税人、申报内容、纳税期限、纳税地点等作出了明确的规定。

1. 自行申报的适用范围

凡依据《个人所得税法》负有纳税义务的纳税人，有下列情形之一的，应当按照规定办理纳税申报。

(1) 年所得12万元以上的。

(2) 从中国境内两处或者两处以上取得工资、薪金所得的。

(3) 从中国境外取得所得的。

(4) 取得应税所得，没有扣缴义务人的。

(5) 国务院规定的其他情形。

2. 自行申报的内容

年所得12万元以上的纳税人，在纳税年度终了后，应当填写“个人所得税纳税申报表(适用于年所得12万元以上的纳税人申报)”，并在办理纳税申报时报送主管税务机关，同时报送个人有效身份证件复印件，以及主管税务机关要求报送的其他有关资料。

纳税人申报的所得为《个人所得税法》规定的11类应税所得，但不包含税收优惠政策中规定的各类免税所得。

3. 自行申报的纳税期限

(1) 年所得12万元以上的纳税人，在纳税年度终了后3个月内向主管税务机关办理纳税申报。

(2) 个体工商户的生产、经营所得应纳的税款，按年计算，分月预缴，由纳税义务人在次月15日内预缴，纳税年度终了后3个月内进行汇算清缴，多退少补。

(3) 对企事业单位的承包经营、承租经营所得应纳的税款，按年计算，由纳税义务人在年度终了后30日内缴入国库，并向税务机关报送纳税申报表。纳税义务人在一年内分次取得承包经营、承租经营所得的，应当在取得每次所得后的15日内预缴，年度终了后3个月内汇算清缴，多退少补。

(4) 从中国境外取得所得的纳税人，在纳税年度终了后30日内向中国境内主管税务机关办理纳税申报。

(5) 纳税人取得其他各项所得须申报纳税的，在取得所得的次月15日内向主管税务机关办理纳税申报。

(6) 纳税人不能按照规定的期限办理纳税申报需要延期的，按照《税收征管法》及其实施细则的规定办理。

4. 自行申报的纳税地点

自行申报的纳税地点一般应为收入来源地的税务机关，具体有以下几项规定。

(1) 年所得12万元以上的纳税人，其纳税申报地点如下所述。

① 在中国境内有任职、受雇单位的，向任职、受雇单位所在地主管税务机关申报。

② 在中国境内有两处或者两处以上任职、受雇单位的，选择并固定向其中一处单位所在地主管税务机关申报。

③ 在中国境内无任职、受雇单位，年所得项目中有个体户生产、经营所得或者对企事业单位的承包经营、承租经营所得(以下统称生产、经营所得)的，向其中一处实际经营所得地主管税务机关申报。

④ 在中国境内无任职、受雇单位，年所得项目中无生产、经营所得的，向户籍所在地主管税务机关申报。在中国境内有户籍，但户籍所在地与中国境内经常居住地不一致的，选择并固定向其中一地主管税务机关申报。在中国境内没有户籍的，向中国境内经常居住地主管税务机关申报。

(2) 其他须自行申报纳税的纳税人，纳税地点如下所述。

① 从两处或者两处以上取得工资、薪金所得的，选择并固定向其中一处单位所在地主管税务机关申报。

② 从中国境外取得所得的，向中国境内户籍所在地主管税务机关申报。在中国境内有户籍，但户籍所在地与中国境内经常居住地不一致的，选择并固定向其中一地主管税务机关申报。在中国境内没有户籍的，向中国境内经常居住地主管税务机关申报。

③ 个体户向实际经营所在地主管税务机关申报。

④ 个人独资、合伙企业投资者兴办两个或两个以上企业的，区分不同情形确定纳税申报地点：兴办的企业全部是个人独资性质的，分别向各企业的实际经营管理所在地主管税务机关申报；兴办的企业中含有合伙性质的，向经常居住地主管税务机关申报；兴办的企业中含有合伙性质，个人投资者经常居住地与其兴办企业的经营所在地不一致的，选择并固定向其参与兴办的某一合伙企业的经营管理所在地主管税务机关申报。

(3) 除以上情形外，纳税人应当向取得所得所在地的主管税务机关申报。

纳税人不得随意变更纳税申报地点，因特殊情况变更纳税申报地点的，须报原主管税务机关备案。

5. 自行申报的申报方式

(1) 数据电文方式申报纳税。纳税人采取数据电文方式申报的，应当按照税务机关规定的期限和要求保存有关纸质资料。

(2) 邮寄方式申报纳税。纳税人采取邮寄方式申报的，以邮政部门挂号信函收据作为申报凭据，以寄出的邮戳日期为实际申报日期。

(3) 其他申报方式申报纳税。纳税人可以委托有税务代理资质的中介机构或者他人代为办理纳税申报。

16.6.2 源泉扣缴纳税

源泉扣缴纳税，是指由法定的扣缴义务人在向个人支付应纳税所得时，依据税法的规定计算应纳税额，然后从其所得中扣出其应纳的个人所得税税款并代为上缴国库，同时向税务机关报送扣缴个人所得税报送表及纳税相关资料的一种征收方式。根据《个人所得税法》及其实施条例，以及《税收征管法》及其实施细则的有关规定，国家税务总局指定下发了《个人所得税代扣代缴暂行办法》和《关于<印发个人所得税全额扣缴申报管理暂行办法>的通知》，对扣缴义务人、全员全额扣缴申报等作出了明确的规定。

1. 扣缴义务人

凡支付个人应纳税所得的企业(公司)、事业单位、机关、社团组织、军队、驻华机构、个体户等单位或者个人，为个人所得税的扣缴义务人。扣缴义务人应按国家规定办理全员全额扣缴申报，即扣缴义务人向个人支付应税所得时，不论其是否属于本单位人员、支付的应税所得是否达到纳税标准，扣缴义务人应当在代扣税款的次月内，向主管税务机关报送其支付应税所得个人的基本信息、支付所得项目和数额、扣缴税款数额及其他相关涉税信息。扣缴义务人依法履行代扣代缴义务，纳税人不得拒绝。税务机关应根据扣缴义务人扣缴的税款，支付2%的手续费。

2. 源泉扣缴的适用范围

扣缴义务人向个人支付下列所得，应代扣代缴个人所得税。

(1) 工资、薪金所得。

(2) 对企业事业单位的承包经营、承租经营所得。

(3) 劳务报酬所得。

(4) 稿酬所得。

(5) 特许权使用费所得。

(6) 利息、股息、红利所得。

(7) 财产租赁所得。

(8) 财产转让所得。

(9) 偶然所得。

(10) 经国务院财政部门确定征税的其他所得。

3. 扣缴义务人的扣缴期限

(1) 扣缴义务人每月所扣的税款，应当在次月15日内缴入国库，并向主管税务机关报送“扣缴个人所得税报告表”、代扣代收税款凭证和包括每一个纳税人姓名、单位、职务、收入、税款等内容的支付个人收入明细表及税务机关要求报送的其他有关资料。

(2) 扣缴义务人违反上述规定不报送或报送虚假纳税资料的，一经查实，其未在支付个人收入明细表中反映的向个人支付的款项，在计算扣缴义务人应纳税所得额时不得作为成本费用扣除。

(3) 扣缴义务人因有特殊困难不能按期报送“扣缴个人所得税报告表”及其他有关资料

的，经县级税务机关批准，可以延期申报。

16.7 案例分析

【案例1】个人所得税的计算与缴纳

王先生(中国公民，国内某单位职工)20×7年12月收入情况如下所述。

(1) 应税工资收入(不包括单位和个人按规定标准缴纳的“三险一金”)为8 900元。

(2) 向A企业转让一项非专利技术的使用权，成交价格为10 000元。

(3) 因检举、揭发某人的违法犯罪行为，获得政府部门颁发的奖金1 000元。

(4) 为B公司做软件设计，报酬20 000元。领取前，通过民政局捐给某福利院性质的敬老院10 000元。

(5) 参与电视台举办的有奖竞猜活动，获得奖品价值500元。

(6) 取得省政府颁发的科技奖5 000元。

(7) 领取原提取的住房公积金25 000元。

(8) 在M国出版一部专著，稿酬25 000元，已在M国缴纳个人所得税2 850元。

上述应税收入均为税前收入。

【要求】根据上述资料，回答下列问题。

(1) 在上述收入中，哪些不需要缴纳个人所得税？

(2) 各支付单位应扣缴的个人所得税额是多少？

(3) 应在什么时间内解缴税款？

(4) 对于境外所得，王先生应如何申报纳税？

【答案】

(1) 上述收入中，第(3)、(6)、(7)项收入不需缴纳个人所得税。

(2) 计算各支付单位应扣缴的个人所得税。

① 任职单位按“工资、薪金所得”项目扣缴税款=(8 900−3 500)×20%−555=525(元)

② A企业按“特许权使用所得”项目扣缴税款=10 000×(1−20%)×20%=1 600(元)

③ B公司按“劳务报酬所得”项目扣缴税款= [20 000×(1−20%)−10 000]×20%=1 200(元)

④ 电视台按“偶然所得”项目扣缴税款=500×20%=100(元)

(3) 各支付单位每月所扣得税款，应在次月15日内缴入国库，并向税务机关报送纳税申报表。

(4) 境外报酬所得税款扣除限额=25 000×(1−20%)×20%×(1−30%)=2 800(元)

因王先生在M国实际缴纳个人所得税2 850元，超出扣除限额50元，不能在本年度扣除，但可在以后5个纳税年度的该国扣除限额的余额中补扣。

王先生应在年度终了后30日内，向境内户籍所在地或经常居住地税务机关申报，并提供境外税务机关填发的完税凭证原件。

【案例2】承包经营所得应纳个人所得税的计算

张先生在滨海市承包经营一家饭店(某事业单位下属企业)，承包期3年，每年从税后利润中上交承包费100万元。假定该饭店某年度有关经营情况如下所述。

(1) 不含税营业收入500万元；营业成本215万元，营业费用78万元，其中业务招待费6万元。

(2) 税金及附加27.5万元。

(3) 财务费用账户借方余额2.5万元。其中：贷方记载存款利息收入1.5万元；借方记载手续费等支出1万元，借方利息支出3万元。

(4) 营业外支出12万元。其中：通过民政局向贫困山区捐赠10万元(取得合法的公益性捐赠发票)，材料物资损失0.5万元(经税务机关核实)，税收滞纳金及罚款1.5万元。

(5) 该饭店共有职工20人(包括张先生在内)。全年计入成本费用的实发工资40万元，其中张先生全年工资5.9万元，发生职工福利支出5万元，工会经费0.8万元，职工教育经费0.5万元。上述支出已计入成本费用。(必要费用为3 500元/月，全年42 000元)

【要求】根据上述资料，回答下列问题。

(1) 该饭店应纳的企业所得税是多少？

(2) 张先生应纳的个人所得税是多少？

【答案】

(1) 计算该饭店应纳的企业所得税额

① 会计利润额=500−215−78−27.5−2.5−12=165(万元)

② 业务招待费最高扣除限额=500×0.005=2.5万元

实际发生的业务招待费的60%=6×60%=3.6万元>2.5万元

故准予在税前扣除的业务招待费为2.50万元，应调增应纳税所得额=6−2.5=3.5(万元)

③ 公益性捐赠扣除限额=165×12%=19.8(万元)

通过民政局向贫困山区捐赠(取得合法的公益性捐赠发票)10万元<19.8万元

故发生的公益性捐赠准予在税前扣除，无须进行纳税调整。

④ 税收滞纳金和罚款不能在税前扣除，应调增应纳税所得额1.5万元。

⑤ 福利费支出扣除限额=40×14%=5.6(万元)

实际发生额5万元未超出扣除限额，无须进行纳税调整。

⑥ 工会经费扣除限额=40×2%=0.8(万元)

实际缴纳额0.8万元未超出扣除限额，无须进行纳税调整。

⑦ 职工教育经费扣除限额=40×2.5%=1(万元)

实际发生额0.5万元未超出扣除限额，无须进行调整。

⑧ 应纳税所得额=165+3.5+1.5=170(万元)

⑨ 应纳企业所得税额=170×25%=42.5(万元)

(2) 计算张先生应纳的个人所得税额

① 该饭店实现的净利润=165−42.5=122.5(万元)

② 应纳税所得额=122.5−100+5.9−4.2=24.2(万元)

③ 应纳个人所得税额=242 000×35%−14 750=69 950(元)

本章小结

个人所得税是对个人取得的各项应税所得征收的一种税。个人所得税的纳税人，包括中国公民及在中国(不含港、澳、台地区)有所得的外籍人员(包括无国籍人员)、华侨、我国港澳台同胞。依据住所和居住时间两个标准，区分居民纳税人和非居民纳税人，分别承担不同的纳税义务。个人所得税实行分类征收制。应税所得项目共11项，按不同应税所得项目规定不同的费用扣除标准和适用税率。税率形式有超额累进税率和比例税率。个人所得税的税款申报缴纳方式有两种：自行申报纳税和源泉扣缴申报。

课后练习题

一、计算问答题

1. 2015年3月，境内某公司向一非居民企业(在中国境内未设立机构、场所)支付利息30万元、财产价款200万元(该财产的净值为60万元)，该公司应扣缴企业所得税多少万元？

2. 2014年，中国公民张某将其一项专利权转让给A国一家企业，取得转让收入120 000元，在A国按A国税法缴纳了个人所得税15 000元；同年，张某在A国提供劳务，取得劳务报酬200 000元，在A国按A国税法缴纳了个人所得税55 000元。2014年张某应就来源于A国所得在国内缴纳个人所得税多少元？

3. 2015年1月，方某接受朋友李某赠与的房产，该赠与行为手续齐全、合法，赠与合同上注明该房产原值36万元，方某支付相关税费2.5万元。经税务机关评估，该房产市场价格为35万元。方某获赠房产应缴纳个人所得税多少万元？

4. 中国公民王某于2014年出版中篇小说一部，取得稿酬5 000元；同年，该小说在一家周刊上连载，取得稿酬3 000元。王某2014年应纳个人所得税多少元？

5. 2014年11月，中国公民李某被中方企业委派到中外合资企业工作，派遣单位每月支付其基本工资2 400元，雇佣单位每月支付其工资8 000元。李某当月应汇总缴纳多少个人所得税？

6. 2015年3月，公务员刘某因机构调整、健康状况以及30年工龄等因素，符合提前退休的条件，提前15个月退休。刘某当月领取退休工资3 400元，取得按照统一标准发放的一次性补偿60 000元。刘某当月应纳多少个人所得税？

7. 中国公民王先生在甲公司工作了15年，2015年1月与甲公司解除聘用关系，取得一次性补偿收入150 000元。甲公司所在地上年职工平均工资为28 000元。王先生的补偿收入应缴纳多少个人所得税？

8. 我国公民马某2014年12月取得工资4 500元，年终奖30 000元。马某当月应缴纳多少个人所得税？

9. 我国某居民于2014年5月3日取得工资收入5 000元，稿酬收入3 000元，他当即将稿酬收入中的1 000元通过国家机关捐赠给贫困地区(取得捐赠证明)。该居民当月应纳多少个人所得税？

10. 某大学教授2015年2月编写一本教材并出版，获得稿酬5 000元。2015年3月因追加印数取得稿酬300元，当月还因给报社投稿获得稿酬700元。该教授上述行为应纳个人所得税多少元？

二、综合题

1. 中国居民李某任职于境内甲公司，2014年12月取得下列收入：

(1) 因工作表现突出，取得先进奖2 000元、考勤奖1 000元，另取得半年奖6 000元，当月取得工资、薪金收入12 000元。

(2) 当月参加移动营业厅“充话费赠手机”活动，获赠一部市场价格为3 000元的新型手机。

(3) 转让境内某上市公司A股股票1 000股，取得股票转让净所得20 000元；转让美国上市公司股票1 000股，取得股票转让净所得折合人民币25 000元。

(4) 通过拍卖行将一幅珍藏多年的字画拍卖，取得拍卖收入50 000元，拍卖过程中缴纳相关税费10 000元。经文物部门鉴定，该字画为海外回流文物，李某无法提供完整的财产原值凭证。

(5) 在A国发表一篇学术论文，取得稿酬折合人民币(下同)42 000元，已按照A国税法规定缴纳个人所得税6 000元；在A国购买彩票，取得中奖所得30 000元，已按照A国税法规定缴纳个人所得税5 000元；在B国提供设计劳务，取得劳务收入40 000元，已按照B国税法规定缴纳个人所得税6 000元。

要求：根据上述资料，计算并回答下列问题，每问需计算出合计数。

(1) 李某当月按照“工资、薪金所得”项目应缴纳的个人所得税。

(2) 李某获赠新型手机应缴纳的个人所得税。

(3) 李某取得的股票转让所得应缴纳的个人所得税。

(4) 李某当月拍卖字画取得的收入应缴纳的个人所得税。

(5) 李某从A国和B国取得的所得应在我国补缴的个人所得税。

2. 中国公民李某每月工资9 000元，任职于境内甲企业，同时为乙企业的个人大股东，2014年1—12月取得以下收入：

(1) 取得保险赔款3 000元。

(2) 取得甲企业支付的独生子女补贴10 000元。

(3) 购买福利彩票，一次中奖收入20 000元。

(4) 取得不含税兼职收入3 000元，按照合同约定相关的个人所得税由支付报酬的单位负担。

(5) 5月份因持有某上市公司股票而取得红利12 000元，已知该股票为李某去年1月份从公开发行和转让市场取得的。

(6) 7月份，甲企业购置一批住房低价出售给职工，李某以26万元的价格购置了其中一套住房(甲企业原购置价格为50万元)。

(7) 将其拥有的两处住房中的一套已使用7年的住房出售，转让收入200 000元。该房产买价90 000元，另支付其他可以扣除的相关税费8 000元。

(8) 10月份，乙企业为李某购买了一辆小轿车并将所有权归到李某名下，已知该车购买价为300 000元，经当地税务机关核定，乙企业在代扣个人所得税税款时允许税前减除的数额为100 000元。

要求：根据上述资料，计算并回答下列问题，每问需计算出合计数。

(1) 李某从任职单位取得的全年工资和独生子女补贴共计应缴纳的个人所得税。

(2) 针对李某取得的兼职收入，支付报酬的单位应该为李某负担的个人所得税。

(3) 李某取得的福利彩票中奖收入和保险赔款应缴纳的个人所得税。

(4) 李某取得的股票红利所得应缴纳的个人所得税。

(5) 李某低价从单位购房应缴纳的个人所得税。

(6) 李某出售住房应缴纳的个人所得税。

(7) 乙企业为李某购车应代扣代缴的个人所得税。

3. 某高校赵教授2014年取得以下收入(部分)：

(1) 1月从学校取得的收入包括基本工资3 200元、教授津贴6 000元，因公出差取得差旅费津贴420元，按照所在省人民政府规定的比例提取并缴付的“五险一金”1 455元。

(2) 5月10日因担任另一高校的博士论文答辩组委员取得答辩费5 000元，同日晚上为该校作一场学术报告取得收入3 000元。

(3) 自1月1日起，将自有的面积为120平方米的住房按市场价格出租给李某居住，每月租金5 500元，租期为1年，全年租金收入66 000元。其中，7月因墙面开裂发生维修费用3 200元，取得装修公司出具的正式发票。

(4) 7月取得国债利息收入1 850元，1年期定期储蓄存款利息收入375元，某上市公司发行的企业债券利息收入1 000元。

(5) 8月因持有两年前购买的某上市公司股票13 000股，取得该公司年中股票分红所得2 600元。

要求：根据以上资料，按照下列序号计算并回答问题，每问需计算出合计数。

(1) 计算赵教授1月从学校取得的收入应缴纳的个人所得税。

(2) 计算赵教授5月10日取得的答辩费和作学术报告取得的收入应缴纳的个人所得税。

(3) 计算赵教授7月取得的租金收入应缴纳的个人所得税(不考虑租金收入应缴纳的其他税收及附加)。

(4) 计算赵教授7月取得的利息收入应缴纳的个人所得税。

(5) 计算赵教授8月取得的上市公司股票分红收入应缴纳的个人所得税。

4. 中国公民王某自2006年起任国内某上市公司高级工程师。2014年取得以下收入(部分)：

(1) 2月王某将自己拥有住房中的一套，以350万元的价格出售。该套住房是王某于2010年10月以按揭贷款方式购买的，当时购买价150万元。至2013年9月，贷款已提前还清，累计支付利息15万元，购买时支付契税6万元、住房维修基金3万元，办理房产证手续费800元，物业管理费500元，公证费1 200元，本次转让过程中已经缴纳的除个人所得税以外的税费合计12万元，上述税费均能提供有关部门出具的有效凭证。

(2) 3月取得任职公司支付的工资7 500元，另取得地区津贴1 600元，差旅费津贴1 500元，独生子女补贴和托儿补助费300元。

(3) 公司于2011年实行股票期权计划，2011年1月11日，王某获得公司授予的股票期权20 000份(该期权不可公开交易)，授予价格为每份6.3元。当日公司股票的收盘价为7.68元。公司规定的股票期权行权期限是2014年2月10日至9月10日，王某于2014年5月14日对8 000份股票期权行权，当日公司股票的收盘价为6.9元。

要求：根据上述资料，按照下列序号计算并回答问题，每问需计算合计数。

(1) 计算2月王某转让房产取得所得应缴纳的个人所得税。

(2) 计算3月王某取得工资、津贴、补贴、补助等收入应缴纳的个人所得税。

(3) 计算5月王某实施股票期权行权应缴纳的个人所得税。

第17章　税收征收管理法

本章要点提示

- 税务登记的种类、范围
- 发票管理的基本要求
- 纳税申报的方式、内容和程序
- 税务检查的权责和违反税法征收的责任、处罚

17.1 税收征收管理法概述

17.1.1　税收征收管理法的概念、立法目的和适用范围

1. 税收征收管理法的概念

税收征收管理法是有关税收征收管理法法律规范的总称，包括税收征收管理法及税收征收管理的有关法律、法规和规章。我国现行的主要的税收征收管理法为《中华人民共和国税收征收管理法》和国务院颁布的《中华人民共和国税收征收管理法实施细则》。

《中华人民共和国税收征收管理法》于1992年9月4日第七届全国人民代表大会常务委员会第二十七次会议通过，自1993年1月1日起施行。此法的颁布，标志着我国税收征收管理工作已经真正走上了系统化、规范化、法制化的轨道。1995年2月28日，第八届全国人民代表大会常务委员会第十二次会议对该法进行了第一次修订。随着我国客观形势的发展变化，2001年4月28日，第九届全国人民代表大会常务委员会第二十一次会议对该法进行了第二次修订，修订后的《中华人民共和国税收征收管理法》(以下简称《征管法》)于2005年5月1日起施行。在修订了《征管法》之后，国务院又适时修订了《中华人民共和国税收征收管理法实施细则》(以下简称《实施细则》)。

2. 税收征收管理法的立法目的

《征管法》第一条规定："为了加强税收征收管理，规范税收征收和缴纳行为，保障国家税收收入，保护纳税人的合法权益，促进经济和社会发展，制定本法。"此规定对《征管法》的立法目的作了高度概括。

(1) 加强税收征收管理。税收征管工作的好坏，直接关系税收职能作用能否很好地发挥。加强税收征收管理是国家征税机关依据国家税收法律、行政法规的规定，按照统一的标准，通过一定的程序，对纳税人应纳税额组织入库的一种行政活动，是国家将税收政策贯彻实施到每个纳税人，有效地组织税收收入及时、足额入库的一系列活动的总称。理所当然，加强税收征收管理，成为《征管法》立法的首要目的。

(2) 规范税收征收和缴纳行为。《征管法》既要为税务机关、税务人员依法行政提供标准和规范，税务机关、税务人员必须依照该法的规定进行税收征收，其一切行为都要依法进行，

违者要承担法律责任；同时也要为纳税人缴纳税款提供标准和规范，纳税人只有按照法律规定的程序和办法缴纳税款，才能更好地保障自身的权益。因此，在该法中加入“规范税收征收和缴纳行为”的目的，是对依法治国、依法治税思想的深刻理解和运用，为《征管法》其他条款的修订指明了方向。

(3) 保障国家税收收入。税收收入是国家财政的主要来源，组织税收收入是税收的基本职能之一。《征管法》是税收征收管理的标准和规范，其根本目的是保证税收收入的及时、足额入库，这也是任何一部《征管法》都具有的目的。

(4) 保护纳税人的合法权益。税收征收管理作为国家的行政行为，一方面要维护国家的利益，另一方面要保护纳税人的合法权益不受侵犯。向纳税人征收国家税收法律、行政法规规定缴纳的税款之外的任何其他款项，都是对纳税人合法权益的侵害。保护纳税人的合法权益一直是《征管法》的立法目的。

(5) 促进经济发展和社会进步。税收是国家宏观调控的重要杠杆，《征管法》是市场经济的重要法律规范，这就要求税收征收管理的措施，如税务登记、纳税申报、税款征收、税收检查以及税收政策等以促进经济发展和社会进步为目标，方便纳税人，保护纳税人。因此，在该法中加入“促进经济和社会发展”的目的，表明了税收征收管理的历史使命和前进方向。

3. 税收征收管理法的适用范围

《征管法》第二条规定：“凡依法由税务机关征收的各种税收的征收管理，均适用本法。”这就明确界定了《征管法》的适用范围。税务机关依法征收的“各种税收”，是指全国人民代表大会及其常务委员会和国务院制定并开征的、由税务机关负责征收的税种，共有14种，分别是：增值税、消费税、营业税、企业所得税、个人所得税、资源税、城镇土地使用税、城市维护建设税、土地增值税、房产税、车船使用税、印花税、筵席税(地方决定是否开征)、车辆购置税。

同时，耕地占用税、契税的征收管理由国务院另行制定。海关征收的关税及代征的增值税、消费税适用其他法律、法规的规定。另外，目前还有一部分费由税务机关征收，如教育附加费。这些费的征收同样不适用于《征管法》。

17.1.2　税收征收管理法的适用主体及其权利与义务的设定

1. 税务行政主体的权利与义务

税务机关是税收征收管理法的执法主体及税务行政主体，它是指享有税收行政职权，能以自己名义行使国家行政职能，做出影响行政相对人权利义务的行政行为，并能由其本身对外承担行政法律责任的组织。国务院税务主管部门主管全国税收征收管理工作。各地国家税务局和地方税务局应当按照国务院规定的税收征收管理范围分别进行税收征收管理。

1) 税务机关的权利

(1) 负责税收的征收管理工作。

(2) 税务机关依法执行职务，任何单位和个人不得阻挠。

2) 税务机关的义务

(1) 税务机关应当广泛宣传税收法律、行政法规，普及纳税知识，无偿地为纳税人提供纳税咨询服务。

(2) 税务机关应当加强队伍建设，提高税务人员的政治业务素质。

(3) 税务机关、税务人员必须秉公执法、忠于职守、清正廉洁、礼貌待人、文明服务，尊重和保护纳税人、扣缴义务人的权利，依法接受监督。

(4) 税务人员不得索贿受贿、徇私舞弊、玩忽职守、不征或少征应征税款；不得滥用职权多征税款，或者故意刁难纳税人和扣缴义务人。

(5) 各级税务机关应当建立健全内部制约和监督管理制度。

(6) 上级税务机关应当对下级税务机关的执法活动依法进行监督。

(7) 各级税务机关应当对其工作人员执行法律、行政法规和廉洁自律法则的情况进行监督检查。

(8) 税务机关负责征收、管理、稽查，行政复议人员的职责应当明确，并相互分离、相互制约。

(9) 税务机关应为检举人保密，并按照规定给予奖励。

(10) 征收税款和查处税收违法案件，与纳税人、扣缴义务人或者税收违法案件有利害关系的，应当回避。

2. 纳税人、扣缴义务人的权利和义务

纳税人、扣缴义务人是税务管理相对人，也是《征管法》及其《实施细则》重要的遵守主体，是纳税关系或征纳对立统一体中的一方。税收征收管理就是税务机关将纳税人、扣缴义务人应纳或应解缴的税款纳入国库的过程。因此，纳税人、扣缴义务人的确定既是保证税收法律、法规落实到位的需要，也是税收征收管理有的放矢的保证。

1) 纳税人、扣缴义务人的权利

(1) 纳税人、扣缴义务人有权向税务机关了解国家税收法律、行政法规的规定及与纳税程序有关的情况。

(2) 纳税人、扣缴义务人有权要求税务机关为纳税人、扣缴义务人的情况保密。税务机关应当依法为纳税人、扣缴义务人的情况保密。

(3) 纳税人依法享有申请减税、免税、退税的权利。

(4) 纳税人、扣缴义务人对税务机关所作出的决定，享有陈述权、申辩权；依法享有申请行政复议、提起行政诉讼、请求国家赔偿等权利。

(5) 纳税人、扣缴义务人有权控告和检举税务机关、税务人员的违法违纪行为。

2) 纳税人、扣缴义务人的义务

(1) 纳税人、扣缴义务人必须按照法律、行政法规的规定缴纳税款和代扣代缴、代收代缴税款。

(2) 纳税人、扣缴义务人和其他有关单位应当按照国家有关规定如实向税务机关提供与纳税和代扣代缴、代收代缴税款有关的信息。

(3) 纳税人、扣缴义务人和其他有关单位应当接受税务机关依法进行的税务检查。

17.2 税务管理

税务管理，是指税收征收管理机关为了贯彻执行国家的税收法律制度，加强税收工作，协调征税关系而开展的一项有关的活动。它是税收征收管理的基础环节，具体包括税务登记管理，账簿、凭证管理，发票管理和纳税申报管理等内容。

17.2.1 税务登记管理

1. 税务登记概述

为了加强户籍管理，严格税源监控，我国对纳税人实行税务登记。税务登记又称为纳税登记，是税务机关对纳税人的生产经营活动进行登记并据此对纳税人实施税务管理的一种法定制度。税务登记制度是指纳税人根据税法规定就其设立、变更、终止等事项，在法定时间内向其住所所在地的税务机关办理登记的一项管理制度。

作为税务机关对纳税人实施税收管理的首要环节和基础工作，税务登记对征纳双方都有重要的意义。税务登记标志纳税双方税收法律关系的产生，纳税人必须依法履行自己的纳税义务。建立税务登记制度，既能增强纳税人、扣缴义务人依法纳税的意识，同时便于税务机关了解纳税人、扣缴义务人的基本情况，是税务机关加强税源管理、防止纳税人偷逃税收，保证国家税收收入及时、足额入库的重要手段。

目前，我国关于税务登记的法律规范，主要包括《征管法》《实施细则》和国家税务总局颁发的《税务登记管理办法》。

2. 税务登记的适用对象

根据法律规定，税务登记的对象主要包括以下三个方面。

(1) 企业、企业在外地设立的分支机构和从事生产、经营的场所，个体户和从事生产、经营的事业单位，均应当按照规定办理税务登记。

(2) 除国家机关、个人和无固定生产、经营场所的流动性农村小商贩以外的其他纳税人，也应当按照规定办理税务登记。

(3) 根据规定负有扣缴税款义务的扣缴义务人(国家机关除外)，应当按照规定办理扣缴税款登记。

3. 税务登记的内容

根据法律规定，我国现行税务登记主要包括开业税务登记，变更税务登记，停业、复业税务登记，注销税务登记及外出经营报验登记等内容。

1) 开业税务登记

开业税务登记，是指从事生产经营的纳税人，经国家工商行政管理部门批准开业后到税务机关办理的税务登记。

(1) 设立税务登记的时间和地点。从事生产、经营的纳税人应当自领取营业执照之日起30日内，向生产、经营地或纳税义务发生地的主管税务机关申报办理税务登记，如实填写税务登记表，并按照税务机关的要求提供有关证件、资料。其他纳税人应按规定自负有纳税义务发生之日起30日内，持有关证件向所在地的主管税务机关申报办理税务登记。

(2) 设立税务登记的内容。税务登记必须全面、真实地反映纳税人的生产经营情况和其他与纳税相关的事项。税务登记表中包括如下内容：单位名称，法定代表人或者业主姓名及其居民身份证、护照或者其他合法证件的号码，住所，经营地点，登记类型，核算方式，生产经营方式，生产经营范围，注册资金(资本)，投资总额，生产经营期限，财务负责人姓名，负责人联系电话，国家税务总局确定的其他有关事项。

(3) 设立税务登记的程序。纳税人在申报办理税务登记时，应当根据不同情况向税务机关如实提供以下证件和资料：营业执照或其他核准执业证件，有关合同、章程、协议书，组织机构统一代购证书，法定代表人或负责人或业主的居民身份证、护照或者其他合法证件，其他需要提供的有关证件和资料。纳税人在申报办理税务登记时，应当如实填写税务登记表。税务机关应当自收到申报之日起30日内审核并发给税务登记证件。

2) 变更税务登记

变更税务登记，是指从事生产、经营的纳税人，税务登记内容发生变化的，应当向税务机关办理的变更税务登记手续。

纳税人已在工商行政管理机关办理变更登记的，应当自工商行政管理机关变更登记之日起30日内，向原税务登记机关如实提供下列证件和资料：工商登记变更表及工商营业执照，纳税人变更登记内容的有关证明文件，税务机关发放的原税务登记证件(登记证件、副本和税务登记表等)，其他有关资料。

纳税人按照规定不需要在工商行政管理机关办理变更登记，或者其变更登记的内容与工商登记内容无关的，应当自税务登记内容实际发生变化之日起30日内，或者自有关机关批准或者宣布变更之日起30日内，持纳税人变更登记内容的有关证明文件、税务机关发放的原税务登记证件(登记证正、副本和税务登记表等)向原税务登记机关申报办理变更税务登记。

纳税人申请办理变更税务登记时，应向主管税务机关提供税务机关要求的相关证件、资料，领取和填写税务登记变更表。税务登记变更表的内容主要包括纳税人名称、变更项目、变更前内容、变更后内容、上缴的证件情况。对需变更税务登记证内容的，税务机关应当自受理之日起30日内，审核办理变更税务登记。纳税人税务登记表和税务登记证中的内容都发生变更的，税务机关按变更后的内容重新核发税务登记证件；纳税人税务登记表的内容发生变更而税务登记证中的内容未发生变更的，税务机关不重新核发税务登记证件。

3) 停业、复业税务登记

(1) 停业登记。实行定期定额征收方式的个体户需要停业的，应当在停业前向税务机关申报办理停业登记。纳税人的停业期限不得超过一年。

纳税人在申报办理停业登记时，应如实填写停业申请登记表，说明停业理由、停业期限、停业前的纳税情况和发票的领、用、存情况，并结清应纳税款、滞纳金、罚款，税务机关收存其税务登记证件及副本、发票领购簿、未使用的发票和其他税务证件。纳税人在停业期间发生纳税义务的，应当按照税收法律、行政法规的规定申报缴纳税款。

(2) 复业登记。纳税人应当于恢复生产经营之前，向税务机关申报办理复业登记，如实填写停业、复业报告书，领回并启用税务登记证件、发票领购簿及其停业前领购的发票。

纳税人停业期满不能及时恢复生产经营的，应当在停业期满前向税务机关提出延长停业登记申请，并如实填写停业、复业报告书。

4) 注销税务登记

注销登记是指纳税人需终止履行纳税义务时向税务机关申报办理的税务登记手续。

纳税人发生解散、破产、撤销及其他情形，依法终止纳税义务的，应当在向工商行政管理机关或者其他机关办理注销登记前，持有关证件和资料向原税务登记机关申报办理注销税务登记。

按规定不需要在工商行政管理机关或者其他机关办理注册登记的，应当自有关机关批准或者宣告终止之日起15日内，持有关证件和资料向原税务登记机关申报办理注销税务登记。

纳税人被工商行政管理机关吊销营业执照或者其他机关予以撤销登记的，应当自营业执照被吊销或者被撤销登记之日起15日内，向原税务登记机关申报办理注销税务登记。

纳税人因住所、经营地点变动，涉及改变税务登记机关的，应当在向工商行政管理机关或者其他机关申请办理变更、注销登记前，或者在住所、经营地点变动前，持有关证件和资料，向原税务登记机关申报办理注销税务登记，并自注销税务登记之日起30日内向迁达地税务机关申报办理税务登记。

境外企业在中国境内承包建筑、安装、装配、勘探工程和提供劳务的，应当在项目完工、离开中国前15日内，持有关证件和资料，向原税务登记机关申报办理注销税务登记。

纳税人办理注销税务登记前，应当向税务机关提交相关证明文件和资料，结清应纳税款、多退(免)税款、滞纳金和罚款，缴销发票、税务登记证件和其他税务证件，经税务机关核准后，办理注销税务登记手续。

5) 外出经营报验登记

外出经营报验登记是指纳税人到外县(市)临时从事生产经营活动的，向主管税务机关申请开具外出经营活动税收管理证明(以下简称“外管证”)并到经营地税务机关办理报验的税务登记手续。

报验登记的程序如下所述。

(1) 申请开具外管证。纳税人到外县(市)临时从事生产经营活动的，应当在外出生产经营之前，持税务登记证向主管税务机关申请开具外管证。

(2) 办理报验登记。纳税人应当在外管证注明地进行生产经营前向当地税务机关报验登记，并提交税务登记证件副本和外管证。纳税人在外管证注明地销售货物的，除提交以上证件、资料外，还应当如实填写外出经营货物报验单，申报查验货物。

(3) 填写外出经营活动情况申报表。纳税人外出经营活动结束，应当向经营地税务机关填报外出经营活动情况申报表，并结清税款、缴销发票。

税务机关按照一地一证的原则，核发外管证。外管证的有效期限一般为30日，最长不得超过180天。因此，从事生产、经营的纳税人外出经营，在同一地累计超过180天的，应当在营业地办理税务登记手续。

6) 税务登记证的使用和管理

(1) 税务登记证的用途。除按照规定不需要发给税务登记证件的情形以外，纳税人办理下列事项时，必须持税务登记证件：①开立银行账号；②申请减税、免税、退税；③申请办理延期申报、延期缴纳税款；④领购发票；⑤申请开具外出经营活动税收管理证明；⑥办理停业、歇业；⑦办理其他有关税务事项。

(2) 税务登记证的管理。国家税务局、地方税务局对同一纳税人的税务登记应当采用同一代码，信息共享。一般情况下，从事工商行业者的税务登记由国税办理，从事其他行业的税务登记由地税办理。

税务机关对税务登记证件实行定期验证和换证制度。纳税人应当在规定的期限内持有关证件到主管税务机关办理验证或者换证手续。

纳税人应当将税务登记证件正本在其生产、经营场所或者办公场所公开悬挂，接受税务机关检查。

纳税人遗失税务登记证件的，应当在15日内书面报告主管税务机关，并登报声明作废。

从事生产、经营的纳税人到外县(市)临时从事生产、经营活动的，应当持税务登记证副本和所在地税务机关填开的外出经营活动税收管理证明，向营业地税务机关报验登记，接受税务管理。

从事生产、经营的纳税人外出经营，在同一地累计超过180日的，应当在营业地办理税务登记手续。

纳税人按照国务院税务主管部门的规定使用税务登记证件，税务登记证件不得转借、涂改、损毁、买卖或者伪造。

17.2.2 账簿、凭证管理

凭证是纳税人用来记录经济业务，明确经济责任，并据以登记账簿的书面证明。账簿是纳税人、扣缴义务人连续地记录其各种经济业务的账册或簿籍。税务机关考核纳税人能否及时、准确地缴纳税款，其依据就在于纳税人是否具备真实、准确、完整的账簿和凭证。因此，账簿、凭证管理是税收管理的重要环节。

1. 设置账簿、凭证的基本要求

(1) 从事生产、经营的纳税人应当自领取营业执照或者发生纳税义务之日起15日内，按照国家有关规定设置账簿。这里的账簿，是指总账、明细账、日记账及其他辅助性账簿。总账、日记账应当采用订本式。

(2) 生产经营规模小又确无建账能力的纳税人，可以聘请经批准从事会计记账业务的专业机构或者经税务机关认可的财会人员代为建账和办理财务；聘请上述机构或者人员有实际困难的，经县以上税务机关批准，可以按照税务机关的规定，建立收支凭证粘贴簿、进货销售登记簿或者使用税控装置。

(3) 扣缴义务人员应当自税收法律、行政法规规定的扣缴义务发生之日起，按照所代扣、代收的税种，分别设置代扣代缴、代收代缴税款账簿。

2. 会计核算的基本要求

(1) 纳税人、扣缴义务人按照有关法律、行政法规和国务院财政、税务主管部门的规定设置账簿，根据合法、有效的凭证记账，进行核算。

(2) 纳税人建立的会计电算化系统应当符合国家有关规定，并能正确、完整核算其收入或者所得。纳税人使用计算机记账的，应当在使用前将会计电算化系统的会计核算软件、使用说明书及有关资料报送主管税务机关备案。

(3) 纳税人、扣缴义务人会计制度健全，并能够通过计算机正确、完整计算其收入和所得或者代扣代缴、代收代缴税款情况的，其计算机输出的完整的书面会计记录可视同会计账簿。

(4) 纳税人、扣缴义务人会计制度不健全，不能通过计算机正确、完整计算其收入和所得或者代扣代缴、代收代缴税款情况的，应当建立总账及与纳税或者代扣代缴、代收代缴税款有关的其他账簿。

(5) 账簿、会计凭证和报表，应当使用中文；民族自治地方可以同时使用当地通用的一种民族文字；外商投资企业和外国企业可以同时使用一种外国文字。

3. 财务会计制度管理的基本要求

(1) 备案制度。从事生产、经营的纳税人应当自领取税务登记证件之日起15日内，将其财务会计制度或者财务会计处理办法报送主管税务机关备案。

(2) 税务与会计核算抵触的处理办法。一般而言，企业会计是税务会计的基础，但当两者发生冲突时，应以税法规定为主。鉴于此，《征管法》明确规定了纳税人、扣缴义务人的财务会计制度或者财务会计处理办法与国务院或者国务院财政、税务主管部门有关税收的规定抵触

的，依照国务院或者国务院财政、税务主管部门有关税收的规定计算应纳税款、代扣代缴和代收代缴税款。

4. 账簿、凭证的管理要求

(1) 从事生产、经营的纳税人、扣缴义务人必须按照国务院财政、税务主管部门规定的保管期限保管账簿、记账凭证、完税凭证及其他有关资料。账簿、记账凭证、完税凭证及其他有关资料不得伪造、变造或者擅自损毁。账簿、记账凭证、报表、完税凭证、发票、出口凭证及其他有关涉税资料应当合法、真实、完整。

(2) 账簿、记账凭证、报表、完税凭证、发票、出口凭证及其他有关涉税资料应当保存10年。但是，法律、行政法规另有规定的除外。

17.2.3 发票管理

1. 发票的概念

发票是指在购销商品、提供或者接受服务及从事其他经营活动中，开具、收取的收付款凭证。发票是记载相关主体经济往来的重要商事凭证，是会计核算的原始凭证，也是税务机关进行税款征收和税务稽核的重要依据。加强发票管理，对于控制税源、防止和杜绝税收逃避具有重要意义。为了加强对发票的管理，财务部于1993年12月23日制定了《中华人民共和国发票管理办法》，同年国家税务总局发布了《中华人民共和国发票管理办法实施细则》，并在2011年对部分实施条款进行了修订，对发票的印制、领购、开具和保管等作出了具体的规定，使得发票管理有法可依。

2. 发票的种类、联次和基本内容

税务机关是发票的主管机关，负责发票印制、领购、开具、取得、保管、缴销的管理和监督。全国统一发票监制章是税务机关管理发票的法定标志，其形状、规格、内容、印色由国家税务总局规定。发票种类的划分，由省级以上税务机关确定，一般分为普通发票、专用发票和其他发票。

发票的基本联次分为三联：第一联为存根联，开票方留存备查；第二联为发票联，收执方作为付款或收款的原始凭证；第三联为记账联，开票方作为记账原始凭证。此外，增值税专用发票的基本联次还应包括抵扣联，收执方作为抵扣税款的凭证。除增值税专用发票外，县(市)以上税务机关根据需要可适当增减联次并确定其用途。

发票的基本内容包括发票的名称、字轨号码、联次及用途，客户名称，开户银行及账号，商品名称或经营项目，计量单位、数量、单价、大小写金额，开票人，开票日期，开票单位(个人)名称(章)等。有代扣、代收、委托代征税款的，其发票内容应当包括代扣、代收、委托代征税种的税率，以及代收、委托代征税额。

3. 发票的印制

发票由省、自治区、直辖市税务机关指定的企业印制，增值税专用发票由国家税务总局指定的企业统一印制，禁止私印、伪造、变造发票。发票防伪专用品由国家税务总局指定的企业生产，禁止非法制造发票防伪专用品。发票应当套印全国统一发票监制章，全国统一发票监制章的样式和发票版面印刷的要求，由国家税务总局规定。发票监制章由省、自治区、直辖市税务机关制作，禁止伪造发票监制章。发票实行不定期换版制度。

4. 发票的领购

1) 发票的领购对象

依法办理税务登记的单位和个人，在领取税务登记证件后，向主管税务机关申请领购发票。依法不需办理税务登记但需要临时使用发票的单位和个人，可以直接向税务机关申请办理。临时到本省、自治区、直辖市行政区域以外从事经营活动的单位或者个人，应当凭所在地税务机关的证明，向经营地税务机关申请领购经营地的发票。

2) 发票的领购要求

申请领购发票的单位和个人应当提出购票申请，提供经办人身份证明、税务登记证件或者其他有关证明，以及财务印章或者发票专用章的印模，经主管税务机关核准后，发给发票领购簿。领购发票的单位和个人应当凭发票领购簿核准的种类、数量及购票方式，向主管税务机关领购发票。

税务机关对外省、自治区、直辖市行政区域以外从事临时经营活动的单位和个人申请领购发票的，可以要求其提供保证人或者根据所领购发票的票面限额及数量缴纳不超过一万元的保证金，并限期缴销发票。按期缴销发票的，解除保证人的担保义务或者退还保证金；未按期缴销发票的，由保证人或者以保证金承担法律责任。税务机关收取保证金应当开具收据。

5. 发票的开具和保管

1) 发票开具的基本要求

(1) 发票开具应当按照规定的时限、顺序，逐栏、全部联次一次性如实开具，并加盖单位财务印章或者发票专用章。

(2) 使用电子计算机开具发票，需经主管税务机关批准，并使用税务机关统一监制的机外发票，开具后的存根联应当按照顺序号装订成册。

(3) 任何单位和个人不得转借、转让、代开发票；未经税务机关批准，不得拆本使用发票；不得自行扩大专用发票的使用范围。

(4) 发票限于领购单位和个人在本省、自治区、直辖市内开具。

(5) 任何单位和个人未经批准，不得跨规定的使用区域携带、邮寄、运输空白发票。禁止携带、邮寄或者运输空白发票出入境。

2) 发票的保管

开具发票的单位和个人应当按照税务机关的规定存放和保管发票，不得擅自损毁。已开具发票的发票存根联和发票登记簿，应当保存5年。保存期满，报经税务机关查验后销毁。

6. 发票的检查

印制、使用发票的单位和个人，必须接受税务机关依法检查，如实反映情况，提供有关资料，不得拒绝、隐瞒。税务人员进行检查时，应当出示税务检查证。税务机关需要将已开具的发票调出查验时，应当向被查验的单位和个人开具发票换票证。发票换票证与所调出查验的发票有同等的效力。被调出查验发票的单位和个人不得拒绝接受。税务机关需要将空白发票调出查验时，应当开具收据；经查无问题的，应当及时返还。

17.2.4 纳税申报管理

纳税申报是指纳税人按照税法规定的期限和内容向税务机关提交有关纳税事项书面报告的法律行为，是纳税人、扣缴义务人依照法律、行政法规的规定，在规定的申报期限向税务机关书面申报与纳税有关的各类事项的一种法定手续。纳税申报是连接税务机关与纳税人的重要纽带，是建立征纳双方税收关系的重要环节。纳税申报管理是税务征收管理的重要内容。

纳税申报是纳税人履行纳税义务、承担法律责任的主要依据，是税务机关税收管理信息的主要来源和税务管理的一项重要制度。纳税人、扣缴义务人的纳税申报或者代扣代缴、代收代缴税款报告表的主要内容包括：税种，税目，应纳税项目或者应代扣代缴、代收代缴税款项目，适用税率或者单位税额，计税依据，扣除项目及标准，应纳税额或者应代扣代缴、代收代缴税额，税款所属期限等。

1. 纳税申报的主体

纳税申报的主体是纳税人。根据《征管法》及《实施细则》的规定，纳税人必须依照法律、行政法规规定或者税务机关按照法律、行政法规的规定确定的申报期限、申报内容如实办理纳税申报，报送纳税申报表、财务会计报表及税务机关根据实际需要要求纳税人报送的其他纳税有关材料。值得注意的是，纳税人在纳税期内没有应纳税款的，也应当按照规定办理纳税申报。纳税人享受减税、免税待遇的，在减税、免税期间也应当按照规定办理纳税申报。另外，纳税申报的主体还包括扣缴义务人。

2. 纳税申报的主要内容

纳税人、扣缴义务人的纳税申报或者代扣代缴、代收代缴税款报告表的主要内容包括：税种，税目，应纳税项目或者应代扣代缴、代收代缴税款项目，计税依据，扣除项目及标准，适用税率或者单位税额，应退税项目及税额，应减免税项目及税额，应纳税额或者应代扣代缴、代收代缴税额，税款所属期限，延期缴纳税款，欠税，滞纳金等。

3. 纳税申报的方式

从税务管理部门的角度来说，必须建立比较健全的纳税人自行申报管理制度，这个自行申报的管理制度是由税务机关或主管部门批准的。对于纳税人或扣缴义务人来说，可以采取不同的方式进行申请以及上报，大多可以采用邮寄或数据电文的方式办理相应的纳税申报管理，通过报送或代扣代缴、代收代缴等不同的方式来进行税款的上报工作。除此以外，我国还实行定期定额的税款缴纳方式，纳税人可分别采用简易申报、简并征期等不同的方式来办理纳税申报。

(1) 直接申报。在实际的工作当中，纳税人或扣缴人大多选择上门申报的方式办理税款申报，纳税人或扣缴人可以在纳税申报期间到主管部门的办理大厅办理纳税申报。

(2) 邮寄申报。纳税人在邮局办理相应的纳税申报，可以使用纳税专用申报信封，并以邮政部门收据作为申报凭据，以寄出的邮戳时间为实际申报日。

(3) 数据电文申报。数据电文申报，是指税务机关确定的电话语音、电子数据交换和网络传输等电子申报方式。例如，目前纳税人常用的网上申报。纳税人采用电子方式办理纳税申报的，应当按照税务机关规定的期限和要求保存有关资料，并定期以书面形式报送主管税务机关。

4. 纳税申报期限

纳税人、扣缴义务人按照规定的期限办理纳税申报或者报送代扣代缴、代收代缴税款报告表确有困难、需要延期的，应当在规定的期限内向税务机关提出书面延期申请，经税务机关核准，在核准的期限内办理。税种不同，其申报期限的要求也不同。

1) 增值税和消费税纳税申报期限

增值税和消费税的纳税期限相同，分别为1日、3日、5日、10日、15日、1个月或者1个季度。纳税人的具体纳税期限，由主管税务机关根据纳税人应纳税额的大小分别核定；不能按照固定期限纳税的，可以按次纳税。纳税人以1个月或者1个季度为1个纳税期的，自期满之日起15日内申报纳税；以1日、3日、5日、10日或者15日为1个纳税期的，自期满之日起5日内预缴税款，于次月1日起15日内申报纳税并结清上月应纳税款。

2) 企业所得税纳税申报期限

企业所得税分月或者分季预缴。企业应当自月份或者季度终了之日起15日内，向税务机关报送预缴企业所得税纳税申报表，预缴税款。企业应当自年度终了之日起5个月内，向税务机关报送年度企业所得税纳税申报表，并汇算清缴，结清应缴应退税款。企业在报送企业所得税纳税申报表时，应当按照规定附送财务会计报告和其他有关资料。企业在年度中间终止经营活动的，应当自实际经营终止之日起60日内，向税务机关办理当期企业所得税汇算清缴。企业应当在办理注销登记前，就其清算所得向税务机关申报并依法缴纳企业所得税。

3) 个人所得税纳税申报期限

(1) 自行申报纳税的申报期限。年所得12万元以上的纳税人，在纳税年度终了后3个月内向主管税务机关办理纳税申报。个体工商户和个人独资、合伙企业投资者取得的生产、经营所得应纳的税款，分月预缴的，纳税人在每月终了后7日内办理纳税申报；分季预缴的，纳税人在每个季度终了后7日内办理纳税申报。纳税年度终了后，纳税人在3个月内进行汇算清缴。纳税人年终一次性取得对企事业单位的承包经营、承租经营所得的，自取得所得之日起30日内办理纳税申报；在1个纳税年度内分次取得承包经营、承租经营所得的，在每次取得所得后的次月7日内申报预缴，纳税年度终了后3个月内汇算清缴。从中国境外取得所得的纳税人，在纳税年度终了后30日内向中国境内主管税务机关办理纳税申报。除以上规定的情形外，纳税人取得其他各项所得需申报纳税的，在取得所得的次月7日内向主管税务机关办理纳税申报。

纳税人不能按照规定的期限办理纳税申报，需要延期的，按照《征管法》第二十七条和《实施细则》第三十七条的规定办理。

(2) 代扣代缴申报期限。扣缴义务人每月所扣的税款，应当在次月7日内缴入国库，并向主管税务机关报送扣缴个人所得税报告表、代扣代收税款凭证和包括每一个纳税人姓名、单位、职务、收入、税款等内容的支付个人收入明细表以及税务机关要求报送的其他有关资料。

扣缴义务人违反上述规定不报送或者报送虚假纳税资料的，一经查实，其未在支付个人收入明细表中反映的向个人支付的款项，在计算扣缴义务人应纳税所得额时不得作为成本费用扣除。

扣缴义务人因有特殊困难不能按期报送扣缴个人所得税报告表及其他有关资料的，经县级以上税务机关批准，可以延期申报。

4) 资源税纳税申报期限

纳税人纳税期限为1日、3日、5日、10日、15日或者1个月，由主管税务机关根据实际情况具体核定。不能按固定期限计算纳税的，可以按次计算纳税。

纳税人以1个月为纳税期的，自期满之日起10日内申报纳税；以1日、3日、5日、10日或者15日为1个纳税期的，自期满之日起5日内预缴税款，于次月1日起10日内申报纳税并结清上月税款。

5) 土地增值税纳税申报期限

纳税人应当自转让房地产合同签订之日起7日内向房地产所在地主管税务机关办理纳税申报，并在税务机关核定的期限内缴纳土地增值税。

6) 房产税纳税申报期限

房产税按年征收、分期缴纳，具体的纳税期限由省、自治区、直辖市人民政府确定。

7) 车船税纳税申报期限

车船税的纳税义务发生时间，为车船管理部门核发的车船登记证书或者行驶证书所记载日期的当月。车船税按年申报缴纳，具体的申报纳税期限由省、自治区、直辖市人民政府确定。

8) 烟叶税纳税申报期限

烟叶税的纳税义务发生时间为纳税人收购烟叶的当天。纳税人应当自纳税义务发生之日起30日内申报纳税，具体的纳税期限由主管税务机关核定。

9) 耕地占用税纳税申报期限

获准占用耕地的单位或者个人应当在收到土地管理部门的通知之日起30日内向耕地所在地地方税务机关申报缴纳耕地占用税。

10) 城镇土地使用税纳税申报期限

土地使用税按年计算、分期缴纳，具体的缴纳期限由省、自治区、直辖市人民政府确定。

对新征用土地，依照下列规定缴纳土地使用税。

(1) 征用的耕地，自批准征用之日起满1年时开始缴纳土地使用税。

(2) 征用的非耕地，自批准征用次月起缴纳土地使用税。

11) 印花税纳税申报期限

应纳税凭证应当于书立或者领受时贴花(申报缴纳税款)。同一种类应纳税凭证，需频繁贴花的，应向主管税务机关申请按期汇总缴纳印花税。汇总缴纳期限由地方税务机关确定，但最长期限不得超过1个月。

12) 文化事业建设费申限期限

纳税人在申报娱乐业、广告业营业税的同时进行申报。

5. 纳税延期申报管理

纳税人、扣缴义务人、代征人按照规定的期限办理纳税申报或者报送代扣代缴、代收代缴税款报告表、委托代征税款报告表确有困难、需要延期的，应当在规定的申报期限内向主管国家税务机关提出书面延期申请，经主管国家税务机关核准，在核准的期限内办理。纳税人、扣缴义务人、代征人因不可抗力情形，不能按期办理纳税申报或者报送代扣代缴、代收代缴税款或委托代征税款报告的，可以延期办理。但是，应当在不可抗力情形消除后立即向主管国家税务机关报告。

17.3 税款征收

17.3.1 税款征收概述

税款征收制度是指税务机关按照税法规定将纳税人应纳的税款收缴入库的法定制度。它是税收征收管理的中心环节，直接关系国家税收能否及时、足额入库。税款征收是税务机关依照税收法律、法规规定将纳税人应当缴纳的税款组织征收入库的一系列活动的总称，是税收征收管理的核心内容，是税务登记、账簿票证管理、纳税申报等税务管理工作的目的和归宿。税款征收的主要内容包括税款征收的方式、程序，减免税的核报，核定税额的几种情况，税收保全措施和强制执行措施的设置与运用以及欠缴、多缴税款的处理等。

1. 税款征收的原则

根据《征管法》及《实施细则》的规定，税务机关在征税时应遵守以下原则。

(1) 税务机关是唯一的税收征收主体的原则。根据《征管法》的规定，除税务机关、税务人员及经税务机关依照法律、行政法规委托的单位和个人外，任何单位和个人不得进行税款征收活动。同时，《征管法》还规定了采取税收保全措施、强制执行措施的权力，不得由法定的税务机关以外的单位和个人行使。

(2) 依法征税的原则。根据《征管法》的规定，税务机关按照法律、行政法规的规定征收税款，不得违反法律、行政法规的规定开征、停征、多征、少征、提前征收、延缓征收或者摊派税款。同时，《征管法》还规定了扣缴义务人依照法律、行政法规的规定履行代扣、代收代缴的义务。对法律、行政法规没有规定负有代扣、代收代缴义务的单位和个人，税务机关则不要求其履行代扣、代收代缴义务。

(3) 法定程序原则。根据《实施细则》的规定，税务机关应当将各种税款、滞纳金、罚款，按照国家规定的预算科目和预算级次及时缴入国库，税务机关不得占压、挪用、截留，不得缴入国库以外或者国家规定的税款账户以外的任何账户。已缴入国库的税款、滞纳金、罚款，任何单位和个人不得擅自变更预算科目和预算级次。

另外，在执行保障税款征收的各项措施的过程中，税务机关必须始终坚持按照法律或者行政法规规定的审批权限和程序进行操作，否则就是违法。

(4) 降低税收成本的原则。税务机关根据保证国家税款及时足额入库、方便纳税人、降低税收成本的原则，确定税款征收的方式。税务机关应当根据方便、快捷、安全的原则，积极推广纳税人使用支票、银行卡、电子结算方式缴纳税款。

(5) 税款优先权的原则。随着我国经济的发展，税收及其他债权的矛盾日益突出，纳税人通过各种手段逃税的现象十分严重。为了保障整个国家的税收利益，目前世界上许多国家和地区都在其税法中规定了税收优先权。为此，我国的《征管法》对此也作出了明确的规定，税务机关征收税款，税收优先于无担保债权，法律另有规定的除外；纳税人欠缴的税款发生在纳税人以其财产设定抵押、质押或者纳税人的财产被留置之前的，税收应当优先于抵押权、质权、留置权执行。这些规定有力地保障了国家的税收利益。

2. 税款征收的方式

由于纳税人的情况千差万别，税收征收管理方式也灵活多样。我国原《实施细则》中曾作出明确的规定，可供选择的税款征收方式主要有以下几种。

(1) 查账征收。查账征收，是指纳税人在规定的期限内根据自己的财务报告表或经营成果，向税务机关申报应税收入或应税所得及纳税额，并向税务机关报送有关账册和资料，经税务机关审查核实后，填写纳税缴款书，由纳税人到指定的银行缴纳税款的一种征收方式。这种征收方式比较适用于对企业法人的征税。

(2) 查定征收。查定征收，是指由税务机关通过按期查实纳税人的生产经营情况以确定其应纳税额，分期征收税款的一种征收方式。这种征收方式主要适用于对生产经营规模小、财务会计制度不够健全、账册不够完备的小型企业和个体工商户的征税。

(3) 查验征收。查验征收，是指税务机关对纳税人应税商品，通过查验数量，按市场一般销售单价计算其销售收入并据以征税的方式。这种方式一般适用于经营品种比较单一，经营地点、时间和商品来源不固定的纳税单位。

(4) 定期定额征收。定期定额征收，是指税务机关根据纳税人的生产经营情况，按税法规定直接核定其应纳税额，分期征收税款的一种征收方式。这种征收方式主要适用于一些没有记账能力，无法查实其销售收入或经营收入和所得额的个体工商户。

(5) 委托代征税款。委托代征税款，是指税务机关委托代征人以税务机关的名义征收税款，并将税款缴入国库的方式。这种方式一般适用于无完整考核依据的小型纳税单位。

(6) 邮寄方式。邮寄纳税是一种新的纳税方式。这种方式主要适用于那些有能力按期纳税，但采用其他方式又不方便的纳税人。

(7) 其他方式。如利用网络申报、用IC卡纳税等方式。

17.3.2 税款征收的措施

1. 扣缴征收

根据《征管法》及《实施细则》的规定，扣缴义务人依照法律、行政法规的规定履行代扣、代收代缴的义务。对法律、行政法规没有规定负有代扣、代收税款义务的单位和个人，税务机关不得要求其履行代扣、代收代缴义务。扣缴义务人依法履行代扣、代收代缴义务时，纳税人不得拒绝。纳税人拒绝的，扣缴义务人应当及时报告税务机关处理。税务机关按照规定付给扣缴义务人代扣、代收手续费。

2. 延期纳税

纳税人和扣缴义务人必须在税法规定的期限内缴款、解缴税款。但考虑纳税人在履行纳税义务的过程中，可能会遇到特殊困难的客观情况，为了保护纳税人的合法权益，《征管法》规定，对于纳税人因有特殊困难，不能按期缴纳税款的，经省、自治区、直辖市国家税务局、地方税务局批准，可以延期缴纳税款，但最长不得超过3个月。在这里，纳税人的特殊困难是指不可抗力导致纳税人发生较大损失，使正常生产经营活动受到较大影响的；当期货币资金在扣除应付职工工资、社会保险费后，不足以缴纳税款的。

3. 加收滞纳金

纳税人未按照规定期限缴纳税款的，扣缴义务人未按照规定期限缴纳税款的，税务机关除责令限期缴纳外，从滞纳税款之日起，按日加收滞纳税款万分之五的滞纳金。加收滞纳金的起止时间，为法律、行政法规规定或者税务机关依照法律、行政法规的规定确定的税款缴纳期限届满次日起至纳税人、扣缴义务人实际缴纳或者解缴税款之日止。

4. 核定应纳税额

纳税人有下列情形之一的，税务机关有权核定其应纳税额。

(1) 依照法律、行政法规的规定可以不设置账簿的。

(2) 依照法律、行政法规的规定应当设置但未设置账簿的。

(3) 销毁账簿或者拒不提供纳税资料的。

(4) 虽设置账簿，但账目混乱或者成本资料、收入凭证、费用凭证残缺不全，难以查账的。

(5) 发生纳税义务，未按照规定的期限办理纳税申报，经税务机关责令限期申报，逾期仍不申报的。

(6) 纳税人申报的计税依据明显偏低，又无正当理由的，税务机关有权采用下列任何一种方法核定其应纳税额。

① 参照当地同类行业或者类似行业中经营规模和收入水平相近的纳税人的负税水平核定。

② 按照营业收入或者成本加合理的费用和利润的方法核定。

③ 按照耗用的原材料、燃料、动力等推算或者测算核定。

④ 按照其他合理方法核定。

采用上述一种方法不足以正确核定应纳税额时，可以同时采用两种以上的方法进行核定。纳税人对税务机关采取上述规定的方法核定的应纳税额有异议的，应当提供相关证据，经税务机关认定后，调整应纳税额。

5. 减免税

纳税人可以依照法律、行政法规的规定书面申请减税、免税。减税、免税的申请需经法律、行政法规规定的减税、免税审查批准机关审核。地方各级人民政府、各级人民政府主管部门、单位和个人违反法律、行政法规的规定，擅自作出的减税、免税决定无效，税务机关不得执行，并向上级税务机关报告。

法律、行政法规规定或者经法定的审批机关批准减税、免税的纳税人，应当持有关文件到主管税务机关办理减税、免税手续。减税、免税期满，应当自期满次日起恢复纳税。

享受减税、免税优惠的纳税人，减税、免税条件发生变化的，应当自发生变化之日起15日内向税务机关报告；不再符合减税、免税条件的，应当依法履行纳税义务；未依法纳税的，税务机关应当予以追缴。

6. 调整计税金额

企业或者外国企业在中国境内设立的从事生产、经营的机构、场所与其关联企业之间的业务往来，应当按照独立企业之间的业务往来收取或者支付价款、费用；不按照独立企业之间的业务往来收取或者支付价款、费用，而减少其应纳税的收入或者所得额的，税务机关有权进行合理调整。

1) 关联企业的界定

关联企业是指有下列关系之一的公司、企业和其他经济组织。

(1) 在资金、经营、购销等方面，存在直接或者间接的拥有或者控制关系。

(2) 直接或者间接地同为第三者所拥有或者控制。

(3) 在利益上具有相关联的其他关系。

2) 关联企业转移定价

纳税人与其关联企业之间的业务往来有下列情形之一的，税务机关可以调整其应纳税额。

(1) 购销业务未按照独立企业之间的业务往来作价。

(2) 融通资金所支付或者收取的利息超过或者低于没有关联关系的企业之间所能同意的数额，利率超过或者低于同类业务的正常利率。

(3) 提供劳务，未按照独立企业之间业务往来收取或者支付劳务费用。

(4) 转让财产、提供财产使用权等业务往来，未按照独立企业之间业务往来作价或者收取、支付费用。

(5) 未按照独立企业之间业务往来作价的其他情形。

3) 关联企业的税务调整

纳税人有上述情形之一的，税务机关可以按照下列方法调整计税收入额或者所得额。

(1) 按照独立企业之间进行的相同或者类似业务活动的价格。

(2) 按照再销售给无关联关系的第三者的价格所应取得的收入和利润水平。

(3) 按照成本加合理的费用和利润。

(4) 按照其他合理的方法。

纳税人与其关联企业未按照独立企业之间的业务往来支付价款、费用的，税务机关自该业务往来发生的纳税年度起3年内进行调整；有特殊情况的，可以自该业务往来发生的纳税年度起10年内进行调整。

7. 责令纳税

对未按照规定办理税务登记的从事生产、经营的纳税人以及临时从事经营的纳税人，由税务机关核定其应纳税额，责令缴纳；不缴纳的，税务机关可以扣押其价值相当于应纳税款的商品、货物。税务机关依法扣押纳税人商品、货物的，纳税人应当自扣押之日起15日内缴纳税款。

对扣押的鲜活、易腐烂变质或者易失效的商品、货物，税务机关根据被扣押物品的保质期，可以缩短规定的扣押期限。

扣押后缴纳应纳税款的，税务机关必须立即解除扣押，并归还所扣押的商品、货物；扣押后仍不缴纳应纳税款的，经县级以上税务局(分局)局长批准，依法拍卖或者变卖所扣押的商品、货物，以拍卖或者变卖所得抵缴税款。

8. 税收保全措施

税收保全措施是指税务机关对可能由于纳税人的行为或者某种客观原因，致使以后税款的征收不能保证或难以保证的情况，采取的限制性措施，它是为了维护正常的税收秩序，预防纳税人逃避纳税义务的一种前置措施。

根据《征管法》及《实施细则》的规定，税务机关有根据认为从事生产、经营的纳税人有逃避纳税义务行为的，可以在规定的纳税期内，责令限期缴纳应纳税款；在限期内发现纳税人有明显的转移、隐匿其应纳税的商品、货物及其他财产或者应纳税的收入的迹象的，税务机关可以责成纳税人提供纳税担保。如果纳税人不能提供纳税担保，经县级以上税务局(分局)局长批准，税务机关可以采取下列税收保全措施：一是书面通知纳税人开户银行或者其他金融机构冻结纳税人的金额相当于应纳税款的存款；二是扣押、查封纳税人的价值相当于应纳税款的商品、货物或者其他财产，其他财产包括纳税人的房地产、现金、有价证券等不动产和动产。

1) 税收保全的前提和条件

(1) 实施税收保全措施的对象是从事生产经营的纳税人。对扣缴义务人、纳税担保人及非生产经营性的纳税人，如国家机关、事业单位、社会团体等，不得实施税收保全。

(2) 纳税人有逃避纳税义务的行为。没有逃避纳税义务行为的，不能采取税收保全措施。

(3) 必须是在规定的纳税期之前和责令限期缴纳应纳税款的期限内，如果纳税期和责令缴纳应纳税款的期限届满，纳税人又没有缴纳应纳税款的，税务机关可以按规定直接采取强制执行措施。

(4) 纳税人在税务机关责令限期缴纳税款期限内或税务检查时有明显的逃避纳税义务的行为，且不能提供纳税担保。

2) 税收保全的措施

(1) 书面通知纳税人开户银行或者其他金融机构冻结纳税人的金额相当于应纳税款的存款。

(2) 扣押、查封纳税人的价值相当于应纳税款的商品、货物或者其他财产。

税务机关实施扣押、查封时，必须注意以下事项。

① 采取扣押、查封措施，必须经县级以上税务局(分局)局长批准，由两名以上税务人员执行，并通知被执行人。被执行人是自然人的，应当通知被执行人本人或者其成年家属到场；被执行人是法人或者其他组织的，应当通知其法定代表人或者主要负责人到场。拒不到场的，不影响执行。

② 采取扣押、查封措施时，必须开付收据或清单。税务机关扣押商品、货物或者其他财产时，必须开付收据；查封商品、货物或者其他财产时，必须开付单据。

③ 对纳税人个人及其所抚养的家属维持生活必需的住房和用品，不得采取税收保全措施。

3) 税收保全措施的法定程序

税务机关有根据认为从事生产、经营的纳税人有逃避纳税义务行为的，可以依法采取以下法定程序执行税收保全措施。

(1) 责令纳税人提前缴纳税款。

(2) 责成纳税人提供纳税担保。在期限内，纳税人有明显转移、隐匿应纳税款的商品、货物以及其他财产或者应纳税的收入迹象的，税务机关可以责成纳税人提供纳税担保。这里的“担保”包括经税务机关认可的纳税保证人为纳税人提供的纳税保证，以及纳税人或者第三者以其未设置或者未全部设置担保物权的财产提供的担保。

(3) 冻结纳税人的存款。纳税人不能提供纳税担保的，经县级以上税务局(分局)局长批准，书面通知纳税人开户银行或者其他金融机构冻结纳税人的金额相当于应纳税款的存款。

(4) 查封、扣缴纳税人的商品、货物或其他财产。纳税人在开户银行或其他金融机构中没有存款的，或者税务机关无法掌握其存款情况的，税务机关可以扣押、查封纳税人的价值相当于应纳税款的商品、货物或其他财产。

(5) 税收保全措施的终止。税收保全的终止有两种情况：一是纳税人在规定的期限内缴纳了应纳税款的，税务机关应当自收到税款或者银行转回的完税凭证之日起1日内解除税收保全措施；如税务机关未立即解除税收保全措施，使纳税人的合法利益遭受损失的，税务机关应当承担赔偿责任。二是纳税人超过规定的期限仍不缴纳税款的，经县级以上税务局(分局)局长批准，终止保全措施，转入强制执行措施。

9. 税收强制执行

税收强制执行是指当事人不履行法律、行政法规规定的纳税义务，税务机关采用法定的强制手段，强迫当事人履行义务，以保障税款入库的措施。强制执行与税收保全不同，它不是通过提前征收来实现防止和杜绝纳税人逃避纳税义务的目的，而是在纳税人未履行纳税义务的情况下对纳税人、扣缴义务人采用的一种特别措施。

根据《征管法》及《实施细则》的规定，从事生产、经营的纳税人、扣缴义务人未按照规定的期限缴纳或者解缴税款，纳税担保人未按照规定的期限缴纳所担保的税款，由税务机关责令限期缴纳，逾期仍未缴纳的，经县级以上税务局(分局)局长批准，税务机关可以采取下列强制执行措施：一是书面通知其开户银行或者其他金融机构从其存款中扣缴税款；二是扣押、查封、依法拍卖或者变卖其价值相当于应纳税款的商品、货物或者其他财产，以拍卖或者变卖所得抵缴税款。

1) 税收强制执行的适用范围

强制执行措施的适用范围仅限于未按照规定的期限缴纳或者解缴税款，经责令限期缴纳，逾期仍未缴纳的从事生产、经营的纳税人。需要注意的是，强制执行措施适用于扣缴义务人、纳税担保人，税收保全措施则只适用于纳税人。

2) 税收强制执行的具体措施

(1) 书面通知其开户银行或者其他金融机构从其存款中扣缴税款。

(2) 扣押、查封、依法拍卖或者变卖其价值相当于应纳税款的商品、货物或者其他财产，以拍卖或者变卖所得抵缴税款。

(3) 税务机关采取强制措施时，对纳税人、扣缴义务人、纳税担保人未缴纳的滞纳金也同时强制执行。

3) 税收强制执行的法定程序

(1) 责令限期缴纳。从事生产、经营的纳税人、扣缴义务人未按照规定的期限缴纳或者解缴税款的，纳税担保人未按照规定的期限缴纳所担保的税款的，由税务机关发出限期缴纳税款通知书，责令缴纳或者解缴税款的最长期限不得超过15日。

(2) 税款的强制征收。纳税人、扣缴义务人、纳税担保人经责令限期缴纳税款逾期仍未缴纳的，经县以上税务局(分局)局长批准，书面通知其开户银行或者其他金融机构，从其存款中扣缴税款。

(3) 扣押、查封、拍卖或者变卖，以拍卖或者变卖所得抵缴税款。对价值超过应纳税额且不可分割的商品、货物或者其他财产，税务机关在纳税人、扣缴义务人或者纳税担保人无其他可供强制执行的财产的情况下，可以整体抵押、查封、拍卖，以拍卖所得抵缴税款、滞纳金、罚款及抵押、查封、保管、拍卖等费用。

拍卖或者变卖所得抵缴税款、滞纳金、罚款及扣押、查封、保管、拍卖、变卖等费用后，剩余部分应当在3天内退还被执行人。

10. 欠缴清缴

纳税人未按照规定期限缴纳税款，扣缴义务人未按照规定期限解缴税款，税务机关可以采取以下措施保障税款清缴入库。

1) 离境清税

欠缴税款的纳税人或者其法定代表人需要出境的，应当在出境前向税务机关结清应纳税款、滞纳金或者提供担保。既未结清税款、滞纳金，又不提供担保的，税务机关可以通知出境管理机关阻止其出境。

2) 欠税告知

为保护国家的税收利益和第三人的经济利益，应当将纳税人的欠税情况公告，同时纳税人也应将欠税情况及相关重大经济活动向其权利人和税务机关报告。

关于纳税人欠税告知，《征管法》及《实施细则》作出了如下规定。

(1) 税务机关应当对纳税人欠缴税款的情况定期予以告知。县级以上各级税务机关应当将纳税人的欠税情况，在办税场所或者广播、电报、报纸、期刊、网络等新闻媒体上定期公告。

(2) 纳税人有欠税情形而以其财产设定抵押、质押的，应当向抵押权人、质权人说明其欠税情况。抵押权人、质权人可以请求税务机关提供有关的欠税情况。

(3) 纳税人有合并、分立情形的，应当向税务机关报告，并依法缴清税款。纳税人合并时未缴清税款的，应当由合并后的纳税人继续履行未履行的纳税义务；纳税人分立时未缴清税款的，分立后的纳税人对未履行的纳税义务应当承担。

(4) 欠缴税款税额5万元以上的纳税人在处分其不动产或者大额资产之前，应当向税务机关报告。

征税机关可以作为税收债权人，行使公法上的代位权与撤销权。因此，《征管法》规定欠缴税款的纳税人因怠于行使到期债权，或者放弃到期债权，或者无偿转让该财产，或者以明显不合理的低价转让财产而受让人知道该情形，对国家税收造成损害的，税务机关可按照法律的规定行使代位权、撤销权。同时，税务机关可依照法律规定行使代位权、撤销权的，不免除欠缴税款的纳税人尚未履行的纳税义务和应当承担的法律责任。

11. 税款的退还

纳税人超过应纳税额缴纳的税款，税务机关发现后应当立即退还；纳税人自结算缴纳税款之日起3年内发现的，可以向税务机关要求退还多缴的税款并加算银行同期存款利息，税务机关及时查实后应当立即退还；涉及从国库中退库的，依照法律、行政法规有关国库管理的规定退还。退税利息按照税务机关办理退税手续当天中国人民银行规定的活期存款利率计算。

税务机关发现纳税人多缴税款的，应当自发现之日起10日内办理退还手续；纳税人发现多缴税款、要求退还的，税务机关应当自接到纳税人退还申请之日起30日内查实并办理退还手续。加算银行同期存款利息的多缴税款退还，不包括依法预缴税款形成的结算退还、出口退税和各种减免退税。

纳税人既有应退税款又有欠缴税款的，税务机关可以按应退税款和利息先抵扣欠缴税款；抵扣后有余额的，退还纳税人。

12. 税款的追征

税务机关对超过纳税期限未缴或少缴税款的纳税人可以在规定的期限内予以追征。根据该条规定，税款的追征具体有以下三种情形。

(1) 因税务机关的责任，致使纳税人、扣缴义务人未缴或者少缴税款的，税务机关在3年内可以要求纳税人、扣缴义务人补缴税款，但是不得加收滞纳金。

(2) 因纳税人、扣缴义务人计算错误等失误，未缴或者少缴税款的，税务机关在3年内可以追征税款，并加收滞纳金；有特殊情况的(即数额在10万元以上的)，追征期可以延长到5年。

(3) 对因纳税人、扣缴义务人和其他当事人偷税、抗税、骗税等原因而造成未缴或者少缴税款的或骗取退税款的，税务机关可以无限期追征。

13. 税收优先权

许多国家的税收法律都规定了“税收优先权”，如韩国的《国税基本法》和《地方税法》都明文规定了税收优先权。我国针对拖欠税款现象日益严重的情况，在第二次修订的《税收征管法》第四十五条中也确立了“税收优先权”制度。

所谓税收优先权，实际上就是指当国家征税权力与其他债权同时存在时，税款的征收应优先于其他债权。《税收征管法》第四十五条明确规定：“税务机关征收税款，税收优先于无担保债权，法律另有规定的除外；纳税人欠缴的税款发生在纳税人以其财产设定抵押、质权或者纳税人的财产被留置之前的，税收应当先于抵押权、质权、留置权执行。纳税人欠缴税款，同时又被行政机关决定处以罚款、没收违法所得，税收优先于罚款、没收违法所得。”此条中的“法定另有规定的除外”，主要是指《企业破产法(试行)》等法律所规定的破产费用、职工工资和劳动保险费等债权。

由此可见，我国的税收优先权只是相对于无担保的普通债权或者在欠税之后发生的有担保的普通债权和行政罚款、没收违法所得而言的，而相对于企业的破产费用、所欠职工工资和劳动保险费而言，则没有优先权。

17.4 税务检查

税务检查是税收征收管理的一个重要环节，它是指税务机关依法对纳税人履行缴纳税款义务和扣缴义务人履行代扣、代收税款义务的状况所进行的监督检查。纳税人、扣缴义务人必须接受税务机关依法进行的税务检查，如实反映情况，提供有关资料，不得拒绝、隐瞒。税务机关依法进行税务检查时，有关部门和单位应当支持、协助。通过税务检查，既有利于全面贯彻国家的税收政策，严肃税收法纪，加强纳税监督，查处偷税、漏税和逃骗税等违法行为，确保税收收入足额入库，也有利于帮助纳税人端正经营方向，促使其加强经济核算，增强依法纳税的意识，提高其经营管理水平。

17.4.1 税务检查的范围

根据《征管法》及《实施细则》的规定，税务机关有权进行下列税务检查。

(1) 检查纳税人的账簿、记账凭证、报表和有关资料，检查扣缴义务人代扣代缴、代收代缴税款账簿、记账凭证和有关资料。

(2) 到纳税人的生产、经营场所的货物存放地检查纳税人应纳税的商品、货物或者其他财产，检查扣缴义务人与代扣代缴、代收代缴税款有关的经营情况。

(3) 责成纳税人、扣缴义务人提供与纳税或者代扣代缴、代收代缴税款有关的文件、证明材料和有关资料。

(4) 责成纳税人、扣缴义务人提供与纳税或者代扣代缴、代收代缴税款有关的问题和情况。

(5) 到车站、码头、机场、邮政企业及其分支机构检查纳税人托运、邮寄应纳商品、货物或者其他财产的有关单据凭证和资料。

(6) 经县级以上税务局(分局)局长批准，凭全国统一格式的检查存款账户许可证明，查询从事生产、经营的纳税人、扣缴义务人在银行或者其他金融机构的存款账户。税务机关在调查税收违法案件时，经设区的市、自治区以上税务局(分局)局长批准，可以查询案件涉嫌人员的储蓄存款。税务机关查询所获得的资料，不得用于税收以外的用途。

17.4.2 税务检查的特点

税务检查是众多经济监督手段之一，与会计检查、审计检查、物价检查相比较，有其自身的特点。

(1) 特定的检查主体。税务检查的主体是税务机关，代表国家行使政治权力，依法对纳税人的所有经济行为和应税行为进行检查。

(2) 特定的检查对象。税务检查的对象仅限于具有纳税义务的纳税人、扣缴义务人。

(3) 特定的检查目的。税务检查的目的是保障国家财政收入的及时、足额入库，严肃税法纪律，规范纳税秩序，实现税收职能。

(4) 特定的检查依据。税务检查是依据国家税收法律、法规进行的，是以会计核算为前提，建立在会计制度实施基础之上的一种经济监督活动。

17.4.3 税务检查的方法

(1) 全查法。它是指对被检查人在一定时期内所有会计凭证、账簿、报表及各种存货进行全面、系统检查的一种方法。

(2) 顺查法。它是指按照会计核算的顺序，对被检查人依次检查会计凭证、账簿、报表并相互核对的一种检查方法。

(3) 抽查法。它是指对被检查人在一定时期内所有会计凭证、账簿、报表及各种存货抽取一部分进行检查的一种方法。

(4) 逆查法。它是指逆会计核算的顺序，依次检查会计报表、账簿、凭证并相互核对的一种检查方法。

(5) 现场检查法。它是指税务机关派人到被查纳税人的机构办公地点对其账务资料进行核对的一种方法。

(6) 调账检查法。它是指将被查纳税人的账务资料调到税务机关进行检查的一种方法。

(7) 比较分析法。它是指对被查纳税人检查期内有关财务指标的实际完成数进行纵向或横向比较，分析其异常变化情况，从中发现纳税问题线索的一种方法。

(8) 控制计算法。它也称为逻辑推算法，是根据被查纳税人的财务数据的相互关系，用可靠或科学测定的数据，验证其检查期账面记录或申报的材料是否正确的一种检查方法。

(9) 审阅法。它是指对被查纳税人的会计账簿、凭证等账务资料，通过直观的审阅，发现在纳税方面存在问题的一种方法。

(10) 核对法。它是指通过对被查纳税人的各种相关联的会计凭证、账务、报表及实物进行核对，验证其在纳税方面存在问题的一种方法。

(11) 观察法。它是指对被查纳税人的生产经营场所、仓库、工地等现场，实地观察其生产经营状况，以发现问题的一种检查方法。

(12) 外调法。它是指对被查纳税人有怀疑或掌握一定线索的经济事项，通过向与其有经济联系的单位或个人进行调查，予以核实的一种检查方法。

(13) 交叉稽核法。国家为加强增值税专用发票的管理，应用计算机将其开具的增值税发票抵扣联与存根联进行交叉稽核，以查出虚开及假开发票行为，避免国家税款流失。目前，这种方法通过“金税工程”体现，对利用增值税专用发票偷逃税款的行为起到了极大的遏制作用。

17.4.4 税务机关在税务检查中的权力和义务

1. 税务机关在税务检查中的权力

(1) 税务机关对从事生产、经营的纳税人以前纳税期的纳税情况依法进行税务检查时，发现纳税人有逃避纳税义务的行为，并有明显的转移、隐匿其应纳税的商品、货物以及其他财产或者应纳税的收入的迹象的，可以按照法律规定的批准权限采取税收保全措施或者强制执行措施。

(2) 税务机关依法进行税务检查时，有权向有关单位和个人调查纳税人、扣缴义务人和其他当事人与纳税或者代扣代缴、代收代缴税款有关的情况，有关单位和个人有义务向税务机关如实提供有关资料及证明材料。

(3) 税务机关调查税务违法案件时，对与案件有关的情况和资料，可以记录、录音、录像、照相和复制。

2. 税务机关在税务检查中的义务

(1) 持证检查的义务。税务人员进行税务检查时，应当出示税务检查证和税务检查通知书；无税务检查证和税务检查通知书的，纳税人、扣缴义务人及其他当事人有权拒绝检查。税务机关对集贸市场及集中经营业户进行检查时，可以使用统一的税务检查通知书。

(2) 保守秘密的义务。税务机关工作人员进行税务检查时，有义务为被检查人保守秘密。税务机关行使存款查询职权时，应当指定专人负责，凭全国统一格式的检查存款账户许可证明进行，并有责任为被检查人保守秘密。

17.5 法律责任

税收法律责任是指税收法律关系的主体因违反税收法律规范所应承担的法律后果。税收法律责任依其性质和形式的不同，可分为经济责任、行政责任和刑事责任；依承担法律责任主体的不同，可分为纳税人的责任、扣缴义务人的责任、税务机关及其工作人员的责任。

17.5.1 违反税务管理基本规定的法律责任

(1) 纳税人未按照规定的期限申报办理税务登记、变更或者注销登记的，税务机关应当自发现之日起3日内责令其限期改正，可处以2 000元以下的罚款；情节严重的，处以2 000元以上、10 000元以下的罚款。

(2) 纳税人不办理税务登记的，税务机关应当自发现之日起3日内责令其限期改正，可处以2 000元以下的罚款；情节严重的，处以2 000元以上、10 000元以下的罚款。逾期不改正的，经税务机关提请，由工商行政管理机关吊销其营业执照。

(3) 扣缴义务人未按照规定办理扣缴税款登记的，税务机关应当自发现之日起3日内责令其限期改正，并处以2 000元以下的罚款。

(4) 纳税人未按照规定使用税务登记证件或者转借、涂改、损毁、买卖、伪造税务登记证件的，处以2 000元以上、10 000以下的罚款；情节严重的，处以10 000元以上、50 000元以下的罚款。

(5) 纳税人通过提供虚假的证明材料等手段，骗取税务登记证的，处以2 000元以下的罚款；情节严重的，处以2 000元以上、10 000元以下的罚款。纳税人涉嫌其他违法行为的，按有关法律、行政法规的规定处理。

(6) 未按规定将财务会计制度或财务会计处理办法和会计核算手续、会计核算软件报送税务机关备查的，或未将其全部银行账号向税务机关报告的，或未按规定安装使用税控装置、擅自改动税控装置的，或未按规定办理验证或换证手续的，由税务机关责令整改，可以处以2 000元以下的罚款；情节严重的，处以2 000元以上、10 000元以下的罚款。

(7) 纳税人、扣缴义务人违反税务登记管理办法的规定，拒不接受税务机关的处理，税务机关可以收缴其发票或者停止向其发售发票或停止出口退税权。

17.5.2 违反账簿、凭证管理规定的处罚

1. 账簿、凭证使用管理的法律责任

(1) 未按照规定设置、保管账簿或者保管记账凭证和有关资料的，由税务机关责令限期改正，可处以2 000元以下的罚款；情节严重的，处以2 000元以上、10 000元以下的罚款。

(2) 扣缴义务人未按照规定设置、保管代扣代缴、代收代缴税款账簿或者保管代扣代缴、

代收代缴税款记账凭证及有关资料的，由税务机关责令限期改正，可处以2 000元以下的罚款；情节严重的，处以2 000元以上、5 000元以下的罚款。

(3) 非法印制、转借、倒卖、变造或者伪造完税凭证的，由税务机关责令改正，可处以2 000元以上、10 000以下的罚款；情节严重的，处以10 000元以上、50 000元以下的罚款；构成犯罪的，依法追究刑事责任。

(4) 银行和其他金融机构未按照税收征收管理法的规定在从事生产、经营的纳税人的账户中登录税务登记证件号码，或者未按规定在税务登记证件中登录从事生产、经营的纳税人的账户账号的，由税务机关责令限期改正，可处以2 000元以上、20 000元以下的罚款；情节严重的，处以20 000元以上、50 000元以下的罚款。

(5) 为纳税人、扣缴义务人非法提供银行账户、发票、证明或者其他方便，导致未缴、少缴税款或者骗取国家出口退税款的，税务机关除没收其违法所得外，可以处未缴、少缴或者骗取的税款一倍以下的罚款。

2. 发票管理的法律责任

(1) 有下列违反发票管理法规的行为的单位和个人，由税务机关责令限期改正，没收非法所得，可以并处10 000元以下的罚款。有下列两种或者两种以上行为的，可以分别处罚。

① 未按照规定印制发票或者生产发票防伪专用品的；

② 未按照规定领购发票的；

③ 未按照规定开具发票的；

④ 未按照规定取得发票的；

⑤ 未按照规定保管发票的；

⑥ 未按照规定接受税务机关检查的。

(2) 非法携带、邮寄、运输或者存放空白发票的，由税务机关收缴发票，没收非法所得，可以并处10 000元以下的罚款。

(3) 私自印制、伪造变造、倒买倒卖发票，私自制作发票监制章、发票防伪专用品的，由税务机关依法予以查封、扣押或者销毁，没收非法所得和作案工具，可以并处10 000元以上、50 000元以下的罚款；构成犯罪的，依法追究刑事责任。

17.5.3 未按规定申报纳税的法律责任

(1) 纳税人未按照规定的期限办理纳税申报和报送纳税资料的，或者扣缴义务人未按照规定的期限向税务机关报送代扣代缴、代收代缴税款报告表和有关资料的，由税务机关责令限期改正，可处以2 000元以下的罚款；情节严重的，处以2 000元以上、10 000元以下的罚款。

(2) 纳税人、扣缴义务人编造虚假计税依据的，由税务机关责令限期改正，并处50 000元以下的罚款。纳税人不进行纳税申报，不缴或者少缴应纳税款的，由税务机关追缴其不缴或者少缴的税款、滞纳金，并处不缴或少缴的税款50%以上、5倍以下的罚款。

17.5.4 偷税的认定及法律责任

纳税人伪造、变造、隐匿、擅自销毁账簿及记账凭证，或者在账簿上多列支出或者不列、少列支出，或者经税务机关通知申报而拒不申报或者进行虚假的纳税申报，不缴或者少缴应纳税款的，为偷税。对纳税人偷税的，由税务机关追缴其不缴或者少缴的税款、滞纳金，并处以不缴或者少缴的税款50%以上、5倍以下的罚款；构成犯罪的，依法追究刑事责任。

扣缴义务人采取上述手段，不缴或者少缴已扣、已收税款，由税务机关追缴其不缴或者少缴的税款、滞纳金，并处以不缴或者少缴的税款50%以上、5倍以下的罚款；构成犯罪的，依法追究刑事责任。

17.5.5 逃税罪的认定与处罚

中华人民共和国第十一届全国人民代表大会常务委员会第七次会议于2009年2月28日通过了《中华人民共和国刑法修正案(七)》，其中将《刑法》第二百零一条的“偷税罪”改为“逃税罪”，具体的内容修改如下所述。

纳税人采取欺骗、隐瞒手段进行虚假纳税申报或者不申报，逃避缴纳税款数额较大并且占应纳税额10%以上的，处3年以下有期徒刑或者拘役，并处罚金；数额巨大并且占应纳税额30%以上的，处3年以上、7年以下有期徒刑，并处罚金。扣缴义务人采取上述手段，不缴或者少缴已扣、已收税款，数额较大的，依照前述规定处罚。

对多数实施逃避缴纳税款的行为，未经处理的，按照累计数额计算。

纳税人实施了逃避缴纳税款的行为，经税务机关依法下达追缴通知后，补缴应纳税款，缴纳滞纳金，已受行政处罚的，不予追究刑事责任；但是，5年内因逃避缴纳税款受过刑事处罚或者被税务机关给予两次以上行政处罚的除外。

17.5.6 逃避追缴欠税的认定与处罚

纳税人欠缴应纳税款，采取转移或者藏匿财产的手段，妨碍税务机关追缴欠缴的税款的，由税务机关追缴欠缴的税款、滞纳金，并处欠缴税款50%以上、5倍以下的罚款；构成犯罪的，依法追究刑事责任。

17.5.7 骗税的认定与处罚

以假报出口或者其他欺骗手段，骗取国家出口退税款的，由税务机关追缴其骗取的退税款，并处骗取税款1倍以上、5倍以下的罚款；构成犯罪的，依法追究刑事责任。对骗取国家出口退税款的，税务机关可以在规定期间停止为其办理出口退税。

17.5.8 抗税的认定与处罚

以暴力、威胁等方式拒不缴纳税款的，为抗税，除由税务机关追缴其拒缴的税款、滞纳金外，依法追究刑事责任；情节轻微，未构成犯罪的，由税务机关追缴其拒缴的税款、滞纳金，并处拒缴税款1倍以上、5倍以下的罚款。

17.5.9 不缴、少缴税款等行为的处罚

纳税人、扣缴义务人在规定期限内不缴或者少缴应纳或者应解缴的税款，由税务机关责令限期缴纳；逾期仍未缴纳的，税务机关除按照法律规定采取强制执行措施追缴其不缴或者少缴的税款外，可以处不缴或者少缴税款50%以上、5倍以下的罚款。

纳税人拒绝代扣、代收税款的，扣缴义务人应当向税务机关报告，由税务机关直接向纳税人追缴税款、滞纳金；纳税人拒不缴纳的，税务机关除按照法律规定采取强制执行措施追缴其不缴或者少缴的税款外，可以处不缴或者少缴税款50%以上、5倍以下的罚款。

扣缴义务人应扣未扣、应收而不收税款的，由税务机关向纳税人追缴税款，对扣缴义务人

处应扣未扣、应收未收税款50%以上、3倍以下的罚款。

17.5.10 不配合税务检查需承担的法律责任

纳税人、扣缴义务人逃避、拒绝或者以其他方式阻挠税务机关检查的，由税务机关责令改正，可处以1万元以下的罚款；情节严重的，处以1万元以上、5万元以下的罚款。

17.5.11 税务机关及相关人员违法的处理

1. 税务人员税务违法的行政处理

(1) 税务人员对控告、检举税收违法违纪行为的纳税人、扣缴义务人以及其他检举人进行打击报复的，依法给予行政处分。

(2) 纳税人员与纳税人、扣缴义务人勾结，唆使或者协助纳税人、扣缴义务人有违反《征管法》规定的行为，尚不构成犯罪的，依法给予行政处分。

(3) 税务人员利用职务上的便利，收受或者索取纳税人、扣缴义务人财物或者谋取其他不正当利益，尚不构成犯罪的，依法给予行政处分。

(4) 税务人员徇私舞弊或者玩忽职守，不征或者少征应征税款，致使国家税收遭受重大损失，尚不构成犯罪的，依法给予行政处分。

(5) 税务人员滥用职权，故意刁难纳税人、扣缴义务人的，调离税收工作岗位，并依法给予行政处分。

(6) 税务机关、税务人员查封、扣押纳税人个人及其所扶养家属维持生活必需的住房和用品的，责令退还，依法给予行政处分。

(7) 税务人员违反法律、行政法规的规定，故意高估或者低估农业税计税产量，致使多征或者少征税款，侵犯农民合法权益或者损害国家利益，尚不构成犯罪的，依法给予行政处分。

(8) 税务人员在征收税款或者查处税收违法案件时，未按照《征管法》规定进行回避的，对直接负责的主管人员和其他直接责任人员，依法给予行政处分。

(9) 未按照《征管法》的规定为纳税人、扣缴义务人、检举人保密的，对直接负责的主管人员和其他直接负责人员，由所在单位或者有关单位依法给予行政处分。

2. 税务人员渎职行为和司法处理

(1) 税务机关徇私舞弊，对依法应当移交司法机关追究刑事责任的不移交，情节严重的，依法追究刑事责任。

(2) 税务机关、税务人员查封、扣押纳税人个人及其所扶养家属维持生活必需的住房和用品，构成犯罪的，依法追究刑事责任。

(3) 税务人员与纳税人、扣缴义务人勾结，唆使或者协助纳税人、扣缴义务人有违反《征管法》规定的行为，构成犯罪的，依法追究刑事责任。

(4) 税务人员利用职务上的便利，收受或者索取纳税人、扣缴义务人财物或者谋取其他不正当利益，构成犯罪的，依法追究刑事责任。

(5) 税务人员徇私舞弊或者玩忽职守，不征或者少征应征税款，致使国家税收遭受重大损失，处5年以下有期徒刑或拘役；造成特别重大损失的，处5年以上有期徒刑。

(6) 税务人员对控告、检举税收违法违纪行为的纳税人、扣缴义务人以及其他检举人进行打击报复，构成犯罪的，依法追究刑事责任。

(7) 税务人员违反法律、行政法规的规定，故意高估或者低估农业税计税产量，致使多征或者少征税款，侵犯农民合法权益或者损害国家利益，构成犯罪的，依法追究刑事责任。

(8) 税务机关工作人员违反法律规定、行政法规的规定，在办理发售发票、抵扣税款、出口退税工作中，徇私舞弊，致使国家利益遭受巨大损失的，处5年以下有期徒刑或拘役；致使国家利益遭受特别重大损失的，处5年以上有期徒刑。

17.5.12　不按规定征收税款的法律责任

违反法律、行政法规的规定提前征收、延缓征收或摊派税款的，由上级机关或者行政监察机关责令整改，对直接负责的主管人员和其他直接责任人员依法给予行政处分。

擅自作出税收的开征、停征或减税、免税、退税、补税以及其他同税收法律、行政法规相抵触的决定的，除依照法律规定撤销其擅自作出的决定外，补征应征未征税款，退还不用征收而征收的税款，并由上级机关追究直接负责的主管人员及其他直接责任人员的行政责任；构成犯罪的，依法追究刑事责任。

17.5.13　违反税务代理的法律责任

税务代理人违反税收法律、行政法规，造成纳税人未缴或少缴税款的，除由纳税人缴纳或者补缴应纳税款、滞纳金外，对税务代理人处纳税人未缴或者少缴税款50%以上、3倍以下的罚款。

17.6 案例分析

【案例1】某公司在管理中存在如下行为：①应当设置但未设置账簿；②曾擅自销毁账簿；③拒不向税务机关提供纳税资料；④纳税人申报的计税依据，明显偏低且无正当理由。

【要求】根据《征管法》的规定，分析税务机关是否有权核定其应纳税额。

【答案】根据《征管法》的规定，纳税人有下列情形之一的，税务机关有权核定其应纳税额：①依照法律、行政法规的规定可以不设置账簿的；②依照法律、行政法规的规定应当设置但未设置账簿的；③擅自销毁账簿或者拒不提供纳税资料的；④虽设置账簿，但账目混乱或者成本资料、收入凭证、费用凭证残缺不全，难以查账的；⑤发生纳税义务，未按照规定的期限办理纳税申报，经税务机关责令限期申报，逾期仍不申报的；⑥纳税人申报的计税依据明显偏低，又无正当理由的。所以，针对上述某公司的4种行为，税务机关均有权核定其应纳税额。

【案例2】现有以下几类单位和个人：①有偷税、抗税、骗税、逃避追缴欠税行为被税务机关、司法机关追究过法律责任未满两年的企业；②纳税信誉等级被评为B级以下的企业；③无民事行为能力或限制民事行为能力的自然人；④有欠税行为的企业。

【要求】请分析上述单位和个人中，哪些不得作为纳税保证人。

【答案】根据《征管法》的规定，纳税人有下列情形之一的，不得作为纳税保证人：①有偷税、抗税、骗税、逃避追缴欠税行为被税务机关、司法机关追究过法律责任未满两年的；②因有税收违法行为正在被税务机关立案处理或涉嫌刑事犯罪被司法机关立案侦查的；③纳税信誉等级被评为C级以下的；④在主管税务机关所在地的市(地、州)没有住所的自然人或税务登记不在本市(地、州)的企业；⑤无民事行为能力或限制民事行为能力的自然人；⑥与纳税人存在担保关联关系的；⑦有欠税行为的。所以，案例中的第①③④种情形的单位和个人不可以作为纳税保证人。

本章小结

实施税收征收管理有利于保障国家税收收入，保护纳税人的合法权益，促进经济和社会发展。《征管法》是税收征收管理中征纳双方所依据的最主要的法律，税务机关、纳税人、扣缴义务人和相关单位都必须遵守。税务管理是基础工作，主要包括税务登记管理、账证管理、发票管理、纳税申报管理等。税款征收是中心环节，包括征收方式、征收措施等内容。税务检查能起到保证和监督的作用，其主要内容包括检查方法、检查范围、税务检查中的权力和义务等。税务法律的责任是对征纳双方在违反征税和缴税规定时给予惩处。

课后练习题

1. 税收征收管理法的立法目的是什么？
2. 税务行政主体的权利与义务有哪些？
3. 税务登记证的使用和管理有哪些规定？
4. 开具发票的基本要求有哪些？
5. 纳税人申报纳税的主要方式有哪些？
6. 税款征收的原则有哪些？
7. 税款征收的措施有哪些？
8. 简述税收保全措施的法定程序。

第18章　税务行政处罚与税务行政救济

本章要点提示

- 税务行政处罚的设定、管辖、程序和执行
- 税务行政复议和税务行政诉讼的特点、管辖和程序
- 税务行政赔偿的要件、程序、方式和标准

18.1 税务行政处罚

18.1.1　税务行政处罚概述

1996年3月17日，第八届全国人民代表大会第四次会议通过了《中华人民共和国行政处罚法》(以下简称《行政处罚法》)。为了更好地贯彻实施《行政处罚法》，规范《行政处罚法》的实施，保护纳税人和其他税务当事人的合法权益，1996年9月28日，国家税务总局发布了《税务案件调查取证与处罚决定分开制度实施办法(试行)》和《税务行政听证程序实施办法(试行)》，并于1996年10月1日起施行。

1. 税务行政处罚的概念

税务行政处罚是行政处罚的重要组成部分，旨在保障和监督行政机关有效实施行政管理，保护公民、法人和其他组织的合法权益。税务行政处罚是指公民、法人或者其他组织有违反税收征收管理秩序的违法行为，尚未构成犯罪，依法应当承担行政责任的，由税务机关给予的行政处罚。

税务行政处罚包括以下几个方面。

(1) 当事人行为违反了税务行政管理的法律、法规，侵犯了税务行政管理法律程序，应当承担税务行政责任。

(2) 从当事人主观方面，不区分是否具有主观故意或过失，只要有税务违法行为，并有法定依据给予税务行政处罚的，就要承担税务行政责任。

(3) 当事人行为一般没有构成犯罪，依法给予税务行政处罚是税务行政机关的职权。

(4) 实施行政处罚的主体是税务行政机关。这也是与行政处罚与刑事处罚、民事责任不同的地方。

国家权力因其天生所具备的侵略性和扩张性，可能会对个人权利造成危害。税务行政权力属于国家权力的一类，如果不通过法律对其加以限制和规范，它就可能会借助其国家强制力的后盾，侵犯公民、法人或者其他组织的合法权益。

2. 税务行政处罚的原则

(1) 法定原则。税务机关对公民和组织实施税务行政处罚的实体内容和程序内容都必须依

据法律规定，对公民和组织实施税务行政处罚必须有法定依据，无明文规定不得处罚；程序规定的内容核心在于“税务行政处罚必须由法定的国家机关在其职权范围内设定，并按照法定程序实施”。

(2) 公正公开原则。“公正”要求税务机关在实施税务处罚时，必须查明事实，做到事实清楚、证据确凿，以事实为依据，以法律为准绳，做到处罚结果与违法行为的事实、性质、情节及社会危害程度相当。同时，税务机关有责任告知当事人其违法行为的性质，给当事人了解违法事实和申辩的机会，具体体现为实行听证制度、税务调查取证部门与作出处罚决定部门分立等。“公开”原则体现在实体和程序两方面：实体方面是指对违法行为给予行政处罚的规定必须公布，未经公布的不得作为行政处罚的依据；程序方面是指处罚的程序要公开，如表明身份、出示依据、说明理由、告知权利、听证公开等。

(3) 以事实为依据的原则。以事实为依据的原则是指设定和实施税务行政处罚必须以事实为依据。

(4) 处罚与教育相结合的原则。税收行政处罚的目的是纠正违法行为，教育公民自觉守法，处罚只是手段。因此，税务机关在实施行政处罚时要责令当事人改正或限期改正违法行为，对情节轻微的违法行为也不一定都要实施处罚。

(5) 制约、监督原则。为了保证税务机关执法的公正性，保障税务当事人的合法权益，在税务行政处罚中要坚持制约监督原则。例如，对涉税违法行为的调查与作出处罚的决定分开，决定罚款部门与收缴罚款部门分立等。通过这些措施的实施，来保障税务机关内部机构之间的独立性并实现其相互制约。另外，如果当事人对税务机关作出的具体行政行为不服，可通过行政复议和行政诉讼保障自身权益，这一过程也是对税务行政行为的监督。

18.1.2 税务行政处罚的设定和种类

1. 税务行政处罚的设定

税务行政处罚的设定是指由特定的国家机关通过一定形式首次独立规定公民、法人或者其他组织的行为规范，并规定违反该行为规范的行政制裁措施。我国现行税务行政处罚的设定原则为税权集中、税法统一，税收的立法权主要集中在中央。

(1) 全国人民代表大会及其常务委员会可以通过法律的形式设定各种税务行政处罚。

(2) 国务院可以通过行政法规的形式设定除限制人身自由以外的税务行政处罚。

(3) 国家税务总局可以通过规章的形式设定警告和处罚。税务行政规章对非经营活动中的违法行为，设定罚款不得超过1 000元。对经营活动中的违法行为，有违法所得的，设定罚款不得超过违法所得的3倍，且最高不得超过30 000元；没有违法所得的，设定罚款不得超过10 000元；超过限额的，应当报国务院批准。

2. 税务行政处罚的种类

现行的税务行政处罚种类包括罚款、没收非法所得、停止出口退税权、收缴发票和暂停供应发票以及税收法律法规等规定的其他行政处罚。

18.1.3 税务行政处罚的主体与管辖

1. 税务行政处罚的主体

根据《征管法》和《行政处罚法》的规定，税务行政处罚的实施主体是县级以上的税务机关。各级税务机关的内设机构、派出机构不具备处罚主体资格，不能以自己的名义实施税务行政处罚，但税务所可以实施罚款额在2 000元以下的税务行政处罚。

2. 税务行政处罚的管辖

根据《征管法》和《行政处罚法》的规定，税务行政处罚由当事人违法行为发生地的县(市、旗)以上税务机关管辖，法律、行政法规另有规定的除外。

18.1.4 税务行政处罚的程序

1. 税务行政处罚的简易程序

税务行政处罚的简易程序是指对税务机关及其执法人员对于公民、法人或者其他组织违反税收征收管理秩序的行为，当场作出税务行政处罚决定的行政处罚程序。

1) 简易程序的适用条件

(1) 案情简单、事实清楚、违法后果比较轻微且有法定依据应当给予处罚的违法行为。

(2) 给予的处罚较轻，仅适用于违法事实确凿并有法定依据，对公民处以50元以下、对法人或者其他组织处以1 000元以下罚款或者警告的行政处罚的，可以当场作出行政处罚决定。

2) 税务行政执法人员当场作出税务行政处罚决定的程序

(1) 向当事人出示税务行政执法身份证件。

(2) 告知当事人受到税务行政处罚的违法事实、依据和陈述申辩权。

(3) 听取当事人陈述申辩意见。

(4) 填写具有预定格式、编有号码的税务行政处罚决定书，并当场交付当事人。行政处罚决定书应当载明当事人的姓名(名称)、住址、违法行为、税务行政处罚依据、处罚种类、罚款数额、时间、地点、罚款代收机构名称、地址、缴纳罚款期限、税务机关名称并由执法人员签名或者盖章、当事人逾期缴纳罚款是否加处罚款。

(5) 执行。作出罚款决定的行政机关应当与收缴罚款的机构分离。除法律规定的特定情况下应当场收缴罚款外，作出行政处罚决定的行政机关及其执法人员不得自行收缴罚款。当事人应当自收到行政处罚决定书之日起15日内，到指定的银行收缴罚款。银行应当收受罚款，并将罚款直接上缴国库。

有下列情形之一的，执法人员可以当场收缴罚款。

① 依法处以20元以下的罚款的；

② 不当场收缴事后难以执行的；

③ 在边远、水上、交通不便地区，行政机关及其执法人员依照法律规定现场作出罚款决定后，当事人向指定的银行缴纳罚款确有困难，经当事人指出，行政机关及其执法人员可以当场收缴罚款。

税务机关及其执法人员当场收缴罚款的，必须向当事人出具省、自治区、直辖市财政部门统一制发的罚款收据；不出具财政部门统一制发的罚款收据的，当事人有权拒绝缴纳罚款。税务执法人员当场收缴的罚款，应当自收缴罚款之日起两日内，交至行政机关；在水上当场收缴的罚款，应当自抵岸之日起两日内交至行政机关。行政机关应当在两日内将罚款缴付指定的银行。

(6) 备案。执法人员当场作出的行政处罚决定，必须报所属行政机关备案。

2. 税务行政处罚的一般程序

除依法规定可以当场作出的税务行政处罚外，税务机关发现公民、法人或者其他组织有依法应当给予行政处罚的行为的，必须全面、客观、公正地调查，收集有关证据。必要时，依照法律、法规的规定可以进行检查。

1) 立案调查与审查

税务机关在调查或者进行检查时，执法人员不得少于两人，并应当向当事人或者有关人员出示证件。当事人或者有关人员应当如实回答询问并协助调查或者检查，不得阻挠。询问或者检查应当制作笔录。税务机关执法人员与当事人有直接利害关系的，应当回避。

(1) 调查终结，行政机关负责人应当对调查结果进行如下审查。

① 调查机构认定的事实、证据和处罚建议适用的处罚种类、依据是否正确。

② 调查取证是否符合法定程序。

③ 当事人陈述申辩的事实、证据是否成立。

④ 听证人、当事人听证申辩的事实、证据是否成立。

(2) 审查机构应在自收到调查机构移交案卷之日起10日内审查终结，制作审查报告，并连同案卷材料报送税务机关负责人审批。根据不同情况，税务机关可分别作出如下决定。

① 确有应受行政处罚的违法行为的，根据情节轻重及具体情况，作出行政处罚决定。

② 违法行为轻微，依法可以不予行政处罚的，不予行政处罚。

③ 违法事实不能成立的，不得给予行政处罚。

④ 违法行为已构成犯罪的，移交司法机关。

⑤ 对情节复杂或者重大违法行为给予较重的行政处罚，行政机关的负责人应当集体讨论决定。

2) 告知

税务机关在作出税务行政处罚决定之前，应当告知当事人作出税务行政处罚决定的事实、理由及依据，并告知当事人依法享有的权利。当事人有权进行陈述和申辩。行政机关必须充分听取当事人的意见，对当事人提出的事实、理由和证据，应当进行复核。当事人提出的事实、理由或者证据成立的，行政机关应当采纳。

税务机关对公民作出2 000元以上(含本数)罚款或者对法人或者其他组织作出10 000元以上(含本数)罚款的行政处罚之前，应当向当事人送达“税务行政处罚事项告知书”，告知当事人已经查明的违法事实、证据、行政处罚的法律依据和拟将给予的行政处罚，并告知有要求举行听证的权利。

3) 听证

听证是指税务机关在对当事人某些违法行为作出处罚决定之前，按照一定形式提取调查人员和当事人意见的程序。符合听证条件的，当事人要求听证的，税务机关应当组织听证。听证程序如下所述。

(1) 凡属听证范围的案件，在作出处罚决定之前，应当首先向当事人送达“税务行政处罚事项告知书”，告知当事人已经查明的违法事实、证据、处罚的法律依据和拟将给予的处罚，并告知有要求听证的权利。

(2) 要求听证的当事人，应在收到告知书后3日内向税务机关书面提出听证要求，逾期不提出的，视为放弃听证权利。

(3) 税务机关应当在当事人提出听证要求后的15日内举行听证，并在举行听证的7日前将“听证通知书”送达当事人，通知当事人听证的时间、地点、主持人的情况。

(4) 除涉及国家和商业秘密、个人隐私外，应允许公众旁听。

(5) 听证会的全部活动应当由记录员制作笔录并交当事人阅核、签章。听证结束后，主持人应当制作听证报告并同听证笔录附卷移交审查机构审查。

4) 处罚决定

税务机关应当制作税务行政处罚决定书，税务行政处罚决定书应当载明下列事项。

(1) 当事人的姓名或者名称、地址。

(2) 违反法律、法规或者规章的事实和证据。

(3) 税务行政处罚的种类和依据。

(4) 税务行政处罚的履行方式和期限。

(5) 不服税务行政处罚决定，申请行政复议或者提起行政诉讼的途径和期限。

(6) 作出税务行政处罚决定的税务机关名称和作出决定的日期。税务行政处罚决定书必须盖有作出税务行政处罚决定的税务机关的印章。

5) 送达

税务行政处罚决定书应当在宣告后当场交付当事人；当事人不在场的，税务机关应当在7日内依照民事诉讼法的有关规定，将税务行政处罚决定书送达当事人。

18.1.5 税务行政处罚的执行

税务机关作出行政处罚决定后，应当依法送达当事人执行。税务行政处罚和执行是指履行税务机关依法作出税务行政处罚决定的活动。当事人应当在税务行政处罚决定的期限内，予以履行。当事人对税务行政处罚决定不服，申请税务行政复议或者提起税务行政诉讼的，行政处罚不停止执行，法律另有规定的除外。

除法律规定当场收缴的罚款外，作出行政处罚决定的税务机关及其执法人员不得自行收缴罚款。当事人应当自收到税务行政处罚决定书之日起15日内，到指定的银行缴纳罚款。银行应当收受罚款，并将罚款直接上缴国库。当事人逾期不履行行政处罚决定的，每日按罚款数额的3%加处罚款。根据法律规定，可将查封、扣押的财物拍卖或者将冻结的存款划拨抵缴罚款。当事人确有经济困难，需要延期或者分期缴纳罚款的，经当事人申请和税务机关批准，可以暂缓或者分期缴纳。

1. 税务机关行政执法人员当场收缴罚款

税务机关对当事人当场作出处罚决定，具有依法处以20元以下的罚款或者当场不收缴罚款事后难以执行的情形的，税务机关可当场收缴罚款，并向当事人出具收据，在两日内将罚款交至税务机关。税务机关要在两日内将罚款交付指定的银行或其他金融机构。

2. 税务行政罚款决定与罚款收缴分离

除依法可当场收缴罚款的情形外，税务机关还应将作出罚款决定的税务机关与收缴罚款的机构相分离。税务机关作出罚款处罚决定，代收罚款的银行或其他金融机构(代收机构)由国家税务总局与财政部、中国人民银行研究确定。各级地方税务机关的代收机构也可以由各地地方税务局与当地财政部门、中国人民银行分支机构研究确定。税务机关应当同代收机构签订代收罚款协议。代收罚款协议签订后15日内，税务机关应当将代收罚款协议报上一级税务机关和同级财政部门备案；代收机构应当将代收罚款协议报中国人民银行或当地分支机构备案。代收机构代收罚款，应当向当事人出具财政部规定的罚款收据。

18.2 税务行政救济

救济在法律上的含义是指权益受到侵害后的恢复和补救。在具体的税收立法和执法过程中，为了保证税务行政机关不滥用国家赋予的行政职权进行违法和不当的行为，对纳税人的财产、利益造成损害，通过在法律上设置完整的税收救济制度来保护纳税人合法权益是非常必要的。税收救济制度具体包括税务行政复议和税务行政诉讼以及税务行政赔偿。纳税人、扣缴义务人对税务机关所作出的决定，享有陈述权、申辩权，并依法享有申请行政复议、提起行政诉讼、请求国家赔偿等权利。

18.2.1 税务行政复议

1. 税务行政复议概述

税务行政复议是我国行政复议制度的一个重要组成部分。它是指当当事人(纳税人、扣缴义务人、纳税担保人及其他税务当事人)认为征税机关的具体行政行为侵犯其合法权益时，依法向上一级税务机关(复议机关)提出复查该税务具体行政行为的申请，由复议机关对该税务具体行政行为的合法性和适当性进行审查并作出裁决(维持、变更、撤销)等的制度和活动。

我国的税务行政复议具有以下特殊性。

(1) 税务行政复议的前提性。税务行政复议以当事人不服税务机关所作出的具体行政行为为前提条件，也就是说，如果税务机关与税务当事人之间没有税收争议，当事人没有认为征税机关的征税行为侵犯了其合法权益，也就不存在税务行政复议。

(2) 税务行政复议的法定性。税务行政复议遵循“不告不理”的原则，即没有税收当事人提出的行政复议的申请，则没有税务行政复议。提起复议申请时应注意以下几点。

① 提出行政复议的人，必须是认为行政机关行使职权的行为侵犯其合法权益的公民、法人和其他组织。

② 税务行政复议申请人提起的复议申请，应针对税务机关已经作出的具体税务行政行为。

③ 复议申请一般向作出具体行政行为的税务机关的上一级税务机关提起。

(3) 税务行政复议的前置性。当税务当事人与税务机关发生税收争议时，税收当事人可以选择行政复议程序或者行政诉讼程序。但是根据《征管法》的规定，纳税人、扣缴义务人、纳税担保人同税务机关在纳税上发生争议时，必须先按照税务机关的纳税决定缴纳或者解缴税款及滞纳金或者提供相应的担保，然后可以依法申请行政复议；对行政复议决定不服的，可以依法向人民法院起诉。当事人对税务机关的处罚决定、强制执行措施或者税收保全措施不服的，可以依法申请行政复议，也可以依法向人民法院起诉。所以，对于因征税问题引起的争议，税务行政复议是税收行政诉讼的必经的前置程序；对于因处罚、保全措施、强制执行等引起的争议，税务行政复议则是税收行政诉讼的可选择的前置程序。

我国现行的税务行政复议适用的法律规范主要包括《征管法》和1999年4月29日全国人民代表大会常务委员会通过的《中华人民共和国行政复议法》(以下简称《行政复议法》)及2010年2月10日国家税务总局根据《行政复议法》《征管法》和其他有关规定制定的《税务行政复议规则(暂行)》(以下简称《规则》)。

2. 税务行政复议的受案范围

根据《征管法》《行政复议法》和《规则》的规定，税务行政复议的受案范围仅限于税务机关作出的税务具体行政行为。

税务具体行政行为是指税务机关及其工作人员在税务行政管理活动中行使行政职权，针对特定的公民、法人或者其他组织，就特定的具体事项，作出的有关该公民、法人或者其他组织权利、义务的单方行为。

1) 税务具体行政行为的主要内容

(1) 税务机关作出的征税行为，包括：征收税款；加收滞纳金；审批减免税和出口退税；税务机关委托扣缴义务人作出的代扣代缴税款行为。

(2) 税务机关作出的税收保全措施。

(3) 税务机关未及时解除保全措施，使纳税人及其他当事人合法权益遭受损失的行为。

(4) 税务机关作出的强制执行措施。

(5) 税务机关作出的行政处罚行为，包括：罚款、没收财物和非法所得、停止出口退税权。

(6) 税务机关不予依法办理或者答复的行为。

(7) 税务机关作出的取消增值税一般纳税人资格的行为、收缴发票、停止发售发票。

(8) 税务机关责令纳税人提供纳税担保或者不依法确认纳税担保有效的行为。

(9) 税务机关不依法履行下列职责的行为：颁发税务登记证、开具或出具完税证明、行政赔偿、行政奖励或不依法履行的其他行为。

(10) 资格认定行为。

(11) 不依法确认纳税担保行为。

(12) 政府信息公开工作中具体行政行为。

(13) 纳税信用等级评定行为。

(14) 税务机关作出的通知出境管理机关阻止出境行为。

(15) 税务机关作出的其他具体行政行为。

根据此项内容，不管现行税法有无规定，只要是税务机关作出的具体行政行为，纳税人均可以申请税务行政复议，这也是《行政复议法》实施后，有关税务行政复议的一个新规定。纳税人可以对税务机关作出的具体行政行为所依据的规定提出行政复议申请。

2) 税务机关作出的具体行政行为所依据的规定

(1) 国家税务总局和国务院其他部门的规定。

(2) 其他各级税务机关的规定。

(3) 地方各级人民法院的规定。

(4) 地方人民政府工作部门的规定。

值得注意的是，此处的规定不含国家税务总局制定的规章及国务院各部委和地方人民政府制定的规章。

3. 税务行政复议管辖

根据《行政复议法》和《规则》的相关规定，我国税务行政复议管辖的基本制度原则上实行由上一级税务机关管辖下一级税务机关的复议制度，具体包括以下内容。

1) 一般管辖

(1) 对各级税务机关作出的具体行政行为不服的，向其上一级税务机关申请行政复议。

(2) 对省、自治区、直辖市地方税务局作出的具体行政行为不服的，可以向国家税务总局或者省、自治区、直辖市人民政府申请行政复议。

(3) 对国家税务总局作出的具体行政行为不服的，可以向国家税务总局申请行政复议。对行政复议决定不服的，申请人可以向人民法院提起行政诉讼，也可以向国务院申请裁决，国务院的裁决为终局裁决。

2) 特殊管辖

(1) 对计划单列市国家税务局作出的具体行政行为不服的，向省税务局申请行政复议。

(2) 对税务所(分局)、各级税务局的稽查局作出的具体行政行为不服的，向其所属税务局申请行政复议。

(3) 对税务机关作出逾期不缴纳罚款加处罚款的决定不服的，向其作出行政处罚决定的税务机关申请行政复议；对已处罚款和加处罚款都不服的，一并向作出行政处罚决定的税务机关的上一级税务机关申请行政复议。

(4) 对两个以上税务机关共同作出的具体行政行为不服的，向其共同上一级税务机关申请行政复议；对税务机关及其他行政机关共同作出的具体行政行为不服的，向其共同上一级行政机关申请行政复议。

(5) 对被撤销的税务机关在撤销前所作出的具体行政行为不服的，向继续行使其职权的税务机关的上一级税务机关申请行政复议。

4. 税务行政复议的程序

1) 税务行政复议的申请

(1) 申请人与被申请人。依法提起行政复议的纳税人及其他当事人为税务行政复议申请人，具体是指纳税人、扣缴义务人、纳税担保人和其他当事人。纳税人及其他当事人对税务机关的具体行政行为不服申请行政复议的，作出具体行政行为的税务机关是被申请人。

(2) 申请的期限。申请人可以在知道税务机关作出具体行政行为之日起60日内提出行政复议申请。因不可抗力或者被申请人设置障碍等其他正当理由耽误法定申请期限的，申请期限自障碍消除之日起继续计算。

(3) 申请复议的法定要求。纳税人、扣缴义务人、纳税担保人同税务机关在纳税上发生争议时，必须先依照税务机关根据法律、行政法规确定的税额、期限缴纳或者解缴税款及滞纳金或者提供相应的担保，方可在实际缴清税款和滞纳金后或者所提供相应的担保得到作出具体行政行为的税务机关确认之日起60日内提出行政复议申请。

纳税人或者其他当事人与税务机关发生其他税务行政争议的，即申请人对税务机关作出的征税行为以外的其他税务具体行政行为不服的，可以申请行政复议，也可以直接向人民法院提起行政诉讼。

2) 税务行政复议的受理

复议机关收到行政复议申请后，应当在5日内进行审查，决定是否受理。对不符合规定的行政复议申请，决定不予受理，并书面告知申请人。根据《规则》的规定，对有下列情形之一的行政复议申请，税务行政复议机关应当决定不予受理。

(1) 不属于行政复议的受案范围。

(2) 超过法定的申请期限。

(3) 没有明确的被申请人和行政复议对象。

(4) 已向其他法定复议机关申请行政复议且被受理。

(5) 已向人民法院提起行政诉讼，人民法院已经受理。

(6) 申请人就纳税发生争议，没有按规定缴清税款、滞纳金，并且没有提供担保或者担保无效。

(7) 申请人不具备申请资格。

此外，对于应当先向复议机关申请行政复议，对行政复议决定不服向人民法院提起行政诉讼的具体行政行为，复议机关决定不予受理或者受理后超过复议期限不作答复的，纳税人及其他当事人可以自收到不予受理决定书之日起或者行政复议期满之日起15日内，依法向人民法院提起行政诉讼。

对符合规定的行政复议申请，自行政复议机关收到行政复议申请之日起即为受理。受理行政复议申请，应当书面告知申请人。

3) 税务行政复议决定

税务行政复议机关应当对被申请人作出的具体税务行政行为所依据的事实证据、法律程序、法律依据及设定的权利义务内容的合法性、适当性进行全面审查。复议机关法制工作机构应当自受理行政复议申请之日起7日内，将行政复议申请书副本或者行政复议申请笔录复印件发送被申请人。被申请人应当自收到申请书副本或者申请笔录复印件之日起10日内提出书面答复，并提交当初作出具体行政行为的证据、依据和其他有关材料。

法制机关应当对被申请人作出的具体行政行为进行合法性及适当性审查，提出意见，经复议机关负责人同意，按照下列规定作出行政行为决定。

(1) 具体行政行为认定事实清楚，证据确凿，事实证据正确，程序合法，内容适当的，行政复议机关应当作出维持的决定。

(2) 被申请人不履行法定职责的，决定其在一定期限内履行。

(3) 具体行政行为有下列情形之一的，决定撤销、变更或者确认该具体行政行为违法；决定撤销或者确认该具体行政行为违法的，可以责令被申请人在一定期限内重新作出具体行政行为。

① 主要事实不清、证据不足的；

② 适用依据错误的；

③ 违反法定程序的；

④ 超越或者滥用职权的；

⑤ 具体行政行为明显不当的。

税务行政复议机关应当自受理申请之日起60日内作出税务行政复议决定。情况复杂，不能在规定期限内作出税务行政复议决定的，经税务行政复议机关负责人批准，可以适当延长，并告知申请人和被申请人，但延长期限最多不超过30日。税务行政复议机关作出税务行政复议决定，应当制作税务行政复议决定书，并加盖印章。税务行政复议决定书一经送达，即发生法律效力。

18.2.2　税务行政诉讼

行政诉讼是人民法院处理行政纠纷、解决行政争议的法律制度，与刑事诉讼、民事诉讼一起，共同构筑起现代国家的诉讼制度。具体来讲，行政诉讼是指公民、法人和其他组织认为行政机关及其工作人员的具体行政行为侵犯其合法权益，依照行政诉讼法向人民法院提起诉讼，由人民法院进行审理并作出裁决的诉讼制度和诉讼活动。《中华人民共和国行政诉讼法》(以下简称《行政诉讼法》)颁布实施后，人民法院审理行政案件以及公民、法人和其他组织与行政机关进行行政诉讼进入了一个有法可依的新阶段。税务行政诉讼作为行政诉讼的一个重要组成部分，也必须遵循《行政诉讼法》所确立的基本原则和普遍程序，同时税务行政诉讼又具有本部门的特点。

1. 税务行政诉讼概述

税务行政诉讼是指公民、法人和其他组织认为税务机关及其工作人员的具体税务行政行为违法或者不当，侵犯了其合法权益，依法向人民法院提起行政诉讼，由人民法院对具体税务行政行为的合法性进行审查并作出裁决的司法活动。税务行政诉讼的目的是保证人民法院正确、及时审理税务行政案件，保护纳税人、扣缴义务人等当事人的合法权益，维护和监督税务机关依法行使行政职权。它包括税务当事人直接向人民法院的诉讼，也包括税务当事人对征税行为提起行政复议后，对复议结果不服向人民法院提起的诉讼。我国现行的税务行政诉讼适用的主要法律规范是《征管法》和1989年4月4日全国人民代表大会第二次会议通过的《中华人民共和国行政诉讼法》，我国现行的税务行政诉讼与税务行政复议及其行政诉讼相比，具有以下特点。

(1) 税务行政诉讼以解决税务行政争议为前提。税务行政诉讼以税务当事人不服税务机关所作出的具体行政行为为前提条件，也就是说，如果税务机关与税务当事人之间没有税收争议，当事人没有认为征税机关的征税行为侵犯了其合法权益，也就不存在行政诉讼。

(2) 税务行政诉讼是由人民法院进行审理并作出裁决的一种司法活动。这是税务行政诉讼与税务行政复议的根本区别。税务行政复议和税务行政诉讼是解决税务行政争议的两条重要途径。

(3) 税务行政诉讼主体具有恒定性。税务行政诉讼的一方当事人是作为税务行政相对人的公民、法人和其他组织，而另一方当事人必须是税务机关，或经法律、法规授权的行使税务行政管理权的组织。作为主体一方的国家税务机关享有征收管理和给予税务相对人行政处罚的权力，从而决定了只有受到税务处理或行政处罚的税务当事人当其权利受到侵害时，有权作为原告请求给予行政赔偿，而税务机关始终只能作为被告应诉。原告和被告的身份和位置是恒定的。

(4) 税务行政诉讼内容具有限定性。税务行政诉讼的内容仅限于解决税务争议事项。人民法院主要针对税务机关作出的具体行政行为是否合法作出裁决。一般情况下，不对税务机关作出的具体行政行为的适当性进行审理，而税务行政复议则要对税务机关作出的具体行政行为的合法性和适当性进行评价。

2. 税务行政诉讼的原则

除共有原则外(如人民法院独立行使审判权，实行合议、回避、公开、辩论、两审、终审等)，税务行政诉讼还必须和其他行政诉讼一样，遵循以下几个特有原则。

(1) 人民法院特定主管原则。人民法院对税务行政案件只有部分管辖权。根据《行政诉讼法》第十一条的规定，人民法院只能受理因具体行政行为引起的税务行政争议案。

(2) 合法性审查原则。除审查税务机关是否滥用权力、税务行政处罚是否显失公正外，人民法院只对具体税务行为是否合法予以审查，并不审查具体税务行为的适当性。与此相适应，人民法院原则上不直接判决变更。

(3) 不适用调解原则。税务行政管理权是国家权力的重要组成部分，税务机关无权依自己意愿进行处置，因此，人民法院也不能对税务行政诉讼法律关系的双方当事人进行调解。

(4) 起诉不停止执行原则。当事人不能以起诉为理由而停止执行税务机关所作出的具体行政行为，如税收保全措施和税收强制执行措施。

(5) 税务机关负举证责任原则。由于税务行政行为是税务机关单方依一定事实和法律作出的，只有税务机关最了解作出该行为的证据。如果税务机关不提供或不能提供证据，就可能败诉。

(6) 由税务机关负责赔偿的原则。依据《中华人民共和国国家赔偿法》(以下简称《国家赔偿法》)的有关规定，税务机关及其工作人员因执行职务不当，给当事人造成人身及财产损害，应负担赔偿责任。

3. 税务行政诉讼的受案范围

1) 税务行政诉讼的受案范围概述

税务行政诉讼的受案范围，是指人民法院对税务机关的哪些行为拥有司法审查权。换言之，公民、法人或者其他组织对税务机关的哪些行为不服可以向人民法院提起税务行政诉讼。在实际生活中，税务行政争议种类多、涉及面广，不可能也没有必要都诉诸人民法院通过诉讼程序解决。界定税务行政诉讼的受案范围，便于明确人民法院、税务机关及其他国家机关在解决税务行政争议方面的分工和权限。

2) 具体的受案范围

根据《行政诉讼法》《征管法》和《行政复议法》等法律法规的相关规定，税务行政诉讼的受案范围可概括为以下几个方面。

(1) 税务机关作出的征税行为，包括：一是征收税款、加收滞纳金等行为，需要注意的是，这类征税行为必须经过税务复议之后才能向法院提起诉讼；二是扣缴义务人、受税务机关委托的单位作出代扣代缴、代收代缴行为及代征行为。

(2) 税务机关作出的其他保障性措施。例如，税收保全措施和税收强制执行措施，通知出境管理机关阻止出境行为等。

(3) 税务机关不予依法办理或者答复的行为。例如，不予审批减免税或者出口退税，不予抵扣税款，不予退还税款等。需要注意的是，对于税务机关作出的不予审批减免税或者出口退税、不予抵扣税款、不予退还税款的行为，必须经过税务复议之后才能向法院提起诉讼。

(4) 税务机关作出的税务处罚行为，包括罚款、没收违法所得、停止出口退税权、取消增值税一般纳税人资格、收缴发票等行为。

(5) 税务机关的复议行为，包括：一是复议机关改变了原具体行政行为；二是期限届满，税务机关不予答复。

(6) 其他行为。税务机关相对人认为税务机关的具体行政行为侵犯了其人身权、财产权的，也可向人民法院提起诉讼。

4. 税务行政诉讼的管辖

行政诉讼管辖是指上下级人民法院之间和同级人民法院之间受理第一审行政案件的分工和权限。根据《行政诉讼法》的规定，税务行政诉讼的管辖可分为级别管辖、地域管辖、裁定管辖3类。

1) 级别管辖

级别管辖是指人民法院上下级之间受理行政诉讼的分工和权限。《行政诉讼法》就审理第一审行政案件的权限范围作了明确规定。

(1) 一般而言，基层人民法院管辖第一审行政案件。

(2) 中级人民法院管辖下列第一审行政案件。

① 确认发明专利权的案件、海关处理的案件。

② 对国务院各部门或者省、自治区、直辖市人民政府所作出的具体行政行为提起诉讼的案件。

③ 本辖区内重大、复杂的案件。

(3) 高级人民法院管辖本辖区内重大、复杂的第一审行政案件。

(4) 最高人民法院管辖全国范围内重大、复杂的第一审行政案件。

2) 地域管辖

地域管辖是指同级人民法院之间受理第一审行政案件的分工和权限，分为一般地域管辖、特殊地域管辖和共同地域管辖3种。

(1) 一般地域管辖。一般地域管辖是指以最初作出具体行政行为的行政机关所在地来确定人民法院对行政案件的管辖，适用于一般行政案件。根据《行政诉讼法》的规定，行政案件由最初作出具体行政行为的行政机关所在地人民法院管辖。经复议的案件，复议机关改变原具体行政行为的，也可以由复议机关所在地人民法院管辖。

(2) 特殊地域管辖。特殊地域管辖是指以诉讼当事人或诉讼标的所在地来确定人民法院对行政案件的管辖。根据《行政诉讼法》的规定，对限制人身自由的行政强制措施不服提起的诉讼，由被告所在地或者原告所在地人民法院管辖。例如，在税收行政诉讼案件中，由不动产提起的行政案件，由不动产所在地人民法院管辖。

(3) 共同地域管辖。共同地域管辖是指两个以上人民法院都有管辖权的案件，原告可以选择其中一个人民法院提起诉讼。原告向两个以上有管辖权的人民法院提起诉讼的，由最先收到起诉状的人民法院管辖。

3) 裁定管辖

裁定管辖是指人民法院作出裁定或决定来确定行政案件的管辖，包括移送管辖、指定管辖、管辖权的转移3种。

(1) 移送管辖。移送管辖是指人民法院发现受理的案件不属于自己管辖时，应当移送有管辖权的人民法院。受移送的人民法院不得自行移送。

(2) 指定管辖。指定管辖是指有管辖权的人民法院由于特殊原因不能行使管辖权的，由上级人民法院指定管辖。人民法院对管辖权发生争议，由争议双方协商解决。协商不成的，报争议双方共同的上级人民法院指定管辖。

(3) 管辖权的转移。管辖权的转移是指上级人民法院有权审判下级人民法院管辖的第一审行政案件，也可以把自己管辖的第一审行政案件移交下级人民法院审判。下级人民法院对其管辖的第一审行政案件，认为需要由上级人民法院审判的，可以报请上级人民法院决定。

5. 税务行政诉讼的程序

税务行政诉讼主要包括起诉、受理、审理、判决和执行等程序。

1) 税务行政诉讼的起诉

(1) 起诉的期限。纳税人、扣缴义务人及纳税担保人对税务机关作出的征税行为不服或者对税务机关作出的不予审批减免税或者出口退税、不予抵扣税款、不予退还税款等行为不服，应当先向复议机关申请行政复议，对行政复议决定不服的，可以在收到复议决定书之日起15日内向人民法院提起诉讼。复议机关逾期不作决定的，申请人可以在复议期满之日起15日内向人民法院提起诉讼。法律另有规定的除外。

税务当事人直接向人民法院提起诉讼的，应当在知道作出具体税务行政行为之日起3个月内提出，法律另有规定的除外。

(2) 起诉的条件。税务当事人提起诉讼应当符合下列条件。

① 原告是认为具体税务行政行为侵犯其合法权益的公民、法人或者其他组织；

② 有明确的被告；

③ 有具体的诉讼请求和事实根据；

④ 属于人民法院受案范围和受诉人民法院管辖。

2) 税务行政诉讼的受理

人民法院在接到原告的起诉状后，应当组成合议庭对原告的起诉进行审理，根据审理结果在7日内作出受理或不予受理的裁定。原告对不予受理的裁定不服的，可在接到裁定书之日起10日内向上一级人民法院提出上诉，上一级人民法院的裁定为终局裁定。7日内不能决定是否受理的，应当予以受理；受理后经审查不符合起诉条件的，可以裁定驳回起诉。

3) 税务行政诉讼的审理

人民法院审理行政案件实行合议、回避、公开审判和两审终审的审判制度。审判的核心是审查税务被诉具体行政行为是否合法。人民法院受理税务行政案件，不适用调解。

根据《行政诉讼法》的规定，人民法院审查税务机关作出的具体行政行为是否合法，应依据法律、行政法规和地方性法规(民族自治地方的自治条例和单行条例)，并参照部门规章和地方性规章。

4) 税务行政诉讼的判决

人民法院对受理的税务行政案件经过审理之后，分别作出如下判决。

(1) 维持判决。适用于具体行政行为证据确凿，适用法律、法规正确，符合法定程序的案件。

(2) 撤销判决。起诉的具体行政行为主要证据不足，适用法律、法规错误，违反法定程序，或者超越职权、滥用职权，人民法院应判决撤销或部分撤销，同时可判决税务机关重新作出具体行政行为。

(3) 履行判决。税务机关不履行或拖延履行法定职责的，判决其在一定期限内履行。

(4) 变更判决。税务行政处罚显失公正的，可以变更判决。

对一审人民法院的判决不服，当事人可以上诉。对发生法律效力的判决，当事人必须执行，否则人民法院有权依据对方当事人的申请予以强制执行。

5) 税务行政诉讼的执行

税务当事人必须履行人民法院发生法律效力的判决、裁定。税务当事人拒绝履行判决、裁定的，另一方当事人可以向第一审人民法院申请强制执行，或者依法强制执行。

18.2.3　税务行政赔偿

1. 税务行政赔偿概述

税务行政赔偿是国家赔偿中的行政赔偿。所谓国家行政赔偿，是指税务机关及其工作人员在行使职权过程中违法，侵犯公民、法人或者其他组织的合法权益并造成损害，依法由致害的税务机关予以赔偿的一种法律救济制度。我国目前没有单独的“税务行政赔偿法”，有关税务行政赔偿的实体规范主要有《中华人民共和国国家赔偿法》(以下简称《国家赔偿法》)、《中华人民共和国行政处罚法》(以下简称《行政处罚法》)。

税务行政赔偿必须具备以下5个构成要件。

1) 侵权主体是行使国家税收征管职权的税务机关及其工作人员

按照《国家赔偿法》的规定，我国的国家赔偿范围包括行政赔偿和司法赔偿。在行政赔偿中，由于侵权主体和赔偿义务机关的不同又有不同的种类，税务行政赔偿就是其中的一种。税务行政赔偿区别于其他行政赔偿的显著特征就在于，构成税务行政赔偿责任的侵权主体是行使国家税收征管职权的税务机关和税务机关的工作人员。

赔偿义务机关是行使税收征管职权的税务机关或行使税收征管职权的税务人员所在的税务机关。这里所说的“税务机关的工作人员”是指在税务机关内行使税收管理职权的税务人员，不包括勤杂工、服务人员、司机、炊事员等，因为这些人通常不行使国家赋予的税收征管职权。例如，税务机关的司机违反交通规则撞伤行人导致的赔偿，不能从国家财政列支的国家赔偿费用项目中支付，而应由其所在单位或者其本人负责，适用民法调整。

同时，也只有税务机关及其工作人员在行使税收征管职权时造成的损害，才有可能导致税务行政赔偿。如果税务机关或者税务机关工作人员作为民事主体从事民事活动时侵犯了他人的合法权益，对于因此造成的损害，就构不成税务行政赔偿责任，国家不负责赔偿，而应由税务机关以自己的经费予以赔偿，或者由税务人员以自己的收入予以赔偿，独立承担民事责任。

2) 必须是税务机关及其工作人员行使税收征管职权的行为

所谓“行使税收征管职权的行为”，就是指在行使税收征管职权时实施的一切活动。这里的“时”并非指时间，更不能解释为上班时间行使税收征管职权国家负责、下班时间国家不负责，而是指关联，即在客观上足以确认为与税收征管职权相关的行为的发生时间。其中，税务机关为了实施税收征管职权，依法在其职权范围内，针对普遍的对象制定和公布具有普遍约束力的税收规范性文件的公务行为，侵害了一部分人的利益，不属于税务行政赔偿的范围。

行使税收征管职权的行为应当是税务具体行政行为，即税务机关及其工作人员为了行使税收征管职权，依法针对特定的、具体的公民、法人或者其他组织而采取某种行政措施的单方公务行为，而不是税务抽象行政行为。税务抽象行政行为所针对的人和事往往是不特定的和不具体的，一般情况下，它不会自动地直接产生损害后果。税务抽象行政行为违反了法律和行政法规，也只有在税务机关和税务机关工作人员针对特定的人和事作出某项税务具体行政行为时才有可能发生侵权，所以国家无须对税务抽象行政行为负赔偿责任。

3) 必须是行使税收征管职权的行为具有违法性

根据《国家赔偿法》第二条的规定，中国国家赔偿的归责原则是违法原则，因而它不同于民法上承担赔偿责任的原则。民法上承担赔偿责任的原则是过错原则，行为人主观上存在故意或过失之分；国家赔偿法上的违法原则并不过问行为人主观上处于何种状态，而是以法律、法规作为标准来衡量行为。如果该行为违反法律、法规，那就是违法，造成损害的，国家就要承担赔偿责任；反之，虽然行为人主观上有过错，但是“歪打正着”，以法律、法规衡量其行为，客观上并未违背法律、法规的要求和规定，那就不是违法，国家不承担赔偿责任。

需要强调的是，这里所说的“违法”，不仅包括违反法律、法规，还包括不行使法定职权的不作为行为而造成的侵权；不仅包括程序上的违法，还包括实体上的违法，具体是指没有事实根据或没有法律依据，适用法律或法规错误，违反法定程序，超越职权以及拒不履行法定职责等形式。另外，由于《国家赔偿法》的归责原则是违法原则，因此对税务执法人员在法律、法规规定范围内自由裁量、灵活机动地处置问题而发生的裁量不当的行为，国家不承担赔偿责任。

4) 必须有公民、法人和其他组织的合法权益受到损害的事实

所谓“有公民、法人和其他组织的合法权益受到损害的事实”，是指损害后果已经发生，之所以强调损害后果已经发生是因为税务机关和税务机关工作人员的违法行为并不一定会导致损害的后果。例如，县税务局未查明偷税事实就决定对纳税人处以5 000元的罚款，所有手续已经办妥但没有实际执行，或者在实际执行前被复议机关复议撤销或人民法院判决撤销，这种情况下就无所谓损害的发生，自然就不产生损害赔偿问题，而只有在损害后果已经发生的情况下，国家才有可能承担赔偿责任。所谓“损害后果已经发生”，既包括确已存在的现实的损害，也包括已经十分清楚的在将来不可避免地必然发生的损害。同时受损害的必须是纳税人的合法财产权和人身权，而非其他权利，如政治权利等。

5) 必须是违法行为与损害后果有因果关系

只有在税务机关及其工作人员作出的违法的税务具体行政行为同纳税人已经发生的损害后果之间存在因果关系时，税务行政赔偿责任才能构成。这个因果关系就是行为与结果之间的必然联系，即纳税人合法权益的损害后果必然是税务机关及其工作人员行使职权时作出的违法具体行政行为所造成的，而非其他。如果此行为与彼结果之间没有这种紧密的、必然的联系，因果关系就不存在，也就不能构成税务行政赔偿责任。因此，确认税务机关为某一合法权益损害后果的赔偿义务机关，必须要有证据证明损害后果是由税务机关及其工作人员作出的违法具体行政行为造成的，且举证责任一般要由赔偿请求人即纳税人承担。

2. 税务行政赔偿的请求人

合法权益受到税务机关及其工作人员侵权的纳税人及其他税务当事人为赔偿的请求人，具体可分为以下几类。

(1) 受害人的纳税人或其他税务当事人。作为赔偿机关及税务工作人员职务违法行为的直接受害者，他们有要求税务行政赔偿的当然权利。

(2) 受害公民的继承人，其他有抚养关系的亲属。受害的纳税人及其他税务当事人死亡，其继承人和其他有扶养关系的亲属有权要求赔偿。

(3) 承受原法人或其他组织的法人或其他组织。当受害的法人或者其他组织终止，承受其权利的法人或者其他组织有权要求赔偿。

3. 税务行政赔偿义务机关

税务赔偿义务机关代表国家履行具体的赔偿义务、支付赔偿费用。税务赔偿义务机关主要包括以下几类。

(1) 税务机关及其工作人员行使行政职权侵犯纳税人及其他税务当事人的合法权益造成损害的，该税务机关为赔偿义务机关。

(2) 两个以上税务机关共同行使行政职权时侵犯纳税人及其他税务当事人合法权益造成损害的，共同行使行政职权的税务机关为共同赔偿义务机关。

(3) 受税务机关委托的组织或者个人在行使受委托的行政行为时侵犯纳税人及其他税务当事人的合法权益造成损害的，委托的行政机关为赔偿义务机关。

(4) 赔偿义务机关被撤销的，继续行使税收征收管理职权的税务机关为赔偿义务机关；没有继续行使税收征收管理职权的税务机关的，撤销该赔偿义务机关的税务机关为赔偿义务机关。

(5) 经复议机关复议的，最初造成侵权行为的税务机关为赔偿税务机关，但复议机关的复议加重损害的，复议机关对加重的部分履行赔偿义务。

4. 税务行政赔偿的范围

税务行政赔偿的范围是指税务机关对本机关及其工作人员在行使职权时给受害人造成的哪些损害予以赔偿。根据《国家赔偿法》和税收相关法律的相关规定，税务行政赔偿的范围包括以下内容。

1) 侵犯人身权的赔偿

(1) 税务机关非法拘禁纳税人和其他税务当事人或以其他方式剥夺纳税人和其他当事人的人身自由的。

(2) 税务机关及其工作人员以殴打等暴力行为或者唆使他人以殴打等暴力行为造成纳税人和其他税务当事人身体伤害或死亡的。

(3) 税务机关违法使用武器、警械造成公民身体伤害或者死亡的。

(4) 造成纳税人和其他税务当事人身体伤害或者死亡的其他违法行为。

2) 侵犯财产权的赔偿

(1) 税务机关及其工作人员违法征收税款及滞纳金的。

(2) 税务机关及其工作人员对纳税人和其他税务当事人违法实施罚款、没收违法所得等行政处罚的。

(3) 税务机关及其工作人员对纳税人和其他税务当事人财产违法采取强制措施或者税收保全措施的。

(4) 税务机关及其工作人员违反国家规定向纳税人和其他税务当事人征收财物、摊派费用的。

(5) 税务机关及其工作人员造成纳税人和其他税务当事人财产损害的其他违法行为。

3) 税务机关不予赔偿情形

属于下列情形之一的，税务机关不承担赔偿责任。

(1) 行政机关工作人员作出的与行使职权无关的个人行为。

(2) 因纳税人和其他税务当事人自己的行为致使损害发生的。

5. 税务行政赔偿的程序

税务行政赔偿的赔偿请求人如要求赔偿，应当先向赔偿义务机关提出，也可以在申请行政复议和提起行政诉讼时一并提出。税务行政赔偿的程序由两部分组成：一是非诉讼程序，即税务机关的内部程序；二是税务行政赔偿诉讼程序，即司法程序。

1) 税务行政赔偿非诉讼程序

(1) 赔偿请求的提出。税务赔偿请求人向负有履行赔偿义务的税务机关提出税务行政赔偿要求的，须递交申请书。这是必经程序，赔偿人要求赔偿的项数可以是一项，也可以是数项，依税务机关或其工作人员职务侵权行为的损害后果而定。

(2) 赔偿请求的形式。依据《国家赔偿法》的规定，要求税务行政赔偿应当递交申请书，也可以口头申请，申请书应当载明下列事项：受害人姓名、性别、年龄、工作单位、住所，法人或其他组织的名称、住所，法定代表人或主要负责人的姓名、职务，具体要求，事实根据和理由，申请的年、月、日。

(3) 赔偿请求的处理。赔偿义务机关应当自收到申请之日起2个月内按照法律的规定给予赔偿；逾期不予赔偿或赔偿人对数额有异议的，赔偿请求人可以在期间届满之日起3个月内向人民法院提起诉讼。

2) 税务行政赔偿诉讼程序

税务机关逾期不予赔偿或者赔偿请求人对赔偿数额有异议的，赔偿请求人可以自期间届满之日起3个月内向人民法院提起诉讼。税务行政赔偿诉讼的提起必须以税务机关的先行处理为条件。税务行政赔偿诉讼，对赔偿请求人的人身权、财产权受到的损害是否应赔偿以及赔偿多少进行调解。

6. 税务行政赔偿的方式

根据《国家赔偿法》的规定，税务行政赔偿的方式主要包括以下3种。

(1) 支付赔偿金。国家赔偿以支付赔偿金为主要方式，简便易行，范围广。

(2) 返还财产。在违法占有的财产还存在的前提下，税务机关将违法占有的财产归还给对其享有所有权的侵害方。

(3) 恢复原状。税务机关按照侵害人的愿望和要求恢复损害发生之前的原本状态，使受害人的财产恢复原状。

7. 税务行政赔偿的标准

1) 侵犯人身权的赔偿标准

(1) 侵犯公民人身自由的，每日的赔偿金按照国家上年度职工日平均工资计算。

(2) 造成公民身体伤害的，应当支付医疗费及赔偿因误工减少的收入。

(3) 造成公民部分或者全部丧失劳动能力的，应当支付医疗费及残疾赔偿金。残疾赔偿金根据丧失劳动能力的程度确定，部分丧失劳动能力的，最高额为国家上年度职工年平均工资的10倍；全部丧失劳动能力的，为国家上年度职工平均工资的20倍。造成全部丧失劳动能力的，对其抚养的无劳动能力的人，还应当支付生活费。

(4) 造成死亡的，应当支付死亡赔偿金、丧葬费，总额为国家上年度职工年平均工资的20倍，对死者生前抚养的无劳动能力的人，还应当支付生活费。

2) 侵犯财产权的赔偿标准

(1) 违法征收税款，加收滞纳金的，应当返还税款、税款按银行同期利率计算的利息及滞纳金。

(2) 违法对应予出口退税而未退税的，由赔偿义务机关办理退税。

(3) 处罚款、罚金、追缴、没收财产或者违反国家规定征收财物、摊派费用的，返还财产。

(4) 查封、扣押、冻结财产的，解除对财产的查封、扣押、冻结；造成财产损坏或者灭失的，应当恢复原状或者给付相应的赔偿金。

(5) 应当返还的财产损坏的，能够恢复原状的恢复原状；不能恢复原状的，按照损害程度给付相应的赔偿金。

(6) 应当返还的财产灭失的，给付相应的赔偿金。

(7) 财产已经拍卖的，给付拍卖所得的价款。

(8) 对财产权造成其他损害的，按照直接损失给予赔偿。

按照《国家赔偿法》和《国家赔偿费用管理条例》的规定，税务行政赔偿费用列入各级财政预算，由各级财政按照财政管理体制分级负担。

18.3 案例分析

【案例1】纳税人、扣缴义务人、纳税担保人、第三人对税务机关作出的税务具体行政行为不服，依据法律、法规的规定，其中哪些人可以自己的名义向行政复议机关提起复议申请？

【答案】

与申请行政复议的具体行政行为有利害关系的其他公民、法人或者其他组织，可以作为第三人参加行政复议。虽非具体行政行为的相对人，但其权利直接被该具体行政行为所剥夺、限制或者被赋予义务的第三人，在行政管理相对人没有申请行政复议时，可以单独申请行政复议。所以，以上人员都可以提出复议申请。

【案例2】被申请人在税务行政复议中的权力和义务有很多，如复议期间不停止执行具体行政行为、进行答辩、接受审查的义务、向复议机关提供作出具体行政行为的证据和其他有关材料的义务，在这4种行为中，哪些是义务？哪些是权力？

【答案】

被申请人即作出具体行政行为的税务机关。案例中，第一项是它的权力，后三项都是它的义务。

本章小结

本章学习了税务行政处罚和税务行政救济。税务行政处罚是国家机关通过一定形式，规定公民、法人或组织的行为规范，以及违反该行为规范的行政制裁措施，从处罚主体、处罚程序到处罚执行都有明确规定。税务行政复议是我国行政复议的重要组成部分，从受案范围、管辖体制、税务行政复议申请和受理等方面给予规定，防止和纠正违法的或不当的税务具体行政行为。税务行政诉讼有利于保证人民法院正确、及时审理税务行政案件，保护纳税人、扣缴义务人等当事人的合法权益，维护和监督税务机关依法行使行政职务。税务行政赔偿是指税务机关及工作人员因职务违法给纳税当事人的合法权益造成损害而给予的赔偿。

课后练习题

1. 简述税务行政处罚的一般程序。
2. 何谓税收救济制度？
3. 何谓税务行政复议？有哪些特殊性？
4. 简述税务行政复议的程序。
5. 税务行政诉讼的原则有哪些？
6. 何谓税务行政赔偿？
7. 税务行政赔偿必须具备哪几个构成要件？
8. 税务行政赔偿的方式主要有哪些？

参考文献

[1] 中国注册会计师协会. 税法[M]. 北京：中国财政经济出版社，2017.

[2] 全国注册税务师执业资格考试教材编写组. 税法Ⅰ[M]. 北京：中国税务出版社，2017.

[3] 全国注册税务师执业资格考试教材编写组. 税法Ⅱ[M]. 北京：中国税务出版社，2017.

[4] 国家税务总局货物和劳务税司. 营业税改征增值税试点工作手册[M]. 2版. 北京：中国税务出版社，2013.

[5] 国家税务总局所得税司. 企业所得税法规汇编(2016年版)[M]. 北京：中国税务出版社，2016.

[6] 张卫平，鲁靖文. 税法[M]. 大连：东北财经大学出版社，2017.

[7] 安仲文. 税法[M]. 5版. 大连：东北财经大学出版社，2017.

[8] 梁文涛，苏杉. 税法[M]. 大连：东北财经大学出版社，2017.

[9] 王曙光. 税法[M]. 7版. 大连：东北财经大学出版社，2016.

[10] 赵恒群. 税法教程[M]. 3版. 北京：清华大学出版社，北京交通大学出版社，2011.

[11] 李晓红. 税法[M]. 2版. 北京：清华大学出版社，北京交通大学出版社，2011.

[12] 东奥会计在线. 税法应试指导[M]. 北京：经济科学出版社，2017.

[13] 中华会计网校. 税法应试指南[M]. 北京：人民出版社，2017.

[14] 马海涛. 中国税制[M]. 3版. 北京：中国人民大学出版社，2007.

[15] 徐孟洲. 税法原理[M]. 北京：中国人民大学出版社，2011.

[16] 陈少英. 税法学案例教程[M]. 2版. 北京：北京大学出版社，2013.

[17] 黄胜华. 税法[M]. 北京：清华大学出版社，2011.

[18] 张冬云. 税法[M]. 大连：东北财经大学出版社，2009.